水利水电工程质量检测人员
从业资格考核培训系列教材

量 测 类

编写单位及人员

主持单位　中国水利工程协会

编写单位　北京海天恒信水利工程检测评价有限公司

中国水利水电科学研究院

国网电力科学研究院

长江勘测规划设计研究院长江空间信息技术工程公司

水利部小浪底水利枢纽建设管理局

主　　编　丁　凯　曹征齐

编　　写　（以姓氏笔画为序）

丁　凯　卢正超　卢欣春　吕　刚

刘　果　刘广林　刘观标　刘望亭

吴铭江　陆遐龄　邱文华　杨立新

金诚铭　周传松　姚楚光　郭宝霞

袁培进　梁向前

统　　稿　袁培进　姚楚光　周传松　郭宝霞

工作人员　陶虹伟　刘鸿斌　江　威

序

水利水电工程的质量关系到人民生命财产的安危，关系到国民经济的发展和社会稳定，关系到工程寿命和效益的发挥，确保水利水电工程建设质量意义重大。

工程质量检测是水利水电工程质量保证体系中的关键技术环节，是质量监督和监理的重要手段，检测成果是质量改进的依据，是工程质量评定、工程安全评价与鉴定、工程验收的依据，也是质量纠纷评判、质量事故处理的依据。尤其在急难险重工程的评价、鉴定和应急处理中，工程质量检测工作更起着不可替代的重要作用。如近年来在全国范围内开展的病险水库除险加固中对工程病险等级和加固质量的正确评价，在今年汶川特大地震水利抗震救灾中对震损水工程应急处置及时得当，都得益于工程质量检测提供了重要的检测数据和科学评价意见。实际工作中，工程质量检测为有效提高水工程安全运行保证率，最大限度地保护人民群众生命财产安全，起到了关键作用，功不可没！

工程质量检测具有科学性、公正性、时效性和执法性。

检测机构对检测成果负有法律责任。检测人员是检测的主体，其理论基础、技术水平、职业道德和法律意识直接关系到检测成果的客观公正。因此，检测人员的素质是保证检测质量的前提条件，也是检测机构业务水平的重要体现。

为了规范水利水电工程质量检测工作，水利部于 2008 年 11 月颁发了经过修订的《水利工程质量检测管理规定》。为加强水利水电工程质量检测人员管理，中国水利工程协会根据《水利工程质量检测管理规定》制定了《水利工程质量检测员管理办法》，明确要求从事水利水电工程质量检测的人员必须经过相应的培训、考核、注册，持证上岗。

为切实做好水利水电工程质量检测人员的考核培训工作，由中国水利工程协会主持，北京海天恒信水利工程检测评价有限公司组织一批国内多年从事检测、试验工作经验丰富的专家、学者，克服诸多困难，在水利水电行业中率先编写成了这一套系列教材。这是一项重要举措，是水利水电行业贯彻落实科学发展观，以人为本，安全至上，质量第一的具体行动。本书集成提出的检测方法、评价标准、培训要求等具有较强的针对性和实用性，符合工程建设管理要求和社会实际需求；该教材内容系统、翔实，为开展质量检测人员从业资格考核培训工作奠定了坚实的基础。

我坚信，随着质量检测人员考核培训的广泛、有序开展，广大水利水电工程质量检测从业人员的能力与素质将不断提高，水利水电工程质量检测工作必将更加规范、健康地推进和发展，从而为保证水利水电工程质量、建设更多的优质工程、促进行业技术进步发挥巨大的作用。故乐为之序，以求证作者和读者。

2008 年 11 月 28 日

前　言

随着我国水利水电事业的蓬勃发展、众多水利水电工程的兴建,工程的质量与安全问题越来越受到国家和社会的广泛关注,质量检测工作也日益得到重视。水利水电工程的质量检测工作是保证工程质量与安全的重要措施,是工程建设、运行过程中的重要环节,而水利水电工程质量检测人员的职业道德和业务素质则是保证质量检测工作科学和公正性的前提条件。为加强水利水电工程质量检测管理,规范质量检测行为,2008 年 11 月水利部第 36 号令颁布了《水利工程质量检测管理规定》(以下简称《规定》),自 2009 年 1 月 1 日起施行。中国水利工程协会随即颁发了《水利工程质量检测员管理办法》(以下简称《办法》)也将同步施行。

《规定》中明确要求从事水利工程质量检测的单位,应当按照本规定取得相应资质,并在资质等级许可的范围内承担质量检测业务。水利工程质量检测单位资质分为岩土工程、混凝土工程、金属结构、机械电气和量测共 5 个类别,每个类别分为甲级、乙级 2 个等级。《规定》和《办法》中还明确要求从事水利水电工程质量检测的专业技术人员,应当具备相应的质量检测知识和能力,按照行业自律管理的要求,必须经过中国水利工程协会统一组织的从业资格考核考试合格、注册,持证上岗。

为了使质量检测人员系统地掌握相关专业知识和能力,由中国水利工程协会主持,北京海天恒信水利工程检测评价有限公司组织国内多年从事工程质量检测试验工作的一批专家学者,编写了《水利水电工程质量检测人员从业资格考核培训系列教材》,作为水利水电工程质量检测人员从业资格注册的考核培训专用教材,也可作为大专院校相关专业的教材或参考书。

本系列教材的编写历经三年多的时间,部分类别教材,如混凝土工程类、岩土工程类(岩石、土工、土工合成材料)及量测类等,已经过实际试讲与反复修改,是诸位专家学者结合自己多年的实践经验,在相应的规程规范基础上编写而成的。教材全面介绍了相应专业类别的各种检测试验方法,并指出了质量检测过程中的重点、难点、关键点,与相应的规程规范配合使用,是从事水利水电工程质量检测试验人员指导实际工作的工具书。教材部分内容还前瞻性的涉及某些专业领域质量检测方法技术的研究前沿和发展方向。

本系列教材按检测单位资质的分类,并考虑到内容与篇幅,将分类分册陆续编写出版,暂分为以下各册:质量检测工作基础知识、混凝土工程类、岩土工程类(岩石、土工、土工合成材料)、岩土工程类(地基与基础)、量测类、金属结构类(制造与安装)、金属结构类(无损检测)、机械电气类。

本系列教材在编写过程中,得到了水利水电行业有关部门领导和单位的重视与关怀,尤其是得到了编写人员所在单位的支持与帮助,在此一并表示感谢!

受编写人员水平所限,教材中难免存在疏漏之处,敬请读者批评指正,以便改进。

编　者

2008 年 11 月 28 日

目　录

第一篇　测　量

第一章 概 述

水利水电工程是国家基础设施工程,投入大、公益性强,对国民经济和社会发展具有重要作用。工程质量状况不仅关系到国家建设资金的有效使用,也关系到人民群众生命财产安全和经济社会的持续健康发展,而且还是国家经济、科学、技术、管理水平的体现。加强水利水电工程质量管理,规范质量检测行为,提高质量检测水平,做好质量检测工作,对保证水利水电工程质量具有十分重要的意义。

第一节 水利水电工程建设和运行中测量工作的内容、要求与特点

工程质量是在施工过程中形成的。质量管理贯穿于施工的全过程,质量检测亦贯穿于施工的全过程。

工程建设阶段测量的主要任务是针对施工现场的不同要求,放样水工建筑物轮廓点,将建筑物的位置、形状、大小及高程在实地标定,作为工程施工的依据。

工程建设阶段测量工作的主要内容包括平面控制测量、高程控制测量、地形测量、测量放样准备、开挖、填筑及混凝土工程测量、金属结构与机电设备安装测量、地下工程测量、疏浚及堤防工程测量、附属工程测量、施工期外部变形监测、竣工测量和工程测量监理等。工程建设阶段的测量工作又称为施工测量。运行阶段测量工作主要包括监视工程安全状况的外部变形监测与工程维修养护中的测量工作。

施工测量的特点:①施工测量的精度要求高。施工控制网布设、隧洞贯通测量、金属闸门与水轮发电机组的安装测量、变形监测等的精度要求都很高。如施工控制网点位精度要求达到 10 mm,金属闸门安装放样点的精度要求达到 1 ~ 2 mm。②作业环境复杂,受施工干扰大。③要求密切配合施工,做到"随叫随到",及时作业和提供成果,保证施工顺利进展。④责任重大。测量成果不能出差错,否则会带来工程返工、延误工期、蒙受损失等后果。因此,施工测量不仅要求测量精度高、可靠性好,并且要求保证每道测量工序质量,对测量工序成果要严格检核。⑤坐标系统宜与规范设计阶段保持一致,也可采用与规范设计阶段的坐标有换算关系的施工坐标系统。高程系统必须与规范设计阶段的高程系统相一致。⑥控制点易遭破坏,或受施工影响发生位移。因此,控制网须根据施工需要及时扩建或加密,并按期进行复测。网点使用前要进行检测,当证明其点位和成果可靠时,方可使用。

一、施工测量工作

(一)施工控制网建立和维护

建立施工控制网的主要目的是为建筑物的施工放样提供控制依据,也可为工程维护

保养、扩建改建所进行的测量提供控制依据。平面控制网可采用 GPS 测量、三角控制测量、各种形式的边角组合测量、导线测量等方法布网。高程控制网可采用水准测量、光电测距三角高程测量等方法布网。可根据施工总体布置图,充分考虑建筑物的分布、施工的程序、施工的方法以及施工场地的地形条件来布设控制网点,并对施工控制网进行优化设计,优化设计后将控制网展绘在施工总平面图上,成为总平面图设计的一部分。

平面控制网的精度、可靠性、网点密度应根据工程规模及建筑物施工放样的要求确定。布设梯级以 1 ~2 级为宜,但最末级平面控制网相对于首级网的点位中误差不应超过 ±10 mm。最末级高程控制点相对于首级高程控制点的高程中误差对于混凝土建筑物应不超过 ±10 mm,对于土石建筑物应不超过 ±20 mm。为了减小仪器对中误差和便于观测,施工控制网点应埋设具有强制归心装置的混凝土观测墩。

首级平面控制网一般为独立网,观测数据可不作高斯投影改正,可不进行方向改正,仅将边长投影到测区选定的高程面上,利用规划勘测设计阶段布设的一个测图控制点坐标,这个点到另一个点的方向作为起算数据进行平差,使施工控制网坐标系统与规划勘测设计阶段测图控制的坐标系统保持一致。高程控制网的高程系统也要与规划勘测设计阶段的高程系统保持一致。

控制网建成后,在使用阶段应加强维护管理,按时对控制网进行复测,发现并及时改正可能发生的位移;随着工程的进展及时扩展、加密网点以满足放样的需要。

(二)地形测量

施工阶段的地形测量一般在施工场地范围内进行,主要用于场地布置、土地征购、工程量计算、建基面验收以及场内交通的新建、改建工程等。测图比例尺除建基面验收应采用1∶200 外,其他可根据工程性质、设计及施工要求在 1∶500 ~1∶2 000 内选择。精度要求较低的地形图可按小一级比例尺地形图的精度施测,或采用小一级比例尺地形图放大。

地形测量所采用的平面坐标系统、高程系统与施工测量采用的平面坐标系统、高程系统一致。在远离工程枢纽的测区也可采用国家的平面坐标系统或独立的平面坐标系统,但高程宜与施工区的高程系统一致。

水下地形测量应满足工程的施工设计、工程量计算以及竣工验收的要求。平面坐标系统和高程系统、图幅分幅和等高距的选择应与陆地上地形图一致,便于相互衔接。

(三)测量放样准备

测量放样准备的内容包括收集测量资料、制定放样方案、准备放样数据、选择放样方法、测设放样测站点和检验仪器测具。

测量放样方案应包括控制网点检测与加密、放样依据、放样方法、放样点精度估算、放样作业程序、人员及设备配置等内容。

测量放样前,应根据设计图纸中有关数据及使用的控制点成果计算放样数据,必要时还需绘制放样草图,所有数据必须经两人独立计算校核。采用计算机程序计算放样数据时,必须核对输入数据和数学模型的正确性。选择的放样方法应技术先进和有可靠的检核条件。

(四)开挖、填筑及混凝土工程测量

开挖、填筑及混凝土工程测量内容包括:施工区原始地形图或断面图测绘;放样测站点的测设，开挖、填筑及混凝土工程轮廓点的放样，竣工地形图及断面图测绘，工程量计算，已立模板、预制构件的检查、验收测量等。

工程开工前，必须施测工程部位的原始地形图或断面图；施工过程中应及时测绘不同材料的分界线，并定期测绘收方地形图或断面图，测算已完成的工程量；工程竣工后，必须施测竣工地形图或竣工断面图。各阶段的地形图和断面图均为工程量计算和工程结算的依据。

放样测站点是开挖、填筑及混凝土工程轮廓点放样的工作基点，可采用各种交会方法、导线测量方法或 GPS 定位方法进行测设。开挖轮廓点及建筑物轮廓点的放样可根据其精度要求采用各种交会方法、极坐标法、直角坐标法、正倒镜投点法或 GPS 实时动态定位（RTK）等方法进行。每次测量放样作业结束后，应及时对放样点进行检查，确认无误后填写测量放样交样单或测量检查成果表。

（五）金属结构与机电设备安装测量

金属结构与机电设备安装测量工作的内容包括：测设安装专用网或安装轴线点与高程基点，安装点的放样，安装竣工测量等。大坝、厂房、船闸、机组和各种泄水建筑物的金属结构与机电设备安装专用控制网或安装轴线点及高程基点均应由等级控制点进行测设，相对于邻近等级控制点的点位（平面和高程）限差为 ±10 mm。安装专用控制网内及安装轴线点间相对点位限差应不超过 ±2 mm。高程基点间的高程测量限差应不超过 ±2 mm。

安装点线的放样必须以安装轴线点和高程基点为基准，组成相对严密的局部控制系统。每次放样完成后，必须对放样点之间的相对尺寸关系进行检核，并与前一次的放样点进行比对。

（六）地下工程测量

地下工程测量的内容包括：地下工程贯通测量的技术设计；建立地面和地下平面与高程控制网；地下工程的轴线、坡度、高程和开挖断面的放样；贯通测量误差的确定与调整；测绘地下工程的纵横断面，并计算开挖、浇筑或喷锚工程量；整理中间验收及竣工验收资料。

工程开工之前，应根据隧洞的设计轴线，拟定平面和高程控制略图，按规定的精度指标进行精度估算，以便确定洞外和洞内控制等级与作业方法。洞外平面控制网可布设成测角网、测边网、边角组合网、GPS 网或导线网。洞外高程控制网可布设成水准测量路线或光电测距三角高程导线。洞内平面控制测量宜布设光电测距导线，导线分为基本导线和施工导线。宜选择洞口附近的控制点作为进洞的洞口控制点（或进洞控制点），或者宜用图形强度较好的图形加密洞口控制点。布设洞口控制点时应考虑有利于施工放样和便于向洞内传递等因素。进洞控制点应埋设混凝土观测墩，洞外其他控制点可因地制宜埋设简易标石。

洞内基本导线宜进行两组独立观测，导线点的两组坐标值较差不得大于中误差的 $2\sqrt{2}$，合格后取两组的平均值作为最后成果。洞内高程控制可采用四等水准测量，也可采用同等精度的光电测距三角高程测量，对于支线线路应进行两组独立观测。对于洞内的平面控制点和高程控制点，应定期进行检查复核。

开挖放样以施工导线标定的轴线为依据，在隧洞的直线段可采用简易的串线放样法，两吊线间距不应小于5 m，其延伸长度应小于20 m。曲线段应使用仪器放样。应及时测绘开挖竣工断面和混凝土衬砌(或喷锚支护)竣工断面，并计算开挖工程量和混凝土衬砌工程量。

(七)疏浚及堤防工程测量

疏浚测量包括控制测量、挖槽区及吹填区(包括排水系统)的地形图或纵横断面图测量、疏浚区的水尺设置和测量、水尺设置、挖槽的开挖边线和中心线放样、疏浚机械定位测量、水下地形测量、工程竣工测量、工程量量测。

堤防施工测量包括测设中心线、开口线、横断面、建筑物的主轴线和轮廓点，以及标桩的里程和高程。在施工过程中施测开挖填筑断面，计算验收工作量。

(八)附属工程测量

附属工程测量内容主要有：筛分、拌和和皮带供料系统测量，缆机、塔机与桥机测量，围堰、戗堤施工测量。

位于施工区内的附属工程的控制测量可直接利用施工区已建的控制网点或其加密点；远离施工区的附属工程的控制测量可单独建立控制网。

(九)施工期外部变形监测

施工期外部变形监测的项目包括边坡监测、堆石体监测、结构物监测和基础稳定性监测。

外部变形监测的基准点、工作基点，宜利用施工测量控制网中较为稳定的三角点和水准点，也可建立独立的并较为稳定的基准点或工作基点(平面和高程)，其施测精度不应低于四等网的精度要求。

基准点必须建立在变形区以外稳固的基岩或坚实土基上。若基准点选在土基上，对土基基础应进行基础加固处理。监测点应选埋在变形幅度大、变形速率快的部位，以能正确反映变形体的变形为原则进行布设。监测点标石应与变形体牢固结合，宜建造具有强制归心基座的混凝土标墩，并在旁边埋设水准标心。

根据监测项目的形体和地形条件，水平位移可采用前方交会法、视准线法、精密全站仪坐标法进行观测。

对于边坡、堆石体、建筑物基础的垂直位移观测，宜采用国家二等水准测量进行，每测站高差中误差为±0.15 mm，对于有些只需要采用三、四等水准测量就可以达到监测目的的项目，可以采用能满足相应精度要求的光电测距三角高程测量方法进行观测。

外部变形监测观测周期按设计要求执行，遇特殊情况(汛期、雨季、异常变化、特殊要求等)应适当加密观测。

(十)竣工测量

竣工测量是一项贯穿于施工测量全过程的基础性工作，它所形成的竣工测量数据文件和图纸资料，是评定和分析工程质量以及工程竣工验收的基本依据。竣工测量资料必须是实际测量成果。

竣工测量包括下列主要项目：

(1)测绘主体建筑物基础开挖建基面的1:200～1:500竣工地形图(或高程平面图)。

(2)测绘主体建筑物关键部位与设计图同位置的开挖竣工纵、横断面图。

(3)测绘地下工程开挖、衬砌或喷锚竣工断面图。

(4)测量建筑物过流部位或隐蔽工程的形体。

(5)测量建筑物各种主要孔、洞的形体。

(6)测绘外部变形监测设备埋设、安装竣工图。

(7)收集、整理金属结构、机电设备埋件安装竣工验收资料。

(8)其他需要竣工测量的项目(例如,测绘高边坡部位的固定锚索、锚杆立面图和平面图、测绘施工区竣工平面图等)。

竣工测量应随着施工的进展,按竣工测量的要求,逐渐积累采集竣工资料。待单项工程完工后,进行一次全面的竣工测量。

二、运行阶段的测量工作

本阶段测量工作主要任务是:水工建筑物及基础、地基、边坡、危岩等的外部变形监测,水库淤积测量,库岸稳定监测,下游河道演变测量,必要时进行水库区地壳形变监测。另外,还包括工程运行、维修、养护的各种测量工作。

(一)外部变形监测

外部变形监测的主要任务是监视建筑物及基础、地基、边坡、危岩、库区地壳等的稳定性,及时发现问题,以便采取措施,保证建筑物及运行的安全。外部变形监测的目的是要获得变形体变形的空间状态和时间特性,同时还要解释变形的原因。外部变形监测项目主要有水平位移、垂直位移、倾斜、挠度及裂缝监测等。

外部变形监测的特点是:观测对象是变形量,精度要求高,重复观测,综合应用各种观测方法,数据处理方法要求严密,需要多学科的配合。

外部变形监测的方法和技术:①常规的地面测量方法,用测量角度、边长和高差来测定变形的方法,如几何水准测量;②专用的测量手段和仪器,如钻孔倾斜仪、多点位移计、测缝计、静力水准仪、正垂线、倒垂线、引张线、准直测量、倾斜测量等;③摄影测量方法;④GPS 定位技术。

变形分析是变形监测的重要内容,主要包括数据处理、几何分析、物理解释等。采用向量空间的理论和最小二乘参数估计原理来进行数据处理。通过几何分析可以反映变形体的几何状态变化和变形的时间特性。物理解释对变形和变形原因之间的关系进行研究,通常采用的方法有两种:统计分析和确定函数法。

(二)水库淤积测量和下游河道演变测量

水库蓄水后,河流入库水流所挟带的泥沙在水库区沉积,形成库底淤积层,如果近坝区淤积层太厚,有可能影响机组运行,因此一般安排汛期开启底孔,进行冲沙,减小或清除近坝区的库底淤积。为了调查淤积情况和冲沙效果,需要进行水库淤积测量。

由于入库水流中的泥沙在水库区沉积,水库下泄水流含沙量减小,小于下游河道的水流挟沙能力,因此水流将沿程不断冲刷河床,并将引起河床冲深下切,使水面线降低,造成船运条件恶化,应采取适当的整治措施,减小和预防水库下游沿程冲刷引起的不利影响。为了调查沿程冲深下切程度和整治效果,需要进行下游河道演变测量。

水库淤积测量和下游河道演变测量通常采用水下地形测量与断面测量方法。

(三)水库区地壳形变监测

地壳在地球内力和外力作用下产生各种各样的形变。兴建水库,在坝体和水库水体荷载的作用下,以及不对岩体作用条件的改变,水库区、坝区的地壳形状会发生不同程度的改变,也会局部影响水库库盆周边地应力场,从而对附近断层活动带来一定影响。因此,对一些巨型和大型水库进行库坝区地壳形变监测,研究库坝区地壳形变与周围环境变化的关系及对工程建筑物安全的影响。

水库区地壳形变监测的方法有:GPS 全球定位系统观测,精密水准测量,精密重力测量,精密测距,短基线,短水准和边角网等。

第二节　水利水电工程质量检测测量

一、水利水电工程质量检测测量

测量是测定目标物的形状、大小、空间位置、性质和相互关系的科学技术。

应用成熟规范的测量技术,为获取水利水电工程质量特性数据用以评价工程质量所从事的工程质量检测工作称为水利水电工程质量检测测量(简称"检测测量")。检测测量所能获得的工程质量特性数据类型颇多:水工建筑物特征点、线、面的空间位置数据,包括平面坐标和高程;水工建筑物特征点、线、面之间相互关系数据,如轨道间的间距、平行度;水工建筑物的几何尺寸,包括长、宽、高、坡度、角度、面积、体积;水工建筑物的形状信息,如堤坝、溢流面、过水洞的纵横断面,大坝建基面地形图;水利工程变形数据,包括水平位移、垂直位移、挠度变形等。这些数据均是反映水利水电工程质量的几何特性数据,将检测测量所获得的工程几何特性数据进行整理、分析,并与设计值或规范所规定值比较,其结果就可作为水利水电工程质量评定的重要依据。

我国水利水电工程建设项目实行项目法人(建设单位)负责、监理单位控制、施工单位保证和政府监督相结合的质量管理体制。因此,建设单位、监理单位、施工单位和政府监督部门为了进行质量管理和质量监督,都要通过检测测量及时收集水利工程质量的有关信息。

在水利水电工程建设或运行期间进行阶段验收、竣工验收、安全鉴定、安全评价、质量事故鉴定、质量纠纷仲裁等,亦须通过检测测量来获取有关的质量信息作为结论依据。

二、质量检测标准

检测测量所获得工程几何特性的质量参数值,要与规范、设计、招标文件等所规定的参数值相比较,并求出差值。若差值在规定的允许范围内,则该项质量特性符合要求,允许范围值又可称工程几何特性参数的质量检测标准。质量检测标准在施工规范、质量评定与验收规程、单元工程质量等级评定标准、设计图纸、机电设备安装说明书和招标文件中进行规定。现将有关常用的规范、规程和标准介绍如下。

（一）水利水电工程施工规范

《水工混凝土施工规范》（SDJ 207—82），《水轮发电机组安装技术规范》（GB 8564—88），《水闸施工规范》（SL 27—91），《水工建筑物滑动模板施工技术规范》（SL 32—92），《水工建筑物岩石基础开挖工程施工技术规范》（SL 47—94），《混凝土面板堆石坝施工规范》（SL 49—94），《水利水电工程施工测量规范》（SL 52—93），《水工碾压混凝土施工规范》（SL 53—94），《浆砌石坝施工技术规定（试行）》（SD 120—84）。

（二）水利水电工程质量评定与验收规程

为了加强水利水电基本建设工程的质量管理，搞好工程质量的控制、检查、评定和工程验收、工程评优等方面的工作，提高工程质量，充分发挥工程效益，1988 年以后，水利部与能源部合作陆续颁发了《水利水电基本建设工程单元工程质量等级评定标准》，它是检验评定单元工程施工质量等级的标准尺度，包括 7 个方面的标准，分别如下：

（1）《水工建筑工程（试行）》（SDJ 249.1—88）；

（2）《金属结构及启闭机安装工程（试行）》（SDJ 249.2—88）；

（3）《水轮发电机组安装工程（试行）》（SDJ 249.3—88）；

（4）《水力机械辅助设备安装工程（试行）》SDJ 249.4—88）；

（5）《发电电气设备安装工程（试行）》（SDJ 249.5—88）；

（6）《升压变电电气设备安装工程（试行）》（SDJ 249.6—88）；

（7）《碾压式土石坝及砌石坝工程》（SL 38—92）。

现今这 7 个标准正在修订中，多数已经审查，不久将发布实施，如新标准发布实施后，以新标准为准。

为使水利水电基本建设工程质量评定工作标准化、规范化、表格化，便于在施工现场进行单元工程质量等级评定，1995 年 5 月水利部建管司颁发了一套与《水利水电基本建设工程单元工程质量等级评定标准》相配套使用的系列化表格，共有 7 类 213 张表。

1996 年 9 月 9 日，水利部发布实施了《水利水电基本建设工程质量评定规程》，为水利水电工程质量的评定提供了依据。

1999 年 5 月，由水利部批准发布《堤防工程施工质量评定与验收规程》，规定了堤防工程质量评定的具体要求，编制了专门用于堤防工程质量评定的表格。

三、检测测量的方法和仪器

按照《水利工程质量检测管理规定》的规定，检测测量主要的检测项目及参数为：高程、平面位置、建筑物纵横轴线、建筑物断面几何尺寸、隐伏建筑物几何形态、结构构件几何尺寸、弧度、长度、宽度、厚度、深度、高度、坡度、平整度、水平位移、竖向位移、接缝和裂缝开度、倾斜。

进行检测测量，可根据检测项目的精度要求、检测现场条件、检测单位的仪器设备，选择测量方法。常用的测量方法有角度测量、距离测量、高程测量、坐标测量以及由这些方法组合而成的边角测量、导线测量、前方交会、侧方交会、后方交会等。

各类测量方法选用的测量仪器如下：

（1）角度测量：光学经纬仪、电子经纬仪、全自动陀螺经纬仪。

(2)距离测量：钢尺、电磁波测距仪、双频激光干涉仪。

(3)高程测量：水准仪、电子水准仪(几何水准测量)、经纬仪(三角高程测量)、液体静力水准仪、GPS 接收机(GPS 高程测量)。

(4)坐标测量：全站仪、GPS 接收机、激光跟踪仪、激光扫描仪。

四、检测测量在水利水电工程质量检测中的意义和作用

(一)检测测量是水利水电工程质量检测的主要方法和重要手段

工程施工自始至终都离不开测量，凡是有施工测量的地方都伴随着检测测量。这些检测测量在施工测量规范中都有明确规定，例如：测量放样前首先要对控制网点进行检测；对轮廓放样点进行检核以自检为主，每次测量放样作业结束后，及时对放样点进行检查；模板检查验收时，若发现检查结果超限或存在明显系统误差应及时对可疑部分进行复测、确认等。这些施工单位的自检、互检和复检测量，是控制施工工序质量的有效手段。

监理单位也须进行检测测量，在施工单位自检的基础上对水利水电工程重要的点、线、面和关键部位进行抽检。例如：控制网点、金属结构与机电设备安装专用网或安装轴线点与高程基点、主要水工建筑物的轴线和重要轮廓点、地下工程、建筑物过流部位或隐蔽工程等，都是进行抽检的重点。

政府质量监督单位、建设单位或监理单位必要时也须委托具备相应资质的工程质量检测单位进行质量检测，其中也包括采用测量方法所进行的质量检测。例如，可以委托检测单位进行重要部位的竣工测量，测绘主体建筑物基础开挖建基面的 1∶200～1∶500 竣工地形图(或高程平面图)，测绘主体建筑物关键部位与设计图同位置的开挖竣工纵、横断面图，测绘地下工程开挖、衬砌或喷锚竣工断面图，测量建筑物过流部位或隐蔽工程的形体，测量建筑物各种主要孔、洞的形体等。所形成的竣工测量数据文件和图纸资料，成为评定和分析工程质量以及工程竣工验收的基本依据。

(二)应用测绘的科学理论和先进技术，促进检测技术的发展

测量是一门古老的学科，发展至今，形成了系统的科学理论，例如，地图投影理论、控制网布设理论、控制网优化设计理论、误差理论、测量平差原理、可靠性理论、相关分析理论等；拥有先进的测量技术，例如，GPS 技术、RS 技术、GIS 技术、数字化测绘技术；还有众多的可供选择的各式各样的测量方法，例如，控制测量的方法有三角测量、三边测量、边角测量、导线测量、前方交会、侧方交会、后方交会和 GPS 测量，地形测图的方法有平板仪测图、经纬仪测图、全站仪测图、航测成图、数字化测图等。测量在发展过程中所形成的测量理论、测量技术和测量方法，可直接用于质量检测测量，并成为工程质量检测的理论技术基础之一。

近 20 年来，随着测绘科技的飞速发展和 GPS 技术、RS 技术、GIS 技术、数字化测绘技术以及先进地面测量仪器等的广泛应用，为工程质量检测提供了先进的技术工具和手段，有力地促进了检测技术的进步和发展，使工程质量测量的技术面貌发生了深刻的变化，并取得可喜的成就。

“隔河岩水电站库区变形监测网”采用 GPS 技术，代替常规的用 T3 经纬仪测角、用

ME－5000 测距测边的边角同测网方法，进行控制网的复测。精度优于边角同测网，而野外作业时间仅为边角同测网的1/10～1/20。

水布垭水电站大坝填筑碾压施工过程中，将GPS安装在振动碾上组成实时监控系统，对振动碾的行走速度、碾压遍数、碾压历时及碾压轨迹进行全过程同步实时检测，有效地保证了碾压遍数及碾压速度达到设计要求，创造了填筑碾压质量控制新方法，克服了事后检测和抽样检测的局限性。

利用近景摄影测量量测开挖方量，其优点是施测周期短，像片的信息量大，可以多重摄影，有多余观测值，精度可靠。三峡公司测量中心利用这种方法来复核施工方的开挖方量，又快又准，取得了良好效果。

安装在隔河岩水电站的"大坝外观变形GPS自动化监测系统"，由GPS数据采集、数据传输及数据处理、分析和管理三大部分组成。全系统通过局域网组成自动化监测系统。系统从数据传输、处理、分析到显示结果，全过程所用时间小于10 min，系统可靠，精度高，全自动化，可常年对大坝的运行质量和安全进行实时监测。

五、检测测量与施工测量

施工测量是水利水电工程建设阶段为建筑安装施工实施的测量工作的总称，包括施工控制、施工放样、预埋件定位、设备安装定位、竣工测量、变形监测等。建设监理单位为履行监理工作职责需要实施的测量工作可称为监理测量。检测测量根据其定义可以理解为，它是工程质量检测工作的一个重要组成部分，是工程质量检测常用的主要技术方法之一，无论是在水利水电工程建设施工期还是工程建成的运行期，只要质量检测任务有需要都将进行检测测量工作。由于检测测量的成果应用及其服务对象的不同，检测测量可被用于施工单位自检、监理单位检测、项目法人检测、质量监督检测、竣工验收检测、安全鉴定与评价检测、质量事故鉴定或纠纷仲裁检测等。可见，对于检测测量和施工测量这两项工作，从实施的项目内容上来看，施工测量宽于检测测量；从适用的工程建设阶段来看，检测测量并不局限于水利水电工程建设的施工期。检测测量与施工测量有着共同的测量理论基础和相同的技术方法，大多使用相同的仪器设备，执行相同的技术规范（除有专门的检测测量标准要求外）。

计划经济时期，水利水电工程施工测量与检测测量均由施工单位承担。改革开放以来，我国工程建设管理体制改革后，水利水电工程建设项目已经全方位实行了项目法人责任制、招标投标制、建设监理制，全面实行工程建设质量责任终身制，建设各方以合同为要约各负其责。在这样的管理体制下，水利水电工程建设中的各类测量工作有了新的分工，更趋专业化，职责更明晰。施工单位主要承担施工放样工作，有时也可以依合同承担施工控制网测量、竣工测量、变形监测。通常情况下，施工控制网测量、竣工测量、变形监测和监理测量、检测测量是通过公开招标优选专业测量单位承担。在大型水利水电工程建设中，建设单位还组建测量中心，由测量中心承担工程建设全局和重要的施工测量及检测测量工作，如施工控制网复测和加密，施工测量放样重要点、线、面的检测和复核，工程计量复核等，其质量特性数据成果作为工程建设各类验收与质量评定的依据。施工测量分工的变化使得水利水电工程与空间位置、形体尺寸有关的质量数据由出自施工方一家，转变为出自监理、测量中心和专业测量单位或专业的第三方检测测量单位多家。各类测量单位（监理单位、测量中心和专业测量单位）按照各自职责任务实施检测测量工作，使工程质量特性得到更加多角度的反映。

2008年水利部第36号令颁布了《水利工程质量检测管理规定》，此规定中设置了水利工程质量检测量测类专业，确定了相应的水利工程质量检测单位资质等级标准。从事水利工程质量检测量测类专业的检测单位必须通过计量认证资质认定，取得水利工程质量检测量测类专业资质等级证书；从业人员要经过水利工程质量检测量测类专业培训并通过相应的考核、考试，取得水利工程质量检测员资格量测类证书；水利工程质量检测量测类检测单位必须在相应资质等级许可的范围内承担和开展水利工程质量检测量测业务。这项规定的实施，开启了水利行业水利工程质量检测量测类专业的市场准入制度并实行专业化、规范化的管理；明确了为水利工程质量评定提供成果数据的检测单位应取得相应水利工程质量检测单位资质，拥有相应资质的检测单位出具的成果数据具有法律效力。

六、检测测量的特点

与一般测量比较，检测测量由于测量目的、作用和服务对象的不同，有其独自的特点。

工程质量检测是质量监督、质量检查和质量评定与验收的重要手段之一，检测测量结果是质量检测报告的主要内容，是工程质量评定、质量纠纷评判、质量事故处理、质量改进和工程验收的重要依据，要求检测测量工作以法律为准绳，以技术标准为依据，检测测量的工作方法应科学规范，检测结果遵循以数据为准的判定原则，应客观、公正。

检测测量工作具有严肃的执法性，其成果在工程质量评定、质量纠纷仲裁、质量事故处理等使用过程中作为依据，具有法律效力。

检测测量工作具有科学性和规范性，实施检测测量必须依据国家和行业部门颁布的技术规程、规范，选用先进优良并经过计量检定合格的仪器设备，选择成熟可靠有效的技术方法。对施工测量成果质量进行检测时，检测测量使用的仪器等级和测量精度要等于或高于被检测的仪器等级和测量精度。

检测测量是工程施工过程质量保证的重要手段，是进行施工工序质量控制的有效措施。检测测量贯穿于施工的始末，并且具有很强的时效性。

对检测测量从业人员的素质要求要高于一般测量人员，检测测量从业人员不仅要掌握水利水电工程测量的基本理论、技术与方法，还要掌握国家对水利水电工程建设管理、质量管理的政策、法律、法规和技术标准。检测测量从业人员要敬业爱岗、忠于职守、遵纪守法、廉洁自律，具备优良的职业道德，要接受国家职业与行业自律管理。

检测测量单位必须建立健全各项规章制度，严格履行并持续改进质量保证体系，规范检测测量行为。检测测量单位出具的检测成果报告有特定的格式、内容与表述要求，其检测结论数据具有唯一性，检测测量在特定条件下具有可复现性与可追溯性。

第三节　测量人员在检测测量工作中的作用与素质要求

在检测测量生产中，测量人员不仅是检测测量项目的策划者和技术设计的编写者，而且是检测测量外业、内业、检查验收、成果提交等工作的实施者，法律法规、技术标准的执行者，其素质水平如何及他们的主动性、积极性和创造性是否充分发挥，直接决定着检测测量项目的技术水平、管理水平、成果质量。因此，在检测测量生产中，测量人员是最基本、最重要的因素，起决定性的作用。此外，在检测测量科研、教学领域，测量人员也同样起着决定性的作用。

一、测量人员在检测测量工作中的作用

测量人员是检测测量工作的策划者、组织者和实施者。随着市场经济体制的逐步形成和完善，测量人员在检测测量市场竞争、检测测量生产、技术发展、质量管理、人才培养中具有越来越重要的作用。

（一）在检测测量市场竞争中的作用

竞争越来越成为单位综合实力的竞争，特别是越来越表现为科技进步、知识创新和宏观驾驭能力的竞争，表现为人的素质的竞争。测量人员是一个单位的专业人才，是构成单位核心竞争力的关键，他们能够给单位带来科学知识、技术技能和创新能力，不断提高单位的市场竞争力。此外，测量人员直接参加经营活动，能发挥技术优势，增加经营活力，提高经营水平。如在检测测量项目的投标工作中，利用他们精通测量技术的优势，容易理解用户需求，优化设计方案，可以编制出更为科学、合理、经济、可行的投标文件，增加投标成功率。因此，检测测量市场的竞争归根结底是人才的竞争。

（二）在检测测量生产中的作用

测量人员是检测测量生产的主力军，不同层次的测量人员分别从事检测测量生产的领导、管理、实施工作，在各自的岗位上发挥重要的作用。

在领导、组织岗位上的测量人员，负责制定检测测量方案、编写技术要求、进行质量检查和其他生产管理，对检测测量生产负有领导责任。生产第一线的测量人员，是检测测量生产的直接参与人员和主要实施人员，其工作态度、工作责任、工作效率和工作质量对完成生产任务起着保证作用。

（三）在技术发展中的作用

创新是科技发展的生命力，是人们变革现实的智慧行为，测量科技人员是开展检测测量科技创新活动中最主要、最活跃的因素，是检测测量科技创新的主体。我们必须坚持贯彻尊重劳动、尊重知识、尊重人才、尊重创造的方针，造就一批德才兼备、国际一流的科技创新人才，使他们在现代化检测测量生产、科研实践中，发扬创新精神，不断探索，勇于开拓，攻克检测生产、科研中出现的各种难题，攀登一个又一个高峰，不断创造出新的业绩，促进检测测量技术的发展。

（四）在质量管理中的作用

管理活动实质上是人的活动，在整个质量管理工作中，人的作用不言而喻。首先是企

业最高管理者的素质;其次是各级管理人员,尤其是质量管理人员的素质;最后是企业全体员工的素质。他们的素质决定了企业的质量,也决定了其产品质量。对于一个具备水利水电工程质量检测单位资质的测量企业,企业最高管理者和各级管理人员一般都是由测量人员担任的,把测量人员的素质提高了,检测成果的质量也会自然提高。

(五)在人才培养中的作用

人才的成长靠教育。检测测量人才主要依靠测绘院校培养,教师是学校办学的主体。教师素质的高低决定着人才培养的质量。其次,测绘单位和测绘科研机构都十分重视在职人才的培训,做到有制度、有计划、有教材,进行系统、全面的检测培训教育。依靠自身的技术力量培养人才,由具备系统测绘理论和丰富检测测量经验的测绘技术人员担任教师,通过举办技术培训班,或一对一传、帮、带的方式培养检测测量人才。总之,检测测量人才决不是天生的,也不是自然形成的,而是靠坚持不懈的培训与教育形成的。教师和有检测经验的测绘人员,在检测测量人才的培训与教育工作中起了十分重要的作用。

二、检测测量人员的素质要求

检测测量人员的工作环境艰苦,劳动强度大;检测测量人员既要在工作中消耗大量的体力,是体力劳动者,又要在工作中付出大量的脑力,又是脑力劳动者。检测成果是工程质量评定、质量纠纷评判、进行质量事故处理、改进工程质量和工程验收的重要基本资料,要求完整、齐全、真实、可靠。因此,检测测量人员既要有健康的体魄、旺盛的精力,又要有系统的专业知识、熟练的操作技能,并且还要具备较高的政治思想水平和良好的职业道德。

(一)检测测量人员应具备的专业技术

(1)掌握水利水电工程检测测量的基本理论、方法与技术。

(2)掌握相关的政策、法律、法规、技术标准对检测测量项目的要求。

(3)掌握委托方对检测测量项目的具体要求。

(4)掌握与检测测量有关的水利水电工程设计、施工知识。

(二)检测测量人员应具备的职业道德

(1)敬业爱岗,忠于职守,努力完成检测测量任务。

(2)遵纪守法、规范作业。检测测量要以法律为准绳,以规范为依据,检测结果遵循以数据为准的判定原则,不受任何行政干预及经济利益和其他因素的影响。

(3)坚持科学态度,实事求是,不随意修改检测测量数据,不臆造数据,保证检测测量数据与结果的客观性和公正性。为此,检测测量人员在测量作业中应遵守下列准则:

①一切原始观测值和记事项目,必须在现场用铅笔或钢笔记录在规定格式的外业手簿中。严禁凭记忆补记、转抄或伪造。作业手簿中每一页都须编号,任何情况下都不许撕毁手簿中的任何一页,记录中不得预留下空页。

②一切原始的数字、文字记载应正确、清楚、整齐、美观。对原始记录中角度的“秒”和长度的“厘米”与“毫米”不得作任何修改。原始记录中角度的“度”与“分”和长度的“分米”与“米”,确系读错、记错,可在现场更改,但不得对两个相关的数字进行连环更改。更正错误时,均应将错字整齐划去,在其上方填写正确的文字或数字,禁止涂擦。对超限

划去的成果，须注明原因和重测成果所记载的页数。

③由电子记录器或计算机输出的原始观测记录、计算资料等，应及时整齐地贴于有关手簿或计算用纸上，并加注必要的说明。

④检测测量成果资料（包括观测手簿、放样单、放样手簿）和图表（包括地形图、竣工断面图、控制网计算资料）应予统一编号，妥善保管，分类归档。按规定应上交给监理工程师的资料复印件，必须按时完整地上交。

（4）坚持安全生产、文明生产，现场作业时必须遵守有关安全、技术操作规程，注意人身和仪器的安全，禁止冒险作业。

第二章　控制测量

在水利水电工程质量检测工作中，检测建筑物的高程、平面位置及有关的尺寸等是必不可少的重要工作，以保证建筑物的施工满足设计或规范的要求。

实际工作中，通常需要检测建筑物纵横轴线、建筑物断面几何尺寸、隐伏建筑物几何形态、结构构件几何尺寸等，以及金属结构的闸门构件结构尺寸、闸门埋件的相对位置、门机轨道的实际中心线与基准线偏差、轨距偏差、全行程上最高点与最低点之差、同跨两平行轨道的标高相对差等。上述的质量检测工作，必须以工程的控制测量网点为基础，并且控制网点的精度决定检测成果的准确性。因此，水利水电工程的施工区域通常都建立了能满足施工要求的、具有较高精度的测量控制网。

由于受某些原因的影响，测量控制网的精度或密度不能满足施工要求，如测量控制网本身精度偏低，或者受施工影响导致点位的位移产生大的误差，或者是由于施工被完全破坏等，在上述情况下，就必须进行控制测量，针对具体的情况，对原控制网进行重测、复测或加密，以保证水利水电工程质量检测工作的质量。

因此，控制测量是水利水电工程质量检测工作的基础，也是非常重要的一个环节。

第一节　控制测量在水利水电工程测量检测工作中的作用

一、水利水电工程控制测量的特点

一般说来，水利水电工程建设可分为三个阶段，即勘测设计阶段、施工阶段和运营管理阶段。按工程建设的阶段来划分，控制测量可分为测图控制测量、施工控制测量和安全监测控制测量。不同的建设阶段，对控制测量的要求是不同的。

勘测设计又可分为规划设计、初步设计和施工设计，此阶段是对工程进行整体布置和详细设计的过程。此阶段的工程测量主要是为工程的规划和设计提供各种比例尺的地形图、纵横断面图等资料，为此目的而布设的测量控制网被称为测图控制网，它是施工阶段控制测量网的参考基准。

当工程设计经过论证、审查、批准后，进入施工阶段。此时，测量的任务就是将设计的建筑物的特征点(线)按照施工的要求，在现场进行施工放样，以及施工完成后的竣工测量和变形观测等。为施工放样和测量检测而布设的测量控制网被称为施工控制网。

工程验收合格交付使用，便进入了运营管理阶段。此阶段的测量主要是监测建筑物的位移、沉降和倾斜变化等，以保证水利水电工程的建筑物安全、健康地运行。在此阶段，需要布设高精度的监测控制网。

控制测量的主要目的就是服务于工程对象，保证各阶段的测绘成果具有一定的准确性和可靠性，为工程的建设提供测量基础。水利水电工程施工控制测量特点如下：

(1)施工控制测量相对于测图控制而言，控制范围相对较小，布点较密，精度要求较高。

(2)点位的布设主要根据放样的联测方便，并能达到放样的精度要求，布点不一定均匀，主要布设在放样的工作区附近。

(3)相对点位精度是最主要的精度指标，而不是绝对点位精度。另外，施工控制网的精度具有针对性和非均匀性，其二级控制网的精度不一定比首级控制网的相对精度低。

(4)施工控制网常根据施工程序的先后、施工区的不同、施工放样的精度要求不同，而分期或分层建立。例如，引水隧洞施工控制，通常是先建立洞外控制，将进水口和出水口纳入一个控制网，随着洞内掘进的延伸，在洞内建立施工控制网(点)。另外，不同的建筑物有施工先后顺序，先进行施工的区域首先布设控制网，对于一定时期内不施工的地区，可暂时不布设控制网，避免测量标志过早受到破坏或受施工影响产生移动，减少测量标志维护、检测和重测的工作量和费用。

(5)控制点使用周期长，使用频率高，因此保护要求较高。选择控制点位时，应详细了解施工设计的总体布置、施工交通路线、土石方填挖范围等，尽可能避开施工区域，以免破坏建成的控制点，同时还要顾及施工时车辆通行或机械运行对控制点稳定的影响和干扰。

(6)控制计算时，为减小边长投影变形产生的误差，控制网边长的投影面高程应以主要建筑物所在的高程面(如大坝顶面或发电厂房高程)确定，以保证关键建筑物的施工放样精度。

二、控制测量在水利水电工程测量检测工作中的作用

水利水电工程的质量检测是对工程进行质量监督、质量检查和质量评定、验收的重要手段和方法，对保证水利水电工程的质量具有重要的作用。

水利水电工程测量检测包括对施工单位加密控制网点、建筑物的重要点线进行复核测量，其中重要点线主要是指建筑物的定位轴线、标高、水平桩、主体建筑物基础块和预埋件的立模点、大型金属结构安装定位点、管网配线定位点等。

控制测量的作用在水利水电工程测量检测工作中可归纳为以下几点：

(1)控制测量是各项测量工作的基础和依据。在水利水电工程测量中，控制点能提供满足施工定位精度并便于放样的依据，利用控制点进行水工建筑物的放样，可以保证水工建筑物的准确位置，并保证各建筑物的整体联结。

(2)为检查水利水电工程建筑物的竣工精度提供基点和基线，以及测绘竣工图的基础控制，提供施工过程中监测建筑物变形或位移、设备安装以及运营管理的控制点和参考基准。

(3)控制测量具有控制全局的作用，可以限制误差的传递和积累。任何测量都会由于仪器、人为因素、天气状况等诸多因素产生测量误差，控制测量可以使工程的待测点或放样点附近有控制点，无须通过远距离引测而产生误差的积累。

第二节　测量控制网的布设原则

测量的基本任务就是确定地面点的基本位置。由于地球自然表面高低起伏较大，要确定地面点的空间位置，就必须有一个统一的测量坐标系。在测量工作中，通常用地面点在基准面上的投影位置和该点沿投影方向到基准面（如大地水准面、椭球体面）的距离来表示。

测量控制网的布设首先需确定控制测量的基准，即测量坐标系和高程系统。

一、测量坐标系

（一）大地坐标系

以参考椭球体表面为基准面，以其法线为基准线建立起来的坐标系称为大地坐标系，地面上的一点可用大地经度（L）、大地纬度（B）及大地高（H）来表示，它是利用地面上实测数据推算出来的。

地形图上的经纬度一般是用大地坐标来表示的。在水利水电工程测量中，一般不使用大地坐标系，原因是工程的范围相对较小，利用经纬度换算距离不方便，也没有直角坐标系能更直观地表示点的位置。

（二）平面直角坐标系

平面直角坐标系由两条相互垂直的直线构成，南北方向的线为坐标的纵轴，即 X 轴，东西方向的线为坐标的横轴，即 Y 轴。

由此可知，测量上采用的平面直角坐标系与数学上定义的坐标系不同，其象限顺序是：从坐标轴的东北象限开始，以顺时针方向依次为Ⅰ、Ⅱ、Ⅲ、Ⅳ象限，与数学坐标系的象限顺序相反。

由于一般的工程规划、设计和施工放样都是在平面上进行的，需要将点的位置及地面图形表示在平面上，因此通常采用平面直角坐标系。

（三）我国的国家坐标系

目前，我国有两个常用的国家大地坐标系：1954 年北京坐标系和 1980 年国家大地坐标系（也称为 1980 西安坐标系）。

1. 1954 年北京坐标系

新中国成立后，我国的大地测量进入了全面发展时期，鉴于当时的历史条件，暂时采用了克拉索夫斯基椭球参数，并与苏联 1942 年坐标系进行了联测，建立了我国的大地坐标系，即 1954 年北京坐标系。1954 年北京坐标系的椭球为克拉索夫斯基椭球。

克拉索夫斯基椭球的长半径 $a = 6\ 378\ 245$ m，扁率 $\alpha = 1:298.3$。

由于 1954 年北京坐标系的大地原点在苏联普尔科沃天文台，距我国甚远，在我国范围内该参考椭球面与大地水准面存在明显的差距。

为适应大地测量发展的需要，1978 年全国天文大地网平差会议决定建立我国独立的大地坐标系，即后来经过国家批准使用的 1980 西安坐标系。

2. 1980 西安坐标系

自1980年起,我国采用1975年国际第三推荐值作为参考椭球,并将大地原点定在西安附近(陕西省泾阳县永乐镇),由此建立了我国新的国家大地坐标系,即1980西安坐标系。该坐标系采用的椭球名称是国际第三推荐值椭球,其地球椭球元素为:长半径 $a=6\ 378\ 140$ m,扁率 $\alpha=1:298.257$。

1954年北京坐标系的成果可以改算为1980西安坐标系。但由于改算成果的工作量巨大,以及存在成果使用的延续性等问题,因此1954年北京坐标系的成果资料还将在一定时期内使用。

3. 边长投影改正

根据我国有关测量规范的要求,国家大地测量控制网依高斯投影方法按6°带或3°带进行分带计算,并把观测成果归算到参考椭球体面上。这样的规定,不但符合高斯投影的分带原则和计算方法,而且也便于大地测量成果的统一、使用和互算。

水平距离的归算和投影改正计算有关公式如下所述。

(1)把水平距离归算到参考椭球面上的测距边长度为

$$D_1 = D\left(1 - \frac{H_m + h_m}{R_A + H_m + h_m}\right) \tag{2-1}$$

式中 D_1——归算到参考椭球面上的测距边长度,m;

D——测距边水平距离,m;

H_m——测距边高出大地水准面(黄海平均海水面)的平均高程;

R_A——测距边所在法截线的曲率半径,m;

h_m——测区大地水准面高出参考椭球面的高差,m。

(2)把参考椭球面上的测距边长度归算到高斯面上的测距边长度为

$$D_2 = D_1\left(1 + \frac{y_m^2}{2R_m^2} + \frac{(\Delta y)^2}{24R_m^2}\right) \tag{2-2}$$

式中 Δy——测距边两端点横坐标之差,m;

y_m——测距边两端点横坐标的平均值,m;

R_m——参考椭球面上测距边中点的平均曲率半径,m。

由上式可以看出,测距边距中央子午线越远,长度的投影变形越大。

(四)工程测量坐标系

对于水利水电工程而言,施工控制网必须满足施工放样的准确性,要求由控制点坐标直接反算的边长与实地量测的边长相等,也就是说,边长经过投影改正而带来的长度变形,不应大于相应工程所要求的精度。

因此,为了满足水利水电工程施工放样的精度要求,则必须建立合适的工程坐标系,使实地量测的边长与控制点间的反算距离相符,以便准确而又方便地进行施工放样。

1. 选择工程坐标系的因素

选择水利水电工程的平面控制网坐标系须考虑的因素,主要是观测边长投影改正的变形值的大小。当测区最边缘离中央子午线较近,测区内投影长度变形值小于某一值时(如5 cm/km),由控制点坐标直接反算的边长与实测的距离比较相差较小,能满足施工放样的要求，就可以采用国家3°带高斯投影平面直角坐标系。

在《水利水电工程测量规范（规划设计阶段）》（SL 197—97）中，第2.1.3条明确规定，对于水利枢纽地区以及重要工程建筑物地区测图，当测区内投影长度变形值不大于5 cm/km时，可以采用现行的国家坐标系统，按统一的高斯正形投影分带。

在这种情况下，工程测量控制网应与国家的控制点联系，使二者成果系统一致，既满足了工程测量的有关精度要求，同时又使测量成果一测多用，可互相利用。

当边长的两次归算投影改正不能满足工程测量的有关精度要求时，为了保证工程测量成果的直接利用和计算的方便，可以采用任意带高斯投影平面直角坐标系，归算测量边长的参考面可以根据工程需要选定。

2. 抵偿投影面3°带高斯投影平面直角坐标系

在这种坐标系中，仍然采用3°带高斯投影，但投影面的高程不是参考椭球体面，而是依据高斯投影长度变形值选择的高程参考面。在这个高程参考面上，长度变形为零。下面举例加以说明。

比如，某水利水电工程所在测区的平均高程 $H_m = 2\,000$ m，测区最边缘离中央子午线100 km。

当边长 $D = 1\,000$ m时，边长归算到参考椭球体面上的改正数是

$$\Delta D_1 = -\frac{H_m + h_m}{R_A + H_m + h_m} D \approx -\frac{H_m}{R_A + H_m} D = -0.313(\text{m})$$

把参考椭球体体面上的测距边长度归算到高斯面上的改正数是

$$\Delta D_2 = [1 + \frac{y_m^2}{2R_m^2} + \frac{(\Delta y)^2}{24R_m^2}]\ D_1 \approx \frac{y_m^2}{2R_m^2} D_1 = 0.123(\text{m})$$

由计算结果知，$\Delta D_1 + \Delta D_2 = -0.190(\text{m})$，超过一般的允许值。如果不改变中央子午线位置，而选择合适的高程参考面，则使边长归算到参考椭球体面上的改正数与归算到高斯面上的改正数相等。

根据公式 $\Delta D_1 \approx -\frac{H_m}{R_A + H_m} D$ 可以算出，$H_m \approx 780$ m，即将地面边长归算到1 220 m的抵偿高程面上，即 $2\,000 - 780 = 1\,220(\text{m})$。此时，$\Delta D_1 = -0.123$ m，两项改正数完全抵消。

3. 任意带高斯投影平面直角坐标系

在这种坐标系中，仍然将地面实测边长归算到参考椭球体面上，但中央子午线不是按国家3°带的划分办法划分，而是依据补偿高程面归算的长度变形选择某一条子午线作为中央子午线的。

例如，某测区相对参考椭球体面的高程 $H_m = 500$ m，边长 $D = 1\,000$ m，为了抵偿边长在参考椭球体面上的改正值，即令 $\frac{y_m^2}{2R_m^2} + \frac{H_m}{R_A + H_m} = 0$，由此公式可求得 $y_m = 80$ km。即选择与测区相距80 km处的子午线，在 $y_m = 80$ km处时，两项改正数可以抵偿。计算如下：

当边长 $D = 1\,000$ m时，边长归算到参考椭球体面上的改正数为：

$$\Delta D_1 \approx -\frac{H_m}{R_A + H_m} D = -\frac{500}{6\,378\,245 + 500} \times 1\,000 = -0.078(\text{m})$$

把参考椭球体面上的测距边长度归算到高斯面上的改正数为

$$\Delta D_2 \approx \frac{y_m^2}{2R_m^2} D_1 = \frac{80^2}{6\ 370^2} \times 1\ 000 \div 2 = 0.078(\text{m})$$

由此可知：$\Delta D_1 + \Delta D_2 = 0$。

4.独立坐标系

以一个国家的坐标为控制网的起算点，以该点至另外的一个国家控制点的方位为已知的起始方位，建立坐标系统。边长不进行高斯投影改正，仅归算到某一高程面上。高程面一般以工程的主要建筑物所在的高程来确定。为了与国家的坐标系进行区别，我们称之为独立坐标系统。目前，水利水电工程的施工控制网通常采用此种方法建立坐标系，这种坐标系的控制点成果与国家三角点进行了挂靠，建立了联系。

此外，还可以建立与国家坐标系没有任何关系的完全独立的坐标系（即假设坐标系）。假设坐标系可以以工程建筑物的某一轴线为坐标系的一轴，建立假设的工程坐标系。如以大坝轴线、桥梁轴线等为坐标系的一轴，这样便于施工放样。这种坐标系一般在测区范围比较小的单一工程中使用。

二、高程系统

为了布设全国统一的高程控制网，首先必须建立一个统一的高程基准面，以使所有的水准测量测定的高程都以这个面为零起算点，以此来推算地面点的高程。

（一）1956 年黄海高程系

以青岛验潮站 1950 ~ 1956 年连续验潮的结果求得的平均海水面作为全国统一的高程基准面，以此基准面所建立的高程系统，即为 1956 年黄海高程系。

为了稳固地表示基准面的位置，在山东省青岛市建立了一个与该平均海水面相联系的水准点，该水准点叫做国家水准原点。

（二）1985 年国家高程基准

1987 年 5 月经国务院同意，启用 1985 年国家高程基准，其起算点仍为 1956 年所用的国家水准原点，1985 年的新高程值比 1956 年的旧高程值小 0.028 9 m。

1985 年国家高程基准与 1956 年黄海高程系比较，验潮站和水准原点未变，只是更加精确。

（三）地方的高程系统

由于历史原因，我国还存在较多的地方高程系统。新中国成立前，各省或各大流域都自行确定了若干个高程系统，在全国较为常用的有大连、大沽、青岛、黄河、吴淞及广州假定零点等。在国家统一的高程系统建立以前，多种旧高程系统的混用给资料的使用带来很多麻烦。

在水利水电工程中，特别是在长江流域，地方高程系统中的吴淞高程系是使用较为普遍的。多年来，利用吴淞高程系积累了大量珍贵的水文、测量等资料，为保证这些资料的延续性和可利用，必须在吴淞高程系与国家 1956 年黄海高程系之间进行换算。

吴淞高程系与国家 1956 年黄海高程系的差值并不是一个固定的常值，在不同的地区两者的差值是不同的。如在上海市境内，吴淞高程比 1956 年黄海高程高 1.629 7 m，但在三峡库区变化为高 1.7 m 以上,如表 2-1 所示。

表 2-1 吴淞高程系与国家 1956 年黄海高程系换算表

地名	距坝轴线距离(km)	改正数 δ(mm)	地名	距坝轴线距离(km)	改正数 δ(mm)
三斗坪	0	1.770	奉节县	162	1.758
秭归	38	1.770	安坪	182	1.755
泄滩镇	48	1.768	故陵镇	206	1.753
巴东	72	1.767	云阳县	224	1.750
官渡口	78	1.765	双江镇	248	1.747
培石	100	1.763	大周溪	266	1.744
巫山县	124	1.760	万县	281	1.741

注:吴淞高程 = 1956 年黄海高程 + δ。

三、平面控制网布设原则

(一)平面控制网分级

根据《水利水电工程施工测量规范》(SL 52—93),平面控制网的等级依次划分为二、三、四、五等测边网、测角网、边角网或光电测距导线。对于大型水利工程,可以布设一等平面控制网,对其技术指标须进行专门的设计。

如果是 GPS 控制网,按工程规模依次可以选择国家 B、C、D、E 级 GPS 网。

(二)平面控制网布设原则

水利枢纽工程有大坝、电站厂房、船闸、溢洪道等众多建筑物,结构复杂,而且整个庞大工程的各建筑物都分别施工,最后联络为一个整体。因此,在施工前必须建立整体的具有足够精度的控制网,以满足设计和施工的要求。

水利工程施工控制网的布设,一般遵循以下原则:

(1)分级布网、逐级控制。对于水利工程控制网,通常选布设精度要求较高的首级控制网,随后可以根据需要,再加密若干级别较低的控制网。如用于工程建筑物放样的控制网,可以分为两级,第一级是总体控制,第二级直接为建筑物放样而布设。

(2)要有足够的精度和密度。在工程区内要求有足够密度的控制点,而且这些点的精度要达到相应的精度要求,以满足施工中的使用。

(3)要有统一的规格。布设控制网时,要求按照统一的规范和技术标准进行。

按照上述原则进行控制网布设时,还应注意以下方面:

(1)施工控制网的布设为整个工程设计的一部分,施工控制网的点位应标注在施工场地的总平面图上。布网时,除考虑地形、地质条件和放样精度要求外,还应考虑施工程序、施工方法和施工场地情况。

(2)多用三角测量或 GPS 测量的方法布网。由于水利枢纽工程多处于地形复杂、起伏较大的山区,所以采用三角测量方法建立施工控制网较为适宜,随着 GPS 测量技术的发展，利用 GPS 测量布设施工控制网已经非常方便，正在取代三角测量方法。

（3）分级布设施工控制网。为了保证控制点的稳定，又便于施工放样，大中型水利枢纽工程施工控制网一般由基本网和加密网二级组成。基本网为主要的平面控制网，是控制整个建筑物轴线及加密网的重要依据，因此要求点位稳定并能长期保存。加密网是建筑物放样的直接依据，布网时，应考虑放样方便，尽可能靠近需放样的建筑物。

（4）基本网的边长一般不超过 1 ~ 2 km，以保证控制网中相邻点间的精度及必要的密度。另外，应尽可能将坝轴线作为施工控制网的一条边，如有必要，可以采用坝轴线方向作为施工坐标系统的某一坐标轴线方向。

四、高程控制网布设原则

（一）高程控制网分级

根据《水利水电工程施工测量规范》（SL 52—93）的规定，高程控制网的等级依次划分为二、三、四、五等。可以根据工程的规模、范围和要求的放样精度来确定首级高程控制网的等级。二、三、四、五等高程控制网可以采用水准测量的方法进行施测，三、四、五等高程控制网可以采用光电测距三角高程测量替代水准测量。

（二）高程控制网布设原则

水利工程建筑物的高差悬殊，其高程位置的放样错综复杂，同时，在施工期间及竣工后，要对建筑物进行垂直位移及倾斜变形观测。因此，须布设高精度的高程控制网，采用水准测量的方法施测。

高程控制网的布设一般应遵循以下原则：

（1）分级布网、逐级控制。高程控制网的首级网布设成闭合环状，加密时可以考虑布设附合导线或结点网。

（2）高程控制网的点位要求稳定，不受洪水、施工干扰的影响，便于使用、保存和维护。可以在施工区以外的地方，设置两个基本的高程点（最好是基岩标），作为控制网的基准点。

（3）有条件时高程控制点尽量与平面控制网点共点，以方便使用和节约成本。

第三节　测量控制网方案的优化设计

一、控制网的优化设计的概念

控制网的优化设计，是在限定精度、可靠性和费用等质量标准下，寻求控制网的最佳极值。

（一）控制网优化设计问题的分类

控制网优化设计问题分为四类：

（1）零类设计问题（基准选择问题）。即对一个已知图形结构和观测计划的自由网，为控制网点的坐标及其方差阵选择一个最优的坐标系，也就是一个平差问题。

（2）Ⅰ类设计问题（结构图形设计问题）。即在已知观测值权阵 P 的条件下，确定设

计矩阵 A,使网中某些元素精度达到预定值或最高精度。

(3) Ⅱ类设计问题(观测权分配问题)。即在已知设计矩阵 A 的条件下,确定观测值的权阵 P,使网中某些元素精度达到预定值或最高精度。

(4) Ⅲ类设计问题(网的改造或加密方案的设计问题)。通过增加新的点或新的观测值,来改善原设计控制网的质量。在给定改善质量的前提下,使改造测量工作量最小,或在改造费用确定的条件下,使改造方案的质量最好。

上述四类问题往往是综合性的,通常难以严格分开。控制网优化设计的目的是用最少的费用达到最佳的质量目标。

(二)变形监测控制网优化设计的质量标准

变形监测控制网优化设计的质量标准一般有四类指标:

(1)精度。描述误差分布离散程度的一种度量。

(2)可靠性。发现和抵抗模型误差能力大小的一种度量。

(3)灵敏度。控制网在使用中发现某一变形能力大小的一种度量。

(4)经济。建网费用。

控制网优化设计的理想目标是,用合理的建网费用,建成精度高、可靠性强、灵敏度高的变形监测控制网。

测量控制网的建网设计是整个建网工作的一部分。控制网建网设计目标,应该全面满足工程对控制网的要求,包括控制网的精度、点位位置适合于施工放样、点位稳定、建网的费用节约等。但针对不同需要的测量控制网,对控制网质量评定的标准是不同的。例如,水利水电工程的监测网和施工控制网,除对控制网本身的精度具有要求外,还应注重评价控制网的稳定性,因为这些点需要反复长久地使用,如果这些点失去了稳定性,造成了点位的位移,则会对观测的成果产生误差或错误。同理,即使控制网具有很高的精度,但如果控制网点的位置不合适,在进行施工放样或进行检测时,需要远距离引测点到放样或检测的位置,这样会产生新的观测误差,所得到的成果精度会受影响。因此,测量控制网方案的优化设计应综合考虑,除考虑控制网本身的精度外,还需考虑控制网的稳定性、可靠性、方便使用以及建网费用等因素。

二、控制网优化设计的方法

控制网优化设计的方法有很多种,大致可以归纳为解析设计法和机助设计法两类。

(一)解析设计法

通过建立优化设计的数学模型,包括目标函数和约束条件,选择一种合适的寻优算法求出问题的最优解。解析设计法的优点是理论比较严密,最终结果严格最优,使用计算时间较少。但也有数学模型复杂,比较难以建立的,最终结果有可能是理想化的,在实际工作中实施困难,甚至不可行。

(二)机助设计法

机助设计法是充分利用计算机的计算能力和判断能力,同时结合已有的知识和经验,通过对一个根据已有知识和经验拟定的初始设计方案,进行分析,计算并求出质量指标,在此基础上对方案进行反复修改,直到形成一个符合设计要求的方案。机助设计法具有适应性强、设计结果合理、具有可行性、计算模型相对简单、便于操作与使用的优点,但有时计算时间较长,结果可能是一种近似最优解。

目前,采用机助设计法进行优化设计的较多。一般按以下步骤进行:

(1)结合实际问题,按照各种设计要求,建立优化设计问题的数学模型。

(2)选择合适的求解方法,编制计算程序,用计算机进行求解。

(3)对取得的解算结果进行分析,分析其合理性和可行性,对计算成果进行综合评价。

控制网的优化设计一般由专业设计人员进行,作为水利水电工程测量专业质检人员应对此有一个基本了解,如碰到实际案例,可以查阅专项著作。

三、GPS 网的优化设计

在水利水电工程中,引水隧洞、库区基本控制的测量控制网大多为狭长形式布设,同时工程常常穿越山林,周围已知控制点少,若采用传统的控制测量方式布设控制网,将在网形、误差控制等方面带来很大的问题,而且传统的控制测量方式作业时间长,直接影响水利水电工程建设的工期。因此,在进行控制网方案优化时,应根据工程的特点,优先考虑采用 GPS 测量或 GPS 测量配合常规控制测量方法的建网方案。

与经典控制网(常规方法布设的网)比较,GPS 网无论是在测量方式上,还是在构网方式上,完全不同于经典控制网测量,因此其优化设计的内容也不同于经典控制网的优化设计。

(一)GPS 网的优化设计原则

在 GPS 作业前,应设计出一种实用的,既能满足一定的精度要求,又有较高经济指标的布网作业计划,这也是 GPS 网优化需要考虑的一个问题。因此,在进行 GPS 网的优化设计时,一般应遵循以下原则:

(1)GPS 网中不存在自由基线。所谓自由基线,是指不构成闭合图形的基线。由于自由基线不具备发现粗差的能力,因此 GPS 网应通过独立基线构成闭合图形。

(2)GPS 网中的闭合条件中基线数不可过多。网中各点最好有 3 条或更多的基线分支,以保证检核条件,提高网的可靠性,使网的精度、可靠性均匀。

(3)为了实现 GPS 网与地面网之间的坐标转换,GPS 网至少与地面网有 2 个重合点,以便 GPS 网的成果较好地转换至地面网中。

(4)为了便于观测,GPS 网点应选择在交通便利、视野开阔的地方。如为了便于用传统的方法使用,GPS 网点还应考虑与网中的其他点通视。

(二)GPS 网的精度

1. GPS 网的精度要求

GPS 网的精度要求,通常用 GPS 网中点之间的距离误差来表示,其形式为

$$\sigma = \sqrt{\alpha^2 + (bd)^2} \tag{2-3}$$

式中 σ——网中点之间的距离的标准差,mm;

α——固定误差,mm;

b——比例误差,mm;

d——两点间的距离，km。

根据《全球定位系统（GPS）测量规范》（GB/T 18314—2001）的规定，按照 GPS 网的不同用途，将 GPS 网划分为 AA、A、B、C、D、E 6 个等级，其相应的精度要求见表 2-2。

表 2-2　GPS 网的等级及精度要求

级别	固定误差 a（mm）	比例误差 b（mm）
AA	≤3	≤0.01
A	≤5	≤0.1
B	≤8	≤1
C	≤10	≤5
D	≤10	≤10
E	≤10	≤20

在水利水电工程中，GPS 网的布设一般只选择 B、C、D、E 级网，AA 级和 A 级主要用于全球地壳形变、精密定轨和地球动力学研究。

GPS 网的精度通常是用网中点之间的距离误差来表示的。就水利水电工程的控制网而言，相对于国家 GPS 网，边长相对较短，因此仅有点之间的距离相对精度还不能足以评价网的精度，还需要以网中各点的点位精度，或网的平均点位精度等指标反映 GPS 网的精度情况。例如，对于精度较高的 GPS 网，点之间的距离相对精度至少要达到 1/30 万，网中各点的点位中误差一般小于 ±5 mm，有些监测网的点位中误差甚至要求达到 ±1 mm 的精度。

2. GPS 网的精度设计

GPS 网的精度设计可以按如下步骤进行：

（1）首先根据布网的目的，在图上进行选点，然后进行实地踏勘选定，以保证满足本次任务的测量要求和观测条件，并在图上获取点位的概略坐标。

（2）根据准备投入的 GPS 接收机的台数 m，依据上述的 GPS 网优化设计的一般原则，选取 $m-1$ 条独立基线设计网的观测图形，并选择网中可能追加施测的基线。

（3）根据控制测量的精度要求，依据精度设计模型，计算 GPS 网可达到的精度值。

（4）逐步增减网中的独立观测基线，直至达到网的精度指标，并获得最终网形和观测方案。

3. 提高 GPS 网精度的措施

（1）进行 GPS 网的优化设计，增加必要的多余观测。

（2）采用高精度的 GPS 接收机和性能好的 GPS 天线观测。

（3）改进测量对中标志，减少对中和目标偏心误差的影响。目前，大多数高精度的控制网采用混凝土观测墩，并安装强制对中标盘。

（4）选择有利的观测时间。如进行 GPS 观测，事先应做好卫星的预报和观测计划。

（5）严格的数据预处理和平差计算。进行 GPS 基线处理时，引进高精度坐标基准的，将控制网中的点与国际 GPS 永久跟踪站即 IGS 站联测，可以为控制网基线解算提供高精度的基准。在数据预处理时,对观测质量不好的数据进行剔除。

(三)GPS网的可靠性

控制网的可靠性是用于衡量控制网辨别粗差、抵抗粗差影响能力的指标,一般分为内可靠性指标和外可靠性指标。内可靠性指标是指在一定的置信水平和检验功效下,可以发现网中存在的粗差最小值,即当粗差达到一定标准时,可以在网中发现并指出。外可靠性指标是指不可发现的粗差对网的坐标未知参数的影响,即未能发现的粗差对测量成果的影响。

GPS网观测作业时,由于卫星轨道误差、信号发射和传播误差、周跳及整周未知数的确定导致观测值带有粗差。因此,在GPS网的设计阶段,应考虑GPS网的可靠性,根据一定的可靠性指标标准,进行控制网的设计。GPS网的可靠性取决于网的图形结构和基线向量的权阵,而不是取决于观测本身。

一般来说,GPS网中的多余观测分量愈多,则网的可靠性愈高。同样,GPS网的等级愈高,网的可靠性要求也愈高。在《全球定位系统(GPS)测量规范》(GB/T 18314—2001)中,对各等级GPS测量的技术要求有明确的规定,其中观测时段数随着GPS网的等级提高而显著增加。因此,在实际的工程中,为避免复杂的可靠性指标的计算,往往以增加观测时段数来提高GPS网的可靠性。

第四节　控制测量方法与设备要求

控制测量可分为平面控制测量和高程控制测量。控制测量的方法可以分为常规控制测量和现代控制测量。常规的平面控制测量主要是三角测量、导线测量、前方交会、后方交会等,常规的高程控制测量主要是水准测量、三角高程测量等。而现代控制测量主要是GPS平面控制测量和GPS高程测量。

一、控制测量作业程序

(一)收集有关资料进行分析

需收集的资料包括:工程区域有关的地形图和必要的地质资料,平面和高程控制测量成果,工程建筑物的总平面布置图,有关的规范和招投标文件。

必要时,进行现场查勘,了解交通、水系分布情况,植被覆盖情况,控制点的分布、点位间的通视及保存状况等。

(二)技术设计

通过查勘以及分析收集的资料,制定满足控制网测量要求的技术方案。在制定技术方案时,应进行控制网的优化设计,选定最优方案,并编制技术设计报告,审查通过的技术设计报告与有关的规范、测量合同等一起作为测量工作的依据。技术设计报告应包括如下内容:任务概述、测区情况、已有资料情况、详细的技术设计方案(作业依据、作业方法、主要技术要求、计划的精度和质量目标、资源配置)、进度计划安排、质量和安全管理、提交资料的内容和格式等。

(三)组织与实施

根据技术设计方案制定详细的实施细则,然后组织实施。实施细则应包括的内容:人员组织,确定项目的项目负责人、技术负责人(对于大型项目还需设置质量工程师岗位和计划工程师岗位),明确各岗位职责。进行资源配置,合理安排作业人员、测量仪器设备等,制定详细的观测、记录、数据处理和平差计算、成果资料整理等工序的技术要求,并按要求进行实施。

(四)数据预处理及平差计算

在进行控制网的平差计算前,一般需要对观测数据进行预处理,为平差计算打下基础,以确保观测成果质量。

如三、四等水准测量数据预处理,应进行水准标尺长度误差的改正和正常水准面不平行的改正。一、二等水准测量数据预处理除上述的两项改正外,必要时,还进行重力异常改正和日月引力改正。

GPS 网预处理的工作内容:将数据文件的格式标准化,剔除含有粗差的数据,找出整周调换变位置并修复观测值,对观测值进行模型改正。

目前,数据预处理及平差计算一般采用数据处理软件,所使用的软件必须是随机的软件或经过国家权威部门正式鉴定的合格软件。

(五)质量控制

制定切实可行的质量控制措施,配置质量检查人员,明确质量检查人员和所有作业人员的职责。对生产作业的各个工序进行质量控制,防止不合格成果进入下一工序。质量控制可分为以下几个步骤:

(1)事先指导。加强作业人员的质量意识,审查技术设计方案及技术交底等。

(2)中间检查。此阶段的检查工作是在实施外业的过程中进行,由现场检查人员进行日常的检查,主要检查内容包括控制点位合理性、外业观测操作是否严格遵守了有关规范的操作规程,以及观测记录、观测成果和平差计算结果是否达到规定的要求等。

(3)检查验收。由作业单位的技术管理部门组织进行。

(六)资料整理以及归档

具体内容略。

二、平面控制测量方法

平面控制测量的方法包括 GPS 测量、导线测量、三角网测量、测边网测量、边角网测量等,其中 GPS 测量技术由于具备定位精度高、观测时间短、效率高、全天候作业、操作简便等特点,现正广泛应用于水利水电工程的控制测量中。下面主要介绍 GPS 测量的原理及方法,其他测量方法作简要介绍。

(一)GPS 测量

GPS 是全球定位系统(Global Positioning System)的英文缩写,是随着现代科学技术的迅速发展而建立起来的新一代精密卫星导航定位系统。

1. WGS－84 世界大地坐标系

GPS 定位测量中所采用的协议地球坐标系,称为 WGS－84 世界大地坐标系。

WGS－84 世界大地坐标系采用的地球椭球，称为 WGS－84 椭球，其常数为国际大地测量学与地球物理学会第 17 届大会的推荐值。长半径 $a = 6\ 378\ 137$ m，扁率为 $\alpha = 1:298.257\ 223\ 563$。

2. GPS 定位作业模式

随着 GPS 定位后处理软件的发展和完善，为确定两点间的基线向量，已有多种定位方案可以选择，这些不同的定位方案，称为 GPS 定位作业模式。GPS 测量包括静态定位测量和动态定位测量。静态定位测量又分为绝对静态定位测量和相对静态定位测量。

绝对静态定位测量是使用一台接收机，在保持 GPS 接收机天线静止的状态下，确定测站的三维地心坐标。其优点是速度快，灵活方便，一般应用于低精度的导航。绝对静态定位测量由于受到卫星轨道误差、接收机时钟不同步误差，以及信号传播误差等多种干扰因素的影响，其绝对定位精度为 20 m 左右，远不能满足控制测量的精度要求。

目前，较普通采用的作业模式有：相对静态定位测量、快速静态定位测量、动态相对定位测量等。

3. 相对静态定位测量

相对静态定位测量是使用 2 台或以上的 GPS 接收机，在保持 GPS 接收机天线静止的状态下，同步观测 4 颗以上的 GPS 卫星，确定基线两端的相对位置，这种定位模式称为相对静态定位测量。相对静态定位测量采用载波相位观测量为基本观测量，并且载波相位观测量所采用的线性组合可以有效地削弱卫星星历误差、信号传播误差等对定位结果的影响，可以保证获得足够多的观测数据，从而可以准确确定整周未知数。因此，相对静态定位测量可以达到很高的精度，在采用广播星历时，定位精度可以达到 $10^{-6} \sim 10^{-7}$，如果采用精密星历，那么定位精度可以达到 $10^{-8} \sim 10^{-9}$。目前，精度要求较高的工程控制网采用的是相对静态定位测量。

4. 实时动态定位测量

实时动态定位技术（RTK 技术），是以载波相位观测量为根据的实时差分 GPS 定位技术，是 GPS 发展的一个里程碑，现在广泛应用在工程测量中。

RTK 技术的基本原理方法是：在基准站上安置 1 台 GPS 接收机，对所有可见的 GPS 卫星进行连续观测，并将其数据通过无线电设备实时地发送给用户观测站（流动站）。流动站的 GPS 接收机在接收 GPS 卫星信号的同时，通过无线电设备接收基准站的观测数据，然后利用相对定位的原理，实时计算并显示流动站的三维坐标及精度。

5. GPS 测量误差及减弱措施

GPS 测量误差大体可以分为三类：GPS 卫星的误差、GPS 卫星信号传播误差和 GPS 接收机的误差。

（1）GPS 卫星的误差。GPS 卫星的误差主要是卫星星历误差，主要指卫星星历给出的卫星空间位置与卫星实际位置的偏差，也称为卫星轨道误差。可以通过精密星历来减弱该项误差对定位精度的影响。

（2）GPS 卫星信号传播误差。是指信号穿过地球上空电离层和对流层所产生的误差，以及信号到达地面时产生反射信号而引起的多路径干扰误差。这些误差可以通过以下措施来清除或减弱其对定位精度的影响：如利用双频 GPS 接收机观测可有效削弱电离层的传播误差；点位选择时避开较强的反射面，观测时选择性能好的 GPS 天线，可以减弱多路径干扰。

(3) GPS 接收机的误差。主要有 GPS 观测误差、接收机钟差和天线相位中心偏移误差。

（二）导线测量

在地面上，按一定的要求，选定一系列的点（导线点），通过测距和测角的方式将这些点连接起来，构成导线。

导线测量就是用测距仪测量各条导线的边长，用经纬仪在各导线点上测量相邻导线边的水平夹角，并至少在导线的一端测定出一条边长的方位角。然后根据起算点的坐标和已知方位，逐点推算出导线各点的坐标。

导线测量的外业工作一般包括：选点、埋石、导线水平观测、天顶距观测、导线边长观测、仪器高和觇标高量测、气象数据测量。

1. 导线的类型

导线的类型根据布设形式，可以分为单一导线和导线网，单一导线可以分成闭合导线、附合导线和支导线三种。

(1) 闭合导线。导线起闭于同一点，形成闭合多边形。此种导线存在着几何条件，具有检核条件。

(2) 附合导线。布设于两已知点之间的导线称为附合导线。此种导线从一已知点和已知的方位开始，经过导线的连接，附合于另一已知点和方位。

(3) 支导线。此种导线从一已知点和已知的方位开始，但没有附合到另一已知点，也没有回到原起点。支导线缺乏检核条件，故其边数一般不超过 3 条，并且只在控制精度要求不高的条件下使用。

导线网是将单导线连接起来，构成有结点的图形，一般由数个闭合的环线组成。导线网的检核条件较多，能有效地避免测量错误，提高控制网的精度。

在实际工程测量中，根据测区不同的情况和精度要求，一般首选导线网，其次是附合导线、闭合导线。对精度要求较高的首级平面控制网应布设成导线网。

2. 导线的布设要求

根据《水利水电工程施工测量规范》（SL 52—93）的规定，三、四、五等平面控制网可以用相应等级的导线网来代替，导线网的布设应符合以下规定：

(1) 当导线网作为首级平面控制时，应布设成环形结点网，各导线环的长度应不大于表 2-3 中规定总长的 0.7 倍。

(2) 加密导线宜以直伸形状布设，附合于首级导线网点上，各导线点相邻边长不应相差过大。

(3) 导线网的精度和技术要求，应符合表 2-3 的规定。

（三）三角测量

在地面上，按一定的要求选定一系列的点（三角点），以三角形的图形把这些点连接起来，构成地面的三角网或锁（见图 2-1）。在每一个点上，设置测量标志，精确观测所有三角形的内角，并至少测定三角网或锁中的一条边的边长和方位角，通过一定的计算，求出各点的平面坐标。

表 2-3　光电测距附合(闭合)导线的技术要求

等级	导线总长(km)	平均边长(m)	测角中误差(″)	测距中误差(mm)	全长相对闭合差	方位角闭合差(″)	测距要求	
							测距仪等级	测回数
三	3.2	400	1.8	5	1:55 000	$\pm 3.6\sqrt{n}$	2	2
	3.5	600		5	1:60 000		2	
	5.0	800		2	1:70 000		1	
四	1.8	300	2.5	7	1:35 000	$\pm 5.0\sqrt{n}$	3	2
	3.0	500		5	1:45 000		2	
	3.5	700		5	1:50 000		2	
五	2.0	200	5.0	10	1:18 000	$\pm 10\sqrt{n}$	3~4	2
	2.4	300		10	1:20 000		3~4	
	3.0	500		7	1:25 000		3	

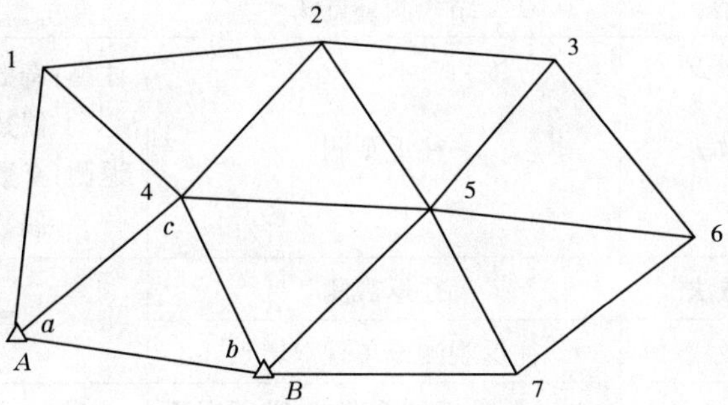

图 2-1　三角网的形状

图 2-1 中，已知 A、B 两点的坐标，即 AB 的边长和方位角已知。若实测网中所有的三角形内角，则可利用正弦公式求出所有三角形边长，再由 AB 边的方位角推算出所有边的方位角，由此可以计算出所有点的坐标。

三角测量的优点是：控制面积大，测角精度高，检核角度观测质量的几何条件多，相邻三角点间相对点位误差较小；缺点是：除起始边和起始方位角外，其余各边的边长和方位角都是用水平角推算出来的，由于误差的传播，各边的边长和方位角的精度不均匀，即离起始边和起始方位角越远，则精度越低。

随着测距仪的广泛应用，三角网逐渐发展成为测边网和边角网，弥补了传统测角网由于边长推算造成误差传播的缺点。

目前，随着 GPS 技术的迅速发展和 GPS 数据处理精度的不断提高，三角网正逐渐被 GPS 控制网替代。

三、高程控制测量方法

高程控制测量的方法，主要有水准测量、光电测距三角高程测量和 GPS 高程测量三种。在布设水利水电工程施工的高程控制网时，首选的方法是水准测量，它可以满足各种等级高程控制测量的精度要求。

（一）水准测量

利用水准仪提供的水平视线，分别在地面上两点垂直竖立的水准标尺上读取标尺读数，推算两点间的高差，进而求出待定点的高程，这种方法称为几何水准测量，简称水准测量。水准测量的目的是，测定地面各点的高差，根据高差和起点的高程，来求出沿线其他点的高程。

水准路线的布设形式，可以分为单一水准路线和水准网：

（1）单一水准路线包括附合水准路线、闭合水准路线、支水准路线。

（2）水准网由若干条单一水准路线相互连接，形成网状的水准路线。

水准测量的主要工作包括：技术方案设计、水准路线的选定、选点、埋标、仪器检校、外业观测、数据检查及预处理、平差计算、检查验收及资料整理等。

各等级水准测量作业方法见表 2-4。

表 2-4　水准测量作业方法

等级	观测方法	路线测量方法	观测顺序
一 二	光学测微法	往返观测	往测：奇数站为后—前—前—后， 偶数站为前—后—后—前 返测：奇数站为前—后—后—前， 偶数站为后—前—前—后
三	中丝读数法	往返观测	后—前—前—后
	光学测微法	往返观测或单程双转点	
四 五	中丝读数法	（1）附合或闭合路线：单程观测 （2）水准支线：往返观测或单程双转点	后—后—前—前

（二）光电测距三角高程测量

光电测距三角高程测量已经广泛应用，目前在山区和丘陵地区可以代替三、四、五等水准测量。

光电测距三角高程测量的基本原理是：根据由测站向目标点所测定的垂直角（或天顶距）和它们间的距离，计算测站和目标点间的高差。

在图 2-2 中，A 为测站，B 为目标点，AB 两点间的高差 h_{AB} 可用下式表示为

$$h_{AB} = S_0\tan\alpha_{12} + \frac{1-K}{2R}S_0^2 + i - l \tag{2-4}$$

式中　S_0——AB 两点间的水平距离；

α_{12}——两点间的垂直角；

i、l——仪器高和觇标高；

K——大气折光系数；

R——参考椭球的曲率半径。

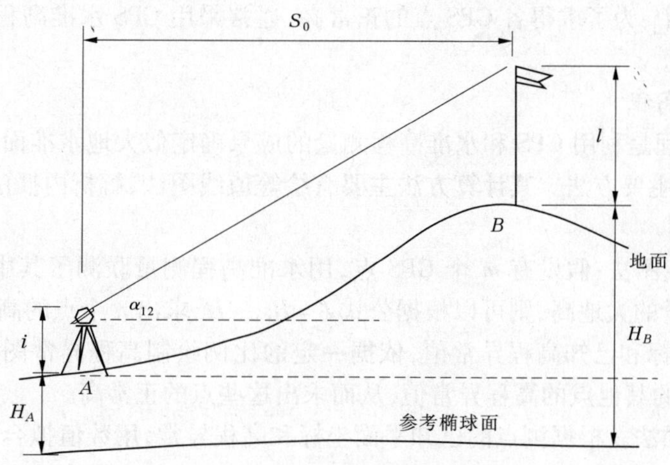

图 2-2　三角高程测量示意

其中 $(1-K)S_0^2/(2R)$ 称为两差改正，包括球差改正和气差改正。球差改正就是对地球弯曲对高差的影响所进行的改正，气差改正是对大气折光对高差的影响所进行的改正。

为了提高光电测距三角高程测量的精度，防止观测错误的产生，通常采用往、返测，甚至采用同时对向观测的作业方式，以抵消大气折光系数等因素变化的影响。

根据《水利水电工程施工测量规范》(SL 52—93)的规定，代替三、四、五等水准测量的光电测距三角高程测量，可以采用单向、对向和隔点设站法进行。

进行光电测距三角高程测量时，还应注意以下几点：

(1)高程路线应起讫于高一级的高程点或组成闭合环。

(2)采用隔点设站观测时，前、后视线长度应尽量相等，最大视距差不宜大于 40 m，视线通过的地形剖面应相似。隔点设站法的测站数应为偶数。

(3)当视线长度大于 500 m 时，应采用特制觇牌。

(三)GPS 高程测量

一般在水利水电工程中，高程采用的是正常高，正常高 H_r 是测点沿铅垂线至似大地水准面的距离。而 GPS 高程测量获得的是 WGS－84 世界大地坐标系上的成果，即 GPS 高程测量的高程是相对于 WGS－84 世界大地坐标系的大地高 H_{84}。正常高 H_r 与大地高 H_{84} 存在差异 ξ(ξ 称为高程异常)，图 2-3 为大地高与正常高的关系。

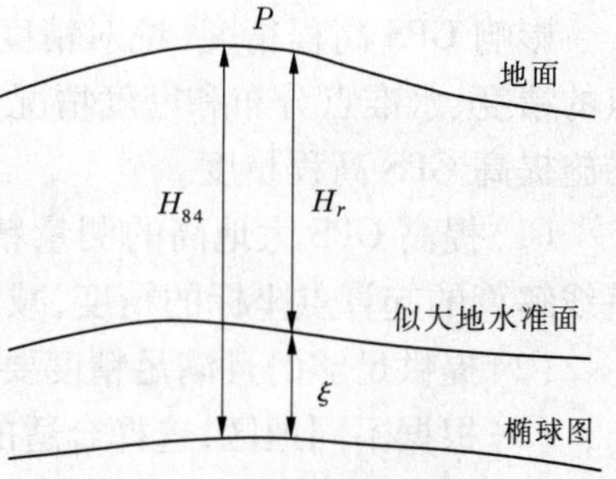

图 2-3　高程异常示意

由图 2-3 可知，$\xi = H_{84} - H_r$。采用 GPS 定位要获得高精度的正常高 H_r，需要知道高精度的 H_{84} 和高程异常 ξ，但在一般地区高程异常 ξ 很难求得。

由 GPS 相对定位可以得到基线向量，通过 GPS 网平差，可以得到高精度的大地高高差。若 GPS 网中有一点或多点具有精密的水准高程，则在一定的区域内，可以由大地高高差得到各 GPS 点的高程。

在实际工作中,为了求得各 GPS 点的正常高,通常采用 GPS 水准高程或 GPS 重力高程等方法测定。

1. GPS 水准高程

GPS 水准高程是利用 GPS 和水准高程测量的成果确定似大地水准面的方法,是目前确定 GPS 高程的主要方法。其计算方法主要有绘等值线图法、解析内插法和曲面拟合法等。

(1)绘等值线图法:假设有 m 个 GPS 点,用水准高程测量联测了其中 n 个点的正常高,根据 GPS 测量的大地高,则可以根据公式 $\xi = H_{84} - H_r$ 求出 n 个点的高程异常。然后,根据 GPS 点的坐标和已知高程异常值,依据一定的比例绘制高程异常图,在图上内插求出未测水准高程的其他点的高程异常值,从而求出这些点的正常高。

(2)解析内插法。根据测点的已知平面坐标和高程异常,用数值拟合的方法(多项式曲线拟合法、三次样条曲线拟合法、曲面拟合法等),拟合出似大地水准面曲线,再内插求出待定点的高程异常,从而求出点的正常高。

由于所求的高程异常值是通过内插或拟合得到的,因此在联测 GPS 点的水准高程时,应尽量均匀选择 GPS 网周边的点,以保证联测了水准高程的 GPS 点能控制整个 GPS 网,提高 GPS 高程的拟合精度。

2. GPS 重力高程

GPS 重力高程是利用重力资料求定点的高程异常,结合 GPS 测定的大地高,据此求出点的正常高。

我国的似大地水准面主要是采用天文重力方法测定的,其精度为 1 m 左右。利用地球重力场模型场,通过地面重力数据、卫星测高场数据等,由地球扰动位的球谐函数求出高程异常。目前,在我国的沿海平原地区计算的高程异常 ξ 可以达到厘米级精度,山区为 0.2 m 精度,沿海以外的其他地区高程异常精度为 1.0 m 左右。

3. GPS 高程精度

影响 GPS 高程精度(绝对精度)的主要因素包括:GPS 大地高的测量精度、几何水准点的精度、水准点分布和密度情况、GPS 高程的拟合方法。因此,可以针对上述因素,采取措施提高 GPS 高程精度。

(1)提高 GPS 大地高的测量精度,采取的措施包括改善 GPS 星历的精度,提高 GPS 基线解算的起算点坐标的精度,减弱电离层、对流层、多路径误差的影响等。

(2)提供足够的且满足精度要求的几何水准点,水准点须分布均匀。

(3)根据不同地区,选择合适的拟合模型。

因此,在观测和计算时采取上述措施, GPS 高程精度可以达到厘米级精度。

四、控制测量的设备要求

(一)主要测量仪器类别

1. 光学经纬仪

光学经纬仪是一种最普通的测角仪器,其可用于各种等级的测角网、边角网、导线网、加密网等控制测量的角度观测,以及工程中的施工放样。在我国的工程测量规范中,按角度的精度将光学经纬仪划分为 DJ_1、DJ_2、DJ_6 几种型号，Wild T_2、T_3 是光学经纬仪的典型代表。

光学经纬仪主要由望远镜、水平度盘和竖直度盘、水准器、测微器以及基座组成。

2. 电磁波测距仪

电磁波测距仪(EDM)是利用电磁波作为载波和调制波进行距离测量的仪器。其测距原理以公式表示如下

$$D = vt / 2 \tag{2-5}$$

式中 D——距离，m；

v——电磁波在大气中的传播速度，m/s；

t——电磁波在测距仪与目标之间传播一次的往返时间，s。

测距仪标称精度以固定误差和比例误差 b 表示，通常表示为 $a + bD$(D 为测距边长，km)。在《中、短程光电测距规范》(GB/T 16818—1997)和《水利水电工程施工测量规范》(SL 52—93)中，根据测距精度，将测距仪划分为Ⅰ、Ⅱ、Ⅲ、Ⅳ级，测距仪精度分级见表 2-5。

表 2-5　测距仪精度分级

精度等级	测距标称偏差(mm)
Ⅰ	$m \leq 2$
Ⅱ	$2 < m \leq 5$
Ⅲ	$5 < m \leq 10$
Ⅳ	$m > 10$

3. 电子全站仪

电子全站仪集成了经纬仪和测距仪的功能，通过照装棱镜，能同时进行水平角、垂直角和距离的观测。

电子全站仪型号较多，其测角精度从 0.5″到 6″甚至更大，测距部分的标称精度同电磁波测距仪一样，以固定误差和比例误差 b 表示，通常表示为 $a + bD$(D 为测距边长，km)。

4. 测量机器人

测量机器人(Georobot，或称测地机器人)是能自动寻找测量目标并进行观测、记录的电子全站仪的俗称。它是在电子全站仪的基础上增加了两个步进马达和自动跟踪寻找目标的传感装置(CCD 阵列传感器)，而且配备了智能化的多功能软件包。

测量机器人的系统组成包括坐标参考系统、操作系统、激励器、计算机和控制器、闭路控制传感器、目标捕获、集成传感器等几大部分。

5. 普通光学水准仪

水准测量基本原理是：借助水准仪上的水准器将视准轴置平以建立水平视线，根据水平视线在竖立的水准尺上的读数，测定不同点间的高差。虽然水准测量的劳动强度大，但迄今为止仍然是高程控制的基本方法。

水准仪按每千米往返平均高差中误差的大小划分为S_{05}、S_1、S_3、S_{10}四个系列，其等级划分见表2-6。

表2-6　水准仪的等级划分

水准仪系列	S_{05}	S_1	S_3	S_{10}
每千米往返测高差中数的偶然中误差	≤0.5 mm	≤1 mm	≤3 mm	≤10 mm
主要用途	一、二等水准测量	二、三等水准测量	三、四等水准测量	一般的水准测量

水准尺有木质水准尺和因瓦水准尺之分，还有0.5 cm刻度分划水准尺和1 cm刻度分划水准尺之分。

6.电子水准仪

电子水准仪（或俗称数字水准仪）与光学水准仪的结构有许多相同之处，区别在于：仪器内安装了CCD阵列传感器，增加了显示器和操作面板、数据记录存储器。电子水准仪的出现，不仅取代了人工目视读数，还实现了数据的自动记录、检查、传输等，有利于数据处理的自动化，提高水准测量效率。

与电子水准仪配套使用的水准尺为带有条码影像的标尺。

（二）控制测量仪器选用

仪器的选用，主要是根据控制观测所要达到的精度以及仪器的标称精度来决定的。在我国现行的规范中，针对控制测量的等级，对仪器的选用有明确的规定。

比如，在《水利水电工程测量规范（规划设计阶段）》（SL 197—97）中，对不同等级的控制测量所使用的仪器进行明确规定，如表2-7所示。

表2-7　不同等级控制测量的仪器选用

等级	水准测量	电磁波三角高程测量		
	水准仪类型	测距仪器	测角仪器	气象仪器
一	DS_{05}			
二	DS_{05}、DS_1			
三	DS_{05}、DS_1、DS_3	Ⅰ、Ⅱ、Ⅲ级精度的测距仪	DJ_2型	温度计最小读数0.2 ℃
四	DS_{05}、DS_1、DS_3			气压计最小读数100 Pa
五	DS_{10}			

在《全球定位系统（GPS）测量规范》（GB/T 18314—2001）中，对GPS观测所使用的仪器规定见表2-8。

表 2-8　GPS 仪器的选用

等级	AA	A	B	C	D、E
GPS 接收机	双频/全波长	双频/全波长	双频	双频或单频	双频或单频
观测量至少有	L1、L2 载波相位	L1、L2 载波相位	L1、L2 载波相位	L1 载波相位	L1 载波相位

在《国家三角测量规范》(GB/T 17942—2000)中,对各等级三角测量水平角观测所使用的仪器规定见表 2-9。

表 2-9　水平角观测经纬仪的选用

等级	一	二	三	四
经纬仪类型	DJ_{07} DJ_1	DJ_{07} DJ_1	DJ_{07} DJ_1 DJ_2	DJ_{07} DJ_1 DJ_2

(三)仪器检验

根据规范的要求,仪器使用前必须经过检验,并经国家技术监督局授权的仪器鉴定单位检定合格。有些检验项目除送仪器鉴定单位检定外,在作业过程中需按规定检验,如水准仪 i 角的检校。具体的检查项目和限差要求见相应的规范规定。

1. 水准仪和水准尺的检验

根据《国家一、二等水准测量规范》(GB/T 12897—2006)和《国家三、四等水准测量规范》(GB/T 12898—2009)的规定,作业前必须对水准仪和水准尺进行检验,特别是新水准仪和水准尺,应进行全面的检校。检验时应根据规范所要求的检验项目和检验方法进行。

(1)水准仪的主要检验项目有:①水准仪的检视;②水准仪上概略水准器的检校;③i 角的检校;④光学测微器检验及分划值测定;⑤气泡式水准仪交叉误差的检验;⑥调焦透镜运行误差的检验。

(2)水准尺的主要检验项目有:①水准尺的检视;②圆水准气泡的检校;③标尺分划面弯曲差的测定;④一对标尺名义米长的测定;⑤一对水准尺零点差及基辅分划读数差常数的测定;⑥标尺分米分划误差的测定。

2. GPS 接收机的检验

GPS 接收机测试检验的方法和技术要求,应满足《全球定位系统(GPS)测量型接收机检定规程》(CH 8016—1995)的有关规定。

新购置的 GPS 接收机应按规定全面检验后使用,然后每年进行定期检验。GPS 接收机的全面检验包括一般检视、通电检验、试验检验。

(1)一般检视应符合以下规定:①GPS 接收机及天线的外观良好,型号正确;②各种部件及其附件应匹配、齐全和完好;③需紧固的部件不得松动和脱落;④设备使用手册和后处理软件齐全。

(2)通电检验应符合以下规定:①有关信号灯工作正常;②按键和显示系统工作正常;③利用自测试命令进行测试;④检验接收机锁定卫星时间的快慢,接收机信号强弱及信号失锁情况。

(3)试验检验应在不同长度的标准基线上进行测试:①接收机内部噪声水平测试;②接收机天线相位中心稳定性测试;③接收机野外作业性能及不同测程精度指标测试;④接收机频标稳定性检验和数据质量评价;⑤接收机高低温性能的测试;⑥接收机综合性能评价。

3. 经纬仪的检验

经纬仪的检验按《光学经纬仪检定规程》(JJG 414—1994)的规定进行。

(1)照准部水准管轴与竖轴垂直的检验;

(2)十字丝竖丝与横轴垂直的检验;

(3)视准轴与横轴垂直的检验;

(4)横轴与竖轴垂直的检验;

(5)竖盘指标差的检验;

(6)光学对中器的检验。

电子经纬仪的检定与光学经纬仪的检定基本相同,原因是:电子经纬仪的轴系、望远镜及制动、微动结构与光学经纬仪基本相同,只不过电子经纬仪使用电子测角系统代替了光学经纬仪的读数系统,并能显示测量结果。

4. 全站仪的检验

全站仪的检验按照《全站型电子速测仪计量检定规程》(JJG 100—1994)的规定进行。全站仪的检验包括测距误差检验和测角误差检验。

(1)全站仪的测距误差检验如下:①仪器外观的检查;②测距轴与照准轴吻合性的检定,一般由厂家或专业仪器维修部门进行;③测程的检定,应在大气能见度好且无明显大气抖动的阴天进行;④调制光波相位不均匀性误差的检定;⑤幅相误差的检定;⑥周期误差的检定,仪器加、乘常数的检定,该项检定在标准基线场进行。

测距仪的检验可以参照全站仪的测距部分的检验。

(2)全站仪的测角误差检验。全站仪的测角部分与电子经纬仪的完全一样,可参照上述经纬仪的检验。

(3)全站仪的其他项目检查:①测量数据记录功能的检查;②数据通信功能的检查;③内置软件运行正确性的检查。

第五节 控制测量网的观测与计算

控制测量根据工程的需要、测量设备的选用等不同,可以采取各种不同的测量方式。平面控制网可以采用测角网、测边网、边角网、光电测距导线网和 GPS 网等,高程控制网可以采用水准测量、光电测距三角高程测量。本节主要介绍目前在水利水电工程中使用较多、方便实用的几种控制测量方式的观测与计算。

一、GPS 网的观测与计算

GPS 由于具备了常规测量方法不具备的优点,因而 GPS 网是目前最普遍和实用的一种控制网测量方式。

（一）GPS网的构网要求

GPS网的扩展和延伸是通过同步图形之间的连接进行的，其构网方式包括点连式、边连式、网连式，不同的连接方式将有不同的图形结构。在施工控制网的布设中，一般只采用边连式或网连式。

若以 n 台 GPS 接收机进行同步图形观测，则共有 $n(n-1)/2$ 条基线向量观测值，但其中只有 $n-1$ 条是独立基线，其余为多余观测基线。同步接收机数与基线数和独立基线数的关系见表2-10。

表2-10　同步接收机数与基线数和独立基线数的关系表

同步接收机数	观测基线数	独立基线数	多余基线数
2	1	1	0
3	3	2	2
4	4	3	3
5	10	4	6
6	15	5	10

独立基线的选取一般是随机的，但作为最优选取应保证独立基线选取后 GPS 网中不存在自由基线，且在同步环基线向量闭合差和异步环基线向量闭合差中符合要求。

GPS网选点除满足工程测量的一般要求外，还要特别注意以下方面：

（1）点位周围垂直角15°以上天空无障碍物；

（2）点周围无强烈反射无线电波的金属或大范围的水面；

（3）点位应远离大功率的电台、电视发射塔、微波站，也应远离高压电线、变电所等。

（二）GPS网的观测与记录

GPS网的观测与记录按照《全球定位系统（GPS）测量规范》（GB/T 18314—2001）的要求进行。外业观测过程中，应遵守以下规定：

（1）GPS天线的定向标志应指向北，以减弱相位中心偏差的问题。

（2）天线架设好后，在天线圆盘间隔120°的三个方向分别量取天线高，三次测量结果之差不宜超过3 mm，取三次的平均结果记入测量记录手簿，记录取位至少为毫米。

（3）在高精度的GPS测量中，要求测量气象参数。每时段气象观测时，应在时段的开始、中间、结束的三个时间各测量一次。气压读至100 Pa，温度读至0.1 ℃。

（4）接收机开始记录数据后，应注意观测接收机的工作状况以及数据存储情况。

（5）在一时段的观测过程中，不允许以下操作：关机又重新启动，改变天线位置，改变采样间隔，重新设置仪器参数等。

（6）观测过程中，不得在仪器附近使用对讲机；雷雨天气时，应停止观测。

（7）观测记录应在现场填写，记录格式按照规范的要求。

（8）每日观测结束后，将GPS数据传输至计算机，并进行数据备份。

目前，在高精度的控制网测量中，为了提高控制网的可靠性和精度，往往会选择观测一定数量的测距边,高精度测距边的作用主要是控制 GPS 网的尺度准确性,这是检核 GPS 网符合精度的有效办法。平差计算时,应将测距边与 GPS 观测解算的基线一起纳入控制网中,组成混合网进行平差计算。

(三)GPS 网的数据预处理

为了获得 GPS 观测基线向量并对观测数据质量进行检核,首先要进行 GPS 数据的预处理。根据预处理结果对观测的数据质量进行分析并作出评价,以确保观测成果和定位成果达到预期的精度。

GPS 数据预处理的主要内容包括:对原始数据进行传输、统一数据格式文件、探测周跳及修复载波相位观测值、对观测值进行对流层改正(单频机加入电离层改正)、基线向量解算。

基线解算时,应注意以下问题:

(1)基线向量解算可以采用广播星历,对于高精度的 GPS 网,应采用精密星历。

(2)基线向量解算中所需的起点坐标,应按以下优先顺序采用:①国家 A、B 级 GPS 网控制点或其他高级点的 WGS-84 世界大地坐标系的坐标;②不少于 30 min 的单点定位结果的平差值提供的 WGS-84 世界大地坐标系的坐标。

(3)基线处理软件可以采用随机软件或经正规鉴定的软件,高精度的 GPS 网的基线处理可以采用国际著名的 GAMIT 软件。

在 GPS 网平差前,对以下项目进行检核:①独立闭合环检核;②重复观测边的检核;③同步观测环的检核;④异步观测环的检核。检核结果的限差要求见本章第六节中有关 GPS 控制网的质量检查与评定内容。

(四)GPS 网的平差计算

在各项质量检核符合要求后,进行 GPS 网的平差计算。GPS 网的平差计算分为两个步骤。

1. 三维无约束平差

以所有独立基线组成闭合图形,以三维基线向量及其相应的方差协方差阵作为观测信息,以一个 WGS-84 世界大地坐标系的三维坐标作为起算点,进行 GPS 网的无约束平差。无约束平差应求出各控制点的 WGS-84 世界大地坐标系下的三维坐标、各基线向量三个坐标观测值的改正数、基线边长及其精度信息。

2. 三维约束平差或二维约束平差

在无约束平差的基础上,在国家坐标系下进行三维约束平差或二维约束平差。约束的已知点、已知距离或已知方位可以作为强制约束的固定值,也可以作为加权观测值。约束平差的结果为国家坐标系下的各 GPS 点的二维坐标或三维坐标、基线向量改正数、基线边长、方位及精度情况。

目前,常用的 GPS 网平差软件有:Trimble 公司的随机软件 TGO v1.6、武汉大学研制的 PowerAdj 4.0。

二、导线测量网的观测与计算

导线测量观测包括水平角的观测、边长测距、天顶距观测和仪器高、觇标高的量取、气象数据的测量等。

(一)水平角的观测

水平角观测时,应遵守下列规定:

(1)观测四等以上导线水平角时,应按奇数测回和偶数测回分别观测导线前进方向的左角和右角。

(2)在短边的情况下,应采用三联脚架观测法,以减弱仪器对中产生的误差。

(3)观测应在成像清晰、目标稳定的条件下进行。

(4)观测前,应晾置仪器,让仪器与外界温度一致后开始观测。观测过程中,仪器不得受日光直接照射。

(5)仪器照准旋转时,应平稳匀速,微动螺旋应尽量使用中间位置,精确照准目标时,微动螺旋最后应为前进方向。

(二)距离测量与天顶距的观测

观测天顶距的目的,主要是对所观测的斜距边进行水平距离的改正计算。观测应遵守下列规定:

(1)测距仪应与反射棱镜配套。未经验证,不得与其他型号的设备互换使用。

(2)测距应在成像清晰、稳定的情况下进行,雨、雪天气不应作业。

(3)测量气象的气压表、温度计应经过检验,气象数据的最小读数应符合规范的要求。

(4)测距边及天顶距观测的测回数、测回差应满足相应等级导线的技术要求。进行往、返测距时,距离往、返测较差应符合规范的规定。

(5)观测记录应完整、齐全,原始观测记录及记录的计算数字取位应符合要求。

(三)导线的平差计算

1.计算的准备工作

导线计算的准备工作,主要是观测记录的检查,检查记录是否遗漏、记错或算错;检查起算数据的来源及正确性;检查各项限差是否符合规范要求。

2.测距边的改正计算

测距边的改正计算包括测距边的气象改正、测距仪的加乘常数改正、斜距的改正、平距的投影到测区某一高程面上的归化改正等。往、返测边时,检查距离往、返测是否满足规范要求。

测距边的气象改正数学模型,应根据仪器厂家提供的数学模型进行改正计算。原因是不同的仪器生产厂家的仪器,其气象改正数学模型不同。

3.平差计算的步骤

(1)绘制导线草图。

(2)从外业记录手簿中正确摘录观测数据到计算表格,并仔细校对。

(3)计算起闭点的已知方位角。

(4)计算方位角闭合差,概算导线的各点坐标,求出导线的坐标闭合差,并计算导线全长相对闭合差。

(5)当导线进行严密平差时,根据概算坐标和各边角计算纵、横坐标条件方程式系数及导线最弱点坐标权函数系数。组成导线的三个条件方程式，即方位角条件方程式、纵坐标条件方程式和横坐标条件方程式。

(6)确定导线边、水平角观测权，列出条件方程式，组成带权的法方程式并解算法方程式。

(7)计算边长和角度的改正数。

(8)计算平差后的角度、边长，逐点推算平差后的导线点坐标。

在实际工作中，上述计算过程通过计算软件完成。因此，所使用的计算程序必须经过有关部门鉴定，在计算时，对输入的数据要严格检查，应由两人独立完成输入数据的检查。

计算时，应检查方位角闭合差、坐标闭合差和导线全长相对闭合差是否满足规范的要求。超限时，应分析原因，并进行外业返工补测。

三、水准网的观测与计算

(一)水准外业观测

水准外业观测应根据相应的等级，按《国家一、二等水准测量规范》(GB/T 12897—2006)和《国家三、四等水准测量规范》(GB/T 12898—2009)的要求进行观测。记录方法与要求按《测量外业电子记录基本规定》(CH/T 2004—1999)、《水准测量电子记录规定》(CH/T 2006—1999)执行。水准观测的基本要求如下：

(1)选择有利的观测时间，进行水准测量作业，可保证标尺在望远镜中成像稳定、清晰。水准观测应在日出后半小时至正午前两小时，或者正午后两个小时至日落前半小时进行，气温突变、风力较大时应停止观测。

(2)前、后水准标尺与仪器的距离大致相等。视距差、视线长度、视线高度应满足规范的要求，这样可以减弱如 i 角、垂直折光等误差的影响。

(3)严格遵守操作规程，如同一测站上不得两次调焦。

(4)一个测段的测站数应为偶数，以消除标尺零点差的影响，另外，由往测转为返测时，前后标尺应互换位置。

(5)水准测量间歇时，最好结束在固定的水准点上，否则应选择两个可靠的点。间歇后，应对间歇的两个点进行检查，其检查结果应满足要求。

(6)水准测量记录首选水准电子记录，记录软件可以自动控制水准观测的各项限差，避免人为的错误，提高作业效率。不具备电子记录条件的，可以用手簿记录的方式，按规范要求的格式、内容、限差等正确记录，记录字体正规、清楚，划改符合要求，并注明原因。

(7)使用电子水准仪观测前，应对仪器的有关参数进行设置，如记录的取位、视距限差、视线高限差、前后距累积差限差、读数限差等。

(8)各等级水准观测的测站限差见表 2-11 和表 2-12。

(9)各等级水准测量的主要技术要求见表 2-13。

(二)水准观测数据处理

1. 一、二等水准测量数据处理

(1)外业手簿的计算和检查。

表 2-11　一、二等水准观测测站观测的限差　（单位:mm）

等级	上下丝读数平均值与中丝读数的差		基辅分划读数的差	基辅分划所测高差的差	检测间歇点高差的差
	0.5 cm 刻划标尺	1 cm 刻划标尺			
一等	1.5	3.0	0.3	0.4	0.7
二等	1.5	3.0	0.4	0.6	1.0

表 2-12　三、四等水准观测测站观测的限差　（单位:mm）

等级	观测方法	基辅分划读数的差	基辅分划所测高差的差	单程双转点观测时，左右路线转点差	检测间歇点高差的差
三等	中丝读数法	2.0	3.0	—	3.0
	光学测微法	1.0	1.5	1.5	3.0
四等	中丝读数法	3.0	5.0	4.0	5.0

表 2-13　各等级水准测量的主要技术要求　（单位:mm）

等级	每千米高差中数中误差		检测已测测段高差之差	路线、区段、测段往返高差不符值	左右路线高差不符值	附合路线或环线闭合差
	M_Δ	M_W				
一	±0.45	±1.0	$3\sqrt{R}$	$1.8\sqrt{K}$	—	$2\sqrt{L}$
二	±1.0	±2.0	$6\sqrt{R}$	$4\sqrt{K}$	—	$4\sqrt{L}$
三	±3.0	±6.0	$20\sqrt{R}$	$12\sqrt{K}$	$8\sqrt{K}$	$12\sqrt{L}$
四	±5.0	±10.0	$30\sqrt{R}$	$20\sqrt{K}$	$14\sqrt{K}$	$20\sqrt{K}$
五	±7.5	±15.0	$40\sqrt{R}$	$30\sqrt{K}$	$20\sqrt{K}$	$30\sqrt{L}$

注:1. 表中 M_Δ、M_W 分别为每千米高差中数偶然中误差和每千米高差中数全中误差。

2. 表中 R 为检测路线长度，K 为路线、区段、测段的长度，L 为附合路线或环线长度，均以 km 计。

（2）高差和概略高程表的编制，由两人独立完成，并互相校核无误。计算水准点的概略高程时，所采用的高差加入下列改正：①水准标尺长度误差的改正；②水准标尺温度改正；③正常水准面不平行的改正；④重力异常改正；⑤日月引力改正；⑥环线闭合差改正。

（3）每千米水准测量高差中数偶然中误差 M_Δ 的计算，其计算公式为

$$M_\Delta = \pm\sqrt{[\Delta\Delta/R]/(4n)} \tag{2-6}$$

式中　Δ——测段往、返高差不符值，mm；

R——测段长度，km；

n——测段数，n 应不小于 20。

（4）附合路线与环闭合差的计算。附合路线与环线闭合差应满足表 2-13 的规定。

(5)每千米水准测量高差中数全中误差 M_W 的计算，其计算公式为

$$M_W = \pm\sqrt{\frac{1}{N}\frac{[WW]}{F}} \tag{2-7}$$

式中 W——经过各项改正后的水准环线闭合差，mm；

F——水准环线周长，km；

N——水准环数，N 应不小于 20。

2. 三、四等水准测量数据处理

三、四等水准测量数据处理的顺序与二等水准类似，只是高差的改正数有三项，具体如下：

(1)水准标尺长度误差的改正；

(2)正常水准面不平行的改正；

(3)路线或环线闭合差改正。

四、光电测距三角高程测量的观测与计算

(一)光电测距三角高程测量的观测

光电测距三角高程测量的观测主要是垂直角的观测、边长测距、仪器高和觇标高的量测、气象数据的测量等。

垂直角的观测方法分为中丝法和三丝法。中丝法就是以望远镜十字丝的水平丝为准，照准目标测定垂直角。三丝法就是以三根水平丝为准，依次照准同一目标测定垂直角，然后对三根水平丝所测的垂直角取平均值。

光电测距三角高程测量的精度，在很大程度上取决于大气垂直折光的影响。为了提高垂直角的观测精度，可采取如下措施：在大气垂直折光系数变化较小的时间段内观测垂直角；或者进行同步对向观测，尽量减小大气垂直折光系数变化对垂直角观测的影响。

仪器高和觇标高的测量精度应符合规范要求。

光电测距三角高程测量的主要技术要求应符合表 2-14 的规定。

表 2-14 光电测距三角高程测量的技术要求

等级	使用仪器	最大边长(m)			天顶距观测				仪器高量测精度(mm)	对向观测高差较差(mm)	附合或环线闭合差(mm)
		单向	对向	隔点设站	测回数		指标差较差(″)	测回差(″)			
					中丝法	三丝法					
三	DJ_1 DJ_2	—	500	300	4	2	9	9	1	$\pm 50D$	$\pm 12\sqrt{[D]}$
四	DJ_2	300	800	500	3	2	9	9	2	$\pm 70D$	$\pm 20\sqrt{[D]}$
五	DJ_2	1 000		500	2	1	10	10	2	—	$\pm 30\sqrt{[D]}$

注：D 为附合路线或环线的长度，km。

(二)光电测距三角高程测量的计算

光电测距三角高程测量高差的计算公式如下

$$h_{AB} = S_0 \tan\alpha_{12} + \frac{1-K}{2R}S_0^2 + i - l \tag{2-8}$$

式中 S_0——AB 两点间的水平距离；

α_{12}——两点间的垂直角；

i、l——仪器高和觇标高；

K——大气折光系数；

R——参考椭球的曲率半径。

光电测距三角高程测量计算的步骤如下：

(1)测距边的改正计算。包括斜距边的气象改正、测距仪的加常数和乘常数改正及水平距离改正。测距边的气象改正公式一般由仪器生产厂家提供，不同类型的测距仪其测距边的气象改正公式可能不同。

(2)计算导线各边两端点的高差。分别计算单向的往测、返测高差，求出高差往返测较差，检查高差返测较差不符值是否满足规范的要求。然后取往测、返测高差的平均值作为两端点的高差。

(3)计算附合导线(或闭合导线)的高程闭合差，并检查闭合差是否满足规范要求。如超限，应仔细检查计算数据的正确性，分析原因进行返工。

(4)将高程闭合差按导线长度进行误差配赋，求得经过误差配赋后的高差。

(5)推算导线各点的高程，编制成果表。

光电测距三角高程测量使用软件计算时，软件应通过鉴定，所有输入参与计算的数据须经两人独立检查和校对。

五、控制测量实例

下面以南水北调中线一期工程干线施工控制网的测量工程为例子，简单介绍控制网的测量的方法。

(一)工程概述

南水北调中线一期工程干线从陶岔至北京，渠线全长 1 427 km(含天津干渠)，共布置各类建筑物 1 841 座。建筑物不仅数量多，且类型多。

南水北调中线一期工程不仅路线长，建筑物多，而且坡比小，一般为 1/25 000，部分地区达到 1/30 000，这就要求有相应精度的统一的平面和高程基准，才能满足南水北调中线一期工程的顺利实施和干渠的正常运行。

(二)干线施工控制网布设层次

干线施工控制网的布设遵循测量控制网的布设原则，先布设整体的 B 级 GPS 骨干网，再发展首级平面和高程施工控制网，然后根据单个工程所在部位进行局部的建筑物施工控制网的布设，以达到分级布网、逐级控制的目的。

1. 总干渠全线 GPS 骨干网

总干渠全线 GPS 骨干网由 18 个点组成，分布于中线工程全线，另外利用了北京、武汉、西安、泰安 4 个中国地震局网络工程的框架点的长期 GPS 观测数据进行联合数据处理。其目的在于提高和控制干线 C 级 GPS 网的精度。

2. 干线首级平面和高程施工控制网

沿干线布设二等水准，平均4 km一座二等普通水准点，平均40 km一座二等基本水准点。由于郑州至陶岔间长距离没有国家一等点，所以该段水准按一等水准精度要求施测。

在干渠GPS骨干网的基础上，采用C级GPS网布设全线的平面施工控制网，在已有高程控制网的基础上，平均每隔8 km选取一座水准点作为GPS点(水准点与GPS共点)，在距该点1 000 m左右再设置一个互相通视的GPS点，以便于采用常规方法测量时使用。

3. 建筑物施工控制网

除穿黄工程、陶岔渠首外，根据建筑物的规模和重要性，选择162座河渠交叉建筑物(含北京、天津段)、7座其他建筑物、8座左岸排水建筑物，总体建立首级施工控制网。平面按C级GPS网精度施测，高程按二等水准精度施测。

(三)投入的仪器设备情况

投入的仪器设备见表2-15。

表2-15 投入仪器设备

序号	仪器名称	规格型号	单位	数量	备注
1	双频GPS接收机	Trimble 5700	台	30	
2	精密水准仪	Ni002	台	4	一等水准测量
3	精密水准仪	NA2	台	14	二等水准测量
4	水准尺	因瓦尺,0.5 cm刻划	副	18	
5	经纬仪	T3	台	3	跨河水准测量
6	经纬仪	T2000S	台	1	跨河水准测量
7	精密测距仪	DI2002	台	4	检测边长
8	钻机		台	4	埋钻孔标用
9	掌上电脑		台	18	
10	手持GPS接收机		台	18	
11	便携式计算机	IBM、东芝等	台	12	
12	台式微机	联想等	台	5	
13	汽车		辆	20	

(四)控制网的观测及数据处理

1. GPS网的观测

B级网全部采用观测墩，并安装了强制对中标志，为了使骨干网点间保持较高的相对精度，骨干网18个点采用18台Trimble 5700 GPS接收机进行同步观测，每个时段4小时。为了保证成果观测质量，提高观测数据的可靠性，将规范要求的4个时段增加到6个。C级网控制点采用地面普通混凝土标石。GPS基本观测技术要求见表2-16。

2. GPS 网数据处理

B级基线处理软件采用美国麻省理工学院和 Scripps 研究所(SIO)共同研制的 GAMIT(Ver 10.06)软件。该软件采用双差观测值解算,在利用精密星历的情况下,基线解的相对精度能够达到 10^{-9}左右。C 级基线处理采用 TGO(Trimble Geomatics Office)1.6 软件,在 WGS-84 系统下进行基线处理。

表 2-16　GPS 基本观测技术要求

等级	有效观测卫星总数	卫星高度角(°)	时段内任一卫星有效观测时间(min)	时段长度(min)	观测时段数	采样间隔(s)
B级	≥9	≥15	≥15	≥240	≥6	30
C级	≥6	≥15	≥15	≥60	≥2	15

B级 GPS 网平差采用武汉大学(原武汉测绘科技大学)研制的 PowerNet 科研分析版软件,该软件曾用于国家 A、B 级 GPS 网的整体平差。以中国地震局网络工程的 WUHAN(武汉)、BJFS(北京房山)、XIAN(西安)、TIAN(泰安)4 个框架点,在 ITRF 97、2000.0 历元下的坐标作为 GPS 整体平差的坐标基准,在 ITRF 坐标框架下进行三维无约束平差和三维约束平差。

C 级 GPS 网平差处理软件采用 TGO1.6 和武汉大学开发的 PowerAdj4.0。C 级 GPS 平差处理依次按如下步骤进行:

(1)WGS-84 世界大地坐标系下的三维无约束平差。三维无约束平差的目的主要是进行粗差分析,以发现观测量中的粗差并消除其影响。GPS 三维无约束平差是在 WGS-84 世界大地坐标系下进行的,其平差结果客观地反映了整个 GPS 网的内部符合精度。

(2)WGS-84 世界大地坐标系下的三维约束平差。利用 B 级网成果对全网进行三维约束平差,获得各点的 WGS-84 世界大地坐标系。

(3)1954 年北京坐标系 3°带二维约束平差。以多个国家三角点的 3°带成果为起算数据,进行平差计算,求出 1954 年北京坐标系的 3°带 GPS 网成果。

3. 高程网数据处理

高程平差采用长江勘测规划设计研究院研制的“控制网观测数据预处理系统”进行数据预处理和平差计算,该软件获国家科技进步三等奖。

数据预处理包括对观测高差进行尺长改正、重力异常改正、正常水准面不平行改正、日月引力改正等四项改正。

高程网平差采用国家一等水准点作为起算点进行平差计算。

4. 建筑物施工控制网

建筑物施工控制网为建筑物提供控制基础,根据建筑物布置图进行布设。根据控制网的布设层次来划分,建筑物施工控制网属于 C 级网的加密网。它是在全线 C 级 GPS 网和二等水准高程网的基础上布设的。

建筑物施工控制网标型为普通水准标,对于基础条件较差的标点,在基础下打入约 2 m长 ϕ108 钢管桩,以增加标石稳定性。观测处理按 C 级 GPS 网和二等水准的技术要求实施。

控制网的平面坐标采用独立坐标系,以建筑物施工控制网内联测的干线C级GPS点为挂靠点,至另一点的方位角为挂靠方向进行二维平差,边长投影至建筑物地区平均高程面上。

(五)质量管理及检查验收

在项目的实施过程中,作业单位进行了严格的质量管理,并在现场组建了项目部,下设专职检查人员,对每环节每工序进行质量控制。项目成果并通过了由业主单位组织的专家组的成果鉴定,获一致好评。

中线一期工程干线首级施工控制网的建立,统一了工程全线的平面和高程基准,为工程的顺利实施打下了良好的基础。经验收后的成果资料已发送给沿线各省市设计院、工程管理和施工单位,在工程建设中得到应用。

第六节　控制测量网的质量检查与评定

质量检查和评定的依据包括:有关的合同及协议,采用的规范和标准,技术设计文件,与工程有关的设计文件和报告等。

评价控制网的质量检查包括控制网的技术设计方案、控制点位的合理性、标石建造质量、仪器检验情况、观测数据质量、平差计算结果以及资料整理等。因此,评价控制网的质量应该是综合评价,按《测绘产品检查验收规定》(CH 1002—1995)和《测绘产品质量评定标准》(CH 1003—1995)的有关规定,根据不同类型的控制网按相应的规范要求,进行控制网的质量检查和评价。

下面主要介绍GPS网测量、导线测量、三角网测量和水准测量的质量检查与评定。

一、GPS网的质量检查与评定

(一)GPS网数据观测质量标准

(1)测站环境好,无干扰GPS观测的因素;

(2)观测过程中大气状况稳定;

(3)能观测到所预报的卫星;

(4)GPS接收机运行正常,没有发生短暂失锁或故障报警;

(5)测站上的所有操作过程都符合规定,记录资料齐全。

(二)观测成果检核

观测成果检核具体项目有:每个时段同步边观测数据检查、重复基线检核、同步观测环和异步观测环检核等。

1.每个时段同步边观测数据检查

每个时段同步边观测数据检查控制数据的剔除率应小于10%

2.重复基线检核

B级基线外业预处理和C级以下各级GPS网基线处理,重复基线的长度较差d_s,两两比较应满足下式的规定

$$d_s \leqslant 2\sqrt{2}\sigma \tag{2-9}$$

式中　σ——相应级别规定的精度(按网的实际平均边长计算)。

3. 同步观测环检核

三边同步环中只有两个同步边可视为独立成果,第三边成果应为其余两边的代数和。由于模型误差和处理软件的内在缺陷,第三边的处理结果与前两边的代数和常不为零,其差值应小于下列规定

$$\left.\begin{aligned} W_x &\leqslant \frac{\sqrt{3}}{5}\sigma \\ W_y &\leqslant \frac{\sqrt{3}}{5}\sigma \\ W_z &\leqslant \frac{\sqrt{3}}{5}\sigma \end{aligned}\right\} \tag{2-10}$$

式中　σ——相应级别规定的精度(按网的实际平均边长计算)。

对于四站以上同步观测时段,在处理完各边观测值后,应检查一切可能的三边环闭合差。

4. 异步观测环检核

B 级基线外业预处理和 C 级以下各级 GPS 网基线处理,其独立闭合环闭合差应满足下列规定

$$\left.\begin{aligned} W_x &\leqslant 3\sqrt{n}\sigma \\ W_y &\leqslant 3\sqrt{n}\sigma \\ W_z &\leqslant 3\sqrt{n}\sigma \\ W_s &\leqslant 3\sqrt{n}\sigma \end{aligned}\right\} \tag{2-11}$$

式中　n——闭合环边数;

σ——相应级别规定的精度(按网的实际平均边长计算)。

$$W_s = \sqrt{W_x^2 + W_y^2 + W_z^2}$$

(三)平差计算成果的质量检核

(1)起算数据的来源及其正确性;

(2)使用的数据处理软件;

(3)平差计算的过程及方法是否正确。

检查平差计算结果是否满足规范或技术设计的要求,重点检查点位中误差、边长相对精度、基线向量残差等。

二、导线测量的质量检查与评定

(一)点位质量检核

点位质量检核包括导线点位选择是否合理,标石是否稳定,点之记略图绘制是否正确,点位说明是否详细、清楚等。

(二)外业观测的质量检核

(1)观测所用的仪器及气象工具是否检验合格;

(2)观测的方法及限差是否满足相应规范的要求;

(3)观测记录齐全,符合规范要求;

(4)测站数、导线长度应符合规范对相应等级导线的规定要求。

(三)数据处理的质量检核

(1)数据处理的质量检核是否进行测距边的仪器的加常数和乘常数改正,测距边的气象改正公式是否正确,气压、温度单位是否正确。

(2)起算数据的来源及其正确性。

(3)平差计算是否正确,若使用程序计算,程序应经过检验,数学模型确保正确无误。

(4)三项主要误差:方位角闭合差、边长相对误差、点位中误差应满足规范要求。

(5)资料整理及资料的完整性检查。

根据上述检查的内容,按照《测绘产品质量评定标准》(CH 1003—1995)中划分的缺陷的严重程度进行质量评定。

三、三角测量的质量检查与评定

(一)点位的质量检核

(1)点位的选择是否合理。三角网中三角形的内角不得小于30°,特殊困难地区可放宽至25°。

(2)检查三角网的布设方案是否优化,布设形式是否满足规范的要求。

(3)标石造埋质量的检查。检查点位是否稳定,点之记略图绘制是否符合要求。

(二)外业观测的质量检核

外业观测的质量检核主要是检查角度观测质量和起始边的观测质量。角度和起始边观测质量,直接影响控制网的精度,因此外业观测质量必须经过严格检验,使其符合规范。

(1)检查观测所用的仪器及气象工具是否检验合格。

(2)观测的方法及操作是否满足相应规范的要求。

(3)测站观测质量的检查。在进行角度观测时,测站上的观测精度只能证明本测站的内符合精度,部分反映观测成果质量。

(4)依控制网的几何条件检查观测质量。它不仅反映了作业本身的误差,也包含了某些粗差和系统误差的综合影响,因此能全面反映观测质量。

①计算角度条件闭合差,检查是否满足规范的要求。

②检查三角网的测角中误差。按菲罗列公式计算,并依本三角网的等级规定的测角中误差进行检验,但参与计算测角中误差的三角形闭合差个数应在20个以上。

菲罗列公式如下

$$m_\beta = \pm\sqrt{\frac{[ww]}{3n}} \tag{2-12}$$

式中 n——三角形的个数;

w——三角形闭合差。

(5)起始边的测量的精度检查。起始边的测量的精度一般以边长的相对中误差表示,其精度应符合规范对相应等级的三角网的规定。

(三)平差计算成果的质量检核

平差计算成果的质量检核主要包含以下几个方面:

(1)起算数据的来源及其正确性。

(2)三角网的起始边的丈量精度应满足规范要求。

(3)所有参与计算的数据应严格检查,并经过两人独立校核检查。

(4)平差计算过程是否正确,数学模型应正确无误,若使用软件计算,软件应经过有关部门检验许可。

(5)平差计算结果的检查,以及三角网中最弱边的相对中误差和方位角中误差的检查。其精度应满足表2-17的要求。

表2-17　不同等级的三角网精度要求

等级	一等	二等	三等	四等
边长相对中误差	1/20万	1/12万	1/7万	1/4万
方位角中误差	±0.9″	±1.5″	±2.5″	±4.5″

四、水准测量的质量检查与评定

(一)选点埋石的质量检核

(1)水准路线的选择。水准路线应沿利于施测的公路、大路及坡度变化小的路线布设,尽量避免跨越大的湖泊、河流等障碍物,避免通过土质松软的地段、高速公路等。

(2)检查水准点位选择是否合理,点位间距是否满足规范要求。

(3)检查标石的类型及造埋质量。标石是否稳定,点之记略图绘制是否正确、点位说明是否详细、交通路线是否清楚等。

(4)检查水准路线图的绘制情况。

(二)外业观测的质量检核

(1)观测所用的仪器及气象工具应检验合格。观测过程中,水准仪的 i 角是否按规范规定进行了检查,i 角大小是否在限差以内。

(2)观测条件应严格掌握,观测时应严格遵守操作规程;观测的方法及限差须满足规范对相应等级水准的要求。

(3)外业观测首选电子记录,记录应按《水准测量电子记录规定》(CH/T 2006—1999)的要求进行。检查手簿记录时,应检查观测记录、计算的正确性,记录的完整性,记录数字的划改是否符合规范要求。

(4)使用电子水准仪进行观测时,应检查仪器的有关参数设置是否正确。如记录的取位、视距限差、视线高限差、前后距累积差限差、读数限差等必须满足规范的要求。

(5)检查观测成果的重测和取舍情况是否合理。

（6）检查往、返测高差不符值与环线闭合差等精度指标是否满足表2-18的规定，超限应分析原因，并返工补测。

表2-18　水准测量精度指标　（单位：mm）

等级	测段、区段、路线往返测高差不符值	测段、路线的左、右路线高差不符值	附合路线或环线闭合差		检测已测测段高差之差
			平原	山区	
一	$1.8\sqrt{K}$	—	$2\sqrt{F}$	$2\sqrt{K}$	$3\sqrt{R}$
二	$4\sqrt{K}$	—	$4\sqrt{K}$	$4\sqrt{K}$	$6\sqrt{R}$
三	$12\sqrt{K}$	$8\sqrt{K}$	$12\sqrt{F}$	$15\sqrt{F}$	$20\sqrt{R}$
四	$20\sqrt{K}$	$4\sqrt{K}$	$20\sqrt{F}$	$25\sqrt{F}$	$30\sqrt{R}$

注：K为测段、区段、路线长度，km；F为附合（闭合）路线长度，km；R为检测已测测段的长度，km。

（7）每千米水准测量偶然中误差M_{Δ}的计算和检查。当超出限差时，应分析原因，重测有关的测段和路线。

（三）数据处理的质量检核

（1）检查观测高差的改正计算是否正确和漏项。

一、二等水准测量的高差应进行下列改正：①水准标尺长度误差的改正；②水准标尺温度改正；③正常水准面不平行的改正；④重力异常改正；⑤日月引力改正；⑥环线闭合差改正。

三、四等水准测量的高差应进行下列改正：①水准标尺长度误差的改正；②正常水准面不平行的改正；③路线或环线闭合差改正。

（2）每千米水准测量全中误差M_W应符合规范的要求。

（3）水准路线起算数据的来源及其正确性检查。

（4）检查计算过程及最终结果的数值取位是否符合要求。

（5）平差计算是否正确，若使用程序计算，程序应经过检验，数学模型应正确无误。

（6）资料整理及资料的完整性检查。

根据上述检查的内容，按照《测绘产品质量评定标准》（CH 1003—1995）中划分的缺陷的严重程度进行质量评定。

第七节　施工过程中控制网的复测、扩建与加密

一、控制网的复测、扩建和加密的作用与必要性

（1）施工控制网建成后，定期和有针对性地对施工控制网进行复测，是保证控制网点成果正确、可靠的必要手段。

有关的规范和技术设计文件规定必须进行复测。如《水利水电工程施工测量规范》

(SL 52—93)第2.1.6条明确规定:平面控制网建立后,应定期进行复测,尤其在建网一年后或大规模开挖结束后,必须进行一次复测。若使用过程中发现控制点有位移现象,应及时进行复测。

(2)由于某些特殊的原因和不良条件等因素,控制网必须进行复测,以保证控制网的精度。

控制网工程工期和工程所在区域的地质条件的限制,标石的稳定性难以保证,需要进行复测。如有些工程的工期紧,建立施工控制网时,标石埋设后不久就开始观测,其标石的稳定时间不能满足有关规范的要求,会导致控制点点位出现沉降或位移,使控制网的成果出现较大的误差。

另外,有些工程无法避开煤矿采空区、膨胀土区、冰冻土区、超采地下水地区等地质条件复杂的地段,这些控制网点不可避免地存在沉降或位移。只有通过复测,才能保证控制网原有的精度。

(3)通过复测可以恢复损毁的测量控制点。

随着施工的进行,有些测量控制点会受机械设备运行、施工车辆通行等方面的影响,导致点位的不稳定,甚至被破坏。

另外,随着施工的进行,建筑物的逐渐增高,会阻碍控制点间的相互通视,有些控制点将失去原有的作用。因此,需要对原控制网进行补点或恢复。

(4)根据建设时机,有时在某些关键的工序前必须进行控制网的复测,以保证控制网的精度。如三峡水利枢纽工程水库蓄水前,为准确了解蓄水前后大坝及坝区建筑物的变形及其变化情况,则需要对控制网进行复测或扩建,以保证控制基准的准确性。通过复测可以提高控制网的可靠性、准确性,为工程建设提供可靠的准确的测量基准。

(5)大型的水利水电工程的施工,由于受场地、工序等多方面因素的影响,一般根据施工计划对所有的工程建筑物实行分期施工建设,其施工范围也不断扩大。而施工控制网也需要扩建和加密,以满足施工建设的需要。

(6)金属结构和机电设备的安装,是在建筑物的主体工程或基础工程完成后进行的。设备安装的精度要求很高,由于原有的控制网点位密度和精度不能满足要求,因此需要就近进行控制网的加密,满足设备安装的控制要求。

二、控制网复测、扩建及加密的工作依据

进行控制网复测、扩建及加密的工作时,应收集有关设计资料和规范、测量成果等,作为控制网复测、扩建及加密的工作依据。主要包括:

(1)与工程相关的设计图和设计文件。

(2)金属结构、机电设备的安装技术说明书等。

(3)测量合同及协议等。

(4)有关的规范和技术要求、技术设计报告等。

(5)原控制网的技术设计报告、原测成果及技术总结报告等测量资料。

三、方案设计及实施过程

（一）资料收集

收集与工程相关的工程总体规划图、建筑总体布置图、施工图等设计图和设计文件，以详细了解施工布置、建筑物放样、金属结构安装等精度要求等。

收集原控制网的有关测量技术资料，如设计文件、平差计算文件、控制成果、点之记、控制网图、技术总结报告、验收报告等资料，并对资料进行分析。

（二）现场查勘

现场查勘主要是了解测区的交通、地质情况、施工场地布置、点位周边环境等情况，对原控制点位的情况进行调查，确定可以继续利用的点位。如原点位受施工影响已被破坏或受建筑物遮挡已不适合利用，则须重新选定新的点位，并确定标志类型。

（三）方案的设计

根据施工进展及施工范围的扩展，原控制网不能有效控制施工范围的测量工作，必须对控制网进行扩建，以满足施工测量的需要。控制网的扩建是在原控制网的基础上进行范围上的扩展，扩展后的控制网应保持原控制网的精度。

1. 控制网复测和扩测的技术方案

除满足控制网的一般设计原则外，控制网复测和扩测还需要遵守以下原则：

（1）平面坐标系统和高程系统与原测控制网一致，以保证成果的连续使用，便于新旧成果的对比分析。

（2）复测控制网的平面与高程控制的起算点应与原测控制网相同。

（3）进行控制网的扩测时，高程控制网的布设范围应与水平控制网的范围相适应。

观测的技术方法、观测的精度要求等技术指标应与原控制网相同，但亦可以采用测量效率和精度更高的测量方法。随着测量机器人等高精度、高自动化测量仪器的应用，以及GPS仪器精度的提高和数据处理技术的进步，采用原有技术手段建立的控制网可能存在一定的局限性，需要随着测量技术和仪器设备的进步而对原控制网精度进行改善。

2. 加密控制网的精度设计

加密控制网是为工程施工放样、金属结构等设备安装或工程检测的直接使用而布设的，因此布设时，点位应尽量靠近施工区域，并保证有足够的密度和精度。

加密控制网的精度应根据工程的需要具体进行规定。可以分为两种情况：

（1）用于普遍的施工放样和工程检测时，控制网的加密是在首级网的基础上，进行扩展和加密，其精度一般低于首级网的精度。

（2）用于金属结构等设备安装的加密网，应根据施工安装的要求，布设高于首级网相对精度的加密网。精密控制网的精度，是根据精密工程关键部位的竣工容许误差的要求，结合实际情况，综合分析合理确定。

精密控制网的精度，一般以相邻点的相对点位中误差作为设计依据。精密的水平控制网通常是在固定基准下的独立网，如以一已知点和一已知方向作为加密网的起算点和方向。独立网控制的等级，一般不具有上一级控制下一级的意义，而具有点位配合和精度配合的意义。

对于高精度的控制网,应进行优化设计,进行多种方案的设计,从中选出最优方案。在此基础上,制定技术设计报告。

(四)控制网复测、扩建与加密的观测

根据技术设计报告规定的方案和有关的规范要求,进行控制网复测、扩建与加密的观测。使用的测量仪器及工具应检验合格,观测的各项误差应符合规范的要求。

(五)数据预处理和平差计算

采用仪器的随机软件或经有关部门鉴定合格的软件进行数据处理。进行数据处理时,要对参与计算的原始观测数据进行仔细检查和校核。按照技术设计所规定的计算方案进行平差计算和精度评定,检查控制网的精度是否达到了设计的精度要求。

(六)总结及资料整理

按要求进行资料整理。在技术总结报告中,应对复测结果进行分析,对变化量较大的点应分析原因,并提出复测成果使用、复测周期等方面的建议。

第三章　施工测量

第一节　施工测量中的质量控制要点

一、施工测量概述

施工测量的目的是按设计要求将图纸上设计的建筑物平面位置、纵横轴线、几何尺寸及高程等在实地标定出来,作为施工的依据。

测量工作是工程施工的眼睛,直接关系到水利水电工程建筑物空间位置、形体尺寸是否符合设计要求及满足相关的质量标准,这是控制水利水电工程建筑物位置、形体、外观质量的关键;同时施工测量工作又是水利水电工程建设中每一个工序正式施工前必须完成的一项重要工作,没有准确的放样,施工就无法进行。因此,施工测量工作在水利水电工程建设中起着至关重要的作用,直接关系到工程建设的质量,这也是将测量专业工作列入工程质量检测范畴的重要原因。

将设计图纸上设计的水利水电工程建筑物的平面位置、纵横轴线、几何尺寸、高程等,在施工现场标定出来,这种标定工作称为施工放样,也是施工测量工作的重点。施工放样的工作方法和原理与普通测量工作是相同的。施工测量工作应遵循国家标准、行业规范并遵循"从整体到局部、先控制后碎部"的原则和工作程序。首先根据工程总平面图和施工区地形条件建立与扩建施工控制网,然后根据施工控制网在实地标定各个主要建筑物的主轴线和辅助轴线,再根据主轴线和辅助轴线,标定各建筑物的细部点。采用这样的工作程序,是为了保证建筑物几何关系的正确,使施工测量工作有序进行,并避免误差的积累。

施工测量中施工放样的主要内容是:①放样已知点的选择,一般选择离放样区域较近、通视条件好的高等级控制点;②选择放样方法,放样方法很多,如极坐标法、直角坐标法、轴线交会法、前方交会法、侧方交会法、后方交会法、GPS 动态定位法等;③计算放样元素,即根据已选定的放样方法和已知点的坐标、高程以及设计坐标和高程,计算需要放样点的放样元素(已知点到放样点的方位角值、水平角值、边长值和高差值等)。

施工测量的仪器设备目前采用最频繁、最多的是全站仪(配棱镜)。全站仪既能测角,也能测边,并且配置了相关放样程序。由于内存大,可将室内计算的放样元素存在仪器内,野外放样作业快捷方便。同时随着 GPS 技术的普及和精度的提高,正在广泛应用 GPS 实时动态定位的方法进行放样。

二、施工测量与检测

施工测量工作贯穿于整个施工过程中,是每一个施工程序进行前必须做的工作,对施工质量起着极其重要的作用。施工测量是水利水电工程建设阶段为建筑安装实施测量工作的总称,包括施工控制、施工放样、预埋件定位、设备安装定位、竣工测量和变形测量。建设监理单位为履行监理工作职责需要实施的测量工作称为监理测量。检测测量从其定义可以理解为:它是工程质量检测工作一个重要的组成部分,是工程质量检测常用的主要技术方法之一。无论是在水利水电工程建设施工期还是在工程建成后的运行期,只要质量检测任务需要都应进行检测测量工作。由于检测测量的成果应用及服务对象的不同,检测测量可被用于施工单位自检、监理单位检测、项目法人检测、质量监督检测、竣工验收检测、安全鉴定与评价检测、质量事故鉴定或纠纷仲裁检测等。可见,对于检测测量和施工测量这两项工作,从实施的项目内容上来看,施工测量宽于检测测量;从适用的工程建设阶段来看,检测测量并不局限于水利水电工程建设的施工期。检测测量与施工测量有着共同的测量理论基础和相同的技术方法,大多使用相同的仪器设备,执行相同的技术规范(除有专门的检测测量标准要求外)。

施工测量质量检测应有专门的具有水利水电检测资格的作业队伍。在施工过程中,为保证施工测量质量,应由施工单位的具有水利水电工程质量检测量测类专业资格的作业队伍来进行。在施工过程中,为保证施工测量质量,施工单位应自行进行检测,测量监理工程师可与施工单位进行联合检测或单独抽检与复检。检测成果作为水工建筑物质量检测成果资料的,其施工单位和测量监理工程师必须具备水利工程质量检测员资格。

(一)测量工作的检测内容

国内建筑市场实行业主负责制、招标投标制、建设监理制并对工程实施进行合同管理。目前,水利水电工程建设中除承包人自行进行施工测量的检验外,尚有监理测量人员对测量过程的监督检查;测量质量检测包含了对施工测量每个工作环节的检测。施工测量质量检测工作主要内容如下。

1. 控制测量检查

(1)施工单位进入施工现场后,监理方会同业主向承包方移交测量控制网。审查承包方对施工控制网复测检查的方案,并监督复测检查工作的实施。对承包单位提交的复测检查成果进行复核,根据复测结果判断施工控制网的精度,如精度达到要求,由承包方提出同意接收并批准使用;如精度达不到设计要求,应及时向业主提出要求复查的报告。

(2)审查承包方各施工阶段测量控制网扩建或加密的技术方案,并对新增控制网点进行内外业检查,核实实测精度、检查承包方定期对控制网点进行的复测,以确保测量基准的可靠。

2. 施工放样检查

(1)对承包方的各阶段施工放样方案进行检核,并检查承包方承接获得批准的方案实施施工放样工作。

(2)对承包方提供的施工放样数据进行抽查和检核。

(3)对重点部位建筑物轴线、平面、坐标、高程等施工放样点进行抽验。

(4)对施工过程中各个工序衔接间的关键面(如填筑或浇筑前的隐蔽工程基础面,隐伏建筑物的几何形态等)测量资料进行测量抽检,并确认中间验收资料。

3. 工程计量测量检查

(1)检查承包方和监理方施工前对施工区原始地貌的测量成果(大比例尺地形图或断面图),并负责进行抽检,经检查合格且双方确认的资料将作为工程计量的依据。

(2)检测承包方所做施工过程中的各种分界面的测量工作(如开挖中的土石分界面、回填过程中各种回填资料的分界线等),并将经检查合格双方确认的资料作为工程计量的依据。

(3)根据合同规定和相关规范规定对阶段完成工程量计算结果进行抽检,作为中间支付的主要依据。

(4)在完成各阶段计量审核的基础上,做好最终完成工程量(竣工工程量)的审查核对工作,工作过程同阶段计量。

4. 竣工测量检查

(1)检查施工方对施工各阶段进行的竣工测量。

(2)对阶段竣工测量资料、最终竣工测量资料进行审查核对,经有水利水电检测资格的测量监理工程师审查核对并签字确认的竣工测量资料将作为工程项目竣工资料的一部分进行归档。

另外,在质量检测工作之外,还应对承包方的主要测量人员的资质、仪器设备配置进行审查,人员的资质、设备的数量和精度指标必须满足合同文件要求,满足工程施工需要;仪器设备必须经国家认可的计量单位检定合格。

(二)施工放样质量控制的要点

施工放样质量关系到工程建筑物的平面位置、高程和几何尺寸的准确性,对工程施工质量起关键作用。根据水利水电工程施工特点,施工放样质量控制要点如下。

1. 测量基准的准确可靠

施工放样工作以施工控制网为基准。所以,施工控制网的精度必须满足规范要求,施工控制网的控制点数量和位置应满足施工需要。

2. 主要建筑物轴线的准确可靠

主要建筑物的轴线是施工放样中的关键点线,必须进行校核检查,并要有校验记录,确保点线位置准确无误。

3. 已成型建筑物的复核检查

在施工过程中对成型建筑物进行检查,可以了解该建筑物的位置和几何尺寸是否与设计要求一致,高度、坡度、平整度、金属结构安装是否满足精度要求,为后续作业提出应改进的问题;如发现有质量问题,可以及时处理。

4. 竣工测量资料的准确可靠

竣工测量资料是工程最终质量评定的重要依据,也是工程项目的重要技术资料,必须准确、可靠、全面。

(三)施工放样检测中应注意的几个问题

(1)质量检测应有专门的队伍,配备较强的技术力量和足够的仪器设备。

(2)质量检测队伍应有固定的规程制度,检测成果应规范化。

(3)质量检测所用仪器设备的精度必须等于或高于施工放样时所用仪器的精度。检测所用仪器设备应经国家认可的计量检测单位检定合格。

(4)质量检测时应尽可能增加多余观测条件(如多点后视、测点间几何关系复查与已成型建筑物间关系的检查等),或采用不同的观测方法、不同的观测条件,以确保质量检测结果的可靠。

(5)质量检测的结果要及时反馈给工程施工方和业主单位,用以指导施工和加强工程质量管理。

第二节　开挖工程中的测量工作

水利水电工程建设中土方、石方开挖是最常见的一个施工过程。在堤防修筑、水库修建、大型水利水电工程建设、辅助工程(如施工道路修建、场区平整等)建设中均会遇到开挖工程。

开挖工程一般分明挖和暗挖两类,本节主要介绍明挖工程。

开挖工程按开挖料的不同,一般分为土方开挖、石方开挖两大类。

一、开挖工程中的测量工作

开挖工程是按设计要求的位置、尺寸,开挖出与设计要求完全相同的体型来。开挖工程一般施工面较大,采用大型机械作业。

(一)开挖工程中的测量控制

由于开挖工程工作面较大,又布设有较多的施工道路,在进行施工测量控制时须考虑所布设的控制点应在离施工作业面较近、通视条件好,又不易被破坏的地方。开挖工程放样控制点可选用首级施工控制网点,也可采用加密控制网点。

施工放样中使用的平面、高程控制点要经常进行校测,对发现有位移变化的控制点应及时采取相应措施进行补救或停用。

(二)开挖工程中的施工放样

开挖工程中的施工测量工作主要有:根据设计建筑的纵横轴线,放样开挖开口线、放样开挖体型变化线(如边坡变坡点、预留马道等);对开挖分类料变化面(如土石分界面)测量、阶段收方测量、最终开挖完成后竣工面检查测量等工作。

开挖开口线的放样要依据设计图要求,根据地面实际高程来计算开口线位置,并确保开口线位置的准确。开口线位置放样不准确,势必造成超挖或欠挖两种结果。超挖部分在后续工序中会增加回填工程量(混凝土回填或土石方回填),同时也增加了不必要的挖运量(挖运了本不应开挖的部位);欠挖在开挖工程中是不允许的,必须进行欠挖处理,因此造成二次开挖,而二次开挖往往工作面小,不适宜机械开挖,使欠挖处理费工费时。同时,在开挖过程中,测量人员应经常对开挖部位进行检查,尤其应注意体型变化处的现场控制,避免产生超、欠挖现象。

在开挖过程中,应及时对已确认的开挖材料分界面进行测量,以利于开挖工程量的核算。按照《水利水电工程施工测量规范》(SL 52—93)的规定,土石方开挖工程轮廓点放样平面位置点位限差为 ±(50~150) mm,高程点位限差为 ±(50~150) mm(指相对于邻近基本控制点的点位限差)。

(三)开挖工程中的计量测量

开挖工程量的计算主要依据开挖前原始地形资料、开挖料变化面(土石分界面)资料、阶段收方时实际开挖现状资料、开挖竣工后测量资料、设计图纸。开挖工程量计算一般采用平均断面法或地形图法。用于工程量计算的断面图和地形图必须是现场实测的。

平均断面法计算工程量比较常用,如图3-1所示,用平均断面法计算开挖量一般按下式进行。

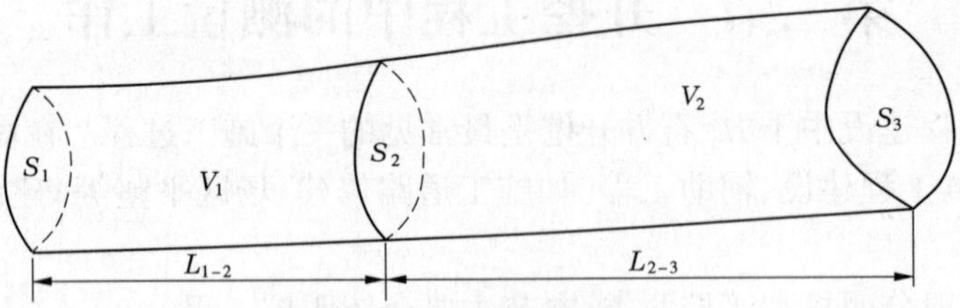

图3-1 平均断面法示意

$$V_1 = \frac{1}{2}(S_1 + S_2) \times L_{1-2} \quad (S\text{ 为面积},L\text{ 为两断面间平距})$$

$$V_2 = \frac{1}{2}(S_2 + S_3) \times L_{2-3}$$

$$\vdots$$

$$V_n = \frac{1}{2}(S_n + S_{n+1}) \times L_{n-(n+1)} \tag{3-1}$$

$$\sum V = V_1 + V_2 + \cdots + V_n \tag{3-2}$$

在计算机普及的情况下,也可以采用地形法,直接用开挖前后的两个地形资料用方量计算程序计算开挖工程量。

在计算开挖工程量时必须将设计线绘入断面图中,以分清设计内开挖量和超挖量,设计内开挖量应按合同规定的单价支付,而超挖量应按合同技术条款的规定来确定是否予以支付。

开挖工程中的计量测量工作直接关系到工程总量、工程投资,是业主方、承包方都关注的重点,必须将与计量有关的测量工作做好。开挖施工前要做好原始地貌测量。开挖施工中做好土石分界面等关键面的测量,开挖工程结束后要做好竣工面的测量。为保证工程计量的准确度,一般采用大比例尺地形图测量或断面测量,较常用的比例尺为1:100、1:200、1:500,明挖工程以1:200的比例尺为多。

在设有监理单位的工程项目中,与计量有关的测量工作必须有具有量测类水利工程质量检测资格的测量监理工程师参加,所测资料应得到监理工程师的确认,才可以作为测量计量的依据。

在工程施工中因为地质条件变化、结构变化等,会发生一些设计变更从而产生工程量的变化,设计变更资料必须妥善保管,也作为工程计量的依据。

工程计量的一般手续是定期由承包方根据实测的测量资料计算所完成的工程量,由测量检测工程师进行审核，提出核查意见，再经质量检测、合同管理人员审定后报业主单位按合同规定进行结算。

开挖量计算中同一区域的两次计算土方量差值不超过7%，石方方量差值不超过5%，混凝土方量差值不超过3%，可取两次独立计量的平均值作为最后值。

二、开挖工程中施工放样的常用方法

开挖工程中采用的施工放样方法很多，现介绍几种常用方法。

（一）高程放样

1. 水准仪法

为控制开挖面的高程，需在开挖工作面上放样出设计指示的高程。

用水准仪法放样时，在现场架设水准仪，附近地面上有水准点 A，其高程为已知高程 H_A，待定点 B 的设计高程为 H_B，如图3-2所示，当水准仪整平后在 A 点所立水准尺上读数为 a，则放样点上的水准尺读数 b 可用下式算得

$$b = (H_A + a) - H_B \tag{3-3}$$

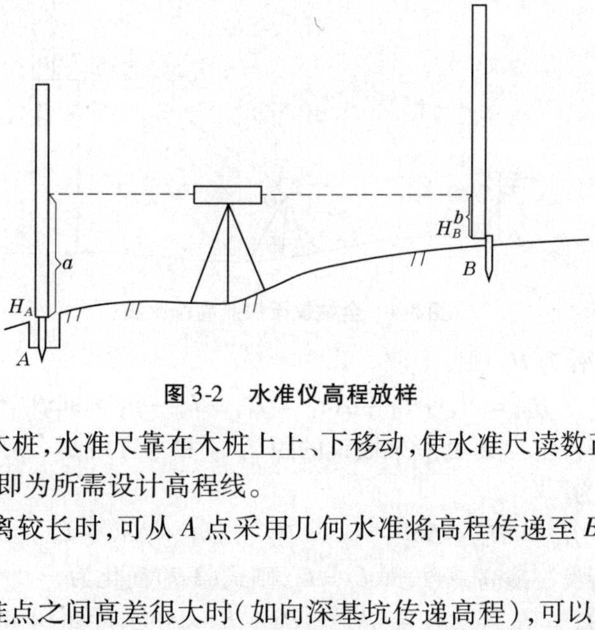

图3-2　水准仪高程放样

在B点处打上木桩，水准尺靠在木桩上上、下移动，使水准尺读数正好为 b 时，在水准尺底部木桩上画线，即为所需设计高程线。

当 A、B 两点距离较长时，可从 A 点采用几何水准将高程传递至 B 点附近固定点，再进行放样。

当放样点与水准点之间高差很大时（如向深基坑传递高程），可以用悬挂钢尺代替水准尺，设已知点 A 高程为 H_A，待定点高程为 H_B，如图3-3所示。悬挂钢尺时零刻划端朝下，并在钢尺下端悬挂一个重量相当于鉴定时拉力的重锤，在地面和坑内各架设一次水准仪（更好的方法是地面与坑内的水准仪同步观测）。设地面水准仪在 A 点尺上读数为 a_1、在钢尺上读数为 b_1；设在坑内水准仪对钢尺读数 a_2，则放样点 B 点尺上读数为 b_2，b_2 值可由下式算得

$$H_B = H_A + (a_1 - b_1) + (a_2 - b_2) \tag{3-4}$$

$$b_2 = a_2 + (a_1 - b_1) + (H_A - H_B) = a_2 + a_1 - b_1 + h_{AB} \tag{3-5}$$

式中　h_{AB}——已知点 A 和待定点 B 间高差。

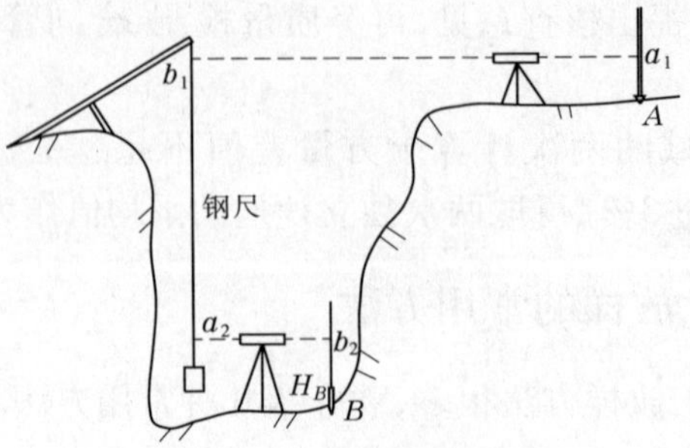

图 3-3　基坑高程传递

2. 全站仪无仪器高作业法

在一些高低起伏较大的施工区，因高差大直接用水准仪放样比较困难，可以采用全站仪无仪器高作业法直接进行高程放样。

如图 3-4 所示，为了放样 B 点的高程，可在便于通视的 O 点处架设全站仪，在已知点 A 点架设反射棱镜（棱镜高为 L_1），测量 OA 的距离 S_1（斜距）和垂直角 β_1，则 O 点全站仪中心高程 H_0 可用下式计算。

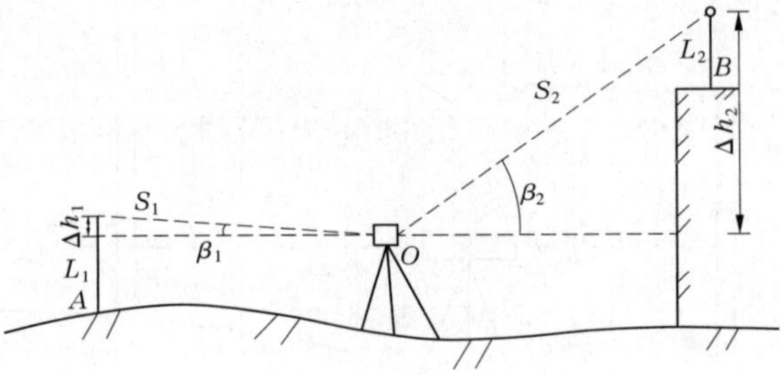

图 3-4　全站仪无仪器高作业法

设已知 A 点高程为 H_A，则

$$H_0 = H_A + L_1 - \Delta h_1 = H_A + L_1 - S_1 \times \sin\beta_1 \tag{3-6}$$

再测得 O 点至待定点 B 处所架棱镜的距离 S_2 和垂直角 β_2，参照式(3-6)，可以得出计算 B 点高程 H_B 为

$$H_B = H_0 + \Delta h_2 - L_2 = H_A - \Delta h_1 + \Delta h_2 + L_1 - L_2 \tag{3-7}$$

如 A、B 两点所设棱镜高一致，即 $L_1 = L_2$，则式(3-7)简化为

$$H_B = H_A + \Delta h_2 - \Delta h_1 = H_A + S_2 \times \sin\beta_2 - S_1 \times \sin\beta_1 \tag{3-8}$$

该方法不需测定仪器高，直接用仪器测读数据计算，同样具有较高的放样精度。

应当指出，Δh_1、Δh_2 值的正、负由 β_1、β_2 角的仰、俯来决定，仰角为正，俯角为负。同时，当测站点与目标点间距离超过 150 m 时，在计算高差时应该考虑大气折光和地球曲率影响，即 $\Delta h = D \times \tan\alpha + (1-k)\dfrac{D^2}{\alpha R}$（式中 D 为水平距离；α 为垂直角；K 为大气垂直折光系数，一般取 0.14；R 为地球曲率半径，一般取 6 370 km）。

（二）点位放样

点位放样是建筑物放样的基础。进行点位放样时应用两个以上的控制点，并已知待定点的坐标,计算距离和角度等放样元素来进行待定点放样。

点位放样经常采用的仪器有:钢尺、经纬仪、全站仪、GPS 接收机。目前,施工中采用最多的是全站仪,钢尺和经纬仪已被逐步淘汰,GPS 接收机的使用正在推广。

点位放样常用方法有距离交会法、角度交会法、全站仪极坐标法、直接坐标法(GPS RTK 法)等。

1. 距离交会法

如图 3-5 所示,已知控制点 A、B 两点坐标分别为(X_A, Y_A)和(X_B, Y_B),待定点 P 点坐标为(x_P, y_P),按式(3-9)、式(3-10)计算放样元素 S_1、S_2

$$S_1 = \sqrt{(x_P - x_A)^2 + (y_P - y_A)^2} \tag{3-9}$$

$$S_2 = \sqrt{(x_P - x_B)^2 + (y_P - y_B)} \tag{3-10}$$

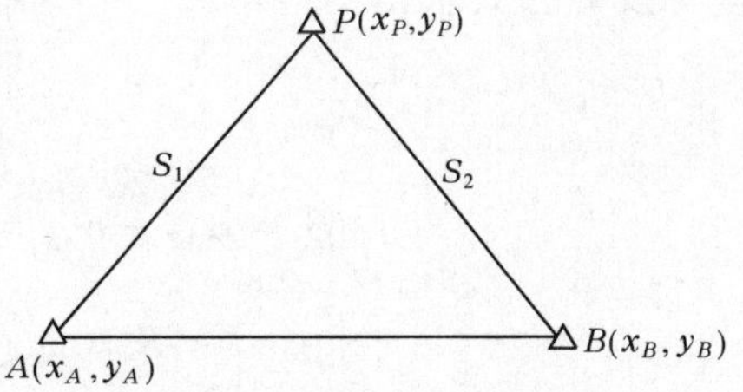

图 3-5 距离交会法

然后在现场分别以 A、B 两点为圆心,用钢尺以放样元素 S_1、S_2 为半径作圆弧,两弧线交点即为待定点位置。

由于钢尺长度有限,使用距离交会法的条件受限制,现在已很少使用,在施工范围较小的工民建工程中有时还使用。

2. 角度交会法(方向交会法)

在量距不方便的场合,经常使用角度交会法或方向交会法。如图 3-6 所示,已知控制点 $A(x_A, y_A)$、$B(x_B, y_B)$,A、B 两点应互相通视;待定点 $P(x_P, y_P)$,先用坐标反算方法计算出放样元素方位角 $\alpha_{AB}(\alpha_{BA})$、α_{AP}、α_{BP}或夹角 β_1、β_2

$$\alpha_{BP} = \arctan \frac{y_P - y_B}{x_P - x_B} \tag{3-11}$$

$$\beta_2 = \alpha_{BP} - \alpha_{BA} \tag{3-12}$$

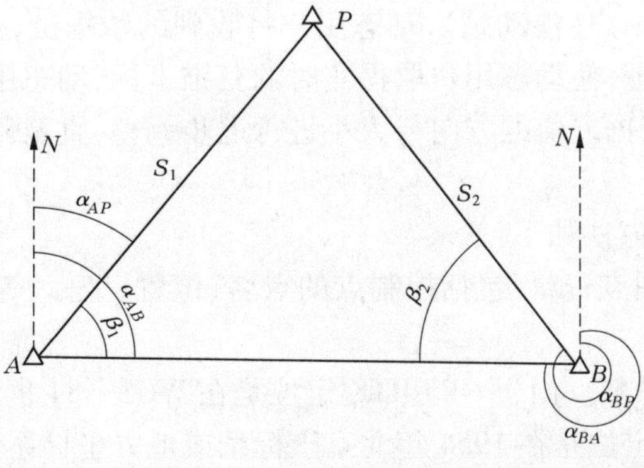

图 3-6 角度(方向)交会法

在 A、B 两点架设经纬仪,如采用角度交会分别互相后视,放样相应角度 β_1、β_2,两仪器视线的交点就是待定点 P 的位置。

如采用方向交会法,即用方位角分别相互后视,按测站至待定点的方位角确定视线的位置,放样方式与角度交会法相同。

3. 全站仪极坐标法

该方法是目前最常用的方法，该方法须事先计算放样元素，如图 3-7 所示。

已知 A、B 两点为控制点，坐标已知，待定点 P，设计坐标已知，则放样元素 β、S 可利用坐标反算公式求得

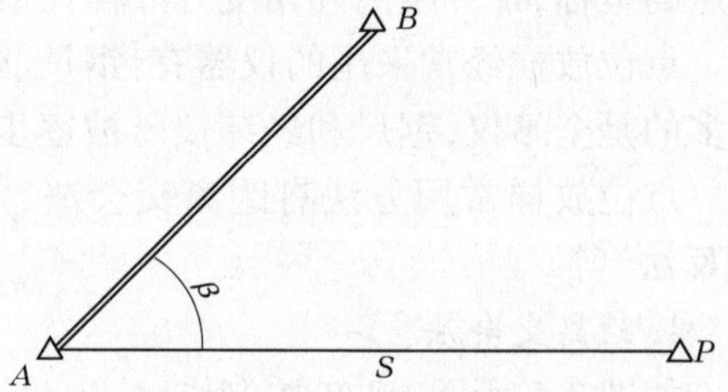

图 3-7　全站仪极坐法放样

$$\beta = \alpha_{AP} - \alpha_{AB} = \arctan \frac{y_P - y_A}{x_P - x_A} - \arctan \frac{y_B - y_A}{x_B - x_A} \tag{3-13}$$

$$S = \sqrt{(x_P - x_A)^2 + (y_P - y_A)^2} \tag{3-14}$$

使用全站仪极坐标法放样时，在 A 点架设全站仪，零度后视 B 点（也可用 α_{AB} 角度后视），将全站仪转到角度 β 处（或 α_{AP} 角度处），固定视线方向，指示前视棱镜在视线方向上前后移动，当距离等于 S 时，此时的位置即待定点 P 的位置。

全站仪一般都配有专门计算程序，进行边长方位角计算很方便，并且可以进行连续放样。

全站仪放样点位时，可将现场测得的温度、气压输入仪器，仪器会自动进行气象改正。

4. 直接坐标法（GPS RTK 法）

随着高精度 GPS 实时动态定位技术 RTK 的快速发展，能够实时提供任意坐标系中的三维坐标数据，在施工放样中使用已很普遍，对精度要求较低的开挖工程使用更方便。

GPS RTK 技术是一种全天候、全方位的新型测量系统，是一种实时、准确地确定待测点位置的一种快捷方式。它需要一台基准站接收机和一台或多台流动站接收机以及用于数据传输的电台。GPS RTK 定位技术是将基准站的相位观测数据及坐标信息通过数据链方式及时传送给动态用户（流动站），动态用户将收到的数据链连同自己采集的相位观测数据进行实时差分处理，使动态用户取得实时的三维坐标，动态用户再将实时三维坐标与设计坐标进行比较，依据差值的方向与大小进行逐步调整，直至调整到待求点的准确位置。

GPS RTK 法的作业方法如下：

（1）收集测区的控制点资料，包括控制点的点名、位置、坐标、等级、中央子午线、坐标系等。

（2）求定测区转换系数。由于 GPS RTK 定位是在 WGS－84 世界大地坐标系中进行，而各类工程的施工放样定位是在 1954 年北京坐标系或地方坐标系上进行的，这就需要进行坐标转换。因此，要求至少有 3 个以上的大地点分别有 WGS－84 世界大地坐标系坐标和 1954 年北京坐标系坐标（或地方坐标系坐标）利用布尔莎（Bursa）模型求解 7 个转换参数，Bursa 模型如下

$$\begin{bmatrix} X_i \\ Y_i \\ Z_i \end{bmatrix}_{\text{地方}} = \begin{bmatrix} X_0 \\ Y_0 \\ Z_0 \end{bmatrix} + (1 + \delta_\mu) \begin{bmatrix} X_i \\ Y_i \\ Z_i \end{bmatrix}_{\text{WGS-84}} + \begin{bmatrix} 0 & \varepsilon_Z & -\varepsilon_Y \\ -\varepsilon_Z & 0 & \varepsilon_X \\ \varepsilon_Y & -\varepsilon_X & 0 \end{bmatrix} \begin{bmatrix} X_i \\ Y_i \\ Z_i \end{bmatrix}_{\text{WGS-84}} \tag{3-15}$$

式中 X_0、Y_0、Z_0——两个坐标系的平移参数；

ε_X、ε_Y、ε_Z——两个坐标系的旋转参数；

δ_μ——两个坐标系的尺度参数。

(3)工程项目参数设置。根据 GPS 实时动态差分软件的要求，在作业前先在接收机手簿内输入以下参数：1954 年北京坐标系或地方坐标系的椭球参数：长半轴和偏心率；中央子午线；测区西南和东北角的经纬度；测区坐标系间的转换参数。为便于作业，可同时将需放样点的设计坐标输入，在作业中可按序调用。

(4)野外作业。在参考站架设基准站 GPS 接收机，打开接收机，读入已设置的工程项目卡数，输入参考点的 1954 年北京坐标系坐标（或地方坐标系坐标）和天线高；基准站 GPS 接收机通过转换参数将参考点的 1954 年北京坐标系坐标（或地方坐标系坐标）转换为 WGS－84 世界大地坐标系坐标，同时连续接收所有可视卫星的信息，并通过数据发射电台将其测站的坐标、观测值、卫星跟踪状态及接收机工作状态等信息发送出去。流动站接收机在跟踪接收 GPS 卫星信号的同时，接收来自基准站的数据，进行差分处理后获得流动站的三维 WGS－84 世界大地坐标系坐标，再通过与基准站相同的坐标转换参数将 WGS－84 世界大地坐标系坐标转换成 1954 年北京坐标系坐标（或地方坐标系坐标），并在流动站控制手簿上实时显示。将实时测定的坐标与设计坐标值相比较，根据其差值可以指导流动站移位，直至实时测定的坐标与设计坐标一致，此时流动站位置即所需放样点的位置。

在实际作业中为加快作业速度，一般用 2 台流动站同时作业。

GPS RTK 测量的特点是可以在彼此不通视的条件下远距离传递三维坐标，同时不会产生误差积累，因而能快速高效地完成测量放样任务。但 GPS RTK 测量精度受卫星信号接受条件、气象条件等影响，同时 GPS RTK 测量的高程精度仍低于平面精度。因而，GPS RTK 测量目前大多用于线路测量、开挖放样，对于高精度放样作业尚很少使用。

开挖过程中放样的方法很多，作业人员应根据设计总体布置图和细部结构设计图，找出主要轴线、主要点的设计位置和各部位间的几何关系，再根据控制点分布情况、现场条件、现有仪器设备情况，选择方便、简单、满足精度要求的放样方法。

三、开挖工程中施工放样检测要点

开挖工程是大型水利水电工程施工中的第一个重要环节。开挖施工均为机械化施工，作业面大，作业强度高。施工放样工作对开挖工作起很关键的作用。根据设计图放样的点线是开挖作业的依据；在多个工作面同时作业的情况下，施工放样又是保证工程各部位整体衔接的关键。因此，测量人员责任重大，必须采取有效措施杜绝工作中的一切错误，确保所放样点线的精度。在开挖工程中施工测量的检测要点主要有以下几点。

（一）测量控制的检校和定期复测

测量控制点是施工放样的依据，其精度直接影响放样精度。测量质检人员或测量监理工程师必须做好控制点检校工作，对承包方提交的控制点计算资料及成果进行全面检查核算，并应在现场对重要控制点间关系进行实地抽检（包括点间距离、点间夹角、点间高差等），发现问题及时予以纠正，还应检查承包方对控制点进行定期复测的成果，在复测中发现精度已低于设计要求的点或变动的点时应及时停用或采取相应补救措施。

控制点检查检测资料应妥善保存。

(二)原始地形测量和计量测量断面的检测

原始地形测量和计量测量断面是开挖工程计量的依据,其准确性直接影响开挖工程量计量的精度,直接影响工程投资。测量质检人员或测量监理工程师必须做好原始地形测量检测认定工作。

检测或测量监理工程师在现场作业过程中应抓好起始数据输入(测站坐标、高程、仪器高、棱镜高、温度、气压等)、起始数据核对(后视方位、检查方位等)、施测点位的合理(是否反映地貌变化特点、点间疏密度、重要地物点)等关键环节。对最终形成的大比例尺地形图、断面图,应检查等高线走向是否合理、重要地物有无遗漏、图上标注是否准确,断面图绘制是否准确、设计线套绘是否准确等关键环节,并应进行实地检测,检测结果应满足《大比例尺地形图机助制图规范》(GB 14912—94)的要求。

经检查无误,并经检查人员或监理人员签字确认的图纸资料应妥善保存,作为开挖工程工程量计算的原始依据。原始地形和计量用的测量断面资料应由水利工程质量检测量测类专业检测员签认。

(三)关键点线的检测

在开挖施工过程中,作业机械均按照测量人员放样的开挖点线进行作业。所以,开挖点线的准确与否直接影响开挖质量。为确保开挖点线的准确无误,在承包方测量人员放样点线后,测量质检人员或测量监理人员有必要对重要开挖点线放样计算资料进行全面检查并进行实地抽检。

重要开挖点线一般包括开挖开口线、边坡开口线、预留马道位置、岩石开挖预裂爆破线和高程。

重要开挖点线检测目前大多采用全站仪配棱镜用极坐标法进行测定。检测中如发现有错误,应立即通知承包方进行检查与纠正。检测资料应由检测方妥善保存,并作为将来对整个测量工作质量进行评价的依据。

(四)施工测量工作中巡查

开挖工程中会遇到各种不同的情况,作为测量检测人员或测量监理人员应加强对现场作业面的巡查,及时了解各个作业面的进展情况,对即将发生的事情有预先准备。如对开挖边坡线或预留马道等,必须在施工作业中及时了解开挖高程,在变坡线、马道位置出现前就做出现场标示,避免超、欠挖情况发生。测量检测人员现场巡查发现的情况应及时告诉承包方,并督促承包方做好相关工作,保证各工序间的顺畅衔接,提高功效与质量。

由于不同工程项目的开挖工程要求与现场条件不同,测量质量检测人员或测量监理工程师应根据现场的情况,并结合自身经验确定质量检测的重点,明确检测内容及具体要求,事先通知承包方,在承包方配合下,做好检测工作,以确保施工测量的准确性。

第三节　洞室开挖工程中的测量工作

水利水电工程项目中的洞室开挖工程一般分为两类:一类属于地下通道和输水通道

工程，如水利水电枢纽中的交通洞、排水洞、灌浆洞以及泄洪洞、灌溉洞、输水洞等；另一类属于地下建筑物，如地下发电厂房、地下变电站等。

由于地下工程性质的不同和地质条件的不同，施工中分为明挖法和暗挖法。浅埋的洞室常采用明挖法，即将地面挖开修筑衬砌，然后回填，此类开挖一般纳入正常开挖范畴，即本章第二节所述范围。深埋地下的工程均采用暗挖法，本节所述内容主要针对暗挖的洞室工程。

一、洞室开挖工程的特点与对测量工作的要求

(一)洞室开挖工程测量的特点

水利水电工程暗挖的洞室开挖工程(简称洞挖工程)一般采用直接开挖洞口，单向或双向掘进，也可以挖掘支洞、竖井或交通洞至工作面再双向掘进。洞挖工程在地下深层开挖，地质条件有土和岩石，还可能遇到断层等不利地质条件，因此洞挖工程测量作业具有以下特点：

(1)地下工程施工面窄，测量控制难度大。由于一般只能前后通视，测量控制大多布设导线，缺少检核条件，容易出现错误。

(2)地下工程施工导线随施工进展而往前推进，施工导线逐步延伸，容易产生误差积累，降低控制点精度。

(3)由于地下工程的特殊性，在竖井开挖方式中要使地下测量和地面测量的坐标与高程系统一致，需要采用特殊的测量方法进行联系测量，并需要使用特定的仪器(如激光准直仪、陀螺经纬仪等)。

(4)由于地下工程施工面窄，底部往往是施工通道，控制点有时无法埋设在开挖底板上，需要时会埋设在开挖区顶部或边墙上，而洞室内壁受开挖后周边应力的变化影响会产生收敛变位，因此需经常对控制点进行校测，及时发现其位移变化。

(5)地下作业施工面黑暗潮湿，测量作业时需注意做好灯光照明，以保证作业精度。所使用的仪器设备应及时做好吸湿和保养，以延长仪器设备的使用期。

(二)洞挖工程对测量工作的要求

洞挖工程测量主要工作包括：建立地面控制网，地面和地下控制的联系测量，地下施工控制测量，洞挖过程中的施工放样，洞挖工程完成后的竣工测量等。

(1)洞挖工程测量工作的关键是控制测量(包括地面控制测量、联系测量、地下控制测量)，控制测量的精度、等级应依据隧洞的长短，地下施工导线点的多少，规范规定的横向贯通误差的允许值决定，控制测量成果必须逐项检核。

(2)对于相向开挖或通过竖井、支洞等多个工作面相向开挖的隧洞，必须考虑贯通误差。由于施工中轴线会因测量误差影响，在相向开挖的贯通工作面上产生误差即贯通误差(分为纵向贯通误差、横向贯通误差和高程贯通误差)。而横向贯通误差和高程贯通误差直接影响隧洞贯通质量。因此，要事先做好贯通误差的预计，采取有效措施，控制好横向贯通误差和高程贯通误差，使其在规范要求的范围内。

(3)洞挖工程结束，隧洞已经贯通，应立即进行贯通测量的验证，贯通误差是否满足规范要求，施工导线是否满足设计要求。在贯通的基础上，对误差进行分配，作为下一步

施工(包括衬砌、金属安装等)的依据。

(4)根据地下工程施工测量的特点,条件许可时地下导线可布设成双导线以提高控制成果的精度和可靠性,同时必须加强对测量控制点的检核;在施工放样过程中尽量增加校核条件,减少错误的发生。洞挖工程中的测量控制点应埋设在受施工干扰小的稳定地方,埋设后要进行必要的检核,注意点位的变动。

(5)根据地下工程的施工特点,施工放样应快速、准确,采用合理的测量技术方案,以保证测量精度,进而保证工程质量。

(6)长隧洞施工导线应考虑地球曲率影响和导线边长投影到平均高程面的计算。

二、洞挖工程中的测量工作

(一)地面控制测量和地下控制测量

洞挖工程的地面平面控制测量根据工程的特点、地形条件,可采用精密导线测量、三角测量及 GPS 全球卫星定位技术来进行。地面高程控制测量可采用精密水准测量或光电测距三角高程测量。地下控制测量一般采用导线测量、水准测量和光电测距三角高程测量。

有关控制测量内容在本书第二章内已有详细介绍,本节仅对一些特殊要求进行说明。

1. 地面控制测量

1)地面平面控制测量

水利水电工程的洞挖工程一般涉及范围较大,精度要求高。

地面控制网大部分呈直伸形。为保证工程的贯通精度,应将洞挖工程两端开口点、支洞或竖井等区域包括在控制网覆盖区内,并在关键区域附近布设控制点,利于关键点的放样。

控制网布网方案可以采用三角锁、精密导线、三角与导线联合布网、GPS 网等多种形式。形式的选择取决于工程要求、地形条件、覆盖范围大小、仪器设备等因素。以往采用三角锁网型较多,其优点是图形结构强、布点少、推进快、精度高、多余观测条件较多,但存在测角工作量大、基线精度和丈量要求高等缺点。高精度全站仪的使用,解决了边长测量困难的问题,已大部分采用全站仪光电测距导线网,其优点是布网自由、对地形适应性好,导线可布置成附合导线、闭合导线、直伸形多环导线锁等。

GPS 全球卫星定位技术精度进一步提高,采用 GPS 技术布设控制网已广泛使用。水利水电工程 GPS 施工控制网的布设和测量要满足《全球定位系统(GPS)测量规范》(GB/T 18314—2001)和《水利水电工程施工测量规范》(SL 52—93)的有关要求。

2)地面高程控制测量

地面高程控制测量的主要任务是在各洞上或井口布设 2~3 个水准基点,用于向洞内或井下传递高程。布设 2~3 个水准基点是为了防止水准基点损坏,又有利于水准基点的检测。

高程控制测量采用等级水准测量,在丘陵山区等不利地形条件下也可采用全站仪光电测距三角高程测量代替三、四等水准测量(采用光电测距三角高程测量应注意边长长度控制,一般应不超过 800 m)。

目前,电子水准仪已广泛使用,电子水准仪配条码尺作业,避免了人工读数和记录的环节,避免了人为读数误差,大大提高了观测精度,减少了记录人员,提高了工作效率,给高程控制测量工作带来了很多便利。

2.地下控制测量

1)地下平面控制测量

地下平面控制测量由于受洞挖工程条件限制,使得测量方法比较单一,一般均采用导线测量方法。

地下导线测量的起点通常在洞挖工程开口处、支洞或斜井口、竖井的井底等部位,导线起点的坐标可以通过地面测量控制点用直接测量或联系测量方法确定。地下导线由起点随工程进展向前延伸。

地下导线具有一些与地面导线不同的特点:

(1)导线不能一次布设完成,须随作业进展而逐渐延伸。

(2)导线点因工程需要有时需布设在洞室底部中线或边墙上,须具备对中或边墙上埋设测墩的条件。

(3)地下导线可根据施工需要分施工导线和基本导线二级布设,在初开挖期先布设边长较短的、精度较低的施工导线用于掘进放样。待形成较长或较大开挖面后,再布设基本导线,对施工导线进行检查校正,并在隧洞完成贯通测量进行误差分配后,用做混凝土衬砌放样的控制依据。

(4)地下作业环境差,导线点容易被破坏,要注意控制点保护,如有损坏应及时恢复。

(5)地下工程控制测量受施工干扰大,影响作业精度。

基于上述特点,在布设地下导线时应注意以下几个问题:

(1)导线点尽量布设在施工干扰小,通视条件好,且稳定安全的地段。

(2)在条件许可时尽可能布设成精度均匀的等边直伸导线或主副导线环,并进行平差计算,加强检核条件,提高导线精度。

(3)在布设导线测量作业时,在特殊情况下(如转弯等)应尽量避免长、短边,提高仪器对中和目标照中精度,安排熟练作业人员进行作业,使外业作业精度得到提高。

(4)地下导线布设采用全站仪等光电仪器时,在测边时应加入温度、气压、加常数、乘常数等改正。

2)地下高程控制测量

地下高程控制测量的任务是在地面高程控制测量的基础上,在地下布设水准点,作为洞挖工程高程施工放样的依据。地下高程控制测量一般采用地下水准测量,有时也采用全站仪光电测距三角高程测量。

地下水准测量一般有以下特点:

(1)地下水准点一般与导线点为同一个点,水准测量线路一般与导线测量线路相同。

(2)地下水准点可埋设在开挖区的底板、边墙底部或顶板部,水准点埋设在顶部时,在使用时会出现倒立水准尺的观测情况,在计算时应注意符号。

(3)地下水准线路在贯通前均为支线测量,须采用往返测量及多次观测进行检核。

(4)地下水准点由于受施工影响和岩体变形影响,稳定性难以保证,要定期进行水准复测，以确保施工放样高程基准的可靠性。

（二）联系测量

在洞挖过程中，可以采用平洞、斜井或竖井进行地下工程的开挖。为保证地下工程按设计的要求掘进，就要通过平洞、斜井或竖井将地面的平面和高程系统传递到地下，这一项工作称为联系测量。

通过平洞或斜井的联系测量工作一般可按常规的导线测量和水准测量方法来完成。本节着重介绍竖井联系测量工作（包括平面联系测量和高程联系测量）。

1. 竖井平面联系测量

竖井平面联系测量可用几何定向和陀螺定向两种方法，陀螺定向方法将在介绍陀螺经纬仪时进行介绍。本处主要介绍几何定向中最常用的竖井定向。竖井定向是指已开挖好一个竖井，如何将地面平面坐标系统传递到井下。竖井定向分为投点和连接测量两项工作。

投点时通常在竖井内悬挂 2 个重锤，重锤一般放于油桶内，以增加阻力，使悬挂重锤的钢丝能稳定，减小由于井桶内气流、滴水等引起的投点误差。

联系测量时在井上、井下两个连接点架设仪器。A、B 两点为垂线点，从而在井上井下形成两个以 A、B 边为公共边的三角形 ABC 和 ABC'。可采用联系三角形方法来进行计算。联系三角形形式见图 3-8。

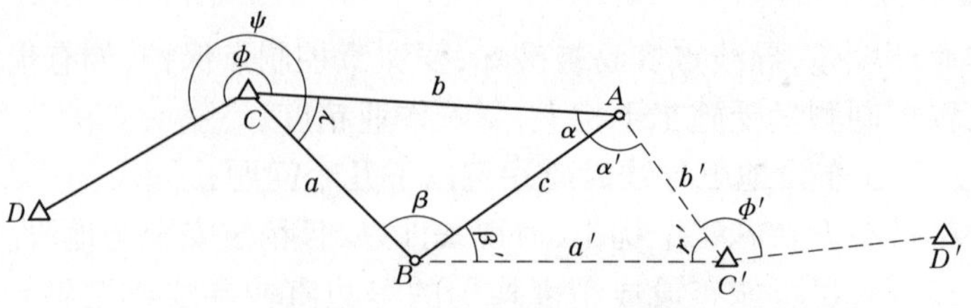

图 3-8　联系三角形法示意

图 3-8 中 C、D 两点为地面控制点，已知坐标和两点间的方位；C'、D'为地下控制点，即待求坐标点；A、B 两点为悬挂重锤点。

在地面测量时在 C 点架设仪器，后视 D 点测角 ϕ、ψ，丈量边长 a、b、c。由于 A、B 两点为悬挂点，无法安放反射棱镜，此时一般采用钢尺量距（钢尺应经过检定，量测时应记录温度，并使用检验时钢尺拉力；对每一量距边应改变测读起点丈量 6 次为一个测回，测回内边长读数差不大于 2 mm，取 6 个读数的中值为本次测回值；一般须丈量两个测回，当两个测回误差不大于 3 mm 时，取两个测回中值为该边长量测值）。也可采用在悬挂的钢丝上粘贴反光片（代替棱镜）进行光学测距，用钢尺丈量进行检核。

根据三角形实测边长 a、b、c，实测角 $\gamma=\psi-\phi$，可计算连接三角形各未知要素

$$\sin\alpha = \frac{a}{c}\sin\gamma \quad \sin\beta = \frac{b}{c}\sin\gamma \tag{3-16}$$

根据实测角 γ 和计算角 α、β 为三角形三内角这一关系进行检核（$\alpha+\beta+\gamma=180°$），如存在很小残差，可将其平均分配给 α、β。再根据对 c 边的丈量值和计算值计算量算不符值 d。

$$c_{计}^2 = a^2 + b^2 - 2ab\cos\gamma$$
$$d = c_{丈} - c_{计} \tag{3-17}$$

当地面三角形中的 $d<2$ mm 时，在丈量边中按式(3-18)加入改正数 v，消除差值。

$$v_a = -\frac{d}{3} \quad v_b = -\frac{d}{3} \quad v_c = -\frac{d}{3} \tag{3-18}$$

此时，根据改正后的边长和角度，以 D、C 两已知点可按导线测量方法计算 A、B 两点坐标。

在地下测量时，在 C' 点架设仪器，后视 B 点测 γ 和 ϕ' 角，丈量边长 a'、b'、c，按地面联系三角形解决方法，可以求得改正后的 α'、β'、γ'、a'、b'。

由于重锤悬挂总会产生投点误差，因此边长检核值 d 在井下放宽到 d 小于 4 mm 进行边长改正。同时应对边长 c 进行井上和井下量距的比较，一般井上、井下两个量测值差不能大于 2 mm，如大于 2 mm 说明投点误差过大，应对作业过程进行检查并重新测量。

在已知改正后的 α'、β'、γ'、a'、b' 的情况下，可以以 A、B 两点为起点按导线测量方法计算得到 C' 和 D' 点的坐标，完成整个联系测量工作。

在上面介绍时按地面、地下两个联系三角形来进行介绍，在实际作业中时地面、地下同步观测，以减小重锤的投点偏差。

从上述联系测量过程中可以看出，对测量精度影响最大的一是投点偏差；二是量边和测角的误差引起的定向误差。

对投点偏差应从重锤重量、悬挂钢丝直径、阻尼油箱等方面考虑来减小。

定向误差通过误差分析，在进行联系测量时应满足以下要求：

(1) CD、$C'D'$ 长度应尽量长，一般应大于 20 m。

(2) A、B 两悬挂点间距应在条件允许情况下尽量放长，以减小计算角的误差。

(3) C、C' 点处锐角 γ 和 γ' 在小于 2°时，对延伸三角形构成最有利。

(4) 提高仪器对中精度和联系角 γ、γ' 以及 ϕ、ψ 角的测量精度，以提高传递方位角的精度，减小短边向长边传递的方向误差。

2. 竖井高程联系测量

通过平洞和斜井进行高程联系测量，可用水准测量方法（主要用于平洞）或三角测量方法（主要用于斜井）。

本处介绍竖井高程联系测量的方法。

1) 悬挂钢尺法导入高程

悬挂钢尺法导入高程一般如图 3-9 所示，在竖井中部悬挂一钢尺（一般零端朝下），钢尺下端悬挂一重锤（重量等于钢尺检定时的拉力），钢尺应自由悬挂。地面上有已知水准点 A，地下有待定水准点 B，在 A、B 两处立水准尺。在地面和地下同时架设水准仪，并同步测量；在 A、B 两点水准尺和钢尺上读得读数分别为 a、b、m、n，则此时 B 点高程可以用下式算出

$$H_B = H_A + a - (m - n) - b = H_A - [(m - n) + (b - a)] \tag{3-19}$$

为提高传递精度应加入钢尺自重伸长改正，计算公式为

$$\Delta l = \frac{\gamma}{10E} l\left(l' - \frac{l}{2}\right) \tag{3-20}$$

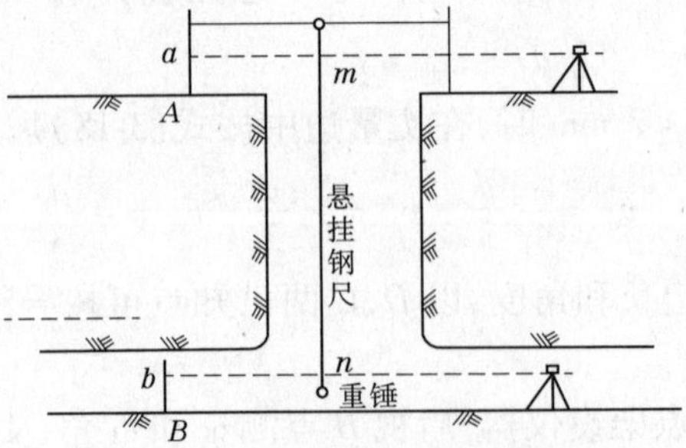

图 3-9　悬挂钢尺法导入高程

$$l = m - n$$

式中　l'——钢尺悬挂点至重锤点间长度(即自由悬挂部分长度);

γ——钢尺密度($\gamma = 7.8\ \mathrm{g/cm^3}$);

E——钢尺弹性模量,一般取 2×10^6 MPa。

2)光电测距仪导入高程

本方法要求:在竖井井筒内雾气较小,井口有固定平台可以架设全站仪,井口能与井底平台通视情况下使用。导入高程时在井口设置固定平台安置全站仪(竖直安装),将反射棱镜放置在井底平台上,采用距离测量的方法直接测得仪器中心与棱镜中心的距离(即高差),同时用水准仪测定地面水准点至仪器中心的高差。根据地下水准点与棱镜中心的高差,就可以把地面水准点的高程传递到地下水准点上。

在进行测量时应加入温度改正、气压改正。由于地面温度与地下温度与气压有差异。一般使用地面温度和地下温度和气压的平均值来进行测距改正。

当竖井直径较大时,在条件许可的情况下也可以采用全站仪,按常规的三角高程测量方法导入高程。

(三)洞室开挖中的施工测量

洞室开挖施工测量的主要任务是:确定洞挖施工中平面及竖直面内的掘进方向,即洞室轴线确定和开挖掘进面(俗称掌子面)的确定;掘进后开挖断面尺寸的检查;掘进进度的检查;时段内完成的开挖工程量。在开挖结束后还要进行竣工测量。

1.掘进方向的定向(线路中线测设)

1)自导线点用极坐标法进行中线测量

掘进过程中必须进行中线测量,以控制开挖的方向。

线路中线测设一般分两种类型:一是临时中线,用以指导开挖;二是正式中线,用以指导后续作业。正式中线一般在临时中线延长到一定距离时布设(距离的长度视施工条件而定,洞室的曲线部分距离的长度视曲率半径情况而定)。正式中线放样的精度要求要高于临时中线的精度要求。

利用导线点放样中线点,通常采用极坐标法。放样示意见图 3-10。

如图 3-10 所示,P_1 和 P_2 点为导线点,A 点为欲测中线点(它的坐标根据中线设计坐标和方位及 A 点所在高程位置计算得出)。

一般放样前先根据欲测中心点和导线点的坐标计算出放样参数,再进行点位放样,最

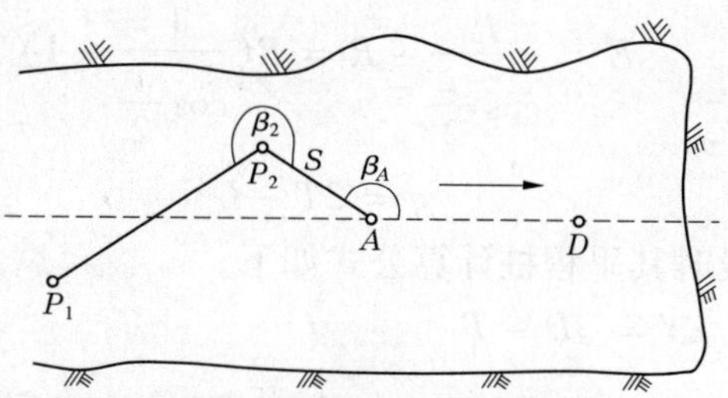

图 3-10　极坐标法测放中线示意

后进行检核。放样参数计算见式(3-21)

$$\alpha_{P_2-A} = \arctan \frac{y_A - y_{P_2}}{x_A - x_{P_2}}$$

$$\beta_2 = \alpha_{P_2-P_1} - \alpha_{P_2-A}$$

$$S = \sqrt{(y_A - y_{P_2})^2 + (x_A - x_{P_2})^2} = \frac{y_A - y_{P_2}}{\sin\alpha_{P_2-A}} = \frac{x_A - x_{P_2}}{\cos\alpha_{P_2-A}} \tag{3-21}$$

根据放样参数,在 P_2 点架设仪器,对中整平后视 P_1 点,将仪器转至 β_2 角度上,并在视线方向上量出平距 S,即得到欲放中线点 A。如在 A 点架设仪器以方位角 α_{AP_2} 后视 P_2 点,再将仪器转至开挖轴线方位(设计坐标求得),就可以得到开挖中线方向(如图 3-10 中 AD)。为确保放样点的准确性,应利用已有导线点进行检核(一般检测点不少于 2 个,一般要求检测角值、边长和原测角)。角值和边长的互差不超过

$$m_{\beta限} = \pm 2\sqrt{m_{\beta原}^2 + m_{\beta检}^2} \qquad m_{s限} = \pm 2\sqrt{m_{s原}^2 + m_{s检}^2} \tag{3-22}$$

2)圆曲线的放样

在洞室开挖过程中,往往会遇到中线是曲线,如在铁路、公路、隧道开挖时还会遇到缓和曲线(用于连接直线和圆曲线的一种过渡曲线)。在水利水电工程建设中缓和曲线较少,本节主要介绍圆曲线的测设。

(1)圆曲线的主点和曲线要素。

圆曲线是两条直线与一条曲线最简单的连接方式,图 3-11 所示为一单圆曲线典型图,圆曲线圆心为 O,半径为 R 和直圆点(ZY)A 和圆直点(YZ)B 处与曲线相切。

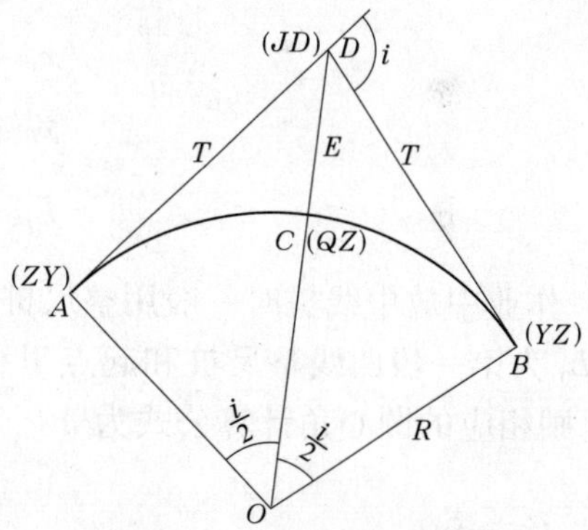

图 3-11　圆曲线主点示意

圆曲线中主点有 ZY(直圆点)、QZ(曲中点)、YZ(圆直点)三点;另 A、B 两点切线交点 JD、圆心 O 为曲线元素计算的关键点,圆心角为 i,但在实际施工放样中不一定放样。

曲线元素的计算公式如下:

切线长
$$T = R \times \tan\frac{i}{2} \tag{3-23}$$

曲线长
$$L = \frac{\pi}{180°} iR \tag{3-24}$$

外矢距
$$E = \frac{R}{\cos\frac{i}{2}} - R = R(\frac{1}{\cos\frac{i}{2}} - 1) \tag{3-25}$$

切曲差
$$q = 2T - L \tag{3-26}$$

在圆曲线线路测设时其里程桩计算公式如下。

$$\left.\begin{aligned} ZY &= JD - T \\ QZ &= ZY + L/2 \quad (\text{检校 } QZ = JD - \frac{q}{2}) \\ (\text{检核 } YZ &= JD + T - q) \end{aligned}\right\} \tag{3-27}$$

注意:式(3-27)中交点 JD 的里程桩仅作为推算曲线主点的过渡里程桩,而不是曲线上的里程桩。

(2)切线支距法放样圆曲线。

切线支距法是用直角坐标法来进行圆曲线放样的一种方法。如图 3-12 所示,切线支距法以曲线起点(或终点)为坐标原点,以原点切线方向为 x 轴,过原点半径为 y 轴,P 为曲线上一点,在该直角坐标系中该点坐标 x_P(切线向长)、y_P(用支距来表示),P 点至 ZY 点曲线长为 L ,则 x_P、y_P、L_P 与圆心角 α_P 有以下关系

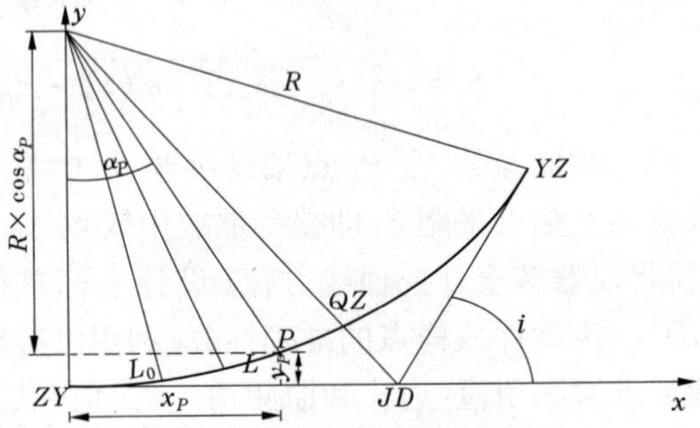

图 3-12　切线支距法测放圆曲线

$$\left.\begin{aligned} x_P &= R \times \sin\alpha_P \\ y_P &= R(1 - \cos\alpha_P) \\ L_P &= \frac{\pi}{180^\circ}\alpha_{PR} \end{aligned}\right\} \tag{3-28}$$

作业中放中线桩时一般用整尺桩,当曲线起终点里程不是整尺桩时,一般第一段曲线长 L_0 为第一段曲线整尺桩和起点里程桩的差数,以后各段曲线长度均为等长的整尺数 L_0,则相应的圆心角计算公式为

$$\left.\begin{aligned} &\text{对应于 } L_0 & \alpha_0 &= \frac{180^\circ}{\pi}\frac{L_0}{R} \\ &\text{对应于 } L & \alpha &= \frac{180^\circ}{\pi}\frac{L}{R} \end{aligned}\right\} \tag{3-29}$$

对应于各整尺点 L_i　$\alpha = \dfrac{180^\circ}{\pi}\dfrac{L_i}{R}$　$(i = 1, 2, \cdots, n)$

放样时在 $ZY(YZ)$ 设置仪器,以 JD 点为定向,在视线方向上量取 x_0、x_1、x_2、…、x_n 水平距离,此时各点为各支距垂足。在各垂足位置设置直角,沿垂线方向分别量取支距 y_0、y_1、y_2、…、y_n,则放样得 P_0、P_1、P_2、…、P_n 各点,即为曲线上点。

切线支距法测设圆曲线上各点均为单独测设,测量误差不积累,在支距不太长的情况下精度高,且操作简便,但不能自行闭合和检核。一般要对测设点和相邻两点的距离进行

丈量，以作校核。在实际作业时，也可将圆曲线起、终点做起始点，平分曲线长度计算支距进行切线支距法作业。

(3)偏角法放样圆曲线。

偏角法测放圆曲线如图 3-13 所示，各 δ 角为弦切角(弦线与切线的夹角 δ，即本法中的偏角)。从几何学知，弦切角等于所对圆心角的一半，且圆心角与所对弧长成正比。偏角法即利用等弧对等圆心角、对等弦切角、对等弦的原理测设圆曲线。

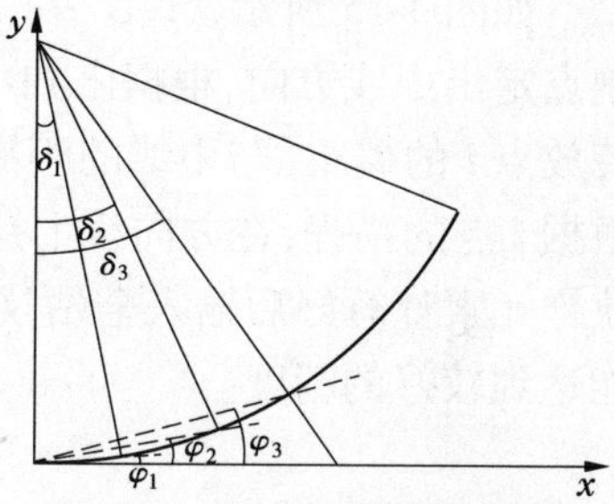

图 3-13 偏角法测放圆曲线

设圆曲线半径为 R，如按曲线上自 ZY 点起每隔 n 米设置一中线点，则弧长所对的圆心角为 φ，弦长为 c，则有以下计算公式

$$\left.\begin{aligned}\varphi &= \frac{n}{R}\frac{180^\circ}{\pi}\\ \delta &= \frac{\varphi}{2}\end{aligned}\right\} \tag{3-30}$$

则偏角 $\delta_1 = \delta$、$\delta_2 = 2\delta$、…、$\delta = i\delta$ ($i = 1$、2、…、n)

测设时在 ZY 点架设全站仪，后视交点 JD 方向(度盘配零)，按计算偏角逆时针方向拨角使其夹角等于偏角 δ，定出视线方向，在视线方向上用反射棱镜测距，反射棱镜在视线方向上前后移动，直至距离等于弦长 c，此时定出的点即为曲线上点，依次放出曲线上各点。对放样出的各点仍可用丈量测设点和相邻两点间的距离进行检校。

偏角法在隧洞开挖施工时由于条件所限，应用不广泛。

2. 开挖断面放样

在地下洞室开挖中为了控制好开挖轮廓线，在每次全断面爆破前都要进行轮廓线放样(即周边爆破装药孔孔位的测定)。

轮廓线放样可按直角坐标法进行，如图 3-14 所示。

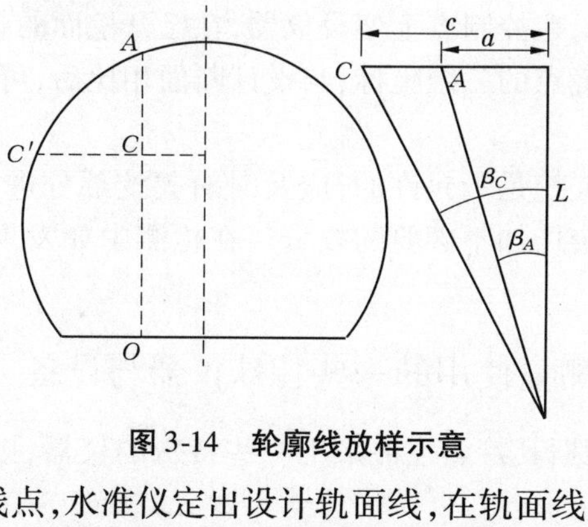

图 3-14 轮廓线放样示意

先用经纬仪定出中线点，水准仪定出设计轨面线，在轨面线上用钢尺定出横坐标(如 A 点中线偏左距离为 a)，用长杆吊铅垂线配钢尺，根据 h_a(A 点处边线至设计面高差)定出 A' 点，则 A' 点即为轮廓线；同样定出边墙处 B 和 B' 点后，根据计算的距离可用支距尺定出边墙处轮廓点 C'，依次类推。但该方法施工放样速度慢、精度低、效率差，已被淘汰，

很少使用。现在大量使用全站仪配棱镜测量，利用全站仪可以同时测得高程和平面位置，使施工放样非常简单。

如图 3-15 所示，A、C、…、i 分别为待放点，在已知中线点 O 处架设仪器，后视其他控制点定出中线方向，根据已知中线点处里程和待开挖面里程可以求得里程差 L，根据 L 和待放点 i 的偏距（与中线的距离）可求得与中线夹角 β_i，从而定出测站至 i 点的方向线，再根据 i 点的高程，在方向线上用棱镜放样找出来就得到所需轮廓点。将固定断面的各点放样元素计算好后输入全站仪内存系统中，随时调出使用，将使放样作业简捷快速，同时能达到较好的精度。

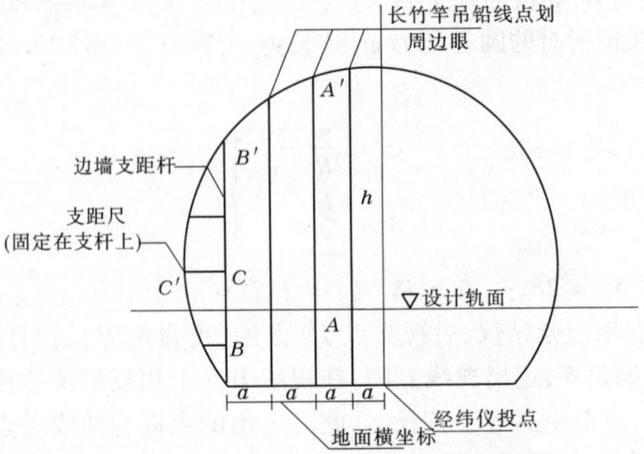

图 3-15　用全站仪测放轮廓线示意

开挖断面放样方法很多，根据实际作业条件和仪器设备情况，采用灵活机动的方法进行开挖轮廓线放样。

3. *竣工断面测量*

在开挖工程中，掘进进行一段后，应及时对竣工开挖断面进行检测，以了解开挖质量情况（超、欠挖情况）。断面测量一般采用精度较高的隧洞断面仪进行全断面检测。也可采用全站仪配合棱镜进行，在控制点上架设仪器，在已开挖面的轮廓线上逐次安放反射棱镜，全站仪可直接测得放镜点的三维坐标，与设计断面相比后，可以计算该点的超、欠挖情况。

按照洞室开挖要求，欠挖是不允许的，应及时对欠挖部分进行处理。如超挖过多，必然增加回填衬砌工程量，会增加不必要的投资。在检测中如发现超挖过多应及时调整爆破方案，以减少超挖量。

三、洞室开挖施工测量使用的一些特殊仪器与设备

洞室开挖施工测量根据其特点往往采用一些特殊的仪器，以解决测量工作中的一些难点。

（一）光学垂准仪

光学垂准仪分为普通光学垂准仪和激光光学垂准仪。

普通光学垂准仪又分为天顶垂准仪（竖直光线由下而上）、天底垂准仪（光线由上而

下),可分别向天顶和天底投点,其基本原理与常规光学经纬仪仪器对中的原理相同。在进行投点时,要旋转仪器照准部从两个互相正交的垂直面内进行投点。

激光光学垂准仪是激光指向仪的一种,它利用激光光束指示方向,即将所在位置点用激光光束投向天顶或天底。它具有投点深、精度高、操作方便的优点,但也存在激光在空气中漂移、激光光斑较大、激光管使用寿命不长等问题。目前,国产仪器尚不多,应用不很普遍。

(二)陀螺经纬仪

陀螺经纬仪在矿山测量、铁路隧道等开挖长度较长具有线路转向的洞挖工程中用得较多。在水利水电工程中,由于洞室较短、大部分为直线形洞室,所以陀螺经纬仪使用较少。本处仅对陀螺经纬仪的定向原理作一简单介绍。

陀螺经纬仪是一种通过适当的光学系统观测陀螺摆动的停息位置来测定地球真北方向的仪器。

陀螺指绕其质量对称轴高速旋转的物体。陀螺仪由一种匀质转子构成,它具有两个基本特性:一是定轴性,陀螺仪在无外力矩作用下高速旋转,在陀螺本身转动惯量的维持下,使自转轴保持其初始位置;二是进动性,陀螺仪在外力矩作用下,陀螺自转轴将相对于惯性定向进动,使它本身沿最短路径与外力矩矢量重合。

陀螺经纬仪是将陀螺仪和经纬仪结合在一起,利用陀螺仪的基本特征,在地球自转引起重力的作用下,使陀螺转子轴绕测站天文子午线面作复简谐摆动的原理制成,使陀螺精确地指示出真北方向,并在经纬仪的水平度盘上读出该方向的读数。使用陀螺经纬仪可以测定地面或地下任意测站上的真子午线位置和任意测线的大地方位角;进行子午收敛角改正后,可得到实用的坐标方位角。

在施工测量中,一般采用在地面测定2~3条边的陀螺方位角,与这2~3条边对应的方位角比较,可求取2~3个陀螺方位角与实际方位角的差值(差值的限差应在允许范围内)。取中数以改正地下导线边实测的陀螺方位角求出地下导线方位角,以校核地下导线的方向。由于陀螺经纬仪使用不广泛,一般施工队伍都未配备此类仪器。使用的陀螺了经纬仪精度应与地下导线施测时使用的仪器精度相匹配,同时要认真阅读仪器说明书,认真按操作程序实施,以达到较高的放样精度。

(三)激光指向仪

激光指向仪是利用激光器射出的可见激光束方向来代替望远镜视准线方向。

为方便放样,使洞内施工坐标系的 y 轴平行于洞轴线,x 垂直于洞轴线,在已开挖好的洞壁两侧安装两个激光指向仪,用测量控制点测量激光指向仪的三维坐标,并使激光指向仪发射方向与洞轴线方向平行(见图3-16),激光管打出的激光束,在开挖掌子面上显示 A、B 两个光点,由于激光指向仪仪器中心的坐标已知,激光指向仪指向又平行于洞轴线,则 A、B 两个光点显示的位置在开挖面上的坐标(x,h),与激光指向仪仪器中心的坐标一致,利用 A、B 两个点间的坐标关系连成一个坐标轴可以计算出开挖轮廓线上各点的横向距离 S、纵向距离 h,则以 A、B 两点为基准可在开挖面上用量距的方法直接确定放样点。实际施工时,一般应安装3个以上的激光指向仪,以便相互校核。由于洞室施工,经常放炮、振动,激光指向仪应该经常检查其位置的正确性,并应随洞室掘进向前移进。

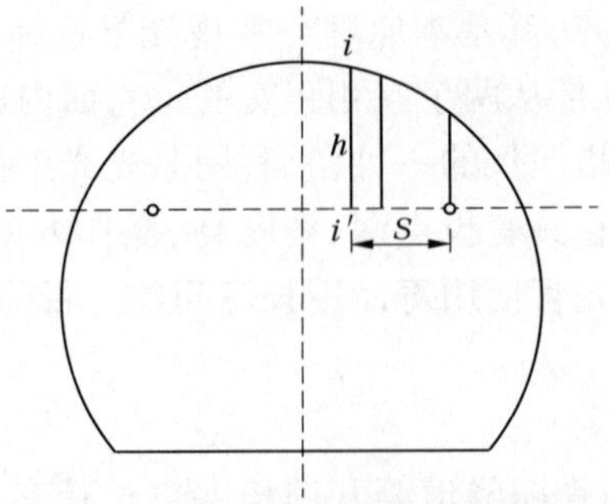

图 3-16　激光指向仪进行掌子面放样示意

(四)隧洞断面仪

目前,隧洞断面仪已得到广泛应用。近来,国际上较先进的是 Leica 公司推出的 AMT3000 和 AMT4000 隧洞断面仪,它由 DIOR 无反射棱镜测距仪、自动记录水平角和垂直角的主机全站仪与绘图仪组成。它带有双轴自动驱动电机,可以自动进行二维或三维断面扫描测量及数据处理,能够实行全方位断面扫描,并可在现场实时将设计和实测断面显示在计算机屏幕上,自动完成洞室开挖的超欠挖现场监测。

国内自行开发研制的 TSS－1 型隧洞断面仪,同样为即时测量系统,它具有功能多、速度快、精度高、成果全等特点,并且价格低于进口设备。

隧洞断面仪的测量原理就是用无棱镜测距仪利用极坐标法来测定开挖面的各点的三维坐标。通过计算机控制,断面仪可按规定的角度(旋转部的圆心角)或步长(两相邻点间的距离)来自动控制测点位置,还可以用计算机手动控制临时增加或舍弃测点。

不同型号的断面仪有不同的操作控制程序,在使用前应熟悉操作程序(一般仪器经销单位组织技术培训),才能正确使用仪器,取得准确可靠的观测数据。

四、洞室开挖过程中检测的要点

洞室开挖工程是水利水电工程中常见的地下隐蔽工程,由于在地下作业,其控制测量和施工放样的条件都差于明挖工程,而且地下工程在控制测量时往往缺少检核条件,因此在洞室开挖工程中对测量工作进行检测显得更为重要。

在洞室开挖过程中的施工测量检测要点主要有以下内容。

(一)地面控制测量的检校

洞室开挖工程中的地面控制测量与明挖工程要求一样也应进行检校和定期复测,洞挖工程在进行地面测量和地下测量控制联系部位,应根据联系测量要求在该部位加密控制点,并相应提高控制精度。

(二)地下控制测量的检校与复测

地下控制测量成果是施工放样的依据,直接关系到工程质量,必须加强检校的主要有以下环节。

1. 地上、地下的联系测量

应对联系测量方案进行审查与精度评估;应对现场测量记录、资料进行认真检查;应对最终成果进行复核计算;在条件许可时应进行现场抽查。

2. 地下控制测量的延伸

地下控制测量随工程施工而延伸,实际测量作业时往往按临时地下导线控制和地下导线控制两种方式进行。尤其要注重对地下导线控制点的检测和隧洞洞轴线的检核,如果发现地下导线控制成果与临时地下导线控制偏差较大,应及时对施工工作面进行复校,发现问题及时处理。

3. 地下导线控制点的保护和复测

地下导线控制点受施工影响易遭受破坏,应加强保护,如发生破坏应及时补点。地下导线控制点易受碰撞,同时受开挖后周边应力变化而较易产生变位,应加强导线控制点检测,以确保所用控制点可靠。

4. 贯通测量工作及偏差调整

在洞室开挖贯通后,应及时进行贯通测量,将全线控制点以地面控制点为基准重新进行测量,计算出贯通误差,贯通误差在允许范围内则进行平差计算。根据贯通测量平差后的导线控制点成果进行后续工序的施工。

(三)施工放样的抽检

掘进面放样由施工单位测量人员进行。为保证掘进面放样的准确,测量质检人员应进行抽检,抽检部位一般选在开口处、开挖中线变化处(如曲线段起点)、开挖断面变化处等关键部位。可采用对施工单位放样资料进行检校,或在现场对放样点进行实测的抽检方法。

(四)开挖断面的检测

洞挖工程进行过程中在隧洞轴线检测合格的情况下,对已开挖区进行断面检测非常重要,该工作可以了解开挖断面的超、欠挖情况,发现欠挖可立即处理,避免给后续工序作业带来影响,同时也可发现超挖情况,以便及时对爆破开挖方案进行调整。

测量质检人员应及时做好此项工作,并及时向有关部门反馈信息,以确保洞室开挖工程质量。

第四节　土石方填筑过程中的测量工作

水利水电工程建设中土石方填筑是常见的施工项目,它通常包括土石坝工程中的土石坝填筑、堤防工程中的填筑工程、施工道路中的填方工程、截流时的围堰填筑等。填筑料分为土方填筑、石方填筑;在土石方填筑中又根据工程需要会有不同的块径要求,在大型水利水电工程中往往会出现几种至十几种填筑料。

土石方填筑工程规模较大,普遍采用机械化施工,一般采用挖掘机(正铲、反铲)和装载机上料、自卸载重汽车运料和卸料、推土机平料、振动碾碾压、碾压检查合格后再进行下一层料填筑。

一、土石方填筑工程的特点及其对测量工作的要求

(一)土石方填筑工程的特点

(1)土石方填筑工程一般施工面较大,机械化作业,施工进度较快。

(2)土石方填筑工程都有填筑压实的质量指标，分层作业中对填筑厚度进行控制。

(3)土石方填筑工程对填筑体外坡都有设计坡比要求，修坡精度要求高。

(4)大型土石方填筑工程为防渗需要经常设置有反滤层、防渗层(如黏土心墙、斜墙、沥青混凝土墙、混凝土防渗墙等)，上述各种层面的施工质量要求更高。

(二)土石方填筑工程对测量工作的要求

(1)施工面大、机械化作业，要求施工放样工作及时，以保证现场施工作业的连贯进行。

(2)由于机械作业，测量标点和放样点容易破坏，要做好测量标点的保护，放样点处应有明显标志以防破坏。

(3)为保证施工质量，应及时对现场填筑情况进行检查(如填筑边坡坡度、不同类料的填筑分界、填筑的厚度等)，发现问题及时纠正。

(4)大型土石方填筑过程历时较长，应及时做好收方计量工作，以保证合同支付及时进行。

二、土石方填筑工程中的测量工作

土石方填筑工程是在已验收的填筑隐藏工程基础面上按设计要求进行填筑作业，使填筑体的体型、坡比、内在质量等均满足设计要求。

(一)土石方填筑工程中的控制测量

土石方填筑在开挖或清基工程结束后进行。工程的施工控制网或开挖工程的施工控制网可延续使用。但随着填筑高程的升高，一些控制点会无法使用，应以首级施工控制网为控制基准，及时加密施工控制网点。加密控制点应尽量选择离工作面近、通视条件好、利于施工放样又不易遭受破坏的地方。

由于加密控制点离施工作业区较近，易遭受施工影响而发生位移，应经常进行检校，以保证施工放样的基准准确无误。

加密控制点可采用边角网加密、GPS 网加密等多种形式。

(二)土石方填筑工程中的施工测量

土石方填筑工程中的施工测量工作主要有：每个填筑层的施工前、后，对经验收的开挖面或平整面进行测量；填筑工程的主轴线放样；填筑起坡线的放样；填筑过程中的施工放样(填筑料分界线放样、填筑层厚控制线放样等)；填筑过程中的收方测量工作；填筑完成后的竣工测量工作等。现分述如下。

1. 填筑基础面的测量

填筑基础面一般为开挖或平整后的面。填筑基础面对土石方填筑工程来讲是一个关键的面，对施工质量有重要影响，因此填筑基础面必须进行专项验收。通过业主、设计、监理、施工、地质等各方组建的联合验收组验收合格的面方可以开始填筑。测量人员在验收合格前应及时对填筑基础面进行测量，一般采用地形法和断面法。在目前全站仪广泛使用的情况下，采用大比例尺地形测量方法的较多(常用 1:200 地形图)，如采用断面法，断面间距应控制在 20 ~ 30 m，对地形突变处应加设断面。在设计上有典型剖面的位置均应布设断面。

填筑基础面测量资料是水利工程隐蔽工程验收的重要资料，也是填筑工程工程量计算的依据。

2. 填筑工程的主轴线放样

对堤防、大坝等填筑工程，在基础面测量完成后一般均要放样主轴线点。

主轴线点一般由测量控制点采用极坐标法直接放样。为使主轴线点能长期保持，往往可将主轴线向两端延长，使主轴线离开施工区，并可建相对稳定的标桩，以利于长期使用。对于主轴线为折线型的一般中间转折点，在施工区内不宜放样，但可以通过两端轴线点用全站仪测设方位角和距离来控制建筑物轴线的方向。

3. 填筑工程起坡线的放样

填筑工程设计规定有坡比和上部桩号位置，在填筑起坡线放样时应按桩号根据建基面的实际高程来推算起坡点的平面位置。放样的方法一般采用全站仪极坐标法。

4. 填筑工程施工中的施工放样

由于填筑施工一般均为机械化施工，作业面较大，因而施工放样工作频繁。土石方填筑施工中施工放样除轴线点放样外主要还有各种不同类填筑料间的填筑分界线放样，随时在工作面上定出高程位置，以指导施工中不同填筑料的填筑范围，并用高程来控制各填筑层的厚度。填筑工程的施工放样点均在作业区内，很容易被施工机械破坏，应对重要放样点设置提示标志，以防破坏。施工放样目前一般采用全站仪用极坐标法确定平面位置。用三角高程法确定高程位置，对要求精度高的高程位置应采用几何水准法测定。

填筑施工放样在施工中进行，在测量作业过程中要加强检校，确保点位放样准确，避免因点位偏差而造成对施工作业的影响。

按《水利水电工程施工测量规范》(SL 52—93)的要求，对土石方填筑工程轮廓点放样的精度指标为：平面位置点位限差 ±50 mm，高程点位限差 ±50 mm(上述限差都指相对于邻近基本控制点)。土石方填筑工程的施工测量精度指标要高于土石方开挖工程。在施工放样时必须满足规范要求。

5. 填筑工程收方测量

填筑工程施工过程中应根据施工合同中对工程结算的规定定期进行收方测量。收方测量方法可与填筑基础面测量方法一致(可进行地形测量，也可进行断面测量)。在实际工作中，填筑施工现场不可能是一个很平整的面，也可以分区测定填筑面的高程来计算工程量(应遵循不超前支付的原则)。

填筑工程计量方法与开挖工程相同，可采用断面法或地形法。在填筑工程计量时，应注意对单价不同的不同类填筑料的量分开计算。计量及支付的审核过程按合同规定办理。

(三)填筑工程中的竣工测量

在填筑工程完工后应进行竣工测量，竣工测量的方式应与填筑基础面测量方法一致(即地形测量与断面测量)，最终成图的比例与图幅编制均应与基础面资料一致，以利于前后对照。对典型剖面或断面的竣工图上应有设计线、基础面线、填筑竣工线等关键线条。

填筑竣工图和填筑基础面的地形、断面资料是整个填筑项目工程量计算的最终依据。

三、土石方填筑过程中施工放样的常用方法

土石方填筑工程施工放样的方法与土石方开挖工程施工放样的方法基本一样(参见本章第二节)。最常用的仍是使用全站仪用极坐标法或用 GPS RTK 法进行施工放样,对轴线有圆曲线的施工放样可参见本章第三节相关内容。但在施工放样中应注意对填筑施工的放样精度要求要高于土石方开挖工程。

下面介绍限差和精度分配、坐标转换两方面的内容。

(一)限差与精度分配

1.限差

限差是指建筑物竣工后实际位置相对于设计位置的极限偏差。

通常对限差的规定是根据水工建筑物的等级、建筑材料的不同、施工方法的不同等因素来确定的。在工程设计中一般都有明确规定。

就水利水电工程中的施工项目而言,按精度要求的高低排列一般为:机电安装、金属结构安装、钢筋混凝土结构、一般混凝土结构、一般砌体结构、土石方填筑、土石方开挖。

2.精度分配

一般工程应根据限差要求,在测量、施工、加工制造等相关方面进行误差分配,从而确定测量工作应具有的精度。

假定设计允许的总误差(限差)为 Δ,允许测量工作的误差为 Δ_1,允许施工产生的误差为 Δ_2,允许加工制造产生的误差为 Δ_3,其他有重要影响的因素产生的误差分别为 Δ_4、…、Δ_n。假设各影响因素产生的误差是相对独立的,根据误差传播定律,则可建立误差方程式

$$\Delta^2 = \Delta_1^2 + \Delta_2^2 + \Delta_3^2 + \Delta_4^2 + \cdots + \Delta_n^2 \tag{3-31}$$

在式(3-31)中 Δ 是已知的(设计限差),Δ_1、Δ_2、Δ_3、…、Δ_n 均为待定量。在精度分配处理时,一般先采用"等影响原则"进行处理(即各种影响因素的误差对总误差的影响是相等的),将计算结果与实际作业条件对照。反复计算,直到误差分配比较合理为止。

因为 $$\Delta_1 = \Delta_2 = \Delta_3 = \Delta_4 = \cdots = \Delta_n$$

则对式(3-31),如根据等影响原则,则变为

$$\Delta_1 = \Delta_2 = \Delta_3 = \Delta_4 = \cdots = \Delta_n = \frac{\Delta}{\sqrt{n}} \tag{3-32}$$

采用"忽略不计原则"

$$M^2 = m_1^2 + m_2^2$$

若 m_2 影响很小,可将它忽略不计,则 $M^2 = m_1^2$。实际工作中通常把 $m_2 \approx \frac{1}{3}m_1$ 作为把 m_2 忽略不计的标准。

对式(3-31),把 Δ_4、…、Δ_n 视为可忽略的因素,则式(3-32)可变为 $\Delta^2 = \Delta_1^2 + \Delta_2^2 + \Delta_3^2$,因为 $\Delta_1 = \Delta_2 = \Delta_3$ 则

$$\Delta_1 = \Delta_2 = \Delta_3 = \frac{\Delta}{\sqrt{3}} \tag{3-33}$$

可按式(3-33)求得分配给测量工作的最大允许偏差,也把它作为测量工作的极限误

差，并根据它来确定测量方案。

由于实际工作中各项误差对总误差等影响的可能性不大，因此需要根据具体条件和经验进行调整，以求配赋更合理。在进行误差分配时，必须掌握“各方面误差的联合影响不超过限差”这一原则，以保证建筑物的最终成果满足质量要求。

(二)坐标转换

在水利水电工程建筑物施工中，为了施工方便，设计图纸采用以建筑物轴线和垂直轴线的另一条线为坐标轴，以建筑物轴线上的零桩号为原点的施工坐标系。而施工控制测量网点坐标为大地坐标系坐标时，施工放样中需进行坐标转换。如图 3-17 所示，xOy 为大地坐标系，$x'O'y'$ 为施工坐标系。旋转角 α 为大地坐标系 x 轴正向顺时针旋转与主要施工坐标系 x' 轴正向的夹角；x_0、y_0 为施工坐标系原点 O' 在大地坐标系中的坐标值。

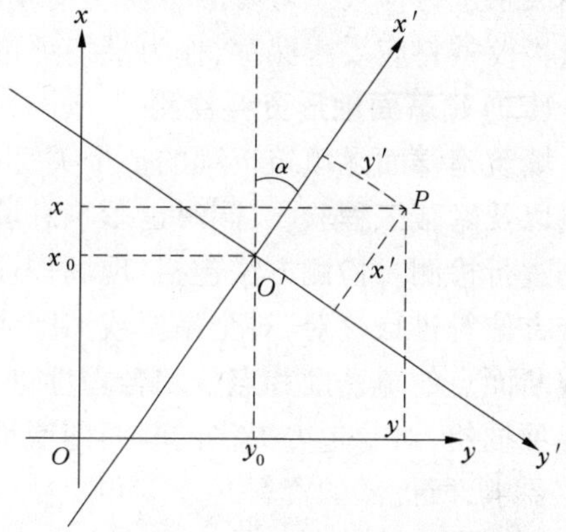

图 3-17 坐标转换示意

1. 施工坐标转换为大地坐标

如 P 点在施工坐标系中的坐标为(x',y')，则转换成大地坐标的公式为

$$\left.\begin{aligned} x &= x'\cos\alpha - y'\sin\alpha + x_0 \\ y &= x'\sin\alpha + y'\cos\alpha + y_0 \end{aligned}\right\} \tag{3-34}$$

式(3-34)也可写成矩阵形式

$$\begin{bmatrix} x \\ y \end{bmatrix} = \begin{bmatrix} \cos\alpha & -\sin\alpha \\ \sin\alpha & \cos\alpha \end{bmatrix}\begin{bmatrix} x' \\ y' \end{bmatrix} + \begin{bmatrix} x_0 \\ y_0 \end{bmatrix} \tag{3-35}$$

本处不对公式进行推导，根据图 3-17 用三角关系很容易推出。

2. 大地坐标转换为施工坐标

如 P 点在大地坐标系中坐标为(x,y)，则转换成施工坐标的公式为

$$\left.\begin{aligned} x' &= (x - x_0)\cos\alpha + (y - y_0)\sin\alpha \\ y' &= -(x - x_0)\sin\alpha + (y - y_0)\cos\alpha \end{aligned}\right\} \tag{3-36}$$

式(3-36)也可写成矩阵形式

$$\begin{bmatrix} x' \\ y' \end{bmatrix} = \begin{bmatrix} \cos\alpha & \sin\alpha \\ -\sin\alpha & \cos\alpha \end{bmatrix}\begin{bmatrix} x - x_0 \\ y - y_0 \end{bmatrix}$$

在实际施工中，为了便于施工放样，经常将控制点的大地坐标先转换成施工坐标，在施工坐标系中进行放样。这里应注意，如建筑物轴线是折线形，往往会有两个或更多的施工坐标系，测量控制点就有两套或更多的施工坐标，必须按放样点所在的位置确定用哪一个施工坐标系。

四、土石方填筑工程施工测量检测要点

(一)控制测量的检校

测量控制点是施工放样的依据，量测类专业检测人员必须做好控制点检校工作。内

业检校内容包括起始点资料、现场记录、平差计算资料、最终成果,外业检校内容包括实地检查控制点间距离、点间夹角、点间高差。由内、外业检校均合格的控制测量成果才允许使用。

在施工过程中,量测类专业检测人员应要求承包方定期对测量控制点进行复测,并对复测成果进行检查。对复测中发现精度已低于设计精度要求的控制点应予以停用。控制测量检校资料应妥善保存,作为最终评价测量工作精度的依据。

(二)建基面地形资料检测

填筑建基面是填筑工程的一个关键面,其地形、断面资料质量直接关系到填筑工程的质量以及隐蔽工程验收,同时也影响总填筑量的准确性。量测类专业检测人员应对此项工作进行检测。检测方法包括:现场作业检查,对测站点的坐标、高程、仪器高、后视方位、检查方位等进行核对,对全站仪或 GPS 接收机的输入数据进行核对,对施测过程中地形点或断面点的疏密度和点位的合理性进行检查,发现问题应及时予以纠正。另外,可以进行专项抽检,对承包方提供的断面图或地形图进行现场检测,检测中的差错率如超出规范规定要求,所提供的资料必须重测。

量测类专业检测人员应对检测合格的图纸资料予以签认,作为竣工资料的一部分和最终工程计量的依据。

(三)关键点线的检测

量测类专业检测人员应对土石方填筑工程关键点线进行检测。关键点线包括建筑物轴线、填筑起坡线、不同填筑料的分界线等。

关键点线的检测方法:一是进行内业检查,对承包方报送的测量放线资料进行内业检查;二是进行外业抽检,外业抽检可由量测类检测人员单独实施,也可与承包方测量人员联合进行。在内、外业检测中,如发现有施工放样错误,应及时通知承包方复查。由于土石方填筑工程大多为机械化施工,施工进度较快,关键点线的检测应及时进行。

关键点线的检测在施工前期应适当加密,随着施工进展,测量人员对现场情况了解越来越多,施工放样经验逐步积累,放样精度逐步提高后,测量检测频次可适当减少。

(四)施工中的巡查

平时应加密对现场作业面的巡查。巡查的目的是及时发现施工放样中的错误与不足,及时发现施工过程中填筑料分界、填筑后厚度是否符合设计要求。巡查内容包括施工放样点的疏密度是否合适、边坡线是否及时放样、施工现场高程线是否及时放样、现场是否有填筑层原控制标志等,在巡查中发现的问题应及时向主管方和承包方通报,对发现的问题应及时予以纠正。

第五节　混凝土浇筑工程中的测量工作

水利水电工程建设中混凝土浇筑是最常见的一个施工过程。大型混凝土坝工程及土石坝工程的泄水建筑物、引水工程、堤防工程、地下隧洞,工程建设中的辅助工程(如道路、管涵工程等)要经常进行混凝土浇筑施工。

混凝土工程一般分钢筋混凝土工程、素混凝土工程。

一、混凝土浇筑工程的特点与对测量工作的要求

（一）混凝土工程的特点

混凝土工程一般都用于水利水电工程的主体建筑，浇筑形成的建筑物大多为挡水、泄水建筑物，是工程建设的关键部位，因此混凝土浇筑工程的质量至关重要。混凝土浇筑工程的质量分两个方面：一是内在质量，即通过试验手段来控制原材料（水泥、沙、石、水、外加剂等）、半成品（配合比、坍落度）、成品（强度、抗冻指标、抗渗指标等）的质量；二是外部质量，包括位置的准确性、建筑物的几何尺寸、平整度等，外部质量主要通过测量手段来控制和检查。

混凝土浇筑工程一般具有以下特点：

（1）混凝土浇筑工程一般工程规模较大，施工持续时间较长。

（2）钢筋混凝土坝段施工时对位置、几何尺寸、高程等精度要求高，同时往往有止水等防渗设施，施工要求较高，对测量精度要求也较高。

（3）过流隧洞、溢流面等过流部位对浇筑平整度和几何形状有较高的测量放线要求。

（4）混凝土浇筑工程中对一些关键部位（如闸门的门槽、底槛、闸门启闭的支铰座、机电设备的基础尾水管、发电机蜗壳等）都有金属预埋件，同时需要混凝土浇筑分期进行。关键部位尤其是对金属预埋件要求有相当高的测量精度。

（5）混凝土工程浇筑中会进行振捣，对模板挤压力强，容易产生跑模等现象。

（二）混凝土浇筑工程对测量工作的要求

鉴于混凝土浇筑工程在水利水电工程中的重要性，对测量工作的要求高于土石方开挖和土石方填筑工程。混凝土浇筑工程中的测量工作应注意以下几点：

（1）根据《水利水电工程施工测量规范》（SL 52—93）的规定，混凝土建筑物施工测量的精度指标为：轮廓点放样平面位置点位限差 ±（20 ~ 30）mm、高程点位限差 ±（20 ~ 30）mm（点位限差均相对于邻近基本控制点而言）。

（2）对重点部位的混凝土浇筑，应对架立加固后模板进行检验，以确保体型尺寸的准确。

（3）对平整度和几何尺寸形状要求高的浇筑部位、施工放样点应适当加密，并及时对已浇筑面进行复检，发现有缺陷应及时处理。

（4）应及时对拆模后的混凝土块体进行测量，以了解在浇筑过程中有无跑模现象、建筑物体型尺寸偏差情况。如有跑模现象应及时调整模板加固措施，并在下一层混凝土浇筑工程时予以纠正，以保证建筑物的体型符合设计要求。跑模大的应根据测量数据进行处理。

（5）对地下工程的混凝土衬砌，应参照洞挖工程的要求，布设施工控制网。如混凝土衬砌在开挖完工后进行，先应及时进行贯通测量，并对地下导线进行平差，采用平差后的地下导线点成果进行混凝土衬砌施工放样，以保证混凝土衬砌的质量。

二、混凝土浇筑工程中的测量工作

混凝土浇筑工程中的测量工作贯穿于施工始终，测量工作精度的高低直接关系到工

程的质量,测量工作的快慢又直接影响施工进度。因此,测量工作先行非常重要。混凝土浇筑工程中的测量工作主要有以下内容。

(一)平面控制测量和高程控制测量

测量控制点布设方法与开挖、填筑工程相同,但精度指标要求高于开挖与填筑工程。在整个施工过程中,测量控制点从开始到竣工是共用的,一般在混凝土浇筑开始前,可以对控制测量网进行一次复测,以校核精度。

如是地下工程混凝土衬砌,更应重视控制点的日常检校工作。

(二)混凝土浇筑基础面测量

混凝土浇筑的基础一般是建立在挖去覆盖地层、开挖符合设计图纸要求后彻底清除风化和半风化的岩石后的新鲜基岩上。在清基验收合格后,要及时采用全站仪极坐标法或 GPS RTK 方法对基础面进行地形测量或断面测量,基础面测量结果是隐蔽工程验收和竣工资料的组成部分。

同时,由于地质条件的变化,实际清基面往往与设计的基础面有差异,因此清基面测量资料也是基础块混凝土浇筑量计算的依据。

(三)混凝土浇筑过程中的施工放样

混凝土浇筑过程中施工放样的主要任务是按照预先批准的单元工程混凝土浇筑仓号放样其分段、分块线。混凝土工程施工中分段线一般为温度缝,分块线即施工缝。

施工放样方法一种是先做好分段分块控制线。分段控制线是垂直于坝轴线的一组直线,分块控制线一般是平行于坝轴线的一组直线。分段分块控制线测定后,在有条件的情况下将其延长到两岸山坡或上下游围堰上并埋桩标定。在放样时可在分块或分段控制桩上架设仪器,后视另一个方向点,用放样直线与量距结合可以进行细部放样。第二种方法是直接用全站仪按极坐标法放点。

由于混凝土浇筑用的模板是架立在分段分块线上的,故施工放线经常是放出距分段分块线 0.1 ~0.5 m 的立模线。施工人员按模板线距分段分块线的距离来架立模板,采用挂垂球配钢板尺(或钢卷尺)来检查模板的垂直度(即垂球稳定后,模板上不同高程上点距垂球应保持一致)。一般为控制浇筑高程,应在单元工程混凝土浇筑仓号内部用仪器标测注出本浇筑块的浇筑高程。

对有预制构件埋设的工程,要在混凝土模板立好后及时在浇筑仓内进行预埋件埋设位置放样。

(四)混凝土浇筑一些特殊方式的放样

在一些大坝溢流面浇筑时会采用滑模,在一些隧洞衬砌过程会使用台车等特殊的浇筑方式。在这些特殊方式中滑模的滑轨、台车的轨道等临时结构非常重要,这些结构可参照金属结构安装的测量要求来进行。

(五)混凝土浇筑成型后的测量

混凝土建筑物拆模后,块体已成型。成型以后对建筑物的外型和平整度都要进行测量,以检查已浇筑完成的混凝土块体的几何尺寸、平整度是否满足设计要求,及时发现偏差、查询偏差原因,把测量结果及时反馈给相关各方,以便按照设计要求对施工措施等进行调整。

三、混凝土浇筑工程中使用的测量方法

混凝土浇筑工程中使用的测量方法很多,目前最常用的还是全站仪极坐标法,有时也用前后方交会法或轴线交会法、直角坐标法等。其各种施测方法,综其目的就是在混凝土浇筑仓面内测放二个或二个以上坐标点,即可对浇筑仓面的分段分块线进行放样。

在混凝土浇筑工程中浇筑块的分块、分段一般都用施工坐标系来显示,如混凝土坝往往以大坝桩号、坝轴线上下桩号来表示。所以,一般施工放样都采用施工坐标系,现场作业前应做好坐标转换工作。

以直角坐标法为例加以说明。

直角坐标法一般用在已做好分段分块控制线的工程项目中,如图 3-18 所示,一浇筑仓其分段桩号为 D0 +20 和 D0 +40,分块桩号为坝下 15 和坝下 30。

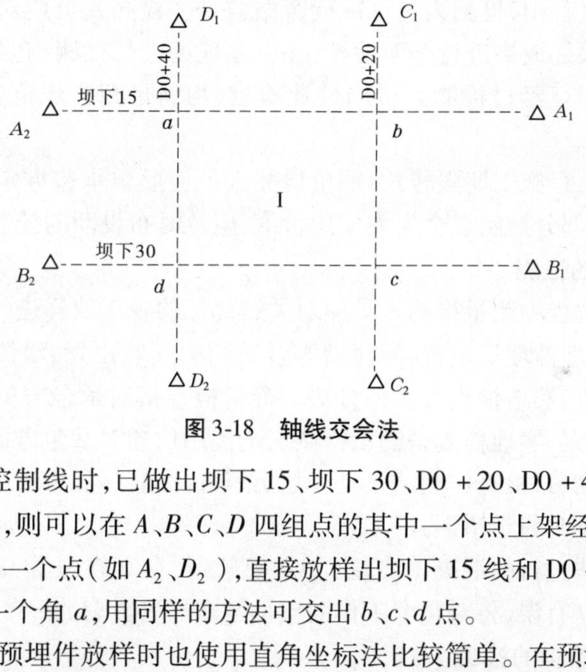

图 3-18　轴线交会法

在做分段分块控制线时,已做出坝下 15、坝下 30、D0 +20、D0 +40 线控制桩 A_1、A_2,B_1、B_2,C_1、C_2,D_1、D_2,则可以在 A、B、C、D 四组点的其中一个点上架经纬仪或全站仪仪器(如 A_1、D_1),后视另一个点(如 A_2、D_2),直接放样出坝下 15 线和 D0 +40 线,两线的交点即为该浇筑块的另一个角 a,用同样的方法可交出 b、c、d 点。

直角坐标法:在预埋件放样时也使用直角坐标法比较简单。在预埋件点放样时,往往浇筑块的立模已放好,直接通过立模线按直角坐标量距压线即可获得待求点。

如图 3-19 所示,已放出该浇筑块四个角点,如预埋件桩号为坝下 25、D0 +25,则可以在 bc 和 da 连线上由 c 往 b、d 往 a 量距 5 m(30 − 25 = 5(m))得 O_1、O_2 点,在 O_1、O_2 连线上由 O_1 向 O_2 量距 5 m(25 − 20 = 5(m))得 P 点,则 P 点即为待求点。

四、混凝土浇筑工程中施工测量检测要点

混凝土浇筑工程中施工测量检测要点主要有以下几点。

(一)测量控制点的检校与复测

测量控制点是混凝土浇筑工程施工放样的依据。测量控制点的精度必须满足规范的要求。测量检测人员必须把好这一关,应对承包方提交的控制网布设方案进行审查,尤其

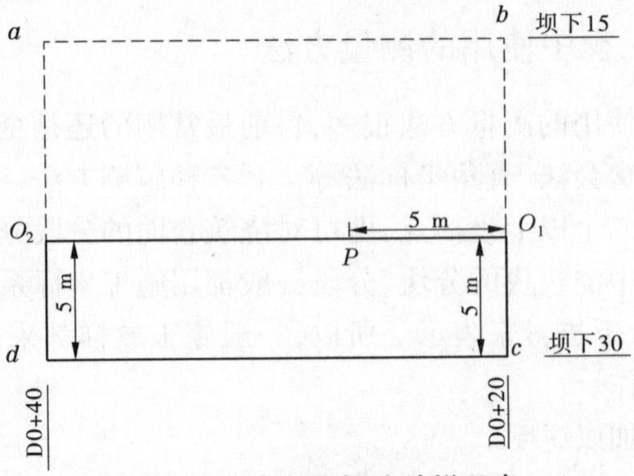

图 3-19 直角坐标法放样示意

要进行精度评价，并提出审查意见。承包方应根据检测人员的意见对方案进行补充完善。在控制测量网布设过程中，检测人员可进行旁站监督。检测人员应对承包方报送的控制网平差计算资料和最终成果进行全面检校，并应在现场进行检测（包括控制点间距离、点间夹角、点间高差等）。经过检测人员内外业检查，均满足相应规范要求的控制点，才能投入使用。

一般大型浇筑工程施工期限较长，测量检测人员应要求承包方定期对控制点进行复查。当工程进展后，部分控制点会失去使用价值，应及时布设新的控制点。

（二）关键部位的检测

在混凝土浇筑过程中测量检测人员应对关键部位的施工放样进行检测。关键部位主要有基础块、重要预埋件埋设位置、闸门槽等金属结构安装位置、溢流面等。检测方法可以采用放样资料检查、实地检查等多种方法。资料检查指对承包方的放样计算资料进行检查，看有无计算错误；实地检查是测量检测人员使用仪器对承包方已放样的点线或已架立的模板进行实地测量，检查实测结果是否超出容许偏差，一经发现超差现象应立即要求承包方复核检查并及时纠正错误。

对采取特殊方法进行的混凝土浇筑（如滑模轨道、台车轨道等）都应进行检测，因为上述特殊设施如架立有误，将对整个工作面质量带来严重影响。

（三）已成型建筑物的检测

混凝土浇筑后经养护到龄期后，将拆模并进行后续工序的工作。此时，混凝土建筑物已成型，及时进行检测能发现完工建筑物的偏差，并能在后续工序中及时进行调整。检测内容主要是建筑物的外型尺寸、平整度等。检测人员在检测中如发现偏差超限，应及时向相关部门报告，以采取措施进行缺陷处理。

（四）竣工验收时的检测

在混凝土浇筑工程最终验收时要对建筑物的体型尺寸、平整度等进行检测，根据检测结果进行外观质量评价。竣工验收时所有建筑物都已形成，检测的重点是混凝土建筑物的外型尺寸、水平面或竖直面的平整度、溢流面的平整度等。检测时应按相关规定的范围和数量进行抽检，所有抽检项目均应有翔实记录，并以此为依据按质量评定的规定进行定量和定性评价。

第六节　金属结构安装工程中的测量工作

在水利水电工程建设中，闸门、压力管道、机组设备、启闭设备等都是金属构件。金属构件有的块体较大，为方便运输，往往分开制作，再在现场拼接组装；一些较小的构件则不需现场安装。由于金属结构构件在工程竣工后都要投入操作运行并长期使用，所以是工程建设中的关键部位之一。另外，金属结构安装的精度一般要求较高，因此金属结构安装测量也是施工测量中的一项重要内容。

一、金属结构安装工程的特点与对测量工作的要求

金属结构安装工程是一项精度要求高、细致而复杂的工作，安装的构件种类多，不同种类有不同的安装要求，所以金属结构安装的测量工作具有与常规施工测量工作一些不同的特点。

（一）金属结构安装工程的特点

金属结构安装工程具有以下一些特点：

（1）金属结构安装工程测量精度一般要高于土建工程。

（2）金属结构安装工程与土建工程有一定的关系。但对于单个安装内容，其相对位置精度的要求要高于绝对位置精度的要求。

（3）大型金属结构构件有现场拼装过程。

（4）金属结构安装工程对于不同的构件安装时，安装质量的关键点是不同的。如大型平板闸门，安装的关键点是主轨、底槛、门楣；而大型弧形闸门，安装关键是铰支座、侧轨、底槛。

（5）水利水电工程金属结构安装工作，往往需要进行二期混凝土浇筑。

（6）金属结构安装工程是整个工程建设中的一个关键部位，直接关系到工程长期运行的安全，是质量检测的一个重点。

（二）金属结构安装工程对测量工作的要求

根据金属结构安装工程的特点，对测量工作有以下要求：

（1）金属结构安装工程应根据不同的安装内容，设置相对独立的测量控制系统，如闸门、压力钢管、机组都应建立适用于本安装内容的独立控制网。这些独立控制网应与土建工程所用控制测量网有共同的坐标和高程系统，但独立网与主网连接的精度要求不一定很高，而独立控制网本身各控制点间的相对精度要求很高。

（2）每个安装内容以布设的独立控制网为施工放样依据。控制网布点时要结合本安装内容的安装关键来布设，要做到利于施工放样、利于施工检查、易于保护。

（3）金属结构安装测量工作精度要求高，各种测量方案要考虑其可行性、精度可靠程度，选择最佳方案实施。

（4）对于大型结构件现场拼装工作须做测量准备（如拼装平台的检测）和测量检测。

（5）金属结构安装工程在构件安装好、二期混凝土浇筑前必须对安装质量进行检测；二期混凝土浇筑后应该再次对安装构件的关键部位进行检测，以检查二期混凝土浇筑过

程中构件是否有位移变化。

(6)金属结构安装工程中的测量检测工作应该及时、准确，检测结果应及时提交，以便及时调整安装偏差或进行缺陷处理。

二、金属结构安装工程的测量工作

金属结构安装工程施工中，测量工作贯穿始终，准确及时的施工放样工作是保证金属结构安装位置准确和施工进度的关键；而检测工作是保证安装工程质量和减少返工的关键。金属结构安装工程中的测量工作主要有以下内容。

(一)测量技术方案的制定与审查

由于金属结构安装工程测量精度要求高，每一个独立安装内容要建立独立的控制系统；安装过程中施工干扰大，如何进行检测；在实际作业中，一些常规测量方法在现场无法实施，如何找出替代方法等都是在测量工作实施前应认真考虑的问题。通过认真的现场查勘(此时土建工程已完工，安装场地已移交)，仔细研究，结合实际制定出切实有效的测量技术方案。测量技术方案应报监理单位进行审查批准，送业主主管部门备案，按批准后的方案开始测量工作。一个好的技术方案是搞好后续工作的关键。

(二)控制测量

在金属结构安装工程开始进行时，该部位土建工程已完成。此时，应以土建工程测量控制网为测量基准，建立金属结构安装的测量控制网。

1. 单个安装内容测量控制点的引入

每个安装内容(如钢管、闸门等)要建立独立控制系统，而单个安装内容的工作场地往往偏小，要采用常规控制测量方法进行测量控制点布设往往难度较大。一般都采用由土建施工控制测量网先向安装施工区引入一控制点；再以该点为起点，以土建施工测量控制点为后视方向(或检查方向)在作业区内布设独立控制网。测量控制点引入时，常采用固定角插一点、完全三角形等典型图型法进行布点；在通视条件极差时，也可以用精密导线方法引点。图3-20～图3-22分别是三种方法测点引入示意图。

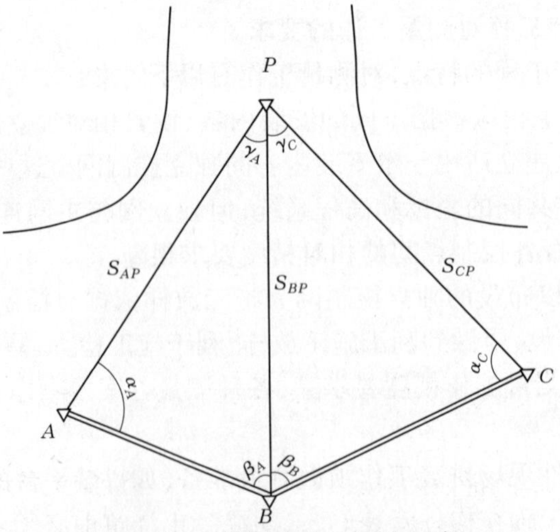

图3-20 固定角插一点法示意

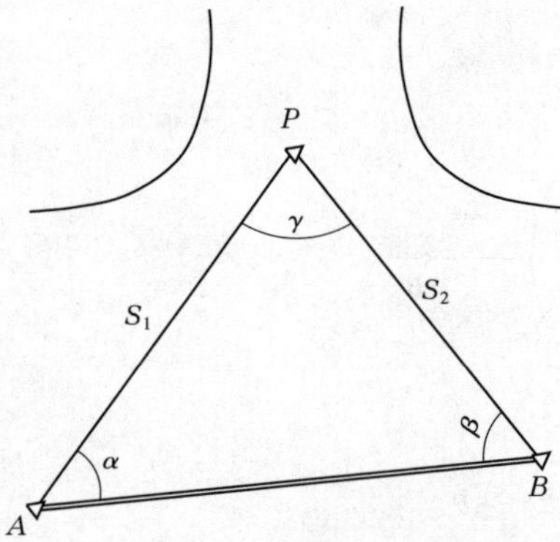

图 3-21　完全三角形法示意

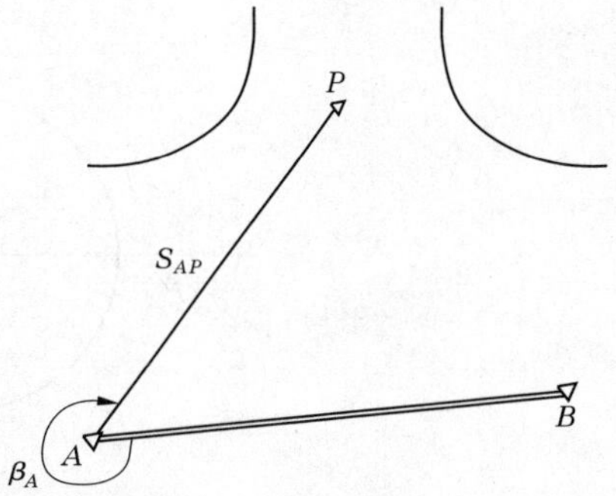

图 3-22　精密导线法示意

单个安装内容引入的测量控制点是安装与土建取得联系关系的关键，在引入时应尽量增加多余观测条件，以保证其精度。

2. 单个安装内容测量独立控制网的布设

单个安装内容测量独立控制网的布设，应根据安装内容的特点来考虑布设方案。如果安装一条压力钢管，由于它是一线路安装，应考虑布设为精密导线比较有利。如是闸门安装，应建立以闸门轴线为坐标轴的直角坐标系来进行控制。

如图 3-23 所示，多个在一条轴线上的平板闸门安装，应以闸门纵轴线为直线，同时另设一条平行轴线为辅助轴线组成控制系统，每一孔水流方向闸门中心线应严格垂直于闸门纵轴线，组成一个矩形控制网，则对闸门安装测量控制较为有利。这时每孔水流方向闸门中心线相互的间距，其精度可参考使用混凝土工程测量控制精度。

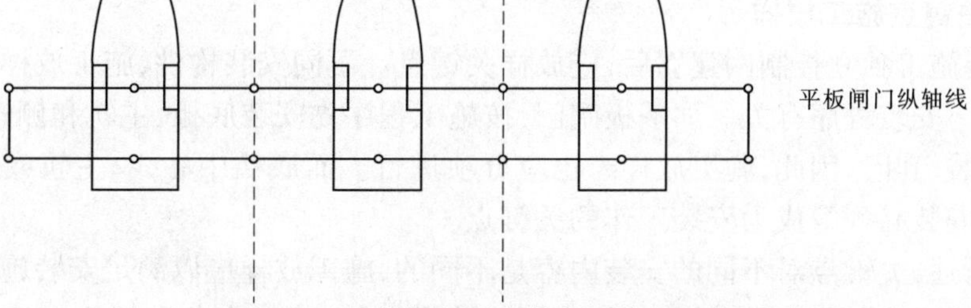

图 3-23　平板闸门独立控制网布设示意

如是机组安装，可以建立以机组中心为原点的直角坐标系来进行控制，如图 3-24 所示。

P 点为引入控制点，机组中心 O 和轴线方位已知，可根据现场施工面情况确定顺流向轴线 O_1O_2 和垂直于流向轴线 AB 两端控制点的埋设位置。再以 P 为仪器点，后视外围控制点采用极坐标法精密确定 A、B、O_1、O_2 四个点。再在 O_1、O_2、A、B 点架设仪器检测 AB 和 O_1O_2 两条线正交情况，检测证明两轴线均过圆心且与设计轴线位置一致并正交。这样施工中可以以 O_1、O_2、A、B 四点为放样基准点。

在水利水电枢纽工程的发电机组安装放样时，若多个机组其轴线在一条直线上，也应

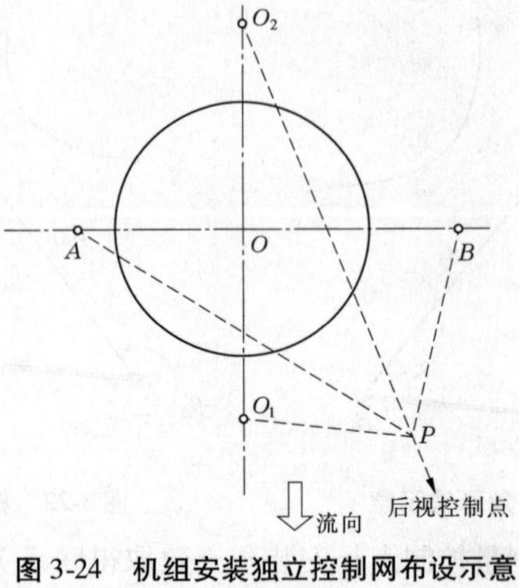

图 3-24 机组安装独立控制网布设示意

建立类似闸门安装的矩形控制网。而相对机组而言,其相关部分(如蜗壳、尾水管等)均应与机组轴线保持一致。

上述情况说明,安装时独立控制网的布设应按现场条件、施工需要、引测条件等综合考虑,进行布设。在布设时应将控制点放在工作区外,且不易破坏,以确保安装控制点的前后一致性。

3. 高程控制

高程控制采用等级几何水准引入,在无法进行几何水准引入时,也可采用精密光电测距方法用三角高程引入。在水准点引入安装区后,均用几何水准方法进行施工放样,对一些精度要求高的区域还要使用精密水准仪配铟钢水准尺按高精度水准测量进行测量。安装区域的高程控制一般布置 2 ~ 3 个高程基点,金属结构安装时应统一使用一个基点,其他点作校核用。

(三)关键点施工放样

在安装施工独立控制网建立后,应放样关键点。不同安装构件,施工放样的关键点是不同的,它与安装程序有关。如平板闸门,按施工程序先安装底槛、主轨和侧轨,再安装门楣,最后安装门叶。因此,施工放样时也应分项进行。而底槛中心线、主轨或侧轨安装基准点、门楣安装高程等成为安装工作的关键点。

如上所述,关键点对不同的安装内容是不同的,施工放样应以满足安装施工为准。

关键点施工放样可用全站仪按极坐标法放样;对已建立直角和矩形坐标系控制点的也可以用拉线配钢尺量距方式进行放样。

(四)大型金属结构现场拼装的检测

大型金属结构构件在加工制作时,为利于运输往往分成多个组件,运抵现场后在现场进行拼装(如大型闸门的门叶经常在现场拼装)。现场拼装一般先建立拼装平台,在拼装平台上进行构件焊接形成整体构件。构件焊接前须进行构件关键尺寸的检查,构件拼装完成后应进行拼装检测。检查与检测的目的是确保构件的几何尺寸、平整度、构件间相互关系满足设计要求。拼装检测一般采用水准仪、全站仪、已检定的钢尺等常规精密测量器具进行检查检测。

（五）金属结构构件安装后的检测

金属结构安装一般采用二期混凝土浇筑方法。在一期混凝土浇筑时已将金属结构安装预埋件埋入，金属结构构件安装时，将构件按设计位置与一期预埋件焊接加固。当构件安装好后必须进行检查与检测，质量检查人员主要检查构件的加固是否符合设计要求，测量检测人员则检查构件安装位置是否准确、构件平整度、关键部位间的几何关系是否满足设计要求。此项检测对保证整个安装工程质量十分重要，必须予以高度重视。

检测工作一般采用全站仪、水准仪等仪器进行，同时也辅以重锤、钢板尺、钢尺等常规工具进行检测。

（六）金属结构构件二期混凝土浇筑后的检测

金属结构构件在完成二期混凝土浇筑后，应再次进行检测。检测的目的是检查有无在二期混凝土浇筑过程中因加固不牢固形成构件位置位移。二期混凝土浇筑后检测内容、方法应与构件安装后（二期混凝土浇筑前）的内容与方法相同。

在检测中尤其应注意不同构件结合部的平整度（如两根轨道连接端、两节钢管的连接端），必须满足规范的规定。如在检测中发现偏差超限，应在现场标注出部位，承包方应及时进行处理，直至符合限差要求为止。

（七）金属结构安装工程完工后的竣工测量

金属结构安装工程在二期混凝土浇筑后检测中发现的偏差超限处理后，可以进行竣工测量，竣工测量的内容与方法和上述两个检测的内容与方法一致。竣工测量资料将作为金属结构安装工程质量评价的重要依据。

三、金属结构安装工程中一些特殊的测量方法

金属结构安装工程中根据施工需要会采取一些较为特殊的测量方法。在此介绍常见的几种。

（一）重锤配钢板尺检测门轨轨道

对大型平板闸门，门轨是闸门运行的关键，因此门轨安装质量很重要。但门轨有时高达上百米，如何保证门轨的绝对位置准确、门轨面平整且不偏斜，需要用测量手段控制和检查。由于闸门一般宽度有限，施工区场面较小，采用全站仪等仪器往往无法通视或仰角太大，一般采用重锤法来进行门轨安装及检测。

如图 3-25 所示，当门轨安装好后，在靠近安装控制点 A 的位置放一桶，桶中可放入机油等液体，在油桶中悬挂一重锤，由于重锤线一般很长，容易受气流、风等影响而晃动，为增加重锤的稳定性，往往在重锤上加焊起阻尼作用的钢筋（见图 3-26）；在油桶中放入比重较大的油类。当垂线稳定后，可用钢板尺量出轨道面的距离。由于轨道底部紧靠安装控制点，安装位置是准确的，此时以紧靠油桶顶部所量距离 L_0 为基准。在轨道上每隔一段距离量测一点，可得 L_1、L_2、…、L_n 数值，将上述数值与基准值 L_0 比较可以知道每一个测点位置的安装偏差 $L_i - L_0 = \Delta_i$，当 $\Delta_i > 0$ 时，说明安装偏内；当 $\Delta_i < 0$ 时，安装偏外。将所测安装偏差与设计允许偏差比较，对超限部位及时处理。

在门轨安装时，允许偏差往往向内偏差允许值大于向外偏差允许值，因为内偏则门轨间距离增大，外偏则门轨间距离减小。从闸门运行角度考虑，允许内偏差值偏大较有利。

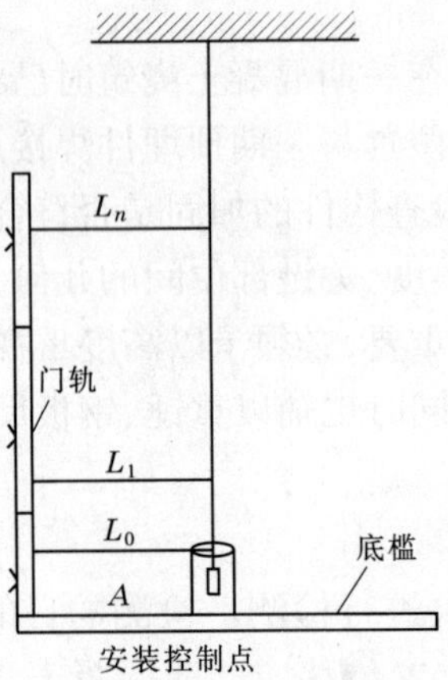

图 3-25　重锤法检测门轨示意

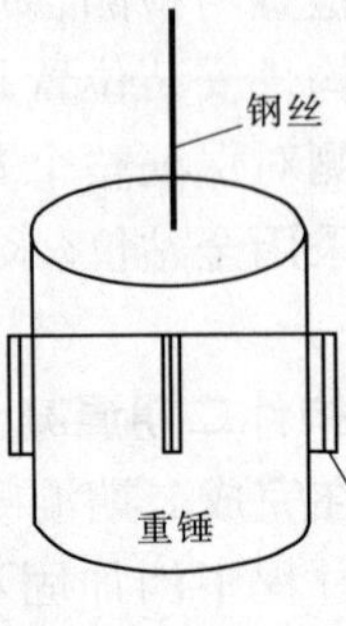

图 3-26　重锤阻尼片示意

在门轨检测过程中一般在两节门轨接头处应加密测点,以检查两节门轨拼接处的平整度。

如检查门轨面是否与闸门过流轴线面平行,可采用与图 3-25 相似的方法,在门轨上、下游两侧各挂一条垂线,在门轨上下游端同时量取至垂线的距离,如在不同高程测点至两垂线距离与底部相同,则说明安装面不倾斜。

(二)全站仪配小棱镜使用

在进行测量检测时用全站仪配小棱镜使用是最方便的方法,但在一些检查面上棱镜很难安置,所以往往加工一些短棱镜杆,用杆尖对点;而金属结构安装时受条件限制,常规棱镜也无法使用。此时,如使用一些专用的小棱镜,将给外业作业带来便利。如 Leica 系列全站仪配有专用小棱镜 GMP101,小棱镜全长 10 cm 左右,棱镜直径 3 cm,体积很小,棱镜轴心至对中杆尖距离很短,可以精确测定。如图 3-28 所示在检测时可用全站仪与小棱镜配合按常规方法进行作业。

图 3-27 所示为一压力钢管安装时检测,可在控制点 A 架设全站仪,后视已知控制点确定方位角,在待测点 P 安装小棱镜。将小棱镜尖对准测点处,使棱镜面与至测站视线垂直。此时,可测得 A 点至棱镜的距离 S_1 和垂直角 β,则 A 点至 P 点的距离 $S = S_1 + \Delta$(Δ 为小棱镜杆尖至棱镜转动轴中心距离)。这时按常规测量方法可计算得 P 点的三维坐标。

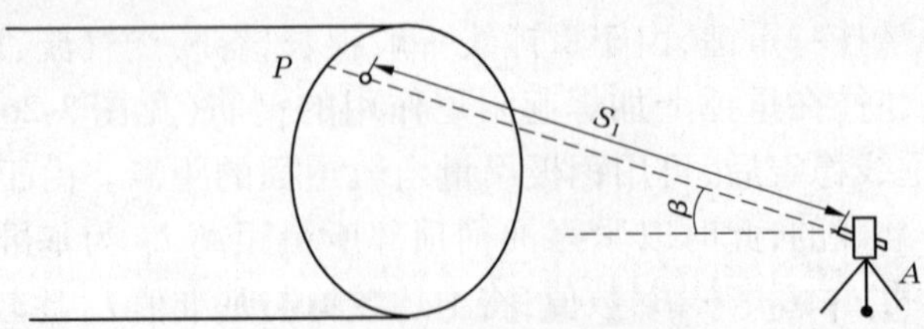

图 3-27　全站仪配小棱镜检测示意

如条件允许,用加工的短对中杆与常规棱镜配合也可以进行。该方法关键在两点:一是棱镜面必须与视准线垂直,二是杆尖至棱镜中心距离准确。

（三）常规的放线量距方法

对吊车梁或吊车轨道进行金属结构安装时，其基本要求是使两条轨道平行、轨距和轨面高程符合设计要求，轨面平整度符合偏差要求。在进行吊车轨道安装时，一般在吊车梁上设矩形控制网点，在安装时直接用经纬仪放线方法进行位置控制，用水准仪进行轨面高程控制。在安装中还可以用钢尺量距方法直接丈量两条轨道间跨距进行校核。

金属结构安装中应根据现场施工条件的特点，根据安装精度的要求，选择合理的施工放样方法和检测方法。检测的基准应与施工放样的基准一致，方法也尽量相同，减小由于基准和方法差异带来的误差。

四、金属结构安装工程中的施工测量检测要点

金属结构安装在水利水电工程建设中是一项重要工作，对工程运行安全起重要作用。如闸门安装质量直接影响以后的启闭运行，吊车轨道安装质量直接影响以后的吊车运行，压力钢管安装质量直接影响发电用水过流的安全，所以必须做好金属结构安装工程中的测量检测。测量检测人员必须高度重视此项工作，要按规范要求和设计要求严格控制偏差，发现超限情况必须要求施工方及时对缺陷进行处理。测量检测人员主要应抓好以下几个主要环节。

（一）金属结构安装测量控制点的检校

由于金属结构安装的施工放样精度高于土建工程，其相对精度要求更高，所以金属结构安装测量控制点的检校工作很重要，测量检测人员应对承包方报送的测量原始记录、计算资料进行全面认真的校核，对引入点及单个安装内容的独立控制网点进行抽检复查，确保安装基准的准确无误。同时，应督促承包方做好控制点的保护工作。

（二）金属结构构件安装后的检测

金属结构构件安装后检测工作是关系安装质量的重要一环。测量质检人员应在承包方进行检测时旁站监督或进行抽检。抽检尤其要注意关键几何尺寸的检校，如对平板闸门的轨间距离及轨道的垂直度、门楣至底槛的距离及其平整度；弧形闸门绞支座间的跨距、安装高程等。抽检必须作好记录，对发现超限差的部位必须要求承包方进行处理，直至满足限差要求后，才能进行二期混凝土浇筑。

（三）金属结构安装完成后的检测

金属结构安装完成后的检测是为了检查金属结构安装的最终质量。因此，检测工作应由具备水利工程质量检测量测类检测资质的人员进行，检测人员应采取与金属结构构件安装后检测同样的方法进行。对发现超限部位必须要求承包方进行处理，在满足限差要求后，才能进行最后的竣工测量。

第七节　机电安装工程的测量工作

在水利水电工程建设中，机电安装一般包括水轮发电机组安装、变电设备安装、闸门启闭设备安装等内容。机电安装一般在土建工程大部分完工后进行。

机电安装根据不同的机电设备有不同的安装要求，安装精度应满足规范的要求，同时

要满足设计和制造商提出的相关技术要求。机电安装的精度要求高，要等于或高于金属结构安装的精度。

一、机电安装工程的特点与对测量工作的要求

机电安装是一项精度要求高、安装复杂的工作。对不同的机电设备有不同的安装要求。

（一）机电安装的工程特点

机电安装工程一般具有以下特点：

（1）机电安装工程测量精度要求高。《水利水电工程施工测量规范》（SL 52—93）规定机电设备安装与金属结构安装点放样精度指标是相同的，均为平面位置测量限差 ±（2～10）mm、高程测量限差 ±（2～10）mm，上述测量限差相对于建筑物安装轴线和高程基点而言。面对一些安装关键部位，如水轮机大轴连接法兰盘境面不平度不大于 0.3 mm。

（2）机电安装工程与土建工程、金属结构工程均有一定的联系，但对单个设备安装其相对位置精度要求更高。如当水轮机座环安装调试好后，水轮机安装必须以坐标环为安装基准，而发电机安装必须以安装好的水轮机为基准。

（3）对大型机电设备往往在安装现场进行拼装。

（4）不同的机电设备提出的技术精度指标是不同的，安装时应同时满足设计和制造商提出的要求。

（二）机电安装工程对测量工作的要求

根据机电设备安装工程的特点，对测量工作有以下要求：

（1）机电安装应针对机电设备安装要求布设独立的测量控制系统。该控制系统应与本设备相关的金属结构安装工程控制系统一致。

（2）独立测量控制系统为施工放样的基准，应妥善保护，在整个安装过程中应保持基准的统一。独立测量控制系统应有很高的精度。

（3）大型机电设备一般在现场拼装，拼装工作由专业技术队伍进行，拼装完成后应对关键部位的几何尺寸、平整度等进行检测。

（4）机电设备安装工序多、辅助设备安装量大。施工放样必须一直使用同一基准，同时应满足施工进度需要。为保证施工放样的准确性，在放样过程中应加强放样点间关系的检测。

（5）在关键部件安装调试后进行检测，检测合格后才能进行下一道安装工序。

二、机电设备安装工程中的测量工作

机电设备安装过程中，测量工作贯穿于安装的全过程。测量工作主要包括控制测量、施工放样、关键部位检测等工作。

（一）控制测量

大部分水利水电工程建设的机电设备安装工作均与金属结构安装工程和土建工程密切相关，因此控制测量网一般都统一布设。对单个机电设备安装的独立控制网往往与同该设备有关的金属结构安装独立控制网一并布设。

测量控制的引入布设可参照土建工程和金属结构安装工程控制测量网的相关内容。

单一设备的独立测量控制网布设时应考虑金属结构、机电安装的施工特点，既要考虑测量控制点的特殊精度要求和稳定、不易破坏，又要考虑施工放样的方便。

(二)施工放样

施工放样主要是依据设计图按需安装部件的安装位置放样出来，专业安装人员将根据放样点采取他们熟悉的手段(如安装线架等)来进行安装控制。施工放样以满足安装施工要求为准。

施工放样通常采用全站仪极坐标法放样，有时也采用经纬仪配合精密钢尺量距的放线方法进行细部点精确放样。放样的细部点间的相互关系应进行检校。

(三)关键部位检测

关键部位检测主要分：主设备拼装组件完成后检测和设备安装过程中关键部位安装后的检测，检测的目的是确保部件几何尺寸准确、安装部位精度满足设计要求。

检测的方法与金属结构安装检测方法基本相同。

三、机电设备安装工程中施工测量检测要点

测量检测人员必须高度重视测量检测工作，以确保机电设备的安装质量。

(一)机电设备安装测量控制点的检测

由于机电设备安装控制点往往与金属结构安装控制点共用，在机电安装开始前测量检测人员应对已建金属结构安装控制点进行检测，尤其应注意独立网内各点间的相对精度。检测精度满足控制网精度要求时，才能正式使用，如不能满足精度要求则需要重测。

(二)关键部位检测

关键部位检测精度要求很高，常见的检测项目有座环、平整度、大轴轴心、大轴连接平整度、机架平整度等。这些检测部位的精度要求都小于1 mm。要保证检测精度，应选择高精度的仪器，所用仪器应在使用前经过检定。选择的检测方案应合理。

关键部位检测结果应妥善保存，作为今后竣工资料的一部分并作为以后质量评定的依据。

第八节　检测测量实例

一、水利工程质量检测测量的单位

水利部第36号令规定，从事水利工程质量检测量测类专业检测单位，必须通过计量认证资质认定，取得水利工程质量检测量测类专业资质等级证书，其从业人员要经过水利工程质量检测量测类专业培训，并通过相应考试、考核，取得水利工程质量检测员量测类资格证书；检测单位必须在相应资质等级许可范围内承担和开展水利工程质量检测测量业务。

鉴于此，凡是在水利工程质量检测中，作为工程质量评定、质量纠纷评判、质量事故处

理、质量改进和工程验收的重要依据的测量检测特性数据成果,都应由持证单位和持证人员出具。只有这种检测测量成果才是科学的、规范的、具有法律效力、权威的检测测量成果。

水利工程质量的测量检测工作有监督检测和委托检测两种类型。施工过程中的测量检测工作实质上是监督检测,一般反映在施工承包商的自检、测量监理工程师的检测、项目法人检测人员的检测等。监督检测成果如作为质量检测成果的,必须由持证人员进行。委托检测应在施工过程中,工程项目竣工验收前,由项目法人委托持证单位进行。任何检测工作都应以合同为依据,以法律为准绳,根据技术标准做出客观公正的检测结果。

二、检测测量实例

某一等大型水利枢纽工程,主要建筑物有大坝、铺盖、护坦。大坝由上下游翼墙、护坡、36 孔闸门、闸墩组成;坝面设有液压启闭机、门式启闭机及其轨道;在坝上设有二级公路桥;每闸门孔内设弧形工作闸门和轨道及检修门运行轨道,整个工程涉及混凝土、土方填筑、砌体工程、金属结构等四大类工程建筑物。

该工程应测量检测的主要项目如下。

(一)混凝土工程

(1)大坝轴线和坝石高程的正确性以及坝上二级公路桥位置、高程的正确性。

(2)闸墩位置、高程的正确性。

(3)上游铺盖位置、高程和平整度的正确性。

(4)下游护坦位置、高程和平整度的正确性。

(二)土方填筑

(5)回填工程顶高程的正确性。

(三)砌体工程

(6)砌体工程位置、坡度的正确性。

(7)上、下游翼墙位置及高程的正确性。

(四)金属结构

(8)大坝弧形门和检修门纵轴线及门孔中心线位置的正确性。

(9)大坝坝面门式启闭机运行轨道位置和高程及二平行轨面高程、二轨平行轨距、轨道接头间隙的正确性(以检修门纵轴线为基准)。

(10)弧形门支铰中心及高程位置的正确性。

(11)弧形门轨道中心位置及其底坎埋件位置和高程、平整度的正确性(底坎纵轴中心线高程应与弧形门轴线和支铰中心线高程的检测应在误差允许范围内)。

(12)检修门轨正确性及其底坎埋件位置和高程平整度的正确性。

(13)对弧形门工作闸门构建尺寸的检测(根据《水利水电工程钢闸门制造安装及验收规范》(DL/T 5018—2004)内容)。

(14)各闸门门楣位置正确性的检测。

三、检测报告(内容按顺序排列但不限于此)

1. 审查、批准、编制、日期

2. 目录

内容还包括公司声明、说明等。

3. 前言

根据×××合同,我×××公司,于××××年××月××日组织××(人员)进驻现场对××工程的工程质量测量特性数据进行检测,工作于××月××日结束,今将测量检测结果报告如下:××。

4. 工程概况

内容包括:工程地理位置、工程概况、工程施工现状。

5. 检测项目

内容主要为:合同要求检测的内容。

6. 检测依据

内容有:委托合同及其有关法规、规程、规范、技术标准。

7. 检测仪器设备

内容有:主要仪器并附率定证书。

8. 检测方法

内容:受委托方报委托方批准的检测方案。

9. 检测结果

内容:按检测方案顺序排列,能列表的尽可能列表。

10. 结论及建议

11. 检测人员名单、资格证附后

12. 附件

第四章 竣工测量

测量工作作为水利水电工程建设的基础工作，贯穿于工程建设工作的立项、设计、施工到竣工验收、投产运行四个阶段中，特别是在施工阶段施工测量的工作内容决定其在工程施工建设中的重要地位；而竣工测量又是一项贯穿于施工测量全过程的基础性工作，工程建筑物的高程、平面位置、几何尺寸，隐伏建筑物的几何形态、高度、坡度、平整度等均将在竣工测量工作内容中显示，应该说竣工测量的内容和成果在一定程度上显示了工程施工的质量。因此，竣工测量也是水利工程质量检测量测类专业人员对水利工程建筑物在平面位置、纵横轴线、几何尺寸及高程等，是否符合设计和相应规范要求的最终质量鉴定。

第一节 竣工测量的目的、内容

在水利水电工程建设经过工程立项、规划、设计、施工后逐步进入竣工和营运阶段，作为工程竣工后竣工验收必备的竣工阶段资料的测量竣工资料必须经过竣工测量来获取。竣工测量主要是检查工程建筑物竣工部位的平面位置与高程、建筑物的几何尺寸、高度、坡度、平整度、厚度等是否符合设计要求，以此作为工程验收和营运管理的基本条件与依据。

竣工测量可分为施工过程中的竣工测量和工程全部完工后的竣工测量。水利水电工程施工阶段对工程项目按照质量评定的要求和工程设计施工的实际情况，一般分若干单位工程、分部工程、单元工程，因此在各单元工程中各工序完成后的检查验收测量以及各分部工程、单位工程完工后的竣工验收测量，都直接关系到下一工序的进行。而整个水利水电工程项目全部完成后的全面性竣工测量是在各工序和单位、分部工程验收的基础上进行的，它包括全部测量验收资料的整理、竣工总平面图的测制、竣工测量档案的建立，这些测量竣工资料都将作为有关部门进行工程验收和以后扩建、改建以及营运过程中事件处理的依据。

同时，竣工测量所形成的竣工测量数据和图纸资料，是评定和分析工程质量的基本依据之一。竣工测量资料都是在施工过程中以及最后竣工阶段的实际测量成果，这也是水利水电工程质量检核的关键之一。

竣工测量的主要内容有：

(1)水利水电工程建筑物竣工总平面图。

(2)水利水电工程主体建筑物的开挖建基面，竣工高程平面位置图和按技术要求需要测绘的纵横断面图(归档用选择的比例尺一般为1:200)，水利水电工程建设中的隐蔽工程都必须具备此类竣工图及其数据资料。

(3)水利水电工程主体建筑物关键部位与设计图同位置的竣工纵横断面图及其数据资料(归档比例尺应与设计比例尺一致)。

(4)地下工程的隧洞、地下厂房、调压井等开挖断面图以及完成衬砌或喷锚(不衬砌段)后的竣工断面图和数据资料。

(5)水利水电工程的隐伏建筑物和过流建筑物的形体竣工图(如防渗墙、溢流面等)和数据资料。

(6)测绘变形监测设备的埋设、安装后竣工图(平面高程图)及其数据资料。

(7)测绘金属结构安装和机电设备、安装竣工验收图及其验收数据。

(8)其他需竣工测量的部位,如边坡锚索、抗滑桩、附属施工项目中的永久性附属设施竣工平面图,以及公路、重要的管线平面等)。

竣工测量作为施工测量在工程终结阶段的一个重要部分,其特殊性表现在:

(1)竣工测量尽管是工程终结阶段的测量,但却始终贯穿于整个施工阶段。竣工测量资料是施工关键部位测量资料的积累,特别是在隐蔽工程、隐伏建筑物部位都是唯一而不能再有的可贵资料。它们是质量检测、检验的重要依据。

(2)竣工测量成果都必须是测量人员和检测人员现场实际测量后组成的实地成果,成果是现场真实情况的反映。

(3)竣工测量的部位应事先由施工单位根据设计图的要求和工程项目部位的性质,制定符合实际的竣工测量计划。经质量监督部门、设计、监理同意,项目法人、工程营运管理单位批准后实施。

(4)竣工测量成果的精度应该不低于施工测量成果的精度。

作为开挖建基面的竣工地形平面图以及开挖建基面之前的原始地形平面图(含断面图)是直接应用于工程计量的基本资料,同时也是隐蔽工程验收的基本凭据之一,应该得到施工、监理以及项目法人单位的联合确认。

第二节 竣工测量的一般要求

水利水电工程建筑物的竣工测量成果是工程建筑物竣工资料的重要成果之一,竣工测量成果的质量涉及工程建筑物质量的评价,因此对于竣工测量工作和成果有如下要求。

一、土石方工程

(1)土石方工程包含水利水电工程的土石方开挖回填、堤防工程、施工道路、导截流时的围堰等的开挖回填。

工程施工前必须实测土石方开挖地段的原始地面高程、平面图或原始地形图,也可按要求进行断面测量。

(2)工程开挖至建基面,按工程部位实测建基面高程平面图(或断面图)。

(3)在开挖和填筑过程中不同类材料面因计量支付的需要(如土石分界面)和竣工资料归档要求,应实测不同类材料分界面高程平面图(或断面图)。

(4)洞室开挖应在洞口开挖范围内测绘高程平面图或平行于洞轴线的断面图,洞室内部应实测断面图,断面图应闭合(即含洞底部)。

(5)成图比例尺的采用和断面测量的技术要求。

①地形图、高程平面图一般比例尺采用1:200～1:500。

②断面图比例尺一般采用1:100～1:200，断面间距，直线段15～20 m，平坦地域亦可适当调大。曲线段可适当调整增加断面，遇地形起伏若施工需要可随机增加断面。隧洞断面间距一般为5 m，需要时适当增加，隧洞断面比例尺一般在1:50～1:100。

③断面方向：横断面应垂直于建筑物轴线，纵断面应重合或平行于建筑物轴线。

④竣工断面位置首选应与设计断面相符，并在建筑物的关键部位、结构变化之处布设竣工断面。断面图应同时点绘相对应的设计开挖线。

⑤根据施工经验和目前设备的情况，断面数据采集的精度应满足±5 cm的要求（断面各点相对于测站点）。

（6）上述土石方工程均以建筑物位置、尺寸轴线符合设计要求为先决条件。

（7）土石方工程的竣工成果应采用图纸存档或其他归档允许的方法，归档资料包括相应的数据资料。

二、混凝土工程

（1）混凝土工程需要形体测量的过流部位，如溢洪道泄水坝段的溢流面、机组进水口、蜗壳锥管、闸孔的门槽、闸墩尾部、护坦、斜坡、闸室底板、闸坪和混凝土坝段形体以及主要附属设施的混凝土形体等。

（2）过流部位的形体可采用断面法进行，断面必须与形体的轴线存在几何关系以决定断面的位置，可采用全站仪来进行断面的三维坐标测量，建立数据库并与设计断面相比较。

过流部位的形体是浇筑过程中逐步形成的，可以在施工完成一段即测量一段，直至全部混凝土浇筑完毕。测定形体的同时按要求进行外观的检测，其中包括平整度、坡度、高度、深度、厚度、宽度、长度等内容。

（3）过流部位的形体也可采用高程平面图的形式，用采集散点的三维坐标来进行，应采用全站仪极坐标法施测。散点的密度参照相应比例尺地形图的相关规定进行。

（4）混凝土部位的三维坐标采集精度应在±2 cm以内。

（5）竣工成果应绘制总平面图并显示相应的断面位置。

（6）混凝土工程竣工成果应采用图纸存档或其他归档允许的方法，归档资料包括相应的数据资料。

三、线型工程

线型工程一般是指铁路、公路、架空的送电线路、地下管道等。

线型工程的竣工测量应以测量纵横断面为主，铁路、公路应测定带状地形图，公路、铁路纵断面应绘制成表示沿线起伏情况、桩号纵向坡度、桥涵位置、隧洞并附有工程地质实际特征，纵横断面都应该表示开挖情况、原始地貌情况以及设计数据。

沿架空的送电线路应该测设竣工后的纵断面图，断面图应显示各输电铁塔位置。

地下管道应有高程平面图及纵断面图。

横断面图一般应以1:200比例尺为宜。

横断面测量检测限差为 ±5 cm(测点相对于测站点限差)。

竣工测量成果归档资料除采用图纸或其他归档允许的方法外,相应的数据资料也应归档。

四、水下地形测量和水库纵、横断面

水利水电工程项目建设竣工后,在坝前、坝后及库区为了解水库库底和河道的水下地形以及水库变化情况,研究河床和库区水工建筑前、后的形态变化规律,水库演变以及水工建筑物的安全营运,水库泥沙淤积等,应进行水下地形和水库纵、横断面的测量。

(1)水下地形和水库纵、横断面测量。竣工测量应满足工程量计算及竣工验收的需要,测点和纵、横断面布置应满足相应规范的要求。

(2)平面坐标系统和高程系统应与水工建筑物系统一致。

(3)测量方法可采用测角前方交会、全站仪极坐标法、GPS 实时差分定位,水面以下深度可采用测深杆、测深锤、铅鱼、回声测深仪以及数字化测深仪等。

(4)测深点应按断面布设,断面方向应与水流方向垂直。测深点高程中误差在水深小于等于 20 m 时为 ±0.2 m,水深大于 20 m 时,高程中误差为 ±0.01H(H 为水深,m)。

(5)水下地形图应采用数字化成图,并标明水边线高程、测绘日期,采用图纸存档,或其他归档所允许的办法。归档资料应包括采集的数据和计算资料。

五、金属结构与机电安装工程

(1)水利水电工程项目中金属结构与机电安装测量均应专门测设相对于施工测量控制网的独立安装专用测量控制网。发电厂房区域的机电安装轴线(含地下),混凝土坝区域的闸门、启闭机的轨道、弧门、门槽、弧门支铰、门楣、门槽底坎和其他预埋件,这些安装部位分别在各区域建立以施工控制网为基础的独立的安装控制网或安装轴线点。

(2)各安装部位区域应设立满足安装精度的专用高程基点。

(3)安装用的专用测量控制网的点位精度应满足相对于邻近等级控制点的点位限差为 ±10 mm(平面和高程)。

(4)安装用的专用测量控制网内及安装轴线点间点位限差应不超过 ±2 mm,高程基点间的高差测量限差不应超过 ±2 mm。高程传递需使用钢尺时,钢尺应经过鉴定,在传递数据中应加以改正。

(5)每个独立的安装区域,安装轴线点不能少于 3 个,高程基点不少于 2 个。

(6)金属结构与机电安装工程的竣工测量应先行检测专用控制网和安装轴线点。

竣工检测都应有专门的高精度测量仪器和相应的工具。检测的测量误差与安装放样点相比较不应超过 ±1 mm,高度按高差不同分别为≤20 m 为 ±1.0 mm、20~40 m 为 ±1.5 mm、>40 m 为 ±2.0 mm。

(7)金属结构与机电安装的结构检测,应由专业的安装队伍根据竣工测量以后的测量点来进行检测。测量检测可参见第三章第六节金属结构安装工程的测量。

第三节　竣工测量资料的整编

工程竣工测量资料是工程归档资料的重要组成部分，竣工后测量归档资料应包括如下内容：

(1)施工测量控制网(含高程控制)及其为满足施工所施测的补充网和相对独立的安装控制网的有关资料。

测量控制网归档内容应包括：控制网的技术设计、控制网成果、精度评定、点之记、仪器检验资料、技术报告，同时还包括控制网复测成果、检测评价资料。

(2)归档资料应该保存测量放样时对建筑立模位置、几何尺寸的抽检资料。

(3)直接用施工测量控制网施测的竣工图，竣工图测量中应归档主要建筑物的平面图。

(4)为工程计量用的原始断面或地形图资料，以及施工过程中的建基面测量资料和基础不同材料分界面断面、地形图和测量数据资料。

(5)变形观测的观测点埋设资料及点位平面布置图，施工期变形观测及其分析资料。

(6)每次工程款支付中的测量收方的地形图、断面图、工程计量表及外业数据资料。

(7)各种测量外业记录。

(8)工程竣工后委托检测的测量资料，包括外业资料、内业计算、制表、质量评定资料。

(9)有关的测量合同，委托分包协议。

为了测量资料的整编归档，应该在原有资料的基础上进行一次全面检查。

各类竣工资料均应有外业观测人员、计量人员、检查人员、复核人员的签字。原始资料的日期、审核人、批准人均应有完善的签名。

归档的测量资料应按不同时期、不同内容进行归档装订成册，资料归档的要求要符合对工程档案整理的相关要求。具有甲、乙级检测资格的单位对测量资料均应建立独立测量数据库，进行统一管理以满足数据的长期存放。

第二篇　监　测

第五章　安全监测概述

第一节　安全监测目的及意义

新中国成立以来，水利水电事业取得了举世瞩目的成就，截至2006年底，据有关方面统计全国累计建成水库大坝8.6万余座，其数量居世界第一位。水利水电事业的蓬勃发展，为保障国家的经济发展和社会进步发挥了重要作用。

众所周知，由于地质条件、自然环境等因素的复杂性，人们在认识上尚有一定的局限性，还不可能在设计中预见所有的工程安全问题，从而难免潜在的风险。特别是水利水电工程下游常有人口稠密的城镇，一旦发生事故，不仅工程本身不能发挥效益，而且更重要的是危及下游人民的生命财产安全，其损失将极其惨重。例如，1963年8月上旬，海河流域出现特大洪水，水库大坝冲毁19座，其中中型水库5座，死亡人数达1 464人，财产损失约60亿元；1975年8月，淮河发生大洪水，溃坝22座，其中包括板桥、石漫滩两座大型水库溃坝，造成12 000 km^2 土地被淹，1 100万人口受灾，2万多人死亡，直接经济损失达100亿元；1993年青海沟后水库垮坝，死亡320余人。在国际上，意大利瓦依昂拱坝库岸滑坡是著名的水电工程事故，该坝坝高262 m，1960年蓄水，1963年10月9日坝前左岸滑坡体（2.7亿 m^3）突然以25～30 m/s的高速滑入水中，70 m高的涌浪翻坝而过，造成2 600余人死亡，水库因淤满报废。

由此可见，水利水电工程的安全至关重要，它涉及千百万人民财产的安全、国民经济的发展和社会的稳定，是全社会关心的公共安全问题。所谓量变到质变，事发前都有蛛丝马迹可循，很多失事工程一般要经历从性态变化而导致恶化过程。例如，法国马尔帕塞拱坝，该坝坝高66.5 m，1954年开始蓄水，1959年12月2日溃决。事后计算、调研表明，拱冠和1/4拱圈断面离坝基8～10 m处实测径向位移达12～16 mm，为计算值的2～2.8倍，由于对险情缺乏足够的认识，没有及时采取防范措施，而最终导致大坝失事。意大利瓦依昂拱坝蓄水后，坝前左岸滑坡体缓慢蠕动，至1964年10月7日实测累计位移达429 mm，其中失事前最后12 d的位移明显加速，速率达48.3 mm/d。由于不认识这是最危险的信号，没有及时采取安全措施，造成重大人员伤亡事故。我国安徽佛子岭水库大坝，高70多m，因1993年11月水库持续高水位，11月下旬又遭强寒流袭击，大坝13#垛的水平位移达到5.81 mm，超过历史最大值19.5%～53.5%，也超过了该垛位移监控指标5.285 mm。同时，坝垛的垂直位移也普遍增大，为保证大坝安全，主管部门决定立即降低库水位运行，并进行特种安全检查，终于查清了大坝变形异常的物理原因，通过改变水库的运行方式，保证了工程的安全。安徽梅山水库1956年建成蓄水，大坝为连拱坝，坝高88 m，1962年9月28日水库水位首次升至距坝顶约15 m，并持续运行了40多d。1962年11月6日，巡视检查人员发现，右岸14#～16#支墩大范围岩体裂隙渗水共计23处，总渗流量达70 L/s,其中一个未封堵灌浆孔产生喷水,射程约11 m,水头31 m,相当于该处当时总水头的82%。坝顶、坝垛及拱台产生几十条裂缝,其中坝顶处裂缝最大开度为6.6 mm,向下延伸28 m;11月7日观测发现,13#支墩坝顶侧向产生强烈摆动,由6日向山体侧位移14.53 mm,突然转向河床位移39.8 mm。各种迹象表明,右坝座基岩裂隙发生错动,11月8日经领导专家研究决定,立即放空水库,避免了一场溃坝灾难,后经加固处理至今安全运行40多年。

从以上发生的坝工事故中可以看出,工程安全监测是及时发现水利水电工程安全隐患的一种有效方法,通过仪器监测和巡视检查,对工程进行系统的观测和测试,可以及时获取工程安全的有关信息,早期发现有关症状,从而采取对策保证工程安全。因此,在水利水电工程建立安全监测系统,对工程实施全过程的监测是十分必要的。工程安全监测的主要目的,可以归纳为以下三点:

(1)监测运行中工程性态变化,监视工程运行安全。

(2)根据施工期观测资料,掌握工程与基础的实际性态,据以指导施工,并修改、完善设计或技术方案。

(3)监测资料反馈于设计,以检验设计的正确性,从而提高工程设计水平。

第二节 安全监测发展现状

我国从20世纪50年代中期起已开展了工程安全监测工作,如官厅、上犹江、流溪河、刘家峡等水利水电工程,特别是20世纪80年代以来,改革开放为科技发展和技术引进创造了前所未有的良好社会环境。工程安全监测在仪器研制、安装埋设技术、监测自动化的实施,以及监测资料的整编分析等方面均有很大进展。例如,监测数据的处理、分析,尤其是对工程的安全评价已达到了国际水平。近期已建和在建的水利水电工程均有完善的安全监测系统,为工程的实施和运行提供了大量信息,为保障工程安全作出了重大贡献。举世瞩目的三峡工程,总计埋设监测仪器近10万支,其中三峡大坝就占有1万多支。这些仪器汇集了世界各国最先进的设备种类达60多种,监测系统的规模居世界第一。

由于水利水电工程安全监测技术的大量采用,相关的行业标准应运而生。首先由能源部、水利部于1989年3月发布了《混凝土大坝安全监测技术规范》(SDJ 336—89),随后由水利部1994年8月颁发了《土石坝安全监测技术规范》(SL 60—94)。原国家经济贸易委员会又对《混凝土大坝安全监测技术规范》(SDJ 336—89)进行了修订,并于2003年1月发布。新规范增加了"水电工程大坝必须进行监测"的强制性条款。目前,《土石坝安全监测技术规范》(SL 60—94)正在着手修订。毫无疑问,上述标准的制定和发布,对规范我国水利水电工程安全监测工作及其发展起到了重要作用。

我国对水利水电工程安全监测工作十分重视,国务院早在1991年发布了《水库大坝安全管理条例》。条例中明确规定:大坝管理单位必须按照有关技术标准,对大坝进行安全监测和检查,对监测资料应当及时整理分析,随时掌握大坝运行情况。电监会2005年1月第3号令《水电站大坝安全管理规定》更有具体规定:水电站运行单位应当负责水电站大坝日常运行的观测、检查和维护;负责对水电站大坝……安全监测的资料以及其他有关安全技术资料的收集、分析、整理和保存，建立大坝安全技术档案以及相应数据库；定期对水电站大坝安全监测仪器进行检查、率定，保证监测仪器能够可靠监测施工期和运行期的安全状态。

第三节 监测对象及项目

水利水电工程安全监测对象，主要有挡水建筑物（如混凝土坝、土石坝、堤防、闸坝等）、边坡（近坝库岸、渠道、船闸高边坡等）、地下洞室（地下厂房、泄输水洞等）。

监测项目通常有变形、渗流、应力应变、压力、温度、环境量、振动反应，以及地震与泄水建筑物水力学监测，其中地震及水力学监测属于专项监测，不是每个工程都要求进行的。监测项目的设置主要根据工程等级、规模、结构型式以及地形、地质条件和地理环境等因素决定。

监测方法有人工巡视检查和仪器监测两种，实践证明，这两种方法应该相互结合，互为补充。

一、大坝

表 5-1、表 5-2 为混凝土坝和土石坝安全监测项目分类和选项表。

由表 5-1、表 5-2 可知，无论是混凝土坝还是土石坝，变形和渗流在 1、2、3 级大坝工程大多数都为必设项目；而应力应变、压力仅在 1 级大坝工程为必设项目，在 2 级大坝工程为选设项目，在 2 级以下工程则不考虑选项。很明显，这是由于变形、渗流项目监测数据比较直观、可靠，资料分析也比较简单，而应力应变、压力监测、数据可信度相对较差，资料整理分析也较复杂。

表 5-1 混凝土坝安全监测项目分类和选项表

序号	监测类别	监测项目	大坝级别		
			1	2	3
1	巡视检查	坝体、坝基、坝肩及近坝库岸	●	●	●
2	变形	坝体位移	●	●	●
		倾斜	●	○	
		接缝变化	●	●	○
		裂缝变化	●	●	●
		坝基位移	●	●	●
		近坝岸坡位移	○	○	○
3	渗流	渗流量	●	●	●
		扬压力	●	●	●
		渗透压力	○	○	
		绕坝渗流	●	●	●
		水质分析	●	●	○

续表 5-1

序号	监测类别	监测项目	大坝级别		
			1	2	3
4	应力、应变及温度	应力	●	○	
		应变	●	○	
		混凝土温度	●	●	○
		坝基温度	●	○	
5	环境量	上下游水位	●	●	●
		气温	●	●	●
		降水量	●	●	●
		库水位	●	○	
		坝前淤积	●	○	
		下游冲刷	●	○	
		冰冻	○		

注:1. 有●者为必设项目;有○者为选设项目,可根据需要选设。

2. 坝高 70 m 以下的 1 级坝,应力应变为可选项。

表 5-2　土石坝安全监测项目分类和选项表

序号	监测类别	监测项目	建筑物级别		
			Ⅰ	Ⅱ	Ⅲ
1	巡视检查	巡视检查(含日常、年度和特别三类)	●	●	●
2	变形	表面变形	●	●	●
		内部变形	●	○	
		裂缝及接缝	●	○	
		岸坡位移	●	○	
		混凝土面板变形	●	○	
3	渗流	渗流量	●	●	●
		坝基渗流压力	●	●	○
		坝体渗流压力	●	●	○
		绕坝渗流	●	○	
4	(压力)应力	空隙水压力	●	○	
		土压力(应力)	○	○	
		接触土压力	●	○	
		混凝土面板应力	●	○	
5	水文、气象	上下游水位	●	●	●
		降水量、气温	●	●	●
		水温	○	○	○
		波浪	○		
		坝前(及库区)泥沙	○		
		冰冻	○		
6	地震反应	地震强震	○	○	
		动孔隙水压力	○		
7	水流	泄水建筑物水力学	○		

注:1. 有●者为必设项目;有○者为一般项目,可根据需要选设。

2. 对必设项目,如有因工程实际情况难以实施者,应报上级主管部门批准后缓设或免设。

二、边坡工程

边坡分为自然边坡和人工边坡，边坡失稳通常由于自然条件发生改变（如河库水位骤降、暴雨等），或是人为开挖不妥（如开挖坡高不当、天然坡角被挖除过量、爆破等）引起。边坡监测通常包括边坡本身和支护结构（挡墙、抗滑桩锚固系统等）。

边坡本身监测项目主要有边坡表部位移（原地表面及开挖后边坡坡面的外部变形）、深部（内部）位移、坡面裂缝变化、坡体地下水位及渗流量，有条件的地方可利用地表防水、排水、截水系统，对坡面进行泄洪雾化、降雨量进行汇流监测。

支护结构监测项目主要有变形（水平位移与垂直位移）、应力应变、岩土压力、预应力锚杆（索）荷载变化及预应力损失等，边坡工程安全监测项目分类和选项见表5-3。

表5-3　边坡工程安全监测项目分类和选项表

序号	监测类别	监测项目	建筑物级别		
			Ⅰ	Ⅱ	Ⅲ
1	巡视检查	坡体、支护结构	●	●	●
2	变形	表部变形	●	●	○
		深部变形	●	○	
		裂缝、接缝开合度	●	●	○
3	应力、应变、压力	支护结构应力、应变	●	○	
		接触岩土压力	●	○	
		锚杆（索）锚固力		○	
4	渗流	坡体渗流压力	●	○	
		地下水位	●	○	
		渗流量	●	○	
		坡面雾化	○	○	
5	环境量	库（河）游水位	●	●	○
		降水量	●	●	○

注：有●者为必设项目；有○者为选设项目，可根据需要选设。

三、地下洞室

地下洞室监测重点一般在施工阶段，洞室监测与反馈是新奥法隧洞施工的三要素之一，永久性监测通常在规模较大的地下洞室中进行，如地下厂房等。地下洞室监测按规范在下列情况下设置安全监测：

（1）建筑物级别为Ⅰ级的隧洞。

（2）采用新技术的洞段。

(3)通过不良工程地质及水文地质的洞段。

(4)隧洞处通过的地表处有重要建筑物,特别是高层建筑物的洞段。

(5)高压、高流速隧洞。

(6)直径(跨度)不小于 10 m 的隧洞。

监测项目主要有:

(1)洞内观测。围岩变形、围岩压力、外水压力、渗透压力、温度变化、支护结构的应力、应变等。

(2)洞外观测。洞口建筑物、地表及边坡情况,如沉陷、水平位移、地下水位、渗流情况等。

(3)高压、高流速隧洞尚应进行水力学试验。

第六章　监测工作基本要求与质量控制

第一节　监测工作的基本要求

监测仪器、设施的布置应密切结合工程条件，突出重点，兼顾全面，相关项目应统筹安排、配合布置。

监测设计应遵循“重点突出、兼顾全面、统一规划、分期实施”的设计原则。监测仪器和设施的布置，应密切结合工程的实际，根据其规模及特点、工程存在的主要技术问题及难点，明确监测目的，重点突出、兼顾全面、统一规划、分期实施，既能使仪器布置与监测满足工程各阶段(施工期、首次蓄水期、运行期)的安全要求，切实可行，又能全面反映工程的实际施工及运行安全状态。

监测仪器是安全监测的基础，仪器、设施的选择要在可靠、实用、先进、经济的前提下，力求实现自动化监测。当实施自动化监测时，自动化监测系统和进入自动化监测的仪器，必须稳定、可靠。

由于监测仪器在长期使用中，它的性能会发生变异，因此对传感器(一次仪表)应定期进行工作状态的鉴定；量测仪器(二次仪表)应定期由有资质的单位进行计量检定。

监测仪器、设施的安装埋设必须按设计和规范要求精心施工，确保质量。仪器埋设前应由有资质的单位进行标定。安装和埋设后，应及时填写考证表，绘制竣工图，存档备查。

各监测项目应使用标准记录表格，观测数据应随时整理和计算，如有异常，应立即复测。当影响工程安全时，应及时分析原因，并报上级主管部门。

第二节　监测测次

监测测次通常按设计要求进行，相互有关的监测项目应力求在同一时间进行监测。当发生地震、大洪水以及大坝工作状态异常时，应加强巡视检查，并对重点部位的有关项目加强观测，增加测次。大坝测次可参考表 6-1、表 6-2 的安排。

应该说明，测次在国际上有按水库蓄水位升高程度而定的，水位越接近高水位，量测的间隔就越短，例如首次蓄水。

(1)当水位达到 1/4 坝高时，进行一次观测；

(2)当水位达到 1/2 坝高时，进行一次观测；

(3)当水位达到 3/4 坝高时，每升高 1/10 坝高进行一次观测；

(4)当水位在 3/4 坝高至坝顶时，每升高 2 m 观测一次。

此外，在蓄水完成之前，连续两次观测的时间间隔决不应该超过一个月。若有可能，使蓄水过程中的几天间歇期与观测日期一致，在间隔的始末进行观测。

水库大坝工程特性的变化，主要与水库蓄水有关，因此按照水库蓄水位变化情况实施监测，可以紧紧把握住水库蓄水的影响，但不如表6-1、表6-2简明和使用方便。因此，规范推荐表6-1、表6-2的测次规定。

表6-1　混凝土坝安全监测项目测次表

<table>
<tr><th rowspan="2">监测项目</th><th colspan="4">阶段及测次</th></tr>
<tr><th>施工期</th><th>首次蓄水</th><th>初蓄期</th><th>运行期</th></tr>
<tr><td>1. 位移</td><td rowspan="3">1次/旬~1次/月</td><td rowspan="3">1次/天~1次/旬</td><td rowspan="3">1次/旬~1次/月</td><td rowspan="3">1次/月</td></tr>
<tr><td>2. 倾斜</td></tr>
<tr><td>3. 大坝外部接缝、裂缝变化</td></tr>
<tr><td>4. 近坝区岸坡稳定</td><td>1次/旬~2次/月</td><td>2次/月</td><td>1次/月</td><td>1次/季</td></tr>
<tr><td>5. 渗流量</td><td rowspan="3">2~1次/旬</td><td rowspan="3">1次/天</td><td rowspan="3">2~1次/旬</td><td rowspan="3">1~2次/月</td></tr>
<tr><td>6. 扬压力</td></tr>
<tr><td>7. 渗透压力</td></tr>
<tr><td>8. 绕坝渗流</td><td>1次/旬~1次/月</td><td>1次/天~1次/旬</td><td>1次/旬~1次/月</td><td>1次/月</td></tr>
<tr><td>9. 水质分析</td><td>1次/季</td><td>1次/月</td><td>1次/季</td><td>1次/年</td></tr>
<tr><td>10. 应力、应变</td><td rowspan="4">1次/旬~1次/月</td><td rowspan="4">1次/天~1次/旬</td><td rowspan="4">1次/旬~1次/月</td><td rowspan="4">1次/月~1次/季</td></tr>
<tr><td>11. 大坝及坝基温度</td></tr>
<tr><td>12. 大坝内部接缝、裂缝</td></tr>
<tr><td>13. 钢筋、钢板、锚索、锚杆应力</td></tr>
<tr><td>14. 上、下游水位</td><td rowspan="3"></td><td>4~2次/天</td><td>2次/天</td><td>2~4次/天</td></tr>
<tr><td>15. 库水温</td><td>1次/天~1次/旬</td><td>1次/旬~1次/月</td><td>1次/月</td></tr>
<tr><td>16. 气温</td><td rowspan="2">逐日量</td><td rowspan="2">逐日量</td><td rowspan="2">逐日量</td></tr>
<tr><td>17. 降水量</td><td rowspan="3"></td></tr>
<tr><td>18. 坝前淤积</td><td></td><td rowspan="2">按需要</td><td rowspan="2">按需要</td></tr>
<tr><td>19. 冰冻</td><td>按需要</td></tr>
<tr><td>20. 坝区平面位移监测网</td><td rowspan="2">取得初始值</td><td rowspan="2">1次/季</td><td rowspan="2">1次/年</td><td rowspan="2">1次/年</td></tr>
<tr><td>21. 坝区垂直位移监测网</td></tr>
<tr><td>22. 下游淤积</td><td></td><td></td><td>每次泄洪后</td><td>每次泄洪后</td></tr>
</table>

注：1. 表中测次，均是正常情况下人工读数的最低要求，特殊时期（如发生大洪水、地震等），应增加测次。监测自动化可根据需要，适当加密测次。

2. 在施工期，坝体浇筑进度快的，变形和应力监测的次数应取上限。在首次蓄水期，库水位上升快的，测次应取上限。在初蓄期，开始测次应取上限。在运行期，当变形、渗流等性态变化速度大时，测次应取上限，性态趋于稳定时可取下限；当多年运行性态稳定时，可减少测次；减少监测项目或停测，应报主管部门批准；但当水位超过前期运行水位时，仍需按首次蓄水执行。

3. 对于低坝的位移测次可减少为1次/季。

4. 巡视检查的次数见第十三章（巡视检查）。

表 6-2　土石坝安全监测项目测次表

监测项目	阶段及测次		
	第一阶段(施工期)	第二阶段(初蓄期)	第三阶段(运行期)
1. 日常巡视检查	10 ~ 4 次/月	30 ~ 8 次/月	4 ~ 2 次/月
2. 表面变形	6 ~ 3 次/月	10 ~ 4 次/月	6 ~ 2 次/年
3. 内部变形	10 ~ 4 次/月	30 ~ 10 次/月	12 ~ 4 次/年
4. 裂缝及接缝			
5. 岸坡位移	6 ~ 3 次/月	10 ~ 4 次/月	12 ~ 4 次/年
6. 混凝土面板变形			
7. 渗透量	10 ~ 4 次/月	30 ~ 10 次/月	6 ~ 3 次/月
8. 坝基渗流压力			
9. 坝体渗流压力			
10. 绕坝渗流			
11. 孔隙水压力	6 ~ 3 次/月	30 ~ 4 次/月	6 ~ 3 次/月
12. 土压力(应力)			
13. 接触土压力			
14. 混凝土面板应力	按需要	按需要	按需要
15. 上、下游水位	2 次/日	4 ~ 2 次/日	2 ~ 1 次/日
16. 降水量、气温	逐日量	逐日量	逐日量
17. 水温	按需要	按需要	按需要
18. 波浪			
19. 坝前(及库区)泥沙			
20. 冰冻			
21. 地震强震	按需要(自动测记加定期人工检查、校测)		
22. 动孔隙水压力			
23. 泄水建筑物水力学	按需要		

注:1. 表中测次,均是正常情况下人工读数的最低要求,如遇特殊情况(如高水位、库水位骤变、特大暴雨、强地震等)和工程出现不安全征兆应增加测次。

2. 阶段划分如下:

第一阶段:原则上从施工建立观测设备起,至竣工移交管理单位为止。坝体填筑进度快的,变形和应力观测的次数应取上限。若本阶段提前蓄水,测次按第二阶段执行。

第二阶段:从水库首次蓄水至达到(或接近)正常蓄水后再持续三年止。在上蓄过程中,测次应取上限;完成蓄水后的相对稳定期可取下限。若竣工后长期达不到正常蓄水位,则首次蓄水三年后可按第三阶段要求进行。但当水位超过前期运行水位时,仍按第二阶段执行。

第三阶段:指第二阶段之后的运行期。渗流、变形等性态变化速率大时,测次应取上限;性态趋于稳定时可取下限。若遇工程扩(改)建或提高水位运行,或长期干库又重新蓄水,需重新按第一阶段、第二阶段的要求进行。如因水库淤积、废弃、改变用途,或因多年运行性态稳定等,需减少测次、减少项目或停测,应报上级主管部门批准。

边坡工程监测测次的确定主要取决于边坡的特性、地质条件及稳定变化情况，原则上人为边坡（即开挖边坡）在整个开挖及加固支护过程中应加大监测测次，以监视边坡随开挖进程的稳定状态及边坡加固效果，边坡出现变形加速或异常现象，则需加密监测。开挖之后及自然边坡则应根据实际工作条件（如工程运行、库区蓄水等）及稳定情况确定相应的监测频次。一般正常情况下，可适当增大监测的时间间隔。

地下洞室的安全稳定状态与开挖过程的“时空效应”紧密相关，因此在地下洞室开挖期间应紧随施工进度加大监测测次，尤其是在开挖掌子面邻近监测断面前后 2 ~ 3 倍洞径地段应加密监测。开挖支护及衬砌之后应视洞室围岩稳定变化情况确定相应的监测测次。另外，在输水隧洞初次过水等特定条件下须加密监测，以了解洞室运行期间围岩稳定变化情况。一般正常情况下，可适当增大监测的时间间隔。

总之，监测测次应与工程相关监测参量的变化速率和可能发生显著变化的时间间隔相适应，同时又要与监测仪器的本身特点相适应。测次应满足资料分析、各监测物理量的变化稳定情况、工程性态判断以及特殊要求的需要。

第三节　不同阶段对监测工作的要求

一、可行性研究阶段

本阶段主要工作是提出安全监测系统的总体设计专题，为安全监测立项。这个阶段应根据工程概况，结合已有经验，参照相似工程的安全监测布置，提出设计专题。专题包括监测系统总体布置图、监测项目及所需监测仪器和设备的类型及数量、监测系统的工程概算（通常占主体建筑物工程的 1% ~3%）。

二、招标设计阶段

本阶段主要工作是提出监测系统的招标设计文件，该文件是可行性研究阶段设计专题的深化，以满足固定价格招标的需要。招标设计应深入研究工程情况，使监测仪器和设施的布置紧密结合工程实际。招标设计技术部分应包括监测系统布置图、仪器设备清单、技术性能指标、各监测仪器设施的安装技术要求、测次要求及工程预算等。

三、施工阶段

本阶段的设计是可行性设计和招标设计的进一步深化，按照可行性设计确定的原则、结构方案和仪器数量，结合招标文件，联系监测实施中标单位，进行必要的补充设计。根据施工安装埋设进度，分期分批地绘制出施工详图，提供给施工单位据以施工。施工中标单位则根据设计要求和施工详图，做好仪器设备的检验率定、安装埋设、调试和保护，确保监测设施完好；编写考证表，将仪器和安装埋设情况详细记录在案；选派专人进行监测工作，确保监测数据连续、可靠和完整；应及时进行监测资料的整编和分析，按时提出各施工阶段监测报告，为评价施工期工程安全和处理对策提供依据。工程竣工验收时，应将监测设施和竣工图、安装埋设记录，以及整编、分析等全部资料汇集成正式文件，移交上级主管及运行管理单位。

四、首次蓄水阶段

首次蓄水对大坝安全是一次重大考验，国际大坝委员会调查表明，多数失事坝为新建坝。因此，要特别重视对首次蓄水的安全监测。在首次蓄水前，应制定周密的监测工作计划和主要的设计监控技术指标；按计划要求做好仪器监测和巡视检查，准确确定基准值，为评价大坝蓄水过程的安全状态提供依据。

五、运行阶段

运行阶段应进行经常的及特殊情况下的监测工作，定期对监测设施进行检查、维护和鉴定，以确定是否应报废、封存或继续观测、补充、完善和更新，定期对监测资料进行整编和分析，评价大坝运行状态，编写报告，建立技术档案。

六、工程安全评价

根据监测成果，并结合设计与地质条件，按下列类型对工程（大坝、边坡或地下洞室）的工作状态作出评价：

（1）正常状态。指工程达到设计要求的功能，不存在影响正常使用的缺陷，且各主要监测量的变化处于正常情况下的状态。

（2）异常状态。指工程的某项功能已不能完全满足设计要求，或主要监测量出现某些异常，因而影响正常使用的状态。

（3）险情状态。指大坝（或监测对象）出现危及安全的严重缺陷，或环境中某些危及安全的因素正在加剧，或主要监测量出现较大异常，若按设计条件继续运行，将会出现大事故的状态。

第四节　监测质量控制

安全监测质量控制是水利水电工程质量管理的重要环节，包括从监测设计及监测实施全过程各环节的质量控制，某一项细小工作或操作程序的失误均会给监测和工程带来无法弥补的损失。监测质量控制的保证和落实，决定了监测成果的真实性、可靠性和代表性，是设计调整及优化、施工及运行安全的重要参考依据，因此不得有半点马虎。

监测工作实施要编制施工组织设计，包括实施依据、内容、步骤、方法（案）、程序、进度计划、施工图件、报告及施工预算等。

监测过程质量控制工作均应在监理的管理和监督之下有序地进行，包括各种报表填报、审批手续等。监测实施单位应设置质量检查机构，配备专职的质量检查人员，建立完善的质量控制标准、控制方法及检查制度，对监测实施的每一个环节进行质量检验和控制。

一、监测仪器的选型

监测仪器的选型通常以“实用、可靠、耐久、先进、经济”为原则，选型基本要求为：

(1)传感器的技术性能指标必须符合国标及规范的有关要求，量程、精度和耐水压等主要参数满足建筑物的监测要求。

(2)仪器结构简单、牢固可靠，安装埋设和操作方便，能满足后期实施监测自动化的要求。

(3)电缆、接头等配套附件应满足绝缘、耐水压等技术要求。

(4)在满足工程监测要求的前提下，仪器设备的品种应尽量少，且优选国产仪器。

(5)仪器设备在国内大中型工程应用多年，且可靠、适用。

根据目前国内监测仪器研发和生产的长足进步及众多工程应用的实例，可以考虑在满足设计要求的前提下应以国产监测仪器为主(尤其是差阻式应力应变监测仪器)；钢弦式仪器由于国内目前技术尚未完全成熟，主要采用进口或引进技术生产的产品。

根据工程的特点和规模，引进部分国内尚缺的或技术性能有明显优势的国外的仪器；研制部分超量程、超常规指标等特殊要求的监测仪器；在重要部位常规监测仪器有其固有缺陷的地方采用部分性能更具优势的新型监测仪器作补充。

仪器性能的长期稳定性及可靠性是仪器选型的重要前提，选择合理的适用条件、量程范围和精度要求，避免盲目追求高标准或任意降低标准的倾向。监测仪器主要技术性能指标的确定，要以满足工程监测要求为前提，过分追求高精度、大量程，势必意味着经济成本的高投入，造成不必要的经济浪费，且还难以满足工程长期或永久性监测的要求。

二、监测仪器的质量控制

(一)采购及运输

采购监测仪器设备的型号、精度、量程等各项技术指标应符合国家、行业标准和设计要求，仪器生产厂家应具备国家计量认证、生产许可等合法相关手续，仪器设备产品应具有合格证、使用说明书及仪器出厂检验率定资料等。

产品运输要保证仪器性能完好、无损，包括仪器设备包装、运输条件、到货开箱、通电检查等。

(二)检验率定

各项仪器设备在安装埋设前必须进行检验率定，且检验率定有效期为半年。

仪器设备检验率定包括传感器的力学性能、温度性能、防水性能、二次测量仪表性能及电缆性能(绝缘、耐水压及芯线电阻)等检验，检验性能指标须满足相关规程规范的要求。

根据现行监测规程规范要求，仪器设备检验率定结果应满足以下技术条件：

(1)仪器力学性能检验的各项误差，其绝对值应满足表6-3和表6-4的规定。

表6-3　差阻式仪器力学性能检验标准

项目	仪器端基线性误差(α_1)	非直线度(α_2)	不重复性误差(α_3)	厂家与用户检验误差(α_f)
限差(%)	≤2	≤1	≤1	≤3

表 6-4　振弦式仪器力学性能检验标准

项目	分辨率(r)		不重复度(R)	滞后(H)	非直线度(L_f)	综合误差(E_c)
	0~0.25 MPa	0.4~0.6 MPa				
限差(%)	≤0.2	≤0.15	≤0.5%FS	≤1%FS	≤2%FS	≤2.5%FS

(2)仪器温度性能检验的各项误差,其绝对值应满足表 6-5 的规定。

表 6-5　差阻式仪器温度性能检验标准

项目	计算 0 ℃电阻 $R'_0(\Omega)$	计算 0 ℃温度 $R'_0\alpha'$(℃)	T(℃)		R_x(MΩ)
			温度计	差阻式仪器	绝缘电阻绝对值
限差(%)	≤0.1	≤1.0	≤0.3	≤0.5	≥50

注:α'为0℃ 以上温度常数。

(3)差阻式仪器防水性能检验标准:

①检验时对仪器施加 0.5 MPa 水压力,持续时间应不小于 0.5 h,渗压计在规格范围内加压。

②测量仪器电缆芯线与外壳(或高压容器外壳)之间的绝缘电阻不小于 200 MΩ。

(4)电缆连接检验标准:

①五芯水工电缆,在 100 m 长度内各单芯线电阻测值不大于 3 Ω/100 m。

②电缆各芯线间的绝缘电阻不小于 100 MΩ。

③电缆及电缆接头的使用温度为 -25~60 ℃,承受所规定水压 48 h,其电缆芯线与水压试验容器间的绝缘电阻不小于 100 MΩ。

④电缆内通入 0.1~0.15 MPa 气压时,其漏气段不得使用。

(三)仪器设备的保管及使用

仪器设备应放入实验室或库房,干燥、平整地放置在台架上,防止挤压或堆放,妥善保管。

仪器仪表使用后,应进行保养和维护,入水观测仪器必须擦净晾干,润滑部件须涂抹润滑油。

经常使用的无检修间隙时间的仪器仪表,须配备必要的配件。

三、安装设备的埋设质量控制

(一)土建工程

与安全监测工程有关的土建施工项目主要有:钻孔内埋设仪器的钻孔(测斜孔、多点位移计、滑动测微计、测压管等钻孔),其次为监测点位的混凝土保护墩和观测站的内装修等工程。

为保证钻孔质量达到设计和有关技术要求,钻孔的实施全部由具有资质的专业钻孔队完成。钻孔前由监理旁站监督测点位置的放样,钻孔各项参数均按设计图纸要求进行(钻孔施工程序根据仪器埋设的需要进行,具体见各类型仪器埋设),钻孔过程中由监测实施单位进行现场质量控制，保证测孔孔径、孔斜及孔向等各项指标均满足要求，成孔后由监理工程师现场检查、验收，验收合格后方能进行仪器安装埋设工作。

(1)钻孔的孔位、深度、孔径、钻孔顺序和孔斜等按施工图纸技术要求。

(2)钻机机座平台安装应平整稳固，以保证钻孔方向及孔斜等钻孔质量要求符合设计要求，钻进全过程按规范要求作好值班记录。

(3)开孔孔位与设计位置的偏差不得大于设计要求。因故变更孔位应征得监理人同意，并记录实际孔位。

(4)在钻孔过程中，如发现集中漏水(无回水)、掉钻、掉块、塌孔等情况，应详细记录。当上述情况比较严重时，应通知现场监理工程师，及时采取处理措施。所有钻孔都要进行孔斜测量，并采取措施控制孔斜，尤其是垂线孔(正垂孔或倒垂孔)必须按照设计及规范要求严格控制孔斜及满足有效孔径要求，如发现钻孔偏斜超过规定，应及时纠偏，或采取经监理人批准的其他补救措施。纠偏无效时，按监理人的指示报废原孔，重新钻孔。

(5)通常钻孔应预钻取岩心(特殊情况经设计同意可采取钻孔电视)，如果心样的回收率很低，更换钻孔机具或改进钻进方法。并按取心次序统一编号，填牌装箱，并由地质专业技术人员绘制钻孔柱状图和进行岩心描述，尤其对软弱夹层(尤其是可能产生滑动的软弱夹层)的层位、深度、厚度、地下水及分布特点等性状作详细描述。

(6)钻孔内安装仪器设备后，应根据施工图纸的要求(采用水泥浆、水泥砂浆或回填砂等)对钻孔空隙进行回填密实，尤其是上仰孔要保证孔底回填密实、可靠。采用水泥砂浆、水泥浆回填的钻孔，应尽量使回填灌浆材料固化后的力学性能与钻孔周边围岩介质相匹配。

(7)变形测点观测墩包括水平位移标点和垂直位移标点，采用钢筋混凝土现浇，其底座基础应保证相对稳定，必要时要在底部增加锚筋。标墩要采用喷漆进行标注，并要注意墩标的保护，避免施工开挖、爆破施工及人为破坏。

(8)观测房(站)设施齐全，线缆及设备布设规范，且须满足水、电及环境等仪器运行条件。

(二)测点位置施工放样

(1)监测仪器安装埋设位置的施工放样要求准确无误，通常情况下允许位置误差不大于50 cm。

(2)如设计位置有误，或与施工情况发生冲突(如测点或测孔与其他施工钻孔交叉干扰)，以及受到现场条件限制等特殊情况不能按设计布置位置实施，应及时与监理、设计和有关部门协商解决，提出切实可行的技术方案及实施措施，经监理工程师批准后实施。

(3)对调整后的实际测点位置，应有详细的文字记录和图示说明。

(三)仪器设备安装埋设

保证仪器设备安装埋设的质量，是确保监测资料可靠、准确的极为重要的条件和基础，不符合安装埋设质量要求、违反规程规范操作程序，将导致监测数据的不正确或较大的误差，隐蔽工程的损失是无法弥补的，而之后的工作都是毫无意义的。

(1)认真做好监测仪器设施埋设前的各项准备工作，包括填报各项(分部工程、单元工程、单元工程)开工申请，检查和测试监测仪器性能及状态。

(2)按要求进行仪器与电缆加长及连接接头的密封和绝缘处理，在特殊环境及条件要求下，接头连接必须采用硫化器，除此之外可采用热缩管密封处理。电缆连接前后，均应测量、记录电缆芯线电阻及仪器测值。设置集线箱及控制装置的位置，其环境条件应保持干燥。

(3)监测仪器、设施的安装埋设必须严格按照设计技术要求和有关规程规范要求进行，包括仪器位置及方位等，及时、精心施工和保护，作好安装埋设过程中的记录，确保安装埋设施工质量合格，力求较高的仪器完好率。

(4)安装埋设完毕，及时完成各相关资料的整理，包括填写埋设考证表和单元埋设质量评定表、绘制仪器设施埋设及电缆走线图、竣工图等，且按监理要求及时上报审批。

(5)对于安装埋设期间出现任何问题，如仪器工作不正常、电缆意外打断或受损等，均应及时采用修复、更换、补埋等应急措施，保证仪器设施埋设完好率。

四、观测质量控制

(1)仪器观测应严格按照设计技术要求和有关规程规范的频次要求进行，以满足监测数据的系统性和连续性要求。

(2)仪器观测数据要满足各仪器观测精度要求，对于监测成果与人为因素(操作)影响较大的监测仪器(如测斜仪、滑动测微计、沉降仪等)，操作人员必须按照观测要求及程序精心操作，分析和判断监测数据的偏差及可靠度，否则将会带来较大测量误差。

(3)对测量仪器仪表按规定定期进行检验和率定，以检查仪器工作状态正常与否，及时维修和校正。二次测量仪表须每年进行一次标定，差阻式内观仪器测量所用的数字电桥应用电桥率定器每月进行一次准确度检验，如需更换，应先检验是否有互换性。

数字电桥检验结果(率定器法)，其绝对值应满足以下主要指标：电阻比($z\times10^{-4}$)不大于1，电阻值R不大于0.02 Ω。

(4)对获得的观测数据仔细进行校核、检查及粗差处理，对于不合理的异常数据要结合工程情况及现场条件进行分析、判断、确认或纠正。粗差的来源主要发生在二次仪表、观测记录、记录输入、数据整编等环节，粗差的判断主要采用人工经验分析等方法。在资料分析中，对于二次仪表等引起的不可修正的粗差一般采用插值或删除进行处理。

(5)为保证监测资料的可靠性，对于在观测中发现的异常或不稳定数据要进行以下检查工作：

①仪器电缆是否完好，电缆接头是否折断、受潮或进水；

②电缆电阻值及绝缘度是否符合要求，测值是否符合规律；

③观测站及集线箱环境是否满足要求等。

(6)仪器监测与巡视检查相结合，巡视检查的程序、内容和巡视检查报告编写应符合相关要求。

(7)相关监测项目力求同时观测，针对不同监测阶段，突出监测重点，做到监测连续、数据可靠、记录真实、注记齐全、书写清楚。发现异常，立即复测，一旦核实确有问题，及时上报。

(8)当发生地震、大洪水、大暴雨以及工程状态异常时，应加强巡视检查，并对重点部位的有关项目加强观测,增加测次。

(9)选择适宜数量和满足要求的仪器实现自动化监测。

五、监测自动化质量控制

(一)监测自动化系统基本功能

(1)可靠备用电源自动切换保护功能,在断电情况下确保连续工作 3 d 以上。

(2)自检、自诊断功能,可对内部实时时钟进行设置、调校。

(3)数据采集对象齐全,适应各类传感器,并能把模拟量转换为数字量。采集方式可单测、选测、定时测、定时自报、增量自报,且必须具有人工测量接口及比测设施。

(4)参数设置方便、灵活,数据存储满足有关规范要求。

(5)防雷、防涌浪及抗电磁干扰等功能。

(6)数据异常报警、故障显示及数据备份功能。

(7)通信接口应符合国际标准,通信协议应具有支持网络结构通信协议,并提供相关的协议文档或软件接口。

(8)现场自动化监测设施或集中遥测的观测站(房),应保持仪器设备正常运行的工作条件及环境。系统保持良好工况,监测设备应定期检查和更新。

(二)监测自动化系统基本性能要求

(1)采样时间:巡视时小于 30 min,单点采样时小于 3 min。

(2)测量周期为 10 min ~ 30 d,可调。

(3)监控室环境温度保持 20 ~ 30 ℃,相对湿度保持不大于 85%。

(4)系统工作电压为 200(1 ±10%)V。

(5)系统故障不大于 5%。

(6)防雷电感应为 1 000 V。

(7)采集装置测量精度不低于规范对测量对象精度的要求。

(8)采集装置测量范围满足被测对象有效工作范围的要求。

(9)系统稳定可靠接地。

六、资料整编分析质量控制

监测资料整编与分析反馈工作是安全监测工作的重要组成部分,也是对工程进行安全监控、评估施工和合理设计的一个关键性环节,因此应始终坚持以及时性、系统性、可靠性、实用性和全面分析与综合评估等为原则进行。

(1)基准值选择。每一支仪器监测基准值选择是监测资料整理计算中的重要环节,基准值选择过早或过迟都会影响监测成果的正确性,不同类监测仪器所考虑的因素和选取的基准值时间通常不尽相同。因此,必须考虑仪器安装埋设的位置、所测介质的特性及周围温度、仪器的性能及环境等因素,正确建立基准值。例如:在岩体钻孔回填安装的仪器设备,如测斜管、多点位移计等,一般宜选择在回填埋设一周后的稳定测值作为基准值。

在混凝土中埋设的仪器,其基准值的确定除一般选取混凝土或水泥砂浆终凝时的测值(24 h 后的测值)外,还须掌握以下原则:混凝土浇筑凝固后混凝土与仪器能够共同作用和正常工作、电阻比与温度过程线呈相反趋势变化、应变计测值服从点应变平衡原理、观测资料从无规律跳动到比较平滑有规律变化等。

渗压计和锚索测力计应选取安装埋设前的测值,即零压力或荷载为零时的测值为基准值。

(2)观测数据整理要及时。每次观测后,应对观测数据及时进行检验、计算和处理,检验原始记录的可靠性、正确性和完整性。如有漏测、误读(记)或异常,应及时补(复)测、确认或更正。

(3)在日常资料整理基础上,对资料定期整编,整编成果应项目齐全、考证清楚、数据可靠、图表完整、规格统一、说明完备。

(4)收集和积累资料,包括观测资料、地质资料、工程资料及其他相关资料,这些资料是监测资料分析的基础。资料分析的水平和可靠度与分析者对资料掌握的全面性及深入程度密切相关。

(5)定期对监测成果进行分析研究,分析各监测物理量的变化规律和发展趋势,各种原因量和效应量的相关关系及相关程度,及时反馈给业主、监理和设计,并对工程的工作运行状态(正常状态、异常状态、险情状态)及安全性作出具体评价。同时,预测变化趋势,并提出处理意见和建议。

(6)具有监测数据库管理及信息分析系统的支持和一批拥有较好监测素质与技术水平的管理人员是保证监测资料实时整编分析的重要前提。

(7)现场监测人员和工程管理部门,一般仅需按照规程规范要求对监测资料和整编成果作出初步的分析和判断,而更深入的定量及数学模型分析则须委托科研及大专院校专业人员进行。

以上内容仅是提出有关监测工作质量控制的主要内容及掌握原则,而更具体的详细内容须根据不同情况及要求,具体参见以下有关章节。

第五节　安全监测依据

一、安全监测工程实施依据

(1)经业主有关部门审核批准的监测设计施工详图、实施过程中签发的设计通知单和有关技术文件,以及相应工程安全监测仪器安装埋设及观测技术要求。招标或询价文件中的设计图纸及监测仪器参数要求等只能用于投标报价参考,不能用于监测施工依据。

(2)行业及国家颁布的有关安全监测技术标准及规程规范。

(3)监测仪器生产厂商提供的技术文件,如仪器使用说明书或操作手册等。尤其是特殊监测仪器设备,应根据仪器设备产品说明书和安装埋设指导书进行。

(4)其他有关安全监测技术手册或参考文献。

二、技术标准和规程规范

(一)水利行业标准

《土石坝安全监测技术规范》(SL 60—94)

《土石坝安全监测资料整编程序》(SL 169—96)

《水利水电工程岩石试验规程》(SL 264—2001)

《水库大坝安全评价导则》(SL 258—2000)

《大坝安全自动监测系统设备基本技术条件》(SL 268—2001)

《水利水电工程施工测量规范》(SL 52—93)

《水环境监测规范》(SL 219—98)

(二)电力行业标准

《混凝土坝安全监测技术规范》(DL/T 5178—2003)

《混凝土坝安全监测资料整编规程》(DL/T 5209—2005)

《大坝安全监测自动化技术规范》(DL/T 5211—2005)

《土石坝观测仪器系列型谱》(DL/T 947—2005)

《混凝土坝监测仪器系列型谱》(DL/T 948—2005)

《水电水利岩土工程施工及岩体测试造孔规程》(DL/T 5125—2001)

《水工建筑物水泥灌浆施工技术规范》(DL/T 5148—2001)

《水电水利工程爆破安全监测规范》(DL/T 5333—2005)

(三)国家标准

《岩土工程用钢弦式压力传感器》(GB/T 13606—92)

《大坝监测仪器 应变计 第1部分:差动电阻式应变计》(GB/T 3408.1—2008)

《大坝监测仪器 钢筋计 第1部分:差动电阻式钢筋计》(GB/T 3409.1—2008)

《大坝监测仪器 测缝计 第1部分:差动电阻式测缝计》(GB/T 3410.1—2008)

《差动电阻式孔隙压力计》(GB/T 3411—1994)

《电阻比电桥》(GB/T 3412—1994)

《埋入式铜电阻温度计》(GB/T 3413—1994)

《国家一、二等水准测量规范》(GB/T 12897—2006)

《国家三、四等水准测量规范》(GB/T 12898—2009)

《国家三角测量规范》(GB/T 17942—2000)

《水位观测标准》(GBJ 138—90)

《振动与冲击传感器校准方法 第1部分:基本概念》(GB/T 13823.2—2008)

《爆破安全规程》(GB 6722—2003)

三、工程承包合同认定的其他标准和文件

《安全监测工程招标文件》

《安全监测工程投标文件》

《安全监测工程承包合同》

第七章　监测仪器类型及原理

第一节　概　述

随着新型水工建筑物的兴建与发展，自20世纪初开始，人们开始研制并安装一些专门的仪器用于观测水工建筑物的性态。如美国1927年建造的高36 m的Stevenson Creek拱坝，就埋设了140支电测仪器进行实测。

美国的卡尔逊发明的差动电阻式仪器应用于工程后，对混凝土的应变、徐变、自身体积变形、温度等有了实际了解，后建立了一整套从应变计计算混凝土应力的方法。因差动电阻式仪器测量长期稳定性好，适用于大体积混凝土建筑物的变形、应力、渗压等监测，同时还能监测测点温度，因此该系列仪器经不断改进后一直到现在仍广泛用于工程监测。

另一类振弦式仪器同时在欧洲发明后也开始用于水工建筑物的监测。因振弦式仪器结构简单，测量长期稳定性好，仪器输出频率值，易于自动化和长距离测量，随着检测技术的发展，仪器性能不断改进，使该类仪器到现在仍广泛用于土建、水工、桥梁等工程。

我国是生产差动电阻式仪器的世界大国，已生产20多万支仪器用于工程。弦式仪器也已在水工建筑物中开始大量运用。

20世纪70年代左右，我国监控大坝或工程主要靠埋设在坝体内部的应力应变测量仪器，通过换算应力来监控大坝安全。这时国际上已从宏观上监测大坝的变形、渗漏等的外部观测仪器获取的数据来监测大坝的安全。当时以意大利为代表，采用先进微机控制自动监测系统采集数据，并推出了一套全新的确定性模型软件用于监控大坝安全。

为了赶上国际发展水平，当时的水电部派出考察团去欧洲，考察监测仪器及监测技术。国家"七五"、"八五"攻关项目也专门列项，研制外部监测自动化仪器及监控软件。先后研制出了监测大坝变形的电容感应式、电磁感应式、光电式(CCD)、步进马达跟踪式遥测垂线坐标仪，电容感应式、光电式(CCD)、步进马达跟踪式遥测引张线仪；监测坝体沉降的电容感应式、差动变压器式静力水准仪；对坝、基础廊道、厂房、洞室、边坡等基岩不同深度变形监测的多点变位计，所用的位移传感器有电位器式、电容感应式、钢弦式、差动电阻式、LVDT式等。

我国土石坝数量居世界首位，随着建坝理论及施工技术的发展，我国还兴建了许多大型面板坝。为满足土石坝监测的需要，我国还研制生产了技术先进的土石坝监测仪器，如监测面板周边缝的差阻式、电位器式、振弦式三向测缝计，监测土石坝内部变形并可实现自动遥测的引张线式水平位移计、水管式沉降仪。

在扬压、渗漏监测仪器方面，我国技术人员攻克了仪器长期稳定性的难题，大量生产了振弦式、压阻式、陶瓷电容式的压力传感器。

真空激光准直测量技术在国外用于监测高能加速器的变形，我国则独创有用于监测直线型坝的水平位移和垂直位移,并已在多个工程中应用。目前,最长的葛洲坝真空激光准直系统的真空管道长达 1 630 m。

我国水电开发在高速发展,建坝的数量和规模都处于世界前列。国产监测仪器在技术性能、品种、数量上都可满足工程需要,同时还有许多技术创新。

光纤传感器从 20 世纪 80 年代发展以来,技术上逐步走上成熟,并开始在工程上应用。由于光纤传感器有响应速度快、抗雷击、抗电磁干扰、光纤作为传感和信号传输为一体等显著特点,在大型水工建筑物的监测方面有广阔的前景。目前,工程应用方面研究较多的是光纤 F－P 传感器、光纤光栅传感器、基于 OTDR 技术的全分布式光纤传感器。

以法布里腔(F－P)作为传感元件、光纤作为传输元件,此类传感器发展较早,属于点式传感器,工程运用不多。

光纤布拉格光栅传感器能起反射镜作用,光栅反射光的中心波长受外界温度和应变的影响而发生变化,利用光纤 Bragg 光栅的温度和应变两种效应,制成光纤传感器监测温度和位移、变形等物理量。国外该类传感器已用于航空、宇航飞行器、核电站、桥梁等领域,国内也已开始用于桥梁、隧道、油库、电力、大坝渗漏等安全监测。

时域分布式光纤传感器的技术基础是光时域反射技术(Optical Time Domain Reflectometer,简称 OTDR),是 1977 年 Bamoski 博士发明的。当光纤附近的震动、应力、应变等变化时,将改变光波在光纤中传输的条件,改变光波的散射波长,通过测量这些变化可测知光纤周围温度、应力、应变等物理变化。光纤信号传输在检测点,有部分光信号被反向散射,并与所经历的传输时间相关,根据光波的传输速度,即可确定被测点的位置距离。

OTDR 全分布式集传感与传输于一体的光纤区域测量技术是一种极有发展前景的光纤测量技术,国外较广泛用于煤气管道、防火、工程渗漏等监测,国内已开始用于坝体区域各点温度监测、渗漏定点监测、裂缝监测。

第二节　仪器参数基本概念

传感器有静态特性和动态特性,而动态特性是反映传感器对随时间变化的输入量的响应特性。用传感器测试动态量时,希望它的输出量随时间变化的关系与输入量随时间变化的关系尽可能一致,因此需要研究它的动态特性——分析其动态误差。由于大坝安全监测的对象随时间的变化速度通常均较缓慢,因此多属于静态测量,故本节仅讨论传感器的静态特性。

静态特性表示传感器在被测输入量各个值处于稳定状态时的输出－输入关系,研究静态特性主要应考虑其非线性与随机变化等因素。

一、非线性度(No_Linearity)

非线性度又称非线性,是表征传感器输出－输入校准曲线与所选定的拟合直线(作为工作直线)之间的吻合(或偏离)程度的指标。通常用相对误差来表示非线性度,即

$$e_{\mathrm{L}} = \pm \frac{\Delta L_{\max}}{y_{\mathrm{FS}}} \times 100\% \tag{7-1}$$

式中　ΔL_{max}——输出平均值与拟合直线间的最大偏差；

y_{FS}——理论满量程输出值。

显然，选定的拟合直线不同，计算所得的线性度数值也就不同。选择拟合直线应保证获得尽量小的非线性误差，并考虑使用与计算方便。下面介绍几种目前常用的拟合方法。

（一）理论直线法

如图 7-1（a）所示，以传感器的理论特性线作为拟合直线，它与实际测试值无关。其优点是简单、方便，但通常 ΔL_{max} 很大。

（二）端点线法

如图 7-1（b）所示，以传感器校准曲线两端点间的连线作为拟合直线。其方程式为

$$y = b + kx \tag{7-2}$$

式中　b、k——截距和斜率。

这种方法也很简便，但 ΔL_{max} 也很大。

（三）"最佳直线"法

这种方法以"最佳直线"作为拟合直线，该直线能保证传感器正、反行程校准曲线对它的正、负偏差相等并且最小，如图 7-1（c）所示。由此所得的线性度称为独立线性度。显然，这种方法的拟合精度最高。通常情况下，"最佳直线"只能用图解法或通过计算机解算来获得。

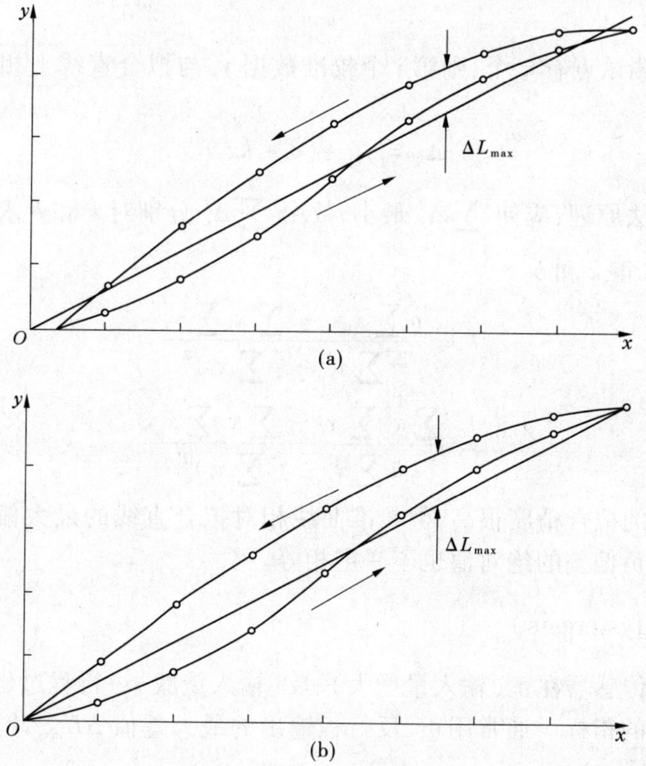

图 7-1　传感器的拟合曲线

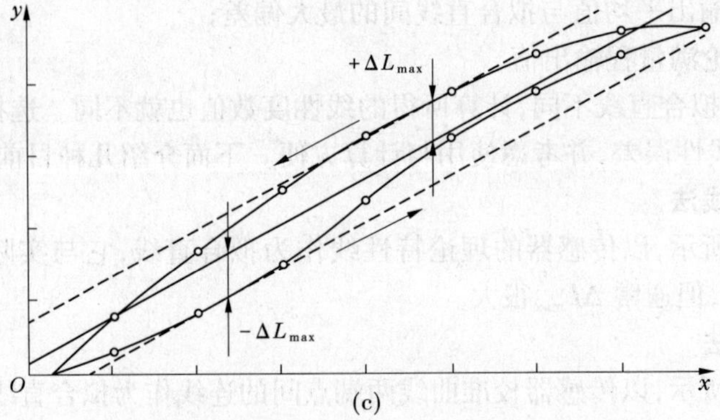

续图 7-1

当校准曲线(或平均校准曲线)为单调曲线,且测量上、下限处正、反行程校准数据的算术平均值相等时,“最佳直线”可采用端点连线平移来获得。有时称该法为端点平行线法。

(四)最小二乘法

这种方法按最小二乘原理求取拟合直线,该直线能保证传感器校准数据的残差平方和最小。如用式(7-2)表示最小二乘法拟合直线,式中的系数 b 和 k 可根据下述分析求得。

设实际校准测试点有 n 个,则第 i 个校准数据 y_i 与拟合直线上相应值之间的残差为

$$\Delta_i = y_i - (b + kx_i) \tag{7-3}$$

按最小二乘法原理,应使 $\sum_{i=1}^{n}\Delta_i^2$ 最小,故由 $\sum_{i=1}^{n}\Delta_i^2$ 分别对 k 和 b 求一阶偏导数并令其等于零,即可求得 k 和 b

$$k = \frac{n\sum x_i y_i - \sum x_i \sum y_i}{n\sum x_i^2 - \left(\sum x_i\right)^2} \tag{7-4}$$

$$b = \frac{\sum x_i^2 \sum y_i - \sum x_i \sum x_i y_i}{n\sum x_i^2 - \left(\sum x_i\right)^2} \tag{7-5}$$

最小二乘法的拟合精度很高,但校准曲线相对拟合直线的最大偏差绝对值并不一定最小,最大正、负偏差的绝对值也不一定相等。

二、滞后(Hysteresis)

滞后是反映传感器在正(输入量增大)、反(输入量减小)行程过程中输出 - 输入曲线的不重合程度的指标。通常用正、反行程输出的最大差值 ΔH_{max} 计算,并以相对值表示(见图 7-2)。

$$e_H = \frac{\Delta H_{max}}{y_{FS}} \times 100\% \tag{7-6}$$

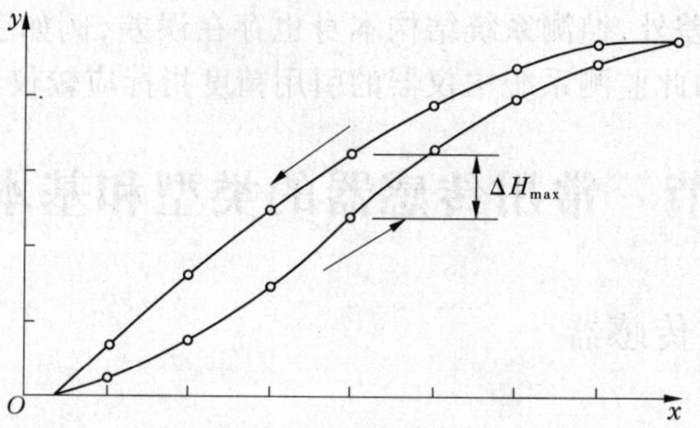

图7-2　滞后特性

三、不重复性(No_Repeatability)

不重复性是衡量传感器在相同工作条件下,输入量从同一方向作满量程变化,所得特性曲线间一致程度的指标。各条特性曲线越靠近,重复性越好。

四、分辨力(Resolution)

分辨力是传感器在测量范围内所能检测出被测输入量的最小变化量。有时用该值相对满量程输入值的百分数表示,则称为分辨率。

五、稳定性 (Stability)

稳定性又称长期稳定性,即传感器在相当长时间内仍保持其性能的能力。稳定性一般以室温条件下经过一规定的时间间隔后,传感器的输出与起始标定时的输出之间的差异来表示。一般仪器稳定度用一段时间内传感器输出变化对满量程的百分比表示,如"0.5%FS/年"。

六、综合误差

该误差实际反映传感器的准确度,表示传感器测值接近真值的程度。一般根据非线性度、滞后、不重复性误差来计算综合误差,即

$$e_S = \pm \sqrt{e_L^2 + e_H^2 + e_R^2} \tag{7-7}$$

在仪器不重复性误差、滞后误差较小时,用二次拟合曲线方法给出仪器综合误差。此方法给出的传感器的准确度较高。

七、大坝安全监测仪器的精度问题

大坝安全监测所使用的仪器设备有一些是典型意义上的传感器,如利用电容、电感、电阻原理制造的应变计、渗压计、测缝计等;也有不属于传感器范围的测量装置,如步进电机式坐标仪;还有一些是由传感器和配套设备组合的特殊测量系统,如由坐标仪和垂线组成的正倒垂系统、由引张线仪和引张线构成的引张线测量系统、由真空管道与波带板和接受屏组成的激光真空管道准直系统等。

对一个监测系统中某个仪器的精度进行现场测试和检验时,除因现场环境与室内

标定时的差异造成误差外,监测系统结构本身也存在误差,例如引张线线体的张力、浮船和液体的滞迟等,因此监测系统中仪器的引用精度指标应较仪器的标称精度低。

第三节 常用传感器的类型和基本原理

一、差动电阻式传感器

(一)仪器原理

差动电阻式传感器习惯上又称卡尔逊式仪器。这种仪器利用张紧在仪器内部的弹性钢丝作为传感元件,将仪器受到的物理量转变为模拟量。

当钢丝受到拉力作用而产生弹性变形时,其变形与电阻变化之间有如下关系式

$$\Delta R/R = \lambda \Delta L/L \tag{7-8}$$

式中 R——钢丝电阻;

ΔR——钢丝电阻变化量;

L——钢丝长度;

ΔL——钢丝长度变化量;

λ——钢丝电阻应变灵敏系数。

利用式(7-8),可通过测定电阻变化来求得仪器承受的变形。

图 7-3 是差动电阻式仪器的构造原理示意图。在仪器内部绕着电阻值相近的直径仅为 0.04 ~ 0.06 mm 的电阻钢丝 R_1 和 R_2,两电阻比值为

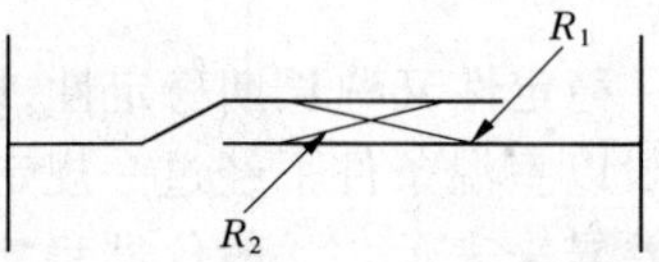

图 7-3 差动电阻式仪器原理

受外力作用前 $$Z_1 = \frac{R_1}{R_2} \tag{7-9}$$

受外力作用后 $$Z_2 = \frac{R_1 + \Delta R_1}{R_2 - \Delta R_2} \tag{7-10}$$

由于 $R_1 \approx R_2 \approx R$,$|\Delta R_1| \approx |\Delta R_2| \approx |\Delta R|$,因此电阻比的变化量为

$$\Delta Z = Z_2 - Z_1 = \frac{R_1}{R_2}\left(\frac{\Delta R_1}{R_1} + \frac{\Delta R_2}{R_2}\right) \approx \frac{2\Delta R}{R} \tag{7-11}$$

此外,仪器电阻值随温度而变化,一般在 -50 ~ 100 ℃内,可按下式表示

$$\left.\begin{aligned} R_T &= R_0(1 + \alpha T + \beta T^2) = R_0 + \frac{T}{a'} \\ T &= a'(R_T - R_0) \end{aligned}\right\} \tag{7-12}$$

式中 T——温度,℃;

R_0、R_T——0 ℃和 T ℃时仪器电阻,Ω;

α、β——钢丝电阻一次与二次温度系数,一般取 2.89×10^{-3}(1/℃)及 2.2×10^{-6}(1/℃)。

该关系为二次曲线,为简化计算,一般采用零上、零下两个近似直线进行拟合,则

$$R_T = R_0(1 + a'T) \tag{7-13}$$

或 $$R_T = R_0(1 + a'' T) \tag{7-14}$$

式中 a'——0 ℃以上时的温度系数，℃/Ω；

a''——0 ℃以下时的温度系数，℃/Ω，$a'' \approx 1.09a'$。

由上述可知，在仪器的观测数据中，包含着有外力作用引起的 Z 和由温度变化引起的 T 两种因数，所要观测的物理量 P 应是 Z 和 T 的函数，即 $P=\psi(Z,T)$。在原型观测中

$$P = f\Delta Z + b\Delta T \tag{7-15}$$

式中 f——仪器最小读数，10^{-6}/0.01%；

b——仪器温度补偿系数，10^{-6}/℃；

ΔT——仪器温度变化量；

ΔZ——仪器电阻比变化量。

（二）仪器结构

差动电阻式传感器基于上述原理，利用弹性钢丝在力的作用和温度变化下的特性设计而成。一般仪器内两方型铁杆上安装两对圆瓷子（也可以是一对圆瓷子和一对半圆瓷子），把有一定张力的两根钢丝绕在两对瓷子上。当仪器受到外力变形时，一组钢丝受拉，另一组钢丝受压，两组钢丝电阻 R_1、R_2，分别用黑、红、白三芯电缆引出（见图 7-4）。

（三）测量

差动电阻式传感器的内阻较低，为 60～80 Ω。因此，仪器电缆的芯线电阻或芯线接触电阻变差等会给测量带来较大误差。

我国发明了利用恒流源技术，用五芯电缆接法测量仪器电阻、电阻比的方法，消除了导线电阻及其变化对测值的影响，为仪器实现远距离自动化精确测量创造了条件（见图 7-5）。

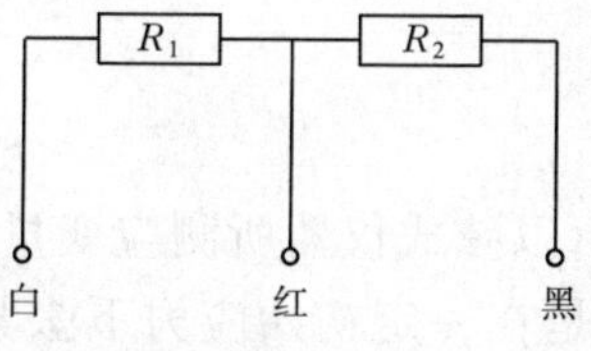

图 7-4　差动电阻式仪器三芯接线

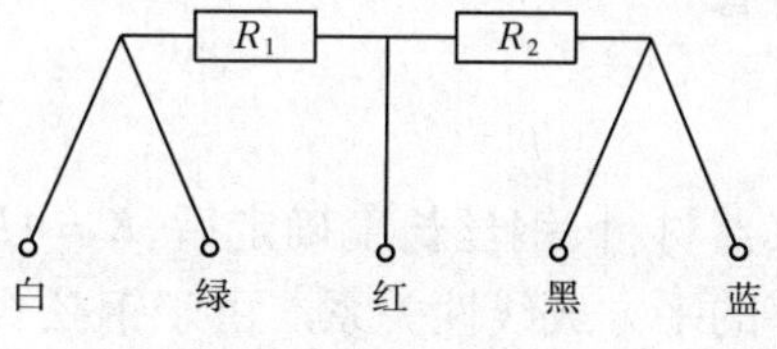

图 7-5　差动电阻式仪器五芯接线

（四）该类仪器的特点及注意事项

我国从 20 世纪 60 年代开始研制生产差动电阻式系列传感器，到目前为止，已有 20 余万支差动电阻式仪器用于水利水电建设工程，在工程安全监测领域发挥了很大作用，而我国也成为生产差动电阻式监测仪器最多的国家。由于该类仪器具有长期稳定可靠，并能兼测温度，在高水压下也可以长期可靠的工作等优点，加之我国发明了五芯测量技术，解决了长电缆测量中的电缆电阻及接线电阻变差等影响，为差动电阻式系列传感器实施自动化监测开辟了广阔前景。

差动电阻式传感器内的高强钢丝直径一般为 0.04～0.06 mm，钢丝极限强度一般为 3 000 MPa。因仪器为两组钢丝差动变化，需先对钢丝预加 250～470 g 的张力，对

0.05 mm 的仪器钢丝而言，在不工作的状态下，钢丝所受张力为 1 300 ~ 2 400 MPa。所以，该类仪器不耐震，更不能碰撞。在仪器率定及安装埋设过程中必须注意，否则极易造成仪器钢丝损坏而失效。由于仪器钢丝工作在高应力状态，所以仪器的超载能力差，现场率定时一定注意。另外，现场仪器电缆接长时接头处理不好或电缆绝缘下降都会对测量结果造成影响。

二、振弦式传感器

（一）仪器原理

振弦式仪器中的关键部件为一张紧的钢弦，它与传感器受力部件连接固定，利用钢弦的自振频率与钢弦所受到的外加张力关系式测得各种物理量（见图 7-6）。

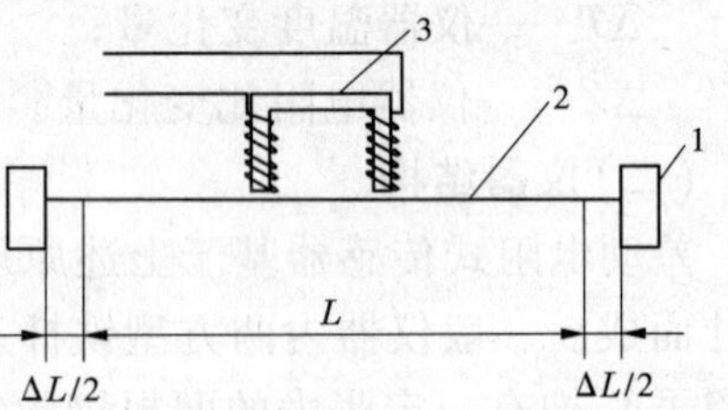

1—夹线器；2—钢弦；3—电磁铁

图 7-6 钢弦式仪器原理

钢弦自振频率与钢弦所受应力的关系式为

$$f = \frac{1}{2L}\sqrt{\frac{\sigma}{\rho}} \tag{7-16}$$

式中 f——钢弦自振频率；

L——钢弦长度；

σ——钢弦所受的应力；

ρ——钢弦材料的密度。

若以钢丝的应变表示，则式(7-16)变为

$$f = \frac{1}{2L}\sqrt{\frac{E\varepsilon}{\rho}} \tag{7-17}$$

式中 E——钢弦材料的弹性模量；

ε——钢弦的应变。

故而有

$$\varepsilon = \frac{4L^2 f^2 \rho}{E} \tag{7-18}$$

当仪器材料、钢丝长度确定后，$K = 4L^2\rho/E$ 为常数，所以弦式仪器所测应变量与弦的自振频率的平方成线性关系。由于钢弦式传感器的钢弦是在一定初始应力下张紧，其初始自振频率为 f_0，发生应力变化后的自振频率为 f，可得出下式

$$\varepsilon = K(f^2 - f_0^2) \tag{7-19}$$

为方便起见，一般用频率模数 F 表示弦式仪器的输出量，$F = f^2/1\,000$。

振弦式传感器的主要优点是其传送信号为频率，与电阻或电压传送不同，不受电缆电阻、接触电阻等因素影响，即受电缆长度影响较小。因此，引起钢弦应力变化的外部载荷变化，可用测量钢弦的频率反映出来，并与频率平方值成线性关系。

（二）仪器结构

弦式应变计由两端头加一张紧的弦、外壳、激励线圈等组成。该小应变计芯子装在钢筋计钢套上组成钢筋计；锚索测力计钢筒上装 3 ~ 6 支弦式应变计即组成锚索测力计。弦式测缝计为一钢弦与一吊簧组成位移测量传感器。钢弦吊一不锈钢浮子可组成量水堰水

位计。

（三）测量

测量系统主要由振弦式传感器、激振电路、检测电路、微控制器、测频电路等组成。激振电路采用扫频激振技术，当激振频率和传感器振弦的固有频率接近时，振弦能迅速达到共振状态。当激振信号撤去后，弦由于惯性作用仍然作衰减震荡。振动产生的感应信号通过检测电路滤波、放大、整形成脉冲信号送到微控制器，微控制器通过测量脉冲信号的周期或频率，即可测得传感器的振动频率。

（四）该类仪器的特点

振弦式传感器因长期测量稳定可靠，输出频率易自动化测量，长电缆传输可靠，电缆绝缘要求低，所以仪器自1930年发明以来一直有旺盛的生命力。因水利水电工程对埋入式仪器的可靠性及长期稳定性要求很高，长期以来国内水利水电工程几乎大多用国外进口弦式仪器。随着南瑞集团大坝工程监测研究所在钢弦式仪器关键技术上的突破，水利水电行业开始大量采用国产弦式仪器。

弦式仪器因钢弦要在3～4 kg张力下夹紧不松弛，所以钢弦不能受扭力。对于弦式应变计和测缝计，在标定或现场安装时，严禁扭转端座或拉杆，否则极易造成仪器的永久性损坏。

三、电位器式传感器

（一）仪器原理

该类仪器采用先进的精密导电塑料电位器生产工艺制造。该导电塑料的性能及生产工艺要求很高，按军品标准生产，可基本作到电阻值沿精密导电塑料长度均匀分布。按此标准生产的电位器式传感器的精度可达到万分之几。

（二）仪器结构

电位器式传感器有直线形和圆形两种，仪器用不锈钢外壳和铜件外壳机械密封，保证仪器耐水压达0.5～3 MPa。

（三）测量

电位器测量采用了恒压源激励比值测量方法。在电位器的两端加上恒压，测量中间抽头的电压 V_1 和加在电位器两端的电压 V，通过计算 $V_1/V = R_1/R$ 来精确确定电位器中间抽头的位置。采用比例测量方法还可以消除电位器的温度性能及电压源稳定性对测量的影响。

为了消除传感器长导线电阻的影响，还采用了五芯测量方法。

（四）该类仪器的特点及注意事项

该类型仪器采用军工标准生产，仪器精度高，测量范围大，故障率极低，密封防水性能及长期稳定性都比较好，取得了很好的运用效果。

四、电容式传感器

（一）仪器原理

电容式传感器是指能将被测物理量转化为电容变化的一种传感元件。众所周知，电容器的电容是构成电容器的两极板形状、大小、相互位置、电介质的介电常数的函数。

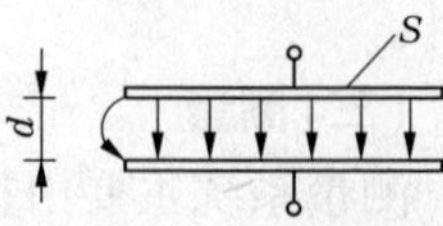

图 7-7　平板电容器

对于最简单的平板电容器而言(见图 7-7),其电容量 C 为

$$C = \varepsilon S/d \tag{7-20}$$

式中　ε——介质的介电常数;

S——极板的面积;

d——极板间距离。

如将一侧极片固定,另一侧极片与被测物体相连,当被测物体发生位移时,将改变两极片间电容的大小。通过一定测量线路将电容转换为电信号输出,即可测定物体位移的大小。将两个结构完全相同的电容式传感器共用一个活动电极,即组成差动电容式传感器。

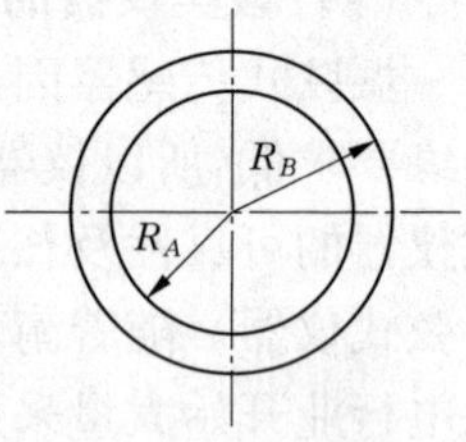

图 7-8　圆筒电容器

对于圆筒电容器(见图 7-8),其电容量 C 为

$$C = 2\pi\varepsilon L / \ln(R_A/R_B) \tag{7-21}$$

式中　L——圆筒长度。

(二)仪器结构

根据上述原理,国内生产出了电容感应式垂线坐标仪、引张线仪、静力水准仪、量水堰仪、位移计等系列产品。

(三)测量

电容式位移传感器的测量电路由以单片微处理控制器为核心的控制电路、激励信号源、信号调理电路、模数转换器、通信接口电路等部分组成。具有数据采集处理、数据处理、存储、参数设置和通信等多种功能。由于所测量的电容值很小,并且其绝对值受温度、湿度等各种环境因素的影响,测量极为困难。因此,这里采用新型的技术和方法。

(1)采用相关检测技术,使得传感器在保证高测量精度和强抗干扰能力的同时具有极高的稳定性。

(2)激励信号由微处理控制器控制产生幅值或频率可程控调节的正弦信号以改变整个测量回路的增益,使得测量电路能够适应各种不同容量大小的电容传感器的测量。

(3)采用比值测量方法,使测量结果不受温度、湿度等环境因素的影响。

在单片微处理控制器的控制下,由激励信号源输出一定幅值和频率的正弦激励信号经多路开关传至电容传感器的两个极板,通过共用电极经多路开关将信号耦合至前置放大器,在信号调理、进行模数转换后输入微处理器。由于这里采用了相关检测方法,经过测量系统的测量结果具有很高的信噪比。

另外,提高激励信号的频率,可以增加测量电路的信噪比,加快响应时间。

(四)该类仪器的特点

电容式传感器具有结构简单、灵敏度高、动态响应快、极板经处理后可在高温高湿度等恶劣环境下长期稳定工作的特点,现场使用比较广泛。

第八章　外部变形监测

第一节　概　述

水利水电工程枢纽建筑，由于受各种因素的影响，在运行过程中都会产生不同程度的变形，这种变形在一定限度之内是正常现象，但超过了一定的界限就会影响枢纽建筑的正常使用，危及安全。因此，在建筑物的施工、运行期都必须对枢纽建筑物进行变形监测，其中外部变形监测是枢纽变形监测工作中的重要组成部分，对枢纽安全运行、提高科学认识、检验理论、做好监测预报预警工作具有十分重要的意义。

外部变形监测是利用测量仪器和测绘手段对水利水电工程建筑表面（或有些项目的内部）的变形现象进行监视与观测。通过监测确定在各种负载和外力作用下，水工建筑物表面的形状、大小及位置变化的空间状态和时间特征，以及建筑物的位移变化规律。科学、准确、及时地分析和预报工程及工程建筑物的变形状况，对水工建筑物的施工和运行管理极为重要。变形监测的首要目的是掌握水工建筑物这一变形体的实际形状，为判断其安全提供必要的信息。

外部变形监测主要涉及三方面的内容：变形信息的获取（外业数据采集和内业计算），变形信息的分析与解释（监测数据管理与分析），变形预报（通过分析，建立与影响因素直接相关的数字模型，进而预报与预警）。

目前，常用的监测方法主要有：①水平位移监测的视准线法、引张线法、激光准直法、正倒垂线法、精密导线和前方交会法；②垂直位移监测的几何水准法、流体静力水准法；③三维位移监测的极坐标法、距离交会法和 GPS 法。三维位移监测系统可实时连续观测变形点的水平位移和垂直位移。测量机器人自动监测系统在小浪底大坝成功应用，实现了大坝外部变形监测的全自动化。随着微电子、计算机、互联网与宽带网现代信息技术的发展，为安全监测系统的自动化、集成化、智能化奠定了坚实的技术基础，使其在功能、性能、可靠性等方面更加完善。

水利水电工程安全监测中的外部变形监测一般指利用测量仪器与专用仪器，采用大地测量方法对工程建筑物的表面的变形现象进行监测的一项工作。

一、外部变形监测工作的主要内容

外部变形监测工作主要包括以下监测内容。

（一）水平位移监测

对水工建筑物的顺水流方向或顺轴线方向的水平位移变化进行监测，常用的观测方法分两大类。一类是基准线法。基准线法是通过一条固定的基准线来测定监测点的位移，常见的有视准线法、引张线法、激光准直法、垂线法。另一类是大地测量方法。大地测量方法主要是以外部变形监测控制网点为基准，以大地测量方法测定被监测点的大地坐标，进而计算被监测点的水平位移，常见的有交会法、精密导线法、三角测量法、GPS 观测法等。

（二）垂直位移监测

对水工建筑物垂直方向的位移变化进行监测，用以了解水工建筑物各监测部位的垂直位移变化，从各监测点垂直位移变化情况了解有无不均匀垂直位移变化出现。常用的方法有几何水准测量法、三角高程测量法、液体静力水准法等。

（三）挠度监测

本项目一般用于混凝土坝，以坝体内置的铅垂线（正垂线和倒垂线）为基准，测量坝体不同高度相对于铅垂线的位置变化，以测定各点的水平位移，从而确定坝体的挠曲变化。

（四）裂缝监测

对建筑物产生的裂缝或库岸边坡裂缝进行位置、长度、宽度、深度、错距等监测，以了解裂缝的变化情况。一般采用丈量方式，可采用检定过的钢尺、铟钢尺等进行精密量距。

（五）滑坡及崩岸监测

水利水电工程中水库库岸、堤防等都有可能出现滑坡与崩岸，将直接影响建筑物的安全和水库周边区域的安全。因此，对危及建筑物、周边人员和住宅安全的滑坡体及崩岸区应进行定期监测，以及时进行预警，减少突发事件发生时的损失。一般采用布设水平位移观测标点和垂直位移观测标点进行定期监测。

二、外部变形监测一些常用的仪器设备

外部变形监测常用的仪器设备主要分两大类，一类是专用仪器，另一类是测量仪器。

（一）专用仪器

专用仪器主要是针对正倒垂、引进线等专用装置配置的测读设备。如用于正倒垂观测的垂线坐标仪，用于引进线观测的电容式测读仪等。

（二）大地测量类仪器

大地测量类仪器主要用于平面位移监测和垂直位移监测。现在常用的有全站仪、水准仪、GPS 接收机及其他一些仪器。

1. 全站仪

全站仪现在得到广泛使用，它具有测角和测距的功能。

全站仪按测角精度分类标准为：①Ⅰ级：测角精度 0.5″～1.0″；②Ⅱ级：测角精度 1.5″～2.0″；③Ⅲ级：测角精度 3.0″～5.0″。

全站仪按测距精度分类标准为：①Ⅰ级：测距标准偏差（0.5～1）mm $+1\times10^{-6}\times D$；②Ⅱ级：测距标准偏差（1～3）mm $+2\times10^{-6}\times D$；③Ⅲ级：测距标准偏差（3.5～5）mm $+(3\sim5)\times10^{-6}\times D$。

全站仪的仪器生产厂家和仪器型号较多。目前，国内使用的全站仪中有徕卡、拓普

康、索佳、宾得等国外厂家的产品，有南方、苏光、北光等国内厂家生产的产品。

目前，使用的精度较高的全站仪有 Leica TC2003 和 Leica TC2002（$0.5''$、$1\ mm+1\times10^{-6}\times D$）等。现在已使用全自动全站仪（具有自动照准、自动读数的功能），目前精度较高的为 Leica TCA2003（$0.5''$、$1\ mm+1\times10^{-6}\times D$）。

2. 水准仪

水准仪主要用于常规的水准测量。目前，已从光学水准仪发展到电子水准仪，电子水准仪一般配条码尺，具有自动读数、自动记录的功能，大大提高了功效和作业精度。

水准仪按每千米水准测量高差中数的偶然中误差来确定仪器的标称精度，常分为 DS_{05} 级、DS_1 级、DS_3 级。其中 DS_{05} 级水准仪可用于一等水准测量（配因瓦水准尺），DS_{05} 级水准仪和 DS_1 级水准仪可用于二等水准测量（配因瓦水准尺），DS_1 级水准仪和 DS_3 级水准仪可用于三等水准测量（配因瓦水准尺或黑红面尺），DS_3 级水准仪可用于四等水准测量（配红黑面尺）。

水准仪国内生产厂家很多，国外也有很多生产厂家。目前，精度较高的有 Leica DNA03 电子水准仪（测量高差标准差 0.3 mm/km）等。

3. GPS 接收机

GPS 接收机主要用于接收卫星 GPS 信号，对地面点进行三维测量。

GPS 接收机型号较多，大部分测绘仪器生产厂家都生产，目前国内也有很多生产厂家。GPS 全球卫星定位技术发展很快，接收机型号也在不断更新，接收精度也越来越高。

4. 其他仪器

其他仪器指一些有专用功能的仪器设备如钢尺、铟钢带尺等，是距离丈量的工具。如视准仪配活动觇牌是视准线测量中的常用设备。

三、外部变形监测工作的一些特点

外部变形监测工作是以测量仪器设备为工具，以大地测量方法为手段，对水利水电工程项目进行变形监测的一项工作。它有自身的一些特点，了解和掌握这些特点对做好外部变形监测工作是十分重要的。外部变形监测工作有以下一些特点。

（一）不同时段的监测目的不同

外部变形监测工作一般分施工期监测和竣工后运营期的永久监测两个阶段。

施工期外部变形监测往往是布设一些临时监测项目，主要目的是及时了解施工期一些关键部位的位移变化情况，以便对设计方案或施工方案进行调整，为施工过程中的安全护航，一般像大范围的高边坡开挖、大型地下洞室的开挖都会布设一些临时监测项目。一些前期建好的永久性监测项目，在施工期开始监测具有更重要的意义。

竣工后的永久监测均是永久性项目，在工程项目运行期均要使用。永久性监测的主要目的是监测工程建筑物的位移变化，并了解其在空间与时间的变化规律，从而判定建筑物的运行工况及稳定安全性。

由于不同监测时段有不同的监测目的，应按监测目的进行相关工作。

（二）监测项目的可恢复性

外部变形监测项目监测点大多埋设在建筑物表面，易于恢复。这与内部变形监测仪器不同,内部监测仪器埋设在建筑物内部,如因仪器损坏或失效、传输电缆故障等原因无法使用后,恢复难度较大。而外部项目则比较容易恢复,并可通过概化计算的方法将恢复后的监测数据归化到原有观测系列中,保持整个观测系列的延续。

(三)监测项目的人为影响性

外部变形监测项目作业中要通过人工操作和测读来读取观测数据,这与内部监观仪器采用专用设备测读(存在人为影响较小)不同。测量作业中仪器对中、整平、照准、读数等都要由作业人员来完成,人为的影响比较大。为减少人为的误差,在作业过程中应尽量固定观测作业人员以减少人与人之间的视差等影响,同时要求作业人员严格遵守观测技术设计的要求、精心作业、减少人为误差的产生。

(四)监测项目的周期性要求

由于外部变形监测项目采用大地测量方法进行观测作业,一般作业时段较长,外业数据采集后要进行数据检查和平差计算,因此一个项目的整个作业过程较长,这一点不同于内观中的数据采集。由于作业环节多,这就需要外观作业人员对每一步作业过程认真对待,严格执行规范和技术设计要求,在测次与测次间严格执行观测频次要求,使每次观测之间的间隔相同或相近,有利于以后的资料分析。

(五)监测项目与内部变形监测项目的关联性

在变形监测设计时,虽然内、外变形监测的重点有所不同,但往往有一些内、外观的结合部(即在同一位置内观和外观项目),在进行外部变形观测项目监测资料分析时一定要重视与内观资料的关联性。如应力应变与位移间的关联、位移与裂缝间的关联、应力应变与裂缝的关联等。通过内观资料来印证外观发现的异常变化,也是判定外观成果可靠性的一种方法。所以,加强内观、外观工作间的沟通联系,加强内、外观资料的综合分析是搞好安全监测工作的一个要点。

四、外部变形监测技术的发展

变形监测项目根据变形体的特征一般分全球性变形监测、区域性变形监测、局部性变形监测,而水利水电工程变形监测属于局部性变形监测范畴,目前采用的主要是地面常规测量技术。随着测量仪器的不断更新,测绘新技术的广泛使用,近年来外部变形监测技术有很大发展,主要表现在以下几方面。

(一)常规地面测量方法进一步改善与发展

其最显著的特点是全站型仪器的广泛使用,同时解决了测边与测角的问题,大大提高作业效率。尤其是全自动跟踪全站仪(也称测量机器人、Georbot)的使用,用程序控制解决了人工照准、读数、记录等一系列工作,减少了人为影响,极大地提高了工作效率和观测精度,并为实现无人值守、全天候和全方位自动监测创造了条件。实际工作经验证明,采用 Leica TCA2003 全自动全站仪进行变形监测能达到毫米级监测精度,采用必要的技术手段后,可以达到亚毫米级监测精度。

(二)现代空间定位技术 GPS 的运用

GPS 卫星定位和导航技术与现代通信技术相结合,在空间定位技术上起了革命性的变化。GPS 技术从静态扩展到动态,从单点定位扩展到局部与广域差分,绝对精度和相对精度大大提高。目前,GPS 静态相对定位数据处理技术已基本成熟,隔河岩水电站 GPS 监测系统的实时监测已达到亚毫米的监测精度,将 GPS 技术用于大型水利水电工程外部变形监测工作有广泛的开发前景,并已在很多工程项目中广泛使用。

(三)数字摄影测量、实时摄影测量等新技术应用

新的摄影测量技术解决了以往摄影距离不能过远、绝对精度较低、内业工作量大等难题,对在变形监测中使用摄影测量技术开拓了广泛的前景。

(四)光机电技术的发展为实现监测自动化创造了条件

近年来,光机电技术的发展和综合运用,使一些常规的人工读数设备变为自动测读设备,并采用光纤通信、无线电通信等手段完成信号传输工作,利用计算机技术进行在线分布式监测,形成了监测自动化系统。

多种新技术的使用,将使外部变形监测工作向实时、连续、高效、自动化、动态方向发展。

第二节　外部变形监测的设计布置

外部变形监测设计一般均由设计单位根据地质情况、水工建筑物的结构状况、水工建筑物的运行状况综合考虑进行设计布置。

水利水电工程外部变形监测工作的基本方法是采用大地测量技术手段对工程建筑物的变形情况进行监测,所以外部变形监测工作首先需要建立监测控制网(包括平面控制网和高程控制网)。变形监测控制网属于工程测量控制网范畴内的专业控制网,它的用途就是作为枢纽工程外部变形监测的测量基准(有关变形监测控制网的布设见本章第四节、第五节有关内容)。

本节仅对外部变形监测在主要水工建筑物区域的布设作一介绍。

一、大坝

大坝是挡水建筑物,在水利枢纽工程中是主要建筑物,是安全监测的重点部位,也是外部变形监测的重点。但由于建筑大坝的材料是不同的,不同材料建成的大坝其位移变化的特点也是不同的,因此外部变形监测的重点也是不同的。

(一)土石坝

土石坝的坝型一般是直线坝或折线坝,土石坝的位移变化主要是水平位移变化和垂直位移变化。土石坝的外部变形监测一般按平行于坝轴线和垂直于坝轴线两个方向来布设监测断面。平行于坝轴线方向的断面一般在坝顶上下游侧、上游和下游坡的马道上来布设,这些监测点大部分在同一高程上;垂直于坝轴线方向的断面是将不同高程的平行于坝轴线上的监测点设置在同一坝轴线桩号上,形成一个剖面(见图 8-1)。

土石坝外部变形监测的监测点一般均为混凝土标墩,标墩中心安装有强制对中标盘,标墩上安有专门用于水准测量的水准标点(见图 8-2)。

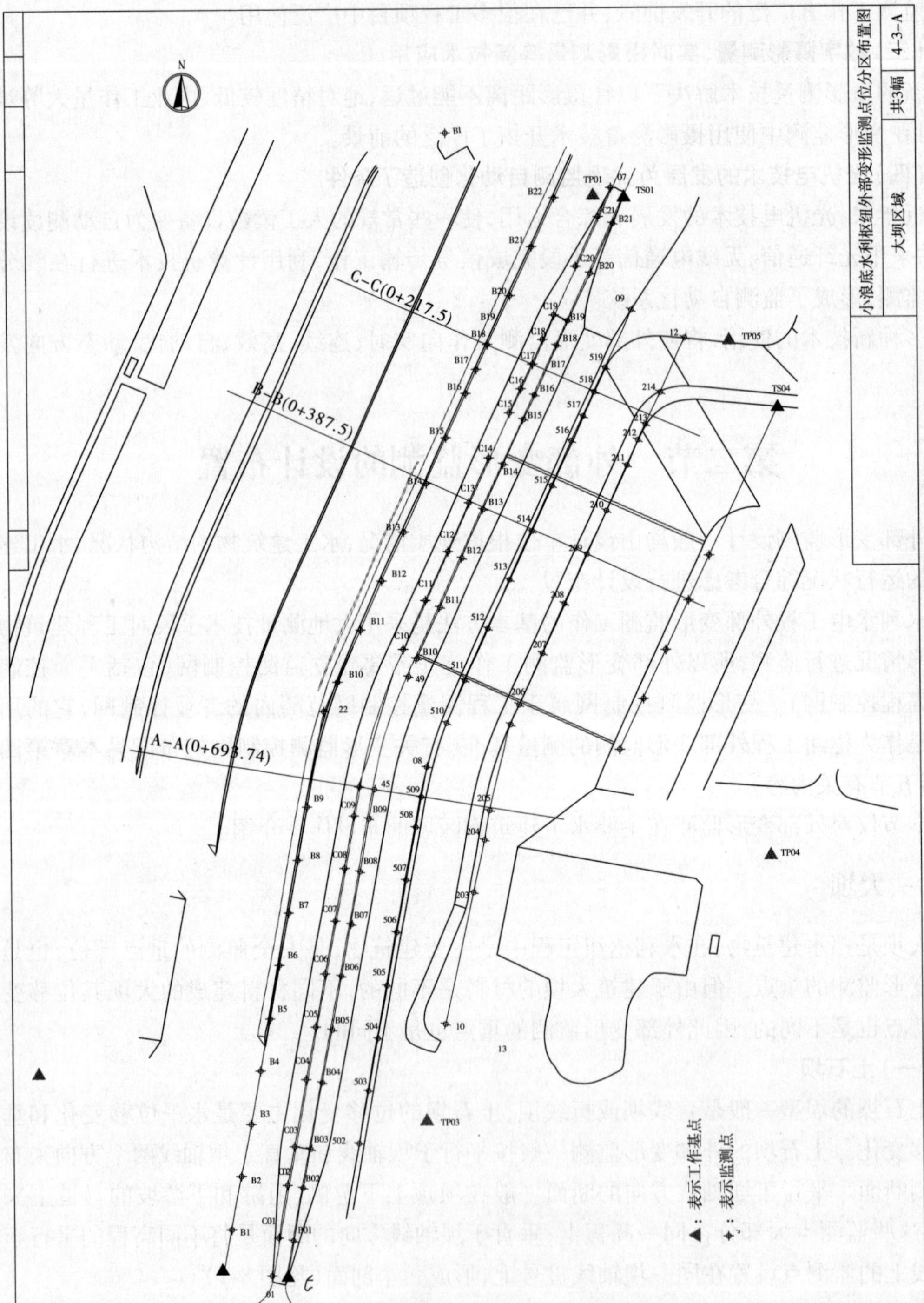

图 8-1　小浪底水利枢纽工程大坝外部变形监测点布置

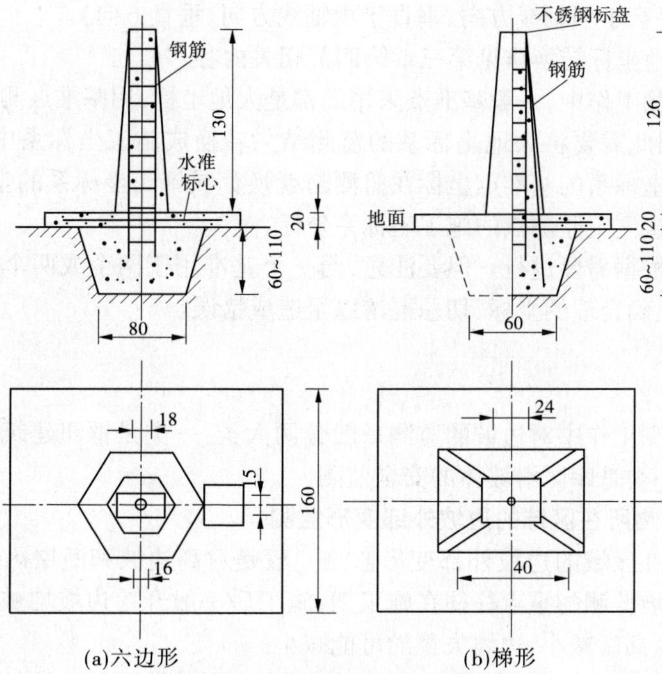

图 8-2　外部变形监测标墩示意

(二)混凝土坝

混凝土坝是用钢筋混凝土浇筑而成的刚性块体。它的水平位移变化量远小于土石坝,而它的水平位移变化受温度影响又比较大,因而对混凝土坝段更重视它的挠曲变化。如果是混凝土拱坝,则两个拱肩是受力的重要部位,是监测重点。对于混凝土坝来讲,由于其上下游坝坡相对于土石坝坝坡要陡很多,一般不设马道,因此像土石坝坝坡一样在坝坡上布设测点一般很困难,所以对混凝土坝段的水平位移外部变形监测一般着重于坝顶(对拱坝而言拱肩更是重点)和下游坡,对混凝土坝的垂直位移外部变形监测着重于坝的基础廊道内和坝顶的沉降变化。

混凝土坝安全监测一般以深埋于基础深处的倒垂为监测工作基准,通过正、倒垂结合测定坝体内不同高程的测点的水平位移变化,进而确定坝体的挠曲变化。图 8-3 为挠曲变化示意图。

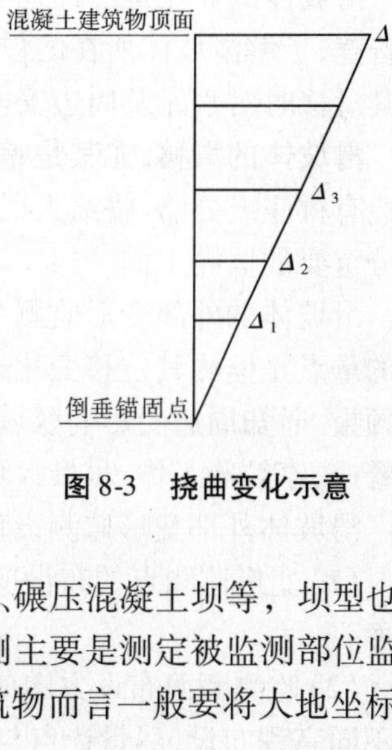

图 8-3　挠曲变化示意

混凝土坝的外部变形监测监测点的埋设方法和技术要求与土石坝外部变形监测监测点相近,一般均为安装有强制对中装置的混凝土标墩,并附有水准测量标志。

(三)其他类型坝

大坝根据建筑材料不同还有砌石坝、混凝土面板堆石坝、碾压混凝土坝等, 坝型也各不一样,因此外部变形监测的重点也不一样,但外部变形监测主要是测定被监测部位监测点三维坐标变化,按大地坐标讲即 x、y、h 方向,而对枢纽建筑物而言一般要将大地坐标换算成施工坐标(即平行于坝轴线方向、垂直于坝轴线方向、垂直方向)。

施工坐标和大地坐标转换详见第三章第四节相关内容。

在外部变形监测工作中,一般基准点采用的都是大地坐标,用基准点测定监测点的坐标也是大地坐标,因此需要将大地坐标系的监测结果转换成施工坐标系中的监测成果。当然也可以将大地坐标系的基准点坐标在监测前就换算成施工坐标系的坐标,再用施工坐标系的基准点直接测定监测点的施工坐标系坐标。

坐标转换可以根据需要进行。但要注意,当一个基准用于两个或两个以上的施工坐标系时,必须选择正确合理的坐标,切忌混淆以至造成错误。

二、边坡

在外部变形监测工作中对边坡的监测一般分两大类:一类是枢纽建筑物所在区域的边坡安全监测,另一类是库区滑坡体的安全监测。

(一)枢纽建筑物所在区域的边坡外部变形监测

枢纽建筑物所在区域的边坡外部变形监测一般是对高边坡和断层区的边坡进行监测。而对枢纽区边坡监测的重点往往在施工期,施工后一般开挖边坡均被混凝土或其他料回填,边坡临空面高度减小,边坡失稳的可能减小。

边坡监测仍是监测其水平位移和垂直位移,其中水平位移更关心顺坡方向的位移变化。边坡监测点一般设在开挖过程中预留的马道上和坡顶,同时应考虑不同高程的测点尽量在同一桩号上形成横剖面,以了解边坡变形的分布规律。

边坡监测采用的标墩型式与大坝的一致,一般均为安有强制对中盘的混凝土标墩。枢纽区边坡监测以平面位移为主、垂直位移为辅,采用视准线方法监测的项目,有时不进行垂直位移监测。

(二)库岸区滑坡体的边坡外部变形监测

滑坡体的存在是一种地质现象,在设计阶段地质勘探人员对库区周边的地质情况进行普查,了解滑坡体所在的位置、大小、滑体方量、滑移方向。设计人员根据滑坡体的大小及其滑移时对水库及周边安全的影响确定需要监测的滑坡体。

滑坡体的滑移,尤其是整体滑塌,会产生涌浪,影响水工建筑物和航行安全,如滑坡体周边有村庄或公路,将给人民生命财产和交通安全等带来影响,因此滑坡体的监测是一项十分重要的监测工作。

滑坡体的外部变形监测主要是监测其水平位移变化和垂直位移变化。滑坡体位移监测的重点是监测其位移变化速率,当滑移速率接近或达到设计警戒值时,应及时作出预警和预报,通知周边受影响区域的有关部门,及时做好应急准备工作,包括人员财产撤离、周边警戒、停航等工作,尽最大可能减小滑坡体滑塌带来的损失。

滑坡体外部变形监测设计一般遵守以下原则:

(1)变形监测点的布设应布设成断面形式,在滑坡体中部和易滑区域必须布置监测断面。

(2)监测断面布设方向应布在主位移方向(一般应在朝库区方向),断面上监测点应按不同高程布设,尽量让点与点之间高差接近(有利于分析);在一些地质变化敏感区域应布监测点。

(3)监测点应具备进行水平位移监测和垂直位移监测的功能,同时应兼顾紧急状态下实施实时监测的可能。

滑坡体外部变形监测点一般与土石坝、枢纽区变形监测一样,建成带有水准标志和强制对中装置的混凝土标墩。观测标墩应与工作基点间有良好的通视条件(用 GPS 监测法除外)。标墩形式与图 8-2 所示相同。

三、地下洞室

地下洞室施工在水利水电工程建设中是很常见的。枢纽工程建设中引水发电洞、泄洪洞、交通洞、排水洞、地下式发电厂房等都属于地下洞室建筑物。

地下洞室外部变形监测的重点一般是收敛变化和沉降变化。

收敛变化主要是为了监测地下洞室开挖后,由于应力变化而引起的岩体变化。对圆形洞室一般沿洞径方向布置测点组,矩形洞室一般在同一高程的两壁上布置测点组。收敛观测每组设两个点,通过监测两个点间的距离变化了解洞室开挖后洞壁的变化。

沉降变化监测一般布置洞室底部,以了解地下洞室开挖后基础的沉降(或抬升)变化。收敛监测点根据所采用的不同观测方法的需要进行造埋,也可以是标墩上加挂尺杆或棱镜连接杆,也可以标墩上加反光靶等。

沉降监测点一般采用水准点的方式进行造埋,水准标志应为不锈钢材料,避免锈蚀而降低监测精度。

第三节　外部变形监测方案的制定

制定一个完整的监测方案,是做好外部变形监测工作的关键。外部变形监测方案的制定,必须考虑地质条件、工程建筑物设计、施工设计、周边环境状况,以增强监测方案的可靠性和可行性。

一、变形监测方案的制定

变形监测方案主要包括以下内容。

(一)监测内容

监测内容主要根据监测工作的目的和要求,并充分考虑工程地质情况进行确定,对施工期临时监测项目还必须考虑施工组织计划和周边环境。

监测内容主要有变形监测,包括沉降监测、水平位移监测、裂缝监测、倾斜监测、收敛监测等。监测内容及重点一般应根据水工建筑物在负荷作用下的变形特点和作用来确定,如对混凝土坝来说需要进行挠度监测,而沉降监测以基础沉降为主;而对于土石坝来说一般不需要进行挠度监测,沉降监测既要考虑基础沉陷,又要考虑坝体的沉降变化。

(二)监测精度

监测精度设计要考虑工程的类别、等级、工程不同部位的变形特点、工作实施的相关条件等。精度主要取决于变形的大小、速率、设备条件、观测手段等,设计时可根据监测的目的和监测项目，在相应的规范中查取设计容许值。监测精度对不同的工程要求是不同的，对工程的不同部位要求也是不同的。

外部变形监测的精度要高于施工放样工作，所以一般都采用高精度设备进行。对于重要工程项目，一般要求以当时能达到的最高精度为标准进行变形观测（见表 8-1）。

表 8-1　大坝变形监测典型精度要求　（单位：mm）

监测内容	沉陷量	水平位移量
岩基上的混凝土坝	1	1
压缩土上的混凝土坝	2	2
土石坝施工期	10	5 ~ 10
土石坝运行期	5	3 ~ 5

（三）监测部位和测点布置

根据已经确定监测的目的和设计要求，考虑地质条件和水工建筑物的设计特点，确定监测部位并布设测点。测点的布设方案应能实现通过监测获取被监测建筑物的变形趋势和整体变化规律，并便于与内部观测项目之间建立关联。

监测部位和测点的布置，应满足监测总方案的技术思想；点位必须安全、可靠；总的布局合理，又能突出重点；有利于监测工作进行，又便于长期观测。

（四）监测频率

外部变形监测的频率取决于变形的大小、速度及目的。变形监测频率的大小应能够反映出被监测建筑物的变形规律，一般由随单位时间内变形量的大小来确定。在变形速率较大时，应增大监测频率，变形速率趋小或建筑物趋于稳定时，则可逐步减小监测频率。

在水工建筑物遇到一些特殊情况时，需要加大监测频率（如暴雨、洪水、地震等）；在一些特殊时段（如水库初期蓄水、库水位骤升骤降、水库放空），也需要加大监测频率。监测方案一般由设计单位负责制定。

监测频率的确定应满足规范与规定的要求，《混凝土坝安全监测技术规范》（DL/T 5178—2003）中对混凝土坝的外部变形监测的测次的规定见表 8-2。

表 8-2　混凝土坝外部变形监测项目测次表

序号	监测项目	施工期	首次蓄水期	初蓄期	运行期
1	位移	1 次/旬 ~ 1 次/月	1 次/天 ~ 1 次/旬	1 次/旬 ~ 1 次/月	1 次/月
2	倾斜	1 次/旬 ~ 1 次/月	1 次/天 ~ 1 次/旬	1 次/旬 ~ 1 次/月	1 次/月
3	接缝与裂缝变化	1 次/旬 ~ 1 次/月	1 次/天 ~ 1 次/旬	1 次/旬 ~ 1 次/月	1 次/月
4	近坝区岸坡稳定	1 ~ 2 次/月	2 次/月	1 次/月	1 次/季
5	坝区平面监测网	取得初始值	1 次/季	1 次/年	1 次/年
6	坝区垂直位移监测网	取得初始值	1 次/季	1 次/年	1 次/年

注：表中测次为正常情况下人工测读的最低要求。

二、监测技术方案的制定

在监测方案制定后,实施监测的单位应编制"外部变形监测项目监测技术方案","外部变形监测项目监测技术方案"应根据测点的布置分区域或分项目单项编制。编制好的监测技术方案,应经主管设计的单位审查会签,并报项目主管部门审批。审批过的监测技术方案是进行日常监测工作的依据。

监测技术方案一般包括以下内容:

(1)任务概况:简要介绍本监测项目的测点布设情况、监测目的和监测要求。

(2)作业依据:列出本监测项目作业时遵守的规范与规定。

(3)观测方案和技术要求:详细说明本项目外业作业的方案(包括图形)、精度指标、观测频率等。

(4)作业方法及限差技术要求:说明外业作业使用仪器、观测方法、作业中的限差要求、内业数据处理时的工作和检查程序、内业计算的方法和具体要求。

(5)成果分析与资料上交:说明成果初步分析的方法和要求,发现异常时的报告程序,最终上交项目主管部门资料的内容、要求。

外部变形监测工作中监测方案和监测技术方案的制定对外部变形监测工作来讲是至关重要的,应组织专业技术人员在充分了解设计意图和现场情况的条件下认真编制,在编制过程中应进行充分的研究与讨论,使制定的方案能达到监测的目的,又切实可行。

第四节　水平位移监测

水利水电工程外部变形监测工作中水平位移监测是整个监测工作的重要部分。

水平位移监测主要是测定建筑物在沿建筑物轴线方向(纵向)和垂直于轴线方向(横向)上的变形。对于建筑于河流上的大坝,上述两个方向的位移则为沿坝轴线方向和垂直于轴线方向(即顺水流方向)上的变形,同时以顺水流方向的变形(横向)为主要监测项。

监测规范对水平位移监测的正负号规定为:①顺轴线方向:向左岸位移为正,向右岸位移为负(以面向下游分左、右岸);②垂直于轴线方向(顺水流方向):向下游位移为正,向上游位移为负。

水平位移监测设施有:正垂与倒垂、引张线、视准线、独立位移监测点、收敛监测等;监测的方法有:极坐标法、精密导线法、边角交会测量法、视准线法、小角法、GPS测量法等。

目前,主要使用的设备有:专用测读设备(如垂线坐标仪、光电自动测读装置等)、GPS、全站仪(如TCA1800、TCA2003、T3000、TC2002)、视准仪。

一、大地测量方法进行水平位移监测

大地测量方法进行水平位移监测,首先要建立测量控制网。平面测量控制网一般采用两级控制。大地测量进行水平位移监测常用的有边交会测量法、精密导线法、边角交会测量法等。

(一)外部变形监测平面控制网

平面控制网所控制的面积应包含整个变形监测范围,同时应与工程施工测量控制网有关联,一般应采用同一坐标系统。

1.平面控制网布设的原则

变形监测平面控制网布设一般应遵循以下原则。

1)分级布网,逐级控制

由于变形监测区域一般较大,所以通常采用分级布网方式。第一级做总体控制,即布设变形监测控制基准网,基准网布设在测区外围,基准点埋设在稳固不宜产生变形的地方,基准网点数一般较少,但基准网精度要求较高。第二级直接为建筑物变形监测而布设,即布设变形监测工作基点网,工作基点网可根据监测项目布设一个至数个,工作基点的布设要考虑变形监测作业实施的需要,工作基点以基准网为基础进行布设。

2)要有足够的精度

为保证变形监测工作的精度,一般要求最低一级控制网(工作基点网)的精度能满足相应规范对变形监测的精度要求。而高级控制网的精度要求更高。通常大型水利水电混凝土工程变形监测首级控制网按国家一等网要求布设,工作基点网按国家二等网要求布设;而对大型土石坝工程变形监测首级控制网按国家二等网要求布设,工作基点网按国家三等网要求布设。

3)要有足够的密度

由于变形监测一般测区范围较大、项目较多、测点较多,采用的观测方法有所不同,所以变形监测平面控制网的控制点要有足够的密度。即工作基点网的工作基点要能满足观测作业实施的要求,同时也要满足工作基点复核检查的要求。

2.平面控制网的布设

平面控制网布设是在方案优化后确定的控制网布设方案的基础上进行的。控制网观测方案应根据现场实际情况选择合适的方法,可以采用边角网、测角网、测边网、GPS网等多种方法。选择确定作业方法后,应根据确定的作业技术要求,进行试测以验证其是否满足设计的精度要求。变形监测平面控制网在确定布设方案和观测方案后,其实施过程与施工测量控制网是相同的。该内容在本书第二章中已有详述,本处不再赘述。

但变形监测平面控制网在布设时,应注意以下一些特殊点:

(1)变形监测控制点使用的周期远远长于施工期,因此变形监测控制点必须是稳固的,不易受到损坏的。

(2)变形监测控制点使用时间长,在使用期要不间断进行复测,布网时应考虑这一因素,注意周边环境的变化对复测工作的影响。

(3)变形监测工作基点一般离监测区较近,本身往往在位移变化影响区内,工作基点在使用一段时间后也可能产生位移变化,所以对工作基点要进行定期校测。

3.平面控制网的观测

平面控制网的等级依次分为二、三、四、五等网,其适用范围《水利水电工程施工测量规范》(SL 52—93)有如表8-3所示的规定。

表 8-3　各等级首级平面控制网适用范围

工程规模	混凝土建筑物	土石建筑物
大型水利水电工程	二	二～三
中型水利水电工程	三	三～四
小型水利水电工程	四～五	五

对于特大型水利水电工程，也可布设一等平面控制网，其技术指标应专门设计。

平面控制网可采用测边网、测角网、边角网、导线网、GPS 网等观测方式。在目前高精度全站仪广泛使用的情况下，使用更多的是边角网。

《水利水电工程施工测量规范》(SL 52—93)对边角网测量有如表 8-4 所示的要求。

表 8-4　边角网、测边网技术要求

等级	边长(m)	测角中误差(″)	平均边长相对中误差	测距仪等级	测回数		
					边长	天顶距	
						DJ_1	DJ_2
二	500～1 500	±1.0	1∶25 万	1～2	往返各 2	4	
三	300～1 000	±1.8	1∶15 万	2	往返各 2	3	4
四	200～800	±2.5	1∶10 万	2～3	往返各 2	—	3
五	100～500	±5.0	1∶5万	3～4	往返各 2	—	2

注：光电测距仪一测回的定义为：照准一次，读数四次。

平面控制网的观测应严格遵守 SL 52—93 规范和其他测绘行业专项规范要求，并对观测成果进行严密平差计算。

平面控制网的布设和观测应由专业测绘队伍进行。作为质量检测人员应了解其布设要求、精度要求，并能对控制网成果进行抽检。

本处不对控制网的观测和计算进行详述，如要了解可从《控制测量学》、《大地测量学基础》等专用书籍中查询。

(二)独立水平位移监测点的外部变形监测

在水平位移监测中对一些无法设置一条基准线的项目，一般单独设立水平位移监测点，监测点一般分区域布设。

独立布设的水平位移监测点一般为安装有强制对中标盘的混凝土标墩，通过专用连接螺丝与仪器或棱镜基座相连接。

独立水平位移监测点监测常用的监测方法有极坐标法、精密导线法、多站边角交会法等，使用的仪器近期均采用具有测角和测距功能的全站仪。

1. 极坐标法

极坐标法是最常用、最简单的监测方法。一般需要两个或两个以上的工作基点，其观测原理参见图 8-4 和式(8-1)。

$$\left.\begin{aligned}\alpha_{AP} &= \alpha_{AB} + \beta = \arctan\frac{y_B - y_A}{x_B - x_A} + \beta \\ x_P &= x_A + S_{AP}\cos\alpha_{AP} \\ y_P &= y_A + S_{AP}\sin\alpha_{AP}\end{aligned}\right\} \quad (8\text{-}1)$$

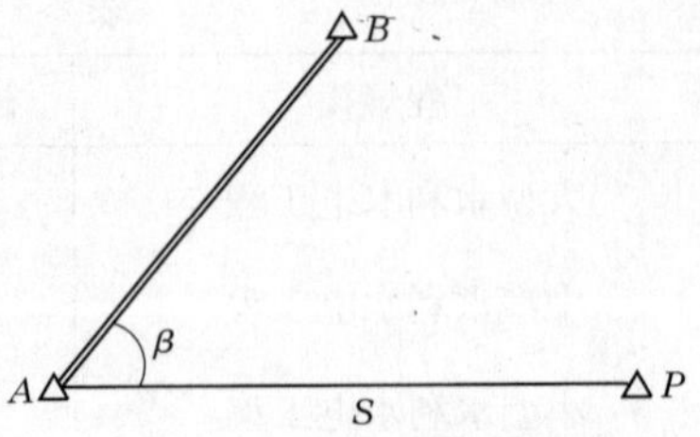

图 8-4 极坐标测量示意图

观测时在工作基点 A 架设全站仪、在后视点 B(工作基点)和监测点 P 架设棱镜,利用全站仪的测角功能测定夹角 β,用全站仪的测边功能测定边长 S_{AP},再按式(8-1)可计算出监测点 P 的坐标(x_P,y_P)。

外业观测作业按观测技术要求进行。一般水平角观测 6 ~ 9 个测回,距离测量 4 ~ 6 个测回,外业作业的限差应符合观测技术设计要求的规定。

极坐标监测对一个区域的独立水平位移监测点,可分组进行,即一次在若干个监测点上架设棱镜同时进行水平角和边长观测。在监测点多于 2 个(即水平角观测方向多于 3 个)时,水平角观测应按全圆测回法观测(即需要归零)。

2. 精密导线法

精密导线法也是一种常用的监测方法。它是极坐标测量方法连续进行的一种型式。精密导线一般布设成附合导线、闭合导线两种形式,其形式参见图 8-5、图 8-6。

导线测量的计算原理与极坐标法相似,但由于导线有附合或闭合的校核,可以进行导线平差,提高了所求点精度。

(1)导线测量的观测方法。先在一个工作基点(如图 8-5、图 8-6 中的 A 点)架仪器,后视另一工作基点(如图 8-5、图 8-6 中的 B 点),测定至导线点(如图 8-5、图 8-6 中的 P_1 点)的夹角 β_1 和距离 S_{AP_1}。可以按极坐标法计算公式计算出 P_1 点的坐标(P_{1x},P_{1y});再将仪器移至 P_1 点,后视 A 点通过测量确定 β_2、S_2,确定 P_2 点的坐标,依次类推,测至导线的终点(如附合导线回到工作基点 C、D,闭合导线回到工作基点 B、A)。

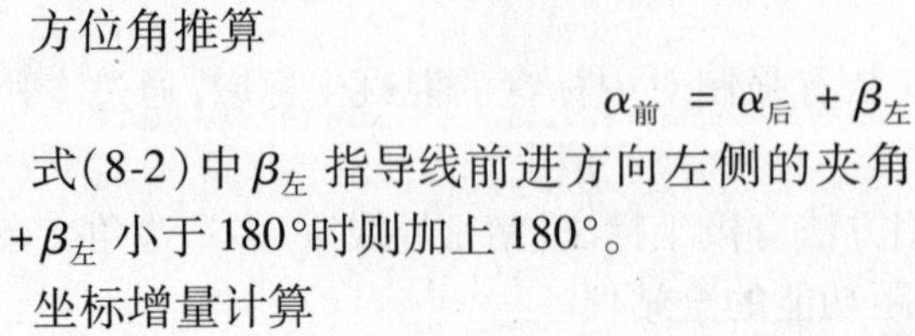

图 8-5 附合导线示意

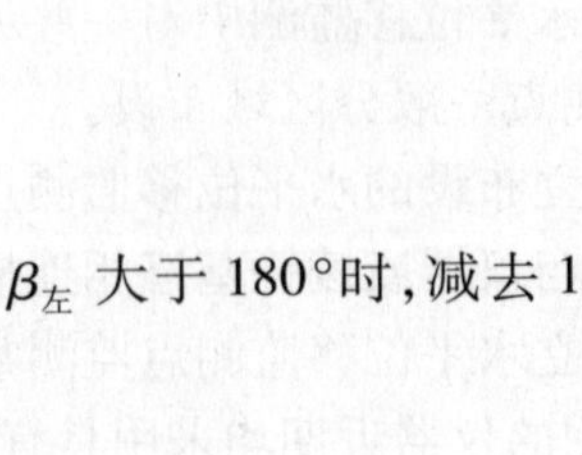

图 8-6 闭合导线示意

(2)导线测量的基本公式。

方位角推算

$$\alpha_{前} = \alpha_{后} + \beta_{左} \pm 180° \quad (8\text{-}2)$$

式(8-2)中 $\beta_{左}$ 指导线前进方向左侧的夹角;当 $\alpha_{后} + \beta_{左}$ 大于 180°时,减去 180°,当 $\alpha_{后} + \beta_{左}$ 小于 180°时则加上 180°。

坐标增量计算

$$\left.\begin{aligned}\Delta x_i &= D_i \times \cos\alpha_i \\ \Delta y_i &= D_i \times \sin\alpha_i\end{aligned}\right\} \quad (8\text{-}3)$$

坐标计算

$$\left.\begin{aligned} x_{前} &= x_{后} + \Delta x_i \\ y_{前} &= y_{后} + \Delta y_i \end{aligned}\right\} \tag{8-4}$$

(3)导线测量中的闭合差计算。

a. 附合导线

方位角闭合差计算公式

$$f_\beta = \sum_{i=1}^{n} \beta_i - n \times 180^\circ + \alpha_{起} - \alpha_{终} \tag{8-5}$$

式中 $\alpha_{起}$——附合导线起算边方位角；

$\alpha_{终}$——附合导线终边方位角；

f_β——方位角闭合差；

n——附合导线转折角个数。

坐标增量闭合差计算公式

$$\left.\begin{aligned} f_x &= \sum \Delta x_{测} - (x_{终} - x_{起}) \\ f_y &= \sum \Delta y_{测} - (y_{终} - y_{起}) \end{aligned}\right\} \tag{8-6}$$

b. 闭合导线

角度闭合差计算公式

$$f_\beta = \sum \beta_{测} - (n - 2) \times 180^\circ \tag{8-7}$$

式中 $\beta_{测}$——实测观测值；

n——形成闭合差多边形的边数。

坐标闭合差计算公式

$$\left.\begin{aligned} f_x &= \sum x_{测} \\ f_y &= \sum y_{测} \end{aligned}\right\} \tag{8-8}$$

导线测量计算的基本公式和闭合差的计算公式，在此不作详细推证。如需了解详细推导过程请参见测量学的一些基本教材，如是测绘专业人员，导线计算是最基本的知识。

导线测量中由于有观测误差，因而会形成方位角(角度)闭合差和坐标闭合差。在计算过程中应进行平差计算。简易平差计算时方位角(角度)闭合差按平均分配方式进行配赋；而坐标闭合差主要是由边长误差引起的，一般按 $\dfrac{S_i}{\sum S_i}$ 来进行配赋。目前，更多的是采用平差程序进行计算。

(4)导线测量的精度计算。导线测量的精度通常采用导线全长闭合差与导线总长的比值并化为分子为1的分式来表示，即导线全长相对闭合差。

导线全长闭合差

$$f_D = \pm \sqrt{f_{x^2} + f_{y^2}} \tag{8-9}$$

导线全长相对闭合差

$$K = \frac{f_D}{\sum D} = \frac{1}{\sum D/f_D} \tag{8-10}$$

导线测量的实测相对闭合差小于观测技术设计要求时，监测成果可以使用。如果相对闭合差大于观测技术要求，即为超限，需要进行重测。

3. 边角交会测量

在极坐标法中以一角一边来确定监测点的坐标。在导线法中仍以一角一边来确定前进点的坐标，但加了附合或闭合条件，可通过平差计算来提高精度。但导线测量方法架设仪器次数多、迁站多，往往工效较低。在实际外部变形监测工作中目前采用最多的是边角交会测量方法，即通过两个或两个以上的工作基点架设仪器，观测点间夹角和边长来确定监测点的坐标。

边角交会测量的示意见图8-7。计算原理如下：

如图8-7所示，已知工作基点 A、B 的坐标 (x_A, y_A)、(x_B, y_B)，则两个工作基点间的方位角可用式(8-11)计算

$$\alpha_{AB} = \arctan\frac{y_B - y_A}{x_B - x_A} \qquad \alpha_{BA} = \alpha_{AB} \pm 180° \tag{8-11}$$

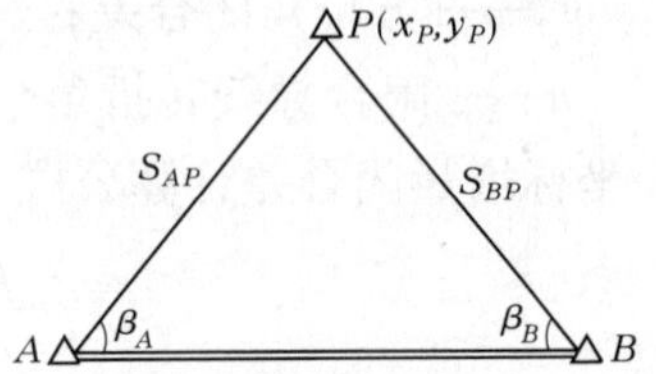

图8-7　双站边角交会测量示意

通过在 A、B 两站设站可测得夹角 β_A、β_B，边长 S_{AP}、S_{BP}

则
$$\alpha_{AP} = \alpha_{AB} + \beta_A \qquad \alpha_{BP} = \alpha_{BA} + \beta_B \tag{8-12}$$

由 A、B 点计算 P 点坐标为

$$\left.\begin{aligned} x_{P_1} &= x_A + S_{AP}\cos\alpha_{AP} \\ y_{P_1} &= y_A + S_{AP}\sin\alpha_{AP} \\ x_{P_2} &= x_B + S_{BP}\cos\alpha_{BP} \\ y_{P_2} &= y_B + S_{BP}\sin\alpha_{BP} \end{aligned}\right\} \tag{8-13}$$

由式(8-13)可由 A、B 两点分别计算 P 点的坐标值。由于 A、B 两站观测是等精度的，在无粗差情况下，可以以两个坐标值中的中值作为 P 点的坐标。即

$$x_P = \frac{1}{2}(x_{P_1} + x_{P_2}) \qquad y_P = \frac{1}{2}(y_{P_1} + y_{P_2}) \tag{8-14}$$

按以上原理同样适用于2个工作基点以上的多站边角交会测量。

边角交会测量的作业要求应根据观测技术设计的规定执行。一般水平角观测在6~9个测回，距离测量4~6个测回。

与极坐标法观测一样，当用2个或2个以上工作基点对某一区域一批监测点进行监测时可以分组进行测量。测量时同样应注意当水平角观测方向多于3个时，应采用全圆测回法进行观测，并应计算归零差。

边角交会测量内业计算按式(8-11)~式(8-14)进行，当监测点较多时也可以利用专用平差程序进行平差计算，程序平差计算更为严密，不仅可以计算出各监测点的坐标，还可以计算出每个点的精度和整体精度，计算速度快，成果可靠。测量平差软件较多，各大专院校、地形测图软件商都编有测量平差程序，可选择使用。

（三）大地测量进行水平位移监测位移量的计算

使用大地测量方法对监测点进行水平位移监测，监测的结果都是每一个监测点在监测时的平面坐标（一般是大地坐标）。要计算位移变化，一般需将每次监测成果转换成施工坐标（对大坝一般转换成以坝轴线为坐标轴的坐标系，其坐标轴为坝轴线方向，垂直于坝轴线方向往往代表水流方向）。

使用大地测量方法进行监测，在监测工作开始时应首先测定初始值，初始值观测的方法与正常监测方法一致。为提高初始值的可靠性，一般都连续观测两次，当两次观测值的差值小于允许观测误差时，取两次初始值观测的中值作为基准值。

在每次监测时根据监测计算结果与初始值和上一次监测值进行比较求得累计位移变化量和期内位移变化量。

累计位移变化量

$$\Delta_x = x_{本次} - x_{初始} \qquad \Delta_y = y_{本次} - y_{初始} \tag{8-15}$$

期内位移变化量

$$\Delta'_x = x_{本次} - x_{上次} \qquad \Delta'_y = y_{本次} - y_{上次} \tag{8-16}$$

累计位移变化量和期内位移变化量还应符合："本次累计位移变化量 = 上次累计位移变化量 + 本次期内变化量"的关系。

计算所得最终结果应输入计算机数据库，用图表进行数据管理。

根据各个监测点不同时间累计位移变化量可以作出各个监测点的位移变化过程线图，一般以时间为横坐标，位移量为纵坐标。利用位移过程线图可以清晰了解每一个监测点的位移变化过程和特点，了解点与点之间的变化规律是否一致。图 8-8 为小浪底工程大坝下游 EL283 水平位移监测点中段监测点 y 向（顺水流方向）位移过程线图。

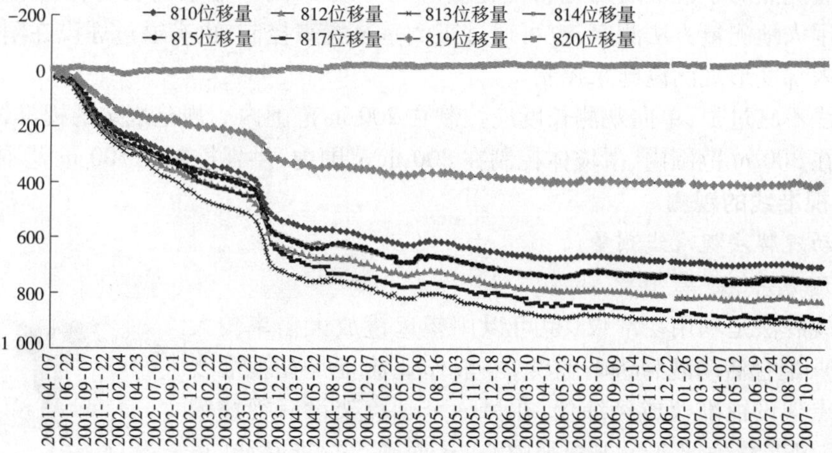

注：位移量为"+"表示标点向下游、"–"表示标点向上游，单位为mm。

图 8-8　小浪底工程大坝下游 EL283 监测点顺水流方向位移过程线

根据各个监测点在某一个时段内的累计位移变化量，可以绘制其位移变化分布图。可以了解监测点沿坝轴线方向或垂直于坝轴线方向的位移变化分布情况。图 8-9 为小浪底工程大坝上游坡 EL260、EL283 监测点 y 向（顺水流方向）位移变化分布图。

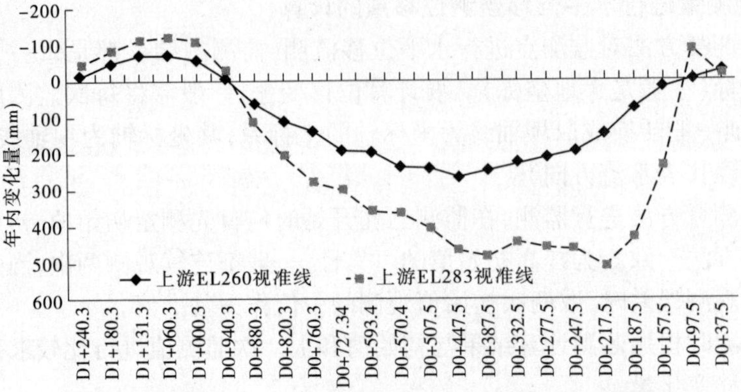

图 8-9　小浪底工程大坝上游坡监测点顺水流方向位移分布

二、视准线

视准线是指设立一条基准视线，通过仪器测定各监测点位置对该基准线的位移。

(一)视准线的布设

如图 8-10 为一视准线布设示意图，端墩和测墩一般多是安装有强制对中装置的混凝土墩，各端墩的中心尽量位于同一直线上。视准线用于测定垂直于视准线方向的位移变化。

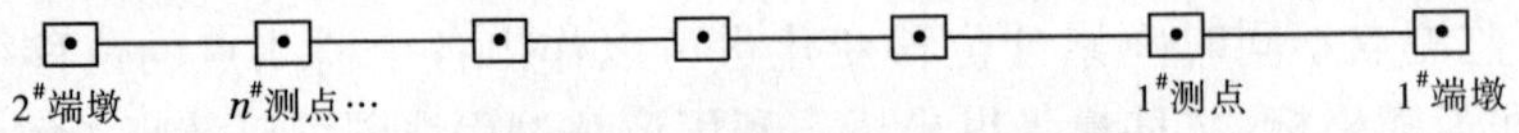

图 8-10　视准线布设示意

利用 1#端墩和 2#端墩，可以建立一条视准线，通过活动觇牌法、小角法等观测方法可以测得各监测点对于视准线的位移变化量。而 1#和 2#两个端墩的自身位移变化可作为工作基点用大地测量方法测定，也可通过正倒垂装置来控制，也有通过埋设在附近的多点位移计等内部变形观测设施来控制。

视准线不宜过长，单向观测长度应控制在 200 m 范围内。规范规定的视准线长度：重力坝控制在 300 m 范围内、滑坡体控制在 800 m 范围内、拱坝控制在 500 m 范围内。

(二)视准线的观测

1. 活动觇牌法视准线测量

1) 观测方法

活动觇牌法是利用视准仪(也可以用望远镜放大倍率较大的经纬仪)，配合活动觇牌进行监测，一般作业流程是在视准线的一个端点架设视准仪或经纬仪，在另一个端点架设后视棱镜与觇牌，用仪器精确照准后视觇牌中心，从而确定视准基线，在各个监测点上依次架设活动觇牌(见图 8-11)。

图 8-11　活动觇牌

由观测员根据已固定的视准线，指挥活动觇牌左右移动，直至活动觇牌中心与视准线重合，此时觇牌观测人员通过觇牌上的标尺和游标进行读数。一般要连续进行四组读数，当依次进行完第一次观测后，观测员应倒转望远镜重新进行后视，再依次对每一个测点进行观测。正倒镜各观测一次为一个测回，一组点需连续观测 2 ~ 3 个测回。每半个测回四次读数差、上下两个半测回的读数差、测回间数值差均应满足观测设计规定的限差要求，如有超限应及时进行补测。

由于活动觇牌是机械结构的，容易发生隙动差，在每次观测时应测定觇牌的零位差，即在与视准线重合时觇牌的读数（零位），并以此为基准确定监测点是左偏或右偏。为提高零位的测量精度，应尽量选择较短的边来进行测定。

活动觇牌的读数量程有限（一般有效量程在 100 mm 左右），不适宜用在水平位移变化量大的观测项目。

2）内业计算

活动觇牌法视准线测量一般计算方法比较简单。即本次位移量

$$\Delta_i = (P_i - Q_i) - \Delta_{i-1}$$

至本次累计位移量

$$\Delta'_i = (P_i - Q_i) - \Delta_0 \tag{8-17}$$

式中 P_i——本次观测时的读数；

Q_i——本次观测时的觇牌归零差；

Δ_{i-1}——上次位移变化量；

Δ_0——初始变化量。

但由于存在视准线工作基点的位移变化，在实际计算时应加入基点变化的改正计算，由于视准线监测的项目一般位移量都比较小，基点位移变化的影响量一般可采用按基点至测点距离的长短按内插方法进行计算。

用活动觇牌法进行视准线测量时，实际作业中要注意的是觇牌的方向与位移量符号的关系，切忌将正负号搞错。

2. 小角法视准线测量

对一些活动觇牌量程不够的视准线监测项目也可以采用小角法测量方法。

1）观测方法

小角法视准线测量的基本原理参见图 8-12，观测时在 1#端墩架设全站仪，以 2#端墩为后视点，在 1#测点测墩上架设棱镜可以测定小角 i、1#端墩与 1#测点间距离 S。

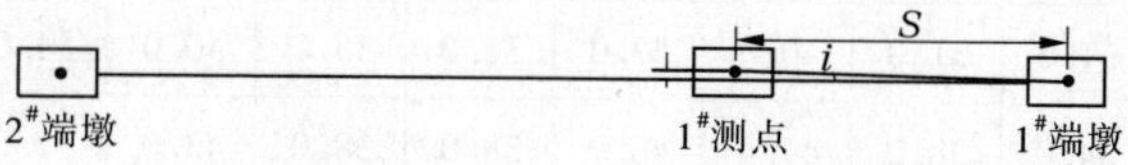

图 8-12　小角法测量基本原理

为提高监测精度，i 与 S 的测量均可采用多测回测量的方法。依次在各监测点上架设棱镜，可以测得各监测点对视准线的偏离量。当视准线较长时，可以采用两个工作基点各测一半的观测方法，这样可以减小观测时的边长长度，提高测角时的照准精度。

2）内业计算

小角法计算采用的是简单的三角关系，偏离基准线的偏移量为

$$\Delta_i = S_i \sin i \tag{8-18}$$

用小角法计算出的偏移量 Δ_i 和初始值偏移量 Δ_0、上次偏移量 Δ_{i-1} 可以计算出本次观测的期内变化量和累计变化量。

用小角法进行观测与活动觇牌法观测一样要注意端点位移变化的影响。

3）视准线测量的资料整理

视准线测量每次监测完成后，可以得到每次的监测成果，监测成果一般都输入数据库管理，建立位移量表和位移过程线图。在需要使用时可以随时调取图表和打印图表。

表 8-5 和图 8-13 为小浪底水利枢纽工程进水塔项目 EL283 视准线位移北段顺水流方向的位移量表和位移变化过程线图。

表 8-5　小浪底工程进水塔项目 EL283 视准线位移北段顺水流方向位移量

观测次数	观测日期（年-月-日）	C10 位移量	C11 位移量	C12 位移量	C13 位移量	C14 位移量	C15 位移量	C16 位移量	C17 位移量	C18 位移量	C19 位移量	C20 位移量	C21 位移量
	2001-03-31		0.0	0.0	0.0	0.0	0.0	0.0	0.0	0.0	0.0	0.0	0.0
1	2001-04-03	2.0	-1.0	0.0	5.0	2.0	2.0	1.0	1.0	0.0	0.0	-2.0	-1.0
2	2001-04-13	7.0	4.0	5.0	8.0	6.0	6.0	5.0	6.0	4.0	3.0	-1.0	0.0
3	2001-04-19	9.0	11.0	8.0	12.0	11.0	10.0	9.0	9.0	8.0	5.0	-1.0	0.0
4	2001-04-26	9.0	6.0	6.0	12.0	10.0	10.0	9.0	11.0	9.0	6.0	-2.0	-1.0
5	2001-05-03	10.0	11.0	10.0	15.0	15.0	15.0	13.0	15.0	12.0	8.0	-2.0	-1.0
6	2001-05-10	16.0	18.0	16.0	20.0	20.0	19.0	17.0	17.0	14.0	9.0	-2.0	-1.0
7	2001-05-17	15.0	15.0	14.0	20.0	20.0	20.0	18.0	20.0	16.0	10.0	-1.0	0.0
8	2001-05-25	16.0	19.0	19.0	23.0	22.0	21.0	18.0	22.0	18.0	11.0	-2.0	-1.0
9	2001-05-31	20.0	20.0	21.0	26.0	24.0	24.0	23.0	25.0	21.0	13.0	-3.0	-1.0
10	2001-06-07	25.0	20.0	21.0	26.0	26.0	24.0	23.0	25.0	22.0	13.0	-3.0	-1.0
11	2001-06-14	26.0	24.0	24.0	31.0	29.0	27.0	25.0	28.0	23.0	14.0	-3.0	-2.0
12	2001-06-24	27.0	24.0	25.0	33.0	31.0	29.0	28.0	32.0	27.0	16.0	-3.0	0.0
13	2001-07-01	30.0	29.0	30.0	38.0	35.0	34.0	34.0	38.0	32.0	20.0	-3.0	-1.0
14	2001-07-08	30.0	31.0	31.0	40.0	37.0	36.0	35.0	40.0	34.0	21.0	-3.0	-1.0
15	2001-07-16	32.0	34.0	38.0	44.4	40.0	38.0	38.0	43.0	37.0	22.0	-5.0	-2.0
16	2001-07-23	36.0	34.0	36.0	46.0	42.0	40.0	41.0	49.0	42.0	26.0	-5.0	-2.0
17	2001-07-30	41.0	42.0	42.0	55.0	49.0	47.0	48.0	57.0	51.0	30.0	-7.0	-2.0
18	2001-08-06	44.0	44.0	44.0	60.0	55.0	52.0	52.0	63.0	56.0	32.0	-8.0	-2.0
19	2001-08-13	49.0	53.0	54.0	69.0	64.0	61.0	62.0	72.0	64.0	39.0	-8.0	-2.0
20	2001-08-20	56.0	62.0	63.0	78.0	72.0	69.0	69.0	80.0	70.0	42.0	-8.0	-3.0
21	2001-08-29	59.0	69.0	71.0	87.0	82.0	78.0	78.0	92.0	81.0	50.0	-8.0	-3.0

注：位移量"+"表示标点向下游方向位移，"-"表示标点向上游方向位移。

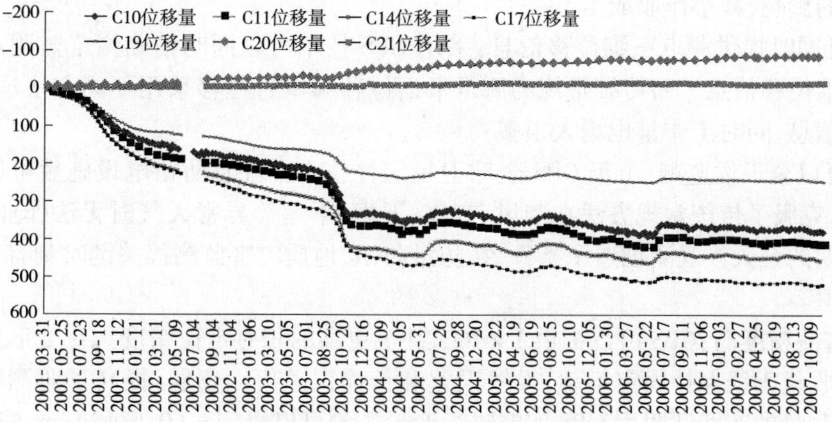

注：位移量为“+”表示标点向下游、“-”表示标点向上游，单位为mm。

图 8-13　小浪底工程进水塔项目 EL283 视准线位移北段顺水流方向位移变化过程线

三、GPS 测量

（一）GPS 测量的基本原理与特点

GPS 进行水平位移监测是应用 GPS 全球卫星定位技术、计算机技术、数据通信技术及数据处理与分析技术，通过技术的集成，实现从数据采集、传输、管理到变形分析、预报的全自动化监测。

GPS 测量目前广泛应用于通信、测绘、军事、石油勘探、资源调查、农林渔业、气象预报、地质灾害监测、交通、运输等工作中。尤其对导航技术和定位技术起了深刻的变革作用，促进了相关行业的整体技术进步。

GPS 技术就是全球定位技术。全球定位系统由三个部分组成：一是空间部分（GPS 卫星），二是地面监测部分，三是用户部分。GPS 卫星可以连续向用户播发用于导航定位的测距信号和导航电文，并接收来自地面监控系统的各种信息和命令以维持正常运转。地面监测系统主要功能是：跟踪 GPS 卫星、确定卫星的运行轨道及卫星改正数，进行预报后再按规定的格式编制成导航电文，并通过注入站送往卫星；还可以通过注入站向卫星发布指令，调整卫星轨道及时钟读数，修复故障或启用备件等。用户则用 GPS 接收机来测定从接收机天线至 GPS 卫星的距离，并根据卫星星历所给出的观测瞬间卫星在空间的位置等信息求出自己的三维位置、三维运动速度等。

目前，世界上的卫星导航定位系统有多种，有美国的 GPS 系统、俄罗斯的 GLONASS 系统、欧盟的 Galileo 系统，我国自行研制的北斗系统。

GPS 测量目前已形成一种运用广泛的技术，其原理、误差分析、数据采集、数据处理是一种综合技术，涉及内容很多。在此仅作一个概述，要详细了解可以参考武汉大学、测绘出版社等单位出版的 GPS 测量、数据处理等专著。

用 GPS 进行变形监测有以下特点：

（1）测站间无需通视：使变形监测点布设方便而且灵活，减少了中间传递过渡点和对观测精度的影响，减小作业成本。

(2)可同时提供测点三维位移信息：采用 GPS 技术可以同时精确测定监测点的三维坐标和三维位移信息。而传统常规的测量平面位移和垂直位移采用不同方法进行，无法同时获取信息，同时工作量也增大很多。

(3)可以全天候监测：由于 GPS 全球卫星定位技术在配置防雷电设施后可以进行全天候监测，克服了传统常规方法在刮风、有雾、下雨、下雪等异常天气时无法作业的弊端，为实现长期的全天候观测创造了条件，在防洪防汛、地质灾害监测等关键时刻有十分特殊的应用价值。

(4)监测精度高：GPS 可以提供 1×10^{-6} 甚至更高的相对定位精度。在变形监测时一般 GPS 接收机天线保持固定不动，天线误差和传播误差可以削弱，提高了监测精度。隔河岩 GPS 测量的实践证明用 GPS 实时进行变形监测可以得到 ±(0.5～2)mm 的精度。

(5)操作简便，易实现自动化：GPS 接收机自动化程度越来越高，人机对话，使用方便，同时体积小，利于搬运安置与操作。

(二)国内 GPS 系统用于外部变形监测的实例

在国内使用比较成功的是隔河岩水电站自动化监测系统，下面作一个简单介绍。

隔河岩水电站自动化监测系统位于湖北省长阳县境内，是清江中游的一个大型水利水电工程。大坝为三圆心变截面混凝土重力拱坝，坝长 653 m，坝高 151 m。隔河岩大坝外观变形 GPS 自动化监测系统于 1998 年 3 月投入运行，系统由数据采集、数据传输、数据处理、分析和管理等部分组成。该系统中各 GPS 点位的分布情况见图 8-14。

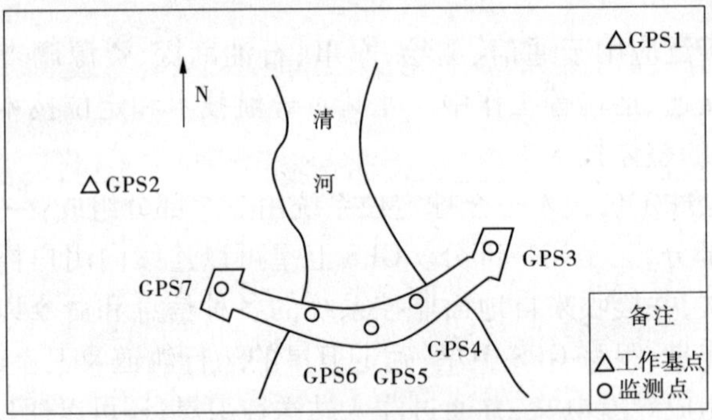

图 8-14 隔河岩大坝 GPS 监测点位分布图

1. 数据采集

GPS 数据采集分为基准点和监测点两部分，由 7 台 Ashtech Z－12GPS 接收机组成。为提高大坝监测的精度和可靠性，选两个大坝监测基准点，并分别位于大坝两岸。点位地质条件较好，点位要稳定且能满足 GPS 观测条件。

监测点能反映大坝形变，并能满足 GPS 观测条件。根据以上原则，隔河岩大坝外观 GPS 监测系统基准点为 2 个(GPS1 和 GPS2)、监测点为 5 个(GPS3～GPS7)。

2. 数据传输

根据现场条件，GPS 数据传输采用有线(坝面监测点观测墩观测数据)和无线(基准点观测法)相结合的方法，网络结构如图 8-15 所示。

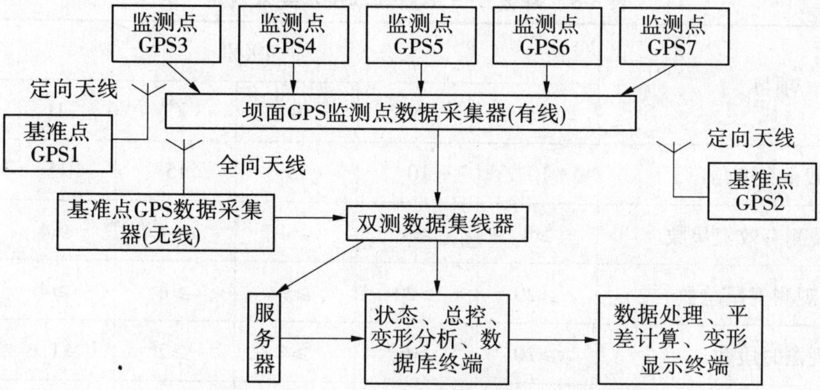

图 8-15　GPS 自动监测系统网络结构

3. GPS 数据处理、分析和管理

整个系统有 7 台 GPS 接收机，进行全天候观测，并实时将观测资料传输进行处理、分析、储存。系统反应时间小于 10 min（即从每台 GPS 接收机传输数据开始，到处理、分析、变形显示为止，所需总的时间小于 10 min），为此必须建立一个局域网，有一个软件管理，监控系统。

整个系统全自动，应用广播星历 1 ~ 2 h GPS 观测资料结算的监测点水平精度1.5 mm（相对于基准点，以下同），垂直精度优于 1.5 mm；6 h GPS 观测资料解算水平精度 1.1 mm，垂直精度优于 1 mm。

（三）GPS 用于野外变形监测一般程序

GPS 测量监测应参照《全球定位系统（GPS）测量规范》（GB/T 18314—2001）的相关要求。该规范对 GPS 测量的精度等级、GPS 接收机选用、测量基本技术要求等作了规定，详见表 8-6 ~ 表 8-8。

表 8-6　精度分级

级别	固定误差 a（mm）	比例误差系数
AA	≤3	≤0.01
A	≤5	≤0.1
B	≤8	≤1
C	≤10	≤5
D	≤10	≤10
E	≤10	≤20

表 8-7　接收机选用

级别	AA	A	B	C	D、E
单频 / 双频	双频 / 全波长	双频 / 全波长	双频	双频或单频	双频或单频
观测量至少有	L1、L2 载波相位	L1、L2 载波相位	L1、L2 载波相位	L1 载波相位	L1 载波相位
同步观测接收机机数	≥5	≥4	≥4	≥3	≥2

表 8-8 各级 GPS 测量基本技术要求规定

项目			级别					
			AA	A	B	C	D	E
卫星截止高度角(°)			10	10	15	15	15	15
同时观测有效卫星数			≥4	≥4	≥4	≥4	≥4	≥4
有效观测卫星总数			≥20	≥20	≥9	≥6	≥4	≥4
观测时段数			≥10	≥6	≥4	≥2	≥1.6	≥1.6
时段长度(min)	静态		≥720	≥540	≥240	≥60	≥45	≥40
时段长度(min)	快速静态	双频+P(Y)码	—	—	—	≥10	≥5	≥2
时段长度(min)	快速静态	双频全波	—	—	—	≥15	≥10	≥10
时段长度(min)	快速静态	单频或双频半波	—	—	—	≥30	≥20	≥15
采样间隔(s)	静态		30	30	30	10~30	10~30	10~30
采样间隔(s)	快速静态		—	—	—	5~15	5~15	5~15
时段中任一卫星有效观测时间(min)	静态		≥15	≥15	≥15	≥15	≥15	≥15
时段中任一卫星有效观测时间(min)	快速静态	双频+P(Y)码	—	—	—	≥1	≥1	≥1
时段中任一卫星有效观测时间(min)	快速静态	双频全波	—	—	—	≥3	≥3	≥3
时段中任一卫星有效观测时间(min)	快速静态	单频或双频半波	—	—	—	≥5	≥5	≥5

注:1. 在时段中观测时间符合本表中第七项规定的卫星,为有效观测卫星;

2. 计算有效观测卫星总数时,应将各时段的有效观测卫星数扣除其间的重复卫星数;

3. 观测时段长度,应为开始记录数据到结束记录的时间段;

4. 观测时段数≥1.6,指每站观测一时段,至少60%测站再观测一时段。

用于外部变形监测的 GPS 测量等级的确定,应根据监测技术设计的精度要求来进行。一般用于混凝土坝监测要选择 A 级或 B 级,土石坝监测选用 B 级或 C 级,滑坡体监测可选用 C 级、D 级。

在实际作业过程中先在观测区域建立 GPS 基准网。在基准网观测时应将其坐标归算到测区所在区的北京坐标系(或相应的施工坐标系)中。

在进行变形监测时一般采用静态测量方式。在两个或两个以上的基准点上架设 GPS 接收机,作为基准站;在监测点上架设 GPS 接收机,基准点、监测站同步观测。观测时作业要求(卫星截止高度角、同时观测有效卫星数、观测时段数、时段长度、采样间隔等,均应遵守表 8-5 的规定)。在完成规定时段观测后,外业数据采集工作完成。

外业作业完成后将数据传输到数据库中,再用专用 GPS 数据处理软件进行处理,计算出各监测点三维坐标，专用GPS数据处理软件很多，大专院校、GPS生产厂家都有，一般购买GPS接收机时都配有专业随机软件和相关说明书。

(四)GPS测量的资料整理

GPS测量的结果为三维坐标，其中 x、y 为北京坐标系或为相应地区的施工坐标系的坐标，所以观测成果整理与常规的大地测量方法的数据整理方式相同，在此不再重复。

四、垂线监测及垂线坐标仪

垂线是观测挠度的一种常用手段，常用的垂线有正垂线和倒垂线两种。

正垂线观测系统包括专用竖井、悬挂端点、线体、重锤、垂线坐标观测设备等。线体通常采用1.5～2 mm的高强不锈钢丝。正垂线测量装置的固定点悬挂于欲测部位的上部，垂线下部设重锤，重锤一般为20～40 kg，使该线体始终处于铅垂状态，作为测量的基准线，垂线观测设备则设置在沿线体布置的监测点上，正垂线可测量相对于顶部悬挂点的位移变化。

倒垂线观测系统一般由倒垂锚块、线体、浮筒、观测墩、垂线坐标观测设备等组成。倒垂测量装置的锚固点设在基岩下一定深度，线体上引至地面，利用浮筒的浮力将线体拉直并保持一定的张紧力，浮筒置于被测对象上并随其一起位移，但垂线借助于浮子仍始终保持为铅直，故该垂线可以认为是基准线。倒垂线锚固点的深度通常要求达到基岩的相对不动点，因此倒垂线上部测点的位移可认为是绝对位移。

正垂和倒垂经常组合使用，可求得建筑物整个高度各测点的绝对水平位移量，图8-16为正倒垂系统示意图。

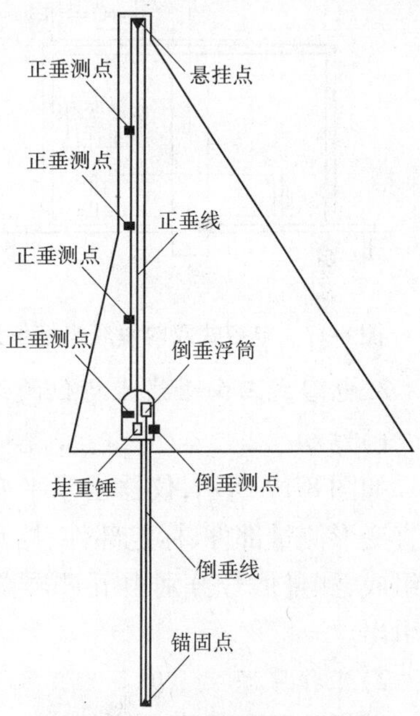

图8-16　正倒垂线系统示意

垂线坐标仪是垂线测量装置中的测量仪器，目前国内使用最多的遥测垂线坐标仪为差动电容式双向坐标仪，此外还有步进电机式坐标仪，以电荷耦合器件为敏感元件的CCD型坐标仪也在工程中得到应用。

(一)电容式垂线坐标仪

电容式垂线坐标仪按其用途及测量方向可分为双向垂线坐标仪和三向垂线坐标仪，双向垂线坐标仪主要是用于水平面内挠度的变位监测，三向垂线坐标仪除可测量水平面内挠度的双向变位外，还可以测量沉陷方向的位移。

1.仪器结构及原理

1)结构

双向垂线坐标仪由水平变形测量部件、标定部件、挡水部件以及屏蔽罩等部分组成，坐标仪的测量信号由电缆引出，如图8-17所示。

2）工作原理

仪器采用差动电容感应原理非接触的比率测量方式。如图 8-18 所示，在垂线上固定了一个中间极板，在测点上仪器内分别有一组上下游向的极板 1、2 和左右岸向的极板 3、4，每组极板与中间极组成差动电容感应部件，当线体与测点之间发生相对变位时则两组极板与中间板间的电容比值会相应变化，分别测量两组电容比变化即可测出测点相对于垂线体的水平位移变化量（$\Delta x,\Delta y$）

$$\left.\begin{aligned}\Delta x &= (a_i x - a_{基x}) \times K_{fx}\\ \Delta y &= (a_i y - a_{基y}) \times K_{fy}\end{aligned}\right\} \tag{8-19}$$

式中 Δx、Δy——本次测量相对于安装基准间的变位量；

a_i——本次仪器的电容比值；

$a_基$——建立基准时仪器的电容比值；

K_f——仪器的灵敏度系数。

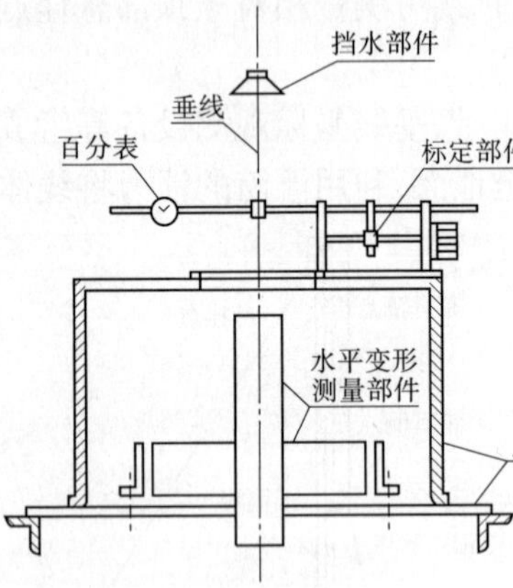

图 8-17 电容式双向垂线坐标仪结构图

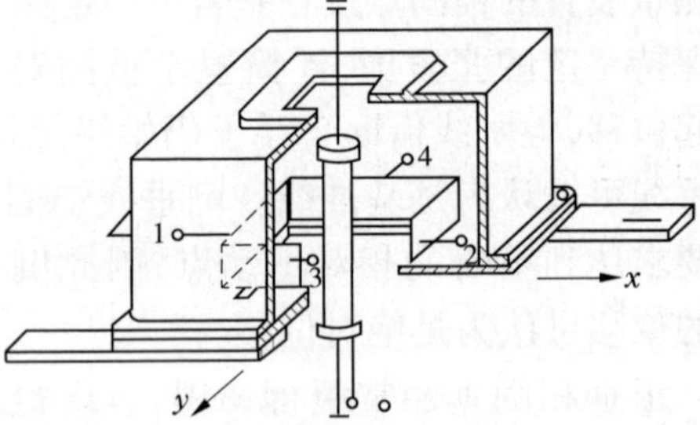

图 8-18 电容式双向垂线坐标仪原理示意

2. 电容式三向垂线坐标仪的结构及原理

1）结构

如图 8-19 所示，仪器由水平变形测量部件及垂直变形测量部件、标定部件、挡水部件及屏蔽罩等组成，测量信号分别由五芯屏蔽线和三芯屏蔽线引出。

2）工作原理

水平位移测量原理同双向垂线坐标仪，垂直变形测量部件是在垂线体上固定了一个圆盘状的中间极板，在测点上位于中间极板两侧安装了一组平行的圆环，当测点相对于线体沉陷方向发生变化则由一组环极与中间圆盘组成的差动电容值发生变化，通过测量电容比，即可测定沉陷方向的相对变化量。

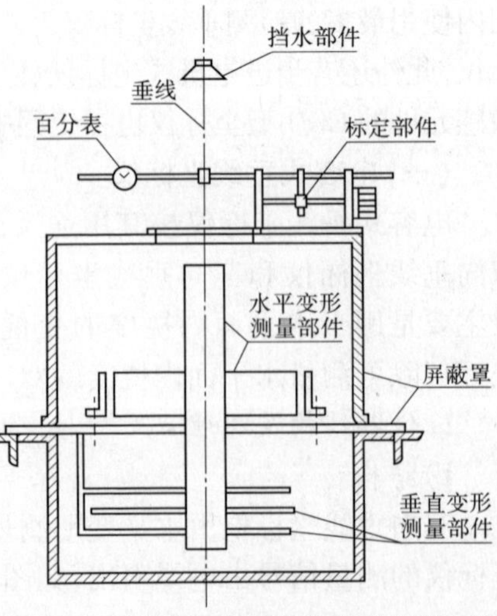

图 8-19 电容式三向垂线坐标仪结构示意

3. 电容式垂线坐标仪的技术参数

电容式双向垂线坐标仪规格指标见表 8-9。

表 8-9 电容式双向垂线坐标仪主要技术参数

测量范围(mm)	x 向	25	50	100
	y 向	25	50	50
主要参数	最小读数(mm)	0.01		
	精度,≤	0.3% FS		
	温度系数,≤	0.01% FS/℃		
	环境温度	−20 ~ +60 ℃		
	相对湿度	95%		

4. 电容式垂线坐标仪的性能特点

(1)电容感应式垂线坐标仪无机械传动和跟踪结构,用非接触测量方式实现了垂线的自动监测,具有精度高、长期稳定可靠的优点。

由于该系统采用差动电容传感器技术比例测量原理,测量精度高。从测量方法和误差分析来看,传感器测量有直接测量法、差值测量法和比率测量法三种。用直接测量法因测量时间不同与环境条件变化而引入一系统误差,而差值测量法由于两个被比较元件外界条件相同,在传感器结构做得很对称时,测量可在很大程度上消除上述系统误差,但所获得的两个量之差仍随外部条件而变动,而采取比率测量法能消除或大大减小在一阶近似条件下被测量依赖于外界条件以乘积因子出现的误差项,因而具有优于差值测量法的抗干扰能力。仪器实测性能,测量范围在 100 mm 范围线性误差为 0.51% FS,且不存在传动间隙及弹性元件滞后等误差,重复性和滞后误差可忽略不计,温度系数仅 <0.01% FS/℃。这些性能明显优于国外同类产品,可完全满足各种大型建筑物测量的需要。

坐标仪中电容传感部件的电容值仅取决于坐标仪结构,只须从强度、抗蠕变能力及温度系数等性能来选择材料,不用考虑材料电磁特性。由于仪器传感部件采用差动结构及比率测量方法,对材料温度系数指标要求不高,对称的差动结构保证了坐标仪长期测量的稳定性,并较好地解决了高阻抗桥抗干扰及传感电容量极小不到 1 pF 而要分辨 10^{-4} pF 等难题。长期零漂 <0.20% FS/年,远小于国外同类产品。

(2)仪器结构简单,仪器的关键部件仅由安装在测点的感应极板和安装在线体上的中间极组成,没有任何传动部件,也无一电子元器件,故障环节少,可靠性高。

(3)仪器适应环境能力强,用于坝工监测的仪器与其他工业传感器相比,有两大特性,其一要求长期稳定,其二要求适应高低温 +60 ~ −35 ℃、高湿度(相对湿度 95%),电容感应式垂线坐标仪温度系数极小,性能优越。感应部件中的感应极经过了特殊绝缘防潮工艺处理,防潮性能好,对防尘、防沙没有特别要求。

5. 电容式垂线坐标仪的现场安装、标定

1)仪器支架的准备

仪器固定架原则上由设计单位和工程单位根据工程的特点进行设计、加工。固定架从观测点混凝土壁上支撑出来，固定架也可根据仪器安装位置做在混凝土墩上，或做成钢架形式。仪器固定架最根本的要求是稳定、可靠，与待测部位固结，并能代表所测位置的变形。

如图 8-20 所示，固定架的支架端部埋入混凝土要稳定可靠，在固定架浇注 15 d 后再安装仪器。固定架按图 8-20 所示尺寸要求，以线体为中心加工 4 个 ϕ10 mm 的过眼。固定架埋设时需用水准尺调平。

电容式双向坐标仪安装支架 4 个 ϕ10 mm 孔间距为 385 mm × 274 mm。

电容式垂线坐标仪是精密的传感器，可在潮湿环境下使用，但需有保护设施，防止漏水或凝结水直接流入仪器。

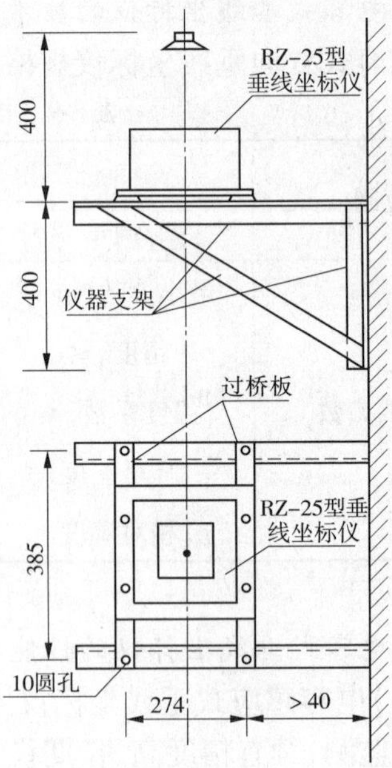

图 8-20　坐标仪安装示意　（单位：mm）

2）电缆准备

垂线自动监测系统中共采用两种类型电缆，均为电容感应式仪器特制的专用电缆。坐标仪采用五芯屏蔽电缆连接。

在现场安装前应对电缆作如下检查：

①用万用表测量每根线的芯线电阻，并记录。

②用 100 V 兆欧表分别检查每根芯线与屏蔽层的绝缘电阻值，并记录，要求阻值大于 100 MΩ。

3）电容式双向垂线坐标仪的现场安装

在准备好的支架上，先安装仪器底板，再安装四块极板，要求二组平行极板分别平行于坝体左右岸方向和坝体上下游方向，固定极板部件的螺丝拧紧要适量，以免连接件瓷子被破坏。再将各极板引线头烫锡。

中间极感应件都是由一个圆柱形极板组成的，由二块半圆环形的夹块固定在垂线上，对于 RZ－25 型坐标仪，中间极安装尺寸为：由底板到上部为（100 ± 2）mm，RZ－50 型电容式双向坐标仪为（140 ± 2）mm。中间极安装时一定要固紧在线体上，防止因重力作用下中间极缓慢下滑而影响测值。

4）电缆连接及绝缘处理

将屏蔽电缆线穿过仪器底板的过线孔，每根芯线固定在其相应的位置，与感应极引线焊接。焊接后接头部分进行绝缘处理，并检查绝缘性能。

5）现场性能标定

为确保仪器使用质量，并使用户在现场能检查仪器性能，每个工程配置了一套标定部件，用于检查仪器输出数值是否正常，可用标定部件在坐标仪上标定，如标定出的数据正常，就要对坝体出现异常进行分析，采取相应措施。

仪器出厂前在专用标定台上按以下方法做标定试验，将测量范围均分 5 ~ 10 挡进给位移,共完成三个正、反行程测量,将所得资料经计算得仪器在左右方向、上下方向的线性误差及重复性误差和迟滞误差。计算方法如下。

最小读数(灵敏度系数)

$$K_f = \frac{P}{\overline{u}} \tag{8-20}$$

非线性误差

$$\delta_1 = \frac{|a_i - \overline{a_i}|_{\max}}{\overline{u}} \times 100\% \tag{8-21}$$

重复性误差

$$\delta_2 = \frac{\Delta_{\max}}{\overline{u}} \times 100\% \tag{8-22}$$

迟滞误差

$$\delta_3 = \frac{|a_{正i} - a_{反i}|_{\max}}{\overline{u}} \times 100\% \tag{8-23}$$

基本误差

$$\delta = \sqrt{\delta_1^2 + \delta_2^2 + \delta_3^2} \tag{8-24}$$

式中 P——满量程位移值,mm;

$\overline{u}$——满量程输出值的均值,$\overline{u} = \overline{a_n} - \overline{a_0}$,$n = 5 \sim 10$ 为分挡数量;

$\overline{a_i}$($i = 0,1,2,3,\cdots,n$)——同档位对应的正、反 3 个行程 6 个测值的均值;

$|a_i - \overline{a_i}|_{\max}$——测点端基线理论值与该点测值平均值的最大偏差;

$\Delta_{\max}$——测点正程测值与其均值和反程测值与其均值间的最大偏差;

$|a_{正i} - a_{反i}|_{\max}$——正程均值与反程均值间的最大偏差。

电容式双向垂线坐标仪的线性标定、温度附加误差试验,由于现场不具备一定条件和设备,可不做此试验,一般现场仅做灵敏度标定。方法如下:30(或 50) mm 百分表一只,磁性表架一只及连接在屏蔽罩上的两块不锈钢标定架定位块。将标定架用二个 M6 × 16 的螺丝固定在标定架定位块上,垂线固定在标定架推动块中心刻槽中,将表架吸在另一块定位块上,将百分表对准标定架推动块,并使表杆与坐标方向平行。在左右方向和上下游方向分别找到中间位置(0 mm 位置)后按满量程进行标定,确定灵敏度。

为便于计算,垂线坐标仪的测值方向应与《混凝土坝安全监测技术规范》(DL/T 5178—2003)一致,即坝体向下位移为正,坝体向左位移为正;若不一致,在模块接线端子处将该组二桥压线进线的位置互相调换使其一致。

6. 电容式垂线坐标仪的观测

用数据采集装置自动测量,可直接显示或打印本次测值与基准值间的相对变位,或坐标值。用便携式指示仪表测量与基准值间的变位则需人工计算。

$$\Delta x = (ax_{基准} - ax_i) \times K_{fx} \tag{8-25}$$

$$\Delta y = (ay_{基准} - ay_i) \times K_{fy} \tag{8-26}$$

$$\Delta z = (az_{基准} - az_i) \times K_{fz} \tag{8-27}$$

式(8-25)中:Δx 为上下游本次相对基准值间的变位测值;$ax_{基准}$ 为测点上下游方向基

准时间仪表测的电容比值；ax_i 为本次测量得到的上、下游向电容比值；K_{fx} 为坐标仪 x 向（上、下游向）的仪器灵敏度系数（mm/单位电容比值）。

式(8-26)中：Δy 为左右岸向本次测值与基准值间的变位；$ay_{基准}$ 为确定测点左、右岸向基准时间仪表测的电容比值；ay_i 为本次测量仪表的左、右岸向电容比值；K_{fy} 为坐标仪左、右岸向仪器的灵敏度系数（mm/单位电容比值）。

式(8-27)中：Δz 为沉陷向本次测值与基准值间的变位；$az_{基准}$ 为沉陷向基准时间的电容比值；az_i 为本次测量仪表沉陷向的电容比值；K_{fz} 为坐标沉陷向仪器的灵敏度系数（mm/单位电容比值）。

由 Δx、Δy、Δz 就可以换算出测点的坐标位置，操作人员应将本次的测值与以前的测值作一比较，看是否测试正常。

7. 电容式垂线坐标仪的使用维护

(1) 垂线线体装置要稳定可靠。如有些倒垂线在基岩锚固处固结不牢、因垂线孔倾斜引起线体碰孔壁、在坝体中因串风引起线体摆动、线体卡住等引起的故障要排除，否则测值不可靠。

(2) 坐标仪系列中感应部件经过特殊防潮工艺处理，能在相对湿度 95% 的坝体内长期可靠工作，但这并不意味着坐标仪这类精密仪器能在水等经常流入坐标仪的情况下给出准确测值。因此，现场必须采取措施防止雨水、冷凝水等流入坐标仪内。安装在大坝竖井、基础的垂线坐标仪，因竖井等环境存在冷热空气交换，使竖井及坐标仪上长期存在大量冷凝水。在此恶劣环境下，需采取一定措施确保垂线坐标仪极板上水介质均匀，使仪器测值可靠。

(3) 为适应在大坝恶劣环境下可靠工作，坐标仪内无一电子元器件。当坐标仪在现场安装调试完后，一般不会出现故障，不需经常采取维护措施。中间极引出线是一根线径仅 0.05～0.1 mm 的细漆包线，要注意防止非观测人员或参观人员看不清此线而将其碰断。

(二) 垂线瞄准仪

垂线瞄准仪结构简单、性能可靠、价格低廉，适合于中小型工程安全监测，并可作为自动化电测仪器的校核装置（用于人工比测）。

1. 垂线瞄准仪用途

垂线瞄准仪安装在正、倒垂线装置的测点处，可以人工目测水平面双向位移变化。

2. 垂线瞄准仪主要技术指标

(1) 测量范围(mm)：x 向 $-15 \sim +15$（上下游向），Y 向 $-10 \sim +10$（左右向）。

(2) 最小分辨值(mm)：0.1。

(3) 测量误差(mm)：0.30。

(4) 外形尺寸(mm)：50 × 630 × 330。

3. 垂线瞄准仪的结构、测量原理、计算方法

1) 仪器结构

仪器由瞄准针、主尺、游标尺及底板组成，如图 8-21 所示。

2)测量原理

移动游标尺,通过瞄准孔用目视线将瞄准孔与垂线钢丝及瞄准针三点瞄准排列在一条直线上。即可利用左、右标心的刻度值来确定垂线位置的坐标值。

3)测量换算

如图 8-22 所示,$2d$ 表示二瞄准针的中心距,O 为 x、y 坐标轴原点,A 为垂线所在位置,$L_{左}$、$L_{右}$ 为二刻度尺上读数值。

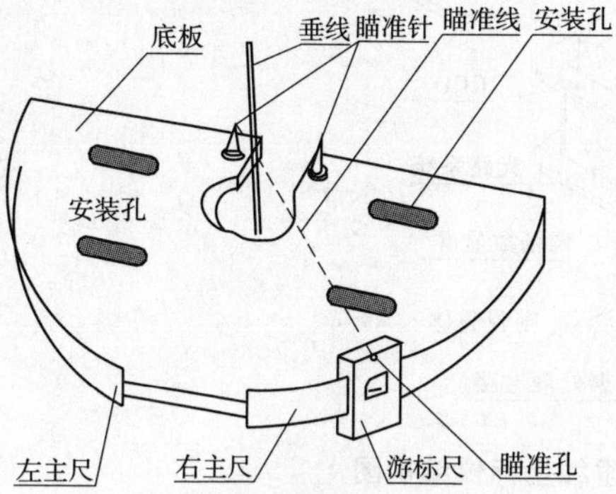

图 8-21 垂线瞄准器结构图

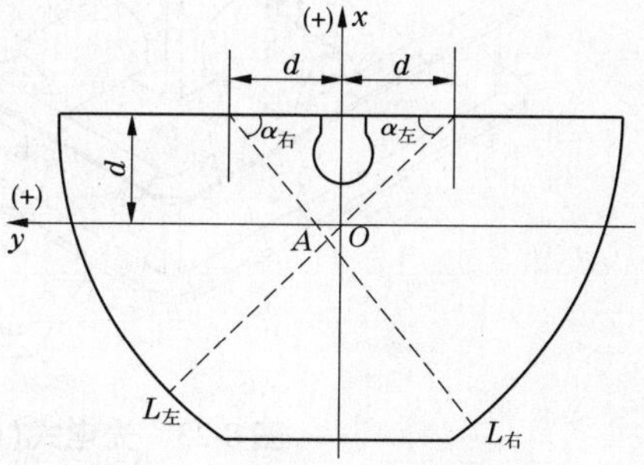

图 8-22 垂线瞄准仪换算原理图

读取 $L_{左}$、$L_{右}$ 值后即可按下式计算出垂线的坐标位置 x_A、y_A 值。

$$\left.\begin{aligned} x_A &= d\left(1-2\frac{\tan\alpha_{右}\times\tan\alpha_{左}}{\tan\alpha_{右}+\tan\alpha_{左}}\right) \\ y_A &= d\left(\frac{\tan\alpha_{右}-\tan\alpha_{左}}{\tan\alpha_{右}+\tan\alpha_{左}}\right) \end{aligned}\right\} \tag{8-28}$$

式(8-28)中:$\tan\alpha_{右}=\tan\left(\frac{B_{右}-L_{右}}{C}\times\frac{\pi}{180}\right)=\tan\left(\frac{360-L_{右}}{6}\times\frac{\pi}{180}\right)$,$\tan\alpha_{左}=\tan\left(\frac{L_{左}-B_{左}}{C}\times\frac{\pi}{180}\right)$,系数 $d=30$,$C=0.017\,453\times L=6$(mm/1°)。

4)垂线测点移动方向与测值正负号规定

x_A 为正值时垂线测点向下游移动,y_A 为正值时垂线测点向左岸移动(以仪器安装时将圆弧面指向上游向为例)。

(三)光电式(CCD)垂线坐标仪

光电式(CCD)垂线坐标仪是采用 CCD 器件实现的一种非接触式自动化位移测量设备,能够测量垂线在平面内 x、y 两方向的位移,在两方向上的测量原理相同,测量电路相互独立、互不干扰。

1.仪器结构

光电式(CCD)垂线坐标仪由两组正交的光路系统、电荷耦合器(Charge-Coupled Device,简称 CCD)、测量及数据处理电路、现场高清数显屏以及密封壳体组成。其结构示意图如图 8-23 所示。

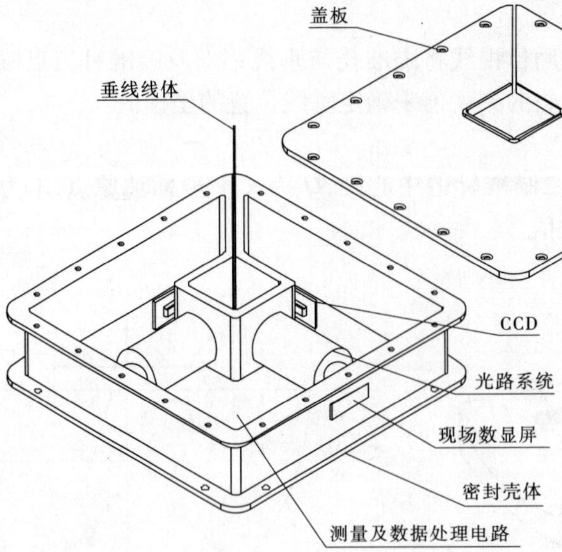

图 8-23　光电式(CCD)垂线坐标仪结构图

2. 工作原理

光电式(CCD)垂线坐标仪工作时,x 和 y 方向分别发射一束平行光束,该平行光束将位于坐标仪中间的垂线线体投影到对应的电荷耦合器(CCD)上。CCD 将带有线体阴影的光信号转换成电信号,经测量电路测出再经过数据处理,得到线体相对于坐标仪位置的坐标物理量。这样,通过不同时间的坐标值的变化,可获得坐标仪相对垂线的 x、y 向的位移变化。

测量及数据处理电路的原理框图如图 8-24 所示。

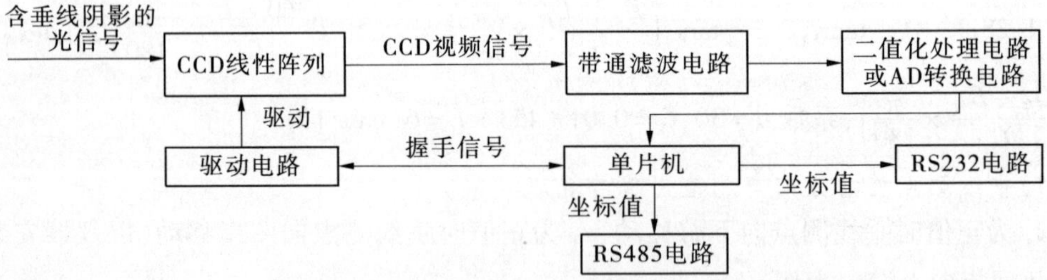

图 8-24　测量及数据处理电路原理框图

3. 主要技术参数

光电式(CCD)垂线坐标仪基本参数见表 8-10。

4. 性能特点

(1)采用 CCD 作为感光元件,寿命长,体积小;

(2)非接触式测量;

(3)分辨力高,精度高;

(4)稳定性好;

(5)温度影响小;

(6)具有现场显示功能,测读方便;

(7)数字量输出,抗干扰性能强;

(8)兼容性强,可与其他系统连接;

(9)可作为分布式自动化系统前置节点接入系统。

表 8-10 光电式(CCD)垂线坐标仪基本参数表

主要参数	测量范围(mm)	0~25	0~35	0~50
	测量方向	x 向、y 向		
	分辨力(mm)	0.01		
	基本误差	0.2%FS		
	不重复度	0.1%FS		
	工作温度	-20~+60 ℃		
	相对湿度	≤95%		
	供电电压	AC220 V,50 Hz		
	通信接口	RS485		
	现场显示	双路4位LED		

5.现场安装

光电式(CCD)垂线坐标仪通过过桥板与仪器固定架连接,三者必须连接牢固。仪器固定架原则上由设计单位和工程单位根据工程的特点进行设计、加工。固定架从观测点混凝土壁上支撑出来。固定架也可根据仪器安装位置做在混凝土墩上,或做成钢架形式。仪器固定架最根本的要求是稳定、可靠,与待测部位固结,并能代表所测位置的变形。

光电式(CCD)垂线坐标仪是精密的传感器,可在潮湿环境下使用,但需有保护设施,防止漏水或凝结水直接流入仪器。

光电式(CCD)垂线坐标仪固定好后,将电源及通信电缆接入到采集箱中即可。

(四)步进电机式垂线坐标仪

步进马达驱动光电跟踪式遥测垂线坐标仪由意大利国家电力局发输电局DPT所属一地区管理中心SOIC 20世纪70年代研制,仪器由步进马达带动精密丝杆转动,在丝杆上有一导块带动U形(截面为矩形)框架,框架内有二对光电管以扫描垂线的位置。在底板上有二个校准点作为扫描垂线位置的校正基准和扫描起点读数。每次读数时步进马达带动U形框架从基准点扫描,由编码器得到垂线在 x、y 二轴方向的位置。

该仪器特点在于它用二对光电管在 x 向一个方向扫描而得垂线 x、y 二个方向的坐标值。测量时垂线每个位置测量数次,然后将测试数据储存,计算平均值。这可以部分消除测量中扫描垂线位置带来的一些测量误差。测量数据由计算处理直接显示 x、y 二个方向的坐标值。

国内也有厂家生产与上述结构原理基本一致的产品。

(五)正倒垂观测实例

图 8-25 为新丰江水库左右岸三向倒垂 IP1、IP2 自动化测值过程线图,图 8-26、图 8-27 为小浪底水利枢纽工程进水塔正倒垂(三组)位移变化过程线图。小浪底工程采用的正倒垂及人工测读装置为瑞典胡本博格公司的产品,现已进行自动化改造,但人工观测同步进行,所示位移过程线为人工观测(一周一次)的测值绘制。

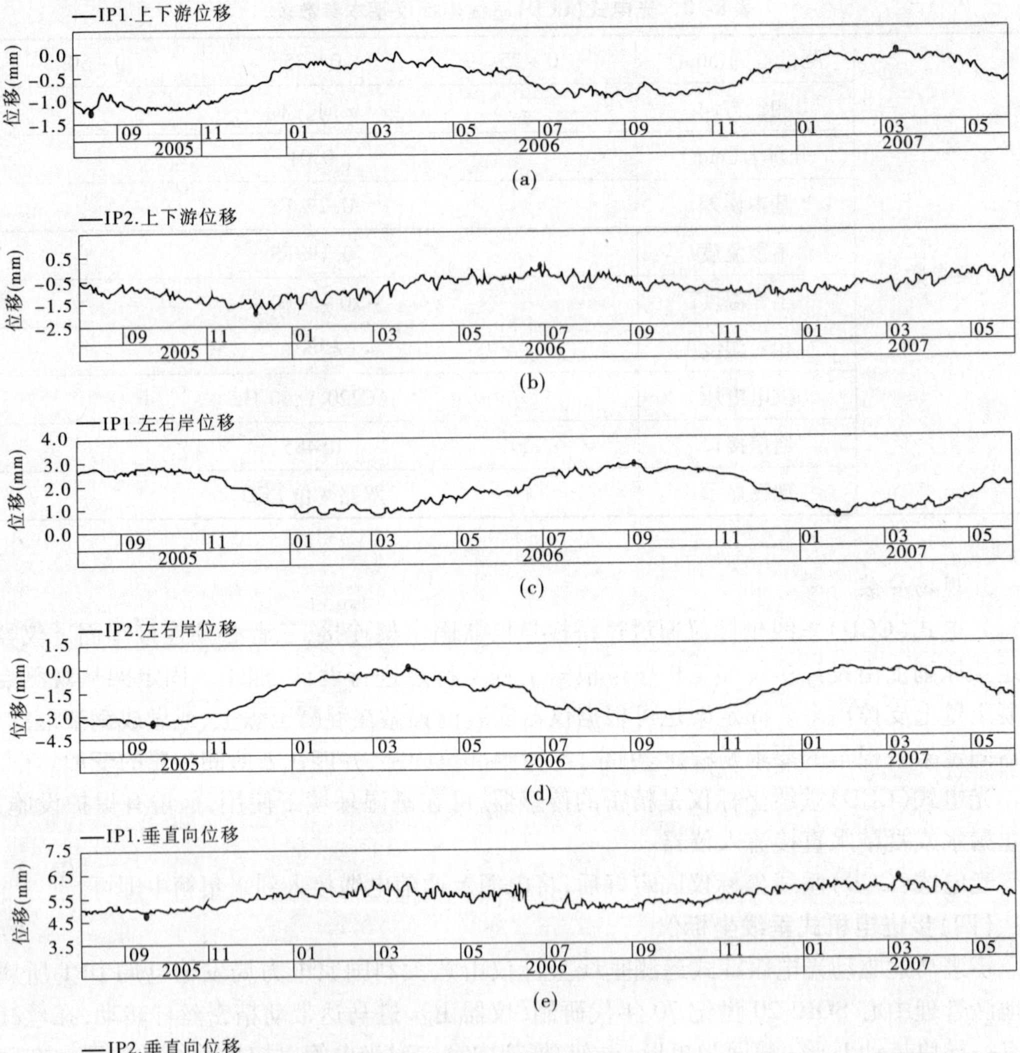

图 8-25　新丰江水库左右岸三向倒垂 IP1、IP2 自动化测值过程线

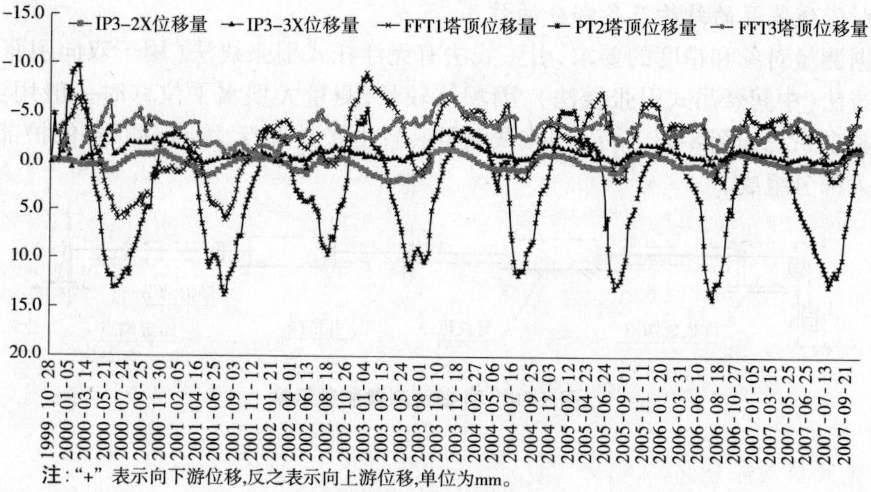

注："+" 表示向下游位移,反之表示向上游位移,单位为mm。

图 8-26　小浪底水利枢纽工程进水塔正倒垂顺水流方向位移过程线

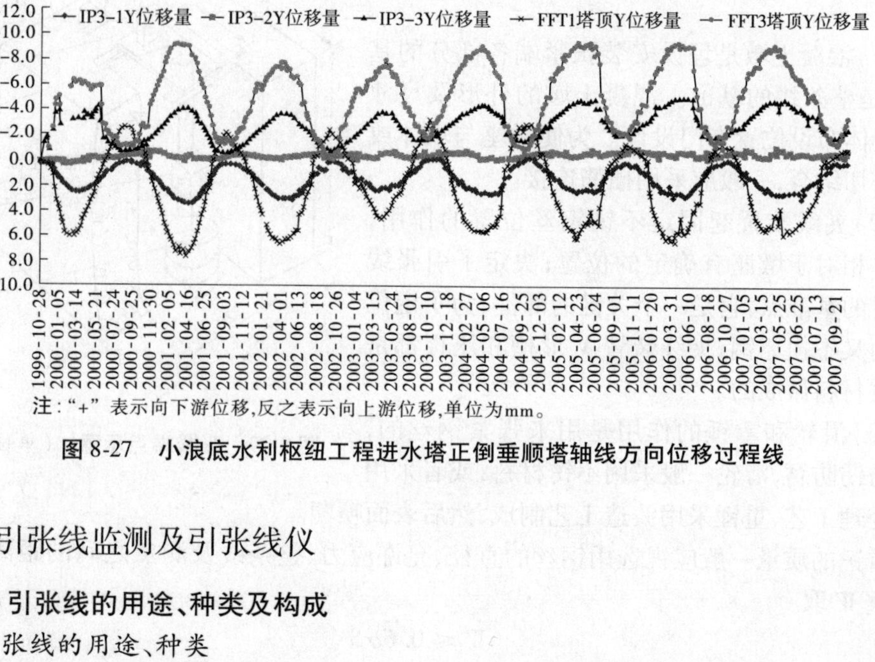

注："+" 表示向下游位移,反之表示向上游位移,单位为mm。

图 8-27　小浪底水利枢纽工程进水塔正倒垂顺塔轴线方向位移过程线

五、引张线监测及引张线仪

(一)引张线的用途、种类及构成

1. 引张线的用途、种类

引张线法是观测直线型或折线型大坝水平位移的最经济、精确的方法。引张线装置结构简单,适应性强,可布置在坝顶,坝体廊道或坝基廊道中。其端点和正、倒垂线相结合,可观测各坝段的绝对位移,与遥测引张线仪相配合,可实现大坝位移的自动化监测。

引张线法的原理是利用在两个固定的基准点之间张紧一根高强不锈钢丝或高强碳素钢丝作为基准线,用布设在大坝的各个观测点上的引张线仪或人工光学比测装置,对各测点进行垂直于偏离基准线的变化量的测定,从而可求得各观测点的水平位移量。

依据用途和测量方向不同可分为单向引张线和双向引张线,单向引张线用于测量水平位移,双向引张线既可测量水平位移,也可测量竖直位移。

2. 引张线装置的结构及各部分的作用

根据测量对象和精度的要求，引张线法有无浮托式引张线法（用于双向引张线）和浮托引张线法（中间悬吊式引张线法），因坝体较长，测量大坝水平位移时一般用浮托引张线法。整个系统如图 8-28 所示，引张线测量装置由张紧端点、测点、测线、保护部分、固定端点五大部分组成。

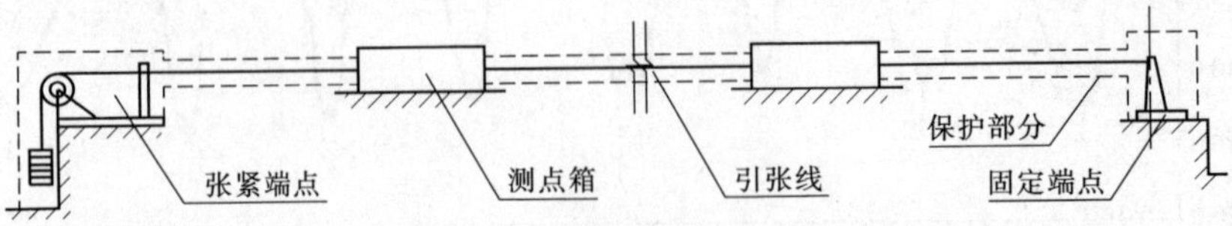

图 8-28　引张线测量装置示意

1）张紧端点部分

引张线的张紧端点部分是由混凝土墩、夹线装置、滑轮和重锤及调线装置组成的，如图 8-29 所示。

（1）混凝土墩是埋设安装张紧端各部分的基础，也是整条线的基准。混凝土墩的外形及尺寸根据具体布设位置专门设计。为使墩座与坝体或基岩密切结合，一般应采用插筋连接。

（2）夹线装置起固定不锈钢丝位置的作用，使线体相对于墩座有确定的位置；决定了引张线所设置的基准点，它是一个关键的部件，为了定位准确而又不损坏钢，夹线装置 V 形槽和压板都是由铜质材料做成的。

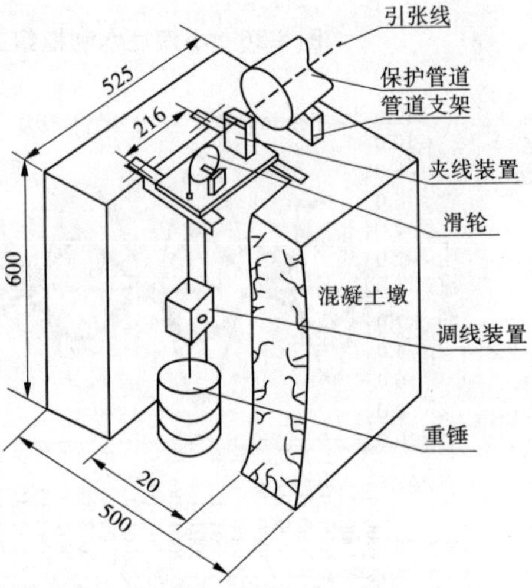

图 8-29　张紧端点示意　（单位：mm）

（3）滑轮和重锤的作用是用来张紧钢丝的，为了防锈防腐，滑轮一般采用不锈材料，或者采用防锈处理工艺，重锤采用铸造工艺制成，然后表面喷塑。

重锤的质量一般应视选用钢丝的直径、允许应力、整条线及测点之间的距离而定，一般挂重 W 取

$$W \leqslant 0.6\sigma S \tag{8-29}$$

式中　W——重锤质量，kg；

σ——钢丝的允许应力，kg/m^2；

S——钢丝截面面积，m^2。

（4）调线装置是用来调整钢丝长度的，也解决了钢丝直接挂重的问题。

2）测点部分

测点部分由浮托装置、不锈钢标尺、引张线仪、保护箱等部分组成，如图 8-30 所示。保护箱又分为单管和双管（含电缆保护管）。当引张线较长时，即使钢丝张得很紧，由于钢丝自重的影响，线的形状为一条悬链线，钢丝中部的垂径较大，如图 8-31 所示。

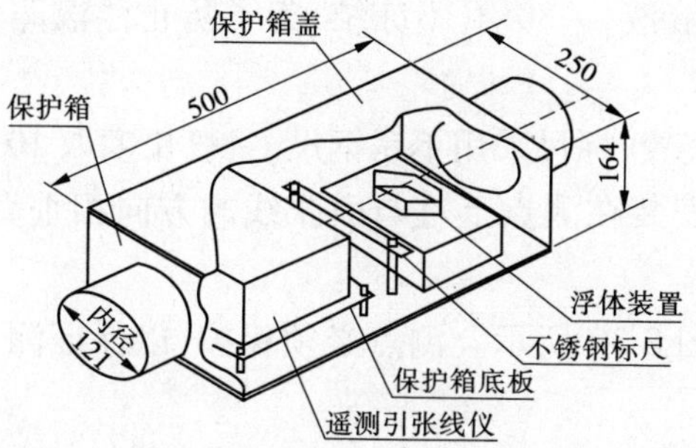

图 8-30　引张线测点部分示意　(单位:mm)

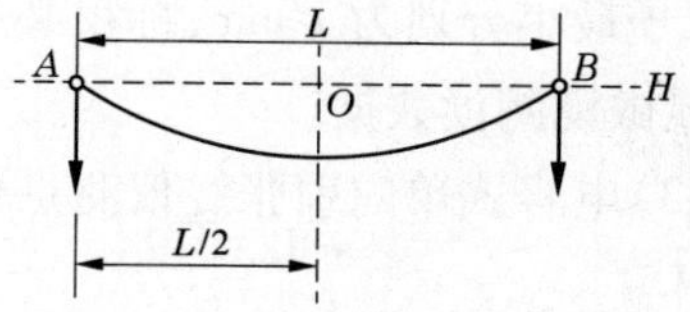

图 8-31　钢丝自重影响示意

最大垂径的计算公式为

$$D = \frac{\mu L^2}{8H} \tag{8-30}$$

式中　D——悬锤线最大垂径,m;

μ——单位长度的钢丝质量,kg/m;

L——引张线二端点的距离,m;

H——钢丝所受的水平张力,kg,近似等于挂重 W。

按式(8-30),如果引张线长 $L=400$ m,选用直径为 1 mm 的不锈钢丝(查得 $\mu=0.006\ 17$ kg/m,水平拉力 $H=60$ kg,则

$$D = \frac{\mu L^2}{8H} = \frac{0.006\ 17 \times 400^2}{8 \times 60} = 2.046(\text{m})$$

2 m 的垂径就不可能把测点布设在同一高程上,且 L 越长风的扰动对线的精度影响较大,使引张线测点及保护管道的实施都极不方便。因此,对长距离的引张线必须在测点上设置浮托装置,从而把各测点基本布设在同一水平面上,如图 8-32 所示。

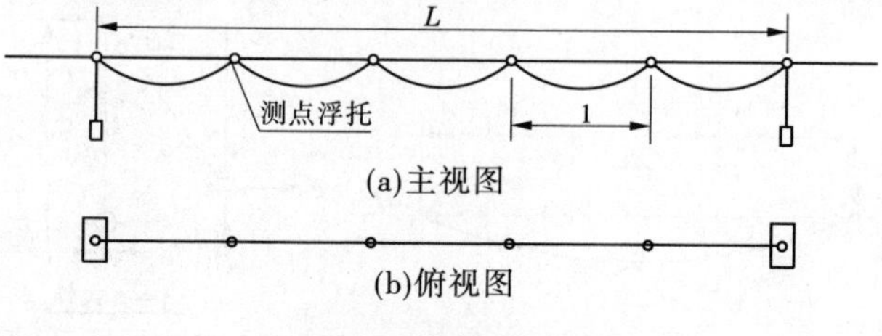

图 8-32　测点布设示意

(1)浮托装置是由液体箱、浮液及支撑钢丝的浮体组成的。浮体的大小依据浮体承受的钢丝重量及自重决定;一般浮体由铝材制成,设计载荷 Q 为

$$Q = 1.5\left(\frac{I_1 + I_n}{2}\mu + P\right) \tag{8-31}$$

式中　Q——浮体的设计载荷,kg;

I_1、I_n——测点与两相邻测点的水平距离,m;

P——浮体自重,kg。

液体箱的大小一般需使浮体能在液体箱中有浮动的余地,并满足可能的测量范围。

考虑到防腐及防冻问题，浮液采用防冻溶液，-30 ℃不冻结，为了防止浮液蒸发解决，每次观测时加液问题又采用了恒液面技术。

(2)不锈钢标尺是设定的一套光学比测装置，标尺采用不锈钢尺，一般长度取10～15 cm；尺子最小分划为1 mm；标尺必须水平地安装在测点上且与引张线的方向相垂直，用读数显微镜测读数据。

(3)电容式单向引张线仪测点保护箱如图8-30所示。测点必须保护，以保证测点不受破坏。

3)线体

坝体的引张线装置线体一般用直径0.8～1.2 mm的不锈高强钢丝，要求线径均匀，有较大的抗拉强度。在安全可靠的前提下，线径尽可能地选得细一些；因为线径越大，线体本身有越大的偏心差，且有越大的振幅，这些都影响线体的定位精度。

4)保护部分

保护部分是由端部保护箱、保护管道及测点保护箱组成。风的扰动对引张线的精度有很大的影响，如图8-33所示，当侧面风向垂直于引张线并均匀作用时，中点处引张线因风的作用在水平面所产生的偏差ΔB为

$$\Delta B = a\frac{v^2 L_0^2}{64H} \tag{8-32}$$

式中 ΔB——中点处引张线偏差，m；

a——引张线直径，m；

v——风速，m/s；

L_0——两端点间的距离，m；

H——引张线张力，kg。

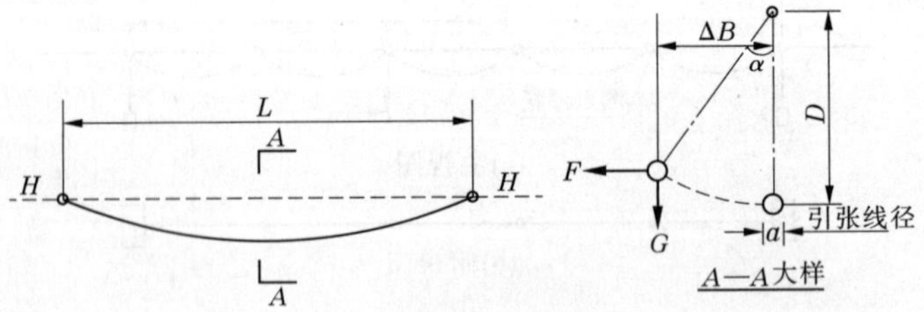

图8-33　侧向匀速风力对线体的影响示意

例如：当选用引张线直径为1 mm，张力H为60 kg，横向风速为0.18 m/s，两端点的距离L_0为400 m时，则

$$\Delta B = 0.001 \times \frac{0.18^2 \times 400^2}{64 \times 60} = 1.35(\text{mm})$$

由此可见，风对引张线的精度有很大的影响，故线体和测点、端点都需有保护设施。保护管的直径是依据悬链线垂径、测点的位移变化量及施工时测点的高程误差而定的。管与管之间采用法兰盘连接，管子与测点箱之间用接头连接。

5)固定端点

如图8-34所示,引张线的端点是由固线装置、混凝土墩及保护罩组成的。混凝土墩是引张线另一端点的基准。固线装置起固定夹紧钢线另一端的作用,使钢丝相对于混凝土墩有确定的位置。

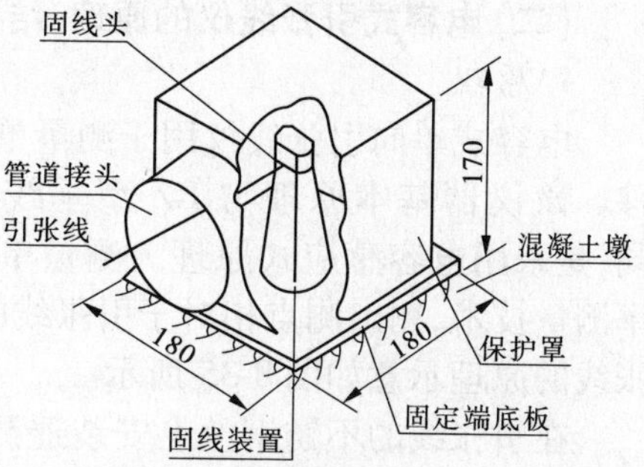

图8-34 固定端点保护示意 (单位:mm)

3.引张线装置的埋设安装

1)埋设、安装要求

(1)依据观测设计而设的测点部位,埋设安装相应的设备。

(2)端点、测点埋设时需在先期的混凝土上(或岩石上)插筋,处理接面,使端点的混凝土墩完全反映该点的状况。

(3)张紧端夹线装置的V形定位槽中心线,要与引张线方向一致,且V形槽的水平高程应略高于滑轮顶端。同理,固定端固线装置中固线头的中心线必须与引张线的方向一致。

(4)测点部分的埋设必须可靠,能准确反映测点的变位,并且尽可能使测点在同一高程上,高程误差在±5 mm之内。如用人工比测装置,则要求测量标尺水平并且垂直于引张线方向。

(5)测点、端点及线体必须有保护设施。保护管要置于支架上,相邻两管用管箍或法兰连接,测点保护与管道之间连接要考虑防风。

(6)引张线系统要考虑电缆的保护。

2)埋设、安装步骤

(1)先放出端点、测点及管道支架的平面位置,并测出其相对高差,以便按设计尺寸埋设时调整部件的高度。

(2)如事先未留二期混凝土或连接物,需用风钻或人工打孔预埋测点的插筋,再埋设安装各测点保护箱底板,要求底板保持水平。

(3)埋设二端点的混凝土墩及埋设件,保证端点部件的底板水平。

(4)安装保护管道及端点的保护箱。

(5)放线并将各测点遥测引张线仪的中间极穿在线上,将钢丝张紧,在浮箱中加防冻溶液,使浮体托起至设计高程。

(6)调整安装光学比测装置,保证测尺水平与引张线垂直。调整标尺的高程,使线体到标尺面之间的距离在1 mm以内。

(7)检查线体在测量范围内是否完全自由,将在某点线体人为给定一位移,分别测读各测点读数,并记录。最后放开线体使之自由并记录各测读数,重复三次。分析观测数据判断线体是否自由,若不自由,需排查处理。

(8)安装引张线仪。

双向引张线一般较短,中间无浮托,为一完整的悬链线。

(二)电容式引张线仪的原理、结构及性能指标

1. 原理

电容式单向引张线仪用于测量单向水平位移。该仪器基本原理与 RZ 型垂线坐标仪相同,是采用电容感应式原理。测量单元采用比率测量技术,测出测点相对于引张线的变化,引张线的原理示意如图 8-35 所示。

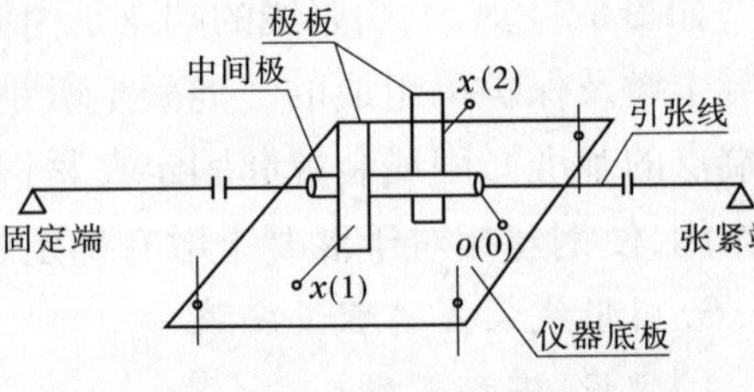

图 8-35　电容式单向引张线仪原理示意

在引张线的不锈钢丝上安装遥测 RY 型电容式引张线仪的中间极,在测点仪器底板上装有两块极板,当测点变位时极板与中间极之间发生相对位移,从而引起两极板与中间极间电容比值变化,测量电容比即可测定测点相对于引张线的位移。

2. 结构

如图 8-36 所示,单向电容式引张线仪是由一个中间极部件、极板部件、屏蔽罩、仪器底板、电缆、调节螺杆组成的,并备有标定仪器用的附件(标定装置)。

中间极和一组极板是感应部件,将测点相对于基准线(引张线)的位移变化量转变为电容比输出。屏蔽罩是用来消除外界对感应电容量的影响,也有保护感应部件的作用。调节螺杆主要是为了现场安装时调节仪器的高程、水平而设置的,仪器底板上四个 U 形槽主要是仪器初次安装时调节仪器测量范围的起始点(即仪器调中)用的,也可用于扩展量程。仪器所用电缆为三芯屏蔽专用电缆。附件标定装置用于初次安装时仪器的灵敏度系数、线性误差等主要技术参数的标定。

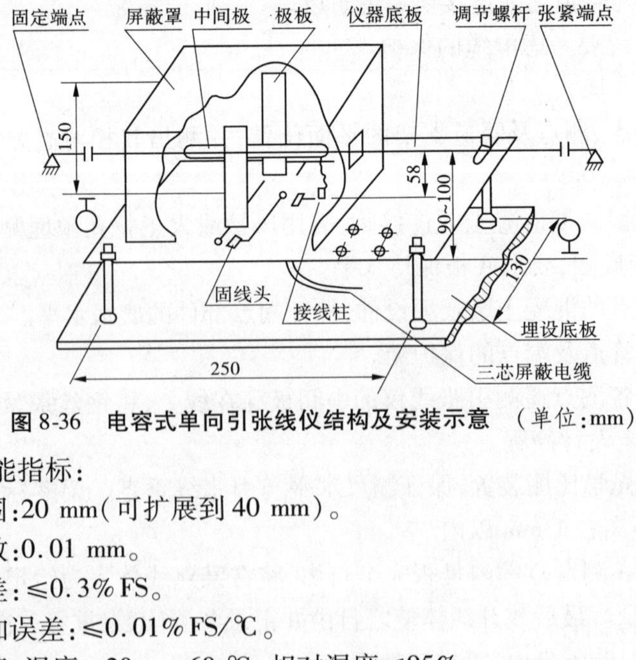

图 8-36　电容式单向引张线仪结构及安装示意　(单位:mm)

仪器主要性能指标:

(1)测量范围:20 mm(可扩展到 40 mm)。

(2)最小读数:0.01 mm。

(3)基本误差:≤0.3%FS。

(4)温度附加误差:≤0.01%FS/℃。

(5)工作环境:温度 -20 ~ +60 ℃;相对湿度≤95%。

(6)配用电缆:三芯屏蔽电缆(专用)。

(7)仪器外形尺寸:270 mm×162 mm×152 mm(长×宽×高)。

3. 电容式引张线仪性能特点

(1)电容式引张线仪灵敏度高,测量精度好,温度附加误差小,抗干扰能力强,感应部件经过绝缘防潮处理工艺,仪器能在潮湿环境下长期稳定地工作。

(2)仪器结构简单,安装、使用、维护方便。

(3)引张线线体系统浮液采用特制的防冻溶液及恒液位方法,在工程实际使用中冬季 -35℃不冻结,一年多在冬夏温差达 80 ℃情况下保持液位恒定不蒸发,不用添加浮液,仪器不用温度修正,使得引张线自动化测量实用化。

(4)在基础廊道温度恒定、线体较短时布设 SRY 型电容式双向引张线仪,能实现水平位移和沉陷量的自动化监测,它代替了传统的用引张线测水平位移,用连通管静力水准测沉降量的观测方法,简化了观测设施,易于保证精度。

4. 电容式引张线仪的现场安装、调试

1)现场安装

(1)准备工作。开箱检查仪器,电缆运输过程中是否有损坏,检查各点埋设件是否埋设完毕。

(2)电缆准备。电容式单向引张线仪配用电缆是特制的三芯屏蔽电缆。最外层为天蓝色聚氯乙烯绝缘保护层,内有三根每芯都单独屏蔽的芯线。按观测设计所设定的长度,准备各个测点相应的电缆长度,并对电缆作如下检查:①用万用表测量每根线的芯线电阻,并记录。②用 100 V 兆欧表分别检查每根芯线与屏蔽层间的绝缘电阻值,要求阻值大于 100 MΩ。

(3)仪器现场安装。

安装示意图如图 8-36 所示,测点保护箱底板上留有相距 250 mm × 130 mm 的 4 个 M6 的螺孔,用于安装仪器底板,调节螺杆高度,使引张线距离仪器为 58 mm;并保证仪器底板的中心和引张线在同一铅垂面内,且保证仪器底板水平。

将二极板的引线头烫锡,并安装在底板上,保证二极板相距 50 mm,二极板均平行于引张线。安装固定极板部件的螺钉拧紧时要适量,以免连接瓷子被压坏。各测点中间极在放线时就安装在线体上,中间极的位置与二极板中心连线左右对称,二头用夹头芯塞紧。

将与仪器连接的电缆端穿过仪器底板上的电缆孔,固定后与相应的极板引线焊接。接头部分进行绝缘处理,并检查绝缘性能。

2)调试标定

为了确保仪器质量,仪器在出厂前均按下述方法做标定试验,确定其主要参数。每个工程都可配备一套标定设备,用户可在现场用该设备和 5 mm、10 mm 的量块检查仪器的性能。

仪器在出厂前标定方法为:将仪器安装在标定设备底板上,把引张线(中间极)夹在标定设备的引张线上,在水平面内移动,用仪表检测找出仪器测量范围的中间位置(电容比接近为 0),将仪器测量范围(20 mm)均分成 5 ~ 10 挡进行标定,共完成正、反三个行程的测量,将所得资料经计算得仪器的非线性误差、重复性误差和迟滞误差。具体计算方法见式(8-20) ~ 式(8-24)。

因为仪器的温度附加误差在室内做过试验,而现场没有条件及设备,故现场不做考核。现场仅用标定部件和量块进行仪器灵敏度标定。

引张线仪测值方向应符合规范的规定,如不一致可通过调换接入测量模块的桥压线位置解决。

（三）光电式（CCD）引张线仪

光电式（CCD）引张线仪是采用CCD器件实现的一种非接触式自动化位移测量设备，能够测量垂线在平面内 x、y 两方向的位移，在两方向上的测量原理相同，测量电路相互独立、互不干扰。

1. 光电式（CCD）引张线坐标仪的结构

光电式（CCD）引张线坐标仪由光路系统、电荷耦合器（Charge-Coupled Device，简称CCD）、测量及数据处理电路、电源以及密封壳体组成。其结构见图8-37。

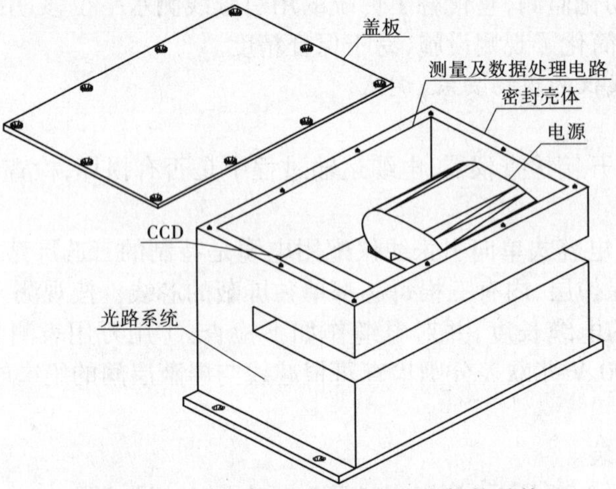

图8-37　光电式（CCD）引张线坐标仪结构

2. 工作原理

光电式（CCD）引张线坐标仪工作时，由平行光源发射一束平行光束，该平行光束将位于坐标仪中间的引张线线体投影到对应的电荷耦合器件上。CCD将带有线体阴影的光信号转换成电信号，经测量电路测出再经过数据处理，得到线体相对于坐标仪位置的坐标物理量。这样，通过不同时间的坐标值的变化，可获得坐标仪相对线体的位移变化。

测量及数据处理电路的原理框图如图8-38所示。

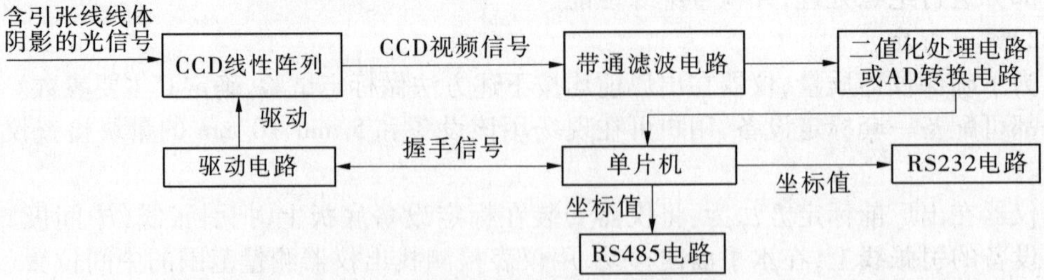

图8-38　测量及数据处理电路的原理

3. 主要技术参数及性能特点

光电式（CCD）引张线坐标仪主要有20 mm、30 mm、50 mm三种型号，其他技术指标及性能特点与前述光电式垂线坐标仪相同。

4. 现场安装

光电式（CCD）引张线坐标仪固定于引张线坐标仪保护箱内的底板上。引张线线体放置于坐标仪测量窗口的中间位置。

引张线坐标仪保护箱由生产厂家提供，根据不同的现场安装到待测部位，要求保护箱与待测部位连接稳定可靠。

光电式(CCD)引张线坐标仪是精密的传感器，可在潮湿环境下使用，但需有保护设施，防止漏水或凝结水直接流入仪器。

光电式(CCD)引张线坐标仪固定好后，将电源及通信电缆接入到采集箱中即可。

(四)步进电机式引张线坐标仪

步进电机式引张线坐标仪的原理同前述步进电机式垂线坐标仪，使用要求也基本一致。

图 8-39 为新丰江坝顶引张线 21 个测点中 EX1－1～EX1－6 六个测点的自动化测值过程线图，图 8-40 为新丰江引张线及控制垂线自动化监测点立面布置图。

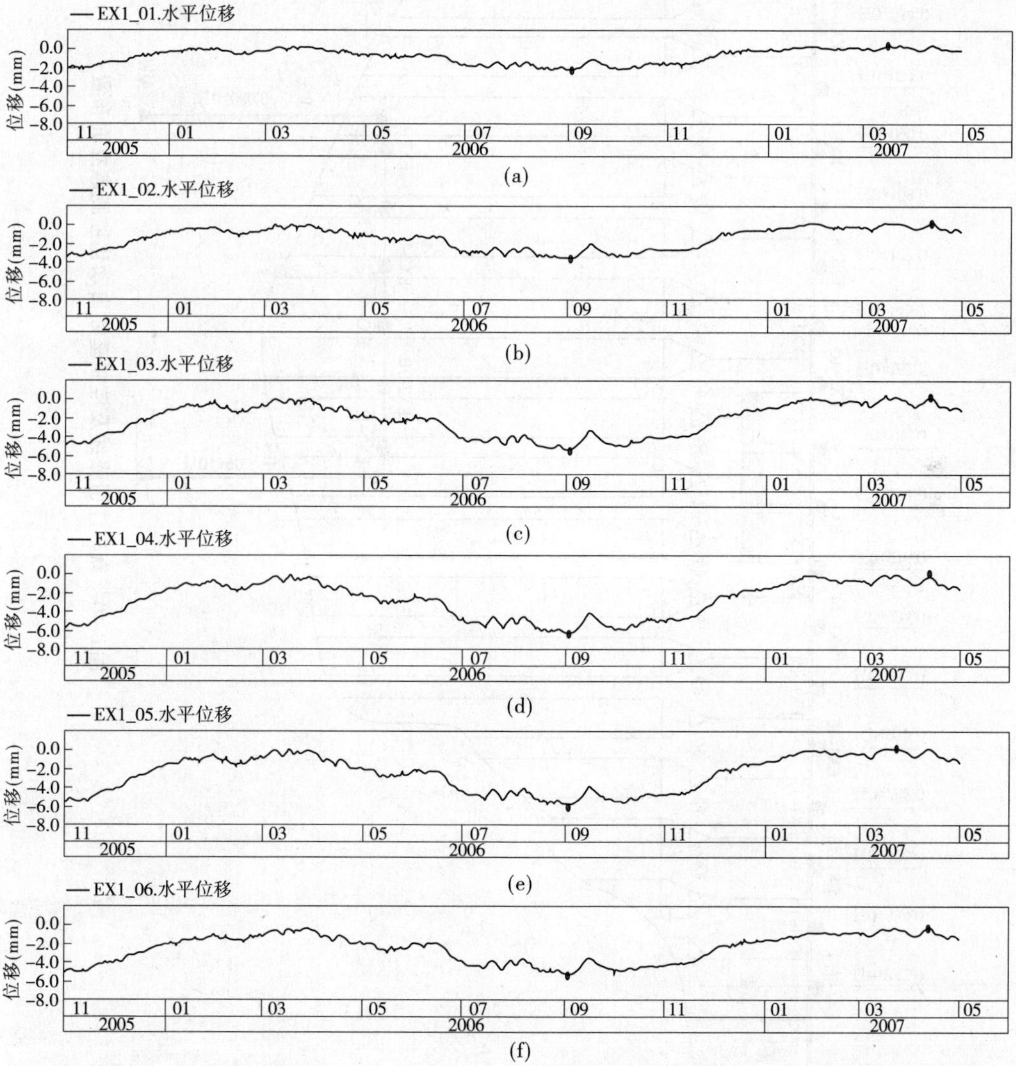

图 8-39 新丰江坝顶引张线自动化测值过程线

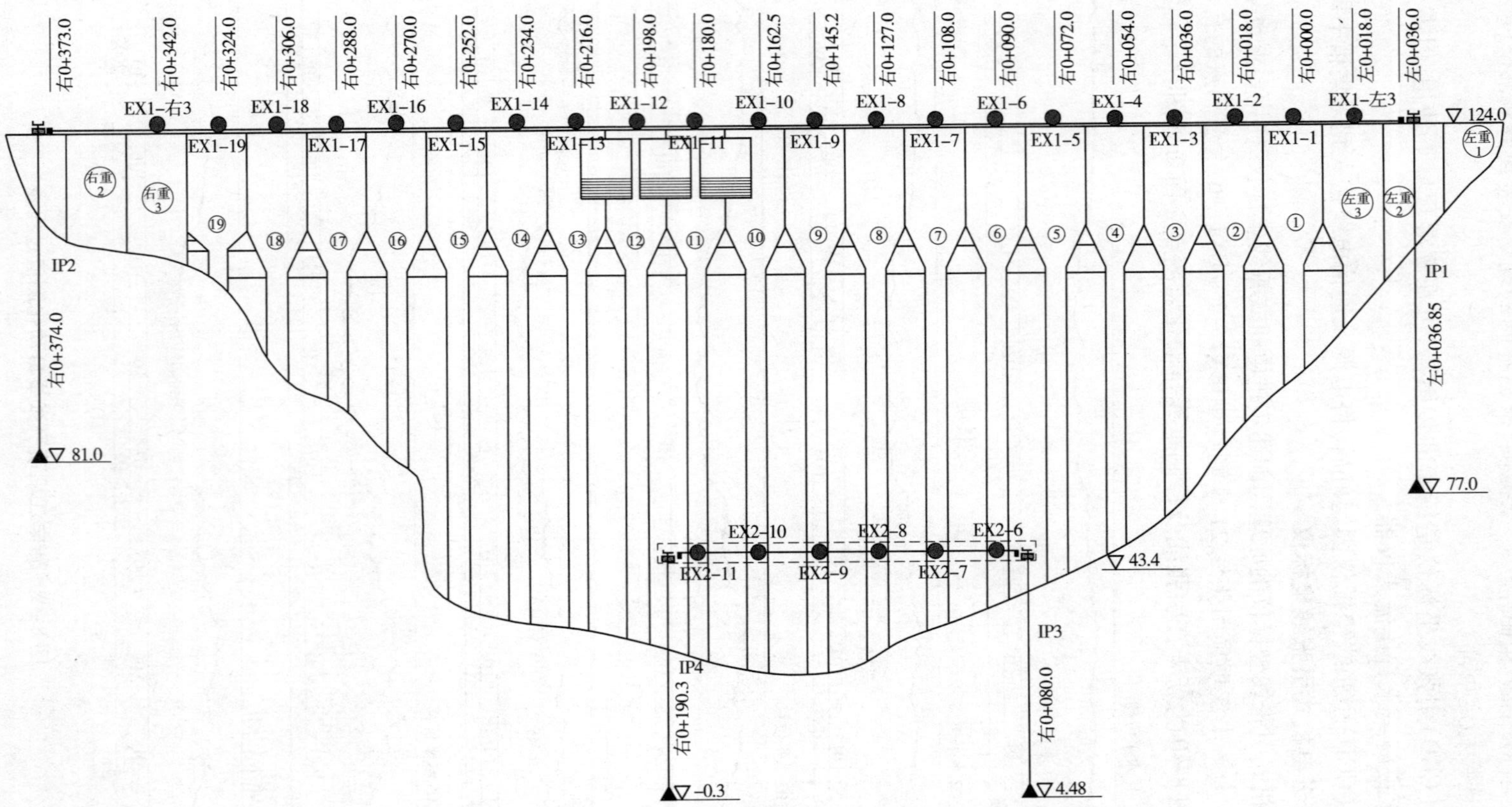

图 8-40　新丰江引张线及控制垂线自动化监测点立面布置

六、真空激光准直系统

基准线法是观测直线型建筑物水平位移的重要方法。由于激光具有良好的方向性、单色性、较长的相干距离，采用经准直的激光束来作为测量的基准线，可以实现有较长的工作距离、较高测量精度的位移自动化观测。

20 世纪 70 年代末 80 年代初，激光准直测量已在大坝观测中获得应用。与视准线法一样，激光束不可避免地受到大气折光的影响，在大气中传输时，会发生漂移、抖动和偏折。

真空激光准直系统在一个人为创造的真空环境中，完成各测点的测量采样，其观测精度受环境影响较小，长期工作稳定可靠，测量精度达 $0.5\times10^{-6}L$（L 为激光准直的长度）以上，可用于直线型混凝土大坝的水平、垂直方向位移监测。

真空激光准直系统是以激光准直光线为基准，测出各测点相对于该基准光线（轴）的位移变化。测值反映了各测点相对于系统的激光发射端和接收端的位移变化。因此，一个完整的真空激光准直大坝位移监测系统还应包含激光发射端及接收端的位移监测部分（一般用正倒垂线组、双金属管标或静力水准测量系统）。

（一）真空激光准直测量原理

真空激光准直系统采用激光器发出一束激光，穿过与大坝待测部位固结在一起的波带板（菲涅耳透镜），在接收端的成像屏上形成一个衍射光斑。利用 CCD 坐标仪测出光斑在成像屏上的位移变化，即可求得大坝待测部位相对于激光轴线的位移变化。

激光传输空间介质折射率的变化会直接影响到激光准直精度。对于气体来说，其折射率变化与气体的压强、温度以及压强梯度和温度梯度有关。

通常情况下，大气温度梯度的影响是其折射率梯度存在的主要因素，而压强梯度项的影响可以不考虑。从温度梯度项分析，只要减低压强 P，则可以减弱温度梯度对大气折射率变化的影响。

对于准直距离不足 1 000 m 的系统，其真空度可控制在 20 ~ 40 Pa 内。对于准直距离较长的系统，还应采取减小温度梯度的措施。

（二）真空激光准直系统的组成

1. 结构

真空激光准直系统由激光发射部件、测点部件、激光接收部件、真空管道、真空发生设备、真空度检测设备、激光装置控制箱、数据采集及控制系统等构成。其结构如图 8-41 所示。

1）激光点光源

采用激光器作为准直系统的光源，单色性好，光束光强分布均匀。激光管前置组合光阑，与发射端底板固定。激光管支撑在具有方向调节功能的支架上，便于激光管的维修更换。

2）测点部件

测点部件由在大坝待测部位设置的一块波带板及由单片机控制的翻转机构（均安装在密封的测点箱内）构成。在测量时，由微机发送命令，启动该测点单片机，举起波带板

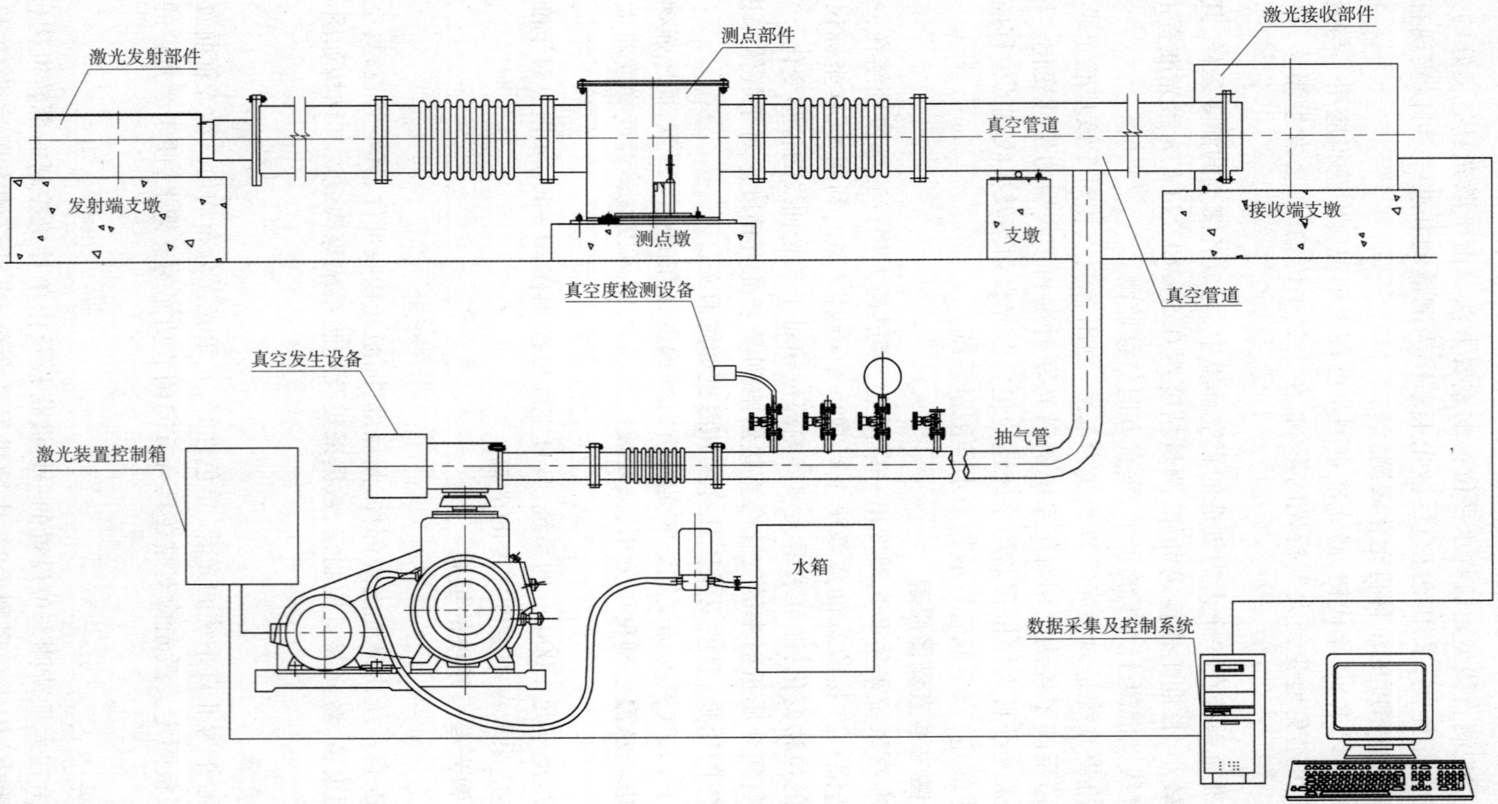

图 8-41　真空激光准直系统结构示意

进入激光束内，完成测量后，即倒下波带板，退出激光束。每次测量时，仅举起一块波带板进入光束。

3）激光接收部件

激光接收部件由 CCD 激光检测仪、图像卡等组成，用于测量经波带板形成的激光衍射光斑的坐标位置。CCD 坐标仪主要由两部分组成：成像屏和 CCD 成像系统。CCD 成像系统将成像屏上的衍射光斑转化为相应的视频信号输出。

4）真空管道

真空管道包括密封测点箱、无缝钢管、波纹管及两端的密封平晶。

（1）密封测点箱：测点箱内安装波带板、翻转机构及控制翻转的电路板。

（2）真空管道：根据不同的准直距离需要，采用不同管径的无缝钢管焊制而成。对于测点位移较小的大坝可采用 $\phi159\times5$ 或 $\phi219\times7$ 的无缝钢管，对于准直距离较长的可以选用口径更大的无缝钢管。

（3）不锈钢波纹管：用来补偿真空管道的热胀冷缩，减少热应力对测点的影响。安装时由波纹管将真空管道和测点箱连接成一体。

（4）平晶：真空管道两端用两块高精度的平晶密封，以形成通光条件，又不至于影响激光束的成像。

5）真空发生设备

真空发生设备包括真空泵、真空截止阀、冷却系统等。

6）真空度检测设备

真空度检测设备包括检测粗真空的真空气压表和检测高真空的旋转式水银真空度计，也可选用电子数显真空计用以检测真空管道内的真空度。

7）激光装置控制箱

激光装置控制箱为激光系统工作的电气箱，由箱内的智能模块控制真空泵、冷却系统、激光源及各测点电源有序地工作。必要时可由人工直接启动，控制激光系统的工作。

8）数据采集及控制系统

数据采集及控制系统包括工控机、图像处理软件、数据采集软件和系统软件。工控机在专用软件的支持下，控制激光准直系统各部件有序地工作：打开激光电源、定时开启冷却系统、启动真空泵、依次控制各测点的测量、处理所得的数据、保存到数据库并显示。

2. 工作原理

真空激光准直系统采用 He－Ne 激光器发出一束激光，穿过与大坝待测部位固结在一起的波带板，在接收端的成像屏上形成一个衍射光斑。利用 CCD 坐标仪测出光斑在成像屏上的位移变化，即可求得大坝待测部位相对于激光轴线的位移变化。其工作原理简图见图 8-42。

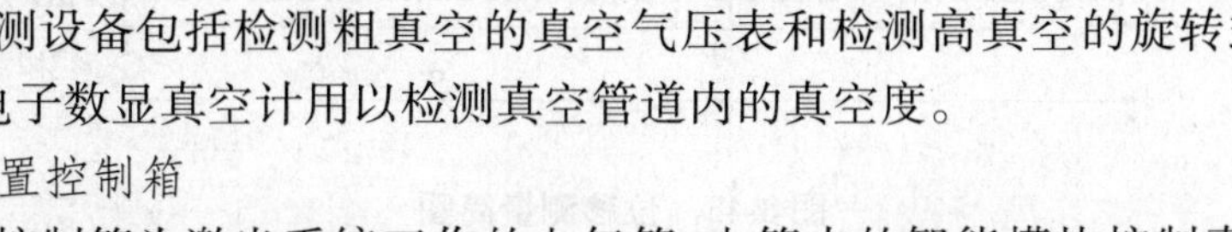

图 8-42　真空激光准直系统工作原理简图

由图 8-42 知，波带板距光阑为 S，即波带板的物距为 S；成像屏距波带板为 S'，即经波带板成像的像距为 S'；成像屏至光阑的距离为 L，$L=S+S'$，即系统的准直距离为 L。波带板的焦距应满足波带板的成像公式

$$\frac{1}{f}=\frac{1}{S}+\frac{1}{S'} \tag{8-33}$$

因此，通过小孔光阑的激光束经波带板会聚，将在成像屏上形成一个清晰的衍射光斑。

当波带板随坝体相对于准直光线轴移动了 ΔX，则其在成像屏上的衍射光斑将移动 $\Delta X'$，且有如下的关系式

$$\Delta X=\frac{S}{L}\times\Delta X'$$

利用 CCD 坐标仪测出 $\Delta X'$ 的值，就可很方便地求出待测部位相对位移 ΔX。

如用其他监测手段测出发射端和接收端的位移为 ΔA 和 ΔO，则可利用测点间的几何关系求得待测部位 P 点的位移变化 ΔP。

由于发射端、接收端的位移，原先的基准轴 AO 已变为 $A''O''$（见图 8-43），而波带板中心位移了 ΔP，但相对于变化了的基准轴 $A''O''$ 只位移了 $P'P''=\Delta X$，即

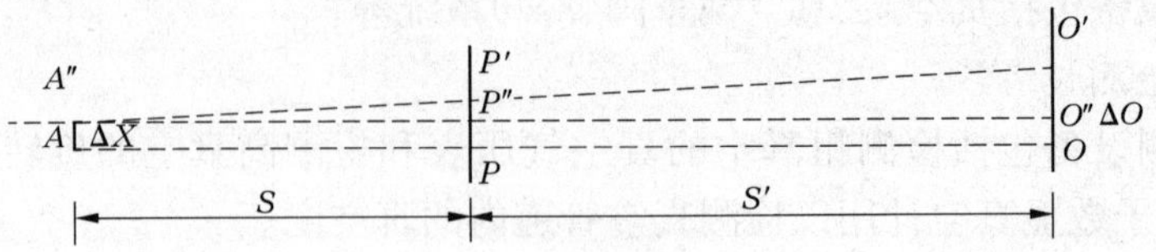

图 8-43　位移测量简图

$$\Delta P=P'P''+PP''$$

$$PP''=\left(1-\frac{S}{L}\right)\Delta A+\frac{S}{L}\Delta O$$

$$\Delta X=\frac{S}{L}\times\Delta X'$$

$$\Delta P=\Delta A+\frac{S}{L}\Delta X'+\frac{S}{L}(\Delta O-\Delta A)=\left(1-\frac{S}{L}\right)\Delta A+\frac{S}{L}(\Delta O+\Delta X') \tag{8-34}$$

式中　$\Delta X'$——波带板 P 形成的衍射光斑中心在成像屏上的位移量（$\Delta X'=O'O''$），由 CCD 坐标仪测出；

ΔA、ΔO——发射端、接收端的位移变化，由正倒垂线组的坐标仪、双金属管标或静力水准仪等测出（水平位移和垂直位移）；

S——波带板至光阑的距离。

（三）相关参数

（1）CCD 坐标仪测量范围：100 mm、200 mm（准直距离 $L\leqslant 1\ 000$ m）或根据现场订制

(准直距离 $L>1\ 000$ m)。

(2)最小读数:≤0.01 mm。

(3)测量精度:当激光准直距离不大于 300 m 时,测量精度不低于 0.2 mm;当激光准直距离大于 300 m 时,测量精度不低于 $5\times10^{-7}L$ mm。

(4)重复性误差:≤0.05%FS。

(5)真空管道工作真空度:20～40 Pa(准直距离 $L\leqslant1\ 000$ m),10～20 Pa(准直距离 $L>1\ 000$ m)。

(6)真空管道升压率:5～10 Pa/h。

(四)系统软件功能

系统软件具有良好的人机交互界面,并具有如下功能:

(1)实时图像监视功能;

(2)定时自动测量功能;

(3)单点重复测量、单点连续测量功能;

(4)系统巡测功能;

(5)单点测试功能;

(6)辅助设备工作方式切换功能;

(7)辅助设备控制功能;

(8)测量数据自动校验、保存功能;

(9)历史数据查询、打印功能。

(五)系统工作模式

系统提供两种工作模式:

(1)人工手动工作模式。将系统设置在人工手动工作模式,由人工启动关闭抽真空控制系统,启动测量控制系统电源。该模式一般用于系统的调试、维修。

(2)定时自动工作模式。将系统设置在自动工作模式,系统将按设定的间隔时间自动定时启动运行。

(六)现场安装

1.真空管道的放样

严格按设计位置进行真空管道的发射端、接收端、测点支墩,以及管道的支墩放样和施工;按真空管道中心轴线的高程控制各支墩安装面的高程;对于长距离准直系统,必须考虑地球曲率对各支墩高程要求的影响,分别给予修正,修正值按下式计算

$$\Delta h = \frac{D^2}{2R} \tag{8-35}$$

式中 R——地球半径,取 $R=6\ 371.11$ km;

D——真空管道起点到测墩的距离。

一般可以用位于激光准直系统中间部位的测墩中心线位置为基准,计算距测墩不同距离的各墩高程修正值 Δh。

用高精度经纬仪(1″或高于1″的仪器)进行真空管道轴线的放样,控制各测墩中心线对轴线位置的偏差小于3~5 mm。用钢带尺丈量各测墩中心线间距,相邻测墩间距偏差控制在±3 mm内。整个系统长度的总偏差也应控制在10~20 mm内。对于较长的准直距离,可以取较大的偏差值。

用一、二等精密水准仪控制各支墩的安装面高程。测墩与设计值的偏差应控制在±3 mm内。各支墩的偏差可适当放宽。待支墩底板安装完毕后,再用水准仪校测,求得各支墩的实际偏差,然后用钢垫柱补偿(在控制支墩的高程时应扣除钢垫柱的名义尺寸ϕ值)。

2. 真空管道的焊接与安装

(1)每两测点间选用2~3管整段钢管焊接,钢管对焊端应在焊接前打30°坡口,采用双层焊。

(2)每段钢管焊成后,应单独进行充气,用肥皂水或其他方法检漏,不得有渗漏。

(3)钢管内壁必须进行除锈清洁处理。

(4)在高精度经纬仪的检测下,进行钢管的安装定位、测点箱的安装定位、钢管与测点箱、波纹管的对接。

(5)根据真空泵的容量选用相应口径的抽气钢管,确保钢管与真空管道对接处的焊接质量。

(6)对组成的真空管道进行密封试验。用气泵将管道充气至0.12 MPa,涂抹肥皂水进行检漏,包括密封圈部分。确保管道、测箱密封达到要求后再进行测点仪器的安装。

3. 真空泵的安装调试

(1)按设计图将真空泵及其冷却系统的电缆接入控制箱,检查无误后,将控制箱面板上的工作方式选择开关打在手动位置。

(2)启动水泵开关(按电磁阀按键)检查,应确保排水循环管有水排出。

(3)启动真空泵开关(按真空泵按键)并注意皮带轮是否按正确方向旋转(按箭头方向)。如旋转方向相反,则应立即停止真空泵,并关掉控制箱内三相电源,将三相中二根相线位置互换,再重复启动真空泵开关操作。

(4)真空泵启动后,即进行计时,并观察真空表上的读数,一般表上指针应有明显变化,若变化很小,则应关真空泵,检查真空管道的密封性,检查各种阀门是否处在正常位置,排除了漏气的可能再进行抽真空调试。如真空泵启动3 min后,指针尚未达到-0.092 MPa,此时即停止真空泵工作,几分钟后,再进行抽气工作。要防止真空泵在高气压的情况下工作时间超过3 min,以避免真空泵不必要的损伤。正常情况下,一般在10~15 min后,即可将真空管道内的气压由1 Pa抽至20~40 Pa,对于管道较短的情况,真空度可达1~5 Pa。管道内的真空度用麦氏水银真空表测量。

(5)真空度达到要求后,即关好各个阀(麦氏表、真空表的阀),关真空泵和水泵,记时间,检查漏气状况。气压上升应不超过5~10 Pa/h。

4. 波带板翻转机构的调整

调整激光源位置,使发出的激光束均匀地照明像屏。在大气状况下,对于准直距离较长的真空管道,大气折射使光束传输时偏离中心轴线的距离较大,在调整位置时应充分考虑其影响。调整好的波带板在真空状态下所形成的光斑偏离理想的位置可控制在几毫米范围内。

5. 保护措施

应采取保护措施,防止渗水、雨水直接滴入激光发射端及接收端,一般激光系统的两端均设置在室内,并备有保护箱。

6. 软件的调试

完成各种功能的操作,对系统进行定时,进行单点测量、多次重复测量等。

(七)真空激光准直系统监测实例

图 8-44 为 LA06、LA12、LA18、LA48、LA55、LA60 6 个任意测点的水平位移过程线图。

图 8-45 为葛洲坝真空激光准直坝顶位移自动监测系统布置图,该系统真空管道长 1 630 m,有 71 个测点。

图 8-46 为 LA06、LA12、LA18、LA48、LA55、LA60 6 个任意测点的垂直位移过程线图。

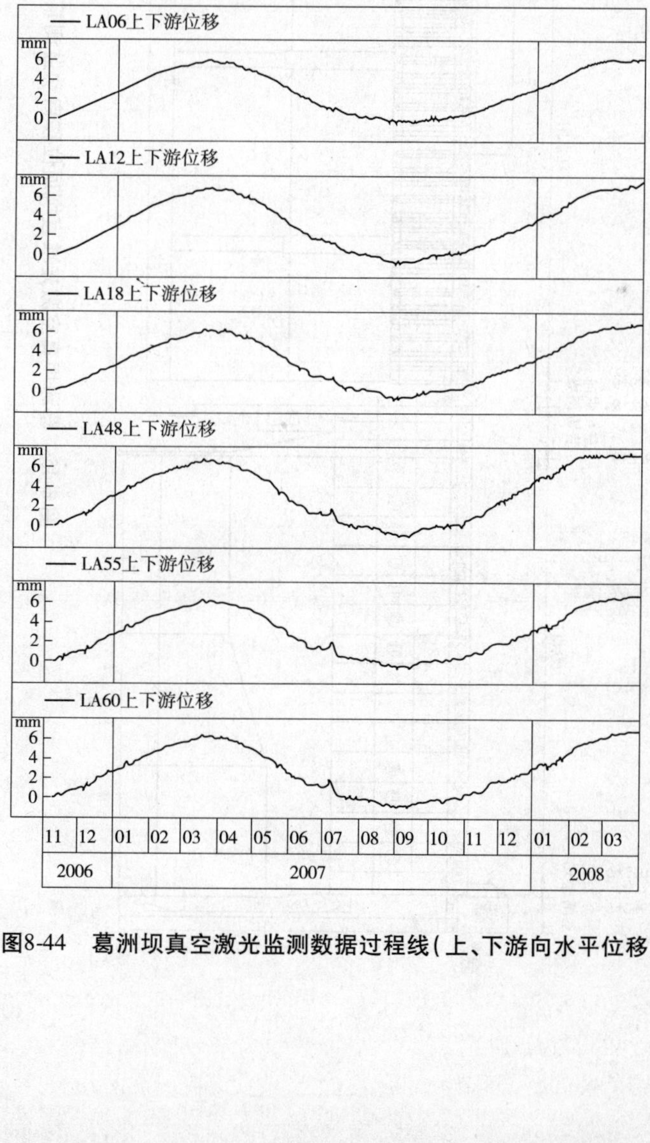

图8-44　葛洲坝真空激光监测数据过程线(上、下游向水平位移)

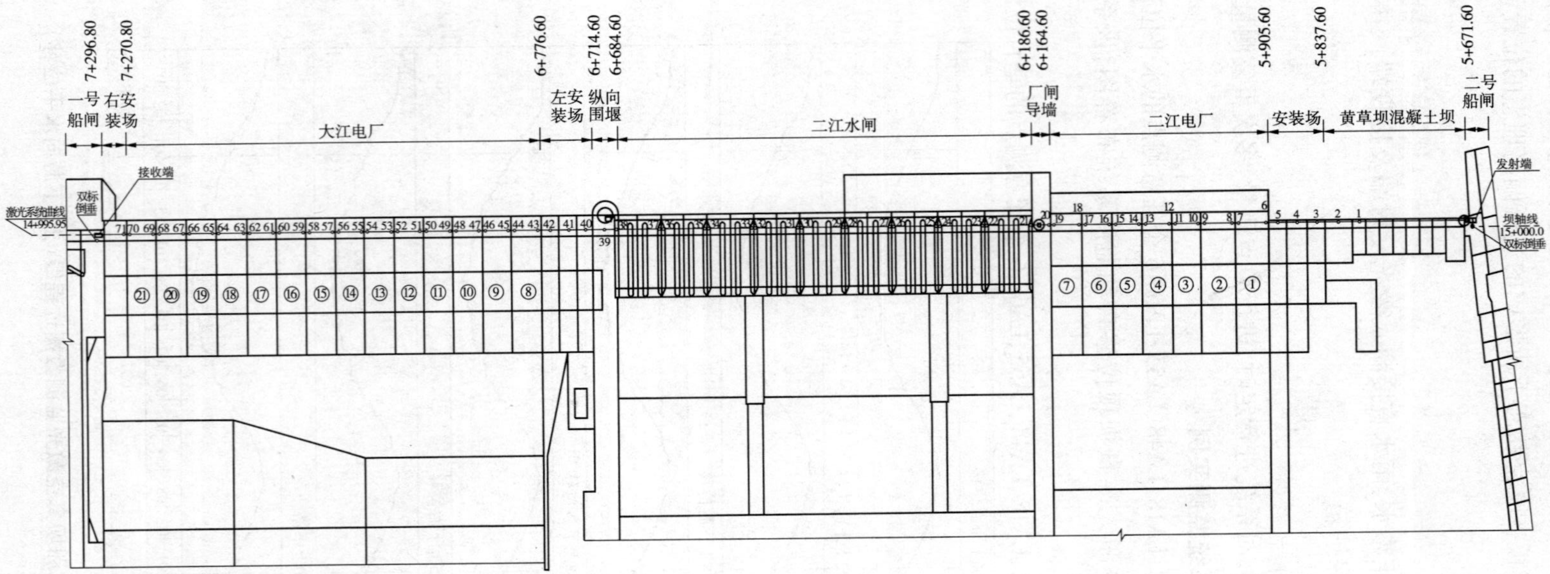

图 8-45　葛洲坝真空激光准直坝顶位移自动监测系统总布置

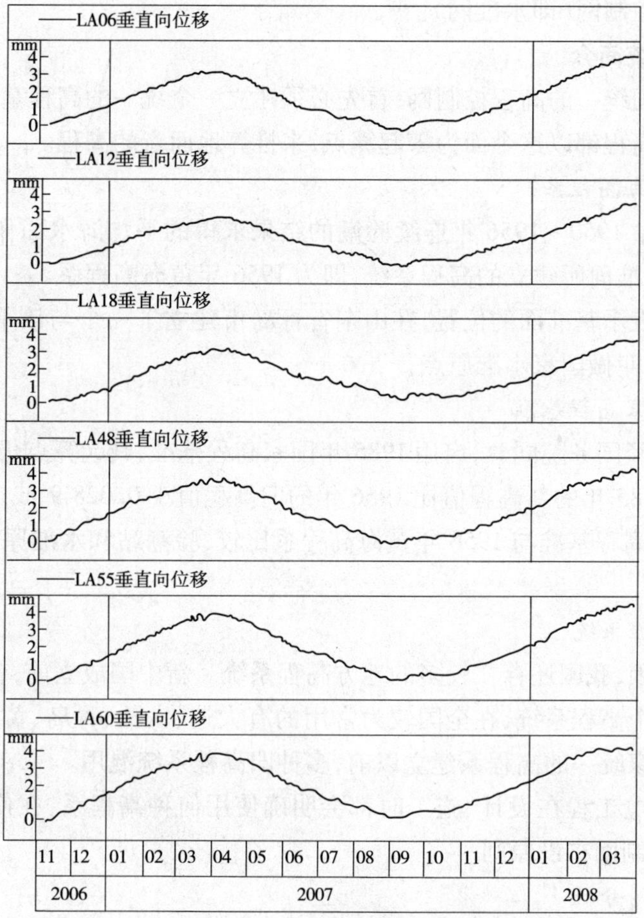

图 8-46　葛洲坝真空激光监测数据过程线(垂直向位移)

第五节　垂直位移监测

水利水电工程中外部变形监测工作中的垂直位移监测也是整个监测工作中重要的一部分。垂直位移监测主要是测定建筑物在垂直方向(高程)上的变形。

监测规范对垂直位移监测的正负号规定为:下沉为正,上抬为负。

垂直位移监测设施包括:水准基点、工作基点、监测点(均为按水准测量要求埋设的水准点)。监测方法有水准测量、三角高程测量、静力水准测量等。

使用的主要设备为精密水准仪,如 N_3 水准仪、N_i002 水准仪、DNA03 数字水准仪、高精度全站仪以及静力水准器具等。

一、高程控制网的建立

要进行水利水电工程外部变形监测工作中的垂直位移监测首先要建立高程基准,即建立测区的高程控制网(即水准网)。

(一)高程系统简介

为了布设全国统一的高程控制网,首先必须建立一个统一的高程基准面,以使所有的水准测量测定的高程都以这个面为零起算点,来推算地面点的高程。

1.1956 年黄海高程系

以青岛验潮站 1950~1956 年连续验潮的结果求得的平均海水面作为全国统一的高程基准面,以此基准面所建立的高程系统,即为 1956 年黄海高程系。

为了稳固地表示基准面的位置,在山东省青岛市建立了一个与该平均海水相联系的水准点,该水准点叫做国家水准原点。

2.1985 年国家高程基准

1987 年 5 月经国务院同意,启用 1985 年国家高程基准,其起算点仍为 1956 年所用的青岛水准原点,1985 年的新高程值比 1956 年的旧高程值小 0.028 9 m。

1985 年国家高程基准与 1956 年黄海高程系比较,验潮站和水准原点未变,只是更加精确。

3.地方的高程系统

由于历史原因,我国还存在较多的地方高程系统。新中国成立前,各省或各大流域都自行确定了若干个高程系统,在全国较为常用的有大连、大沽、青岛、黄河、吴淞及广州假定零点等。在国家统一的高程系建立以前,多种旧高程系统混用。

各个水利水电工程在设计、施工时都会明确使用何种高程系,在使用中切忌搞混。

(二)高程控制网布设原则

1.高程控制网分级

根据《水利水电工程施工测量规范》(SL 52—93)规定,高程控制网的等级依次划分为二、三、四、五等。可以根据工程的规模、范围和要求的放样精度来确定首级高程控制网的等级。二、三、四、五等高程控制网可以采用水准测量的方法进行施测,三、四、五等高程控制网可以采用光电测距三角高程测量替代水准测量。

2.高程控制网布设原则

水利水电建筑物的高差悬殊大,其高程位置的放样错综复杂,同时,在施工期间及竣工后,要对建筑物进行垂直位移监测及倾斜变形监测。因此,须布设高精度的控制网,采用水准测量的方法施测。

高程控制网的布设一般遵循以下原则:

(1)分级布网、逐级控制。高程控制网的首级网布设成闭合环形状,加密时可以考虑布设附合导线或结点网。

(2)高程控制网的点位要求稳定,不受洪水、施工干扰的影响,便于使用、保存和维护。可以在施工区以外的地方,设置 2 个基本的高程点(最好是基岩标),作为控制网的基准点。

(3)有条件时高程控制点尽量与平面控制网点共标,以方便使用和节约成本。

(三)高程控制网的布设

1. 选点与造埋

根据高程控制网布设技术方案,在稳定区域进行水准标点造埋。图8-47为水准标志埋设示意图。

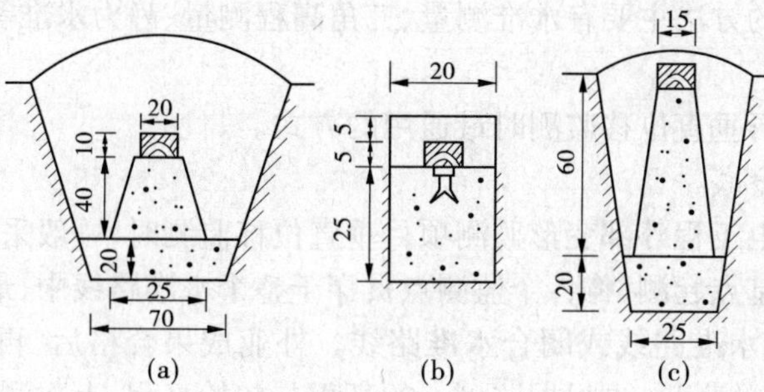

图8-47　水准标志埋设示意　(单位:cm)

高程控制点埋设与造埋要求可参照《国家一、二等水准测量规范》(GB/T 12897—2006)、《水利水电工程施工测量规范》(SL 52—93)、《水电水利工程施工测量规范》(DL/T 5173—2003)等规范的规定。

2. 高程控制网的观测

高程控制网的观测,一般采用水准测量的方式。水准测量的基本原理是借助水准仪上的水准器将视准轴置平,建立一条水平视线,根据水平视线在不同点上竖立的水准尺上的读数,测定不同点间的高差。

1)水准仪的选择

对不同精度等级的高程控制网观测要求选择不同精度等级的水准仪,水准仪等级划分及用途见表2-6。

2)水准观测

高程控制网布设技术方案中对高程网精度有明确要求。

一般混凝土建筑物外部变形监测用高程控制网应布设成一等或二等水准网;对土石建筑物外部变形监测用高程控制网应布设成二等或三等控制网。各等级水准测量的主要技术要求见表2-13。

一、二等和三、四等水准测量测站观测限差如表2-11和表2-12所示。

水准观测是测绘专业最基本的一项工作,从事测绘工作专业的人员对此了解十分清楚,本处只对一些技术要求和限差要求做一个简单介绍。对水准测量的具体作业步骤或作业中应注意的问题不再详述。

(1)水准网的平差计算。

(2)水准观测外业作业成果经检查满足作业限差要求后,就可以用来进行内业平差计算,目前均采用水准测量平差软件进行计算。计算结果水准网各项精度指标都满足规范规定的技术要求后,计算结果作为该测区高程测量的基准值。

(3)为保证水准基准的可靠性,应定期对水准网点进行复测检查。

二、垂直位移监测

垂直位移监测的监测点一般均按水准点的埋设要求埋设。对采用三角高程方法进行监测的则采用混凝土标墩。

垂直位移监测的方法主要有水准测量、三角高程测量、静力水准等。

(一)水准测量

水准测量是进行垂直位移监测时最通用的方式。

1. 水准测量的方式

在进行水利水电工程外部变形监测项目垂直位移监测时,一般采用水准测量的方法,从水准基点或工作基点起测,将各个监测点贯穿于整个水准路线中,最后回到工作基点或水准基点,形成附合水准路线或闭合水准路线。外业成果合格后,再按水准路线平差方式,计算出各监测点的高程,再根据监测点的高程与初始高程、上次测量高程进行比较,求得各监测点的累计垂直位移变化量和期内变化量。

采用水准测量的等级应根据监测精度要求确定,一般土石坝工程监测时按三等水准要求进行,混凝土坝段按二等水准要求进行。不同等级的水准测量使用的仪器和水准尺的要求是不同的,作业限差也是不同的。

2. 水准测量的作业要求

《水电水利工程施工测量规范》(DL/T 5173—2003)中对水准测量技术有以下要求(见表8-11)。

用于外部变形监测的水准测量等级要求都较高,不同等级的水准测量应按技术规范要求采用不同精度标准的水准仪。如一等水准测量用DS05型或DSZ05型水准仪配因瓦水准尺,二等水准测量用DS1型或DSZ1型水准仪,三、四等水准测量用DS3型或DSZ3型水准仪配黑红面水准尺。

表8-11　各等级水准测量的技术要求

等级	偶然中误差 m_Δ (mm/km)	全中误 m_W (mm/km)	仪器标称精度(mm/km)	水准标尺类型	观测方法	往返观测次数	观测顺序		往返测较差和路线闭合差(mm)	
							往测	返测	平丘地	山地
二等	±1	±2	±0.5 ±1	因瓦尺	光学测微法	1	奇站数:后前前后 偶站数:前后后前	奇站数:前后后前 偶站数:后前前后	$\pm 4\sqrt{L}$	$\pm 0.6\sqrt{n}$
三等	±3	±6	±1 ±3	因瓦尺或黑红面尺	光学测微法或中丝读数法	1	后前前后		$\pm 12\sqrt{L}$	$\pm 3\sqrt{n}$
四等	±5	±10	±3	黑红面尺	中丝读数法	1	后后前前		$\pm 20\sqrt{L}$	$\pm 5\sqrt{n}$

注: n 为水准路线单程测站数,每千米多于16站时按山地计算闭合差;L 为闭合路线或附合路线长度,km;仪器标称精度为每千米水准测量高差中数的偶然中误差。

3. 数字水准仪的简单介绍

目前，已有数字水准仪和因瓦条码水准尺投入使用。数字水准仪采用 CCD 线针传感器识别水准尺上的条码分划，用影像相关技术由内置计算机程序自动算出水平视线读数视准线长度，并记录在数据模块中，记录的数据可由仪器直接传输到计算机中。目前，由 Leica 公司制造的 DNA03 数字水准仪已得到较多的使用，该仪器和因瓦条码水准尺配合使用，水准测量每千米高差中误差的标准差为 0. 3 mm。由于数字水准仪不需要人工读数，减小了测量中的人为误差；又不需要人工记录，大大缩短了观测时间，提高了工效，图 8-48 是DNA03 水准仪的图片。

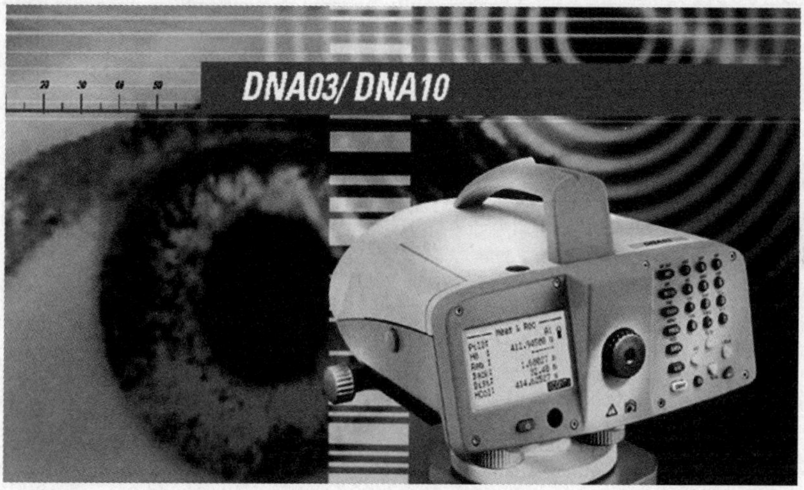

图 8-48　DNA03 数字水准仪

4. 水准测量进行垂直位移监测的内业计算

通过水准测量的外业作业，在满足观测技术要求的外业限差后，将外业成果作为计算依据，通过水准测量平差工作，可计算出每一个监测点的高程，再根据每个点的高程可以计算出每一个监测点的垂直位移期内变化量和累计变化量。可用以下公式进行计算。

$$\left.\begin{aligned} &\text{期内变化量} \quad \Delta h_i = -(H_i - H_{i-1}) = H_{i-1} - H_i \\ &\text{累计变化量} \quad \Delta H_i = -(H_i - H_0) = H_0 - H_i \end{aligned}\right\} \tag{8-36}$$

式中　H_i——本次高程，m；

H_{i-1}——上次高程，m；

H_0——初始高程，m。

这里应注意：垂直位移量计算与水平位移量计算符号是相反的，这与垂直位移监测的符号规定有关（以下沉为正、上抬为负）。

（二）三角高程测量

三角高程测量往往在一些进行水准测量比较困难、监测精度相对较低的外部变形监测项目中使用。光电测距三角高程测量一般可以代替三、四等水准。光电测距三角高程测量采用的仪器和作业要求符合规范要求。《水电水利工程施工测量规范》（DL/T 5173—2003）中对此有表 8-12 的规定。

表 8-12　光电测距三角高程导线测量的技术要求

等级	仪器标称精度		最大视线长度		斜距测回数	天顶距				仪器高棱镜高丈量精度(mm)	对向观测高差较差(mm)	隔点设站两次观测高差较差(mm)	附合或环绕闭合差(mm)
	测距精度(mm/km)	测角精度(″)	对象观测(m)	隔点设站(m)		测回数		指标差较差(″)	测回数				
						中丝法	三丝法						
三等	±2	±1	700	300	3	3	2	8	5	±2	$\pm 35\sqrt{S}$	$\pm 8\sqrt{S}$	$\pm 12\sqrt{L}$
	±5	±2			4	4	3						
四等	±2	±1	1000	500	2	2	1	9	9	±2	$\pm 45\sqrt{S}$	$\pm 14\sqrt{S}$	$\pm 20\sqrt{L}$
	±5	±2			3	3	2						

1. 三角高程测量的基本原理

三角高程测量的基本原理如图 8-49 所示。

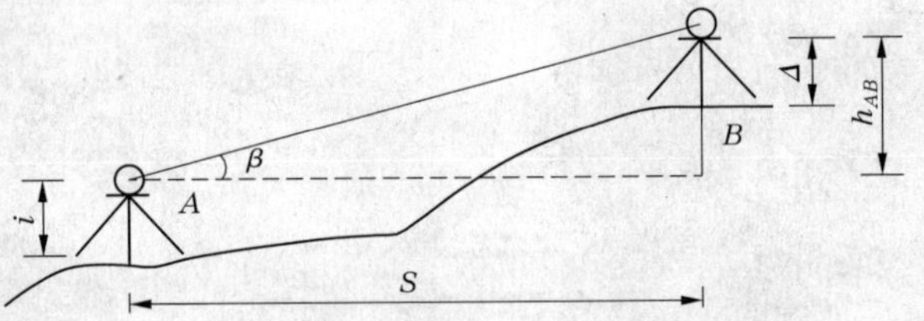

图 8-49　三角高程测量示意

如图 8-49 所示，A 点为已知高程 H_A 的测点，B 点为待求高程点。在 A 点架设全站仪，在 B 点架设棱镜。量取 A 点仪器高为 i，量取 B 点棱镜高为 Δ。通过全站仪测量 A 点至 B 点距离 S(平距)、A 点至 B 点垂直角 β，则通过三角关系和几何关系可建立三角高程测量计算公式

$$\left.\begin{aligned} h_{AB} &= S\tan\beta \\ H_B &= H_A + h_{AB} + i - \Delta \end{aligned}\right\} \tag{8-37}$$

三角高程测量精度在很大程度上取决于大气垂直折光影响。因此，在进行三角高程测量计算时应加入大气折光改正。

所以，式(8-37)应改为

$$h_{AB} = S\tan\beta + \frac{1-k}{2R}S^2 \tag{8-38}$$

式中　k——大气折光系数；

R——参考椭球的曲率半径(地球半径)。

三角高程测量精度还取决于边长的精度，应在边长观测时进行气象改正(温度和气压)、测距仪的加常数改正和乘常数改正。

2. 三角高程测量的实施

在进行外部变形垂直位移监测时，应在已联测等级水准高程的控制点(一般为安置

有强制对中装置的混凝土标墩）上架设全站仪，精确整平，并精确量出仪器高程；在监测点上架设棱镜，并精确量出棱镜高（对一些垂直面的监测点，也可以用粘贴式反光靶来代替棱镜）。将全站仪望远镜精确瞄准棱镜中心，测定控制点至监测点的垂直角和距离，就可以根据式（8-38）、式（8-39）计算出监测点的高程。

计算出监测点的高程后，其垂直位移变化的计算与水准测量相同，此处不再重复。

（三）静力水准

静力水准是一种专用设备，静力水准通常为液体静力水准仪。液体静力水准仪又称连通管水准仪，是测量基础和建筑物各个测点间相对高程变化的专用设备，主要用于大型建筑物如水电站厂、坝、高层建筑物、核电站、水利枢纽工程岩体等各测点间不均匀沉陷测量。利用连通管原理制造的液体静力水准仪的种类很多，主要区别在于测读液面高度的方法和手段不同，除目视人工测读液面的高度外，为了实现遥测和自动化，目前国内使用的液体静力水准仪均已改用浮子升降来进行液面高度的自动测量。

1. 电容式静力水准仪原理及结构

该仪器依据连通管原理的方法，用电容传感器，测量每个测点容器内液面的相对变化，再通过计算求得各点相对于基点的相对沉陷量。如图8-50所示，电容式静力水准仪由主体容器、连通管、电容传感器等部分组成。当仪器主体安装墩高程发生变化时，主体容器相对位置产生液面变化，引起装有中间极的浮子与固定在容器顶的一组电容极板间的相对位置发生变化，通过测量装置测出电容比的变化即可计算得测点的相对沉陷。

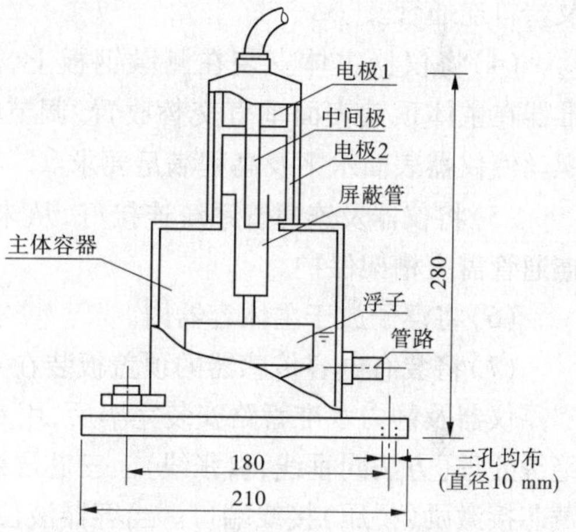

图8-50 电容式静力水准仪结构及原理示意（单位：mm）

2. 电容式静力水准仪主要技术指标

电容式静力水准仪主要技术指标如下：

（1）测量范围：0～10 mm、20 mm、40 mm、50 mm、100 mm。

（2）最小读数：0.01 mm。

（3）基本误差：≤0.5%FS。

（4）环境温度：－20～60 ℃，相对湿度：≤95%。

（5）温度附加误差：＜0.05%FS/℃。

（6）配用电缆：三芯屏蔽电缆（专用）。

3. 电容式静力水准仪性能特点

（1）采用电容感应方式，实现了非接触测量，没有摩擦、阻力而造成的误差，静力水准系统传递精度高。

（2）测量范围大，防潮性能好，传感器主要性能（线性、温度系数等）明显优于同类产品。

(3)结构简单,仪器安装方便。

(4)静力水准液体采用防冻液,可防冻、防霉等,提高了系统的可靠性。

4. RJ 型电容式静力水准仪安装、调试

仪器的安装尺寸如图 8-51 所示,按要求在测点预埋 ϕ180 三个均布的 M840(伸出长度)螺杆。

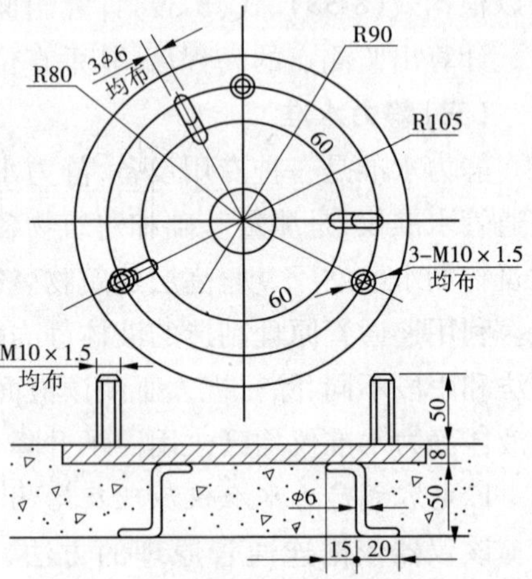

图 8-51 静力水准仪安装示意

(1)检查各测墩顶面水平及高程是否符合设计要求。

(2)检查测墩预埋钢板及三根安装仪器螺杆是否符合设计要求。

(3)预先用水和蒸馏水冲洗仪器主体容器及塑料连通管。

(4)将仪器主体安装在测墩钢板上,用水准器在主体顶盖表面垂直交替放置,调节螺杆螺丝使仪器表面水平及高程满足要求。

(5)将仪器及连通管系统连接好,从未端仪器徐徐注入防冻液,排除管中所有气泡,连通管需有槽架保护。

(6)将浮子放于主体容器内。

(7)将装有电容传感器的顶盖板装在主体容器上。

仪器及静力水准管路安装完毕后,用专用的三芯屏蔽电缆与电容传感器焊接,并进行绝缘处理(方法同垂线,引张线)。三芯屏蔽电缆的红芯接测量模块的信号接线端口,白、黄芯接激励(桥压)接线端口。当容器液位上升时,电容比测值应变小,否则将白、黄芯接线位置互换。

仪器主要性能已在出厂前由厂家标定给出,现场仅在 2 ~ 5 mm 内标定检查系统性能。

5. 运行维护

(1)静力水准管路一般应进行保护,尤其在坝顶等外露部位应采用隔热材料进行保温,避免温度变化对观测值的影响。

(2)同样测点仪器也应进行隔热保护,同时防止泥水进入以及免遭破坏。

(3)应定期检查等接头处是否存在漏水情况。

6. 静力水准自动化监测实例

图 8-52 为福建池潭大坝变形自动化测点立视图。图 8-53 为福建池潭大坝坝顶静力水准 GL2 ~ GL7 六个测点的自动化测值过程线图。

三、垂直位移监测的资料整理

垂直位移监测的资料整理与水平位移监测一样,应将监测成果输入数据库进行管理,

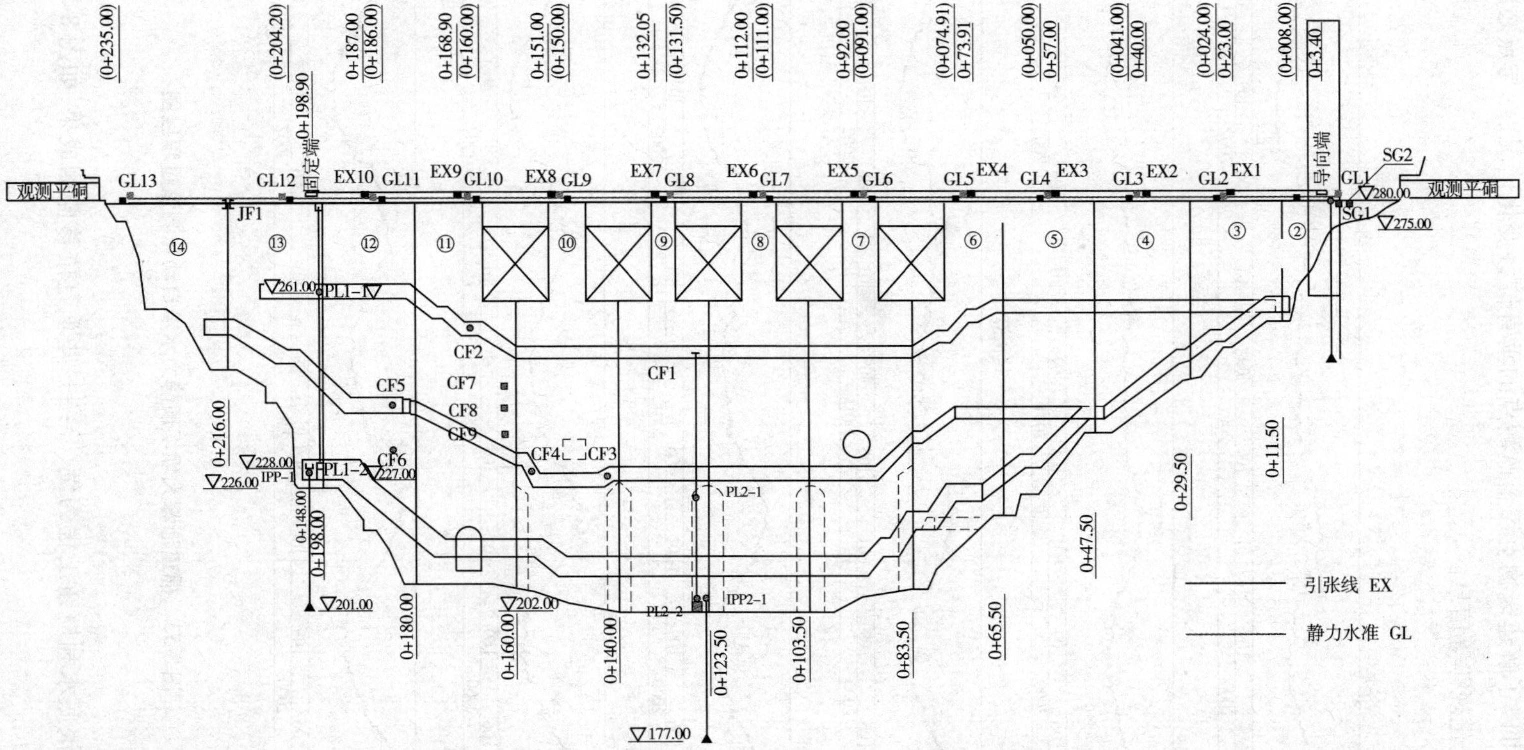

图 8-52　福建池潭大坝变形自动化测点立视图

生成位移量表、位移过程线图，还可以通过各监测点的垂直位移变化情况、绘制等沉陷图。通过上述图表可以了解建筑物上每个监测点的垂直位移变化情况、点与点之间的变化规律、总体位移变化规律等信息。

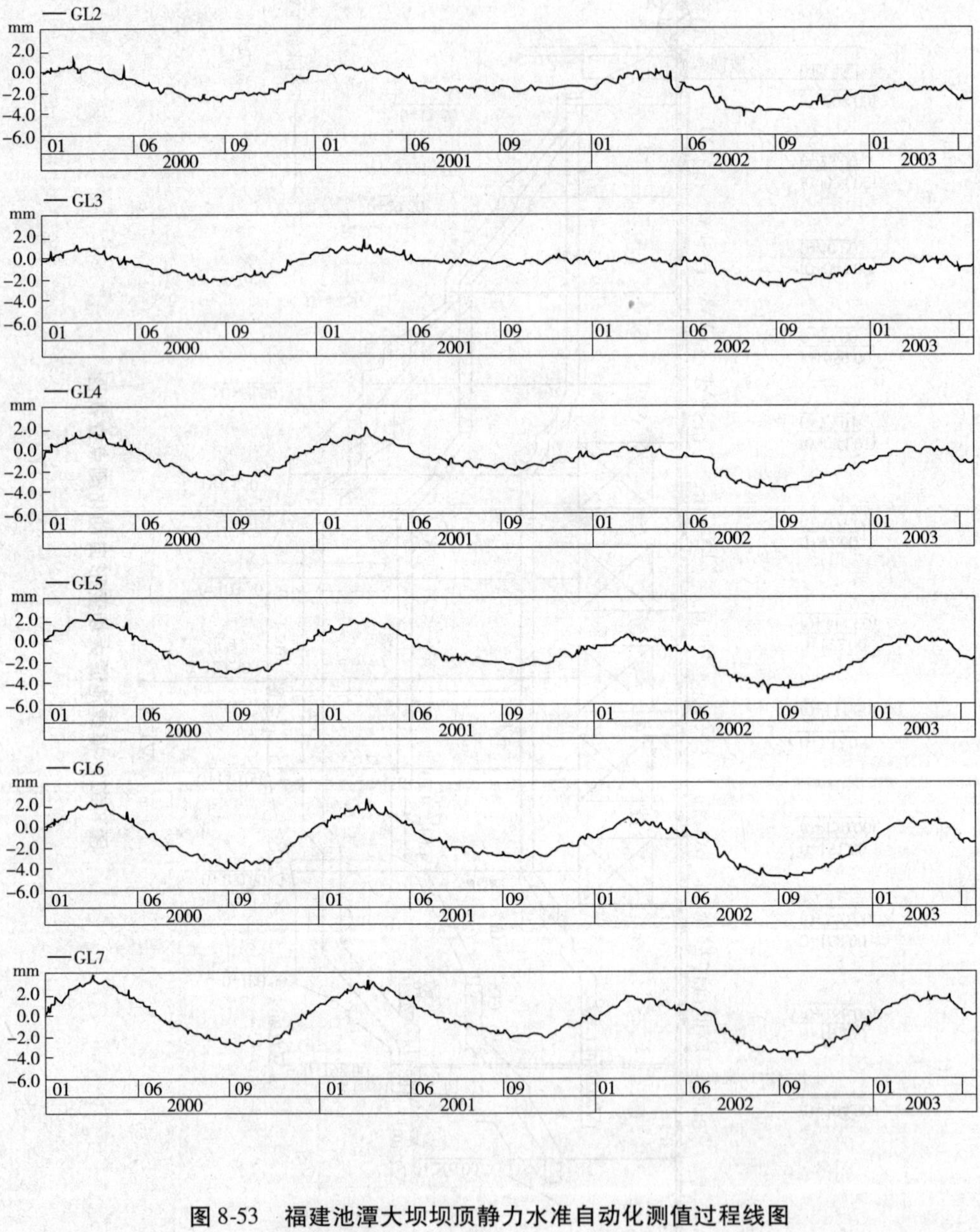

图 8-53 福建池潭大坝坝顶静力水准自动化测值过程线图

下面以小浪底水利枢纽工程为例，介绍一些垂直位移监测成果，如图 8-54 ~ 图 8-56 和表 8-13。

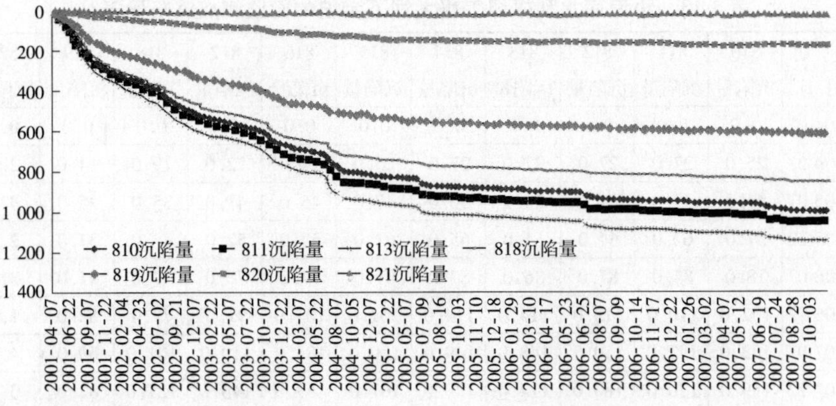

注：位移量为“+”表示标点向下沉，单位为mm。

图 8-54　小浪底水利枢纽工程大坝下游坡中段监测点沉陷变化过程线图

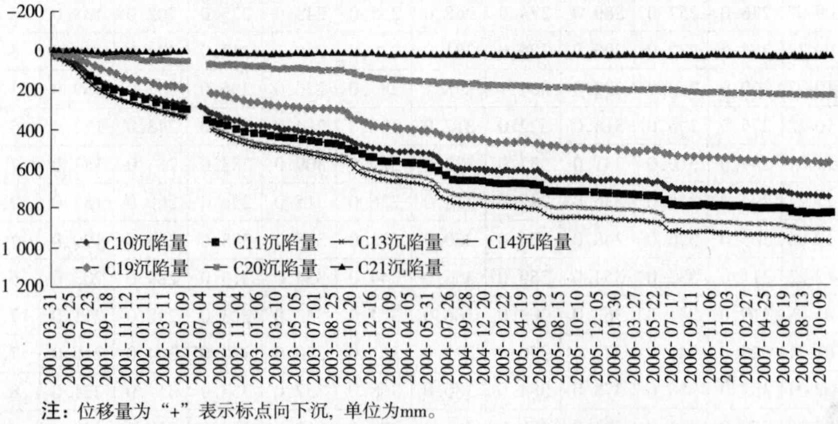

注：位移量为“+”表示标点向下沉，单位为mm。

图 8-55　小浪底水利枢纽工程进水塔顶部 EL283 沉陷监测各测点沉陷变化过程线图

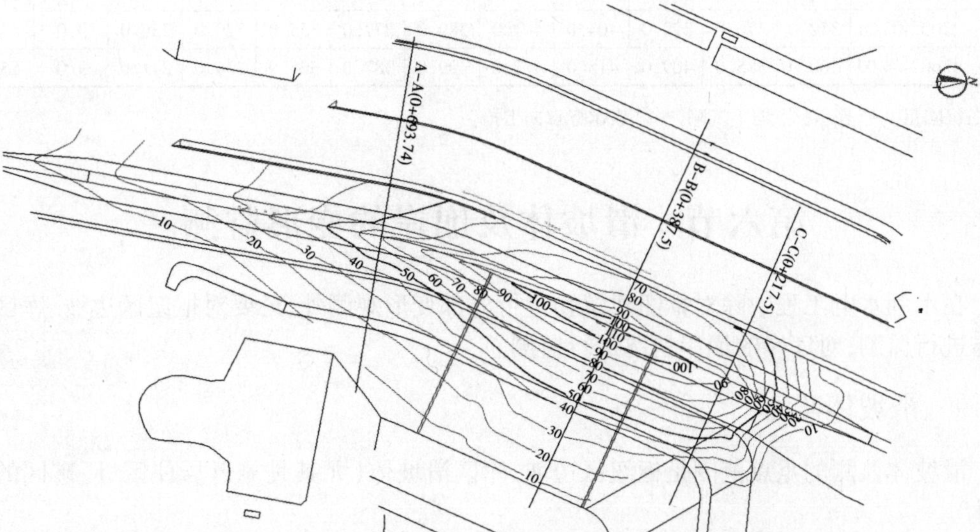

图 8-56　小浪底水利枢纽工程大坝区域沉陷变化的等沉线图

表 8-13　小浪底水利枢纽工程大坝下游坡中段监测点沉陷量表

观测次数	观测日期(年-月-日)	810 沉陷量	811 沉陷量	812 沉陷量	813 沉陷量	814 沉陷量	815 沉陷量	816 沉陷量	817 沉陷量	818 沉陷量	819 沉陷量	820 沉陷量	821 沉陷量
初始值	2001-04-07	0.0	0.0	0.0	0.0	0.0	0.0	0.0	0.0	0.0	0.0	0.0	0.0
1	2001-04-22	25.0	27.0	27.0	27.0	27.0	25.0	24.0	22.0	19.0	14.0	2.0	5.0
2	2001-05-07	41.0	49.0	51.0	50.1	50.0	47.0	45.0	41.0	35.0	25.0	3.0	8.0
3	2001-05-22	57.0	62.0	64.0	64.0	65.0	61.0	57.0	52.0	44.0	31.0	2.0	10.0
4	2001-06-07	78.0	84.0	87.0	86.0	87.0	81.0	77.0	70.0	59.0	41.0	3.0	12.0
5	2001-06-22	102.0	110.0	115.0	114.0	114.0	107.0	101.0	91.0	77.0	52.0	1.0	12.0
6	2001-07-07	133.0	142.0	150.0	148.0	149.0	139.0	131.0	119.0	101.0	69.0	4.0	17.0
7	2001-07-22	159.0	170.0	180.0	177.0	178.0	167.0	158.0	143.0	121.0	82.0	3.0	18.0
8	2001-08-07	203.0	214.0	229.0	232.0	226.0	214.0	204.0	185.0	164.0	109.0	3.0	22.0
9	2001-08-20	218.0	232.0	248.0	252.0	245.0	232.0	222.0	202.0	180.0	120.0	3.0	24.0
10	2001-09-07	236.0	252.0	269.0	274.0	268.0	255.0	245.0	225.0	202.0	138.0	5.0	29.0
11	2001-09-22	254.0	272.0	290.0	296.0	291.0	279.0	268.1	248.0	224.0	153.0	5.0	32.0
12	2001-10-07	260.0	279.0	298.0	304.1	298.1	286.0	276.0	256.0	232.0	159.0	3.0	31.0
13	2001-10-22	276.0	296.0	316.0	322.0	317.0	304.0	294.0	274.0	248.0	172.0	5.0	35.0
14	2001-11-07	289.0	310.0	331.0	337.0	332.0	319.0	309.0	288.0	263.0	183.0	7.0	38.0
15	2001-11-22	294.0	315.0	336.0	342.0	338.0	326.0	315.0	294.0	269.0	188.0	7.0	38.0
16	2001-12-06	305.0	326.0	348.0	354.0	350.0	338.0	328.0	308.0	283.0	199.0	7.0	42.0
17	2001-12-22	311.0	333.0	354.0	359.0	356.0	344.0	334.0	313.0	289.0	203.0	6.0	43.0
18	2002-01-08	319.0	341.0	363.0	369.0	366.0	354.0	343.0	323.0	298.0	211.0	7.0	45.0
19	2002-01-21	325.0	348.0	370.0	376.0	373.0	361.0	350.0	330.0	304.0	216.0	7.0	47.0
20	2002-02-04	332.0	356.0	378.0	384.0	380.0	368.0	357.0	337.0	311.0	221.0	8.0	50.0
21	2002-02-22	338.0	361.0	384.0	389.0	386.0	374.0	363.0	342.0	317.0	226.0	8.0	51.0
22	2002-03-06	343.0	367.0	390.0	395.0	392.0	380.0	369.0	348.0	321.0	230.0	8.0	52.0
23	2002-03-21	352.0	376.0	399.0	404.0	401.0	389.0	377.0	355.0	329.0	236.0	9.0	54.0
24	2002-04-07	360.0	385.0	409.0	415.0	412.0	399.0	387.0	365.0	336.0	241.0	9.0	55.0

注:沉陷量“+”表示标点向下沉陷,“-”表示标点向上抬。

第六节　滑坡体及崩岸的变形监测

在水利水电工程中除对枢纽建筑物进行外部变形观测外,还要对枢纽区边坡、库区滑坡体进行监测;对库岸的崩岸情况进行监测。

一、滑坡体监测

滑坡体监测的重点范围是枢纽区边坡、库区滑坡体(尤其是靠近居住区、厂矿区的滑坡体)。

(一)滑坡对水利枢纽和库区安全的影响

滑坡体是由于地质原因造成的,在进行工程设计时,地质勘察人员会对滑坡体的分布、规模、滑移面等进行详细的勘察与分析。一些对枢纽区有直接安全影响的滑坡往往在施工期就进行处理。但有一些滑坡体则可能随着时间的推移、水库库水位的变化,或地震等突发事件的影响产生滑动,一旦滑坡体产生滑移会给枢纽和水库安全带来很大的影响。

如枢纽区的边坡滑移会影响枢纽的安全,水库内近坝区滑坡体的滑移可能会产生较大的涌浪,影响枢纽的安全;在库水面较窄区域的滑坡体滑移有可能在库内形成二道坝,影响水库的正常运用;在靠近居民区和生产区的滑坡体的滑移可能会影响人民的生活与生产,甚至可能产生较大的事故。

所以,滑坡体对枢纽和库区安全有重要影响,对滑坡体进行安全监测具有很重要的意义。

(二)滑坡体监测范围的确定

对于库容较大的库区,沿岸往往有不少滑坡体,由于滑坡体的构造不同,滑移的机理也不相同。一般选择滑坡体方量大、滑移可能大、对枢纽或居民生活和生产区影响大的滑坡体进行监测。滑坡体监测范围一般由设计单位根据地质勘察结果确定,运行单位在日常巡查时发现问题,也应增加监测范围。

监测范围确定后需选择监测点点位,监测点应分高程布设或分断面布设,易于了解滑移变化的规律,监测点应选择在滑移敏感区域。监测点点位选择一般需要在地质工程师配合下进行。

(三)滑坡体的监测

滑坡体监测与枢纽建筑物外部变形监测一样,主要进行水平位移监测和垂直位移监测。测点的埋设要求与枢纽建筑物监测要求一样,但由于滑坡体的特殊性,它的监测与枢纽建筑物监测相比存在一些不同点,主要有以下特点:

(1)滑坡体独立存在,有时离枢纽区很远,所以滑坡体监测往往设立独立的平面控制网和高程控制网。控制网同样需要定期监测。

(2)滑坡体监测的控制点必须选在滑坡体影响区外的稳固区域。

(3)水平位移监测往往采用边角交会法,垂直位移往往采用水准测量方法。目前,采用 GPS 测量同时测得监测点三维坐标的变化是一种比较好的监测手段。

(4)滑坡体监测点只能代表该点所在部位的位移变化情况,而滑坡体区域大,布设的测点往往有限,所以进行定期巡查很重要,通过巡查可以发现地表有无新的裂缝、已有裂缝有无加宽、滑坡体周边有无塌岸或起坎现象等,了解整个区域的情况。

(四)滑坡体监测的预警

滑坡体监测的目的是及时了解滑坡体的位移变化规律,在发现有滑移可能时提出预警。对于大的滑坡体监测,设计和地质人员会提供警戒值。监测人员应根据监测结果和位移变化规律,判断位移变化速率是否接近警戒值,在接近警戒值时应及时发出预警,要求运行单位作好预防准备,对生产或生活区附近的滑坡体应通过地方政府作好预警工作,防止意外发生。在临近警戒值时,外部变形观测人员应采取特殊手段进行加密监测(此时监测人员一般不宜在滑坡范围内作业,可采用测角交会等方法),随时向有关部门报告滑坡体位移变化情况。

二、库区崩岸的监测

库区岸坡受库水位升降影响会出现崩岸现象,尤其是土质边坡。崩岸会影响崩塌区的安全,也会对库水位库容产生影响,所以对库区崩岸进行监测也是必要的。

(一)库区崩岸监测的内容

崩岸监测一般在水库运行后,经过巡查选择崩岸范围较大,对库区周边人民生活生产有较大影响的区域作为监测区。

监测内容一般包括崩岸区边线的变化、崩岸区地形变化两大类。

(二)库区崩岸监测

1. 崩岸区边线的变化

一般在崩岸区周边的稳定区域设置独立的测量控制点。通过控制点用地形测量中散点测量的方法测定崩岸区边线上各点的坐标,将不同测次测得的边线绘成平面图可以了解崩岸区边线的变化。也可以在崩岸区边线设组桩,以组桩定向,通过量取边线至组桩的距离变化来了解崩岸边线的变化。

2. 崩岸区的地形变化

较大的崩岸会将原是陆地的部分塌入水内,对水库的库容曲线造成影响,所以有必要对有变化的崩岸区进行测量(包括水下测量),地形测量的方法在本书前部有详述。根据新测的地形,对原有库区地形图进行修正,可以得到更切合实际的库容曲线,更有利于水库的调度运行管理。

参考文献

[1] 中华人民共和国水利部,中华人民共和国电力工业部. SL 52—93 水利水电工程施工测量规范[S]. 北京:中国水利水电出版社,1993.

[2] 中华人民共和国国家经济贸易委员会. DL/T 5173—2003 水电水利工程施工测量规范[S]. 北京:中国电力出版社,2003.

[3] 国家电力公司大坝安全监察中心. DL/T 5178—2003 混凝土坝安全监测技术规范[S]. 北京:中国电力出版社,2003.

[4] 中华人民共和国水利部,中华人民共和国电力工业部. SL 60—94 土石坝安全监测技术规范[S]. 北京:中国水利水电出版社,1994.

[5] 水利部大坝安全管理中心. SL 169—96 土石坝安全监测资料整编规程[S]. 北京:中国水利水电出版社,1996.

[6] 张正禄,等. 工程测量学[M]. 武汉:武汉大学出版社,2005.

[7] 孔祥元,郭际明,刘宗泉,等. 大地测量学基础[M]. 武汉:武汉大学出版社,2006.

[8] 黄声享,尹晖,蒋征,等. 变形监测数据处理[M]. 武汉:武汉大学出版社,2003.

[9] 丹江口枢纽管理局. 丹江口水利枢纽大坝安全监测系统及资料分析[M]. 北京:中国水利水电出版社,1997.

第九章　内部变形监测

第一节　概　述

由于变形监测能直观地反映大坝运行性态,许多大坝性态出现异常,最初都是通过变形监测值出现异常得到反映的,因此变形监测项目通常被列为大坝安全监测的首选项目。

内部变形监测主要指坝体、坝基(肩)、边坡、地下洞室等工程及岩体内部(或深层)变形监测,内部变形监测是安全监测工作中的重要组成部分,由于其监测成果直观、可靠、分析简便,因此通常作为工程安全稳定性评价的重要依据之一。

内部变形监测项目主要包括以下内容:

(1)坝基(肩)、边坡、地下洞室等岩石工程内部及深层的水平、垂直及任意方向的位移,洞室围岩表面收敛变形,以及基础和结构物等倾斜变形。通常采用测斜仪、多点位移计、滑动测微计、基岩变形计、倾斜计及收敛计等仪器进行水平位移、竖向位移及其他特定方向的位移监测或倾斜监测。

(2)土石坝(心墙)、面板堆石坝(下游堆石体及反滤层)、围堰混凝土防渗墙及堤防等堤坝内部水平位移及垂直(沉降)位移,以及面板(混凝土面板堆石坝)挠度变形等。通常采用引张线水平位移计、测斜仪、各类分层沉降仪(水管式、电磁式、干簧管式及弦式沉降仪),以及土体位移计等仪器进行水平变形监测、垂直变形监测及挠度变形监测。

(3)混凝土坝体(块)间施工缝、混凝土与基岩界面接缝、堆石坝面板周边缝以及岩体、混凝土工程随机裂缝等单向位移及多向位移。通常采用单向及多向测缝计、裂缝计(内部及表面)等进行位移监测,包括缝开合度及剪切位错变形。

另外,混凝土坝(重力坝、拱坝等)坝体内部其他变形,如垂线(正、倒垂线)、引张线、真空(大气)激光准直、静力水准、双金属标等位移监测,通常习惯上划为外部变形监测项目,具体可参阅第八章外部变形监测有关内容。

第二节　监测布置

根据内部变形监测项目及监测仪器类型、特点和应用范围的差异,各类监测仪器的布置应在其监测设计与布置的总体框架下掌握以下主要原则。

一、测斜仪(计)类

(一)滑动式测斜仪

滑动式测斜仪分为垂向和水平向两类,其中滑动式垂向测斜仪主要用于坝基(肩)、边坡、深基坑开挖边坡、地下洞室,以及土石坝(心墙、堆石体)、围堰防渗墙及堤防等岩土工程内部深层的水平位移监测；而滑动式水平向测斜仪则用于岩土工程及结构物基础的垂直(沉降)变形监测，但目前应用工程较少。

(1)监测断面及每个监测断面测斜孔的数量，应根据工程规模、工程特点及所处地质条件确定。

(2)测斜孔的布置应综合考虑工程岩(土)体受力情况以及地质结构，重点应布置在最有可能发生滑移、对工程施工及运行安全影响最大的部位，同时还应兼顾其他比较典型、有代表性的地段(见图9-1)。

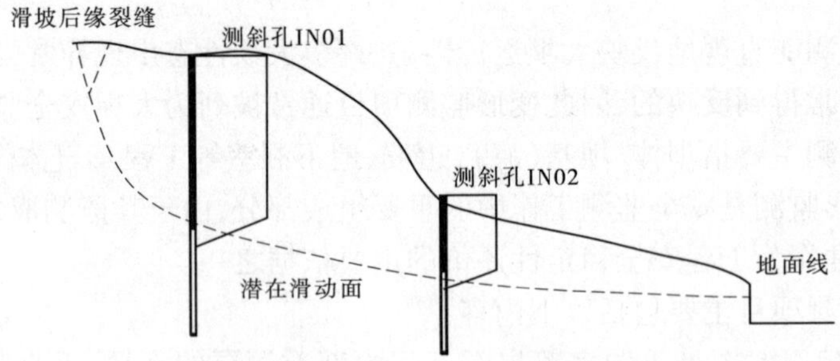

图9-1　典型岩质边坡测斜孔布置及滑移变形示意

(3)近坝区岩体(含库区)高边坡、古滑坡体、坝基和坝肩范围内的重要断裂或软弱结构面，以及深水围岩混凝土防渗墙体，宜布置深层水平位移监测的测斜孔。

(4)测斜孔宜布置在边坡监测断面的马道上，钻孔呈铅直向布置，钻孔铅直度偏差在50 m孔深应不大于3°，钻孔直径应大于测斜管外径30 mm。有条件时，孔口附近应设大地水平或垂向位移测点。

(5)测斜管的埋设深度应超过预计最深变形(位移)带5 m，测斜管内的其中一对导槽方向应与预计位移方向相近。

(6)在不影响观测质量的前提下，应尽可能利用原有勘探钻孔。另外，由于滑动式测斜仪可重复使用，仅消耗测斜管，因此可根据工程监测需要，设置若干个测斜孔，以降低监测成本。

(二)固定测斜仪

固定测斜仪也分为垂向和水平向两类，其中垂向固定测斜仪一般布置在已确定或预料有明显滑动、位移发生的区域或混凝土防渗墙内(见图9-2)，固定测斜仪由若干传感器成串安装在横跨这些区域的测斜管内。如在岩土边坡先期通过滑动式测斜仪或其他监测手段观测已证实确实存在有明显位移的滑动面，可在滑动面附近变形带重点布置少数几支传感器。此外，在堆石坝面板挠度变形监测及堤坝水平变形监测、垂直(沉降)变形监测中，也可根据工程需要选择关键监测断面呈水平或垂向布置，等间距或不等间距地布置多个传感器，传感器呈串由连接杆连接固定于测斜管内，固定测斜仪传感器本身精度较高，且便于实现自动化监测，可对变形破坏的危险区域进行遥测及报警，但对仪器本身的稳定性要求较高。

总之，固定测斜仪监测布置要重点突出才能获得经济有效的监测成果，切不可在不明岩(土)体变形情况下盲目布置，以减少不必要的经济投入。

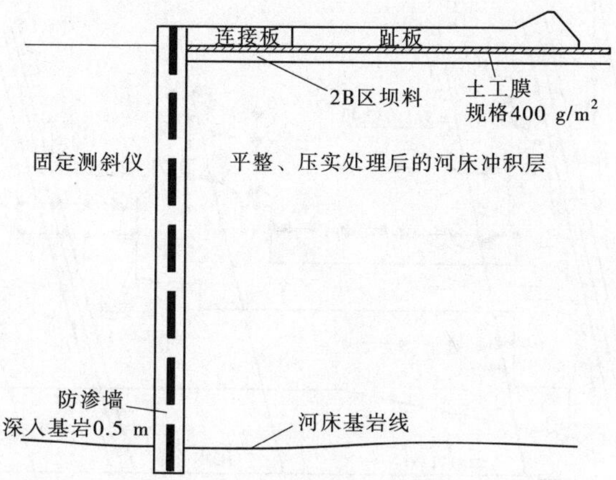

图 9-2　云南那兰面板堆石坝防渗墙固定测斜仪布置示意

（三）梁式倾斜仪、倾斜计

梁式倾斜仪和各式倾斜计（固定式、便携式）宜布置在边坡、坝体以及其他结构物的中、上部，以及基础（如缆机平台等）等可能发生较大倾斜变形的部位，其中梁式倾斜仪和固定式倾斜计测试精度高，可实现自动化监测；而便携式倾斜计可重复使用，仅消耗倾斜盘，且安装、观测读数方便，可设置多测点，但测点应布置在监测人员方便到达的部位。

二、多点位移计

多点位移计主要应用于坝基（肩）、边坡、地下洞室等岩石工程内部的任意方向不同深度的轴向位移及分布的变形监测仪器，仪器精度较高，且可实现自动化监测、遥测及报警。

监测断面及测孔数量，应根据工程规模、工程特点及地质条件进行布置。测孔方向及深度，以监测目的和地质条件确定，测孔深度应超出应力扰动区。测点（锚头）数量宜根据位移变化梯度确定，测点位置应避开构造破碎带。

（1）多点位移计宜布置在近坝区岩体、高边坡和滑坡体的断层、裂隙、夹层层面出露的边坡坡面和坝基上（有条件时，孔口附近应设大地水平或垂向位移测点），以及地下洞室围岩顶部和边墙两侧（见图 9-3）。仪器可在水平、垂直或任意方向的钻孔中安装埋设，水平孔宜向下倾斜 5°～10°，以便于灌浆和确保最深处锚头的浆液密实。锚头布置一般从孔口向内为由密到疏，在需要监测的软弱结构面两侧应各设一个锚固点（锚头），最深一个锚固点的位置应设置在岩体变形范围以外。

（2）根据钻孔内地质条件和预期岩（土）体位移的影响范围，确定其钻孔方向、角度、深度及锚头类型、数量及其具体位置，一般情况下每个钻孔内可设 3～6 个测点。

（3）根据监测对象所处环境条件及预期岩（土）体位移的大小，合理选择传感器类型、精度、量程和耐水压等仪器指标。

（4）在地下工程及边坡开挖工程中，有条件的情况下尽可能在开挖之前超前预埋，或尽可能靠近开挖工作面，以测得开挖全过程及主要变形（位移）状态及其变化。

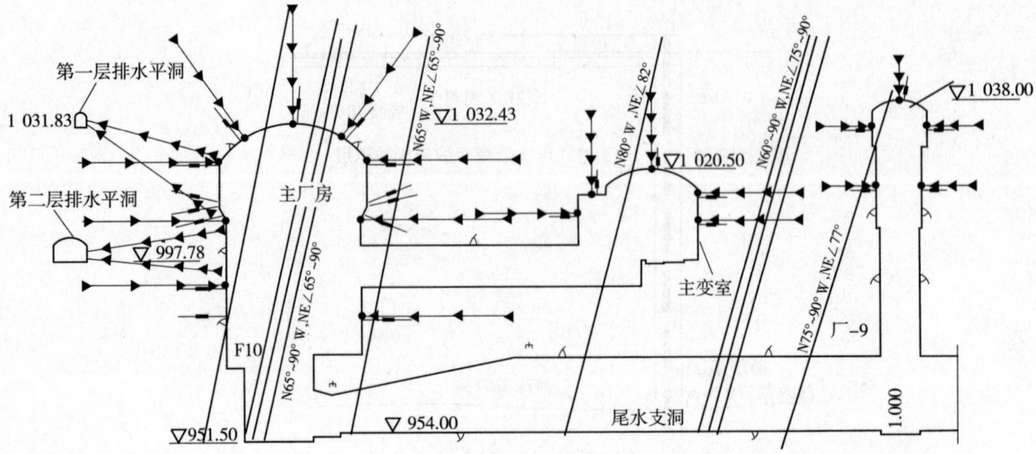

图 9-3　云南小湾水电站地下厂房多点位移计监测布置

三、滑动测微计

(1)监测孔位设计应布置在需要高精度测定沿某一测线(任意轴线方向)的全部应变和轴向位移分布的各种场合(如坝基、坝肩、边坡、地下洞室等),尤其适合于坝基回弹变形监测(见图 9-4)。

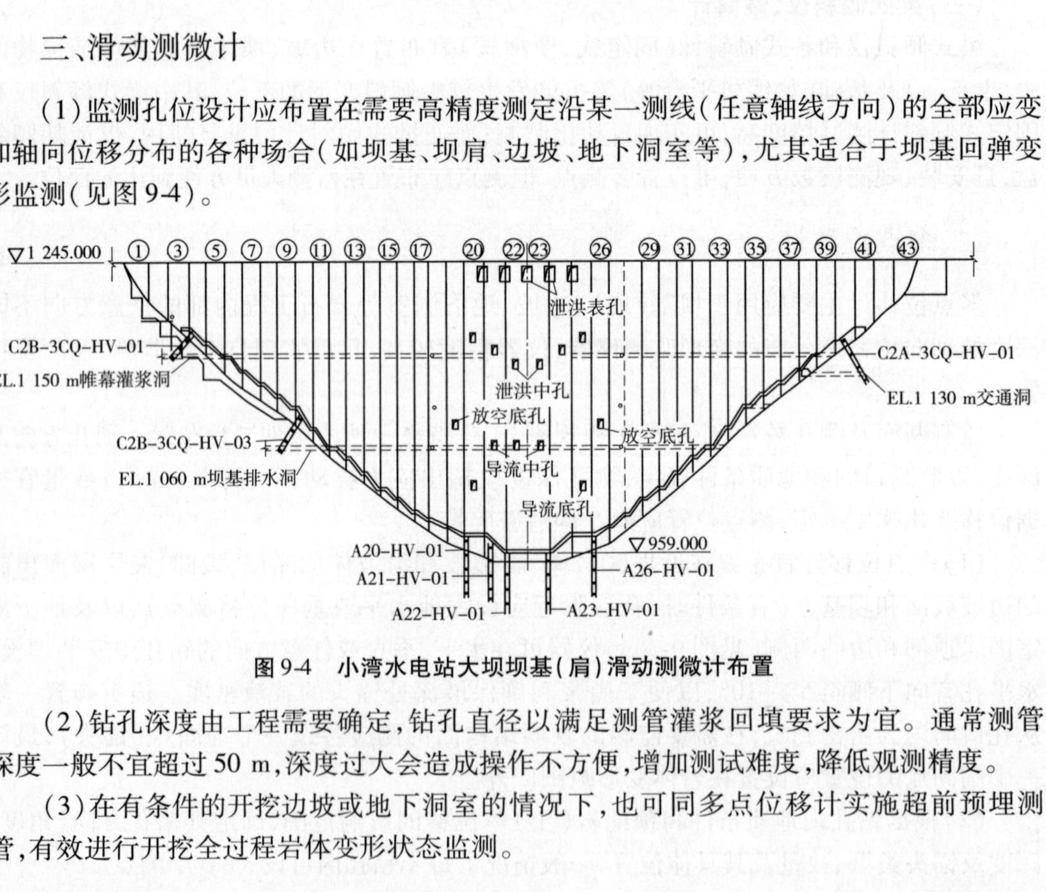

图 9-4　小湾水电站大坝坝基(肩)滑动测微计布置

(2)钻孔深度由工程需要确定,钻孔直径以满足测管灌浆回填要求为宜。通常测管深度一般不宜超过 50 m,深度过大会造成操作不方便,增加测试难度,降低观测精度。

(3)在有条件的开挖边坡或地下洞室的情况下,也可同多点位移计实施超前预埋测管,有效进行开挖全过程岩体变形状态监测。

四、收敛计

收敛变形监测主要适用于地下洞室开挖过程中的围岩初期(施工期)变形监测,以评价施工期围岩稳定性及支护效果。

(1)监测断面布置应根据地质条件、围岩应力大小、施工方法、支护形式及围岩的时空效应等因素，选择具有代表性、地质条件复杂、岩体位移较大或岩体稳定条件最不利的部位，按一定间距布置监测断面和测(点)线位置。

(2)监测断面应尽量靠近开挖掌子面，距离不宜大于1 m。测(点)线的数量和方向应根据监测断面的形状、大小及能测到较大位移等条件确定。

(3)在地下洞室开挖断面不是很大时宜选择收敛计进行监测，若断面较大则采用全站仪(即洞室断面收敛测量系统)进行监测。

(4)当地质条件、洞室断面形状和尺寸、施工方法等已确定时，地下洞室围岩的位移主要受空间效应、时间效应两种因素的影响。因此，收敛监测断面的布置应遵循以下原则：

①考虑到空间效应(因掌子面约束作用对围岩位移所产生的影响)，测点埋设应尽量接近掌子面，当掌子面距观测断面1.5~2.0倍洞径后，"空间效应"基本消除。

②考虑到时间效应(指变形随时间而增大的现象)，预定的观测断面一经形成，就应立即布点测量，以观测到时间效应的影响。

(5)测点(线)布置应由洞室断面的形状和大小决定，一般应考虑能测到最大位移，即围岩顶拱、拱肩及两侧边墙。有条件时尽可能结合多点位移计孔布置，以便互相校核(见图9-5)。

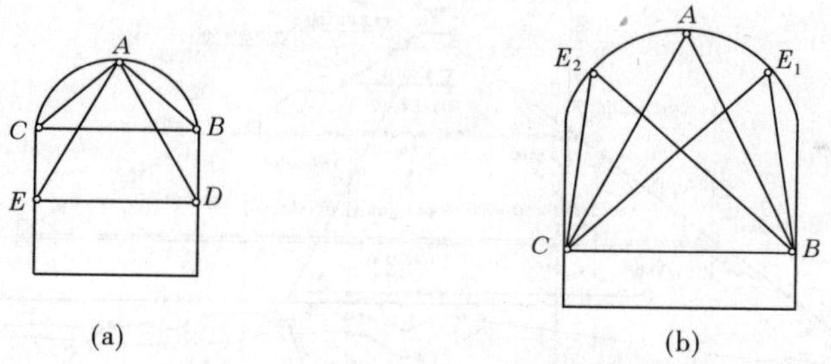

图9-5 地下洞室收敛测线(点)布置图

五、基岩变形计

基岩变形计与多点位移计、滑动测微计等仪器配合布置，作为坝基(肩)岩体变形监测的补充，通常重点监测建基面浅层的基岩变形。

(1)仪器布置在坝基(肩)基岩与混凝土接触面附近变形区域比较敏感部位。

(2)锚头深度应布设在基岩变形区域以外的稳定地带，一般孔深为20 m左右。

六、沉降仪类

沉降仪类主要应用于土石坝下游堆石体(反滤层)、心墙、堤防等分层竖向位移(沉降)监测，主要采用水管式沉降仪、电磁式沉降仪、干簧管式沉降仪、振弦式沉降仪或水平向固定测斜仪。电磁式沉降仪及干簧管式沉降仪所用沉降管的刚度尽量与周围介质相当，且采用伸缩式接头连接。而岩石工程一般垂向变形相对较小，仪器精度难以满足要求，故以上沉降类监测仪器在岩石工程中不宜采用。

（1）观测断面应布置在最大横断面及其他特征断面上（原河床、合龙段、地质及地形条件复杂、结构及施工薄弱段等），一般可设1～3个断面。这些地段具有代表性，而且能控制主要沉降变形及其变化情况。

（2）每个断面上可布设1～3条观测垂线，其中1条宜布设在坝轴线附近。观测垂线的布置应尽量形成纵向观测断面。

（3）观测垂线上测点的间距，应根据坝高、结构型式、坝料特性及施工方法与质量而定，一般为2～10 m。一条观测垂线上的测点，一般宜3～15个测点，最下一个测点应置于坝基以下3 m左右，以作为坝体沉降变形监测的基点。

（4）沉降管应尽量与测斜管合用一根管，沉降管及沉降环一般随坝体填筑安装埋设，也可在工程填筑完成后钻孔埋设（采用叉簧片的沉降环），但施工期的大部分沉降变形已无法获得。

（5）水管式沉降仪测点，一般沿坝高横向水平布置三排，分别在1/3、1/2及2/3坝高处。对于软基及深覆盖层的坝基表面，还应布设一排点，一般每排布设3～5个测点，测点的分布也应尽量形成观测垂线。通常，水管式沉降仪与引张线式水平位移计组合布设（见图9-6）。

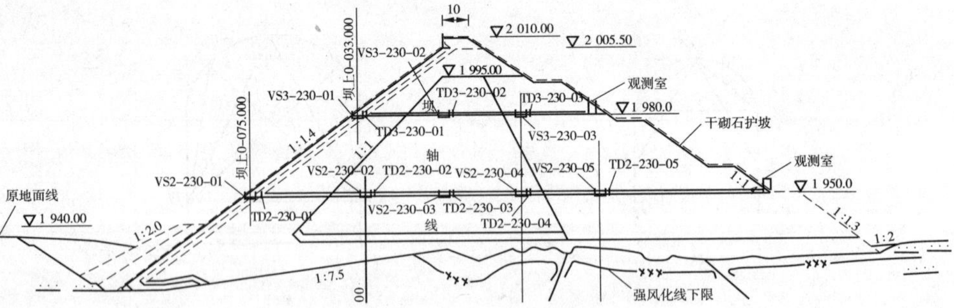

（水管式沉降仪、引张线水平位移计布置）

图9-6　典型面板堆石坝内部变形监测布置

（6）振弦式沉降仪布设同上，但埋设时注意，储液罐安装高程要比传感器和通液管路高。

（7）布设水平向固定测斜仪时，测点布置可参照分层竖向位移测点间距结合布设。测斜管的刚度尽量与周围介质相当，且采用伸缩式接头连接，同时随坝体填筑同步埋设。

七、引张线式水平位移计

引张线式水平位移计主要应用于混凝土面板堆石坝下游堆石体（反滤层）或心墙坝心墙下游侧坝体的分层水平位移监测（见图9-6）。

（1）分层水平位移的监测布置与分层竖向位移监测相同，监测断面可布置在最大断面及两坝端受拉区，一般可设1～3个观测断面。观测垂线一般布设在坝轴线或坝肩附近，或其他需要测定的部位，且尽量与分层竖向位移观测垂线一致。

（2）引张线式水平位移计测点布置与水管式沉降仪类同，且应结合水管式沉降仪测点组合布设，每套仪器宜设 3 ~ 5 个测点。分开埋设或单独埋设时，钢丝均应与水平线上倾约为预估沉降量的一半。

（3）布设垂直向固定测斜仪时，测点布设也应尽量参照引张线式水平位移计测点布置，或按实际需要布设（如按 3 ~ 5 m 间隔布设一个测点）。测斜管的刚度尽量与周围介质相当，且采用伸缩式接头连接，同时随坝体填筑同步埋设。

八、土体位移计

土体位移计多应用于土石坝等工程任意方向位移监测的部位，如两坝肩心墙料沿坝轴线方向的拉压变形，以及心墙土体沿岸坡的剪切变形；坝体与岸坡交界面剪切位移的监测；混凝土面板坝面板脱空监测；也可应用于岩质边坡滑坡体内上下滑动面、裂隙、夹层等地质软弱面间的错位滑移监测等，可单支或成串布置。

九、测（裂）缝计

（1）宜布置在可能产生裂缝或开裂的部位（如坝体受拉区、并缝处，基岩面高程突变部位及碾压混凝土坝上游防渗层与内部碾压混凝土的界面处、坝内厂房顶部、土体与混凝土建筑物及岸坡基岩接合处易产生裂缝处、窄心墙及窄河谷坝拱效应突出处等）和裂缝可能扩展处，以及在施工过程中出现的危害性混凝土裂缝处。

（2）宜布置在坝体与岸坡连接处、组合坝型不同坝料交界及土石坝与混凝土建筑物连接处，以及测定界面上两种介质材料的法向位移及剪切位移等处。

（3）在混凝土面板堆石坝周边缝测点的布置，一般在最大坝高处布设 1 ~ 2 个测点，在两岸坡大约 1/3、1/2 及 2/3 坝高处各布置 2 ~ 3 个测点，在岸坡较陡、坡度突变及地质条件较差的部位应酌情增加测点。受拉面板的接缝也应布设测点，其高程分布与周边缝相同，且宜与周边缝测点组成纵横观测线。接缝测点的布置还应与坝体竖向位移、水平位移及面板中应力应变监测结合布置，便于综合分析和相互验证。

（4）在重力坝纵缝不同高程处宜布置 3 ~ 5 个测点，必要时也可在键槽斜面处布置测点。在坝踵、岸坡较陡坝段的基岩与混凝土接合处，宜布置单向及三向测缝计或裂缝计测点。在预留宽槽回填混凝土时，宜在宽槽上、下游面不同高程的基岩与混凝土接合处布置测点。

（5）在混凝土坝体主要监测断面的横缝间分层布置测缝计，以监测大坝在施工期和运行期的横缝开合度及其变化，同时可指导混凝土坝体浇筑后二次冷却横缝灌浆施工质量控制。尤其是在强震区的拱坝、重力坝横缝宜布置适宜数量的测点。

（6）选择坝体或结构物表面有代表性的接缝或裂缝部位，设置单向或多向（两向、三向）测缝计进行裂缝开合度及剪切位错变形监测，对施工或运行中出现的危害性裂缝，宜增设测缝计进行监测。

第三节　监测仪器设施与方法

一、测斜仪(计)类

测斜仪是自20世纪80年代初由国外引进后当前内部位移监测应用较为广泛的监测仪器设备,也是深部岩(土)体内部变形监测的主要手段之一。20世纪80年代中期国内有关科研单位在引进和消化国外仪器设备的基础上,也先后研制成功伺服加速度计式测斜仪,填补了世界同类先进仪器的国内空白。

根据测斜仪类别不同可实现水平位移、垂直位移及斜面(面板)挠度监测,按照监测内容和仪器结构型式不同又可分为垂向测斜仪(常用)和水平测斜仪,垂向测斜仪用来监测水平向位移,水平测斜仪用来监测垂直向(铅直向)位移。依据仪器埋设及操作方式不同又可分为滑动式和固定测斜仪两大类,目前应用最为广泛的为垂向测斜仪类中的滑动式测斜仪,或称为便携式测斜仪,其广泛应用的原因是,该类测斜仪携带方便,且一套仪器可多孔重复使用,监测成本相对较低。

由于测斜仪类监测仪器大多是在钻孔内预埋的测斜管内而实施量测的,因此通常也将其滑动式测斜仪称为滑动式钻孔测斜仪。

梁式倾斜仪及倾斜计(水平、垂直向)也归为测斜仪(计)类监测仪器,它是以监测工程及结构物的倾斜转动角变化来评价安全稳定状态。该类仪器主要安装固定在被测对象的表面实施倾斜监测,且安装简单,操作方便。按其监测项目及监测操作方式不同,也类似于测斜仪分为水平向或垂直向、固定式或便携式。

(一)滑动式测斜仪

1.仪器组成及工作原理

滑动式测斜仪有垂向测斜仪和水平向测斜仪两类。

滑动式垂向测斜仪广泛用于监测坝体(土石坝)、坝基(肩)、边坡(或深基坑开挖边坡)及浅埋大跨度地下洞室等工程的内部水平位移及其分布;滑动式水平向测斜仪则可量测工程内部沿某一水平方向的垂向位移(沉降)及其分布。它们均是通过量测预先埋设在被测工程的测斜管倾斜变化来求得其水平位移和垂向位移的。

滑动式测斜仪由装有高精度传感元件的测头、连接电缆、测读仪及其配套的测斜管等五部分组成(见图9-7)。测头内的传感元件大多采用精度很高的伺服加速度计,具有精度高、量程大、可靠性好等特点,有单向、双向两种;连接电缆是具有钢丝绳加强的多芯专用电缆;测读仪有手工操作记录型和数据采集存储型;测斜管多为材质性能较为稳定的铝合金或ABS工程塑料材料制成(见图9-8),观测时孔口配备滑轮组件,以避免仪器电缆磨损及操作方便。

滑动式垂向测斜仪的工作原理见图9-9,其是根据测头中的摆锤位置受重力作用为基础测定以铅垂线为基准的弧度变化。传感器的测斜原理是基于测头内伺服加速度计可

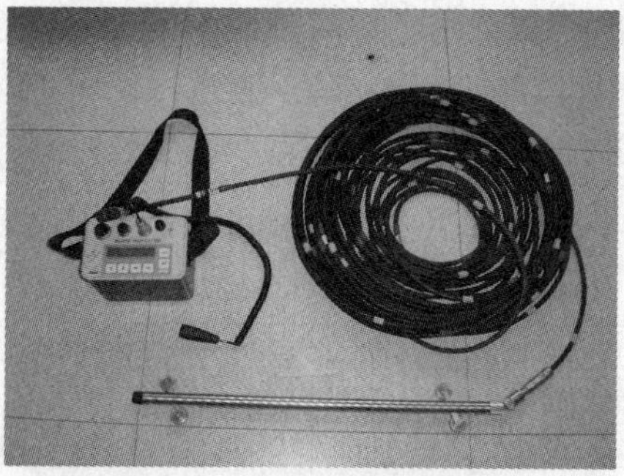

图 9-7　滑动式测斜仪组成

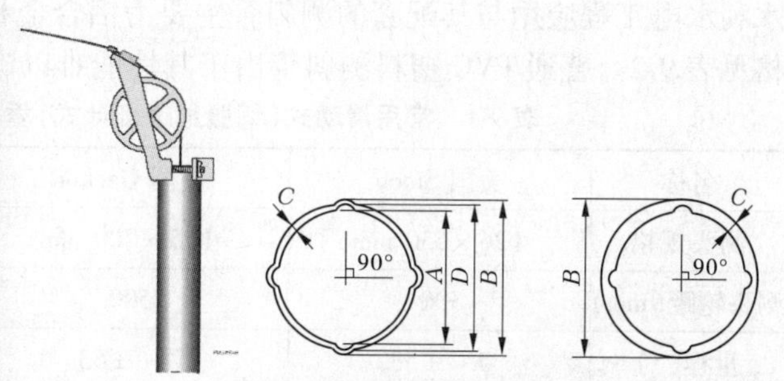

(a)铝合金测斜管　(b)ABS工程塑料测斜管

图 9-8　测斜管断面结构

以测量重力矢量 g 在测头轴线垂直面上的分量大小，从而确定测头轴线相对水平面的倾斜角。当加速度计的敏感轴位于水平面时，矢量 g 在敏感轴上的投影为零，这时加速度计的输出也为零；当加速度计的敏感轴与水平面存在一个倾斜角时，加速度计就输出一个与其成函数关系的电压信号，通过二次仪表把电压信号转换为水平位移量。

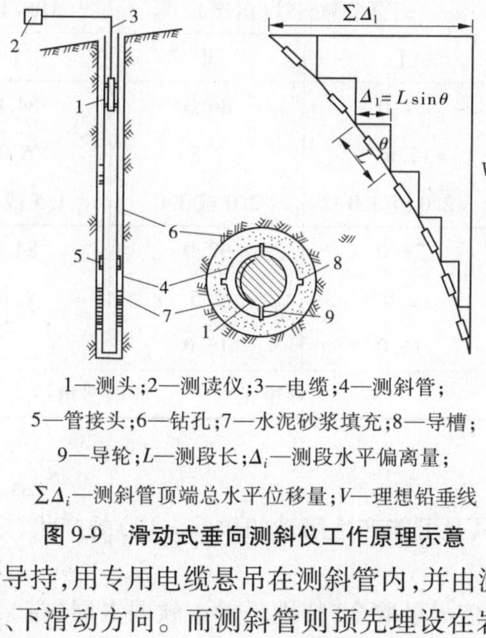

1—测头；2—测读仪；3—电缆；4—测斜管；
5—管接头；6—钻孔；7—水泥砂浆填充；8—导槽；
9—导轮；L—测段长；Δ_i—测段水平偏离量；
$\Sigma\Delta_i$—测斜管顶端总水平位移量；V—理想铅垂线

图 9-9　滑动式垂向测斜仪工作原理示意

测斜仪测头由导轮导持，用专用电缆悬吊在测斜管内，并由测斜管内的两对相互正交方向的导槽控制测头上、下滑动方向。而测斜管则预先埋设在岩（土）体内，由于测斜管与岩（土）体是结合为一体的，当岩（土）体发生位移时，测斜管也随之位移而发生倾斜变化。当每隔一定时间间隔观测时，测头在测斜管内自下而上以一定间距（通常为 0.5 m）逐段量测，测头内传感器将敏感地反映出测斜管在每一深度处的倾斜角变化，通过电缆将倾斜角变化转换后的电信号输送到测读仪进行测读记录或存储数据，经过计算整理从而可获得沿测斜管导槽两组方向各深度的水平位移及孔口的总位移。

该方法的最大优点是由传统的点测量实现为沿全测孔的线测量，监测结果可描述全测孔沿不同深度的水平位移全貌，从而可以准确地确定岩（土）体内发生位移（滑动面）的位置及其位移的大小和方向。

目前，常用有代表性的滑动式（伺服加速度计式）垂向测斜仪主要技术指标见表 9-1，水利水电工程应用与其配套的测斜管主要为铝合金和ABS工程塑料两种测斜管，具体规格见表9-2。普通PVC塑料测斜管由于其性能难以满足监测工程要求，不宜选用。

表9-1 常用滑动式(伺服加速度计式)垂向测斜仪主要技术指标

名称	美国Sinco	美国Geokon	加拿大Roctest	国产CX
测头规格	Φ26×650 mm	Φ25×700 mm	Φ25.4×730 mm	Φ32×660 mm
测头轮距(mm)	500	500	500	500
量程(°)	0～±53	0～±53	0～±53	0～±53
分辨率	8″(0.02 mm/500 mm)	10″(0.025 mm/500 mm)	0.10 mm/0.5 m	8″(0.02 mm/0.5 m)
系统精度	±6 mm/25 m	±6 mm/30 m	±6 mm/25 m	±4 mm/15 m
温度范围(℃)	-20～50	-0～50	-10～70	-10～50

注：表中分辨率及系统精度均是指在孔斜3°以内条件下的技术指标。

表9-2 常用测斜管主要规格统计

材质及名称		铝合金测斜管(国产)		ABS工程塑料测斜管(进口)	
		Ⅰ	Ⅱ	Ⅰ	Ⅱ
测斜管	最大外径(mm)	71.0	86.0	84.8	69.8
	壁厚(mm)	2.0	2.5	6.0	5.5
	长度(m)	2.0或3.0	2.0或3.0	1.5或3.0	1.5或3.0
管接头	最大外径(mm)	76.0	92.0	84.8	69.8
	壁厚(mm)	2.0	2.5	6.0	5.5
	长度(cm)	15.0	15.0		
主要技术指标		导槽光滑平直，导槽扭角不大于1°/3 m			

2. 地质调查

(1)对软弱夹层(尤其是可能产生滑动的软弱夹层)的产状、分布特点、厚度以及物理力学性质应当查明。

(2)每一测孔的岩心应尽量取全，特别是对于软弱夹层(带)，应尽量取出，并按工程地质规范进行详细描述，作出钻孔岩心柱状图，图中标出软弱夹层(带)的层位、深度、厚度，并对其性状作详细描述。

(3)对于岩心不易取全或难以取心的钻孔，应采用地球物理测井、钻孔电视等手段以了解孔内地质情况，用以弥补钻探资料的不足。

3. 测斜管安装埋设

1)钻孔

用岩心钻在选定的观测地段钻孔，钻孔直径以大于测斜管外径30 mm为宜，钻孔铅直度偏差在50 m内应不大于3°。在钻进过程中，应按以上地质调查要求编制钻孔柱状图。

2)准备工作

(1)检查测斜管是否平直,两端是否平整,对不符合要求的测斜管应进行处理或舍去。

(2)将测斜管一端套上管接头,在其两导槽间对称钻四个孔,用铆钉(铝合金管)或自攻螺丝(ABS 工程塑料测斜管)将管接头与测斜管固定,然后在管接头与测斜管接缝处用橡皮泥或防水胶、塑料胶带将其缠紧,以防止回填灌浆浆液渗入管内。

(3)将一端带有管接头的测斜管进行预接,预接时管内导槽必须对准,以确保测斜仪测头畅通无阻及保持导槽方向不变。预接好以后按步骤(2)要求打孔,并在对接处做好对准标记及编号。经过逐根对接后的测斜管便可运往工地使用。

测斜管的底部端盖的安装密封同步骤(2)。

3)现场安装埋设

(1)测斜管全长超过 40 m 时需用起吊设备将测斜管吊起,逐根按照预先做好的对准标记和编号对接固定密封后,并始终保持其中一组导槽方向对准预计岩(土)体位移方向缓慢下入钻孔内。对接及密封方法同2)准备工作步骤(2)。在深度较大的干孔内下管时,应由一根钢绳来承担测斜管重量,即将钢绳绑扎在测斜管末端,并且每隔一段距离与测斜管绑在一起。钻孔内有地下水位时,宜在测斜管内注入清水,避免测斜管浮起。

(2)测斜管按要求的总长全部下入孔内后,必须检查其中一对导槽方向是否与预计的岩体位移方向相近,并进行必要的调整。确定导槽方位符合要求后,将测斜管顶端在钻孔孔口固定,然后将测斜仪测头(或模拟测头)下入钻孔中的测斜管内沿导槽上下滑行一遍,以了解导槽是否畅通无阻。

(3)装配好的测斜管导槽转角每 3 m 应不超过 1°,全长范围内应不超过 10°。

4)钻孔灌浆与回填

(1)将灌浆管系在测斜管外侧距测斜管底端 1 m 处,随测斜管一同下入孔底为止。

(2)按照预先要求的水灰比浆液自下而上进行灌浆,为防止在灌浆时测斜管浮起,宜预先在测斜管内注入清水。当需回收灌浆管时可采用边灌浆边拔管的方法,但不能将灌浆管拔出浆面,以保证灌浆质量。水泥浆凝固后的弹性模量应与钻孔周围岩体的弹性模量相近,为此应事先在实验室进行试验以确定配比。

(3)在土体钻孔中埋设测斜管时,可采用回填粗砂密实,填砂时须边填砂边冲水。

(4)待灌浆完毕拔管或回填砂后,测斜管内要用清水冲洗干净,做好孔口保护设施,防止碎石或其他异物掉入管内,以保证测斜管不受损坏。

(5)待水泥浆凝固或填砂密实稳定后,量测测斜管导槽的方位、管口坐标及高程,对安装埋设过程中发生的问题要作详细记载。

测斜管安装埋设后,及时做好埋设考证表及相关技术资料。

以上为在岩石钻孔内的测斜管安装埋设方法,此外,测斜仪监测还应用于土石坝(心墙、堆石体、堤防等)、深水围堰混凝土防渗墙体及地下洞室两侧围岩的水平位移监测,其测斜管埋设要求的主要不同为:

(1)土石坝埋设。一般为随坝体填筑依次连接埋设测斜管(测斜管底端应深入坝基 5 m 左右为稳定端)与观测,直至坝顶。这种埋设方法的优点是可获得坝体填筑施工全过程的水平位移,但存在的最大问题是施工干扰大,测斜管难以保护。有时,也可根据工程条件在坝体填筑到顶完工后再钻孔埋设,钻孔回填材料可采用粗砂密实,随之而来的问题是丢失了施工期的变形过程,只能监测坝体内部各深度在运行期的水平位移及其变化。

(2)深水围堰混凝土防渗墙埋设。通常由于混凝土防渗墙墙体较薄(一般不足 1 m 厚),不允许建成后钻孔埋设,以防止钻孔偏斜打穿防渗墙,破坏止水。目前,应用成功的埋设方法(三峡围堰工程)是在浇筑混凝土防渗墙前放置预埋无缝钢管,钢管直径类同钻孔,满足测斜管灌浆回填直径要求。待防渗墙混凝土达到初凝状态时,及时采用千斤顶拔出钢管实现成孔,随后测斜管安装埋设及回填灌浆方法和要求同上。

(3)地下洞室两侧围岩埋设。主要是用于测量大跨度地下洞室边墙围岩的水平位移监测,须在地表(浅埋洞室)或在上部洞室(如试验洞、灌排廊道等)钻孔埋设测斜管,且测斜孔应在地下洞室开挖前布设,以便获得开挖前后洞室围岩位移全过程,超前距离以不小于 3 倍洞径为宜,测斜孔深度以超过围岩变形范围以外 5 m 为宜,测斜管埋设方法及回填灌浆方法和要求同上。

5)测斜管导槽扭角测试

由于测斜管安装埋设质量控制的差异,导槽扭角的累计会导致监测数据的不真实。通常,当测斜管长度较短、施工质量较好时可以忽略扭角测试;如果测斜管安装埋设深度较大(>50 m),须用测扭仪对其导槽扭角的螺线情况进行测试。当导槽扭角 >10°时,必须在资料整理时对其观测数据加以修正,图 9-10 为典型测扭仪示意图(两端导轮下边为标定用标准垫块)。

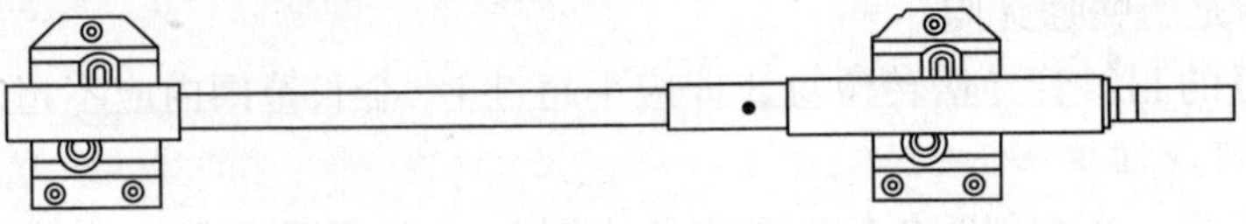

图 9-10　测扭仪(美国 Sinco 公司产品)

测扭仪是专门用于测量测斜管导槽扭角的仪器,美国 Sinco 公司测扭仪主要技术指标:测头轮距 1.5 m,量程 ±3°,最大旋度 ±4°,精度 ±10′,适用于直径 70 mm 和 85 mm 测斜管中的测量。

4.观测及资料整理

1)现场观测

观测记录应包括工程名称、测孔编号及位置、导槽方位、地质描述、测斜管安装情况、观测日期和时间、各深度仪器读数等。

基准值观测时间,一般在钻孔回填灌浆或填砂密实稳定一周后进行。

(1)用电缆将测头与读数仪连接,并将测头高导轮朝向主变位方向放入测斜管导槽(A_0)内缓缓下入管底,仪器预热 3 ~ 5 min。

(2)自下而上每隔 0.5 m 提拉电缆,同时测读 A_0、B_0 数据(双轴测头),直至管口。

(3)取出测头将其顺时针翻转 180°,再将测头放入导槽(A_{180})内下入管底,按上述方法测读 A_{180}、B_{180} 数据。对于具有双向传感器的测头,至此观测工作即可结束。而对于仅有单向传感器的测头,要按上述方法依次顺时针翻转 180°,分别测读 A_0、A_{180}、B_0、B_{180} 四个方向导槽的数据。

由于仪器结构的限制，通常 A 向观测精度较高，而 B 向观测误差为 A 向的数倍。但对于变形较小、要求较高（如坝肩变形监测）的观测，建议采用类似单向传感器测头的观测操作方法，分别测读 A_0、A_{180}、B_0、B_{180} 四个方向导槽的数据。

2）数据处理

$$\left.\begin{aligned}
&位移A(\text{mm}) = \sum_{i=底}^{i=顶}(差值A_i - 差值A_0)/100 \quad (i = 底,\cdots,顶)\\
&位移B(\text{mm}) = \sum_{i=底}^{i=顶}(差值B_i - 差值B_0)/100 \quad (i = 底,\cdots,顶)\\
&合位移(\text{mm}) = (位移A^2 + 位移B^2)^{1/2}\\
&合位移方向 = \arctan(位移B/位移A)
\end{aligned}\right\}\tag{9-1}$$

式中　差值 A_i = 测值 A_0 − 测值 A_{180}，差值 A_i 为 A 向当前值；差值 B_i = 测值 B_0 − 测值 B_{180}，差值 B_i 为 B 向当前值；差值 A_0 = 初值 A_0 − 初值 A_{180}，差值 A_0 为 A 向初始值；差值 B_0 = 初值 B_0 − 初值 B_{180}，差值 B_0 为 B 向初始值。

根据以上计算结果，绘制各种关系曲线，结合地质条件及被测岩（土）体或结构物特点，对其观测成果进行分析。常需绘制的关系曲线为：

（1）A 向变化值（差值 A_i − 差值 A_0）或 B 向变化值（差值 B_i − 差值 B_0）与深度关系曲线（见图 9-11（a））；

（2）A 向位移或 B 向位移与深度分布曲线（见图 9-11（b））；

（3）合位移与深度关系曲线；

（4）典型深度（滑移面或孔口）位移（位错）与时间关系曲线（见图 9-11）；

（5）典型深度（滑移面或孔口）位移（位错）速度与时间关系曲线（当位移及变化量较大时）。

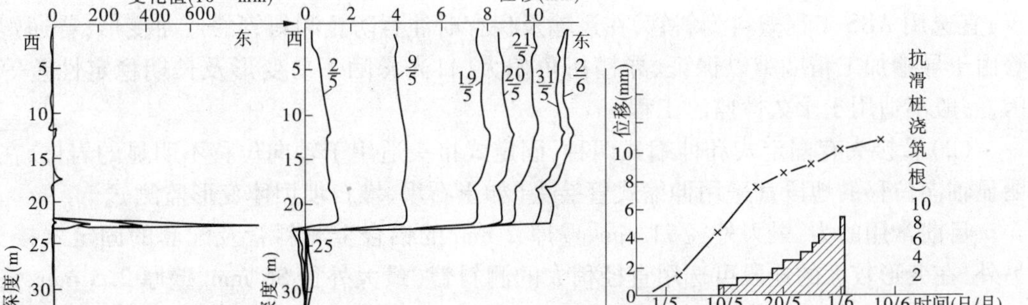

(a)变化值—深度关系曲线　(b)位移—深度关系曲线　(c)位移—时间关系曲线

图 9-11　天生桥水电站（二级）厂房后边坡测斜观测曲线

目前，中国水利水电科学研究院已开发专用测斜程序“测斜仪监测数据管理系统”（见图 9-12），且多年来已在国内大中型岩土工程中推广应用。该系统除包括一般常用的数据处理及作图功能外，还包括有观测数据和值检验、扭角修正等。

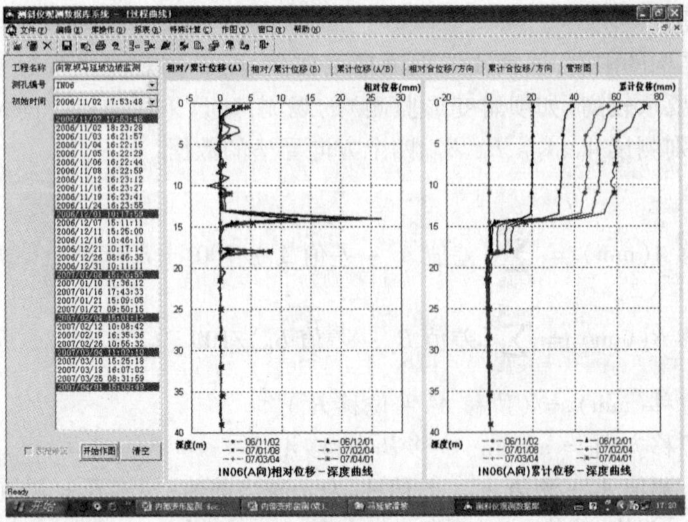

图 9-12　测斜仪监测数据管理系统

5. 技术要点

1）测斜管垂直埋设

测斜管钻孔必须呈铅直向，且全孔孔斜在 3°以内才能保证仪器的测试精度，而不是“一般呈铅直布置”。另外，钻孔终孔直径不应是“不小于 91 mm”（通常测斜管最大外径为 71 mm），而应以大于测斜管外径 30 mm 为宜，否则无法下入灌浆管实施灌浆工序，另外测斜管与钻孔间隙过小也难以保证灌浆回填密实。

2）测斜管与管接头的选择

（1）测斜管主要由铝合金、ABS 工程塑料及普通塑料等材料制成，内有两对互相垂直的纵向导槽，测斜管直径应与选用的测头相匹配。测斜管的正确选择与否对测斜系统精度影响极大，在永久性观测中，一般宜选用铝合金管；在腐蚀性较强的地段（如海堤、码头等）宜选用 ABS 工程塑料测斜管，在运输及保存时注意防止测斜管的弯曲变形；普通塑料管由于导槽加工精度难以保证、导槽扭角偏大、日光暴晒下易变形及长期稳定性差等原因，一般不适用于永久性监测工程。

（2）管接头有固定式和伸缩式两种，固定式接头适用于轴向位移不明显的岩体，在有明显轴向位移的地段宜采用伸缩式管接头（如土石坝、堆石坝坝体变形监测）。

目前常用的为：最大外径 71 mm、壁厚 2 mm 的铝合金测斜管及配套的固定式接头。另外，在变形较大的地段可选用直径稍大的测斜管（最大外径 86 mm、壁厚 2.5 mm，该规格通常用于水平测斜仪），以延长观测时段。而 ABS 工程塑料测斜管，国内产品质量难以满足观测要求，目前多为国外进口，成本较高。

3）测斜管与孔壁间的填料问题

为了使测斜管与周围岩体一起协调变形，必须把它与钻孔间的间隙充填密实。由于岩体大多数比较坚硬，规程中规定用水泥灌浆的方法，但也有主张用砂充填的，曾在 100 m孔深获得较好观测成果。用砂充填可以在岩体位移的突变面产生渐变的保护带，减缓测斜管的折裂或剪断。当岩体位移较小时，用砂填不合适，因为严格的讲，砂的变形不能与岩体变形同步，由此将吸收岩体部分变形而使测斜管灵敏度降低，实测变形偏小。当有较大位移时，允许用粗砂作为充填料，操作时要边填砂边冲水，密实稳定时间也相对较长。但在岩体覆盖层及土体中埋设须以粗砂作为充填料为宜，无论何种情况（岩体或土体）均禁止以水泥浆和砂互层（段）或混合回填。

4）观测数据正确与否的快速判断方法

在观测过程中，除要保证每次对准电缆深度标记外，可用“和值检验”方法快速判断观测数据的正确性。一般情况下，同一组观测方向每个观测深度的正反读数（A_0、A_{180} 或 B_0、B_{180}）的和值应为一个变幅较小的常数，如果差别较大或无变化规律，通常是观测深度的错位引起，否则仪器本身性能不稳定，须送回厂家检修标定。

对于双向传感器测头，通常 A 向“和值”较小，测试精度也较高；而 B 向“和值”及波动范围相对较大，测试精度明显低于 A 向。通过“和值检验”的直方图概率分布及离差分析，可定量地判断出仪器测试精度及工作状态正常与否。“和值”越小，变幅越小，则测试精度越高，该和值通常称为“零点偏值”。采用数理统计的方法对“和值”进行评价，一般情况符合正态分布规律，均值反映“和值”（即零点偏值）大小，离差反映“和值”离散程度（即测值稳定性）。

利用“和值检验”评价仪器精度及性能，前提是必须采用质量较好的测斜管，因为测斜管的质量好坏对测试数据影响极大。

5）测斜仪综合精度

测斜仪观测精度是一个系统综合精度，任何的传感器性能不稳定、测头导轮磨损（轴承间隙大）、测斜管质量低劣、安装埋设质量差（灌浆回填不密实）、导槽内壁不清洁、导槽扭角偏大、测试人员不精心等都将降低观测精度，导致较大误差（累计误差）。正常情况下，B 向测值误差是 A 向测值误差的 2 倍以上。

目前，各类测斜仪中以伺服加速度计式为当前最高水平，以美国 Sinco 公司伺服加速度计式测斜仪说明书给出，测斜仪在孔斜不超过 ±3°时，其综合精度为 ±6 mm/25 m 左右。这意味着观测时，在没有丝毫位移的情况下，对于 25 m 测孔累计到孔口的最大可能误差可达 ±6 mm，如果测深更深，则累计到孔口的误差将更大。工程测试经验表明，当严格控制测斜管选择、安装埋设及观测程序等各环节时，其最大测试误差可达到 ±3 mm 左右/30 m 以下。

岩体的滑移或变形大多数是沿着厚度不大的软弱带（面）发生的，而这些带（面）厚度一般不大，测斜仪的优点就在于能精确地测出在特定深度上的位移变化，它在一个有限深度间隔上，其位移的测定是相当精确的。

6）测量间隔

当边坡变形较大，且测斜管埋深较深时，为提高测试工作效率，可在满足监测要求的前提下适当增大测试间隔，但在进行数据计算处理时，其位移增量（相对位移）应乘以测试间隔/0.5 m 的倍数。

6. 滑动式水平向测斜仪

滑动式水平向测斜仪常用于土石坝或结构物基础等沉降变形观测，其仪器结构、工作原理及主要技术指标与上述滑动式垂向测斜仪相同，只是测斜仪测头内传感器仅为单向，且其传感器位置安装需变换 90°角度，适用于外径 86 mm 的测斜管，并呈水平向埋设。观测时在水平向测斜管一端或两端拉(推)动测头,每次观测时仅测读竖向一对导槽数据,数据处理与滑动式垂向测斜仪类似。由于目前滑动式水平向测斜仪应用工程不是太多,在此不作详细介绍,使用时可参考厂家仪器使用说明书及有关文献资料进行(见图9-13)。

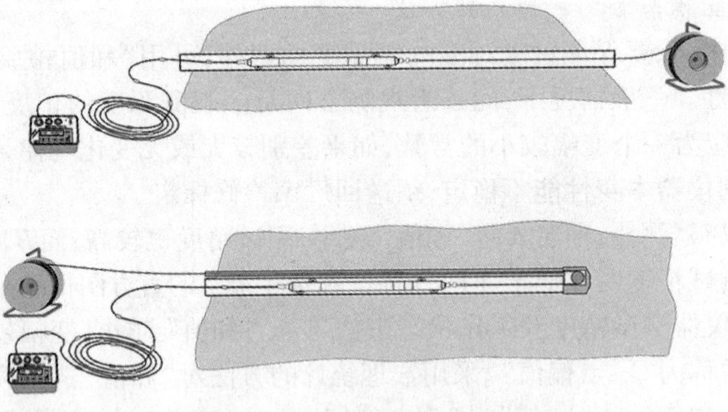

图9-13 滑动式水平向测斜仪安装埋设及观测示意

(二)固定测斜仪

固定测斜仪是在滑动式测斜仪基础上发展起来的,是由测斜管和一组串联安装的固定测斜传感器组成,主要用于边坡、堤坝、混凝土面板等岩土工程的内部水平位移、垂直位移或面板挠度变形监测。它的最大优点是固定安装测头的位置可获得高精度的测量结果,且对于可能出现较大变形的区域可进行实时自动化监测,当位移及位移速率超过某预订值时可自动报警。

1.仪器组成及工作原理

固定测斜仪的工作原理和滑动式测斜仪类同,所不同的是,固定测斜仪根据工程需要将多个测头成串固定于测斜管内多个位置,相互之间由铝杆连接固定串接而成。

根据监测项目的不同固定测斜仪也分垂向和水平向两类,其传感器类型可分为伺服加速度计式、电解质式、振弦式等,考虑到仪器成本,目前应用较多的为电解质式固定测斜仪(见图9-14)。

电解质式固定测斜仪由检测器件和相关电路组成,检测器件由一定化学成分的电解质溶液和电极构成,通过向电极提供交流激励电源后激发溶液中离子之间的运动,便会形成相应的电场。而电场强度与电极浸入电解质溶液中的深度有关,当监测对象发生倾斜变形时,检测器件也相应发生倾斜变化,激励电源引入的两个电极浸入电解质溶液的深度会有所不同,它们相对于中间电极的电场也有差异。通过测量被相关电路放大的电场差异,便可获得倾斜角度大小和倾斜变形方向。

固定测斜仪传感器也有单向和双向两种,单向只测量一个方向的位移,双向可以测量两个方向的位移,进而可以计算出垂直于测管埋设方向平面内的合位移及位移方向。

美国Sinco公司EL电解质式固定测斜仪主要技术指标:量程±10°,分辨率9″(0.04 mm/m),重复性±22″(±0.1 mm/m)。

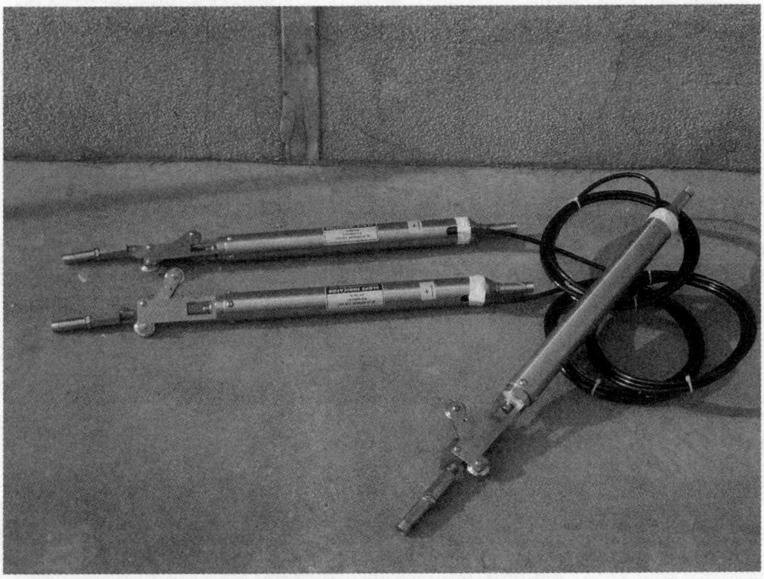

图 9-14　电解质式固定测斜仪测头

2. 安装埋设

固定测斜仪测斜管的安装埋设及灌浆回填要求和方法与滑动式测斜仪测斜管相同，在完成测斜管安装埋设后进行以下固定测斜仪设备的安装。测斜管及仪器设备安装埋设后，及时做好埋设考证表及相关技术资料。

1) 垂向传感器安装

垂向固定测斜仪测斜管为垂直向埋设，其中一组导槽要与预定最大变形方位一致。

(1) 预接传感器和连接杆（传感器上端与连接杆为刚性固定连接），校核连接杆长度，作好编号标记和记录，按安装次序排列放置好（见图 9-15）。

(2) 第一支传感器底部安装一支摆动夹，以固定传感器底部连接装置（传感器下端与连接杆为铰链连接）。必要时可在传感器底部系一根安全绳，可有效防止传感器意外掉入管内。

(3) 将第一支传感器放入选定的一组导槽内，固定轮应指向预期的位移方向。

(4) 将传感器下入测斜管内，连接杆顶部应露出测斜管。

(5) 将第二支传感器对准选定导槽，用管夹将传感器连接到第一支传感器的连接杆上。

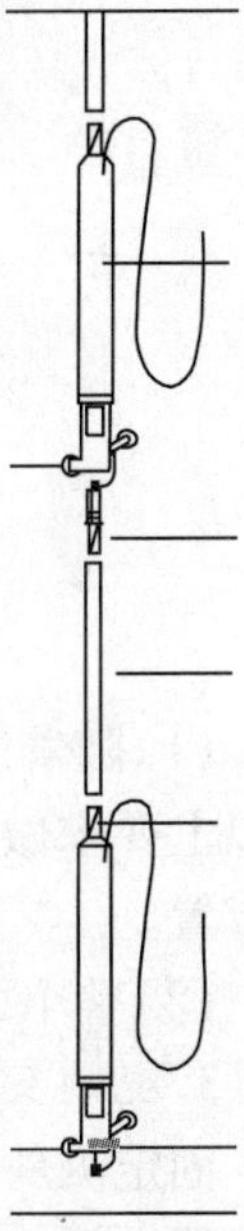

图 9-15　垂向固定测斜仪安装示意

(6) 将传感器下入测斜管，继续步骤(4)和(5)直至完成全部传感器串的安装，确保固定导轮在预期位移方向同一侧。

(7) 固定悬挂部件或定位部件，排列上引电缆，确保互不干扰，最后做好孔口保护装置。

2)水平向传感器安装

水平向固定测斜仪测斜管为水平向埋设,其中一组导槽要保持铅直向。其传感器安装与垂向固定测斜仪类似,所不同之处只是测头固定轮需安放在靠下导槽中,在固定端管口采用夹板装置定位传感器串(见图9-16)。

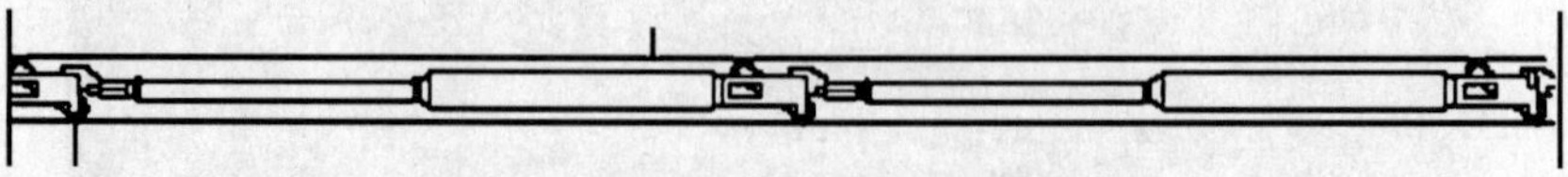

图9-16　水平向固定测斜仪安装示意

目前,在国内水利水电工程中,水平向及垂向埋设固定测斜仪均有应用,效果较好。

3)面板内埋设

混凝土面板堆石坝面板的变形状态对大坝工程的安全极为重要,采用电解质式固定测斜仪对混凝土面板进行挠度变形监测已得到初步应用(见图9-17),其埋设方法是:

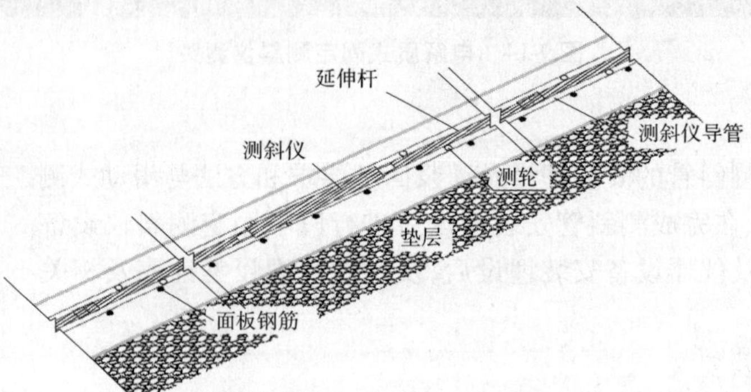

图9-17　混凝土面板内固定测斜仪布置埋设示意

(1)随着混凝土面板施工浇筑过程,将测斜管浇于面板内。浇筑前测斜管的连接如同以上要求做好密封,防止混凝土浆液渗入管内。另外,整个管长其中一组导槽须垂直面板放置。

(2)整个面板浇筑完成后,按照上述传感器安装要求安装传感器及连接杆件。

3. 观测及资料整理

固定测斜仪观测仅需将测读仪与传感器电缆连接测读即可,但在大多数情况下,是将传感器电缆连接到自动采集装置上,数据处理由计算机系统来完成。

垂直安装的传感器可测量垂向的倾斜(水平位移),水平安装的传感器可测量水平向的倾斜(垂直位移)。倾角是通过每支传感器的标距的位移读数测量得到的。

$$偏移率(mm/m) = C_5EL^5 + C_4EL^4 + C_3EL^3 + C_2EL^2 + C_1EL + C_0$$

$$偏移量(mm) = 偏移率(mm/m) \times 传感器测量长度(m)$$

$$位移值(mm) = 当前偏移值(mm) - 初始偏移值(mm)$$

$$总位移值(mm) = 位移值1 + 位移值2 + 位移值N \quad (N为传感器个数)$$

式中　EL——传感器电压读数;

$C_0 \sim C_5$——传感器标定系数,用于将电压读数转换为每串测量长度的位移。

垂向传感器布置位移方向定义:在垂向测斜管中安装传感器时,当以测斜管底部作为相对不动点时,正值位移数据代表向固定轮方位移动(通常为预期方向)。

水平向传感器布置位移方向定义:在水平向测斜管中安装传感器时,当以测斜管或传感器远端作为相对不动参考端时,正值位移数据代表向下移动(沉降),反之负值位移数据代表向上移动(抬起);当以测斜管或传感器近端作为相对不动参考端时,正值位移数据代表向上移动(抬起),反之负值位移数据代表向下移动(沉降)。

传感器一般具有温度测试功能,但考虑到测斜管通常均埋设在岩(土)体地下数十米以下,其温度变化相对稳定,温度影响可忽略不计。

同样,根据以上计算结果,绘制各种关系曲线,结合地质条件及被测岩(土)体或结构物特点,对其观测成果进行分析。常需绘制的关系曲线如下:

垂向传感器布置:

(1)A 向位移或 B 向位移与深度分布曲线;

(2)合位移与深度分布曲线;

(3)典型深度(滑移面)位移(位错)与时间关系曲线;

(4)典型深度(滑移面)位移(位错)速度与时间关系曲线(当位移及变化量较大时)。

水平向传感器布置:

(1)沉降变形分布曲线(见图 9-18);

(2)典型位置(变化较大)位移与时间关系曲线;

(3)典型位置(变化较大)位移速度与时间关系曲线。

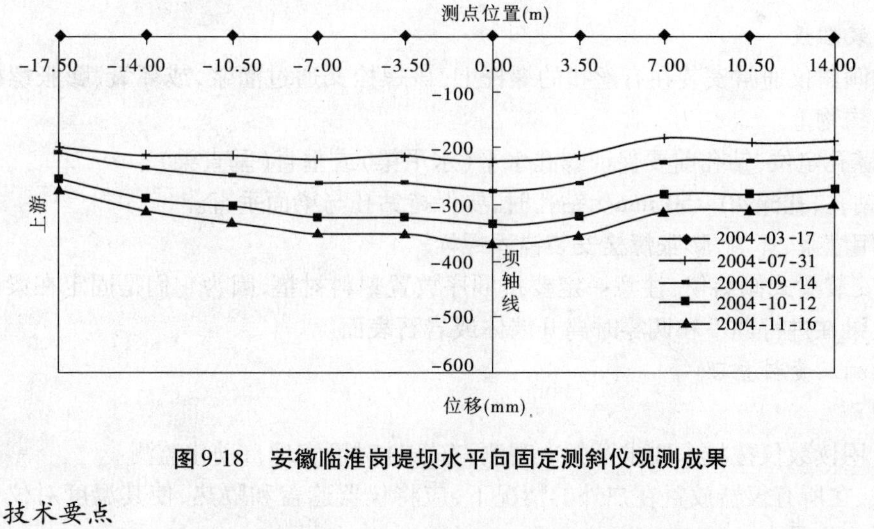

图 9-18　安徽临淮岗堤坝水平向固定测斜仪观测成果

4. 技术要点

(1)固定测斜仪布置要合理有效,重点布置在预期有明显滑动或位移发生的区域,固定测斜仪传感器串重点安装在横跨这些区域的测斜管内。

(2)固定测斜仪传感器与连接杆连接时,一端为固定式刚性连接,另一端为铰链式连接。另外,要测定连接杆长度,以在计算偏移量时准确确定传感器测量长度。

(3)由于固定测斜仪观测不能实现一组导槽正反两次测读,自动消除仪器的零漂误差，因此固定测斜仪传感器应具有较高的稳定性及可靠性。

(4)在堤坝等工程布置水平测斜仪时，测斜管一端相对不动点参考端管口，必须采用其他辅助观测手段确定其端点位置的绝对位移，以修正整个固定测斜仪的观测数值，才能获得可靠准确的位移观测成果。

(三)梁式倾斜仪

梁式倾斜仪主要用于岩体边坡、基础(缆机平台等)及建筑物的不均匀位移和旋转监测，如果布置2支或多支梁式倾斜仪成串连接安装，可以获得断面挠度曲线和测点绝对位移。梁式倾斜仪分有水平梁式和垂直梁式两种，水平梁式倾斜仪可测量倾斜和垂直位移，而垂直梁式倾斜仪可测量倾斜和水平(横向)位移。常用的为电解质式梁式倾斜仪(也称电平梁)，由于其固定安装，因而便于实现自动化监测。

1. 仪器组成及工作原理

电解质式梁式倾斜仪是由一支高灵敏电解质倾斜传感器附着在其上面的硬质合金或合金材料梁组成，该梁按顺序安装在待测结构物上，测出其角度变化转换成相对于梁长的位移。一系列这样的梁组合在一起，能够获得结构物的挠度变形分布。

电解质式梁式倾斜仪(见图9-19)，其工作原理同上，传感器测量范围±15′、±1°、±3°，工作温度－20～50 ℃，分辨率0.03%FS(1″，0.005 mm/m)，重复性0.3%FS(±3″，±0.015 mm/m)，仪器长度1 m或2 m。

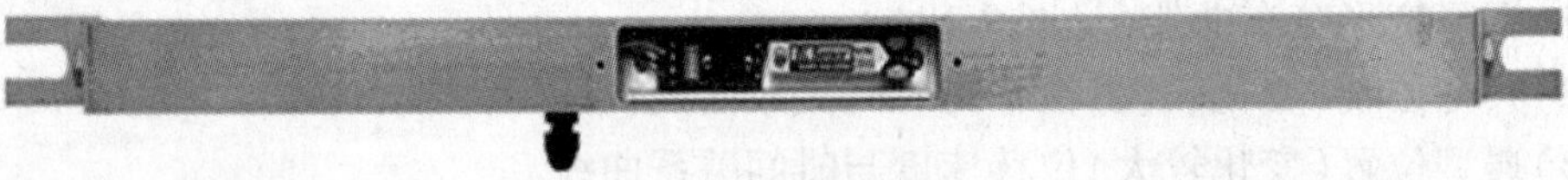

图9-19　梁式倾斜仪

2. 安装埋设

梁式倾斜仪通常安装在有丝扣的螺杆上，该螺栓又通过灌浆，或环氧、膨胀螺栓锚固在被测结构物上。

(1)螺孔定位，钻孔前要保证螺孔水平(水平梁)或垂直(垂直梁)。

(2)钻孔，孔深40～50 mm。钻孔时，要保持钻孔与梁面垂直。

(3)用灌浆、环氧、膨胀螺栓安装锚固螺栓。

(4)安装梁式倾斜仪，注意一定要按顺序放置塑料衬垫，因为它们是固定在梁两末端接头上让梁在进行调平和调零时离开墙体或岩石表面。

3. 观测及资料整理

1)观测

用专用读数仪按技术要求及频次观测，有条件时可实现自动化监测。

注意，在所有仪器放置在户外的情况下，应将仪器遮盖和隔热，使其温度对仪器测试读数的影响为最小。

2)资料整理

线性计算公式

$$\left.\begin{aligned}倾斜角(\theta) &= M(R_i - R_0)\\ 位移 &= \sin\theta \times L\end{aligned}\right\} \quad (9\text{-}2)$$

式中　M——仪器系数,°/V;

R_i——当前仪器读数,V;

R_0——初始仪器读数,V;

L——梁长度,mm。

多项式计算公式

$$\left.\begin{aligned}倾斜角(\theta) &= A(R_i - R_0)^2 + B(R_i - R_0) + C \\ 位移 &= \sin\theta \times L\end{aligned}\right\} \tag{9-3}$$

式中　A、B、C——仪器系数。

其他符号意义同前。

根据监测结果绘制:

(1)倾斜(位移)与时间关系过程曲线;

(2)多点成串安装时,倾斜(位移)分布曲线;

(3)当倾斜(位移)变化较大时,绘制典型测点倾斜(位移)速率与时间关系过程曲线。

(四)倾斜(角)计

倾斜(角)计用于监测岩体或结构物表面的转角及其变化,倾斜(角)计按工作方式分为便携式、固定式两类,按监测内容及安装方式分为水平向及垂向两类。倾斜(角)计的类型、测量范围及精度等技术参数的选择,应根据测点部位可能的转角大小及观测要求确定。

1. 便携式倾斜计

1)仪器组成及工作原理

便携式倾斜计系统包括倾斜计基座(倾斜盘)、倾斜计和读数仪三个部分(见图9-20),应用时将成本较低的倾斜计基座水平或垂直固定于岩(土)体或建筑结构物表面上,利用测读仪可在逐个基座上分别进行测量(较大范围的倾斜变化)。该仪器由人工测量,操作简单,使用方便。

(1)倾斜计基座:为一铜质或陶瓷材料圆盘,直径约为140 mm,该基座可用胶结剂或螺栓安装到结构物上,其上的四个定位销用于给倾斜仪定位。水平向安装的基座可使倾斜计在两个相互垂直的方向上进行测量。

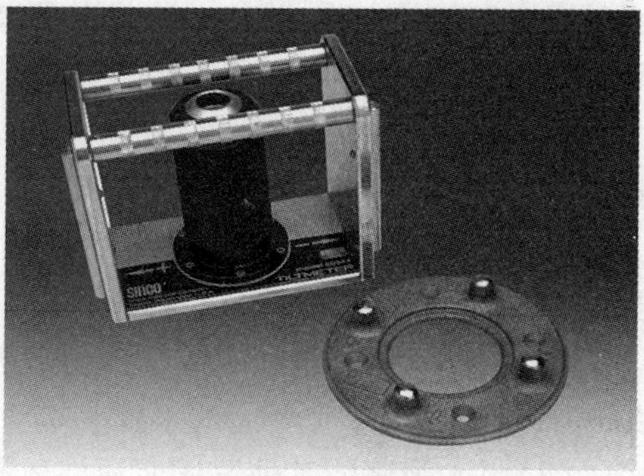

图9-20　便携式倾斜计

(2)倾斜计:便携式倾斜计可方便地安装在倾斜计基座上进行测量,倾斜计上位于底部和两侧的定向杆使得倾斜计准确地定位在基座上。在每个基座上进行两次测读,正向(+)和负向(-)各测读一次。倾斜计底板上标有符号"+"和"-",以便倾斜计定向。

便携式倾斜计工作原理与伺服加速度计式滑动式或固定式测斜仪相同,仪器内装有伺服加速度计传感器,读数仪与以上滑动式测斜仪的读数仪通用,测量范围±53°,分辨率

8″(0.04 mm)，系统重复性±50″。

2）基座安装

基座应安装到能反映大体积结构变形的分部构件上，当单个安装点不能完整反映整个结构的变形时，应选择其他位置安装多个基座。基座数量的选取同所测结构的刚度和测量精度有关，精度越高，所需的基座数量越多。

a. 定向

定向：基座的安装定向通常应选取一组定向销，朝向预测的旋转方向，基座也可按照测绘网格的定向进行安装。

水平基座的定向：水平基座提供两个测量平面。平面 A 由定位销 1 和 3 确定，定位销 1 通常朝着倾斜方向。平面 B 由定位销 2 和 4 确定，定位销 4 通常朝着倾斜方向（见图 9-21）。

垂直基座的定向：垂直基座应使定位销 1 和 3 位于同一条垂线上，其测量的转动方向如图 9-22 所示。

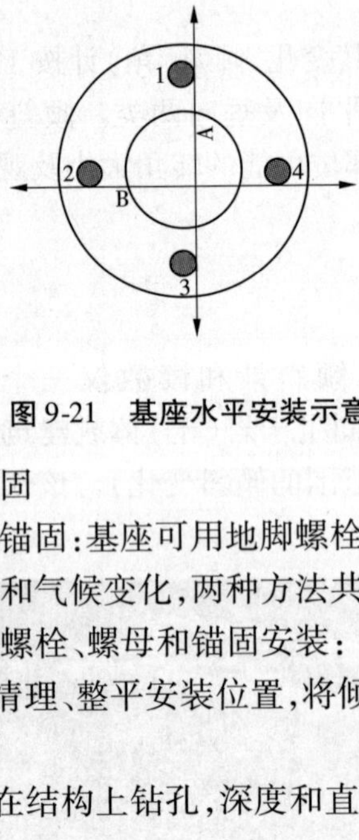

图 9-21　基座水平安装示意

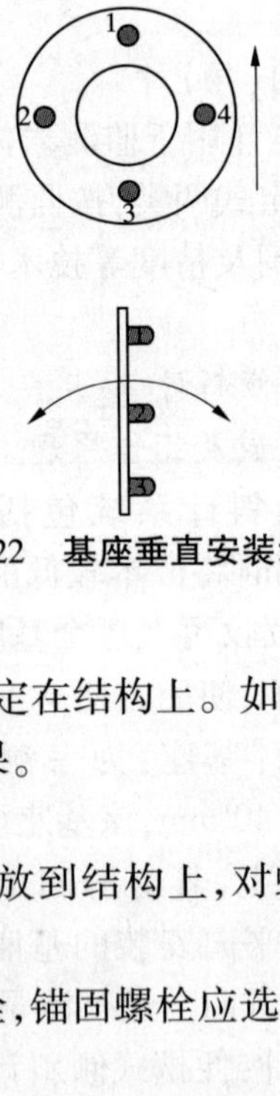

图 9-22　基座垂直安装示意

b. 锚固

基座锚固：基座可用地脚螺栓和螺母，也可用黏结剂固定在结构上。如工作环境有较大的温度和气候变化，两种方法共用可得到最佳的监测效果。

地脚螺栓、螺母和锚固安装：

（1）清理、整平安装位置，将倾斜计按所需量测的方向放到结构上，对螺栓位置作出标记。

（2）在结构上钻孔，深度和直径应适合所用的锚固螺栓，锚固螺栓应选用便于灌浆的类型。

（3）将基座用螺母固定到锚固螺栓上，建议使用 6～8 mm 直径的平头螺母或类似产品。

（4）将水泥浆或其他锚固浆液注入孔中，然后将基座放到安装位置，检查确认基座水平或垂直准确就位，确保定位销上没有涂上灌浆液体。

黏结剂固定：

（1）清理、整平安装位置，将黏结剂（稠水泥浆）放到安装位置。黏结剂应有足够的稠度，使得基座能被压入黏结剂中并能找准水平或垂直。

(2)将基座放准到黏结剂上，并压进黏结剂中。黏结剂可进入螺孔或同基座边缘齐平，但确保定位销上没有涂上黏结液。

3)观测及资料整理

a. 观测

便携式倾斜计是由人工读取数据的，所以基座应安装在便于进行量测的位置。仪器读数采用成对读数(相隔180°)，以消除仪器的偏差。

(1)水平倾斜盘基座的测读。

①读取 *A* 平面数据。由定位销1和3确定平面 *A*，将倾斜仪的"+"号端放到1号定位销上，等到获取一个稳定读数后，将其记入记录表。然后将倾斜仪转动180°，把"-"号端放到1号定位销上，记下稳定后的数值。

②将上述步骤重复3次，确认获得重复性好的数据。理论上，*A*+和 *A*-读数值应是符号相反、数值相同。实际应用中，其数值的差别可能达到50读数单位，这是倾斜计的内在误差和基座的不规则性所致。

③进行 *B* 平面的读数。*B* 平面由定位销2和4定义。将倾斜计的"+"号端对准定位销4，等到读数稳定后记下数据。然后将倾斜仪转动180°，把"-"号端对准定位销4，同样地将稳定数据记入表格。

(2)垂直倾斜盘基座的测读

垂直基座可在一个由定位销1和3定义的平面内读数，倾斜计的方向根据倾斜计上的定向杆确定。

①首先读取 *A*+读数。将倾斜计的"+"端对准定位销1和3("+"标在倾斜计的下底板上)，待数据稳定后记下读数。然后读取 *A*-读数，将倾斜计的"-"端对准定位销1和3，待数据稳定后记下读数。

②重复上述步骤3遍，确保获取重复性的读数。

b. 资料整理

监测结果可以倾斜角度或位移两种方式给出。

(1)倾斜角(度)。

$$倾斜角 = \sin^{-1}[(差值_i - 差值_0)/(2 \times 2\,500)] \tag{9-4}$$

式中，2 500为仪器常数(厂家给出)；差值$_i$ =(读数$_i$ +)-(读数$_i$ -)-当前正、负读数差值；差值$_0$ =(读数$_0$ +)-(读数$_0$ -)-初始正、负读数差值；差值为"+"则表示结构的倾斜与倾斜计的"+"方向一致。

(2)位移。

$$位移 = 结构长度 \times [(差值_i - 差值_0)/(2 \times 2\,500)] \quad (\text{mm}) \tag{9-5}$$

根据监测成果绘制：

①倾斜角(或位移)与时间关系过程曲线；

②如倾斜(或位移)变化较大，则须绘制倾斜角(或位移)速率与时间关系过程曲线。

2. 固定式倾斜计

固定式倾斜计是固定于岩(土)体或建筑结构物(如大坝、基础、挡墙、混凝土结构等)，长期监测其倾斜微小变化的高精度监测仪器，且适用于人工监测或自动化监测，其基本原理是利用安装在被测结构物上的倾斜传感器来精确测量倾斜度。固定式倾斜计类型有电解质式、振弦式等，但较为常用的是电解质式单轴倾斜计(见图9-23)，仪器可水平向或垂直向安装。

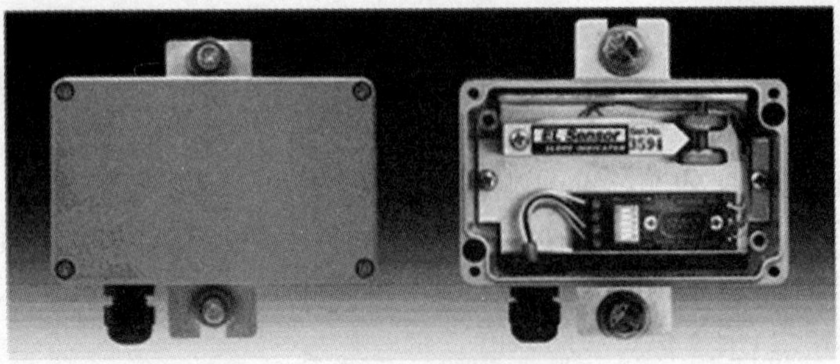

图9-23　电解质式固定倾斜计

电解质式固定倾斜计工作原理同上，测量范围±40′(可调)，分辨率1″，重复性±3″。

振弦式固定倾斜计工作原理，仪器内部由悬挂的摆块和弹性铰组成，振弦应变针支撑着摆块，应变针感应由摆块重心偏转产生的力的变化。悬垂块和传感器安装在防水的不锈钢保护壳内，其包括连接传感器和固定板的组件(见图9-24)。为防止传感器因受到振动产生读数不稳或受损，对于分辨率高于10″的仪器，使用摆块实现自阻尼，对于更灵敏的仪器则须阻尼液。振弦式固定倾斜计量程±15°，工作温度-40～90 ℃，分辨率10″，精度0.1%FS。

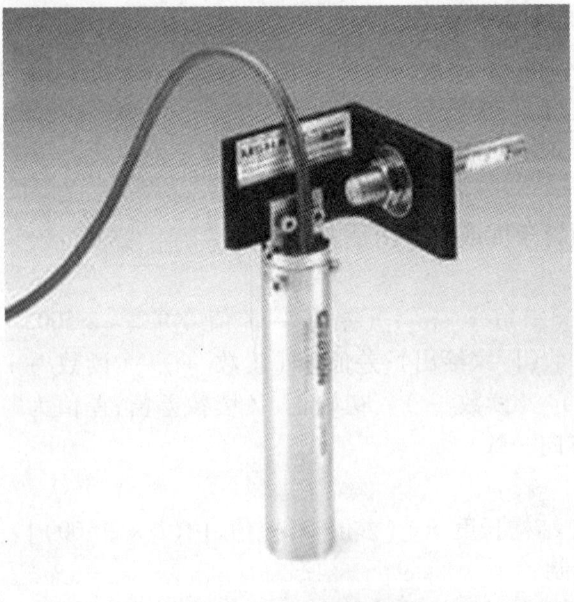

图9-24　振弦式固定倾斜计

固定式倾斜计的安装，通常主要采用上述的地脚螺栓、螺母(膨胀螺栓)锚固，也可用黏结剂安装，观测及资料整理类同电解质式和振弦式传感器。

二、多点位移计

多点位移计是埋设在岩体钻孔内实施内部以及深层位移监测的,它可以监测任意钻孔方向不同深度的轴向位移及分布,从而了解岩体变形及松动范围,为合理确定岩体加固参数及稳定状态提供依据,因此广泛应用于坝基(肩)、边坡和地下洞室等岩体内部位移监测。在地下洞室围岩变形监测中是应用最为普遍和重要的监测仪器设备,最大观测深度可达近百米。

(一)仪器组成及工作原理

多点位移计是由测头、传感器、测杆(包括护管、隔离架、支撑环等)、锚头、读数仪等五部分组成(见图9-25)。传感器分电测式和机械式两大类,其中电测式传感器具有测试快速、精度高和可遥测等优点,但结构复杂、价格昂贵,且对环境条件要求较高;而机械式传感器操作简单可靠、稳定直观,无电气元件,测值受环境条件影响小,经济实用,但测读麻烦,尤其是观测人员无法到达的地段或部位,且不能实现遥测及自动化。电测式传感器类型主要有振弦式、线性电位器式、差动电阻式、电感调频式、差动变压器式等。机械式传感器采用深度千分尺测读。测杆有不锈钢杆、玻璃纤维柔性杆两种,其中不锈钢杆测试精度较高,测杆外部护管为普通 PVC 塑料管。常用锚头有灌浆式、伸缩式、液压式等,锚头是该设备中极其重要的组成部分,其在钻孔内的锚固稳定与否,将直接影响测量结果的可靠性。锚头应根据工程及地质情况选用,灌浆式锚头适用面广、牢固可靠,适用于破碎岩体,尤其是在爆破振动范围内;伸缩式锚头适用于地下洞室顶拱最深锚固点及软土中安装,或采用伸缩式锚头加灌浆。但伸缩式锚头结构复杂、需配以加压装置和连接管路,应用成本较高。

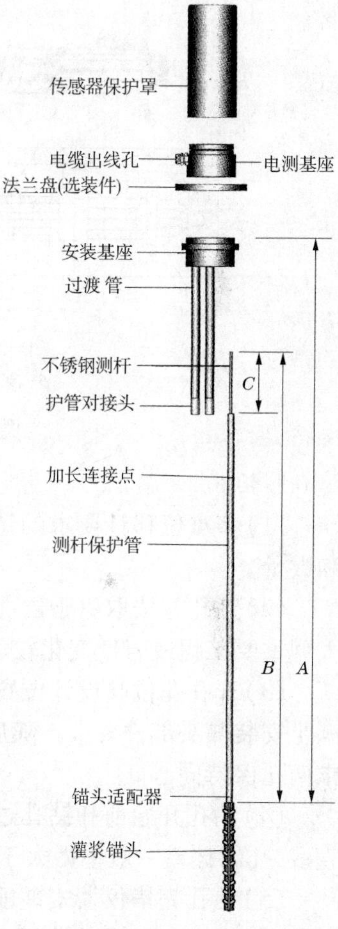

图 9-25　多点位移计结构图

目前,采用最多的是振弦式传感器、不锈钢测杆及灌浆式锚头组合。当变形较大时,为安装方便,可采用玻璃纤维测杆。

通常根据岩体结构和观测深度的不同,在同一钻孔内沿深度大多设置 3 ~ 6 个测点(锚头)。多点位移计测头安装固定在孔口,测头内内装有测量基准板(机械式)或固定位移传感器的装置及位移传感器,孔口测头内的传感器与钻孔内的测杆、锚头连在一起传递位移。

多点位移计的工作原理是当相对埋设于钻孔内不同深度的锚头发生位移时,经测杆将位移传递到测头内的位移传感器,就可获得测头相对于不同锚固点深度的相对位移。再通过换算,可以得到沿钻孔不同深度的岩体(或结构物)的绝对位移。钻孔内最深锚头要求埋设在岩体相对不动点深度。

(二)地质调查

地质调查类同以上测斜仪监测要求,但要特别查清岩体软弱结构面的大小、厚度、产状及分布特点,这是确定传感器性能指标和锚头类型、数量及布置深度等监测设计参数的重要参考依据。

(三)安装埋设

图9-26为典型多点位移计安装埋设示意图,仪器安装埋设是先在岩(土)体钻孔后实施。

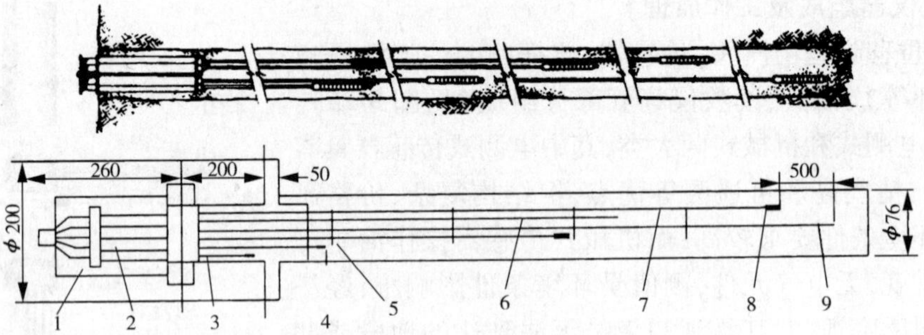

1—保护罩;2—传感器;3—预埋安装管;4—排气管;
5—支承板;6—护套管;7—传递杆;8—锚头;9—灌浆管

图9-26 典型多点位移计安装埋设示意

1.钻孔

(1)多点位移计要求的钻孔深度和直径,取决于工程观测要求以及锚头的类型、特性和数量。

(2)钻孔方法取决于岩性和工程要求。一般工程或岩性较均一的可用冲击钻;对于大型重要工程或岩性变化较大的地段应使用岩心钻,并对岩心进行详细的描述和记录。

(3)开孔孔位与设计位置的偏差不得大于50 mm,开孔直径200 mm,深度0.5 m,以满足安装测头部件要求。随后钻孔直径根据锚头数量确定,一般为76~110 mm,钻孔要求两孔保持同心。

(4)钻孔开始前和钻孔过程中,应随时校核钻孔位置、方向和孔深,钻孔轴线应保持直线,孔斜偏差一般不得大于±3°。

(5)钻孔完毕仪器安装前,应用压力水将钻孔彻底冲洗干净。

(6)在不良地质条件下,可采用特殊方法(如注浆法固壁)以防止塌孔,确保仪器设备的顺利安装。

2.安装埋设

(1)埋设前预先在驻地或现场对仪器设备进行检查、组装和编号,并作好必要的标记和记录。

(2)安装现场条件允许时,可将各部件连接组装好随同灌浆管和排气管一次性整体送入孔内。

(3)安装现场不具备一次性整体送入孔内的条件时,则须在孔口边连接边送入孔内。锚头、不锈钢测杆及护管之间连接处要用专用胶黏结,护管接头做好密封,防止灌浆浆液渗入管内。护管间要用隔离架相互隔开，以保证回填灌浆密实，杜绝存有空洞。

(4)各部件全部送入孔内后，安装、固定测头及预接传感器，全部安装完成后，应对整个系统进行彻底的检查，防止意外。

(5)用水泥砂浆将测头周围填实密封，地下洞室顶拱及拱肩部位上仰孔或水平孔孔口要全部密封，而下倾孔孔口可局部密封固定，待灌浆完毕后再全部密封。

3. 回填灌浆

(1)灌浆材料的选择，要求其凝固后的力学特性与周围岩(土)体介质材料的力学性能相近。

(2)开始灌浆，灌浆压力视现场条件而定，一般情况采用不大于0.5 MPa灌浆压力即可，直至排气管返浆后再持续几分钟后停止灌浆，堵住灌浆管和排气管，以保证钻孔内灌浆饱满密实。次日再对孔口部分(水平孔或下倾孔)由于浆液沉淀形成的空间进行二次灌浆，浆液灌满后最终封孔，至此灌浆工作结束。

注意，对在上仰孔或上斜孔灌浆时，要充分估计仪器设备在孔口承受的荷载(仪器设备自重和灌浆压力)。若孔口岩面较好，可用锚栓和钢筋做担梁支撑，岩石差的孔口专门搭设构架做孔口支撑，再配合在固定孔口测头部分时采用锚固剂处理，无疑是一个很好的保证孔口密封稳固的处理办法，直至钻孔注浆固化后再将孔口支撑构架拆除。

(3)待孔内浆液及孔口装置达到初期强度后，剪去孔口多余的灌浆管和排气管，安装或调整位移计传感器，使其留有一定的压缩量(预拉总量程的1/4左右)。连接电缆，测试检查没有问题后做好孔口保护装置和电缆引线。

(四)观测及资料整理

灌浆终凝一周后可进行基准值测试，随后根据要求开始进行正常周期观测。

观测记录应包括工程名称、观测断面及观测点的编号与位置、地质描述、位移读数、观测日期及时间、观测时的环境温度、观测断面与开挖掌子面的距离等。

1. 各锚点相对测头位移

$$XW_i = K(R_i - R_{i0}) + C(T_i - T_{i0}) \quad (i = 1,2,\cdots,6,\text{锚头编号，编号顺序由浅至深}) \tag{9-6}$$

式中 XW_i——各相应锚头当前相对位移，mm；

R_i——各相应锚头当前值；

R_{i0}——各相应锚头初始值(基准值)；

T_i——当前温度，℃；

T_{i0}——初始温度，℃；

K——仪器系数；

C——温度系数，mm/℃。

应注意的是，由于各仪器厂家测头内的位移传感器与传递杆连接方式不同，各锚头相对于测头位移(相对位移)的计算符号取值也有所差异，具体规定如下：

(1)当位移传感器直接与测杆丝扣连接，则按式(9-6)计算，即拉伸位移为正，压缩位移为负；

(2)当位移传感器与测杆平行布置侧向固定连接，按式(9-6)计算则出现负号相反的情况，即拉伸位移为负，压缩位移为正。因此，在按式(9-6)计算后必须乘以负号。

2. 各深度绝对位移

各深度绝对位移为相对于不动点的位移，通常不动点设在孔底。以四点位移计为例，如现场实际埋设4个埋头，设 XW_4 为孔底最深的锚头，按两种埋设方法的计算方法分别为：

(1)测头安装埋设在开挖洞室或边坡岩体表面。

孔口(0 m 深度) 位移(mm) = 最深锚头位移(XW_4)

第一锚头深度的位移(mm) = $XW_4 - XW_1$

第二锚头深度的位移(mm) = $XW_4 - XW_2$

第三锚头深度的位移(mm) = $XW_4 - XW_3$

第四锚头深度的位移(mm) = 0

(2)在地下洞室或边坡岩体内的排水洞或探洞内超前预埋。

当在上述(2)条件下超前预埋仪器时可不做以上计算，所对应各锚头深度的位移就是该深度绝对位移，其中钻孔最深的锚头应是最贴近地下洞室或边坡表面的位置(一般情况下，此锚头位置距地下洞室或边坡表面约0.5 m)。即

第一锚头深度的位移(mm) = XW_4

第二锚头深度的位移(mm) = XW_3

第三锚头深度的位移(mm) = XW_2

第四锚头深度的位移(mm) = XW_1

测头处(0 m 深度) 位移(mm) = 0

根据以上计算结果，可以绘制以下曲线(向家坝水电站地下厂房第一层开挖工程实例)：

(1)各深度位移与时间关系曲线(见图9-27)；

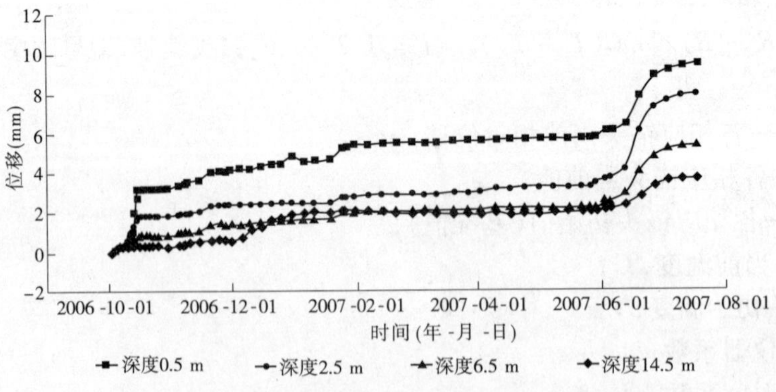

图9-27　地下厂房顶拱围岩各深度位移—时间关系曲线

(2)位移沿孔深分布曲线及开挖断面位移分布形象图(见图9-28)；

(3)位移随开挖进尺变化过程空间关系曲线等(见图9-29)。

(五)技术要点

(1)在有条件的情况下，尽可能在开挖之前超前预埋仪器，或尽可能靠近开挖工作

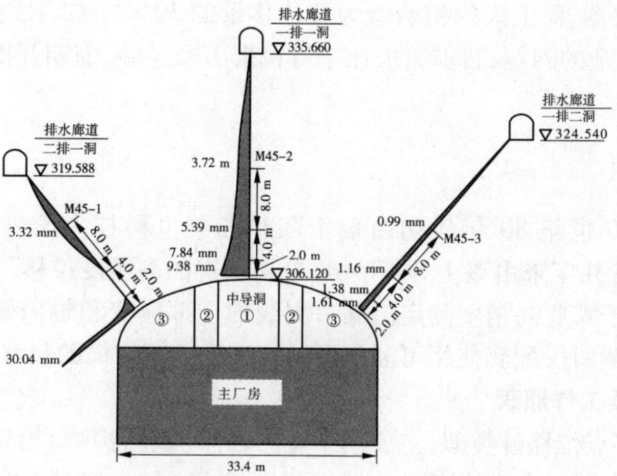

图 9-28　监测断面洞室围岩位移分布形象图(2007-07-27)

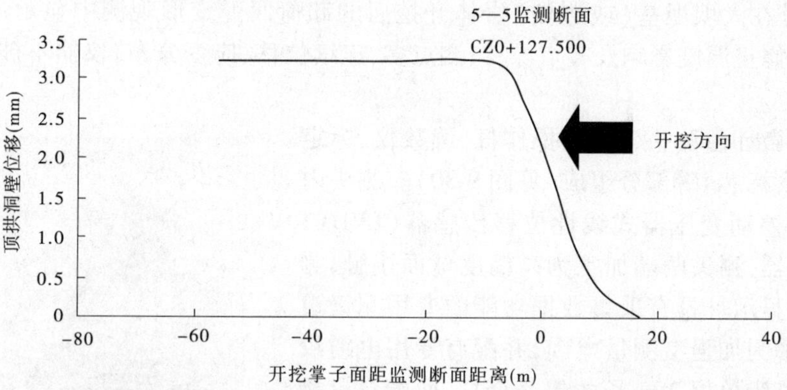

图 9-29　顶拱位移—开挖掌子面(8 m×9 m)距监测断面距离关系曲线

面,以获得开挖全过程或主要位移量。

(2)传感器量程及精度的选择,通常设计出于保守考虑,传感器量程选择一般较大(200 mm 左右)。但是,量程选大,必然损失测试精度,尤其不适宜岩体较为完整、变形较小的地段。因此,传感器量程及精度选择必须综合地质条件、参照同类工程经验及理论计算值确定。

(3)开挖后围岩各深度位移是以最深锚固位置为相对不动点,因此最深一个锚点的设计深度应设置在岩(土)体变形范围以外。为使最深锚头灌浆密实稳固,钻孔最大深度一般应超过设计最深锚头 30 cm 以上;在上仰孔以超过 50 cm 为宜。钻孔回填灌浆时,向下钻孔必须以孔底开始自下而上进行;上仰孔必须由孔口压浆,直至孔底排气管出浆后仍要稳压数分钟,以保证钻孔灌浆质量。

(4)在做不到超前预埋仪器时,监测成果存在初始值(前期位移值)的丢失问题。即当开挖掌子面接近监测断面时,围岩已开始变形;当到达监测断面时,围岩变形已达到开挖总变形的 20% ~30%。通常情况下,监测断面仪器布置距工作面最近也仅是 0.5 ~1.0

m,太近因爆破损坏仪器,而丢失的初始值为总位移量的 30% 左右。因此,如何估算丢失的初始值是个十分复杂的问题,目前丢失比率可根据工程经验,前期开挖或有限元计算分析成果参考确定。

三、滑动测微计

滑动测微计是 20 世纪 80 年代初由瑞士联邦苏黎世科技大学岩石及隧洞工程系 K. Kovari教授提出,近几年来由瑞士 Solexperts 公司引进的高精度位移(应变)观测仪器设备,它可有效地应用于需要高精度测定沿某一测线的全部应变和轴向微小位移分布的各种场合。另外,其与测斜仪配套使用可测定沿钻孔三维空间方向的位移。

(一)仪器组成及工作原理

滑动测微计和多点位移计类似,主要用于观测岩体(或结构物)沿钻孔不同深度的轴向位移,但不同的是,它以独特的测量方式可沿一测线(钻孔轴线)方向实现不同深度(1.0 m 间隔)的轴向位移或应变分布线性测量,以区别于以往以应变计为代表的点法测量原理,尤其在大坝坝基(或边坡)岩体开挖后的卸荷回弹变形观测中显示出独具特点(精度高,可修正温度影响及零点漂移;测点多,连续位移、应变分布;仪器不被损坏)和应用前景。

滑动测微计由测头、电缆、操作杆、读数仪、标定筒和导管(含标芯)等部分组成(见图 9-30)。测头内装有高精度差动变压器式线性位移传感器(LVDT)和温度传感器,测头两端加工为高精度球面接触;测读仪为数字显示且具有采集数据功能的专用测读设备;连接电缆为加强型测量电缆,并配有专用电缆绞盘车;操作杆为单根 2 m 长的铝合金杆,两端具有操作方便的连接接头;标定筒为因瓦合金制成的便携式标定筒架,是观测前、后进行测头标定的必备标定设备,以保证仪器的长期稳定性和精度;导管为 1 m 长度的 HPVC 塑料管,两端装有高精度的防锈金属球面测标(标芯)。

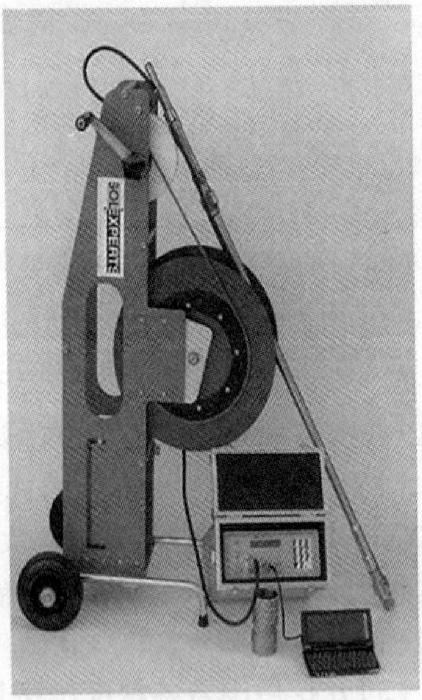

图 9-30 滑动测微计组成

滑动测微计的工作原理是,滑动测微计测头内装有两套高精度的线圈系统(标距为 1 m),当被测岩体(结构物)发生轴向变形时,测头内的两套线圈系统在测量位置上通过两个测环感应,产生一个与两测量环实际间距成比例的电信号,并由测读仪读出,经换算得出长度变化。测量导管预先埋设在岩体或混凝土的钻孔内,观测时,将滑动测微计的测头放入导管内,使测头与导管标芯顶紧,利用锥面—球面原理测量相邻测环(标芯)的精确距离,从而获得沿一测线(钻孔轴线)方向不同深度的轴向位移或应变分布。

由于采用锥面—球面原理,探头的放置具有极好的重复性,使探头和测标间的位置关系极为精确,测量精度可以达到目前世界最高水平。

滑动测微计主要技术指标:量程 10 mm(±5 mm),分辨率 0.001 mm/m(1 $\mu\varepsilon$),精度 0.003 mm,测头尺寸 Φ24 ×1 000 mm。

瑞士 Solexperts 公司在滑动测微计的基础上,还研制生产了可精确测量垂直钻孔内三维空间方向位移的 TRIVEC 三向位移计,即在此基础上增加了测斜传感元件,导管也需进行相应改进。

(二)地质调查

地质调查类同以上监测要求,查明监测对象所处的地质条件,为测孔布置的孔位、方向及深度等提供参考依据。

(三)安装埋设

(1)埋设前在室内将带有管底盖的第一根导管(长 25 cm)用密封胶与环形测量标芯连接,连接前需将环形标芯油渍清洗干净,连接时与导管上的标志准确定位,其误差不应大于 ±0.5 mm。在连接处上好螺钉并用密封胶带裹好以防灌浆浆液渗入。然后用同样的方法依次预接其他各导管,并做好各导管顺序编号和对准标记。

(2)安装时,在第一节套管的底部系紧安装绳并将有底盖的第一根导管放进孔内,然后按编号顺序将导管不带环形测量标芯一端与带有环形标芯的另一根导管按标志用密封胶准确连接,用螺钉加以固定并裹上密封胶带。同样,连接好的导管与环形标芯上的标志之间误差应小于 ±0.5 mm,以保证整个导管和环形标芯在一条直线上。重复上述步骤将导管逐一连接放入孔内,直至达到预定深度(见图 9-31)。

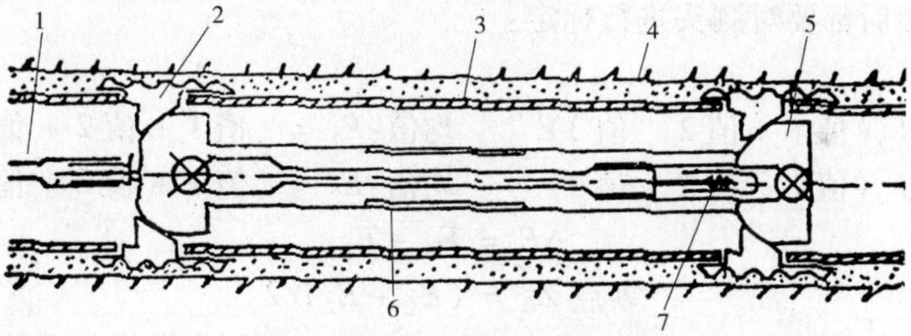

(a)测头、钻孔及导管布置

(b)滑入测量标志时状态　　(c)测量时状态

1—操作杆;2—锥形测量标志;3—导管;4—灌浆充填;
5—球面测头头部;6—保护套;7—LVDT(位移传感器)

图 9-31　滑动测微计安装埋设及观测示意

(3)全孔导管连接下入钻孔后,用测头试通至孔底,检查是否通畅。

(4)导管安装埋设后即可下入灌浆管,对导管与钻孔孔壁空隙进行灌浆,灌浆材料、要求及方法同上,灌浆完毕后做好孔口保护装置。

(5)滑动测微计导管灌浆埋设一周后,便可进行测试建立基准值。

(四)观测及资料整理

1. 观测

(1)打开仪器箱取出仪器测头,将测头与读数仪用电缆接好,打开读数仪电源预热20 min。

(2)在标定筒中分别从两端(E_1、E_2)对滑动测微计测头进行标定,标定时应记录时间、天气及气温。

(3)打开管口保护盖,将探头与导向链、送进杆连接好,将有导向链一头放入孔中。

(4)每次测试时连测2遍,从孔口至孔底再从孔底至孔口,具体方法为:顺时针旋转45°,使测头的两端点分别接触环形标芯,此时测头处于测量状态,即显示读数,然后在原测量位置放松送进杆,并再次拉紧使测头接触环形测量标芯而处于测量状态,如此反复3次,便可获得连续3次在同一标距长度的读数。若3次读数误差小于5 μm,其平均值即可作为该标距长度的初测值。重复上述操作步骤对全孔不同深度(间隔1 m)测量标距进行测量,便可获得全孔的每一标距长度的初始值(L_0)。每次测量时,送进杆应在同一个方向,为此在孔口应作送入标志,测头在孔内的基准方向由导向链控制。

(5)测量结束后,取出测头,再次在标定筒中进行标定。然后将测孔孔口封闭好,及时将仪器清理干净。

2. 资料整理

(1)编号从孔口开始,即孔口数据放在测点1号位置。

(2)测前、测后都要对测头进行标定:

测前:

负值:E_1(值1　值2　值3)　　均值:$E_1 = (值1 + 值2 + 值3)/3$

正值:E_2(值1　值2　值3)　　均值:$E_2 = (值1 + 值2 + 值3)/3$

$$\Delta E = E_2 - E_1$$

$$零点\ Z_0 = (E_1 + E_2)/2$$

$$校正系数\ K = 4.635/\Delta E \quad (4.635\ 为厂家提供的系数)$$

同理:测后也可得到ΔE、Z_0、K值。

(3)本次测量值的修正(1、2分别为测前、测后的值)

$$零点\ Z_0 = (Z_{01} + Z_{02})/2 \quad K = (K_1 + K_2)/2$$

(4)对首次观测值进行校正,得到校正后的首次测值M_0,即

$$M_0 = K \times (a - Z_0) \quad (a\ 为仪器测量未修正的均值)$$

(5)按(4)对以后各测量值进行校正,得到当前校正后的值M_i。

(6)各测段按下式计算便可得到相应测段的相对位移(增量位移),也称为该测线前后的应变分布

$$M = M_0 - M_i \quad (10^{-3}\text{mm})$$

(7)对相对位移值M进行累加即可得到该测次各深度直至孔口的钻孔轴向位移M_s。

$$M_s = \sum_{i=底}^{i=顶} (M_0 - M_i)$$

根据以上计算结果,可以绘制以下曲线:

(1)位移与深度分布关系曲线(见图 9-32);

(2)典型深度位移(速度)与时间关系过程曲线。

(五)技术要点

(1)滑动测微计应与多点位移计配合使用,重点布置在需要高精度测定沿某一测线全部应变和轴向位移分布的各种场合,以降低监测成本。

(2)钻孔回填密实,埋设套管内的接触环形标芯务必清理干净,任何沉淀物的渗入都将导致测试精度的降低。

(3)观测前后,必须在标定筒内对测头进行标定,以保证仪器的长期稳定性和精度。

(4)监测深度范围不宜太深,一般适宜在 30 m 以内,超过此深度将明显增加测试难度,且测试精度也会相应降低。

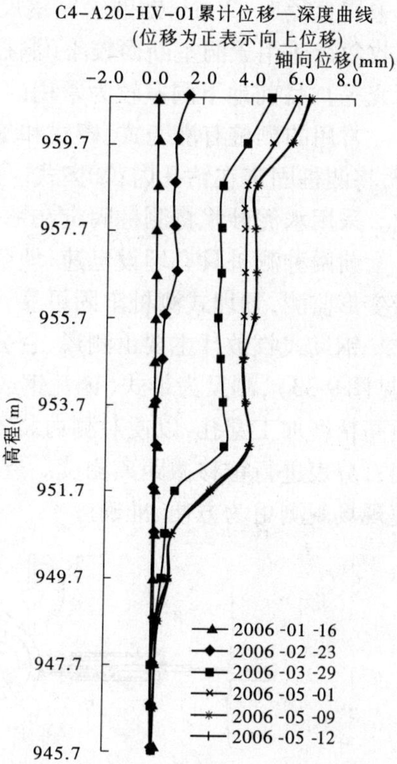

图 9-32　小湾坝基位移—深度分布

四、收敛计

洞室围岩表面收敛观测是用收敛计测量洞室围岩表面两点连线(基线)方向上的相对位移,即收敛值。根据观测结果,可以判断岩体的稳定状况及支护效果,为优化设计方案、调整支护参数、指导施工以及监视工程实际运行情况提供快捷可靠的参考依据。

本观测也适用于地面工程岩(土)体表面或结构物两点间距离变化的监测。

采用收敛计实施洞室围岩收敛观测是"新奥法"施工位移监测的主要手段之一,其特点是:

(1)测量方法简单易行,经济有效,测点安装方便、及时;

(2)仪器结构简单,携带方便,使用灵活;

(3)除环境因素(如温度等)须作分析和修正外,观测资料的分析直观、可靠,可直接用于工程稳定状态的评价和判断。

但是,该监测方法又存在施工干扰大、测点难以保护、操作不便(大断面洞室)等问题。

近年来,随着测量仪器的进步与发展,各种洞室断面收敛测量系统相继出现,大大提高了工作效率及测试精度,简化了操作程序。

(一)常用收敛计

1. 仪器组成及工作原理

收敛计是一种可以迅速测量地下洞室净空断面内各方向两点之间相对位移(收敛)的专用仪器,按传递位移采用部件不同可分为钢丝式、钢尺式和杆式三种类型,它们均由位移传递部件(钢丝、钢尺或金属杆)、使位移传递部件在量测过程中保持恒力的装置和测力部件、位移测读装置(百分表或位移传感器)及固定测桩等四部分组成。钢丝式(钢丝采用直径 1 ~2 mm 铟钢丝)、钢尺式收敛计通常适用于较大洞室断面的收敛监测,而杆式收敛计适用于洞室断面较小(洞径、高一般不大于 3 m)、要求较高的特殊情况(如试验研究等),目前地下洞室较为常用的是钢尺式收敛计。

常用的测桩有涨壳式、楔式和预埋式三种:①涨壳式。采用扳手拧动螺母,使外壳张开,将测桩固定在钻孔内;②楔式。采用锤击,借楔的作用,将测桩固定在钻孔内;③预埋式。采用水泥砂浆将测桩固定在钻孔内。

前两种测桩具有埋设迅速、埋后可立即使用的特点,常用于开挖施工过程中的洞室围岩变形监测,预埋式测桩牢固可靠,适用于长期监测。

钢尺式收敛计主要由测尺、百分表、测量拉力装置、锚栓测桩及连接挂钩等部分组成(见图 9-33),测尺为带式(铟瓦钢或高弹性工具钢),钢尺按每 2.5 cm 或 5 cm(2 英寸)孔距高精度加工穿孔,以便对测力装置进行张拉定位拉力粗调。弹簧控制拉力使钢尺张紧,用百分表进行位移微距离测读。近年来,国外已有厂家将仪器测读改进为电子数字显示,使现场观测更为方便、准确。

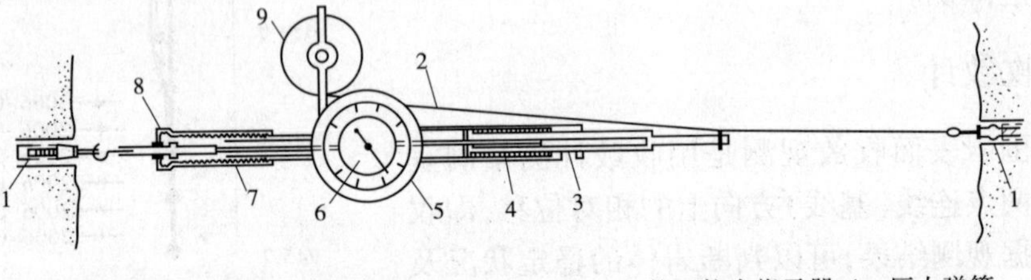

1—锚固埋点;2—50 英尺钢带(每隔 2 英寸穿一孔);3—校正拉力指示器;4—压力弹簧;
5—密封外壳;6—百分表(2 英寸量程);7—拉伸钢丝;8—旋转轴承;9—钢带卷轴

图 9-33 钢尺式收敛计结构组成示意

收敛计的工作原理是,测量时将收敛计一端的连接挂钩与测点锚栓相连,展开钢尺使挂钩与另一测点锚栓相连。张力粗调可把收敛计测力装置上的插销定位于钢尺穿孔中来完成,张力细调则通过测力装置微调至恒定拉力时为止。在弹簧拉力作用下,钢尺固紧,高精度百分表(或数字显示)可测出细调值。每次测读后,将钢尺读数加上(或减去)细调值与初读数相比较,即为本次观测洞壁两点间的相对收敛位移值。

对于机测收敛计来说,其分辨率以表面的最小刻度表示,如百分表、千分表分别为 0.01 mm 和 0.001 mm。对于每种类型收敛计的系统精度,可在现场或室内模拟实际测量条件进行整体率定获得。

为确保收敛测量精度,每工程使用一专用收敛计,并要在观测前或观测过程中定期在专用标定架上对收敛计进行标定,以检验仪器的稳定性、可靠性及工作状态正常与否。标定检验方法是将收敛计吊挂在标定架上端,仪器下端吊一标准重锤,检验仪器在承受一恒定拉力条件下,反复测读仪器读数的变化是否在仪器规定的允许误差范围之内。

2. 测点安装埋设

(1)用电锤或风钻在选定的测点处,垂直洞壁打孔,孔径与孔深视测桩直径、长短和形式而定。安装必须牢固,外露挂钩圆环(或球头、锥体)应尽量靠近岩面,不宜出露太多。

(2)每个测点必须用保护罩保护,保护罩应有足够的刚度,安装要牢固,以防止爆破飞石或施工作业碰动测桩,图9-34为楔式测桩埋设和保护示意图。

3. 观测及资料整理

1)观测

观测记录应包括工程名称、观测段和观测断面及观测点的编号与位置、基线长度、地质描述、收敛计编号、收敛计读数、观测日期及时间、观测时的环境温度、观测断面与开挖掌子面的距离等,每个断面的监测布置附以必要的图式说明。每次具体观测步骤如下:

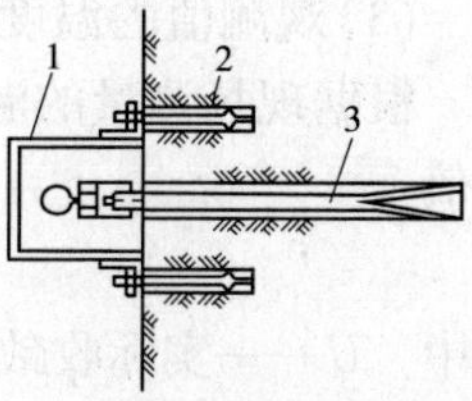

1—保护罩;2—楔形锚杆;
3—楔形测桩

图9-34 测桩埋设和保护示意

(1)卸下测点的保护罩,擦净测桩头上的圆环。

(2)用挂杆把收敛计上的钢尺或钢丝的两端头分别挂到测线两端的测点上,洞室过高时,也可采用轻便伸缩梯、台车挂尺。

(3)拉紧钢尺使收敛计一端的销钉插进钢尺上适当的孔内。使用钢丝式收敛计时,同时要确定拉直后的钢丝长度。

(4)调节拉力装置,拉紧钢尺必须施加一恒定的拉力,该力的大小应根据测距的长短确定,尺长则需加大拉力,尺短则需相应减小拉力,具体大小可参照收敛计说明书。即收敛计上的拉力百分表达到预定标准值或某一指示达到要求,便可读数。

(5)读数应准确无误,初始读数应反复多次量测,以确保数值的正确性。读数时视线应垂直测表,避免视差。量测操作一般不要换人,以避免人为误差。

首先读记钢尺(或钢丝)的读数(准确到mm),然后读记收敛计内部滑尺和测表的读数(准确到测表的最小精度),并作好记录。

每次量测应反复测读3次,即读完一次后,拧松调节螺母,然后调节螺母并拉紧钢尺(或钢丝)至恒定拉力后重复读数,如此反复进行3次,3次读数差不应超出精度范围,取其平均值即为收敛观测值。

观测结束后装上保护罩,以免碰动测点。

(6)每次观测时必须测量现场温度,以便对观测成果进行温度修正。

(7)应系统、连续地进行观测,并严格按照规定的测次和时间进行。测次和时间的规定应考虑工程或试验研究的需要,制定观测方案或大纲。测次和时间也可根据具体情况进行适当调整,但必须说明原因。一般在洞室开挖或支护后的7~15 d内,每天应观测1~2次,在下述情况下则应加密观测次数:①在观测断面附近进行开挖时,爆破前、后都应观测一次。②在观测断面作支护和加固处理时,应增加观测次数。③测值出现异常情况时,应增加测次,以便正确地进行险情预报和获得关键性资料。

一般情况下,当掌子面推进到距观测断面大于2倍洞跨度后,两天观测一次,变形稳定后,每周观测一次。总的观测时间,由观测目的确定。

(8)设立值班记录本,详细记载洞室开挖施工过程及观测期间的一切情况。

2)资料整理

(1)现场观测记录应于24 h内对原始数据进行校对、整理、绘图,以便及时对围岩的稳定性作出评价。遇有异常读数或发现错误时,应与值班记录本对照分析,说明原因,并作出正确判断,必要时应立即重新测读。

(2)计算出各断面两测点间收敛值。

(3)观测值的温度修正。

根据现场测量的温度,计算收敛计的温度变化值,以便对测值进行修正,获得实际收敛值

$$U = U_i + \alpha L(T_i - T_0) \tag{9-7}$$

式中 U——实际收敛值,mm;

U_i——收敛读数值,mm;

α——钢尺(钢丝)的线膨胀系数,一般采用 $\alpha = 12 \times 10^{-6}/$ ℃;

L——初始温度时的钢尺(钢丝)长度,mm;

T_0——初始温度,℃;

T_i——某次观测时的温度,℃。

(4)绘制图表。

①用表格列出各量测断面两测点间的收敛值。

②绘制位移与时间和开挖进尺空间关系曲线。

③绘制位移速率与时间关系曲线,以及收敛值的断面分布图,如图 9-35 所示。

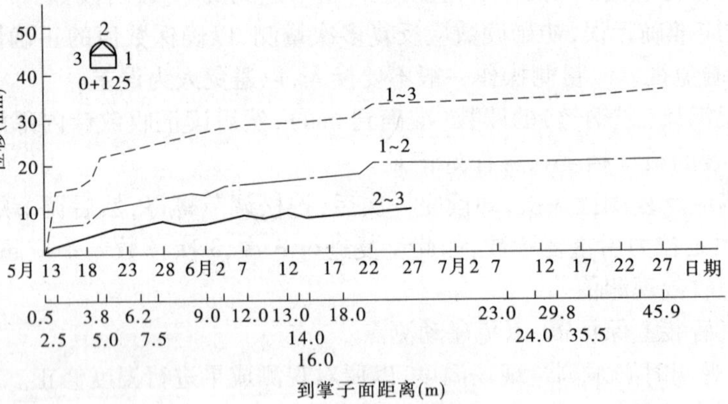

图 9-35 断面收敛位移与时间关系曲线

4. 技术要点

1)收敛位移的分配计算

采用收敛计观测岩体地下洞室的位移,测得的是各测点间的距离的变化,所以实际收敛值是两个测点的位移之和。要得到各测点的位移,可通过计算求得近似值,如坐标法、联立方程法、余弦定理法和测角计算法等方法计算。

以下给出联立方程求解法求收敛计测点的绝对位移。

(1)计算条件假定。洞壁轮车廓线上的位移为径向位移,切向位移忽略不计;基线的角度变化忽略不计。

(2)任意三角形测点位移计算方法。

如图 9-36 所示，A、B、C 为洞壁上的任意三个测点，解下列方程组可求得三测点垂直洞壁的位移，分别为 u_a、u_b 和 u_c

$$
\begin{aligned}
u_a\cos\alpha + u_c\cos\alpha &= S_m \\
u_a\sin\beta + u_b\cos(\beta+\theta) &= S_n \\
u_c\cos\gamma + u_b\cos(90^\circ-\gamma-\theta) &= S_l
\end{aligned}
\tag{9-8}
$$

当 B 点在顶拱，A、C 在同一高程，则 $\alpha = \theta = 0$，上述方程为

$$
\begin{aligned}
u_a + u_c &= S_m \\
u_a\sin\beta + u_b\cos\beta &= S_n \\
u_c\cos\gamma + u_b\cos\gamma &= S_l
\end{aligned}
\tag{9-9}
$$

式中，$\cos\alpha = \dfrac{B}{m}$，$\sin\alpha = \sqrt{1-\dfrac{B^2}{m^2}}$；$\cos\gamma = \dfrac{B_2}{l}$，$\sin\gamma = \sqrt{1-\dfrac{B_2^2}{l^2}}$；$\cos\beta = \sqrt{1-\dfrac{B_1^2}{n^2}}$，$\sin\beta = \dfrac{B_1}{n}$；$\tan\theta = \dfrac{B/2-B_1}{H_B}$。

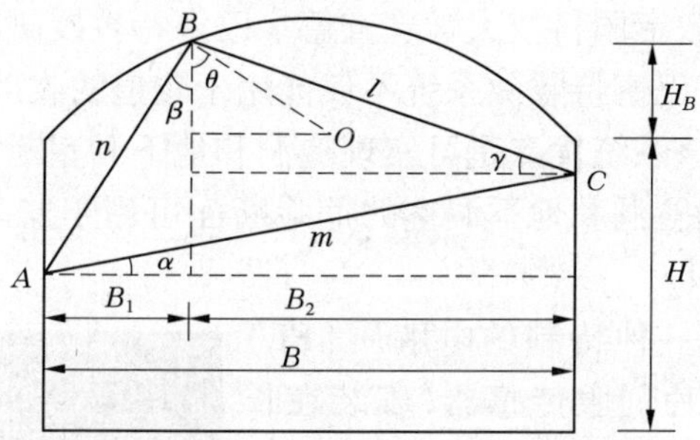

l、m、n— 基线长度；

S_l、S_m、S_n—l、m、n 基线测得的并经温度修正后的收敛值；

O— 洞拱圆心；H— 边墙高度；H_B— 为 B 点至圆心垂直高度

图 9-36　任意三角形测点位移计算

在选择计算方法时应注意，要考虑方法的假定是否符合或接近所测洞室的实际情况。

2）观测曲线分析

根据位移与时间关系曲线的变化趋势，判断围岩的稳定状况和确定支护时机。如图 9-37 中的 a 线，说明岩体是稳定的；b 线说明岩体有可能失稳；c 线说明岩体很快就会失去稳定。当变形曲线变陡时，则应及时进行支护。某段时间内位移变化量与时间之比，称为该时段的平均位移速率，即位移与时间关系曲线上某点切线的斜率。采用位移与位移速率双重指标进行安全监控，是当前较为通用，并经实践证明行之有效的位移指标控制方法。

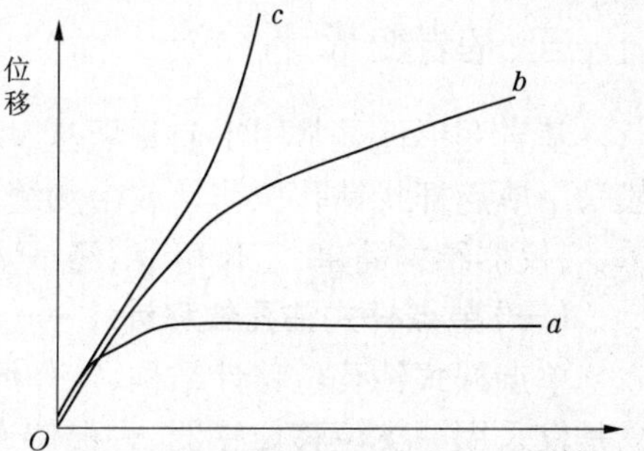

图 9-37　洞室位移—时间关系曲线

(二)收敛监测新进展

1. 洞室断面收敛测量系统

随着测量技术、测量仪器及计算机的进步及发展，近年来将全站仪引入洞室围岩收敛监测领域，研制出洞室断面收敛测量系统（无反射棱镜自动跟踪全站仪），如图 9-38 所示。

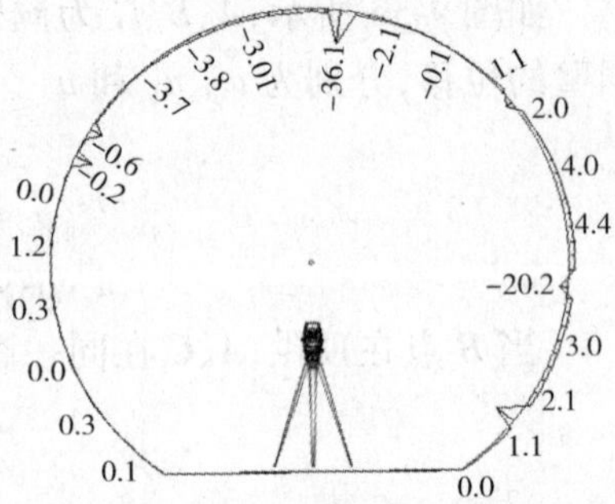

图 9-38 洞室断面收敛测量系统

该系统将传统的测点锚栓，改为无反射棱镜标靶或电控免维护反光标靶。观测时，将全站仪架设在监测断面洞室底板中央位置，按照操作人员的预先设置，全站仪自动跟踪收敛标靶测量，经过计算机专用软件进行数据处理，可以获得每次测量时设定点的斜距及角度，并计算出设定点间的距离。通过将每次测值与初值比较，就可得到各观测时刻洞室围岩收敛变形状态。

2. 巴塞特收敛测量系统（Bassett Convergence System）

本测量系统是英国伦敦帝国科技大学理查德·巴塞特教授研制推出的一种独特的隧洞剖面收敛自动测量仪器，巴塞特收敛系统不仅能用于隧道的收敛监测，还能用于结构物基础的不均匀沉降监测。该系统优点是可实现隧洞和地下洞室断面的连续变形监测及自动化，因此安装于大型运输隧洞和地下洞室的危险断面可用于监测由于结构变形而引起的潜在变形破坏（见图 9-39）。

它的基本测量部件是一种特制的电解质（EL）倾角传感器或成对的硅晶片伺服传感器（安装在长臂杆和短臂杆中），一套首尾互相铰接的长、短杆件安装在洞壁表面，构成一个测量环。不同时刻观测，由传感器反映洞壁各处的位移变形，通过专用软件计算出隧洞开挖后洞壁围岩位移分布。

该系统传感器测量范围 ±10°，分辨率 9″，精度 0.05 mm/m（系统精度可达 0.2 mm/m）。

图 9-39 巴塞特收敛测量系统

五、基岩变形计

基岩变形计是常用于监测坝基、坝肩及地下洞室岩体等单点轴向位移的监测仪器，一般采用单点杆式钻孔位移计或由测缝计改装制成的基岩变形计。工程地质条件要求较为单一，仪器结构简单，工作可靠，经济实用。

(一)单点杆式钻孔位移计

单点杆式钻孔位移计结构、工作原理、埋设方法及观测等与前述的多点位移计相同，只是仅采用一支位移传感器、一根传递杆和一个锚头，测头规格尺寸相对较小，安装埋设也较容易，资料整理分析工作也较为简单。

(二)测缝计改装基岩变形计

1. 仪器组成及工作原理

目前，由差阻式测缝计改装制成的基岩变形计应用较多，主要由测缝计、传递杆及锚头、基座板及固定框架和测缝计护管等四部分组成(见图9-40)。

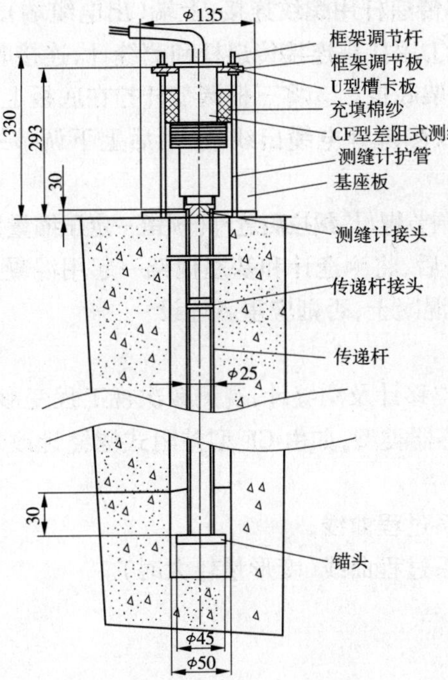

图9-40　由测缝计改装的基岩变形计

(1)测缝计:用于测量基座与锚头之间的变形量,仪器量程选择要与基岩预估变形量相匹配。差阻式传感部件有电阻比 Z 和电阻 R_t 两个测值,利用这两个测值及仪器特性参数可算出所测岩体的轴向伸缩变形,利用电阻 R_t 测值和仪器特性参数可算出测点位置的温度,由此可对所测变形进行温度修正。

(2)传递杆及锚头:传递杆上端接测缝计,下端连接锚头,用于传递基岩变形;锚头常为灌浆式锚头。

(3)基座框架:应平稳地放置在基岩孔口上,是测缝计安装时的固定框架,用于固定测缝计,并可调整和设定测缝计工作零点。

(4)测缝计护管:用于隔离测缝计与混凝土。

2.仪器安装埋设

现场安装前首先将全套仪器进行预装,应做到心中有数。安装埋设分两步进行,首先将锚头、传递杆放入孔中预定位置,灌浆回填;然后安装测缝计,具体操作顺序如下:

(1)钻孔方向任意,孔径 φ50 mm,深度一般为 10~20 m。钻孔后检查钻孔深度,清理钻孔。

(2)将锚头和传递杆连接好,与灌浆管一同放入孔中,使传递杆位于钻孔中心,以便与测缝计连接。

(3)灌浆浆液可采用粒径小于1 mm 细砂和高强度等级水泥配制,水灰比1:2。灌浆量控制在能将锚头埋入30 cm,并能和基岩孔壁牢固结合。

(4)灌浆结束后,拆除灌浆管。待水泥凝固后,可用黄泥护孔。

(5)测缝计下端经接头和传递杆用螺纹连接;上端(出电缆端)卡在U型槽中。

安装测缝计操作步骤为:①用接头连接传递杆和测缝计,连接时螺纹拧紧。②将护管套在测缝计外,并拧入基座框架底板。③将三根调节杆拧在底板上,将框架调节板套在调节杆上。④将U型槽卡板卡入测缝计电缆出线端,最后上下调节螺母,设定测缝计工作零点。

(6)通过调整基座框架上调节螺母,预拉测缝计(预留一定压缩量),设定仪器工作零点。

(7)整套仪器组装调整好后,将测逢计和基座框架一起用混凝土覆盖;然后检测仪器工作状态,如正常可继续浇筑混凝土,否则应重新埋设。

3.观测及资料整理

观测要求类同多(单)点位移计及测缝计,观测频次视工程变形情况而定。

资料整理取决于位移传感器类型,如由CF型差阻式测缝计改装的基岩变形计,根据观测成果绘制出:

(1)位移/温度—时间关系过程曲线;

(2)位移/速度—时间关系过程曲线(变形量较大时)。

六、沉降仪类

沉降仪是监测岩土工程垂直位移的常用仪器之一,主要适用于土石坝、土质边坡及地基、开挖及填方等工程。常用的沉降仪有电磁式、干簧管式、水管式及振弦式。

(一)电磁式沉降仪

1.仪器组成及工作原理

电磁式沉降仪由测头、测尺(兼电缆)、滚筒、沉降管、波纹管、沉降环等组成(见图9-41、图9-42)。其测试原理及构造均较简单,测头直径也较小。

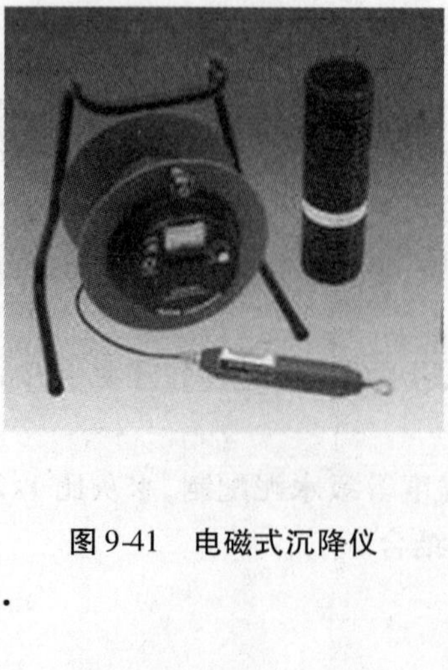

图9-41 电磁式沉降仪

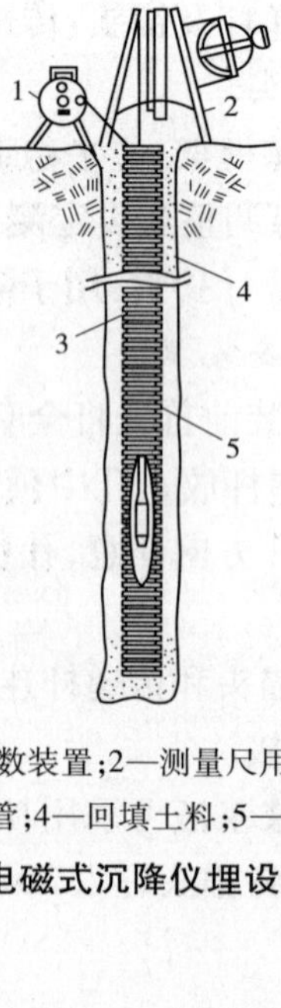

1—钢丝绳和读数装置;2—测量尺用三脚架;
3—波纹聚氯乙烯管;4—回填土料;5—测点金属环

图9-42 电磁式沉降仪埋设示意

测头由圆筒形密封外壳和电路板组成，测头系有长度为30～100 m带有刻度的塑料测尺及电缆(测尺及电缆压为一体)，测尺平时盘卷在滚筒上，滚筒与测尺、电路板、电池及脚架组成一体。沉降管通常为聚氯乙烯硬质塑料管，连接管接头有伸缩式和固定式两种。埋设时，首先用连接管将沉降管诸节连接，沉降管外圈分层设置沉降环或套装波纹管后再设置沉降环，以适应土体沉降变形。沉降环形式有铁环式、叉簧片式(单向、双向)、矩形铁板中心开孔式等，沉降环的数量及埋设间隔视坝体分层测量需要而设置，一般测量间隔为2 m或3 m左右。沉降管及沉降环的埋设有钻孔式或随坝体填筑跟进坑式埋设两种。观测时，将测尺放入沉降管内，当测头遇到沉降环发出鸣叫声时，在管口由滚筒上的测尺直接人工测读。

电磁式沉降仪的测量原理，是利用土体内埋设在硬质塑料管及波纹管外套的金属沉降环，作为土层沉降测点随土层面沉降而产生的位移实现土体沉降变形观测的。沉降管及沉降环一同埋入坝体或地基内，当坝体发生沉降变形时，沉降环也随土体同步位移。隔一定时期将测头放入管内，利用电磁测头测得沉降环距管口的距离变化，即可测量出各沉降环所在位置的相对沉降位移，再用水准测量测得管口高程，对其加以修正，即可获得土体深层各测点的分层绝对沉降变形量。

电磁式沉降仪的工作原理，是采用电磁高频振荡原理，即在测头内安装一电磁振荡线圈，在振荡线圈接近埋设于土体内的铁环时，由于铁环中产生涡流损耗，大量吸收了振荡电路的磁场能量，从而迫使振荡器减弱，直至停止振荡，此时放大器无输出，触发器翻转，执行器(继电器)动作，晶体音响器便发出声音。根据声音刚发出的一瞬间的位置，即从放入孔内的测尺上读出铁环所在深度。

2. 沉降管(环)安装埋设

条件具备时，沉降管底端(基座)应埋入比较稳定的基岩内，并以此作为相对不动基点。

1)随填筑同步埋设

(1)在清基完毕后钻孔，孔深1.5 m左右。成孔及清孔后将装有管座(带沉降环)的沉降管下入孔内，用水泥浆回填封孔，孔口以上约0.5 m回填筑坝材料并予以夯实。管座埋入时，需在孔口戴有铁链的临时保护管盖，同时用经纬仪测定测定管口坐标，以便在下层填筑后沿铁链，或用测量查找管口位置。

(2)当下层填筑面超过管口2.0 m时，可采用挖坑式或非坑式埋设，边诸根连接沉降管和安装沉降环(板)边挖坑或边堆积埋设，沉降管连接管处用自攻螺丝固定并做好密封，沉降环(板)水平放置且与沉降管铅直，人工回填土料夯实，避免冲击管身，保持沉降管顺直，并随填筑随校正，调整其铅直度。

注意：埋设时勿将土块或杂物掉入管内，堵塞测管。

(3)通常，在坝体填筑及安装埋设过程中的测管保护难度非常大，除与施工单位做好协调配合外，每天24 h需有专人值班、看守。

(4)重复以上操作，直至埋设到坝顶管口，做好孔口保护装置。然后，用经纬仪测量管口坐标及高程，用沉降仪测头量测各沉降环(板)的深度位置及高程，并以此数据作为该孔的初始读数。

2)钻孔埋设

(1)在堤坝填筑达到设计高程后,钻孔至设计深度,钻孔孔径一般不小于130 mm,须满足沉降管及沉降环孔径要求(不适宜沉降板),孔底深入基岩1.5 m左右。

(2)连接沉降管、沉降环安装及连接管固定及密封要求同上。下入孔后孔底1.5 m深度须灌浆回填,以上孔深用与周围相同的填筑土料回填。

(3)回填至孔口后,用沉降仪检测全孔畅通及沉降环反应情况,及时做好孔口保护装置,测量孔口坐标及高程。

3.观测及资料整理

1)观测

(1)用电磁式测头放入管底接通电源,自下而上诸个沉降环依次测定。当测头遇到沉降环瞬时,孔口滚筒发出音响(指示灯亮),即可从卷筒的测尺上读出测点(沉降环)至孔口的深度距离,换算出相应观测点的高程。每次观测应对准管口固定位置平行测读两次,取其平均值,两次读数差不得大于2 mm。

(2)定期用水准仪测量管口高程及其变化,以修正沉降仪观测读数,求出各测点实际沉降量。

2)资料整理

环所在的深度L(m)及高程H(m)计算公式如下

$$L = R + K/1\,000 \tag{9-10}$$

$$H = H_k - L \tag{9-11}$$

式中 R——测尺读数,m;

K——测尺零点至测头下部感应发声点的距离,称出厂标距,mm;

H_k——孔口高程,m。

测点沉降量S_i(mm)计算公式如下

$$S_i = (H_0 - H_i) \times 1\,000 \tag{9-12}$$

式中 H_0——测点初始高程,m;

H_i——测点当前高程,m。

根据以上沉降计算结果绘制如下曲线:

(1)库水位—时间关系过程曲线;

(2)测点沉降与时间关系过程曲线;

(3)各测点沉降(填筑)沿高程分布曲线(见图9-43);

(4)测点沉降速率与时间关系过程曲线等。

作图时,应尽量将库水位、测点沉降、坝体填筑过程曲线绘制在同一张图上。

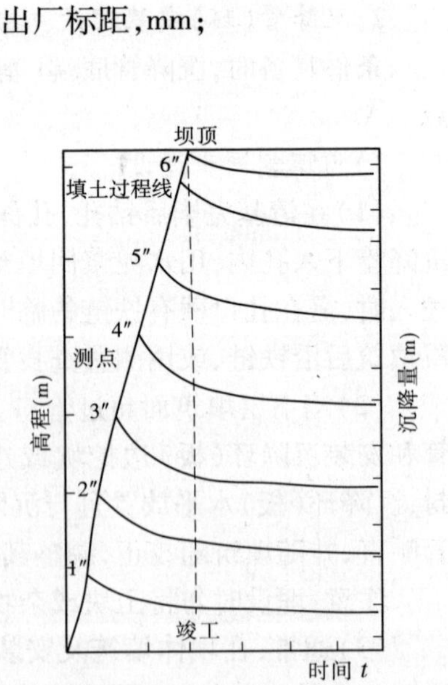

图9-43 测点沉降(填筑)沿高程分布曲线

(二)干簧管式沉降仪

1.仪器组成及工作原理

干簧管式沉降仪结构与电磁式沉降仪基本相同(见图9-44),所不同的是,测头用干簧管制成,土体中埋设的不是普通铁环,而是永久磁铁环(沉降环为叉簧式,其磁柱均安装在塑料沉降环的水平向圆孔内)。另外,沉降管除采用普通硬质塑料管外,还可使用铝合金管。这样就扩大了应用范围,配合测斜观测,即可获得较高精度的三向位移测量结果。

干簧管式沉降仪的工作原理是当测头接触到永久磁铁环时,干簧管即被磁铁吸引使电路接通,指示灯亮或发出音响信号,同理据此即可测出永久磁铁环所在的深度。

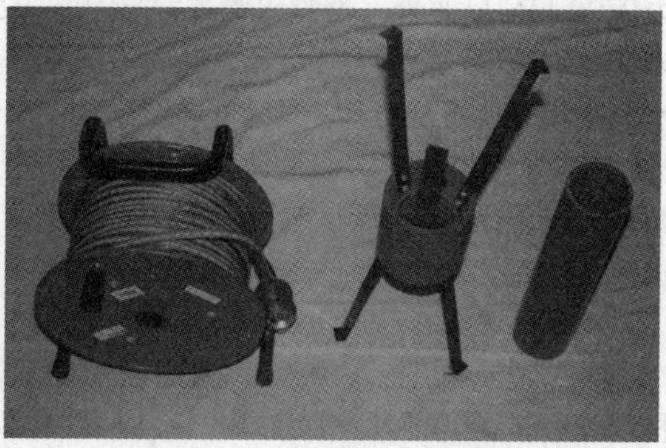

图 9-44　干簧管式沉降仪

电磁式沉降仪及干簧管式沉降仪与其他沉降监测仪器比较,其优点是可在已建成的土坝内或建筑物地基的土层上用钻孔方法埋设,实施简单方便。另外,在土石坝监测中常配合测斜仪实现三向位移监测,具体方法是将沉降环套在测斜管外(测斜管为沉降和测斜共用),用沉降仪测竖向位移,用测斜仪测水平位移,从而在同一钻孔实现竖向和水平位移监测。

2. 沉降管(环)安装埋设

同电磁式沉降仪。

3. 观测及资料整理

同电磁式沉降仪。

(三)水管式沉降仪

1. 仪器组成及工作原理

水管式沉降仪主要用于混凝土面板堆石坝下游堆石体(反滤层)或堤坝土体的竖向位移(沉降)监测,它是利用连通管原理(见图 9-45),即液体在连通管两端口保持同一水平面的原理制成,结构简单。当在观测房内测知连通管一个端口的液面高程时,便可知另一端口(坝体沉降测头)的液面。前、后高程之差,即为测点位置的沉降量。

水管式沉降仪监测成果直观、可靠,但埋设、观测程序及工艺复杂,要求严格。

水管式沉降仪主要由沉降测头、管路、量测板等三部分组成(见图 9-46)。

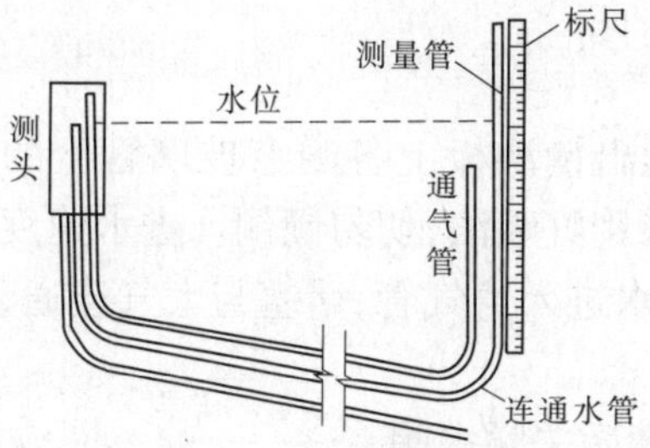

图 9-45　水管式沉降仪工作原理示意

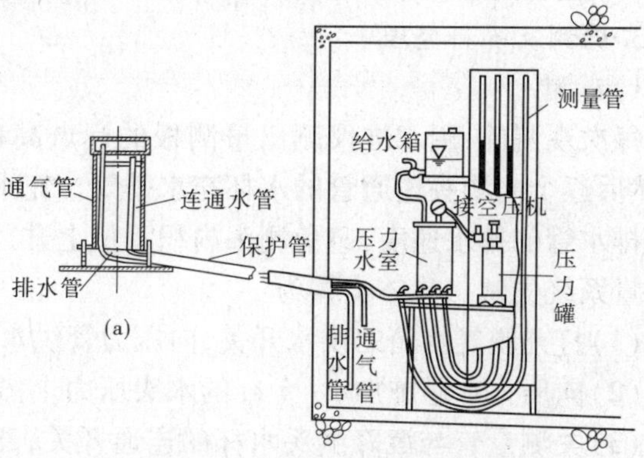

图 9-46　水管式沉降仪结构示意

(1)沉降测头通常为一密封有机玻璃筒,下部设有带保护溢流水管、通气管、排水管的底座。

(2)管路包括有溢流水管、通气管、排水管以及保护管等,各管材质一般均为能承受内压20 kPa尼龙管。溢流水管连接量测板上的竖向测量管,此管在沉降计筒中要求其顶端保持水满溢流状态作为测量标准;通气管作用是保证沉降筒中气压与外界大气平衡;排水管作用是使沉降计筒中多余水排除。

(3)量测板上安装有透明有机玻璃管,与沉降仪测头的连通管为溢流水管的测量管。管旁固定钢刻度尺,最小刻度为1 mm,通气管及排水管终端也固定在量测板上,设阀控制进水及排气。

2. 系统安装埋设

(1)通常采用挖沟槽方法埋设,当坝面填筑到测点以上约1.0 m高程时,沿埋设线开挖埋设沟槽。沟槽开挖深度1.0~1.2 m(粗粒料坝体用上限),对粗粒料坝体,须以过渡层形式人工压实整平基床;对细粒料坝体,应注意仔细操作,避免超挖。

(2)在埋设测头处浇筑厚约10 cm的混凝土基床,并用水平尺校准测头的水平和校测管路基床坡度,其不平整度允许偏差为不大于±2 mm,管路基床坡度为1%~3%(预计测点及沿线沉降量大时取上限),倾向观测房。

(3)将测头置于基床面上,连接各管路,在其周围立大于测头外径10 cm的模板浇筑混凝土(C40),至距顶面10 cm时平放钢筋网继续浇筑、抹平,正常养护至拆模。浇筑混凝土前须对测头性能进行测试检查,确认合格后方可施工。

(4)各管路外套保护管,然后沿已整平的基床蛇形平放引至观测房。

(5)在观测房内,将各测头的管路对号就位连接到量测板上(管路均采用无接头整管),打开各测头通气管路上的阀门,依次用脱气水给各测头的测量管充水排气,气泡排尽后开通向玻璃量管的阀门,使其水位升高一点,关紧水阀,待管内水位稳定后,读出水面刻尺数值,即为测头初始读数,同时测出测量管安装基面的高程。

(6)粗粒料坝体中以过渡层形式人工压实回填至测头顶面以上1.8 m,才可按正常程序碾压施工;细粒料坝体中回填原坝料人工压实至测头顶面以上1.5 m时,才可按正常程序碾压施工。

(7)埋设全过程作好现场保护及施工记录,编制监测仪器埋设考证表。

3. 观测及资料整理

1)观测

每次观测前,用水准仪测出量测板的标点高程,读出量测板上各测点玻璃管上的水位,然后逐个向测头连通管的水杯充水排气。充水应采用虹吸法,切勿倾倒。进水速度要小于排水管的排水速度,避免测头内积水位上升,溢出水进入通气管,堵塞与大气连通,导致测量系统失常。具体步骤为:

(1)打开脱气水箱的供水开关,向压力管供水,水满后关紧水阀。

(2)向压力水罐施加1~5 m的水头压力。

(3)关测量管与沉降测头水杯的连通开关,开压力水罐与沉降测头水杯的开关,连续不间断地进水,溢流出的水从排水管中排出,直至排尽测量管内的气泡为止。

(4)开量测板上玻璃管与沉降头水杯连接的进水开关,使测量管水位比初始水位升高,但勿溢出管口,即关进水管开关,并使玻璃测量管与测头水杯连接的连通管通。

(5)重复以上步骤,进行其他测头连通管的排气操作,待各量测板上玻璃管的水位稳定时由量测板上的刻度测读读数。注意:观测时应尽量排尽测量管路内的水和气,测定时应间隔 20 min 平行测定两次,读数差不得大于 2 mm。

对于北方寒冷地区,为防止管路被冻坏,可采用乙二醇和甲醇的配比为 655∶345(体积比)混合液,再掺入 0.4(体积比)的水所配成的防冻液来代替脱气水,可达到 −52 ℃的防冻效果。

2)资料整理

以每次测读各测量管的稳定水位(即测头水杯的水位)刻度,并以水准仪测出量测板的标点高程,来换算出各测头位置的实际沉降量。

观测房基准标点沉降量 $$W_f(\text{cm}) = H_0 - H_i \tag{9-13}$$

测点沉降量 $$W_d(\text{cm}) = W_f + (h_0 - h_i) \tag{9-14}$$

式中 H_0——观测房基准标点起始高程,cm;

H_i——观测房基准标点当前高程,cm;

h_0——测量管起始读数,cm;

h_i——测量管当前读数,cm。

根据沉降计算成果,绘制:

(1)各测点沉降—时间关系过程曲线;

(2)各测点沿坝体上下游方向沉降分布曲线(见图 9-47);

(3)沉降速率—时间关系过程曲线等。

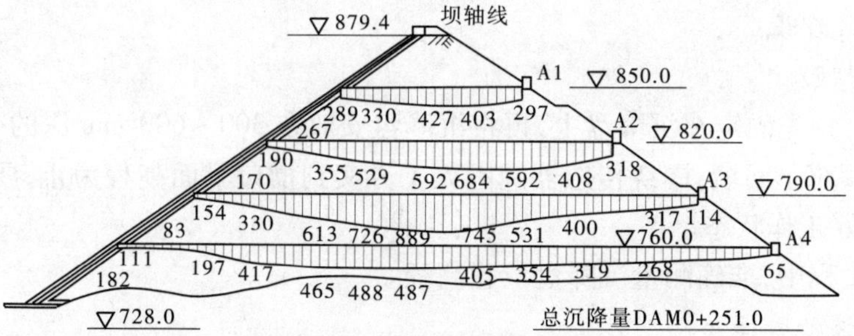

(图中标注数字为沉降量,mm)

图 9-47 紫坪铺坝体 0+251 断面沿上下游方向沉降分布曲线

沉降观测成果应结合坝体填筑过程、孔隙水压力变化、相关位移资料及库水位,以及土压力变化过程等进行分析,并与设计参数及研究计算成果进行对比,研究其变化规律及发展趋势。

(四)振弦式沉降仪

振弦式沉降仪主要应用在填土、堤坝、公路、基础等不同点间沉降监测,其最大优点是测试精度相对较高,适用于遥测和自动化监测。

1.仪器组成及工作原理

振弦式沉降仪由测头、管路、储液罐和测读仪器等组成,测头内装有振弦式灵敏压力传感器，管路中充满去气防冻液混合液体，它除能抑制藻类生长外还不易冻结。

振弦式压力传感器测头作为沉降点埋设于填土或堤坝内，它通过两根充满液体的管路与储液罐液体连接，储液罐固定于相对稳定的水准基点处。当测头位置发生沉降移动时，由测头可通过量测其内部所受的液体压力变化换算液柱的高度，与初始高程比较，就可求出测头与储液罐两点之间的高差变化，即相应测头处的沉降量。

图9-48为振弦式沉降仪系统结构与埋设示意图，传感器通过电缆引入终端箱内由测读仪测读，传感器内含有一个半导体温度计和一个防雷击保护器，使用通气电缆将传感器连接到储液罐上方来使整个系统达到自平衡状态，以确保传感器不受大气压变化的影响，而安装在通气管末端的干燥管用来防止传感器内部受潮。两根通液管可使多个传感器能够连接到单个储液罐上，其目的是可以定期冲洗来赶走任何积聚在管中的气泡，保证测量精度。

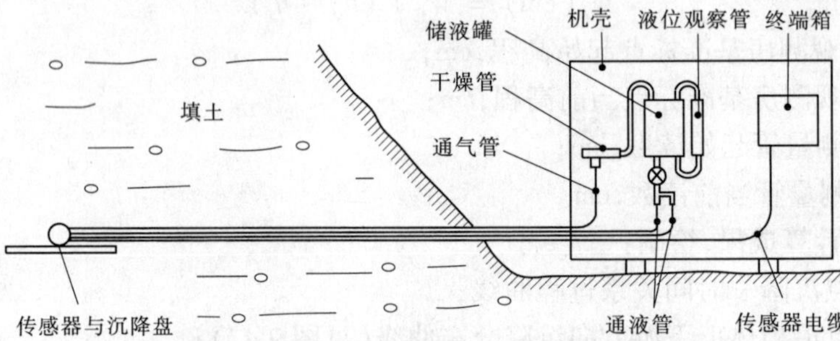

图9-48　振弦式沉降仪系统结构与埋设示意

2. 系统安装埋设

1）传感器埋设

（1）传感器预先固定在沉降盘上，再将沉降盘安放在300～600 mm深的平底槽坑内。

（2）用小颗粒土回填，围绕传感器周围人工夯实到槽口平面高程为止，要确保夯实后传感器保持完好工作状态。

（3）安装过程中，准确测量沉降盘位置高程。

2）电缆及通液管埋设

（1）电缆和通液管埋设在300～600 mm深的沟槽内，沟槽平坦，底面不能有起伏，电缆和通液管保持平顺，不能缠扭，必要时也可加保护管埋设，且任何部位的导管都不能高出储液罐高程。

（2）回填导管前要检查管内是否有气泡，如发现有任何气泡都需在初读数之前冲洗通液管。

（3）回填材料时应避免大块棱角石块接触管路和电缆，为防止水沿槽沟形成渗流通道，可分段在沟槽空隙中回填膨润土，当埋层超过沟槽60 cm后即可正常回填。

（4）一般情况禁止沟槽穿透坝体心墙或防渗墙等防渗地段。

3）储液罐埋设

（1）储液罐安装在稳定的地面上或观测房墙壁上，并准确测量和记录储液罐的高程。

(2)给储液罐注入去气防冻液,且确保连接到传感器上的通气管无堵塞(可用真空泵将通气管抽真空)。

(3)用读数仪观测读数校核高程数据,将通气管连接到通气管汇集处,并在干燥管中添加新的干燥剂。

3.观测及资料整理

基准值读数应在相对恒定温度下(尤其是非全埋式通管),且通液管在避光情况下读取,并记录和标注储液罐高度。

注意:储液罐液面的任何波动可能是由于温度变化或管路液体渗漏情况引起的。

另外,要采用真空泵定期清洗通液管和清洁通气管,以去掉通液管中的气泡,保持通气管的畅通,保证观测读数的稳定。

观测过程中,一般每隔3个月,检测储液罐内的液体有无渗漏,如有必要,要添加液体。每隔12个月,用去气液体清洗液体通液管,必要时,可以进行现场率定。

传感器高程 E(m)计算如下

$$E = E_0 - (R_0 - R_i)G + \Delta ERES \tag{9-15}$$

式中 E_0——传感器安装高程,m;

R_0——初始读数;

R_i——当前读数;

G——传感器率定系数,mm/digit;

$\Delta ERES$——储液罐观测管里的液位变化,mm,液位下降为负值,反之为正值。

通过定期观测观测房(混凝土墩)的高程变化,从而可以确定终端储液罐的真实高程,以修正传感器的计算高程,由此可获得传感器位置的实际沉降量 ΔE(mm),即

$$\Delta E = (E_0 - E) \times 1\,000$$

温度对液体体积和液体局部范围内的膨胀与压缩会有一定影响。但是由于通常传感器埋设在填土内部,其温度变化较小,因此温度对测值影响可忽略不计。

根据计算成果,可绘制出:

(1)测点沉降量/填土高程—时间关系过程曲线;

(2)测点沉降速度—时间过程曲线;

(3)测点沉降分布曲线。

七、引张线式水平位移计

由于坝体受水库水压力作用,或由于坝基、坝体的抗剪强度较低产生的侧向位移等,均会使坝体可能产生向下游侧方向的水平位移,因此需在可能发生较大位移的部位布设引张线式水平位移计,以监测大坝在施工期和运行期间坝体内部的位移情况,同时结合沉降(水管式沉降仪)监测等资料,可对坝坡的稳定性进行综合分析和评价。目前,超长测线(最长可达490 m)电测引张线式水平位移计已在天生桥、洪家渡及水布垭等工程应用。

引张线式水平位移计主要应用于混凝土面板堆石坝下游堆石体(反滤层)的水平位移监测,通常与水管式沉降仪组合埋设。该仪器设备具有结构简单、分析直观、稳定可靠等特点,测量精度和稳定性受温度、环境、时间等因素的影响较小,适用于长期监测。但设

备较笨重，埋设也较麻烦，监测人员的操作对测试精度有一定影响。

(一)仪器组成及工作原理

引张线式水平位移计的工作原理，是在测点高程水平敷设能自由伸缩的钢管(经防锈处理)或硬质高强度塑料管，从各测点引出合金钢丝(膨胀系数很小的不锈因瓦钢丝)，至观测房固定标点，经过导向滑轮，在其终端系一恒重的重锤或砝码。当坝体内各测点发生水平向移动时，带动钢丝移动，在观测房内固定点处通常用游标卡尺或电测位移传感器，直接测读钢丝的相对位移，即可算出测点的水平位移量(见图9-49)。测点的位移大小为某时刻 t 时的读数与初始读数之差，加上相应观测房内固定标点的位移。观测房内固定标点的位移，通常由坝两端以视准线测量方法测出。

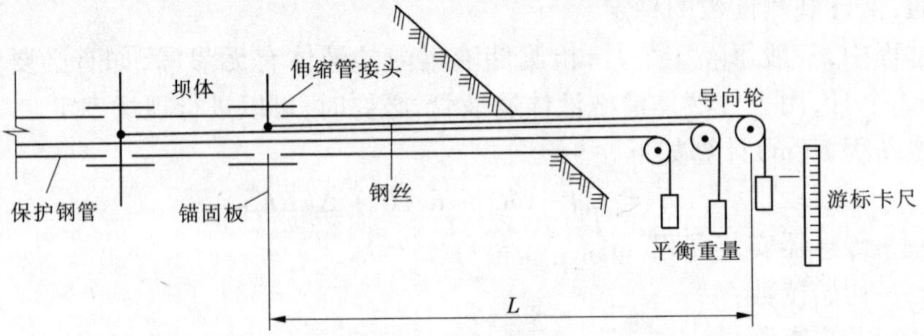

图9-49　引张线式水平位移计工作原理示意

引张线式水平位移计主要由锚固板、铟钢丝、钢丝端头固定盘、分线盘、保护管、伸缩接头、导向轮、砝码(重锤)、固定标点台、测量装置(游标卡尺或位移传感器)等组成(见图9-50)。

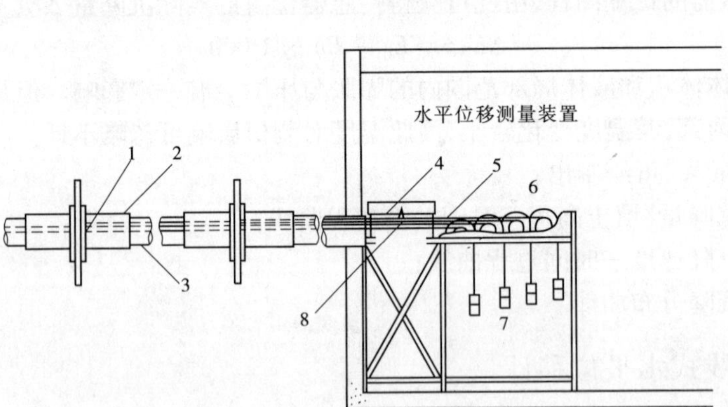

1—钢丝锚固点；2—外伸缩管；3—外水平保护管；4—游标卡尺；
5—Φ2 铟钢丝；6—导向轮盘；7—加重砝码；8—固定标点

图9-50　引张线式水平位移计结构示意

(1)锚固板：为一高350～400 mm、长600 mm、厚6～10 mm的矩形钢板，锚固板的中心开一配保护管外径的圆孔，埋入坝体的端部装一固定引张线钢丝的压帽。

(2)铟钢丝：为含Co54和Cr9等的材料冶炼拉制成直径2～3 mm的不锈因瓦合金钢丝，应有一定柔性，不生锈，线膨胀系数低($6\times10^{-7}\sim7\times10^{-7}$/℃)，强度高。

(3)保护管:多为镀锌钢管或高强度硬质 PVC 塑料管,管径 50.8~127 mm,长度 1~4 m。装锚固板的保护管端应车制螺纹,中间管段两端口仅打毛锉光。

(4)钢丝端头固定盘和分线盘:固定盘和分线盘是同一件用铝合金制成的一个圆盘,其厚度为 7~25 mm,与伸缩接头相配,均布打穿线圆孔,由测点多少决定孔的数量。

(5)伸缩接头:为内径比保护管大,且带有法兰盘并与另一伸缩接头可连接的短管,两伸缩接头间可夹持锚固板、分线盘,与保护管连接处设一由压环、浸油石棉盘根和压紧螺帽构成的挡泥圈(起保护管置于伸缩接头管的中间位置的作用)。

(6)固定标定台:具有相当刚性的铁质框架,上装设有固定标点、测量水平位移的游标卡尺(或位移传感器)、导向轮、拉直引张钢丝的恒重砝码,固定在地脚上的螺孔。

引张线式水平位移计的工作原理是,在坝内测点高程沿上下游方向水平敷设可自由伸缩的保护管(钢管或硬质塑料管),从各测点锚固板处引出铟钢丝至观测房固定标点台,经过导向滑轮,在其终端系一恒重砝码(重锤),测点移动带动铟钢丝移动,在固定标点处由游标卡尺(或位移传感器)测量出铟钢丝的相对移动,加之观测房内固定标点的位移(视准线测量),即可算出各测点的水平位移量。

(二)系统安装埋设

引张线式水平位移计的埋设有挖坑槽和不挖坑槽两种方法,埋设过程中应做到:细心整平埋设基床,各机械件连接牢固可靠(特别是测点钢丝的连接);装配时应圆弧转弯,不能损伤钢丝;埋设的锚固板周围应回填密实,使其与土体同步位移;埋设前应预先建好观测房和视准线观测标点,以使仪器设备安装埋设后即能开展正常观测工作。其具体安装埋设步骤如下:

(1)定位。不挖坑埋设方法(表面埋设),在坝面填筑到距埋设高程约 30 cm 时,测量定出埋设的管线和测点位置;挖坑埋设方法(内部埋设),在坝面填筑到距埋设高程约 1 m 时,测量定出埋设的管线和测点位置,开挖至埋设高程以下约 30 cm。

(2)细心整平埋设基床成水平。在细颗粒中,整平压实达到埋设高程;在粗颗粒中,以反滤层形式填平补齐压实达到埋设高程。整平的基床,不平整度应不大于 ±2 mm,达到的压实度与周围坝体相同。

注意,该仪器设备一般与水管式沉降仪组合对应埋设,如果与水管式沉降仪分开或单独埋设,钢丝均应水平上倾预估沉降量的一半。

(3)水平位移计的安装。

①沿管线和观测点的位置,配管长、锚固板、伸缩接头、分线盘、挡泥圈等。

②从测点(即埋设锚固板处)至观测台标点的距离配适宜长度的钢丝,且每根钢丝放长 2 m,分别盘绕,系上测点的编号牌。

注意,盘绕钢丝时切忌交叉和弯折,微弯的钢丝必须校直,且无损伤,否则应换新的钢丝。

③从观测房一端的保护管开始装配钢丝,通过保护管→管端套的挡泥圈压紧螺帽→浸油石棉盘根→压环→伸缩接头→在接头上装分线盘,伸缩接头另一端保护管套上压环→浸油石棉盘根→压紧螺帽。在测点位置,伸缩接头处装上锚固板和钢丝。

④按照③程序安装其余测点。将各个测点的钢丝汇集安装在固定标点的观测台水平

位移测量装置上。

注意，要防止钢丝在引穿过程中互相缠绕或打弯。

⑤检查安装的各个环节确认正常无误后即可进行回填。首先在锚固板处(即测点处)立模浇筑一全包锚固板的混凝土块体，块体尺寸一般为 80 cm × 35 cm × 50 cm(长 × 宽 × 高)。浇筑混凝土时切忌砂浆进入伸缩接头与保护管之间的缝隙，以免影响其自由滑动变形。

⑥混凝土拆模后即可边养护边回填。须人工仔细回填管线周围，并压实到与周围坝体密度相同，压实土料时勿冲击管身。回填料时，位于细颗料部分，回填原坝料；位于粗颗粒部分，以反滤层形式回填压实，靠近仪器设备周围用细粒料充填密实。

⑦回填超过仪器顶面以上约 1.8 m 后，可进行大坝的正常施工填筑。

⑧估计各测点距观测房间的距离和可能的水平位移方向、大小，调整观测位移量程，确定铟钢丝通过导向轮的加重 150 kg(对直径 2 mm 的因瓦钢丝)。若导向轮是按杠杆比例，加重应按杠杆比例缩小施加砝码质量数，使钢丝承重为 150 kg。

(三)观测及资料整理

1. 观测

(1)观测房通常设在下游坝坡上，在坝体两岸设固定标点，以视准线法定出观测房内位移计标点的位置。

(2)安装埋设完成后，即同时对坝体测点和观测房内标点进行平行观测，以确定基准值。

(3)每次观测时，在加重 30 min 后开始读数，重复读数至最后两次读数差小于 2 mm 时的测值为本次观测值。

2. 资料整编

(1)游标卡尺读数差 R_c(mm)计算

$$R_c = R_i - R_0 \tag{9-16}$$

式中 R_i——当前游标卡尺读数，mm；

R_0——初始游标卡尺读数，mm。

(2)根据视准线法测出的标点位移，对坝体测点位移读数进行修正，以反映坝体内各测点的实际位移状态，即测点实际水平位移 W_i(mm)为

$$W_i = R_c - D_i \tag{9-17}$$

式中 D_i——观测房标点水平位移，mm。

(3)根据计算结果绘制：

①坝体纵断面水平位移分布曲线；

②对于典型测点(或组)，绘制测点水平位移(或位移速度)与时间关系过程曲线。

八、土体位移计

土体位移计也称为土应变计或堤应变计，国内典型同类仪器为 TS 位移计，主要适用于监测土石坝或堤坝内任意方向位移的测量设备。如两坝肩心墙料沿坝轴线方向的拉压变形、坝体与岸坡交界面剪切位移、混凝土面板脱空监测等，也可应用于岩质边坡滑坡体

内上下滑动面、裂隙、夹层等地质软弱面间的位错滑移监测等。传感器长度可在480～1 525 mm内调整，可接长延伸杆至需要的长度，具有坚固耐用、测量精度高、安装埋设容易等特点，它可单点埋设，亦可串连埋设。

(一)仪器组成及工作原理

TS位移计为电位器式位移计(滑线电阻式位移计)，主要由传感元件、因瓦合金连接杆、钢管保护内管、塑料保护外壳、锚固法兰盘和传输信号电缆等部分组成(见图9-51)。传感元件为一直滑式合成型电位器，其结构简单，分辨率及精度较高(在1 mm行程内中可分辨200～1 000个点，空载线性度±0.1%)。

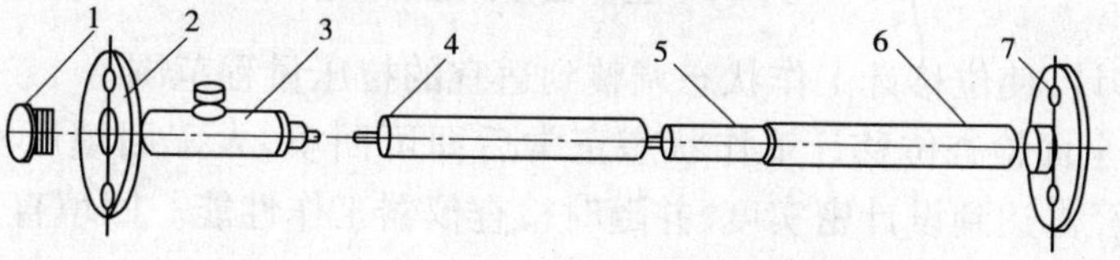

1—左端盖;2—左法兰;3—传感器;4—连接杆;5—内护管;6—外护管;7—右法兰

图9-51 TS位移计结构示意

TS位移计的工作原理，是将电位器内可自由伸缩的因瓦合金杠杆的一端固定在位移计的一个端点上，电位器固定在位移计的另一个端点上，两端产生相对位移时，伸缩杆在电位器内滑动，不同的位移量产生不同电位器移动臂的分压，即把机械位移量转换成与它成一定函数关系的电压输出，用读数仪(数字电压表)测其电压变化，换算出两点间的实际位移量。

(二)安装埋设

监测坝体中的位移，在坝体填筑中多采用坑式埋设方法，而监测坝体与岸坡交界面剪切位移时则多用表面埋设方法。它可单点埋设，亦可串连埋设，也可在任意方向埋设。埋设过程中应特别注意固定端点的锚固不能有位移，坝体中埋设的锚固板应与所测土体同步位移。

1.坑式埋设方法

(1)坝体填筑面超过埋设点高程约1.2 m时，测量出测点在坝面的平面位置及高程。

(2)按测量定位线开挖坑槽至测点的埋设高程，在岸坡上打一孔径60 mm、孔深1.0 m的钻孔，孔内清理干净后放置一直径20 mm、长1.0 m钢筋，并用M20水泥砂浆充填密实。整平埋设基床，其平整度不大于±2 mm。在粗颗粒和细颗粒的填料中，基床的整平方法同水管式沉降仪和引张线式水平位移计(见图9-52)。

(3)安装位移计：

①给每个拉杆上套以适配直径和长度的软质塑料管。套管时拉杆上涂一层黄油，以减小摩擦和防锈，套好后两端用黄油封口。

②位移计外套以适配长度和直径的高强度硬质PVC塑料管或钢管，两端用涂黄油的棉纱或麻丝封口，以防泥沙进入。

③装配位移计，为保证铰接(或万向节)灵活转动，铰接处涂黄油，并用涂黄油的棉纱或麻丝包裹。

④在位移计的拉杆下边填土，并压实、调平。

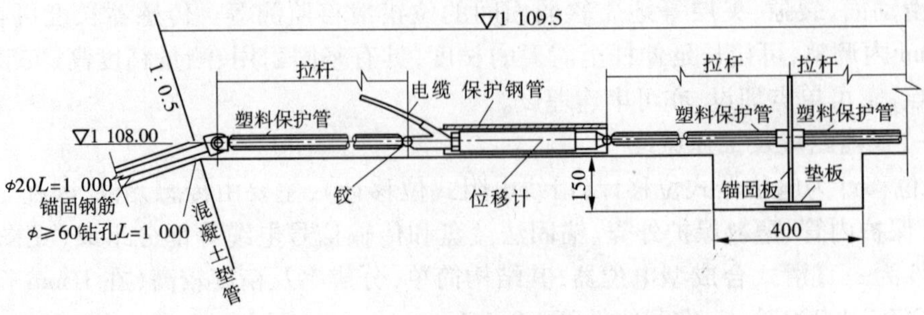

图 9-52　土体位移计埋设示意

⑤预拉位移计,使位移计工作状态调整到适宜的拉压量程范围。

(4)回填。全面检查位移计工作状态正常后即可回填,人工回填压实过程中勿冲击位移计,可薄层轻击达到设计密实度,并随时检查仪器工作性能。回填直至达其顶面以上1.5 m,方可进行正常坝体的填筑施工。

(5)安装埋设完成且待仪器稳定后,即可进行初始值的观测,并记录安装埋设工作的全过程。

2. 表面埋设方法

(1)坝体填筑面达到设置锚固板的高程时,在岸坡和填筑面测量定位。

(2)按定位线在岸坡的基岩面,或混凝土垫层面开挖130 cm×25 cm×20 cm(长×宽×深)的沟槽,上端打深100 cm、直径60 mm的锚杆孔,将直径20 mm、长100 cm的带铰接头的钢筋插入孔内,周围回填M20砂浆。抹平的砂浆面应低于岸坡面10 cm,以免机械损坏。然后,试装位移计,调整转动的铰中心与位移计中心线使其在一个平面上,该平面应与岸坡面平行。

(3)位移计安装。位移计套以保护钢管,端头用涂黄油的棉纱或麻丝填塞,防止泥沙进入。装配位移计,将位移计预调到适宜的量程范围,引出电缆的出口管应平行岸坡,电缆在交接面以U字形放松,以适应坝体的变形。放在坝体内的锚固板(长100 cm,宽35 cm)尾部可抬高点,各个铰接(或万向节)处均涂黄油,并用涂黄油的棉纱或麻丝包裹。

(4)回填测试。首先检查位移计工作状态是否正常,然后用原坝料中的细料人工回填沟槽。锚固板和位移计1.5 m范围内采用人工回填压实,仪器上勿用重锤夯击,并在回填过程中随时检查仪器工作性能,直至回填到位移计顶面1.5 m以上,方可允许进行正常坝体的填筑施工。

(5)安装埋设完成且待仪器稳定后,即可进行初始值的观测,并记录安装埋设工作的全过程。

3. 面板脱空埋设方法

采用由两支TS位移计和一块固定底座构成的等边三角形埋设布置,观测混凝土面板与垫层料间垂直面板的脱空变形和平行面板的剪切变形(见图9-53)。

(1)面板施工前,按设计图纸位置测量放点于混凝土挤压边墙坡面上。

(2)在坡面测点挖一约1 m见方,1.5 m深的坑,挖除该部位的挤压边墙混凝土后,浇一C30混凝土墩,墩底部用锚筋与垫层料连接。墩侧面预埋与TS位移计连杆链接的铰

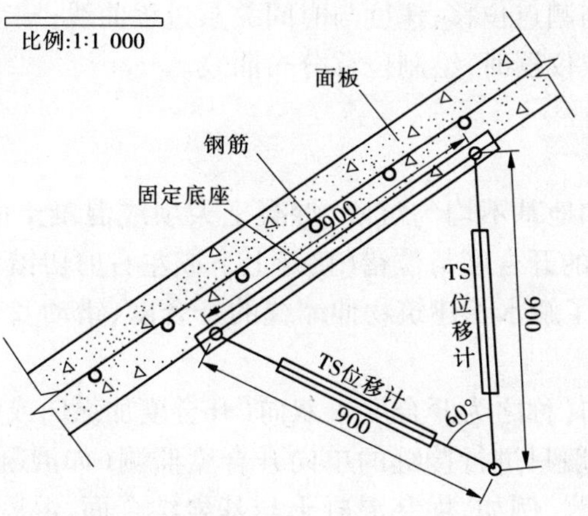

图 9-53　面板脱空土体位移计埋设示意

座。

(3)经过预安装,仪器组就位于坑内。竖立等边三角形使固定底座平行于面板坡面,待面板混凝土浇筑时固定于面板底部,两支 TS 位移计连接杆交点与坑内混凝土墩侧面的铰座铰接。仪器坑内用原开挖出的坝料以薄层人工回填夯实,恢复到原坡面。仪器周围回填时须小心操作,以免损坏或移动仪器。

(4)在仪器就位及回填垫层料和浇筑混凝土面板过程中须随时测读,振捣混凝土时振捣器不得触及固定底座,以监视仪器工作状态是否正常,发现异常,及时查明原因或采取补救措施。

(三)观测及资料整理

1.观测

(1)安装埋设后,待两固定端稳定后即可观测读数。

(2)观测时可用三位半或四位半数字电压表(或专用测读仪)测量位移计中电位器输出的电压。

2.资料整理

(1)任意方向两点间的位移 d_i(mm)为

$$d_i = \frac{C}{V_0}(V_i - C'V_0) \tag{9-18}$$

$$d_t = d_i - d_0 \tag{9-19}$$

式中　C、C'——位移计常数,由厂家给出;

V_0——工作电压,V;

V_i——实测电压,V;

d_0——t_0 时位移计初读数,mm;

d_i——t 时位移计的位移,mm;

d_t——土体的实际位移,mm。

(2)根据计算结果绘制:

①测点位移与时间关系过程曲线;

②对典型测点绘制测点位移、速度与时间关系过程曲线；

③当串连安装多点仪器时，绘制位移分布曲线。

九、测（裂）缝计

为适应温度变化和地基不均匀沉降，混凝土大坝或混凝土面板一般均设有接缝（横缝、施工缝等），其接缝的开合度与位错（接缝上下或左右剪切错动）通常需要安装埋设测缝计对其进行监测，以了解水工建筑物伸缩缝的开合度、错动及其发展情况，分析其对工程安全的影响。

接缝监测分为单向（称之为开合度）、双向（开合度加纵向或竖向位错）、三向（开合度加纵向、竖向位错），一般只进行接缝的单向开合度监测（如混凝土坝横缝），仅在特殊情况下需作双向、三向监测，例如，坝基混凝土与基岩结合面、混凝土面板堆石坝的面板接缝、面板周边缝等。

对于混凝土内部有可能发生开裂的部位通常须埋设裂缝计，以监测可能发生裂缝及其开度变化，裂缝计通常由测缝计改装而成，其工作原理与测缝计完全相同。

基岩裂缝及工程裂缝（浇筑混凝土坝体或洞室混凝土衬砌出现的裂缝等）一般是随机发生的，对工程影响较大的裂缝需要在工程处理的同时也对其实施监测，裂缝采用测缝计或表面裂缝计进行监测。

国内常用的测缝计传感器形式主要有差阻式、振弦式、电位器式（线位移及旋转）等几种，其中单向测缝计大多为差阻式，一般量程较小，精度较高，多用于混凝土建筑物的伸缩缝开合度监测；旋转电位器式双向、三向测缝计是专为混凝土面板周边缝位移监测而研制的新产品；而其他双向、三向测缝计多由各类型大量程的单向测缝计组装而成。

（一）单向测缝计

测缝计是测量结构接缝开合度或裂缝两侧块体间相对移动的仪器，其与各种形式的加长杆连接可以组装成裂缝计、位错计和基岩变形计等，用以测量裂缝开合度、位错和基岩与结构物间的变位等。测缝计由上接座、钢管、波纹管、接线座和接座套管组成外壳，内装传感器件，图9-54为差阻式测缝计结构图。其工作原理为，当测缝计两端承受外力变形时，由于外壳波纹管以及传感部件中的吊拉弹簧将承担大部分变形，小部分变形引起传感元件的变形，并通过电缆输出信号，由测读仪测读，经换算可得仪器轴向位移，即为接缝的位移。

单向测缝计开合度 S_t 的一般计算公式为

$$S_t = k \times (R_t - R_0) + C \times (T_t - T_0) \tag{9-20}$$

式中 S_t——t 时刻测量的开合度或位错，mm；

k——灵敏系数，由厂家给定；

R_t——t 时刻读数；

R_0——初始读数；

C——温度系数，mm/℃；

T_t——t 时刻温度，℃；

T_0——初始温度，℃。

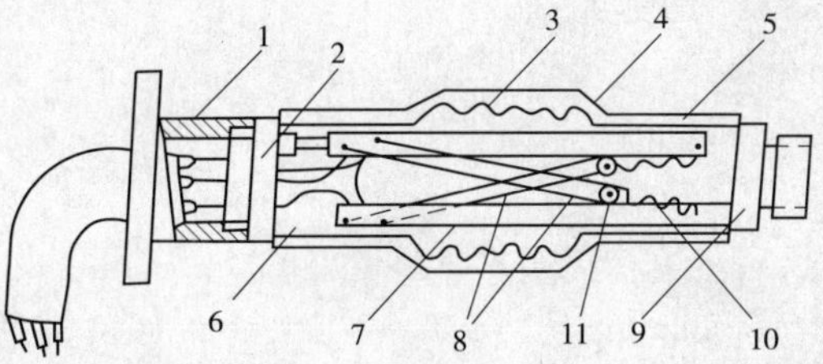

1—接座套筒;2—接线座;3—波纹管;4—塑料套;5—钢管;6—中性油;

7—方铁杆;8—弹性钢丝;9—上接座;10—弹簧;11—高频瓷绝缘子

图 9-54　差阻式测缝计结构示意

单向测缝计的安装埋设较为简单,具体请参见本书第十一章有关内容。

基岩或混凝土表面,以及结构物裂缝可采用表面裂缝计,常用的为振弦式表面裂缝计(见图 9-55)。

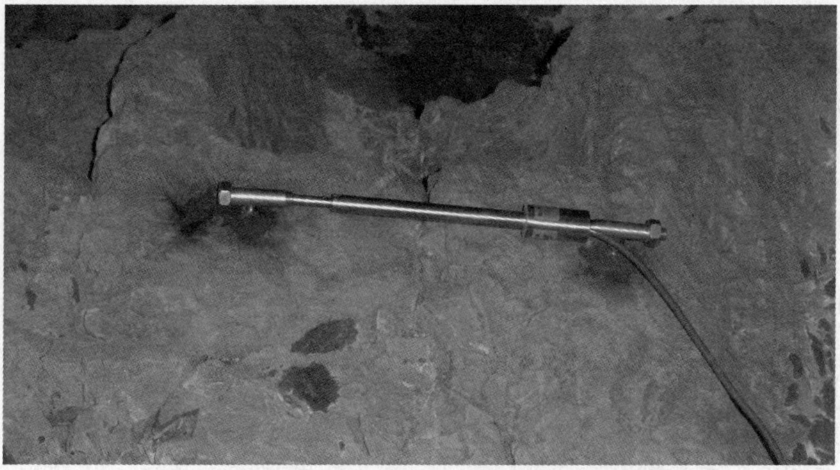

图 9-55　安装在岩石裂缝处的振弦式表面裂缝计

(二)双向测缝计

双向测缝计多用于坝基建基面(混凝土与基岩面)、拱坝诱导缝、面板坝混凝土面板接缝或工程裂缝等部位,以监测其接(裂)缝开合度及剪切变形。

双向测缝计工作原理与单向测缝计相同,只是在监测剪切位错的传感器两端加工带有万向节的专用金属弯钩,以埋设固定于两侧混凝土块体中(见图 9-56)。

1. 拱坝诱导缝面双向测缝计埋设

(1)垂直于缝面的一支单向测缝计,在缝面高程下部的先浇筑块埋设带有加长杆的测缝计套筒,套筒和缝面齐平,将套筒内填满棉纱,螺纹口涂上黄油,旋上筒盖。

(2)混凝土浇至高出仪器埋设位置 20 cm 时,挖去捣实的混凝土,打开套筒盖,取出填塞棉纱,旋上测缝计,回填混凝土,人工插捣密实。

(3)平行于缝面的另一支单向测缝计,在缝面高程下部的先浇筑块埋设带有钢板底座和加长杆的万向节,将两端带有加长杆的测缝计一端固定在缝面以下混凝土内的万向节上,另一端沿缝面牵引至另一埋设点处,固定于带有加长弯钩的万向节上,注意仪器保护。

图 9-56　差阻式双向测缝计

(4)待缝面以上混凝土浇筑时,将带有加长弯钩的万向节埋入混凝土内。同样,当回填混凝土高出仪器顶面 1.5 m 以上时方可进行正常混凝土的浇筑施工。

2. 混凝土面板接缝埋设

混凝土面板接缝双向测缝监测一般采用两支单向测缝计,其中一支垂直面板缝面埋设,以监测面板接缝间的开合度;另一支平行面板缝面埋设,以监测沿接缝间两块面板的相互剪切或升降位移,其埋设方法类似于上述拱坝诱导缝面双向测缝计。

(三)三向测缝计

1. 仪器组成及工作原理

三向测缝计多用于土石坝上游混凝土面板周边线的三向变位监测,三向测缝计可以由单个位移计组装而成,也有整体三向测缝计。

1)单支组合三向测缝计

典型的由三支单向位移计组合而成的三向测缝计见图 9-57,它的工作原理是,通过测量标点 *C* 相对于 *A* 点和 *B* 点的位移,计算出周边缝的开合度。其中一支位移计 3 观测面板相对于周边趾板的升降,另外两支位移计观测面板趋向河谷的位移。钢板 *AB* 固定在趾板上,钢板 *C* 固定在面板上。当产生垂直于面板的升降时,位移计 2 和位移计 3 均产生拉伸;当面板仅有趋向河谷的位移时,位移计 3 应无位移量示出,位于上游侧的位移计 2 拉伸,位于下游侧的位移计 2 压缩或拉伸(在趋向河谷产生较大位移情况下发生)。为了能使位移计灵活自由地动作,在每一个位移计一端装配一个万向节和调整螺杆 10,固定钢板 *C* 与 *AB* 的距离,以及支承架的高度均由周边缝结构性质确定。

2)整体三向测缝计

图 9-58 为旋转电位器式整体三向测缝计,它由三个旋转电位器式位移传感器、支护件和智能化二次仪表组成,支护件由坐标板、保护罩、伸缩节和标点支架组成,支护件的主要作用是在坐标板固定三个传感器,在预埋板上设置位移标点 *P*,以形成一个相对的坐标体系。3 个位移传感器由三根不锈钢丝引接并交于 *P* 点。保护罩用来保护不锈钢丝不受外界扰动或破坏。伸缩节由土工布制成,置于保护罩与位移点之间,以保证当面板位移

时,标点 P 在测缝计量程范围内自由行动。这种测缝计的工作原理是基于在周边缝一侧的标点 P 相对于另一侧安装了三支传感器的坐标板的空间位移,通过测量三根钢丝位移的变化,来求得接缝的开合度、竖向和侧向的位错。

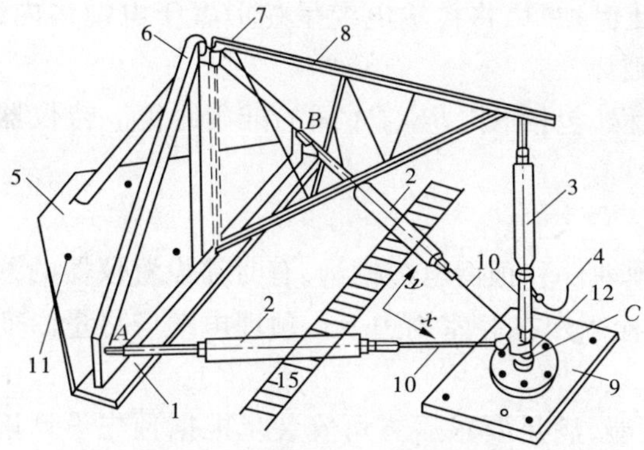

1—万向节;2—观测趋向河谷位移的位移计;
3—观测沉降的位移计;4—输出电缆;
5—趾板上的固定支架;6—支架;
7—不锈钢活动铰链;8—三角支架;
9—面板上的固定支架;10—调整螺杆;
11—固定螺孔;12—位移计支架

图 9-57　单支组合三向测缝计结构示意

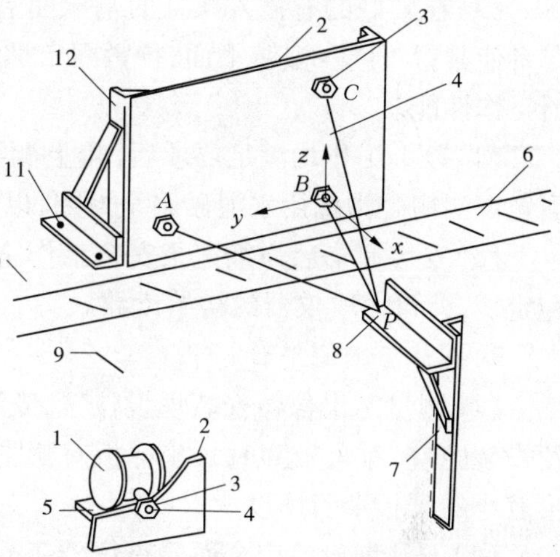

1—位移传感器;2—坐标板;3—传感器固定螺母;
4—不锈钢丝;5—传感器托板;6—周边缝;
7—预埋板(虚线部分埋入面板内);
8—钢丝交点;9—面板;10—趾板;
11—地脚螺栓;12—支架

图 9-58　整体三向测缝计示意

测缝计是由钢丝、绕线盘、旋转式精密导电电位器和扭簧组成的大量程、高水压的位移传感器,电位器机械转角为360°,电气转角为350°,应用时使测缝计整个量程在电气转角350°的范围内。三向测缝计主要技术指标为:量程 100 ~ 250 mm;分辨率≤0. 05% FS;线性度 < 0. 5% FS;重复性≤0. 2% FS;迟滞性≤0. 35% FS;基本误差≤0. 5% FS;工作温度 -20 ~ 60 ℃;耐水压常规 1. 0 MPa,最大 2. 0 MPa。

2. 三向测缝计安装埋设

1)单支组合三向测缝计

趾板和面板的连接通常有两种方式:一种是趾板与面板平面连接;另一种是趾板与面板非平面连接,有一台阶,周围趾板均高出面板。对于前一种情况,则在面板上不需做安装墩,仅只在安装位置的趾板和面板上预留固定螺孔;而后一种情况,则必须在面板上做一安装墩,其顶部应与趾板面在一个平面上,同样按照测缝计固定的需要预留好固定螺孔。同时,不论是哪种趾板与面板连接方式,测缝计传输电缆埋设的沟槽均应预设在周围的趾板上,直至观测房,这样可以免去电缆受面板移动产生的拉伸,以及通过面板纵横缝处理困难等。具体安装埋设如下:

(1)测量定出仪器安装埋设位置,预先制备安装基座和预留螺孔,并保持趾板和面板两个基座在同一个平面上。

(2)将两个固定板分别置于趾板和面板的确定位置，从固定板螺孔中穿出地脚螺杆至趾板和面板内，浇筑环氧水泥砂浆固定地脚螺杆，移去固定钢板，待到环氧水泥砂浆凝固。

(3)在整好的有插入螺杆的基床面上，分别置放上相应的测缝计固定钢板，再次调整二者使其置于同一安装平面，拧紧固定螺帽，安装位移计，调整可测的位移计量程，检查仪器工作性能。

(4)以上工作均满足要求后，盖上测缝计保护罩，将传输电缆呈蛇形置于电缆沟内，引至观测房。沟槽用水泥砂浆全封闭，以防破坏。

(5)安装完毕后详细记录安装工作全过程，包括 AB、BC、CA 间的准确距离。待仪器稳定后，即可读取仪器的初始读数。

2)整体三向测缝计

(1)测量定出仪器安装埋设位置，安装预埋件和预留电缆槽沟，有时需设置仪器的预留安装腔室(趾板较高时)，坐标板有膨胀螺栓固定在腔室周边上。预埋电缆应尽量沿变形较小的趾板牵引埋设。

(2)安装埋设前应全面检查仪器工作性能，满足要求后方可安装。根据预先设计确定的传感器在坐标板上的位置，检查其相应的仪器初读数是否在预先规定的范围内，否则应进行调整。

(3)将三个传感器按预先规定分别固定在坐标板相应的位置上，并将坐标板用预埋件螺丝固定在趾板上。三个传感器的钢丝引到面板的测量标点上，调整好每支仪器的量程范围后加以固定，并用游标卡尺分别量出各个钢丝从传感器至标点的初始长度，要求长度精确到 0.5 mm。

(4)同样，检查仪器工作状态正常后加盖仪器保护罩，牵引电缆至观测房，沟槽用水泥砂浆全封闭，以防破坏。

(5)安装完毕后详细记录安装工作全过程，包括图 9-58 中 AB、BC、CA 间的准确距离。待仪器稳定后，即可读取仪器的初始读数。

另外，该仪器还可用于面板脱空监测，实质上是三向电位器式测缝计用于两向测缝的一种形式。

3. 观测及资料整理

(1)采用配套的测读仪测取读数，智能式测读仪可直接计算出周边的 3 个方向的位移量(周边缝开合度及水平剪切位移量、竖向剪切位移量)。

对于整体三向测缝计由图 9-58 空间几何关系，可计算焦点 P 点处的坐标公式如下

$$\left.\begin{aligned} z &= (h^2 - L_1^2 + L_2^2)/(2h) \\ y &= (s^2 - L_3^2 + L_2^2)/(2s) \\ x &= ({L_2}^2 - y^2 - z^2)^{1/2} \end{aligned}\right\} \tag{9-21}$$

式中 L_1、L_2、L_3——测缝计三根钢丝的长度；

s、h——测缝计安装孔的中心距(常数)。

将安装时量得的三根钢丝长度代入式(9-21)中，便可得出焦点 P 点处的初始坐标

(x_0, y_0, z_0)。

缝发生变形后，由仪表读数 A_1、A_2、A_3，求出钢丝的新长度 L_1、L_2、L_3（cm），即

$$\left.\begin{aligned} L_1 &= L_{10} + [(A_1 - A_{10}) \times 10]/C_1 \\ L_2 &= L_{20} + [(A_2 - A_{20}) \times 10]/C_2 \\ L_3 &= L_{30} + [(A_3 - A_{30}) \times 10]/C_3 \end{aligned}\right\} \tag{9-22}$$

式中 L_{10}、L_{20}、L_{30}——三根钢丝的初始长度；

C_1、C_2、C_3——仪器常数（厂家提供）；

A_{10}、A_{20}、A_{30}——仪表初始读数。

将变形后新长度 L_1、L_2、L_3 代入式(9-21)，求得焦点 P 点处的新坐标(x, y, z)。

缝的三向变形（缝的开合、错动及沉降，cm，即为

$$\Delta x = x - x_0 \qquad \Delta y = y - y_0 \qquad \Delta z = z - z_0 \tag{9-23}$$

(2)根据计算结果，按照不同要求绘制各种曲线：

①周边缝开合度、剪切位移与气温（或混凝土温度）、水库蓄水时间关系过程线图（见图 9-59）；

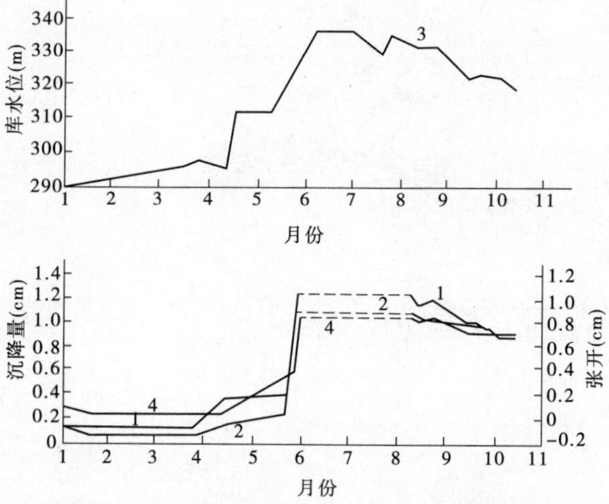

图 9-59　三向测缝变形(库水位)与时间关系过程曲线

②根据实际布设情况，绘制同一时刻的开合度、位错分布图等，用来比较分析不同位置测点的变化情况。

参 考 文 献

[1] 国家电力公司大坝安全监察中心. DL/T 5178—2003 混凝土坝安全监测技术规范[S]. 北京：中国电力出版社，2003.

[2] 长江水利委员会长江科学院. SL 264—2001 水利水电工程岩石试验规程[S]. 北京：中国水利水电出版社，2001.

[3] 中华人民共和国水利部，中华人民共和国电力工业部. SL 60—94 土石坝安全监测技术规范[S]. 北

京:中国水利水电出版社,1994.
[4] 二滩水电开发有限公司. 岩土工程安全监测手册[M]. 北京:中国水利电力出版社,1999.
[5] 黄仁福,吴铭江. 地下洞室原位观测[M]. 北京:水利电力出版社,1990.
[6] 张启岳,等. 土石坝观测技术[M]. 北京:水利电力出版社,1993.
[6] 水利部淮委临淮岗洪水控制工程管理局,中国水利水电科学研究院,等. 临淮岗洪水控制工程主坝施工安全监测技术研究报告[R]. 2005.
[7] 蔡德文,等. 紫坪铺工程面板堆石坝变形监测分析[M]//刘大文,胡建忠. 工程安全监测技术,2007. 北京:中国水利电力出版社,2007.

第十章　渗流监测

第一节　监测内容

水利水电工程建成以后，由于水库蓄水对大坝、坝基、岸坡、地下洞室等渗流状态均会产生很大影响，据1953年米德鲁克斯（T. A. Middlebrooks）调查统计，美国206座破坏的土石坝，由渗漏管涌引起破坏的占首位。我国工程的渗透破坏，在水利水电建设中也是相对频发的事故之一，例如20世纪50年代修建的官厅水库，蓄水后由于坝基和绕坝渗漏，造成大范围塌坑，影响大坝安全；安徽梅山水库在高水位运行40多d后出现大范围裂隙渗水，由于处理及时避免了一场溃坝灾难。但是渗漏事故通过监测预报和及时处理，一般是可以避免或控制的，因此渗流监测是水利水电工程安全监测必设的项目，通常包括渗流（压）、孔隙水压力、渗流量和水质分析等监测。

一、渗流（压）监测

（一）大坝及坝基渗流（压）监测

主要是了解大坝在上、下游水位差的作用下，土石坝坝体和坝基渗透压力，以及混凝土坝的接缝渗漏、坝体渗透压力和坝基扬压力。

（二）绕坝渗流监测

通常在大坝两岸坝肩及部分山体，通过测压管监测地下水位及其变化，以掌握绕坝渗流状况，评价其防渗效果。

（三）边坡及近坝库岸的地下水位监测

水库蓄水后，改变了边坡、库岸的水文地质条件，常常会引起山体滑坡和库岸再造。通常设置测压管监测地下水位及其变化，特别需要掌握水库水位发生骤降及强降水时地下水位变化，因为此时发生滑坡和库岸再造的几率最大。

（四）地下洞室围岩的渗流状况及其外水压力监测

地下洞室围岩渗流状态是影响地下洞室安全运行的重要问题，通常进行隧洞内水外渗或是外水内渗，以及洞室外水压力的观测，外水压力是评价围岩稳定的重要因素，因此地下洞室围岩的渗流监测是非常重要的，通常采用渗压计监测。在洞室上覆岩层较薄处，也可用钻孔埋设测压管监测。

二、孔隙水压力监测

主要是观测均质土坝、土石坝防渗体等在施工过程中饱和土孔隙水压力的变化情况，以作为施工控制的参数；在工程稳定分析时，孔隙水压力的分布状态可作为稳定计算的依据。孔隙水压力和渗透压力本属同一物理范畴，其使用的仪器设备和观测方法亦相似，只是研究角度和应用领域不同。为叙述方便,孔隙水压力监测归入到本章中介绍。

三、渗流量监测

渗流量监测,目的是了解工程渗流变化的规律以及是否有不正常的渗透现象,当渗流量不正常地增大,以及渗出水流逐渐混浊时必须引起警惕。

四、水质分析

为了及时发现渗透水对工程混凝土的腐蚀性以及内部冲刷和管涌现象,对坝体、坝基及绕坝渗漏水通常需要进行物理、化学分析,即水质分析。如果渗透水变混,直接说明工程内部有侵蚀,应予以关注。渗透水化学分析主要有全分析与简分析两种,通常简分析做得较多,而全分析只在需要时才做。

第二节 监测布置

一、坝体、坝基

坝体、坝基渗流(压)监测主要布置在混凝土坝基、坝体水平施工缝及混凝土内部、土石坝坝体坝基及防渗墙(幕)后(见图10-1、图10-2)。一般根据建筑物的类型、规模、坝基地质条件和渗流控制的工程措施等进行设计布置,纵向监测断面通常1~2个,横向断面1级、2级坝至少3个。

对混凝土坝而言,纵向断面宜布置在第一道防渗线上,每个坝段至少布设一个点。

横向断面宜选择在最高坝段、地形或地质条件复杂地段,并尽量与变形、应力应变监测断面相结合。横断面间距一般为50~100 m,如坝体较长、坝体结构和地质条件大体相同,则可以加大横断面间距,横断面测点一般不少于3个。

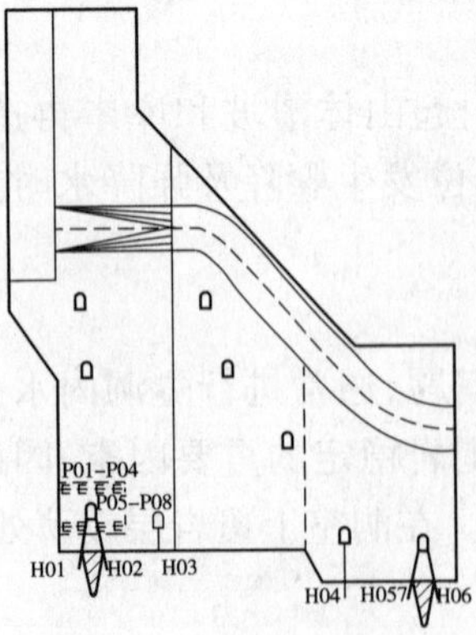

图10-1 混凝土坝渗流监测布置示意

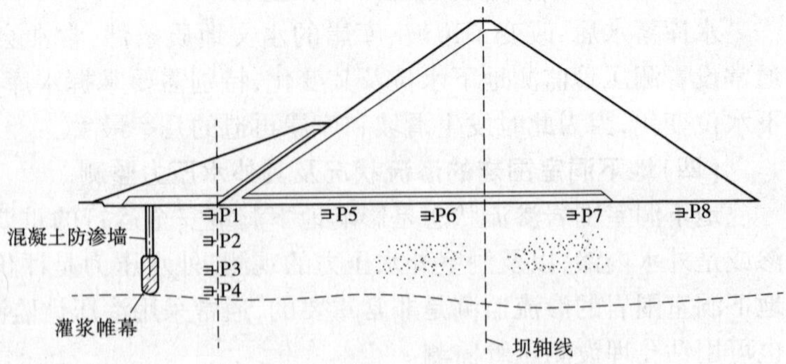

图10-2 面板堆石坝渗流监测布置示意

二、绕坝渗流

绕坝渗流监测主要设置在两岸坝端及部分山体等部分,测点的布置主要根据地形、枢纽布置、渗流控制及绕坝渗流区特性而定。一般在两岸的帷幕后沿流线方向分别布置2～3个监测断面，断面的分布靠坝肩附近较密，每条测线布置不少于3～4个测点，帷幕前一般仅有少量测点布置（见图10-3）。

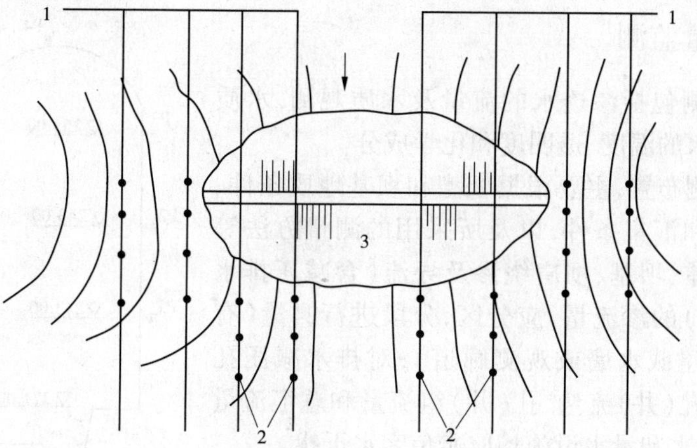

1—观测断面；2—测压管；3—均质坝

图10-3　绕坝渗流测点平面布置示意

三、边坡工程

边坡工程一般在大坝安全有较大影响的滑坡体或高边坡进行渗流监测，应尽量应用地质勘察孔做地下水位监测孔。

对查明有滑动面者，宜沿滑动面的倾斜方向布置1～2个监测断面。监测孔应深入到滑动面以下1 m（见图10-4），若滑坡体内有隔水岩层，应分层布置测压管，同时做好层内隔水。若地下水埋深较大，可利用勘察平洞或专设平洞设置测压管进行监测。

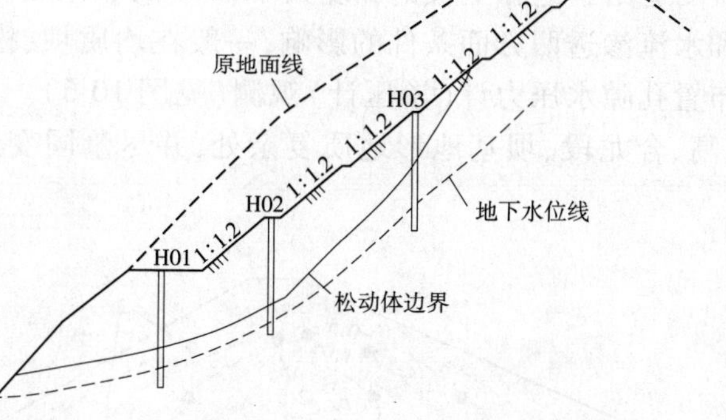

图10-4　边坡工程地下水位观测孔布置示意

四、地下洞室

地下洞室主要进行隧洞内水外渗或是外水内渗，以及隧洞外水压力的观测，它的布置主要根据水文地质及工程地质情况而定，通常在隧洞围岩的顶部、腰部及底部紧贴混凝土衬砌的围岩中布设（见图 10-5）。而在浅埋隧洞也可采用钻孔埋设测压管实施监测，测压管通常布置在距洞壁 1 ~5 m 处，深度要求低于洞底。

五、渗流量监测

渗流量监测包括渗透水的流量及水质观测，水质观测包括渗漏水的温度、透明度和化学成分。

渗流量监测布置，主要根据坝型和坝基地质条件、渗漏水的出流和汇集条件，以及所采用的测量方法等确定。对于坝体、坝基、坝肩绕渗及导流（含减压排水孔、井和排水沟）的渗流量，应分区、分段进行测量（有条件的工程宜建截水墙或观测廊道），对排水减压孔（井）应进行单孔（井）流量、孔（井）组流量和总汇流量的观测，所有集水和量水设施均应避免客水干扰。

当下游有渗漏水出溢时，一般应在下游坝址附近设导渗沟（可分区、分段设置），在导渗沟出口或排水沟内设置量水堰测其出溢（明流）流量。

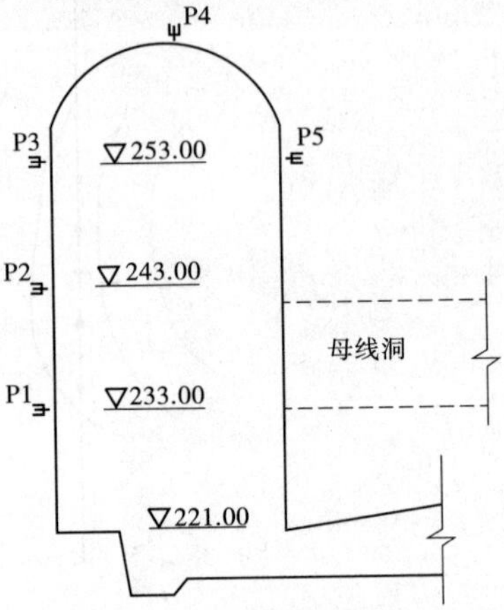

图 10-5　地下洞室渗压计监测布置示意

当透水层较深，地下水低于地面时，可在坝下游河床中设置测压管，通过观测地下水坡降计算出渗流量。其测压管布置，一般在顺水流方向设两根，间距 10 ~20 m；垂直水流方向，应根据控制过水断面及其渗透系数的需要布设适当排数。

渗漏水的温度以及用于透明度观测和化学分析水样的采集，通常在相对固定的出口或汇口进行。

六、孔隙水压力监测

孔隙水压力监测适用于饱和土及饱和度大于 95% 的非饱和黏性土中实施，孔隙水压力受土体固结和水流渗透两方面条件的影响，一般在均质坝、松软坝基、土石坝土质防渗体等土体内布置孔隙水压力计（渗压计）观测（见图 10-6）。孔隙水压力观测横断面，应设于最大坝高、合龙段、坝基地形地质复杂处，并尽量同变形、渗流、土压力观测断面相结合。

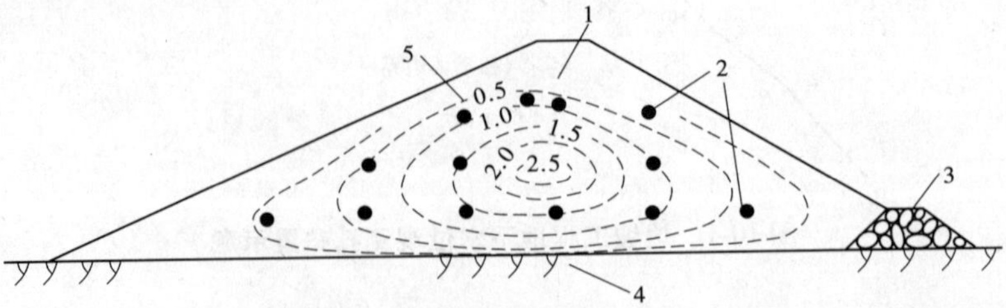

1—土坝；2—孔隙水压力测点；3—反滤坝址；4—不透水层；5—孔隙水压力等值线

图 10-6　孔隙水压力测点布置及等值线

第三节　渗流(压)及地下水位监测

一、测压管及电测水位计

(一)组成及工作原理

测压管主要由导管、进水管等两部分组成,通常采用钻孔埋设,导管管材可选用金属管或硬质塑料管,一般内径不宜大于 50 mm。测压管进水段可用导管管材加工制成,面积开孔率 10% ~20%(孔眼须排列均匀、内壁无毛刺),外部包扎足以防止颗粒进入的无纺土工织物,管底封闭,不留沉淀管段,透水段与导管牢固相连,两端接头处宜用外丝扣,用外箍接头相连。管口有压时安装压力表,用压力表读取水压力,管口无压时用电测水位计观测水位。压力表要选用量程合适的精密压力表,使读数在 1/3 ~2/3 量程范围内,精度不低于 0.4 级(见图 10-7、图 10-8)。电测水位计根据水能导电的原理设计,当金属测头接触水面两电极使电路闭合,信号经电缆传到触发蜂鸣器和指示灯,此时可从电缆或标尺上直接读出水面深度(见图 10-9、图 10-10)。为了遥测和实现监测自动化,通常采用压力传感器或浮子式等遥测水位计。

(二)安装埋设

1. 造孔

在坝高或埋深小于 10 m 的壤土层中埋设测压管时,可采用人工取土器钻孔;深度大于 10 m,或在混凝土或基岩中钻孔,可采用钻机造孔。

在岩体比较完整、裂隙不很发育的钻孔孔径,一般为 50 ~ 70 mm 即可,在覆盖层或风化较剧烈、裂隙发育的基岩钻孔,为有足够的空隙填充封孔材料,孔径不宜小于 90 mm。埋设多管时,应根据装管数量及直径,自下而上逐级扩径,原则上每增加一根测压管,相应直径至少扩大一级。自上而下逐级成孔,自下而上逐管埋设。

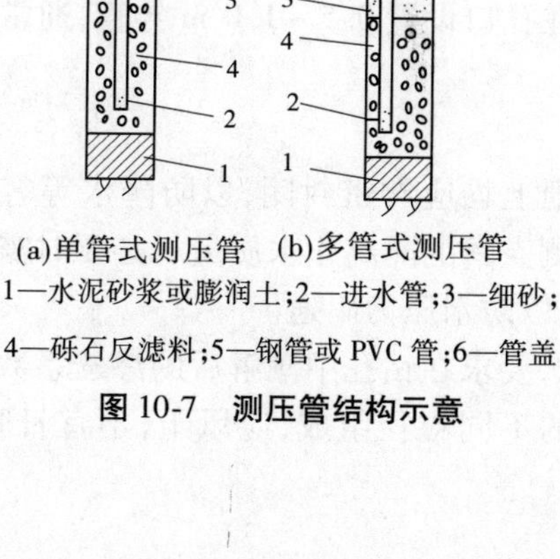

(a)单管式测压管　(b)多管式测压管

1—水泥砂浆或膨润土;2—进水管;3—细砂;

4—砾石反滤料;5—钢管或 PVC 管;6—管盖

图 10-7　测压管结构示意

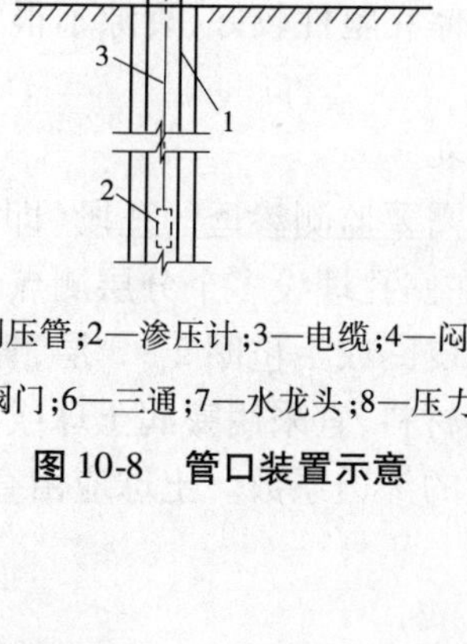

1—测压管;2—渗压计;3—电缆;4—闷头;

5—阀门;6—三通;7—水龙头;8—压力表

图 10-8　管口装置示意

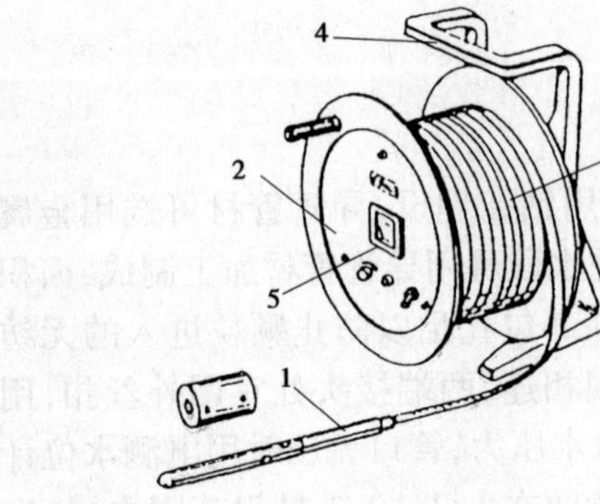

1—测头;2—卷筒;3—两芯刻度标尺;4—支架;5—指示器

图 10-9　电测水位计结构示意

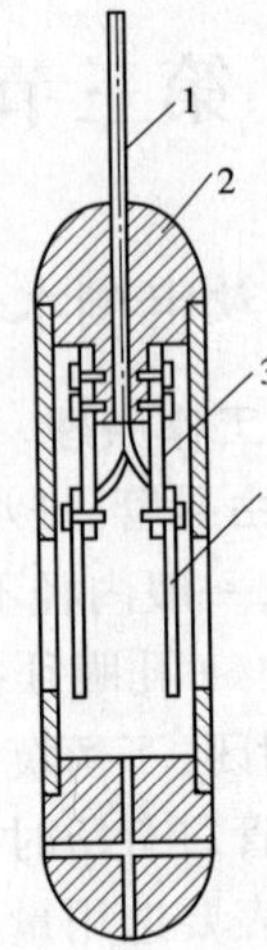

1—电线;2—金属短棒;3—隔电板;4—电极

图 10-10　水位计测头结构示意

孔深通常要求已知(或预测)最大地下水埋深以下 1 m,但在坝基则一般为建基面以下 1 m。

无论是覆盖层或是基岩钻孔,严禁用泥浆固壁。需要防止塌孔时,可采用套管护壁,如估计难以拔出,应事先在钻孔部位的套管壁上钻好透水孔。终孔后应测量孔斜,以便精确确定测点位置。

2. 下管埋设

埋设前应对钻孔埋深、孔底高程、孔内水位,有无塌孔以及测压管加工质量、各管段长度、接头、管帽情况等进行全面检查,并作好记录。

对于覆盖层钻孔,在下管前应先在孔底填好约 10 cm 厚的砂砾石等反滤层料。下管过程中必须连接严密,吊系牢固,保持管身顺直。就位后应立即测量管底高程和管水位,并在管外回填反滤料,逐层填实,直至设计进水段的高度。从孔底至反滤料顶面的孔段长度,才是真正的测压管进水段(可大于测压管管体透水段),也是该测压管的实际监测范围。对反滤料的要求,既能防止细颗粒进入测压管,又具有足够的透水性。一般其渗透系数宜大于周围土体的 10 ~ 100 倍,对黏壤土或砂壤土可用纯细砂;对砂砾石层可用细砂到粗砂的混合料,回填前需洗净、风干,缓慢入孔。

在岩体完整性较好、裂隙不很发育的地段,仅在孔口设置 0.5 ~ 1.0 m 导管,通常不设进水管。

3. 封孔

凡不需要监测渗透的孔段(即非反滤段),原则上均应严密封闭,以防降水等客水干扰,尤其在一孔埋设多个分层测点者,更需注意各测点间的隔离止水质量。必要时需在导管外套橡皮圈或毛毡圈 2 ~ 3 层,管周再填封孔料,以防水压力串通。

封孔材料,宜采用膨润土球或高崩解性黏土球,要求在钻孔中潮解后的渗透系数小于周围土体的渗透系数。土球应由直径 5 ~ 19 mm 的不同粒径组成,应风干,不宜日晒、烘烤。封孔时需逐粒投入，必要时可掺入10%～20%的同质土料，并逐层填实，切忌大批量倾倒，以防架空，管口下1～2 m范围内应用夯实法回填黏土。

封至设计高程后，向管内注水，至水面超过泥球段顶面，使泥球崩解膨胀。

4. *灵敏度检验*

测压管安装、封孔完毕后，应进行灵敏度检验。

在覆盖层中采用注水试验，试验前先测定管中水位，然后向管内注水。若进水段周围为壤土料，注水量相当于每米测压管容积的3～5倍；若为砂砾料则为5～10倍。注入后不断观测孔内水位，直至恢复到或接近注水前的水位。对于黏壤土，注水水位在五昼夜内降至原水位为灵敏度合格；对于砂壤土，一昼夜降至原水位为灵敏度合格；对于砂砾土，1～2 h降至原水位或注水后水位升高不到3～5 m为合格。

在基岩中，通常采用压水试验，目前还没有统一的合格标准，有的工程以大于0.1 Lu为合格。

当一孔埋多根测压管时，应自上而下逐根检验，并同时观测非注水管的水位变化，以检验它们之间的封孔止水是否可靠。

5. *管口装置及保护*

灵敏度合格后，应尽快安设管口保护装置。管口装置可根据测压管水位的测量方式，选择适用于无压、有压或自动化监测的要求设置，但均要求结构简单、牢固，能防止雨水流入和人畜破坏，并能锁闭、开启方便。尺寸和形式应根据测压管水位和测读方便而定。当采用自记或遥测装置时，还应满足测量仪表的各种需求。

（三）观测方法

当测压管水位低于管口时，采用电测水位计量测测压管水位。首先将水位计测头缓慢放入管内，在指示器和蜂鸣器开始反应时，测量出管口至孔内水面的距离。应先后观测两次，两次读数之差不应大于1 cm，地下水位的初始值应为测压管埋设后经过一段时间监测的稳定水位。

当测压管水位高于管口，采用压力表测量管内水压时，原则上应首先排掉管内积存气体，待压力稳定后才能读数。压力值应读到压力表的最小估算单位，每年应对压力表进行一次校验。

无论是测压管内水位高于还是低于管口，均可采用渗压计进行测读，渗压计所在高程加上其所测水压（水头），即为该处水位。

二、渗压计（孔隙水压力计）

渗压计主要用于监测岩土工程和其他建筑物的渗透水压力，适用于长期埋设在水工建筑物或其他建筑物内部及其基础，测量结构物内部及基础的渗透水压力，以及水库水位或边坡地下水位的测量。也可用于孔隙水压力监测，所以渗压计也称为孔隙水压力计。

渗压计（孔隙水压力计）目前国内常用的为钢弦式渗压计和差阻式渗压计，技术指标见表10-1、表10-2。应该说明，渗压计目前国内外生产厂家较多，型式各异，其技术指标也不尽相同，各工程单位可以根据工程特点与要求选用。

表 10-1　钢弦式渗压计主要技术指标

型号	标准型(S)	加固型(HD)	微压型 AL(V)	贯入型(DP)	细径型(C)
量程(MPa)	0.35～7.0	0.035～7.0	0.035～0.18	0.035～7.0	0.35～1.5
分辨率	0.025% FS	0.025% FS	0.025% FS	0.025% FS	0.05% FS
线性度	0.025% FS	0.025% FS	0.025% FS	0.025% FS	0.025% FS
过载能力	2 倍量程	2 倍量程	2 倍量程	2 倍量程	2 倍量程
零漂	<0.02% FS/℃	<0.02% FS/℃	<0.05% FS/℃	<0.025% FS/℃	<0.05% FS/℃
频率	2 000～4 000	2 000～4 000	2 500～4 500	2 000～3 300	2 000～3 300
温度范围(℃)	-30～65				
直径(mm)	19	25	38	33	11
长度(mm)	133	133	133	171	127

表 10-2　差阻式渗压计主要技术指标

外形尺寸	最大直径(mm)	58	58	31	31
	长度(mm)	140	140	140	140
测量范围(kPa)		0～2 000	0～400	0～800	0～1 600
最小读数 f(kPa)		<1.471	<2.942	<5.884	<11.768
线性及重复性		<2%			
温度测量范围(℃)		0～40			
温度测量精度(℃)		±0.5			
温度灵敏度(Ω/℃)		≈0.2			
温度修正系数(kPa/℃)		<1.471	<2.942	<2.942	<2.942
绝缘电阻(MΩ)		≥50			

(一)组成及工作原理

钢弦式渗压计由透水石、承压膜、压力传感器、线圈、壳体和传输电缆等部分组成(见图 10-11)。当水压力经透水石传递至仪器内腔作用到承压膜,承压膜连带传感元件一同变形,即可把液体压力转化为等同的电信号测量出来。通过预先率定仪器参数即可计算出渗透压力。

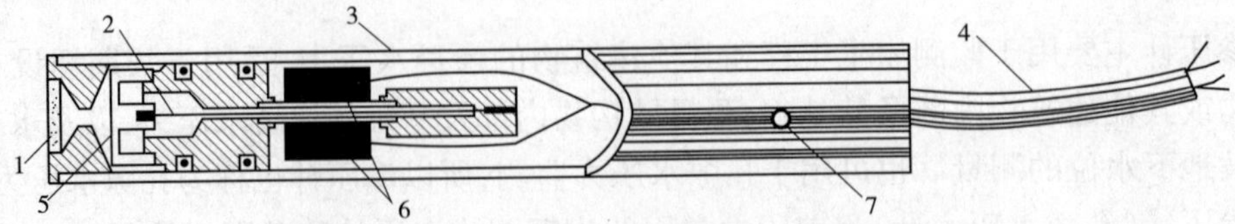

1—透水石;2—钢弦;3—不锈钢体;4—引出电缆;5—膜片;6—激励及接收线圈;7—内密封

图 10-11　钢弦式渗压计结构示意

差阻式渗压计是渗透水压力自进水口经透水石作用于感应弹性膜片上，引起感应膜片位移，从而使其敏感组件上的两根电阻丝电阻值发生变化，其中一根 R_1 减小（增大），另一根 R_2 增大（减小），相应电阻比发生变化，通过电阻比指示仪测量其电阻比变化而得到渗透压力的变化量。渗压计可同时测量电阻值的变化，经换算即为测点处的温度测值（见图 10-12）。

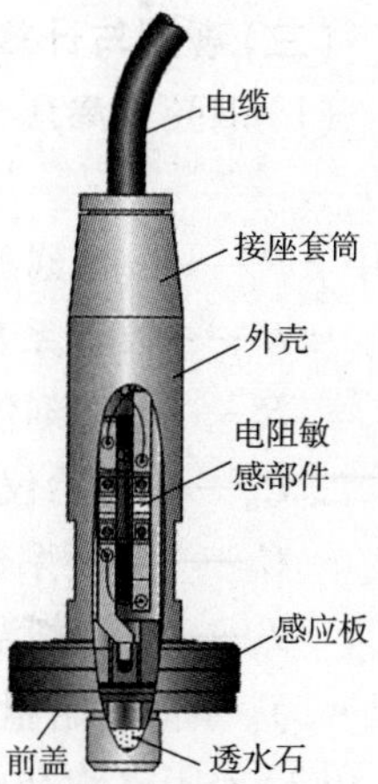

图 10-12　差阻式渗压计结构示意

以上钢弦式和差阻式渗压计均须配用相应的测量仪器测读，方能测出其输出的电信号，从而计算相应的物理量。通常选用与传感器同一生产厂家的测读仪表，以利于方便操作使用，确保测试数据的可靠性。

（二）安装埋设

（1）渗压计在埋设前必须进行室内检验率定，合格后方可使用。按设计要求接长电缆（或仪器出厂前按设计要求长度定制电缆），做好电缆接头的密封处理，并作绝缘度检验。一般钢弦式仪器要求绝缘度在 5 MΩ 以上，而差阻式仪器在 50 MΩ 以上。电缆接长后须用测读仪进行测量，并作记录。

（2）安装前须将渗压计在水中浸泡 24 h 以上，也有将测头中的透水石取下煮沸 2 h，目的是排除测头内空气，使其达到饱和状态，再将测头放进装有干净的饱和细砂袋，防止水泥浆或黏土细颗粒进入渗压计内部，堵塞进水。

（3）在土石坝坝基表面埋设，可采用坑式埋设法。在坝内埋设时，当坝面填筑高度超出测点埋设高程的 0.3 m 时，在测点挖坑，坑深约 0.4 m，采用砂包裹体的方法，将渗压计在坑内就地埋设。砂包裹体由中粗砂组成，并以水饱和。然后采用薄层辅料，专门压实的方法，按设计回填原开挖料。埋设后的渗压计，仪器以上的填方安全覆盖厚度应不小于 1 m。

（4）在混凝土浇筑面及基岩面埋设，可采用浅孔埋设方法。在埋设部位预留（混凝土）或钻孔，孔径视渗压计而定，孔深 30 ~ 100 cm。在孔内埋设渗压计时，通常要求透水石口朝上，以便排气（见图 10-13）。

（5）在坝基深孔内埋设渗压计时，钻孔直径一般为 110 mm左右，钻孔完成后先将粒径约为 10 mm 的砾石导入孔内，厚约 40 cm，然后将装有仪器的砂包吊入孔底。如孔太深可用钢丝吊住砂包，并把电缆绑在钢丝上吊装，以防止仪器电缆自重太大而受到损坏，再在上面填入 40 cm 厚细砂，然后填 20 cm 厚粒径为 10 ~ 20 mm 的砾石，再在余孔段灌入水泥膨润土浆或预缩砂浆。如果一孔内埋设多个渗压计，则须分段密封。

（6）渗压计埋设完成后，按设计要求走向敷设电缆。为防止沿电缆走向渗水，电缆应尽可能分散敷设，必要时设立止水环。在过接缝时，宜套管（钢或塑料）保护。在变形较大地段，宜弯曲敷设，使电缆留有变形余地，以防止变形过大而拉断。

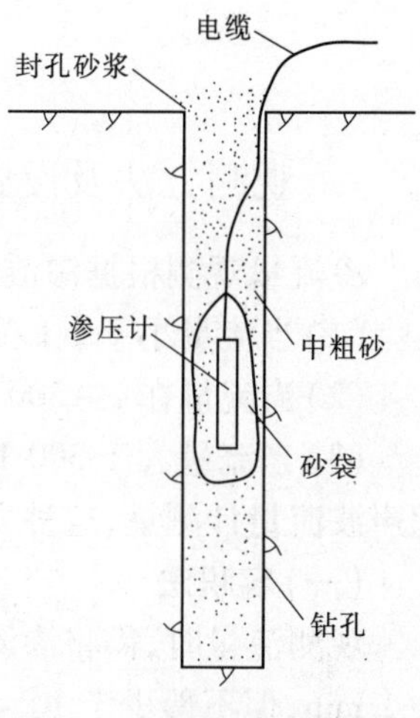

图 10-13　基岩面与混凝土界面渗压计埋设

（三）观测与计算

（1）钢弦式渗压计水压力 P 计算公式

$$P_t = K \times (R_0 - R_t) + C \times (T_t - T_0) \tag{10-1}$$

式中 P_t——t 时刻测量的渗压力，MPa；

K——仪器系数，MPa/digitl；

R_t——t 时刻仪器读数，digitl；

R_0——初始仪器读数，digitl；

C——温度系数，MPa/℃；

T_t——t 时刻温度读数，℃；

T_0——初始温度读数，℃。

（2）差阻式渗压计水压力 P 计算公式

$$P = f\Delta Z - b\Delta t \tag{10-2}$$

式中 P——渗透水压力，MPa，受压为负值；

f——渗压计最小读数，10^{-6}/0.01%；

b——渗压计的温度修正系数，MPa/℃；

ΔZ——电阻比相对于基准值的变化量，仪器压力升高，ΔZ 为负；

Δt——温度相对于基准值的变化量，℃，温度升高为正，降低为负。

另外，对于渗压计而言，由于在装有感应部件的密封室内除灌充中性油用于保护钢丝外，还保留少量空气，当温度升高后，空气和油都会膨胀，引起承压板向外变形，其变形方向刚好与渗水压力作用相反，使实测水压力减小，故计算渗水压力时，其温度补偿系数应取负号，这是与其他差阻式仪器不同之处。渗压计反映的水压力应为负值，如果出现正值，则有可能是测值不正常或温度修正系数 b 的取值不合理造成的。

第四节　渗流量监测

一、观测方法及设施

渗流量观测根据渗流量的大小和汇集条件，选用如下几种方法：

（1）当流量小于 1 L/s 时采用容积法；

（2）当流量在 1～300 L/s 时采用量水堰法；

（3）当流量大于 300 L/s 或不能设量水堰时，将渗漏水引入排水沟中，采用流速法或超声波流量计测量，这种方法在实际工程中应用较少。

（一）容积法

观测流量时，需将渗流水引入容器内（如量筒等），测定渗流水容积和充水时间（一般为 1 min，但不得少于 10 s），即可求得渗流量。

（二）量水堰法

量水堰法常用的有三角形堰、梯形堰和矩形堰，常用的为三角形堰。各种量水堰的堰板一般采用不锈钢板制作，各种量水堰与堰板结构见图 10-14。

(1)三角形堰。适用于流量在 1 ~ 70 L/s 之间,三角形堰缺口为一等腰三角形,底角为直角,堰上水头为 50 ~ 300 mm。

(2)梯形堰。适用于流量在 10 ~ 300 L/s 之间,常用 1∶0.25 的边坡,底(短)边宽度 b 应小于 3 倍堰口水头 H,一般在 0.25 ~ 1.5 m 范围。

(3)矩形堰。适用于流量 > 50 L/s,堰口 b 应为 2 ~ 5 倍堰上水头 H,一般在 0.25 ~ 2.0 m 范围内。矩形堰分为无侧向收缩和有侧向收缩两种。

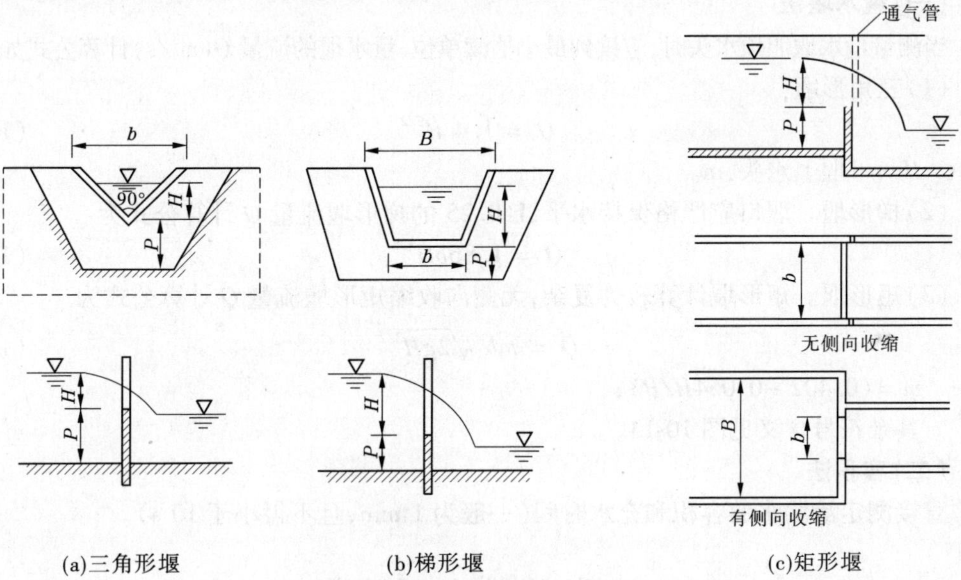

图 10-14　量水堰结构示意

用于观测堰上水头的仪器设备有水尺、水位测针或量水堰水位计。水尺精度应不低于 1 mm,水位测针或量水堰水位计精度宜不低于 0.1 mm。

(三)流速法

观测渗流量的测速沟槽应是长度不小于 15 m 的直线段,且断面一致,保持一定纵坡,不受其他水干扰,此法一般较少应用。

二、安装埋设

(1)量水堰一般设在排水沟的直线段上,堰身采用矩形断面,堰板应为不锈钢材料。

(2)堰槽段的尺寸及其与堰板的相对关系应满足如下要求:堰槽段全长应大于 7 倍堰口水头,但不小于 2 m,其中堰板上游应大于 5 倍堰口水头,但不得小于 1.5 m,堰槽宽度应不小于堰口最大宽度的 3 倍。

(3)堰板应为平面,局部不平处不得大于 ±3 mm,堰口的局部不平处不得大于 ±1 mm。

(4)堰板顶部应水平,两侧高差不得大于堰宽的 1/500,直角三角形堰的直角误差不得大于 30″。

(5)堰板和侧墙应铅直,误差不得大于 30″。

(6)两侧墙应平行,局部的间距误差不得大于 10 mm。

(7)水尺或水位计装置应该在堰板上游 3 ~ 5 倍堰口水头处。

应该指出，有的工程由于覆盖层较深或者河谷宽阔，坝线很长，设置量水堰投资很大。而有的工程受地形地质条件的制约，设置量水堰将使坝内壅水，对坝的下游不利。对于这类工程的渗流量如何监测，需要认真研究。此外，经过坝体、坝基渗漏量通常是变化的，在变化量很大的地方，最好选用两个大小不等的量水堰，以适应不同渗漏水测量的需要。

三、观测与计算

（一）量水堰法

当测量量水堰堰顶水头时，应读到最小估读单位，量水堰的流量 $Q(m^3/s)$ 计算公式如下：

（1）三角形堰

$$Q = 1.4 H^{5/2} \tag{10-3}$$

式中　H——堰上水头，m。

（2）梯形堰。堰口应严格保持水平，1∶0.25 的梯形堰流量 Q 计算公式为

$$Q = 1.86bH^{3/2} \tag{10-4}$$

（3）矩形堰。矩形堰计算较为复杂，无侧向收缩矩形堰流量 Q 计算公式为

$$Q = mb\sqrt{2g}H^{3/2} \tag{10-5}$$

式中　$m = (0.402 + 0.054H/P)$；

其余符号含义见图 10-13。

（二）容积法

直接测定渗漏水的容积和充水时间（一般为 1 min，且不得小于 10 s）。

第五节　水质分析

水质分析所需水样应在规定的监测孔、排水孔或廊道排水沟内取得。在监测孔中取样时，也应在水库内同时取水样，以便分析比较。坝体混凝土中或基岩中的析出物，应取样做分析，检查是否有化学管涌或机械管涌发生。

水质分析包括物理指标和化学指标两部分，水质分析分为全分析和简分析，一般情况下仅作简分析项目。

全分析项目包括：

（1）水的物理性质：水温、气味、浑浊度、色度。

（2）pH 值。

（3）溶解气体：游离二氧化碳—CO_2、侵蚀性二氧化碳—CO_2、硫化氢—H_2S、溶解氧—O_2。

（4）耗氧量。

（5）生物原生质：亚硝酸根—NO_2^-、硝酸根—NO_3^-、磷—P、铁离子（高铁—Fe^{3+} 及亚铁—Fe^{2+}）、氨离子—NH_4^+、硅—Si。

（6）总碱度、总硬度及主要离子、碳酸根—CO_3^{2-}、碳酸氢根—HCO_3^-、钙离子—Ca^{2+}、镁离子—Mg^{2+}、氯离子—Cl^-、硫酸根—SO_4^{2-}、钾和钠离子—$K^+ + Na^+$。

（7）矿化度。

简易分析项目包括：色度、水温、气味、混浊度、pH 值、游离二氧化碳、矿化度、总碱度、

硫酸根、重碳酸根及钙、镁、钠、钾、氯等离子。

第六节　监测数据整编

（1）每次现场监测完成后，应随即对原始记录的准确性、可靠性、完整性加以检查、检验，将其换算成所需的物理量（渗压、水位或流量），若有误读（记）或异常，应及时补测、确认或更正，并记录有关情况。

（2）监测数据经过去伪存真以后才可以进行图表制作。通常将计算后的各种监测物理量绘制成过程线（见图10-15、图10-16、图10-17）、分布图（见图10-18）以及与某些原因量相关关系图（见图10-19）。

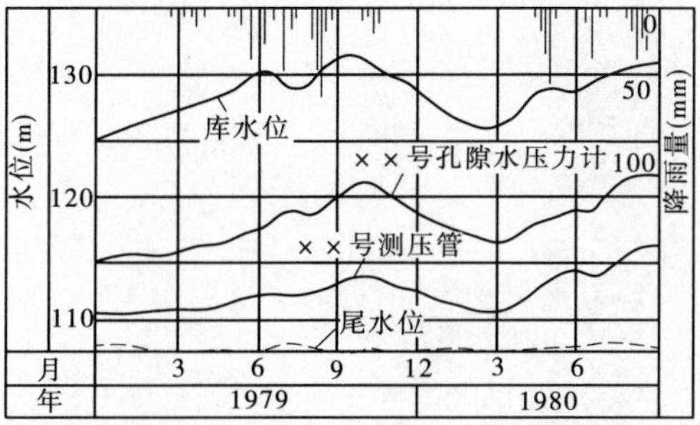

图10-15　渗流压力/水位—时间过程线

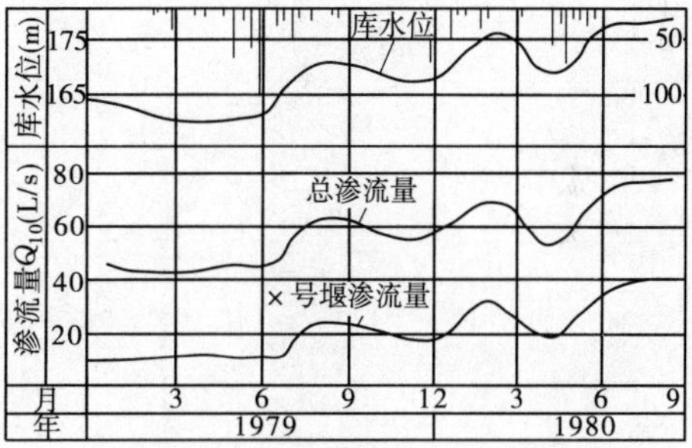

图10-16　渗流量—时间过程线

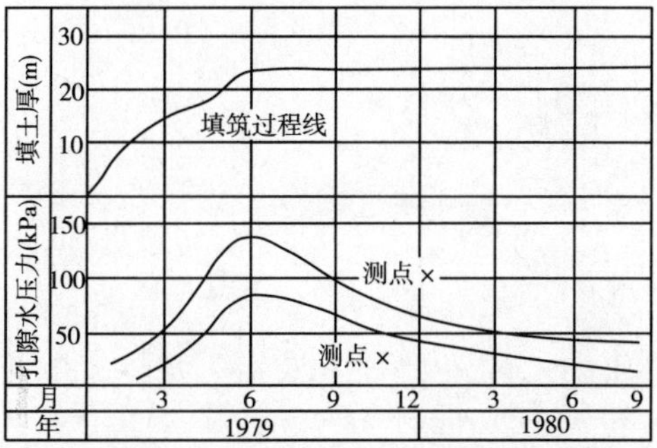

图10-17　孔隙水压力—时间过程线

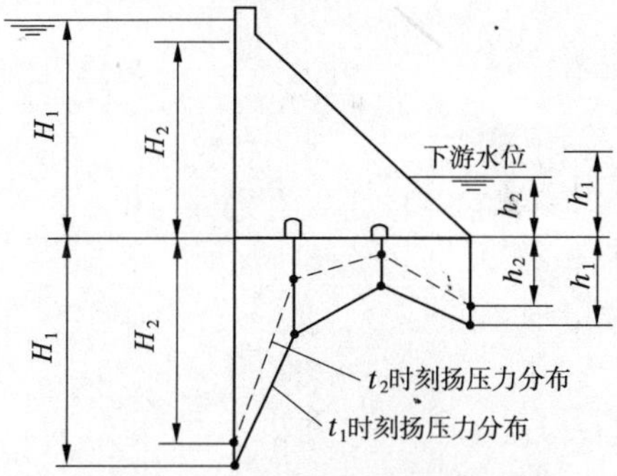

图10-18　坝基扬压力分布曲线

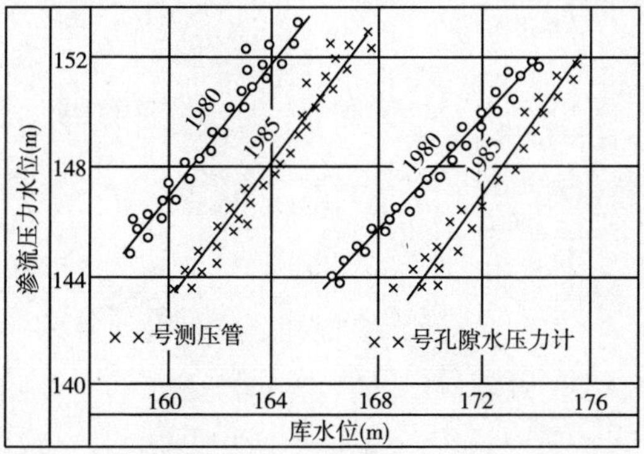

图10-19　渗流压力水位与库水位相关关系曲线

(3)关于资料整编、分析与评价的详细内容,可参见本书第十六章。

参考文献

[1] 曹健人. 土石坝观测仪器埋设与测试[M]. 北京:水利电力出版社,1990.
[2] 邢林生. 略论大坝巡视检查的重要性[J]. 大坝与安全,2005.
[3] 中华人民共和国水利部,中华人民共和国电力工业部. SL 60—94 土石坝安全监测技术规范[S]. 北京:中国水利水电出版社,1994.
[4] 国家电力公司大坝安全监察中心. DL/T 5178—2003 混凝土坝安全监测技术规范[S]. 北京:中国电力出版社,2003.

第十一章 应力、应变及温度监测

第一节 应变监测

为了解岩土工程和其他混凝土建筑物的应力分布情况，工程上一般通过安装埋设应变计用于监测建筑物的应变，再通过力学计算来求得应力分布，因而应变计是安全监测的重要手段之一。从使用环境看，应变计使用相当广泛，既适用于长期埋设在水工建筑物或其他建筑物内部，也可以埋设在基岩、浆砌块石结构或模型试件内。配合无应力计桶还可作为无应力计使用。从工作原理上分，国内工程最常用的应变计有差阻式应变计和振弦式应变计两种。

一、差阻式应变计

（一）仪器结构

差阻式系列应变计主要由电阻感应组件、外壳及引出电缆密封室三个主要部分构成，图 11-1 所示为 250 mm 标距差阻式应变计的结构示意图。

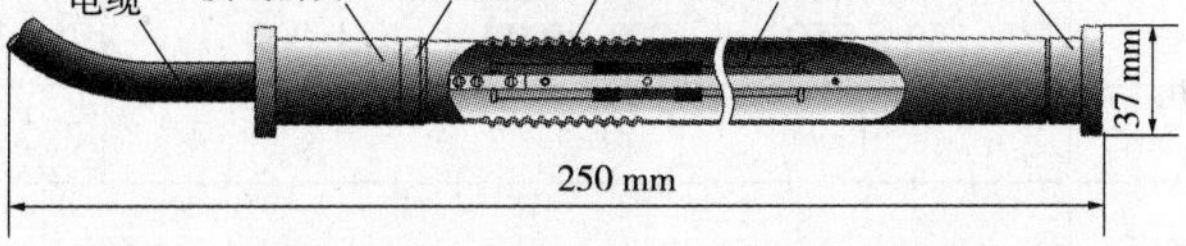

图 11-1 250 mm 标距差阻式应变计结构示意

图 11-1 中电阻感应组件主要由两根专门的差动变化的电阻钢丝与相关的安装件组成。弹性波纹管分别与接线座、上接座锡焊在一起。止水密封部分由接座套筒及相应的止水密封部件组成。仪器中充有变压器油，以防止电阻钢丝生锈，同时在钢丝通电发热时吸收热量，使测值稳定。仪器波纹管的外表面包裹一层布带，使仪器与周围混凝土相脱开。

（二）工作原理

差阻式应变计埋设于混凝土内，混凝土的变形将通过凸缘盘引起仪器内电阻感应组件发生相对位移，从而使其组件上的两根电阻丝电阻值发生变化，其中一根 R_1 减小（增大），另一根 R_2 增大（减小），相应电阻比发生变化，通过电阻比指示仪测量其电阻比变化而得到混凝土的应变变化量。应变计可同时测量电阻值的变化，经换算即为混凝土的温度测值。

差阻式应变计的电阻变化与应变和温度的关系如下

$$\varepsilon = f\Delta Z + b\Delta t \tag{11-1}$$

式中 ε——应变量，10^{-6}；

f——应变计最小读数,10^{-6}/0.01%;

b——应变计的温度修正系数,10^{-6}/℃;

ΔZ——电阻比相对于基准值的变化量,拉伸为正,压缩为负;

Δt——温度相对于基准值的变化量,℃,温度升高为正,降低为负。

根据不同要求和不同的使用环境,差阻式应变计有多种型号,表 11-1 中列出了差阻式应变计的主要参数。其中,ZS-25、ZS-25M、ZS-25MH 型应变计可用于埋入含粗骨料的混凝土结构中。ZS-25M 为加大弹性模量的应变计,ZS-25MH 为加大弹性模量和量程的应变计,供工程中的特种应用。

ZS-15、ZS-15G 型应变计埋设在混凝土结构内部,或结构物表面,其中 ZS-15G 为供特种场合应用的耐高压应变计。

ZS-10、ZS-10G 型应变计埋设在小断面混凝土结构内部,通常多配合夹具用于表面安装,其中 ZS-10G 为供特种场合应用的耐高压应变计。

表 11-1　差阻式应变计主要参数

标距(mm)		100	150	250	250	250	100	150	250
有效直径(mm)		21	21	29	29	29	21	21	29
端部直径(mm)		27	27	37	37	37	27	27	37
应变测量范围($10^{-6}\mu\varepsilon$)	拉	1 000	1 200	600	600	200	1 000	1 200	600
	压	-1 500	-1 200	-1 000	-1 000	-2 000	-1 500	-1 200	-1 000
最小读数(10^{-6}/0.01%),≤		6.0	4.0	3.0	3.0	4.0	6.0	4.0	3.0
弹性模量(MPa)		150~250		300~500	1 000		300~500		
耐水压(MPa)		0.5					2.0(3.0、5.0 可定制)		
绝缘电阻(MΩ)	使用温度范围内	≥50							
	0.5 MPa 水中								
温度测量范围(℃)		-25 ~ +60							
温度测量精度(℃)		±0.5							
温度修正系数(10^{-6}/℃)		13.4	12.3	11.3	11.3	11.3	13.4	12.3	11.3

二、振弦式应变计

(一)仪器结构

振弦式应变计由两个带 O 型密封圈的端块、保护管、管内振弦感应组件等组成,振弦感应组件主要由张紧钢丝及激振线圈与相关的安装件构成。图 11-2 所示为 150 mm 标距振弦式应变计的结构示意图。

(二)工作原理

振弦式应变计埋设于混凝土内,混凝土的变形将通过仪器端块引起仪器内钢弦变形,

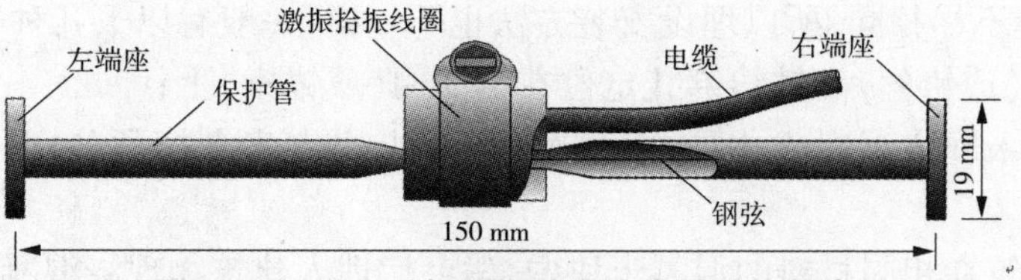

图 11-2　150 mm 标距振弦式应变计结构示意

使钢弦发生应力变化，从而改变钢弦的振动频率。测量时利用电磁线圈激拨钢弦并量测其振动频率，频率信号经电缆传输至频率读数装置或数据采集系统，再经换算即可得到混凝土的应变变化量。同时由应变计中的热敏电阻可同步测出埋设点的温度值。

埋设在混凝土建筑物内的应变计，受到的是变形和温度的双重作用，因此应变计一般计算公式为

$$\varepsilon = k \times (F - F_0) + b \times (T - T_0) \tag{11-2}$$

式中　ε——被测混凝土的应变量，10^{-6}；

k——应变计的最小读数，$10^{-6}/\text{kHz}^2$；

F——实时测量的应变计输出值，kHz^2；

F_0——应变计的基准值；

b——应变计的温度修正系数，$10^{-6}/℃$；

T——温度的实时测量值，℃；

T_0——温度的基准值。

振弦式应变计主要有埋入式及表面安装两种，表 11-2 中列出了 VS 系列振弦式应变计的主要参数。

表 11-2　VS 系列振弦式应变计主要参数

安装埋设方式		埋入式	表面安装
尺寸参数	标距 L(mm)	150	150
	端部直径 D(mm)	19	12
性能参数	应变测量范围(με)	3 000	
	分辨力(με)	0.5～1.0	
	精度(%FS)	≤0.25(0.1 可选)	
	温度测量范围(℃)	-20～+60	
	温度测量精度(℃)	±0.5	
	绝缘电阻(MΩ)	≥50	
	仪器频率范围(Hz)	400～1 400(指示仪用 B 挡)	

三、应变计安装

应变计的使用场合很多，可以埋设在混凝土内部，也可安装在结构物表面，其工作情

况及施工条件亦不尽相同,所以埋设安装方法也不一样,一般有以下几种安装方式:

(1)用扎带(或铅丝)和铁棒绑扎定位在钢筋网(或锚索)上;

(2)直接插入现浇混凝土中或在已浇混凝土上用支座支杆预装定位后浇入混凝土中;

(3)预先浇筑在相同材料的混凝土块中,凿毛后埋入建筑物现浇混凝土内;

(4)埋设在混凝土或岩石试块内;

(5)作为基岩应变计埋设在槽坑内;

(6)在浆砌块石结构中埋设在块石钻孔内。

通常,埋设在混凝土中的应变计需配套埋设无应力计,但埋设在岩体中的应变计则无须埋设无应力计。无应力计是装设于无应力计筒内的应变计,埋设在相同环境的应变计(组)旁(约1 m),用于扣除应变计的非应力应变,也可用于研究混凝土的自生体积变形等材料特性。

下面主要叙述差阻式应变计的埋设方法,振弦式应变计的埋设方法与此类似。

(一)单向应变计的安装埋设

(1)可在混凝土振捣或碾压后,在埋设部位挖槽埋设,并用相同混凝土(剔除粒径大于8 cm的骨料)人工回填,人工捣实。

(2)埋设仪器的角度误差应不超过1°,位置误差应不超过2 cm。

(3)仪器埋好后,其部位应作明显标记,并留人看护。

(二)两向应变计的安装埋设

(1)可在混凝土振捣或碾压后,在埋设部位挖槽埋设,并用相同混凝土(剔除粒径大于8 cm的骨料)人工回填,人工捣实。

(2)两应变计应保持相互垂直,相距8~10 cm。埋设仪器的角度误差应不超过1°,位置误差应不超过2 cm。

(3)两应变计组成的平面应与结构面平行或垂直。

(4)仪器埋好后,其部位应作明显标记,并留人看护。

(三)应变计组的安装埋设

根据混凝土施工方式的不同,一般在常态混凝土中应变计组的埋设与碾压混凝土中应变计组的埋设方法不尽相同,以下分别介绍。

1.常态混凝土中应变计组的埋设

(1)仪器埋设应设专人负责,运送仪器时要轻拿轻放,埋设仪器要细心操作,保证仪器不损坏和安装位置正确,埋设仪器过程中应进行现场维护。

(2)根据仪器埋设的数量,备齐仪器(已根据设计施工要求接长电缆)和附件(支座、支杆等),并做好仪器编号和存档工作,同时考虑适当的仪器备用量。

(3)按照埋设点的高程、方位及埋设部位混凝土浇筑进度,将预埋件预埋在先浇筑的混凝土层内,预埋件杆外露长度应≥20 cm(见图11-3(a)),预埋杆可根据需要适当加长,其螺纹部分应用纱布或牛皮纸包裹好,以免砂浆玷污或碰伤。

(4)当混凝土浇筑到接近埋设高程时,用适当尺寸的挡板挡好埋设点周围的混凝土,取下预埋件螺纹的裹布,安装支座并固定其位置和方向,然后将支杆套管按设计要求的方向装上支座。应变计组仪器编号如图 11-3(b)所示。

(5)将套管上螺帽松开,取出支杆(螺母应套在支杆上)旋入仪器上接座端,拧紧后将支杆套入套管内,将螺帽并紧(见图 11-3(c))。

(6)将接好仪器的支杆插入支杆套筒内,借助支杆两端的橡胶圈保证支杆的方向和位置稳定。

(7)按设计编号安装好相应的应变计,应严格控制应变计的安装方向,埋设仪器的角度误差应不超过 1°。定位后将仪器电缆捆扎一起,并按设计去向引到临时或永久观测站。

(8)仪器周围的混凝土,应剔除粒径大于 8 cm 的骨料,从周围慢慢倒入仪器附近,并用人工方法捣实。

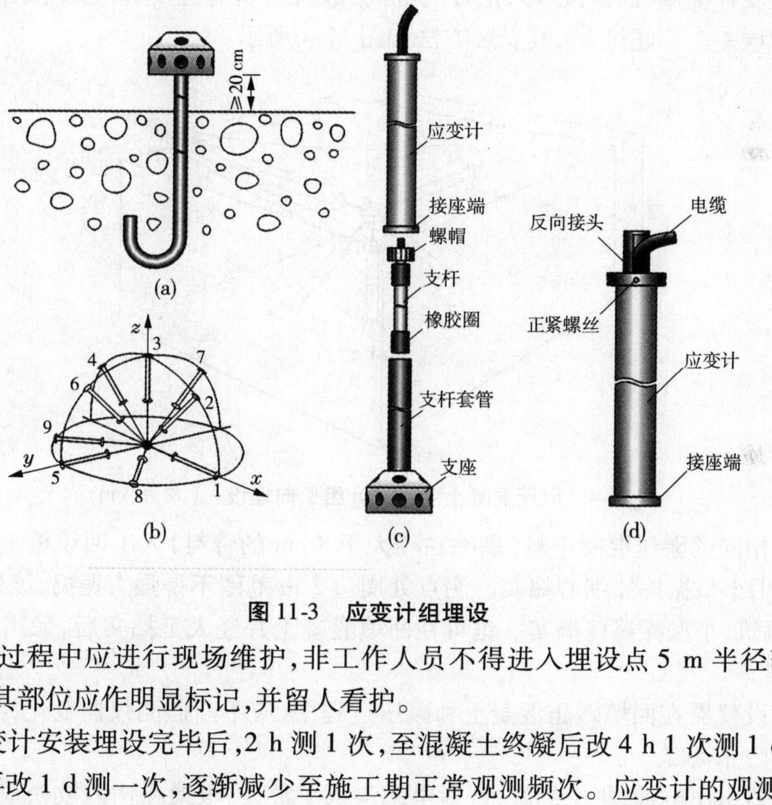

图 11-3　应变计组埋设

(9)埋设过程中应进行现场维护,非工作人员不得进入埋设点 5 m 半径范围以内。仪器埋好后,其部位应作明显标记,并留人看护。

(10)应变计安装埋设完毕后,2 h 测 1 次,至混凝土终凝后改 4 h 1 次测 1 d,再改 8 h 一次测 1 d,再改 1 d 测一次,逐渐减少至施工期正常观测频次。应变计的观测时间应与相应的无应力计相同。

为减少和避免约束应力的影响,应变计应埋设在浇筑层的中部,该层与上、下层混凝土浇筑时间间歇不应超过 10 d。

2. 碾压混凝土中应变计组的埋设

对于碾压混凝土施工方法,应变计宜采用挖坑埋设方法。

(1)根据仪器埋设的数量,备齐仪器(已根据设计施工要求接长电缆)和附件(支座、支杆等),并做好仪器编号和存档工作,同时考虑适当的仪器备用量。

(2)由于应变计组的坑埋需采用反向埋设,因此向下垂直 90°向、45°向、135°向的应变计需在接长电缆前装上特制的反向接头，如图 11-3(d)所示，接长电缆后经测量是正常的再运到现场。

(3)按设计编号安装好相应的应变计。其中向下垂直 90°向、45°向、135°向的应变计采用特制的反向接头和带有电缆一侧的仪器端座连接，然后接在支座支杆上，反向接头与仪器端座是用螺丝连接或用止紧螺钉止紧。为了保证测点真正处于“点应力状态”，尽可能缩小成组仪器布置范围(支座支杆加工成 8 cm 长)。互成 90°水平向两支应变计可以不使用反向接头。

(4)可采取两种坑埋方式：一种方式是在测点处预置 80 cm × 80 cm × 30 cm 的预留盒，待第二层碾压后取出预留盒，造成一个 80 cm × 80 cm × 60 cm 的预留坑；另一种方式是在碾压过的混凝土表面现挖一个深 60 cm、底部为 70 cm × 70 cm 的坑。将已装在支座支杆上的应变计组倒置，慢慢放入挖好的坑内并定位，所有应变计应严格控制方向，埋设仪器的角度误差应不超过 1°，其安装方法如图 11-4 所示。

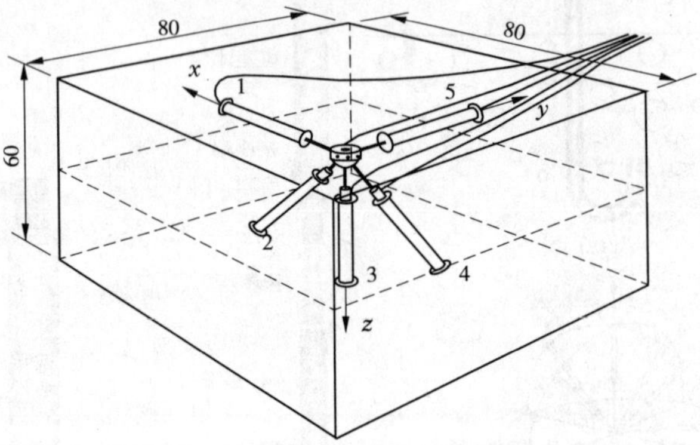

图 11-4　碾压混凝土中应变计组反向埋设　(单位:cm)

(5)用相同的碾压混凝土料(剔除粒径大于 8 cm 的骨料)人工回填覆盖，加适量含水泥的水，采用小型振捣棒细心捣实。测点处周边 2 m 范围不得强力振捣，该处上层混凝土仍为人工填筑，小型振捣棒捣实。也可在回填混凝土并经人工捣实后，采用 1 t 人工碾碾压 8 ~ 10 遍。

(6)埋设仪器在回填碾压混凝土和碾压过程中，应不断监测仪器变化，判明仪器受振动碾压后的工作状态。

(7)仪器引出电缆，集中绑好，开凿电缆沟水平敷设，电缆在沟内放松成 S 形延伸，在电缆上面覆盖混凝土的厚度应大于 15 cm，回填碾压混凝土也是要剔除 4 cm 以上的大骨料，然后用碾子碾压实，避免沿电缆埋设方向形成渗水通道。仪器电缆应按设计要求引到临时或永久观测站。

(8)埋设过程中应进行现场维护，非工作人员不得进入埋设点 5 m 半径范围以内。仪器埋好后，其部位应作明显标记，防止运料车、推土机压在其上行驶。

(四)基岩应变计的安装埋设

差阻式应变计可作为基岩应变计安装埋设在岩体中。根据设计要求，基岩应变计可采用钻孔或凿槽方式埋设。

1. 钻孔埋设

采用钻孔埋设，钻孔的孔径为 75 ~ 90 mm，孔深根据设计要求确定。孔内应冲洗干净，排除积水，仪器应位于埋设孔中心，其方向误差应不超过 ±1°。埋设时应采用膨胀水泥砂浆（或微缩水泥砂浆）填孔。为防止水泥砂浆对仪器变形的影响，应在仪器中间嵌一层 2 mm 厚的橡皮或油毛毡。

2. 凿槽埋设

采用凿槽埋设时，开槽的尺寸为 500 mm × 200 mm × 200 mm。仪器安装定位的方向误差应不超过 ±1°。埋设时应将槽坑清洗干净，采用膨胀水泥砂浆（或微缩水泥砂浆）铺填。为防止砂浆对仪器变形的影响，应在仪器中嵌一层 2 mm 厚的橡皮或油毛毡。基岩应变计埋设示意见图 11-5。

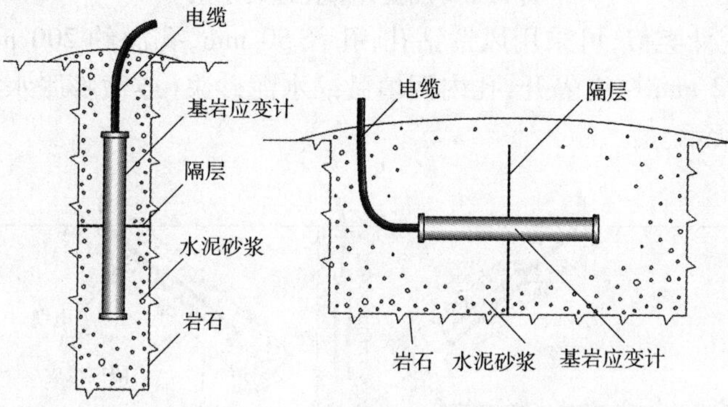

图 11-5　基岩应变计埋设示意

（五）其他应用

差阻式应变计除应用于大坝坝体及坝基外，还可应用于各种工程结构物中，并可采用不同的安装埋设方法。

1. 绑扎埋设

在钢筋混凝土结构中，可在混凝土浇筑前将应变计绑扎在钢筋构架之上；在预应力混凝土中，可将应变计绑扎在预应力锚索上。在钢筋或锚索的捆扎点处，应先缠一道减振的橡胶带或微孔塑料。绑扎在一根钢筋（或锚索）上时需加垫块，绑扎在两根钢筋之间则用细钢筋支承。绑扎安装时应确保应变计的方向偏差不应大于 1°。应变计绑扎埋设示意图如图 11-6 所示。

2. 预制埋设

差阻式应变计（组）可以根据需要采用预制块埋设方法，将应变计（组）在预制块模板内精确定位，然后在预制块内浇筑与现场配合比相同的混凝土，并用小振捣棒或人工捣实。预制块制备后应洒水养护，待达到设计龄期（一般为 1 ~ 3 d），将预制块表面凿毛，运至现场，在设计的测点部位放入现浇混凝土中。预制块的尺寸与仪器（组）有关，对于 250 mm 标距的大应变计，预制块尺寸宜为 100 cm × 100 cm × 100 cm。

3. 条石中埋设

当需要监测浆砌石结构中（如浆砌石坝）的应力应变时，可在条石中埋设应变计（组）。由于条石尺寸有限，一般采用小规格仪器，如 ZS－10 型差阻式应变计。其安装埋

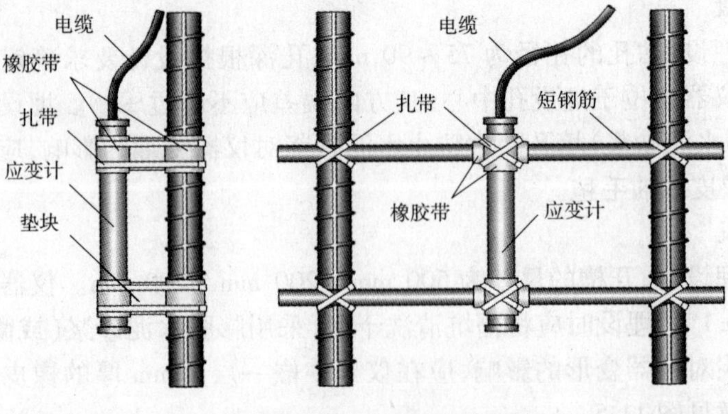

图 11-6　应变计绑扎埋设示意

设方法与基岩应变计类似，可采用风钻钻孔，孔径 50 mm，孔深约 200 mm，仪器置于孔内中心位置，中间以 2 mm 橡皮隔开，孔内回填微缩水泥砂浆（或微膨胀水泥砂浆）。其埋设示意图如图 11-7 所示。

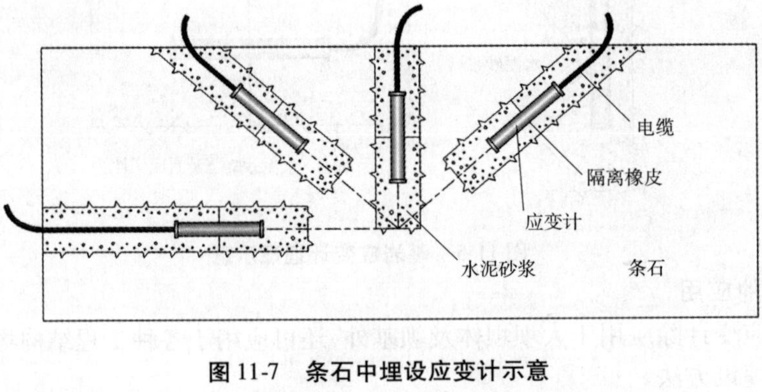

图 11-7　条石中埋设应变计示意

第二节　接缝和位移监测

为监测水工建筑物伸缩缝（或裂缝）的开合度，以及结构物的位移量，一般在混凝土水工建筑物内部或其他建筑物表面安装埋设测缝计。国内常用的测缝传感器主要有差阻式测缝计、振弦式测缝计、电位器式测缝计几种。经改装加工部分配套附件可组成多点位移计、基岩变位计、表面裂缝计等测量变形的仪器。

一、差阻式测缝计（位移计）

差阻式测缝计（位移计）用于监测岩土工程建筑物的接缝和位移，适用于长期埋设在混凝土水工建筑物内部或其他建筑物表面，测量结构物伸缩缝（或裂缝）的开合度，以及结构物的位移量，并可同时测量埋设点的温度。

（一）仪器结构

差阻式测缝计（位移计）由三个主要部分构成：电阻感应组件、外壳及引出电缆密封室，图 11-8 为差阻式测缝计结构示意图。

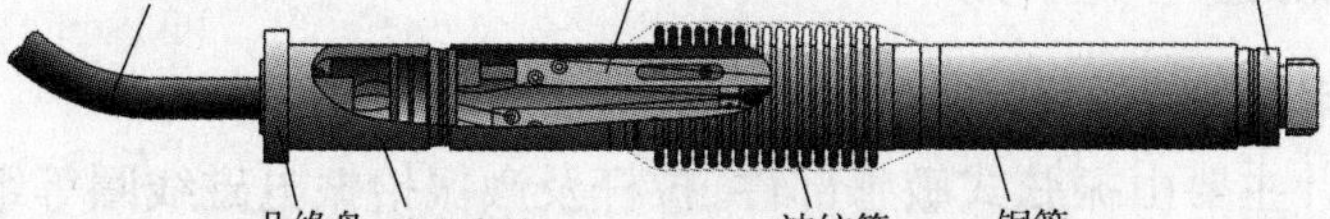

图 11-8　差阻式测缝计结构示意

图 11-8 中电阻感应组件主要由两根专门的差动电阻钢丝与弹簧及相关的安装件组成。弹性波纹管分别与铜管锡焊在一起。止水密封部分由接座套筒及相应的止水密封部件组成。在油室中装有中性油，以防止电阻钢丝生锈，同时在钢丝通电发热时也起到吸收热量的作用，使测值稳定。仪器波纹管的外表面包裹一层布带，防止安装过程中水泥浆灌入波纹间隙内，以保证仪器伸缩自如。

（二）工作原理

差阻式测缝计（位移计）安装于缝隙的两端，当缝隙的开合度发生变化时将通过仪器端块引起仪器内电阻感应组件发生相对位移，从而使其组件上的两根电阻丝电阻值发生变化，其中一根 R_1 减小（增大），另一根 R_2 增大（减小），相应电阻比发生变化，通过电阻比指示仪测量其电阻比变化而得到缝隙的变化量。差阻式测缝计（位移计）可同时测量电阻值的变化，当埋设于混凝土中时经换算即为混凝土的温度测值。

差阻式测缝计（位移计）的电阻变化与缝宽（或位移）和温度的关系如下

$$J = f\Delta Z + b\Delta t \tag{11-3}$$

式中 J——缝隙开合度变化量，mm；

f——测缝计最小读数，mm/0.01%；

b——测缝计的温度修正系数，mm/℃；

ΔZ——电阻比相对于基准值的变化量，拉伸为正，压缩为负；

Δt——温度相对于基准值的变化量，℃，温度升高为正，降低为负。

差阻式测缝计也有多种型号，可满足不同的使用要求。表 11-3 中列出了差阻式测缝计的主要参数。

表 11-3　差阻式测缝计主要参数

测量范围(mm)	拉伸	40		25		12		5	
	压缩	-1		-1		-1		-1	
最小读数(mm/0.01%)，≤		0.08		0.07		0.022		0.012	
温度测量范围(℃)		-25～60							
温度测量精度(℃)		±0.5							
温度修正系数(mm/℃)		0.001 7							
绝缘电阻(MΩ)	使用温度范围内	≥50							
	0.5 MPa 水中	≥50							
耐水压(MPa)		0.5	2.0	0.5	2.0	0.5	2.0	0.5	2.0

二、振弦式测缝计(位移计)

(一)仪器结构

振弦式测缝计主要由振弦式敏感部件、拉杆及激振拾振电磁线圈等组成,根据应用需求有埋入式和表面安装两种基本结构型式。埋入式振弦式测缝计外部由保护管、滑动套管和凸缘盘构成,如图 11-9 所示。

图 11-9　埋入式振弦式测缝计结构示意

表面安装型测缝计的两端采用带固定螺栓的万向节,以便与两端的定位装置连接。其外形如图 11-10 所示。

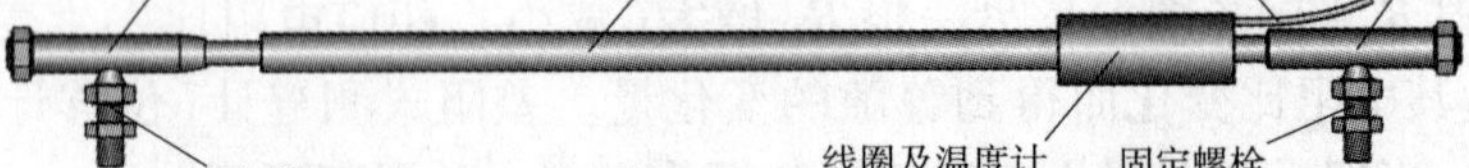

图 11-10　表面安装型测缝计结构示意

(二)工作原理

振弦式测缝计(位移计)安装于缝隙的两端,当缝隙的开合度发生变化时将通过仪器端块引起仪器内钢弦变形,使钢弦发生应力变化,从而改变钢弦的振动频率。测量时利用电磁线圈激拨钢弦并量测其振动频率,频率信号经电缆传输至频率读数装置或数据采集系统,再经换算即可得到被测结构物伸缩缝或裂缝相对位移的变化量。同时由测缝计中的热敏电阻可同步测出埋设点的温度值。

埋设在混凝土建筑物内或其他结构物上的测缝计,受到的是变形和温度的双重作用,因此测缝计一般计算公式为

$$J = k \times (F - F_0) + (b - \alpha) \times (T - T_0) \tag{11-4}$$

式中　J——被测结构物的变形量,mm;

α——被测结构物的线性膨胀系数,mm/℃;

b——测缝计的温度修正系数,mm/℃;

T——温度的实时测量值,℃;

T_0——温度的基准值,℃。

仪器的线性膨胀系数大致在 11.0×10^{-6} mm/℃,非常接近混凝土的线性膨胀系数 α,因此温度修正几乎可以忽略。由于温度修正系数 $b - \alpha \approx 0$,测缝计一般计算公式为

$$J = k \times \Delta F \tag{11-5}$$

振弦式测缝计也有多种型号,可满足不同的使用要求。表 11-4 中列出了 VJ 系列振弦式测缝计的主要参数。

表 11-4　VJ 系列振弦式测缝计主要参数

规格代号		VJ－*	VJ－*S	VJ－*E	VJ－*S－G	VJ－*E－G
性能参数	分辨力(%FS)	0.02～0.03				
	精度(%FS)	≤0.1				
	温度测量范围(℃)	－20～＋60				
	温度测量精度(℃)	±0.5				
	耐水压(MPa)	0.5			2.0(3.0、5.0 可选)	
	仪器频率范围(Hz)	900～3 100(指示仪用 D 挡测量,有些规格仪器上下端超出 D 挡范围可换 C 挡或 E 挡测试)				

注:规格代号中的 * 为仪器测量范围,一般有 25 mm、50 mm、100 mm、150 mm、200 mm、300 mm。

三、电位器式测缝计(位移计)

(一)仪器结构

电位器式测缝计的传感器由圆形和方形金属外壳、导电塑料及滑动导杆、导块组成。具有高精度、高稳定性、大行程的测量特性,适用于建筑物接缝、裂缝和变形的长期监测。

(二)工作原理

电位器式测缝计的传感器是直滑式精密导塑料电位器,传感器滑动导杆或导块的位移变化使电位器活动触点位置变化,从而将位移量转换为电信号输出,检测传感器的电信号即可测出监测对象的变位量。

常用电位器式测缝计的主要参数见表 11-5。

电位器式位移计计算公式为

$$\Delta\alpha = K_f \times (R_i - R_0) \tag{11-6}$$

式中　$\Delta\alpha$——位移量,mm;

R_0——初始位置电阻比;

R_i——测量位置电阻比;

K_f——仪器灵敏度系数,mm/电阻比。

表 11-5　电位器式测缝计主要参数

尺寸参数	标距 L(mm)	165	165	165	205	265	305	610
	直径 D(mm)	26	26	26	26	26	26	33×38
性能参数	测量范围(mm)	10	20	50	100	150	200	500
	分辨率(%FS)	≤0.05						
	精度(%FS)	≤0.5						
	耐水压(MPa)	≥0.5,≥2.0(可选)						
	环境温度(℃)	－25～＋60						

四、仪器安装

测缝计(位移计)使用场合很广,配合适当的附件,既可用于内部埋设,也可进行表面安装;既可按单向测缝安装,也可监测缝隙三个方向的位移;还可作为多点变位计的监测传感器使用。几种不同工作原理的测缝计的使用方式基本相同,只是对振弦式测缝计而言,需特别注意不能扭动拉杆,否则极易造成仪器的损坏。这里以差阻式测缝计为例,说明几种常用的安装方式。

(1)表面安装时需先跨缝预埋锚头和固定装置,再将测缝计安装在固定装置上。

(2)内埋时在先浇混凝土块内预埋套管(或已浇块内打孔预埋附件),待后浇混凝土浇至埋设点时再安装仪器。

(3)特别注意,应根据仪器安装部位缝的开合变化情况,结合仪器标定资料,合理确定仪器的安装电阻比,以保证仪器满足要求的量测范围。

(一)安装于混凝土坝结构缝

测缝计埋设于混凝土坝结构缝上时,因其刚度较小,为避免流态混凝土的侧向静压力压缩仪器,使仪器失去压缩量程甚至损坏,因此测缝计一般布置在浇捣块距离顶面20～30 cm处。

(1)在混凝土坝结构缝上埋设测缝计,需在先浇混凝土坝块中预埋附件,待后浇混凝土块达到安装高程时再安装测缝计。

(2)根据埋设点的高程、方位,在结构缝的一侧立模之后,于埋设点处作一记号,当混凝土浇筑到埋设点高程时,将安装盖钉于模板上,同时将套筒及连接座旋上,套筒内应填塞棉纱,以免被混凝土堵塞。为了保证附件安装更为牢靠,亦可再用铅丝将套筒缚住钉在模板上。注意维护好附件,以免混凝土浇捣及拆模过程中损坏。

(3)当电缆需从先浇块引出时,应在模板上设置一个储藏箱,用来储藏仪器和电缆。

(4)当缝的另一侧混凝土浇筑到测点部位(或高于埋设点20 cm左右)时,在埋设点处挖开周围的经捣实的混凝土,露出并取下安装盖,清理套筒,将测缝计小心地旋紧在套筒连接座上,在套筒内仪器周围空隙中用麻丝加以填塞,以免混凝土浆流入。仪器的安装如图11-11所示。

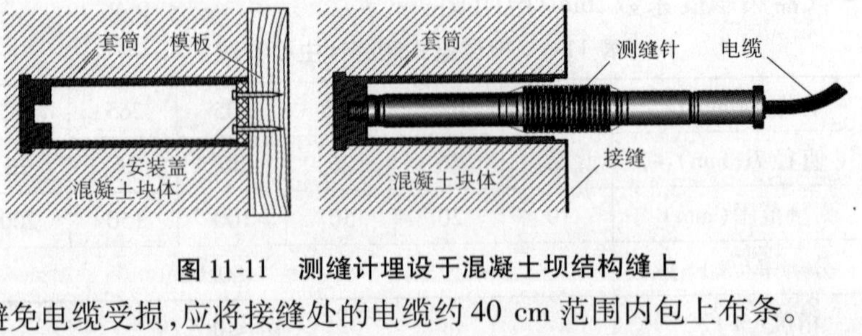

图11-11　测缝计埋设于混凝土坝结构缝上

(5)为避免电缆受损,应将接缝处的电缆约40 cm范围内包上布条。

(6)调整好埋设电阻比,固定好仪器的电缆引线,同时做好仪器的编号和检查工作。

(二)埋设于混凝土块体裂缝上

根据设计要求,在可能出现裂缝的坝块部位设置裂缝计,用以监测裂缝的发生及其发展过程。由于坝块内部裂缝的部位并不确定,因此裂缝计通常采用测缝计接加长杆,以延长仪器的监测范围,加长杆的长度为 150～200 cm。仪器和加长杆的连接可采用螺纹套筒套接。除测缝计一端的凸缘盘和加长杆端部锚固头外,仪器和加长杆均用塑料布裹敷,待混凝土坝块浇筑到埋设高程时跨置于坝块预期的裂缝处。仪器安装方法如图 11-12 所示。

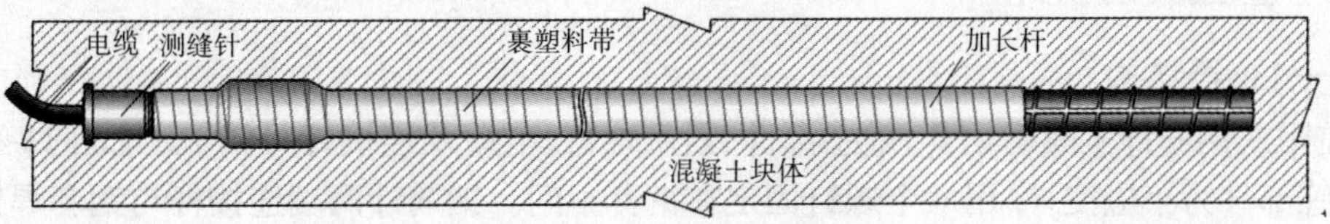

图 11-12　测缝计埋设于混凝土裂缝上

(三)用于混凝土块体接缝位错观测

两混凝土块体接缝之间除常需监测其开合度变化外,有时还需监测其相互的错动,如相邻浇筑块沿上下游方向或垂直方向的错动,隧洞、导流洞堵头沿洞的轴线方向的移动(与洞壁产生位错)等。

(1)在洞壁测点处打膨胀螺栓孔,安装宽 50 mm、厚 5 mm、长分别为 100 mm 的 L 型扁钢,扁钢预先加工好定位安装的螺栓孔。

(2)在扁钢上安装镀锌夹具,夹具在定位安装时先用一个与测缝计凸缘盘同样大小的木棒代替。

(3)定位打孔预安装保护罩,以垫块调整好测缝计(以模具代替)另一端的合适位置。

(4)卸开上部保护罩,安装测缝计并精确定位,填塞土工布或棉纱,以防混凝土浇筑时水泥浆浸入,引出电缆,拧紧螺栓固定保护罩。

(5)记录下仪器的首次读数,并作好仪器安装的现场记录。

监测混凝土块体接缝错动的测缝计安装方法如图 11-13 所示。

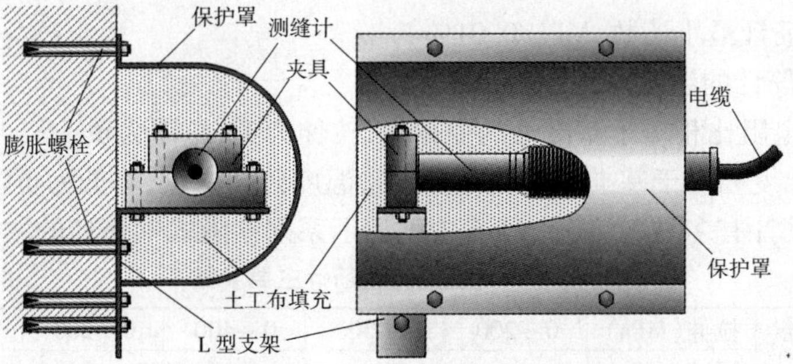

图 11-13　监测混凝土块体接缝错动的测缝计

第三节　钢筋应力与钢板应力监测

钢筋混凝土结构物内钢筋的实际受力状态,通常采用钢筋计来观测。将钢筋计的两端焊接在直径相同的待测钢筋上,直接埋设安装在混凝土内,通过钢筋计即可确定钢筋受到的应力。国内常用的钢筋计有差阻式和振弦式两类。

通常利用夹具将应变计固定在钢结构的表面,通过测量钢板应变推算钢板应力。常用的应变计有差阻式和振弦式两类，工程监测上习惯将上述仪器称为钢板计。由于安装钢板计与测量钢板应力相对较为简单，这里不再作专门叙述。

一、差阻式钢筋计

（一）仪器结构

差阻式钢筋计主要由钢套、敏感部件、紧定螺钉、电缆及连接杆等构成（见图 11-14），其中，敏感部件为小应变计，用六个螺钉固定在钢套中间。钢筋计两端连接杆与钢套焊接。

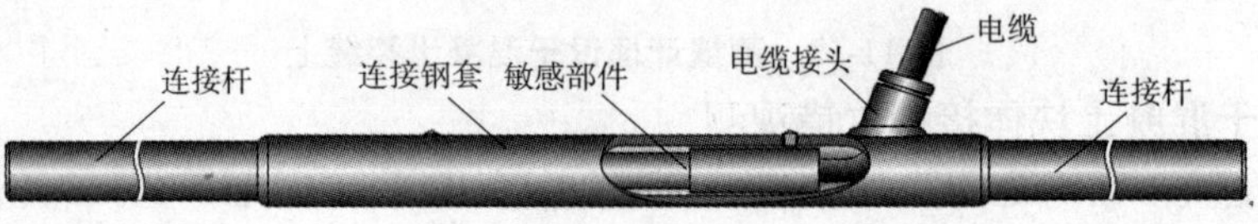

图 11-14　差阻式钢筋计

（二）测量原理

差阻式钢筋计埋设于混凝土内，钢筋计连接杆与所要测量的钢筋通过焊接或螺套连接在一起，当钢筋的应力发生变化而引起差阻式感应组件发生相对位移，从而使得感应组件上的两根电阻丝的电阻值发生变化，其中一根 R_1 减小（增大），另一根 R_2 增大（减小），通过电阻比指示仪测量其电阻比变化而得到钢筋应力的变化量。钢筋计可同时测量电阻值的变化，经换算即为测点处的混凝土温度测值。

埋设在混凝土建筑物内的钢筋计，受着应力和温度的双重作用，因此钢筋计的一般计算公式为

$$\sigma = f\Delta Z + b\Delta t \tag{11-7}$$

式中　σ——应力，MPa；

f——钢筋计最小读数，MPa/0.01%；

b——钢筋计的温度修正系数，MPa/℃；

ΔZ——电阻比相对于基准值的变化量，拉伸为正，压缩为负；

Δt——温度相对于基准值的变化量，℃，温度升高为正，降低为负。

差阻式钢筋计有多种型号，表 11-6 中列出了系列差阻式钢筋计的主要参数。

表 11-6　差阻式钢筋计主要参数

<table>
<tr><td rowspan="9">性能参数</td><td rowspan="2">应力测量范围</td><td>拉伸（MPa）</td><td>0~200</td><td>0~300</td><td>0~400</td><td>0~200</td><td>0~300</td><td>0~400</td></tr>
<tr><td>压缩（MPa）</td><td colspan="6">0~100</td></tr>
<tr><td colspan="2">最小读数（MPa/0.01%），≤</td><td>1</td><td>1.3</td><td>1.6</td><td>1</td><td>1.3</td><td>1.6</td></tr>
<tr><td colspan="2">温度测量范围（℃）</td><td colspan="6">-25~+60</td></tr>
<tr><td colspan="2">温度测量精度（℃）</td><td colspan="6">±0.5</td></tr>
<tr><td colspan="2">温度修正系数（MPa/℃）</td><td colspan="6">0.06</td></tr>
<tr><td colspan="2">绝缘电阻（MΩ）</td><td colspan="6">≥50</td></tr>
<tr><td colspan="2">耐水压（MPa）</td><td colspan="3">0.5</td><td colspan="3">3.0、5.0</td></tr>
<tr><td colspan="2">长度（mm）</td><td colspan="6">780</td></tr>
</table>

二、振弦式钢筋计

(一)仪器结构

振弦式钢筋计主要由钢套、连接杆、弦式敏感部件及激振电磁线圈等组成,如图 11-15 所示,其中,钢筋计的敏感部件为一振弦式应变计。

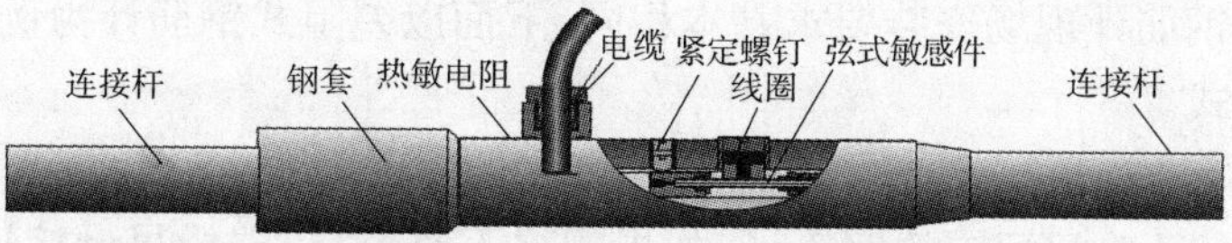

图 11-15 振弦式钢筋计结构

(二)工作原理

振弦式钢筋计的敏感部件为一振弦式应变计。将钢筋计与所要测量的钢筋采用焊接或螺纹方式连接在一起,当钢筋所受的应力发生变化时,振弦式应变计输出的信号频率发生变化。电磁线圈激拨振弦并测量其振动频率,频率信号经电缆传输至读数装置或数据采集系统,再经换算即可得到钢筋应力的变化。同时由钢筋计中的热敏电阻可同步测出埋设点的温度值。

埋设在混凝土建筑物内或其他结构物中的钢筋计,受到的是应力和温度的双重作用,因此钢筋计一般计算公式为

$$\sigma = k \times (F - F_0) + b \times (T - T_0) \tag{11-8}$$

式中 σ——被测结构物钢筋所受的应力值,MPa;

k——钢筋计的最小读数,MPa/kHz^2;

F——实时测量的钢筋计输出值,kHz^2;

F_0——钢筋计的基准值;

b——温度补偿系数;

T——实时测量的温度;

T_0——基准温度。

振弦式钢筋计也有多种型号,表 11-7 中列出了振弦式钢筋计的主要参数。

表 11-7 振弦式钢筋计主要参数

性能参数	应力测量范围	拉伸(MPa)	0~200	0~300	0~400	0~200	0~300	0~400
		压缩(MPa)	0~100					
	分辨力(%FS),≤		0.05					
	精度(%FS),≤		0.25					
	温度测量范围(℃)		-20~+60					
	温度测量精度(℃)		±0.5					
	绝缘电阻(MΩ)		≥50					
	耐水压(MPa)		0.5			3.0、5.0		
	长度(mm)		680					
	仪器频率范围(Hz)		1 300~2 300(指示仪用 D 挡测量)					

三、钢筋计安装

钢筋计主要有以下安装方式：

(1)与结构钢筋连接安装于钢筋网上浇筑于混凝土构件中。

(2)与锚杆连接作为锚杆应力计埋设在基岩或边坡钻孔中。

两种类型的钢筋计现场安装要求基本相同，下面以差阻式钢筋计为例，说明钢筋计几种典型的安装方式。

(一)安装在结构钢筋上

(1)按钢筋直径选配相应的钢筋计，如果规格不符合，应选择尽量接近于结构钢筋直径的钢筋计，例如：钢筋直径为 35 mm，可使用 ZR－36 的钢筋计或 ZR－32 的钢筋计，此时仪器的最小读数应进行修正。如直径差异过大，则应考虑改变配筋设计。

(2)在安装前必须对已率定好的钢筋计逐一进行检测，确认仪器是正常的，并同时检查接长电缆的芯线电阻、绝缘度等应达到规定的技术条件，此时才可以按设计要求将钢筋计接长电缆，做好仪器编号和存档工作。

(3)钢筋计总长 60～80 cm，需按设计要求同结构钢筋连接，其焊接加长工作可在钢筋加工厂预先做好(也可在现场埋设时电焊连接方式)，通常可采用以下几种方法。

a. 对焊

一般直径小于 28 mm 的仪器可采用对焊机对焊，此法焊接速度很快，可不必做降温冷却工作，焊接强度完全符合要求。对于直径大于 28 mm 的钢筋，不宜采用对焊焊接。

焊接时应将钢筋与钢筋计中心线对正，之后采用对接法把仪器两端的连接杆分别与钢筋焊接在一起(见图 11-16)。

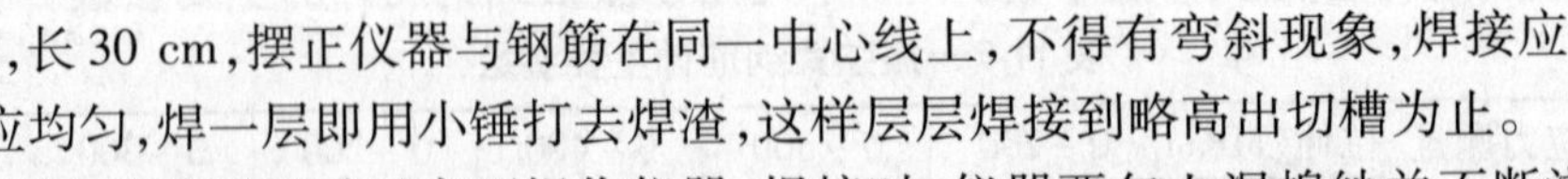

图 11-16　钢筋与钢筋计对焊连接

b. 熔槽焊

将仪器与焊接钢筋两端头部削成斜坡 45°～60°，如图 11-17 所示。用略大于钢筋直径的角钢，长 30 cm，摆正仪器与钢筋在同一中心线上，不得有弯斜现象，焊接应用优质焊条，焊层应均匀，焊一层即用小锤打去焊渣，这样层层焊接到略高出切槽为止。

为了避免焊接时温升过高而损伤仪器，焊接时，仪器要包上湿棉纱并不断浇上冷水，焊接过程中仪器测出的温度应低于 60 ℃。为防止仪器温度过高，可以用停停焊焊的办法，焊接处不得洒水冷却，以免焊层变硬脆。

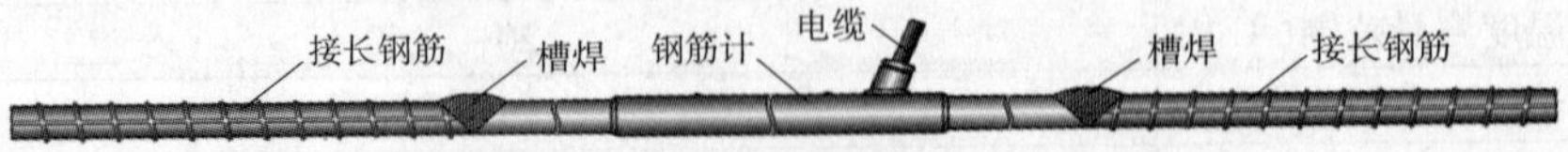

图 11-17　钢筋与钢筋计熔槽焊连接

c. 帮条焊

采用帮条焊接时，为确保钢筋计沿轴心受力，不仅要求钢筋与钢筋计连接杆应沿中心线对正，而且要求采用对称的双帮条焊接，帮条的截面面积应为结构钢筋的 1.5 倍，帮条与结构钢筋和连接杆的搭接长度均应为 5 倍钢筋直径，并应采用双面焊（见图 11-18）。

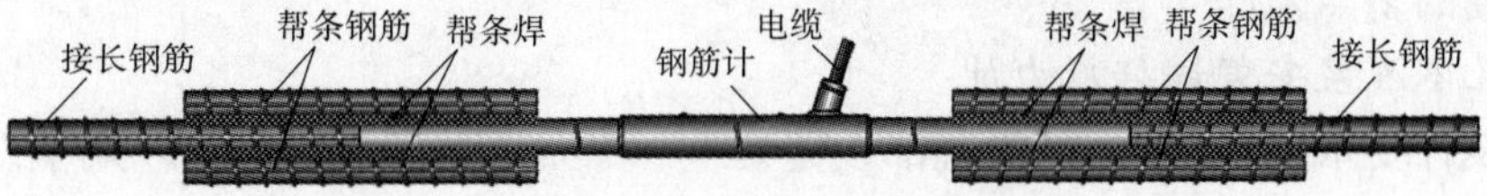

图 11-18　钢筋与钢筋计帮条焊连接

同样，为了避免焊接时温升过高而损伤仪器，焊接时，仪器要包上湿棉纱并不断浇上冷水，焊接过程中仪器测出的温度应低于 60 ℃。为防止仪器温度过高，可以用停停焊焊的办法，焊接处不得洒水冷却，以免焊层变硬脆。帮条焊处断面较大，为减少附加应力的干扰，宜涂沥青，包扎麻布，使之与混凝土脱开。

d. 螺纹连接

采用螺纹连接接长钢筋计可减少现场焊接工作量和施工干扰，要求钢筋计的连接杆和结构钢筋的连接头均应加工成相同直径的阳螺纹，并配以带阴螺纹的套管，可在现场直接安装（见图 11-19）。

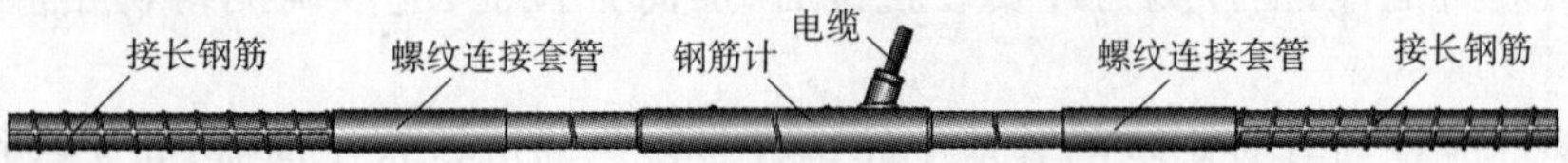

图 11-19　钢筋与钢筋计螺纹连接

（二）安装在锚杆上

钢筋计用于测量锚杆应力时，又称为锚杆应力计。根据设计要求，可以在锚杆的一处或多处安装钢筋计。在锚杆上安装钢筋计的方法和要求与安装在结构钢筋上的相似，接有钢筋计的锚杆应力计通常安装在岩体的钻孔中。

1. 钻孔灌浆安装锚杆应力计

锚杆应力计的现场埋设可采用两种方法，当钻孔直径较大，无需快速接续下一道工序（如钢丝网喷锚），可采用水泥灌浆封孔。将接好锚杆应力计的锚杆、灌浆管、排气管一起插入钻孔中，经测量确认仪器工作正常，理顺电缆，封堵孔口，进行灌浆。一般水泥砂浆配合比宜为 1∶1 ~ 1∶2，水灰比为 0.38 ~ 0.40。灌浆时，应在设计规定的压力下进行，灌至孔内停止吸浆时，持续 10 min，即可结束。砂浆固化后，测其初始值。电缆引至观测站，按设计要求定期监测（见图 11-20）。

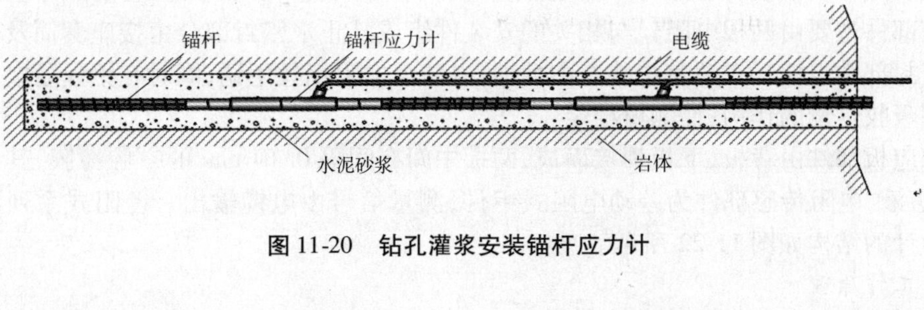

图 11-20　钻孔灌浆安装锚杆应力计

当钻孔孔径较小且有后续工序连续作业时，可采用锚固剂填充，使之快速凝结，并与岩体固结为一个整体,形成后续工序的撑点。

采用钻孔内灌浆或填充时,可以在一根锚杆的一处或多处安装锚杆应力计,实现沿锚杆不同深度的多点监测。

2. 钻孔不灌浆安装锚杆应力计

根据设计要求,可以在锚杆的端部设置锚头,填以 40 ~ 50 cm 水泥砂浆予以锚固,在孔口设置锚板,并用螺栓拧紧。此种安装方法宜在锚固上设置一个锚杆应力计,其测值将反映锚杆控制范围内的岩体的平均受力状态(见图 11-21)。

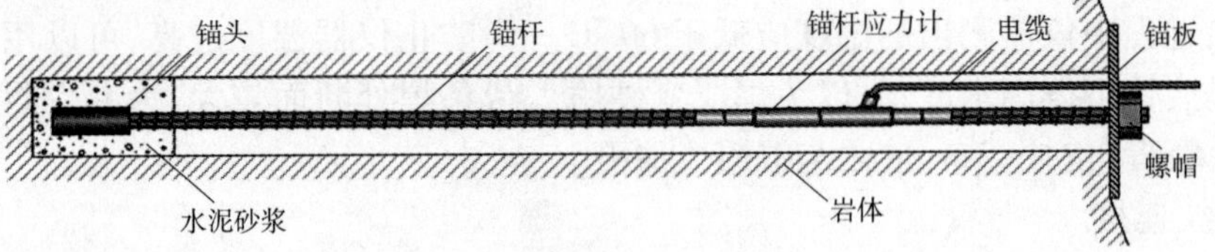

图 11-21　钻孔不灌浆安装锚杆应力计

对于预应力锚杆,锚杆测力计安装就位后,加荷张拉前,应准确测得初始值和环境温度。

观测锚杆应在与其有影响的其他工作锚杆张拉之前进行张拉加荷,如无特别要求,张拉程序一般应与工作锚杆的张拉程序相同。对于分级加荷张拉时,一般对每级荷载测读一次。张拉荷载稳定后,应及时测定锁定荷载。

第四节　压力监测

压力观测常用仪器主要有压应力计、土压力计。

一、混凝土压应力计

混凝土压应力计用于监测混凝土建筑物内的压应力,适用于长期埋设在水工建筑物或其他建筑物内部,直接测量混凝土内部的应力。

(一)差阻式系列混凝土压应力计

1. 仪器结构

差阻式系列混凝土压应力计由电阻传感部件(含敏感元件)及感应板部件组成。电阻感应部件主要由两根电阻丝与相关的安装件组成。止水密封部分由接座套筒及相应的止水密封部件组成。在油室中装有中性油,以防止电阻钢丝生锈,同时在钢丝通电发热时也起到吸收热量的作用,使测值稳定。

感应板部件由背板、下板焊接而成,两板中间有间隔 0. 10 mm 的空腔薄膜,其中充满 S – G 溶液,电阻传感部件为差动电阻式组件,测量信号由电缆输出。差阻式系列混凝土压应力计的结构如图 11-22 所示。

2. 工作原理

差阻式系列混凝土压应力计埋设于混凝土内,当仪器受到压应力垂直作用于感应板部件时，空腔内 S－G 溶液将压力传给与背板感应膜片连接的电阻感应组件，使组件上的两根电阻丝电阻值发生变化，其中一根 R_1 减小(增大)，另一根 R_2 增大(减小)，相应电阻比发生变化。电阻感应组件把背板感应膜片的位移转换成电阻比变化量，由电缆输出，从而完成混凝土内部压应力的测量。应力计可同时测量电阻值的变化，经换算即为混凝土的温度测值。

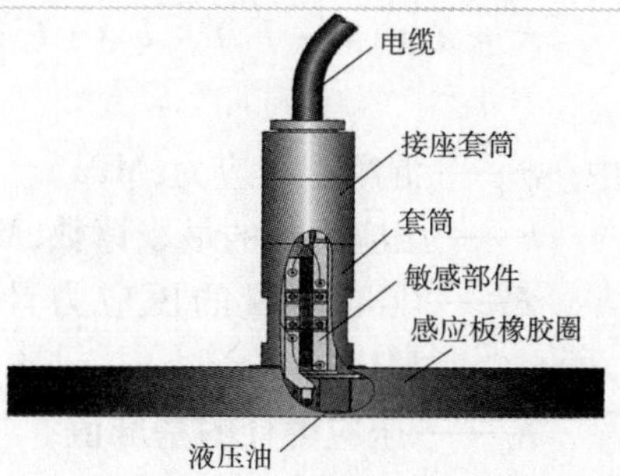

图 11-22　差阻式系列混凝土压应力计结构

差阻式系列混凝土压应力计的电阻变化与应力和温度的关系如下

$$\sigma = f\Delta Z + b\Delta t \tag{11-9}$$

式中　σ——压应力值，MPa；

f——压应力计最小读数，MPa/0.01%；

b——压应力计的温度修正系数，0.02 MPa/℃；

ΔZ——电阻比相对于基准值的变化量；

Δt——温度相对于基准值的变化量，℃，温度升高为正，降低为负。

3. 常用差阻式系列混凝土压应力计主要技术参数

常用差阻式系列混凝土压应力计主要技术参数见表 11-8。

表 11-8　常用差阻式系列混凝土压应力计主要技术参数

测量范围(MPa)	3	6	10	12
灵敏度(MPa/0.01%)，≤	0.02	0.04	0.06	0.08
温度测量范围(℃)	－20 ～ ＋60			
温度测量精度(℃)	±0.5			
绝缘电阻(MΩ)	≥50			
最大外径(mm)	Φ200			
仪器高度(mm)	140			

注：如工程有特殊要求可以订制。

(二)振弦式系列混凝土压应力计

1. 仪器结构

振弦式系列混凝土压应力计主要由背板、感应板、信号传输电缆、振弦及激振电磁线圈等组成，如图 11-23 所示。

2. 工作原理

当被测结构物内部应力发生变化时，混凝土压应力计感应板同步感受压应力的变化，感应板将会产生变形，变形传递给振弦转变成振弦应力的变化，从而改变振弦的振动频率。电磁线圈激振振弦并测量其振动频率，频率信号经电缆传输至读数装置，即可测出被测结构物的压应力值。同时可测出埋设点的温度值。

振弦式系列混凝土压应力计的计算公式为

$$\sigma = k \times (F - F_0) + b \times (T - T_0) \tag{11-10}$$

式中 σ——混凝土压应力,MPa。

k——压应力计的最小读数,MPa/kHz²;

F——实时测量的压应力计的输出值,kHz²;

F_0——压应力计的基准值;

b——压应力计的温度修正系数,MPa/℃;

T——温度的实时测量值,℃;

T_0——温度的基准值,℃。

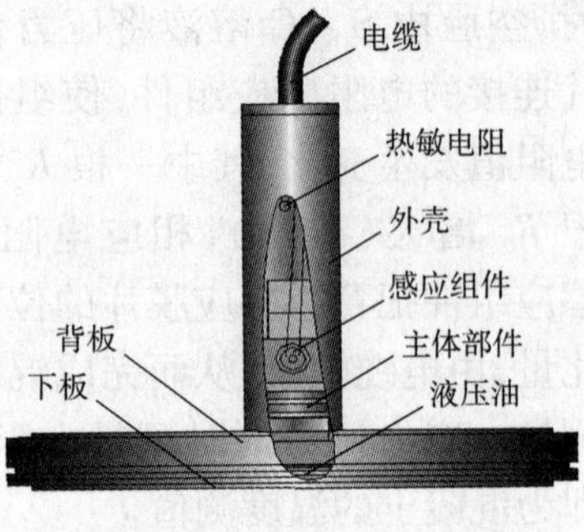

图 11-23 振弦式系列混凝土压应力计结构

国内常用振弦式系列混凝土压应力计的主要参数见表 11-9。

表 11-9 振弦式系列混凝土压应力计主要参数

尺寸参数	最大外径 D(mm)	200			
	仪器高度 H(mm)	145			
性能参数	测量范围(MPa)	3	6	10	12
	分辨率(%FS)	≤0.05			
	温度测量范围(℃)	−20 ~ +60			
	温度测量精度(℃)	±0.5			
	绝缘电阻(MΩ)	≥50			

(三)压应力计的安装埋设

压应力计埋设在混凝土中,有以下几种安装方式和基本要求:

(1)埋设方向:①垂直方向;②水平方向;③倾斜(45°)方向。

(2)在混凝土中安装压应力计时,应在已硬化的混凝土预留坑中进行。

(3)埋设时,压应力计受压板与混凝土之间应完全接触,不能存在气泡和空隙。

下面以差阻式系列混凝土压应力计为例,说明几种典型的埋设方式。

1.常态混凝土中埋设压应力计

1)垂直方向

(1)在已浇筑至埋设点高程的混凝土表面应事先预留底面积约为 40 cm×40 cm、深 30 cm 的坑,次日将埋设坑表面刷毛,在坑底部用砂浆铺平(厚度约 5 cm),用水平器保持底板水平。

(2)砂浆初凝后,再用 80 g 水泥、120 g 砂(粒径≤0.6 mm)和适当水拌成塑性砂浆,做成一圆锥状放在中央,然后将应力计轻轻旋压使砂浆从应力计底盘边缘挤出,再用一个三脚架放在应力计表面,加上 100~200 N 荷重,保持 12 h。

(3)将除去 5 cm 以上大骨料的同标号混凝土回填覆盖,并用小型振捣器振捣,然后轻轻取出三脚架，并在埋设处插上标志。

(4)仪器电缆按设计去向引至临时或永久观测站。暴露在施工面上的电缆应作好保护。

(5)应力计安装埋设完毕后，2 h 测 1 次，至混凝土终凝后改 4 h 1 次测 1 d，再改 8 h 1 次测 1 d，再改 1 d 测 1 次，逐渐减少至施工期正常观测频次。

在基岩面埋设垂直方向压应力计除不预留坑外，其他与在混凝土表面埋设垂直方向压应力计的要求、方法、步骤相同。

压应力计的垂直安装如图 11-24 所示。

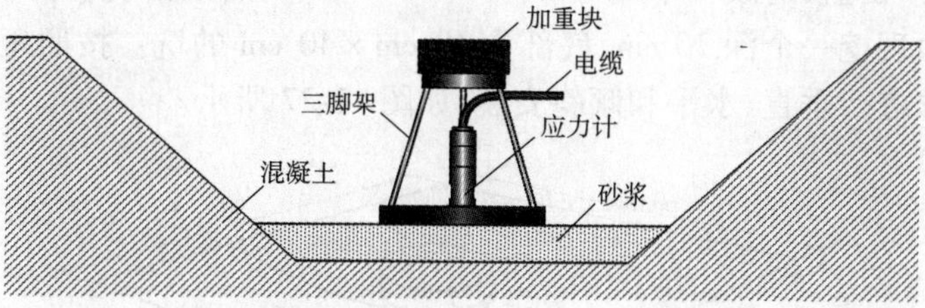

图 11-24　压应力计垂直安装

2)水平方向

(1)在已浇筑至埋设点高程的混凝土表面应事先预留底面积约为 40 cm×40 cm、深 30 cm 的坑，次日将埋设坑表面刷毛，在坑底部用砂浆铺平(厚度约 5 cm)，用水平器保持底板水平。

(2)为确保压应力计安装方向和位置的正确，应采用专门的支架将压应力计固定在测点处。

(3)用除去 5 cm 以上骨料的混凝土回填覆盖，并用小型捣振器振捣后，将支架去掉。混凝土硬化前切勿使压应力计受到任何冲击。

压应力计的水平安装如图 11-25 所示。

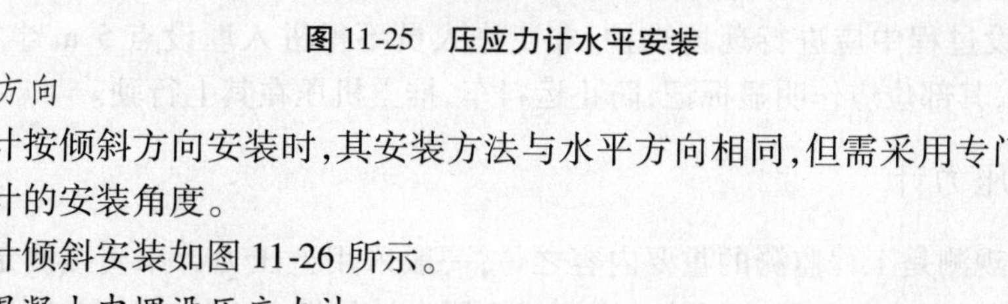

图 11-25　压应力计水平安装

3)倾斜方向

压应力计按倾斜方向安装时，其安装方法与水平方向相同，但需采用专门的支架，以保证压应力计的安装角度。

压应力计倾斜安装如图 11-26 所示。

2. 碾压混凝土中埋设压应力计

(1)可采取两种坑埋方式：一种方式是在测点处预置 60 cm×60 cm×30 cm 的预留

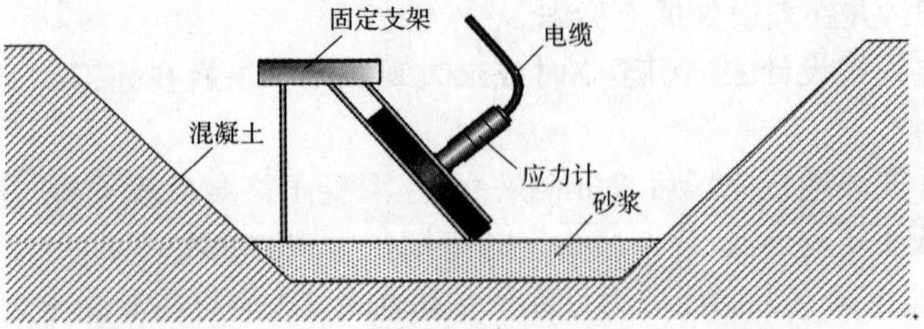

图 11-26　压应力计倾斜安装

盒,碾压后取出预留盒,造成一个 60 cm×60 cm×30 cm 的预留坑;另一种方式是在碾压过的混凝土表面现挖一个深 30 cm、底部为 40 cm×40 cm 的坑。按照压应力计在常态混凝土的安装方法进行垂直、水平和倾斜安装,如图 11-27 所示。

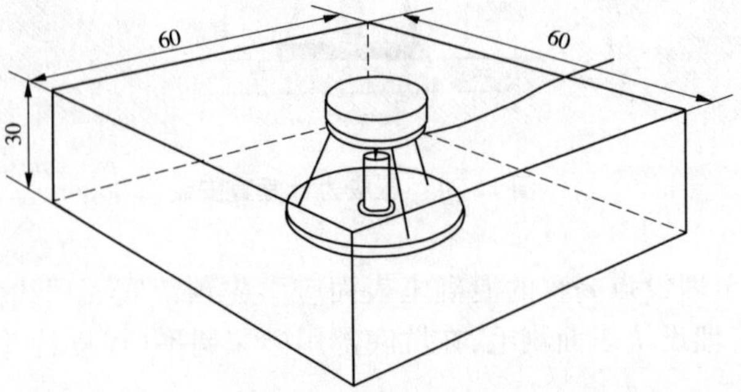

图 11-27　碾压混凝土中埋设压应力计　(单位:cm)

(2)用相同的碾压混凝土料(剔除粒径大于 8 cm 的骨料)人工回填,加适量含水泥的水,采用小型振捣棒细心捣实。测点处周边 2 m 范围不得强力振捣,该处上层混凝土仍为人工填筑,小型振捣棒捣实。也可在回填混凝土并经人工捣实后,采用 1 t 人工碾碾压 8~10遍。

(3)埋设仪器在回填碾压混凝土和碾压过程中,应不断监测仪器变化,判明仪器受振动碾压后的工作状态。

(4)仪器引出电缆,集中绑好,开凿电缆沟水平敷设,电缆在沟内放松成 S 形延伸,在电缆上面覆盖混凝土的厚度应大于 15 cm,回填碾压混凝土也是要剔除 4 cm 以上的大骨料,然后用碾子碾压实,避免沿电缆埋设方向形成渗水途径。仪器电缆应按设计要求引到临时观测站或永久观测站。

(5)埋设过程中应进行现场维护,非工作人员不得进入埋设点 5 m 半径范围以内。仪器埋好后,其部位应作明显标记,防止运料车、推土机压在其上行驶。

二、土压力计

土压力观测是工程监测的重要内容之一,一般采用土压力计来直接测定。按埋设方式分,又分为埋入式和边界式两种。埋入式土压力计是埋入土体中测量土体的应力分布,也称为介质土压力计;边界土压力计是安装在刚性结构物表面,受压面面向土体,测量接触压力，又称为界面土压力计。按测量原理分，常用土压力计又有差阻式和振弦式两类。

(一)差阻式介质土压力计

1. 仪器结构

差阻式介质土压力计主要由压力盒、差阻式压力传感器和电缆等组成。压力盒由两块圆形不锈钢板焊接而成，形成约 1 mm 的空腔。其圆板圆周加工一圆槽，使其传压均匀，减小径向应力的影响。圆腔内用高真空技术充满 S – G 传压溶液。油腔通过不锈钢管与差阻式传感器连接构成封闭的承压系统。图 11-28 所示为差阻式介质土压力计的结构示意图。

图 11-28 差阻式介质土压力计结构示意

图 11-28 中压力传感器主要由两根专门的差动电阻钢丝与相关的安装件组成。止水密封部分由接座套筒及相应的止水密封部件组成。在油室中装有中性油，以防止电阻钢丝生锈，同时在钢丝通电发热时也起到吸收热量的作用，使测值稳定。

2. 工作原理

差阻式介质土压力计埋设于土体内，土体的压力通过压力盒内液体感应并传递给差阻式压力传感器，引起仪器内电阻感应组件发生相对位移，从而使感应组件上的两根电阻丝电阻值发生变化，其中一根 R_1 减小(增大)，另一根 R_2 增大(减小)，相应电阻比发生变化，通过差动电阻数字仪测量其电阻比变化而得到土体的压力变化量。介质土压力计可同时测量电阻值的变化，经换算即为土体的温度测值。

差阻式介质土压力计的电阻变化与压力和温度的关系如下

$$p = f\Delta Z + b\Delta t \tag{11-11}$$

式中 p——土压应力，MPa；

f——介质土压力计最小读数，MPa/0.01%；

b——介质土压力计的温度修正系数，MPa/℃；

ΔZ——电阻比相对于基准值的变化量，压力增加为负；

Δt——温度相对于基准值的变化量，℃，温度升高为正，降低为负。

国内常用差阻式介质土压力计的主要参数见表 11-10。

表 11-10 差阻式介质土压力计主要参数

测量范围(MPa)	0.2	0.4	0.8	1.6	2.5	3.0
最小读数(MPa/0.01%)，<	0.001 5	0.003	0.006	0.012	0.018	0.022
温度测量范围(℃)	−10 ~ +40					
温度测量精度(℃)	±0.5					
允许接长电缆(m)	2 000					

续表 11－10

绝缘电阻(MΩ)	>50			
压力盒最大外径(mm)	230			
仪器长度(mm)	600			
压力盒厚度(mm)	7			

(二)差阻式界面土压力计

1. 仪器结构

差阻式界面土压力计主要由压力盒、差阻式压力传感器和电缆等组成。压力盒由圆形的薄钢感应板和厚钢板支承板焊接而成，形成约 1 mm 的空腔。圆腔内用高真空技术充满 S－G 传压溶液。图 11-29 所示为差阻式界面土压力计的结构示意图。

图 11-29 中压力传感器主要由两根专门的差动电阻钢丝与相关的安装件组成。止水密封部分由接座套筒及相应的止水密封部件组成。在油室中装有中性油，以防止电阻钢丝生锈，同时在钢丝通电发热时也起到吸收热量的作用，使测值稳定。

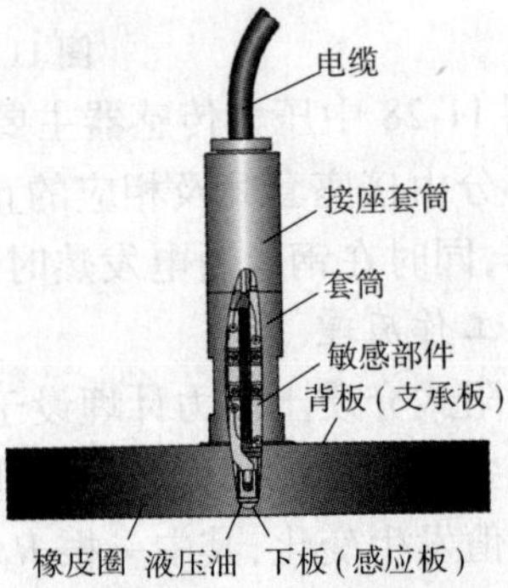

图 11-29　差阻式界面土压力计结构示意

2. 工作原理

差阻式界面土压力计背板埋设于刚性结构物(如混凝土等)上，其感应板与结构物表面齐平，以便充分感应作用于结构物接触面的土体的压力。土体的压力通过仪器的下板变形将压力传给背板中间小感应板，感应板变形使差阻感应部件电阻比发生变化，通过差动电阻数字仪测量其电阻比变化而得到土体的压力变化量。界面土压力计可同时测量电阻值的变化，经换算即为土体的温度测值。

差阻式界面土压力计的计算公式与前述差阻式介质土压力计的压力计算公式相同。

国内常用差阻式界面土压力计的主要参数见表 11-11。

表 11-11　差阻式界面土压力计主要参数

测量范围(MPa)	0.2	0.4	0.8	1.6	3.0
灵敏度(MPa/0.01%)	0.001 5	0.003 0	0.006 0	0.010	0.018
温度测量范围(℃)	－20～+60				
温度测量精度(℃)	±0.5				
允许接长电缆(m)	2 000				
绝缘电阻(MΩ)	≥50				
最大外径(mm)	Φ200				
仪器高度(mm)	140				

（三）振弦式介质土压力计

1. 仪器结构

振弦式介质土压力计主要由压力盒及引出电缆密封部件等组成。压力盒由两块圆形不锈钢板焊接而成，形成约1 mm的空腔，腔内充满S－G溶液。油腔通过不锈钢管与振弦式压力传感器连接构成封闭的承压系统（见图11-30）。

图 11-30　振弦式介质土压力计

2. 工作原理

振弦式介质土压力计埋设于土体内，土体压力通过压力盒内液体感应并传递给振弦式压力传感器，使仪器钢丝的张力发生改变，从而改变了其共振频率。

测量时测读设备向仪器电磁线圈发送激振电压迫使钢丝振动，该振动在线圈中产生感应电压。测读设备测读对应于峰值电压的频率，即钢丝的共振频率，即可计算得到土体的压应力值。通过仪器内的热敏电阻可同步测出埋设点的温度值。

土压力计的一般计算公式为

$$P_m = k \times (F - F_0) + b \times (T - T_0) \tag{11-12}$$

式中　P_m——被测对象的土压力，kPa；

k——土压力计的最小读数，kPa/kHz^2；

F——实时测量的土压力计输出值，kHz^2；

F_0——土压力计的基准值；

b——土压力计的温度修正系数，kPa/℃；

T——温度的实时测量值，℃；

T_0——温度的基准值，℃。

国内常用振弦式介质土压力计的主要参数见表11-12。

表 11-12　振弦式介质土压力计主要参数

尺寸参数	仪器长度(mm)	455
	压力盒直径/厚度(mm)	230/7
性能参数	测量范围(MPa)	0.1/0.2/0.4/0.6/0.8/1.0/1.6/2.5/4.0/5.0
	分辨率(%FS)	≤0.05
	精度(%FS)	≤0.5
	温度测量范围(℃)	－20～＋60
	温度测量精度(℃)	±0.5
	耐水压(MPa)	0.5

(四)振弦式界面土压力计

1. 仪器结构

振弦式界面土压力计主要由三部分构成:由上下板组成的压力感应部件,振弦式压力传感器及引出电缆密封部件,其结构同振弦式系列混凝土压应力计。

2. 工作原理

振弦式界面土压力计背板埋设于刚性结构物(如混凝土等)上,其感应板与结构物表面齐平,以便充分感应作用于结构物接触面的土体的压力。土体的压力通过仪器的下板变形将压力传给振弦式压力传感器,即可测出土压力值。测量仪器内的热敏电阻可同步测出埋设点的温度值。

振弦式界面土压力计的计算公式与振弦式介质土压力计的计算公式相同。

国内常用振弦式界面土压力计的主要参数见表 11-13。

表 11-13　振弦式界面土压力计的主要参数

尺寸参数	最大外径 D(mm)	175						
	承压盘高 h(mm)	20						
	仪器高度 H(mm)	100						
性能参数	测量范围(kPa)	0 ~ 100	0 ~ 200	0 ~ 400	0 ~ 800	0 ~ 1 600	0 ~ 2 500	0 ~ 3 000
	最小读数 k(kPa/FS),≤	0.08	0.10	0.2	0.4	0.8	1.25	1.50
	温度测量范围(℃)	−20 ~ +60						
	温度测量精度(℃)	±0.5						
	绝缘电阻(MΩ)	≥50						

(五)介质土压力计安装

介质土压力计埋设在土体、土石填筑体内,宜采用挖坑方式安装,可根据设计要求埋设成垂直、水平和倾斜等不同方向。两种类型的介质土压力计的埋设要求基本一致,下面以差阻式介质土压力计为例,介绍几种常用的安装埋设方式。

1. 埋设在心墙和均质坝里

(1)可根据设计要求在测点处埋设单只或沿不同方向埋设多只土压力计。

(2)在坝体填筑面高于测点高程 1.0 m 时,在埋设点沿平行于坝轴线开挖一个埋设坑,坑的深度挖至埋设高程以下 5 cm,若压力盒为 45°或垂直放置,则开挖至埋设高程以下半个压力盒直径稍深一点。坑底面尺寸以保证各只仪器间相距 200 cm,仪器距坑的边缘 100 cm,能方便安装埋设操作为宜。

(3)细心平整开挖坑的基床,对水平、45°、垂直布置的土压力计埋设坑应分别开挖成型。土压力盒的中心点均应在埋设点的同一高程上。开挖成型埋设示意如图 11-31 所示。

(4)回填土应尽量采用挖出的土料,并尽量保持原湿度。土压力计周围铺填 5 cm 厚潮湿的均匀中细砂,然后回填 20 ~ 30 cm 筛去直径大于 5 mm 的原坝体料,之后再回填原

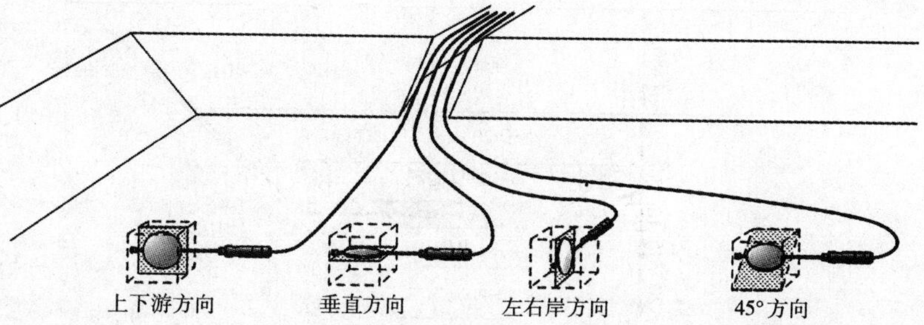

图 11-31　在心墙和均质坝里埋设介质土压力计开挖成型示意

坝体料，并用人工仔细夯实，干密度应达到设计要求。

(5)填土每层厚 10 ~ 20 cm，用人工将土夯实。土压力计及其电缆上的人工回填土料应超过 1 m 以上，方可恢复采用正常的施工碾压设备。

(6)仪器电缆应敷设在电缆沟槽内，也可将电缆敷设在专门设计的槽型扣板内。电缆沟深度不小于 50 cm，沟内应先铺 20 cm 沙子或细的坝体材料，电缆敷设其上。当敷设多根电缆时，相互间距不小于 1.5 cm，电缆距保护层边界应大于 15 cm。当需敷设多层电缆或有电缆交叉时，层间应间隔不小于 5 cm。埋设时宜采用 S 形走线。

(7)为防止形成渗水通道，电缆沟在回填时应设置止水塞。止水塞由 5% 的膨润土和坝体材料混合组成，沟内止水塞设置的间距应小于 20 m。

(8)土压力计在埋设前、土体回填和压实后均应及时检测读数，确保仪器工作正常。

在心墙和均质坝里介质土压力计的埋设安装示意如图 11-32 所示。

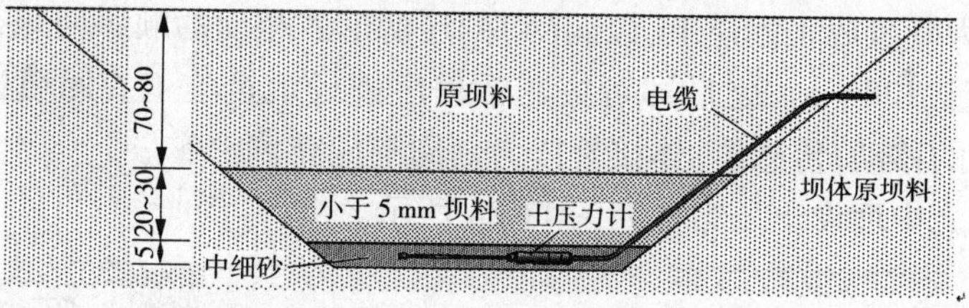

图 11-32　在心墙和均质坝里介质土压力计埋设安装示意　（单位：cm）

2. 埋设在心墙坝反滤层内

(1)反滤层中土压力计的埋设方法基本上与防渗体内的埋设方法相同，但反滤料是一种松散体，成型比较困难，需借助模型板将埋设基床成型。

(2)回填时以反滤的形式回填，紧贴土压力计周围人工回填厚约 10 cm 潮湿的中细砂，其次是厚约 15 cm 筛去直径大于 5 mm 的原反滤料，再次是厚约 20 cm 筛去直径大于 20 mm 的原反滤料，然后继续回填原反滤料至土压力盒顶面以上 120 cm。之后可转入正常的填筑施工程序，达 180 cm 后方可采用施工机械碾压，填筑的密度应符合设计要求。

在心墙坝反滤层中埋设土压力计的示意如图 11-33 所示。

3. 埋设在粗粒料坝壳中

(1)在粗粒料中埋设土压力计，应从仪器处开始采用不同粒径的骨料分层回填，以形成从细到粗的过渡。

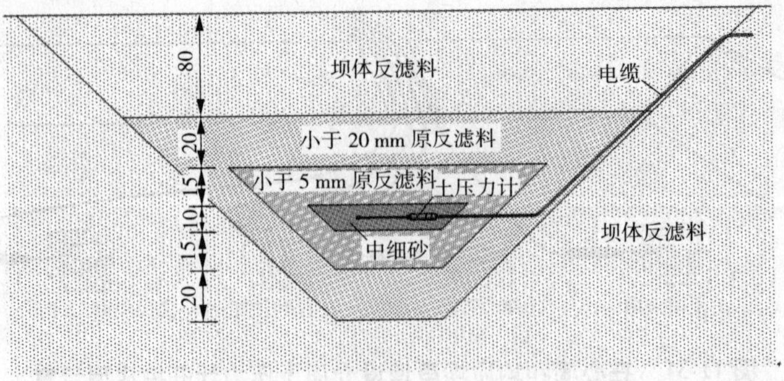

图 11-33　在心墙坝反滤层中埋设土压力计示意　（单位:cm）

(2)当填筑高程高于埋设点高程 1.0 m 时,在埋设点沿平行于坝轴线开挖一个埋设坑,坑的深度挖至埋设高程以下 45 cm,若压力盒为 45°或垂直放置,则开挖至埋设高程以下半个压力盒直径稍深一点。坑底面尺寸以保证各只仪器间相距 200 cm,仪器距坑的边缘 100 cm,能方便安装埋设操作为宜。

(3)对水平、45°、垂直布置的土压力计埋设坑应分别开挖成型。土压力盒的中心点均应在埋设点的同一高程上。

(4)以反滤的形式细心平整开挖坑的基床,首先在原坝料上铺以厚约 20 cm、筛去直径大于 20 cm 的原坝料,再铺以厚约 15 cm、筛去直径大于 5 mm 的原坝料,然后在放压力盒处铺厚约 10 cm 潮湿的不含砾石的均匀中细砂,各层分别继续人工压实,应达到设计要求的密实度。

(5)将土压力盒置放于沙层上,以同(4)的反滤形式相反的顺序回填,并继续压实,直至埋设点高程以上 120 cm。之后即可按正常程序进行填筑施工。回填过程中应注意防止土压力盒位置的移动,传感器、连接管压力盒周围应充填密实。

在粗粒料坝壳中埋设土压力计如图 11-34 所示。

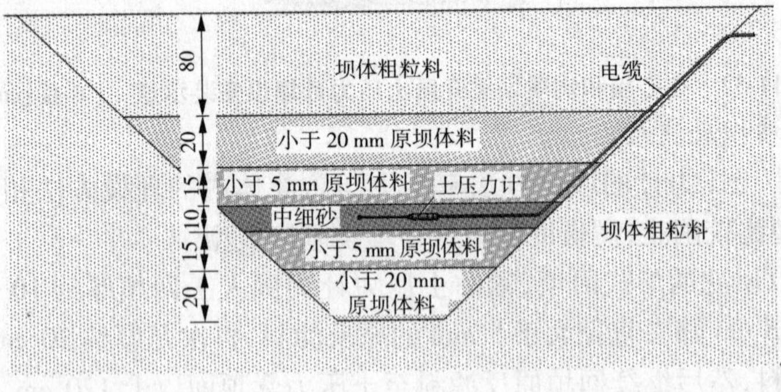

图 11-34　在粗粒料坝壳中埋设土压力计示意　（单位:cm）

(六)界面土压力计安装

界面土压力计是单面受荷、竖式结构,可埋设在如下工程建筑物内,监测接触面上土体的土压力:

(1)承受填土侧压力的建筑物中,如挡土墙、与土石坝连接的溢洪道等;

(2)在土石坝基础,如土石坝基底或心墙的混凝土垫层上、坝基混凝土防渗墙等;

(3)土石坝内输水管道外壁,监测管道周边的土压力;

(4)水工建筑物淤积部分,如混凝土坝上游面水库淤积的泥沙压力。

界面土压力计通常埋设在刚性结构物内,感应板面向土体,并与结构物表面齐平。

1. 与混凝土施工同期埋设

在混凝土建筑物浇筑过程中埋设时,应在混凝土浇筑到测点处,将土压力计膜面置向表面,并与其表面齐平,固定在预定位置上(如模板上),继续浇筑混凝土。

在建筑物基底上埋设土压力计时,可先将土压力计埋设在预制的混凝土块内。清基完成后,在预定埋设位置将表面整平,然后将土压力计放上。

仪器电缆线埋入混凝土内,引向测站。如引出电缆穿过混凝土结构物和土体接触面,电缆应在接触面上呈 U 形置放,以免土体变形拉断。

界面土压力计的安装示意如图 11-35所示。

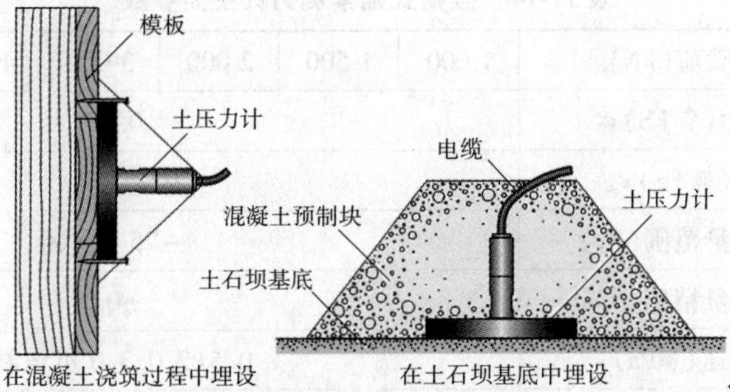

图 11-35　与混凝土施工同期埋设界面土压力计

2. 在混凝土施工后埋设

1)预埋盒

在结构物混凝土施工前,在测点部位安装一个为土压力计尺寸 1.1 倍的预埋盒,待混凝土浇筑完成后,取出预埋盒,安装土压力计,回填水泥砂浆并捣实。回填时注意保证土压力计膜面与结构物表面齐平。

仪器电缆引出接触面,在接触面上呈 U 形置放,然后根据设计要求引向测站。

2)挖坑法

结构物混凝土浇筑完成后,在测点处挖一个尺寸为土压力计 1.1 倍的坑,安装土压力计,回填水泥砂浆并捣实。回填时注意保证土压力计膜面与结构物表面齐平。

仪器电缆引出接触面,在接触面上呈 U 形置放,然后根据设计要求引向测站。

土压力计在埋设前后均应及时检测读数,确保仪器工作正常。

在混凝土施工后埋设土压力计的示意如图 11-36所示。

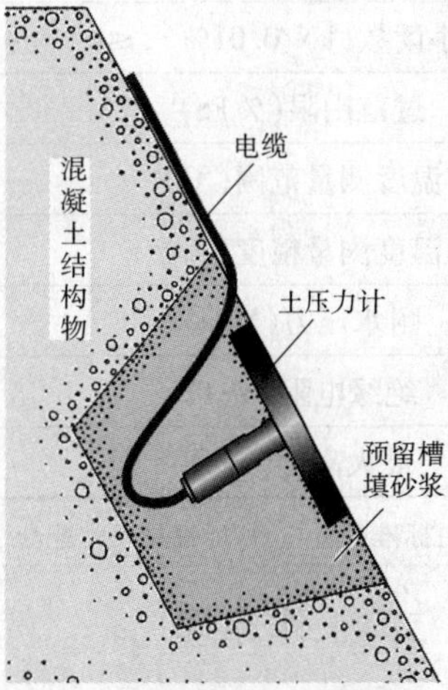

图 11-36　挖坑法埋设土压力计示意

第五节　锚索(锚杆)荷载监测

一、仪器结构

锚索测力计用于岩土工程监测岩体和工程结构中的预压应力变化,适用于长期安装在用于加固岩体、洞室、混凝土结构物的锚索的锚具中,监测锚索中的轴向拉力。

锚索测力计主要由承重筒、保护桶、敏感部件、电缆及密封组件等组成。敏感部件一般为振弦式应变计或差阻式应变计,所以国内工程上常用的锚索测力计也分为振弦式锚索测力计和差阻式锚索测力计两类。表 11-14 及表 11-15 为两种类型的锚索测力计的主要参数。应变计的数量根据不同承载力要求配置,可为 3 ~ 6 支,均匀布置在测力钢筒上。

表 11-14　振弦式锚索测力计主要参数

性能参数	额定载荷(kN)	1 000	1 500	2 000	3 000	4 000	5 000	6 000
	分辨力(%FS)≤	0.05						
	精度(%FS)≤	0.25 ~ 0.5						
	温度测量范围(℃)	-25 ~ +60						
	温度测量精度(℃)	±0.5						
	耐水压(MPa)	0.5(2.0、3.0 可定制)						
	仪器频率范围(Hz)	1 800 ~ 2 600						

表 11-15　差阻式锚索测力计主要参数

量程(kN)	1 000	1 500	2 000	3 000	4 000	5 000	6 000
最小读数(kN/0.01%),≤	4	6	8	12	16	20	24
过范围限(%FS)	20					15	
温度测量范围(℃)	-25 ~ +60						
温度测量精度(℃)	±0.5						
耐水压力(MPa)	0.5(2.0 可定制)						
绝缘电阻(MΩ)	≥50						
最大高度(mm)	205						

注:标准配置与 OVM 锚具尺寸配套,其他规格及量程按需定制。

二、工作原理

由于锚索测力计在测力的承重筒上均布着多支应变计,将锚索测力计安装于锚具上后,当荷载使承重筒产生轴向变形时,应变计与承重筒产生同步变形,利用差阻式仪器或振弦式仪器的测量原理，即可测量锚索中的轴向拉力。

三、锚索测力计的安装埋设

配置不同的附件，锚索测力计可以进行不同方式的安装：

（1）作为锚索测力计永久性安装在锚具上；

（2）安装在锚具上供施工时临时检测用；

（3）作为工程现场加压试验的监测设备。

（一）永久性锚索测力计

（1）完成预应力锚索施工准备工作后，将预应力锚索穿入仪器的承压钢筒，并将测力计安装在工作锚和钢垫座之间。

（2）锚索测力计在安装时应尽可能对中，以避免过大的偏心荷载。为了使测力计受力均匀，应在测力计承载钢筒的上下面设置专门加工的承载垫板，如图 11-37 所示。承载垫板应保证足够的厚度，表面必须加工平整光滑，不得有任何疤痕异物。依据经验，350 t 以下建议厚度不小于 45 mm，400 t 以上厚度不小于 60 mm。如现场加工有困难，可在设备购买时一并订购。

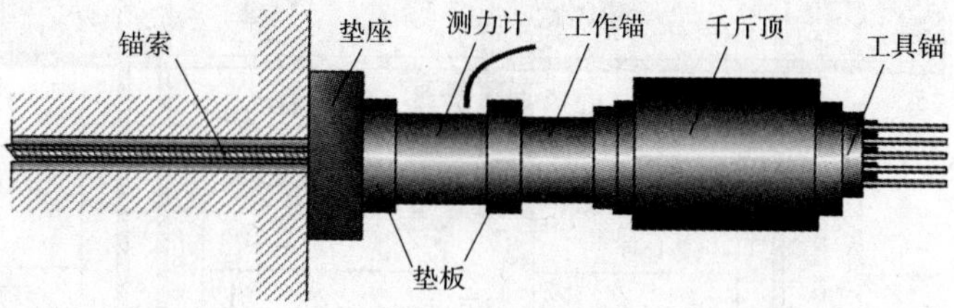

图 11-37　永久性锚索测力计安装

（3）为防止锚索测力计在张拉过程中在垫板上产生滑移、测值偏小或测值失真，必须保证锚索测力计的安装基面与锚束的中心轴线垂直，偏差应在 ±1.5°以内。对于偏斜孔必须在孔口处采取必要的纠偏处理措施。

（4）上、下承载垫板应可靠地压在测力计钢筒上，锚固垫板与测力承载钢筒之间不应有间隙。安装过程中对仪器进行监测，使承压钢筒均匀受压。加载时应从中间锚索开始向周围锚索逐步加载，以免仪器偏心受力或过载。应在荷载稳定后测取读数，同时注意各支传感器反映的荷载是否一致。如发现几何偏心过大（仪器分测不等值，即为有几何偏心），应及时予以调整。

（5）安装完成后，即可按照预加应力施工程序进行施工，在锚索张拉和锚固全过程中进行监测，以测定预应力大小及预应力损失，确定超拉值。预加应力施工完成后，可利用测力计进行长期安全监测。同时根据仪器编号和设计编号作好记录并存档，严格保护好仪器的引出电缆。

（二）临时性锚索测力计

当锚索测力计仅供锚索张拉施工时监测其拉力变化过程，而不作为长期监测时，测力计应安装在工作锚之后，如图 11-38 所示。当张拉完成后，工作锚锁定，其后的测力计即可拆除。

锚索测力计的安装方法和要求与永久性锚索测力计相同。

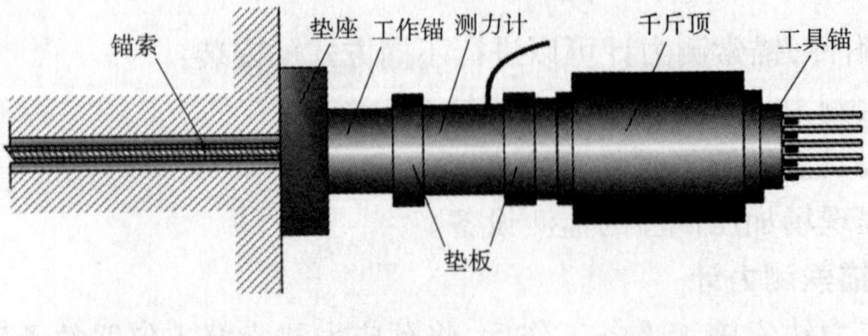

图 11-38　临时性锚索测力计安装

(三)现场试验用测力计

锚索测力计可以用做现场工程结构物的压力试验监测设备,如桩基的承载试验。为使荷载传递均匀,测力计的承压垫座应采用球形支座,如图 11-39 所示。其安装方法和要求同永久性锚索测力计。

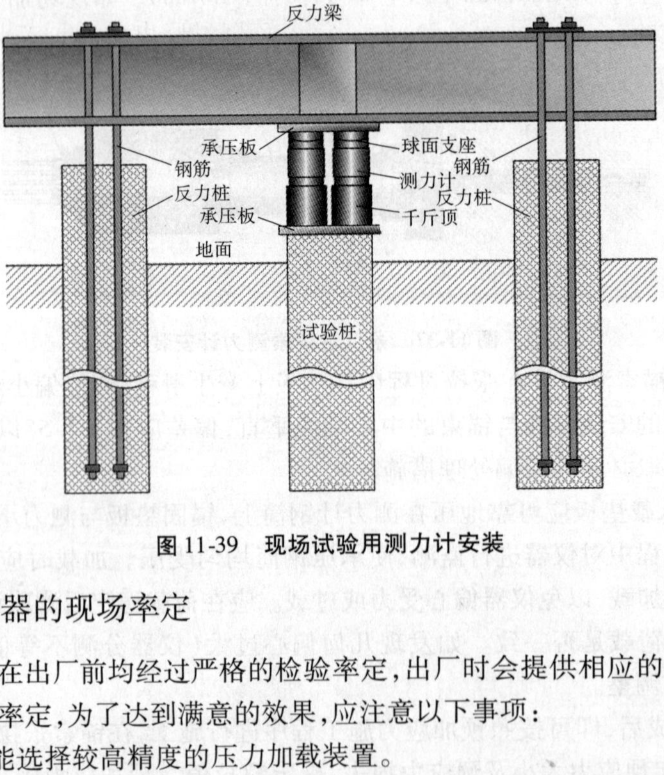

图 11-39　现场试验用测力计安装

四、关于仪器的现场率定

锚索测力计在出厂前均经过严格的检验率定,出厂时会提供相应的检验率定表。如用户需进行现场率定,为了达到满意的效果,应注意以下事项:

(1)应尽可能选择较高精度的压力加载装置。

(2)率定时,为反映锚索测力计在现场的实际受力状态,压力机需配置特制的加压垫块,锚索测力计承载筒的上下面还要设置专门加工的承载垫板。承载垫板和加压垫块的表面必须加工平整光滑,不得有任何疤痕异物。

(3)正式加压前,应先对锚索测力计预压三次,预压压力应大于锚索测力计额定压力10%,且在最大压力处停留 1 min 以上。预压完成后,应将仪器静置 5 min 以后才可进行正式率定。

(4)为了保证测读精度,必须严格保证施加压力的稳定。

第六节　温度监测

温度监测是工程监测中应用最广泛的项目之一。按照规范规定,一、二级大坝应观测混凝土温度、坝基温度、库水温和气温,三、四级大坝应观测气温。

一、电阻温度计

温度监测的传感器也比较多,目前我国最通用的为差阻式温度计。在差阻式仪器系列中,除专用的温度计外,其他仪器亦均能同时兼测温度。前者的精度为 0.3 ℃,后者为 0.5 ℃。在观测对象中除坝基外,混凝土、水和大气的温度变幅一般为 20~30 ℃,精度和变幅之比远大于 1∶10,因此能确切反映出温度的变化规律性,效果较好,测值一般说来是可靠的。

电阻温度计主要用于测量水工建筑物中的内部温度,也可监测大坝施工中混凝土拌和及传输时的温度及水温、气温等。电阻温度计一般由三个主要部分组成:电阻线圈、外壳及电缆。其电缆引出形式分为三芯、四芯,如图 11-40 所示。

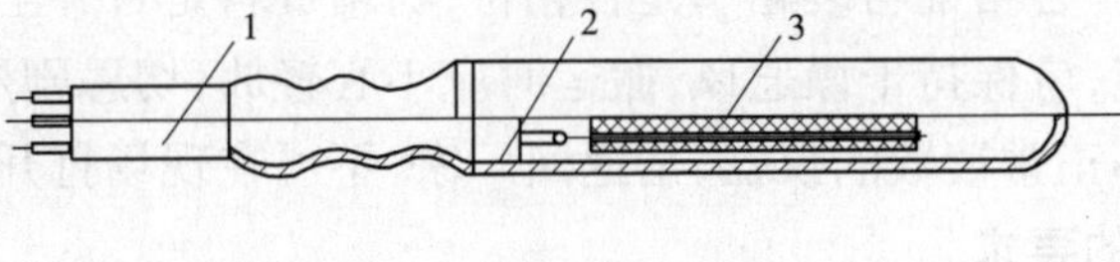

1—引出电缆;2—密封壳体;3—感温元件

图 11-40　电阻温度计结构

图 11-40 中的电阻线圈是感温元件,采用高强度漆包线按一定工艺绕制,用紫铜管作为温度计的外壳,与引出电缆槽密封而成。

温度计利用铜电阻在一定的温度范围内与温度成线性的关系工作,当温度计所在的温度变化时,其电阻值也随着变化。温度计计算公式为

$$t = \alpha(R_t - R_0) \tag{11-13}$$

式中 t——测量点的温度,℃;

R_t——温度计实测电阻值,Ω;

R_0——温度计零度电阻值,Ω,$R_0 = 46.60$ Ω;

α——温度计温度系数,℃/Ω,$\alpha = 5$ ℃/Ω。

电阻温度计主要技术参数见表 11-16。

二、电阻温度计的使用

电阻温度计使用比较广泛,即可安置在百叶箱里观测气温,也可放置在水库里观测水温,还可埋设在基岩或混凝土里观测坝基和坝体的温度。

表 11-16　电阻温度计主要技术参数

温度测量范围(℃)		-30 ~ +70
引出电缆芯线		4
零度电阻值(Ω)		46.60
电阻温度系数(℃/Ω)		5.00
温度测量精度(℃)		±0.3
绝缘电阻(MΩ)	在使用温度范围内	≥50
	在 0.5 MPa 水中	≥50

第七节　仪器的验收、保管与电缆接长

一、验收与保管

(一)一般要求

(1)仪器到达施工现场后,应开箱检查。用户开箱验收仪器时,应先检查仪器的数量(包括仪器附件)及检验合格证与装箱单是否相符,随箱资料是否齐全。

(2)仪器存放环境,应保持干燥通风,搬运时应小心轻放,切忌剧烈震动。

(3)如经检测有不正常读数的仪器,请返回厂家,不可在现场打开仪器检修。

(二)差阻式仪器的要求

对于箱内每台仪器,用 100 V 兆欧表及万用表,分别检查常温绝缘电阻及总电阻值,绝缘电阻不应低于 50 MΩ,总电阻值与出厂常温电阻值相比较不应有大的变化。

1. 差阻式应变计的要求

(1)仪器各项系数的检查验收方法,可参照 GB/T 3408—94 的试验方法进行。

(2)差阻式应变计自由状态的电阻比,随温度变化和波纹管的变形等因素而变化,仪器内部中性变压器油,当温升时,体积增大产生轴向拉伸。对于大应变计,每升高 1 ℃时,电阻比约增加 2×0.01%;小应变计每升高 1 ℃时,电阻比约增加 1×0.01%。仪器零度电阻比若有变化,表明波纹管由于某些原因产生永久变形。考核仪器稳定性的指标是零度实测电阻值,仪器零度实测电阻值不应有较大的变化。

2. 差阻式测缝计的要求

(1)仪器各项系数的检查验收方法,可参照 GB/T 3410—94 的试验方法进行。

(2)由于差阻式测缝计外壳刚度很小,自由状态的电阻比实际上不是一个稳定值,因此不能以自由状态电阻比作为考核仪器稳定性的指标。考核仪器稳定性的指标是零度实测电阻值,仪器零度实测值电阻值不应有较大的变化,超过 0.1 Ω 时,应与厂家联系。

3. 差阻式钢筋计的要求

(1)仪器各项系数的检查验收方法,可参照 GB/T 3409—94 的试验方法进行。

(2)由于差阻式钢筋计存在温度修正，因此差阻式钢筋计的自由状态电阻比随温度变化而变化。根据出厂检查时的零度电阻值 R_{i0} 和零度电阻比 Z_{i0}，现场实测的自由状态的电阻比 Z_i 与计算电阻比 Z_i' 之间不能相差过大。Z_i' 一般采用如下公式

$$Z'_i = Z_{i0} - (R_t - R_{i0})\alpha' b/f \tag{11-14}$$

式中 R_t——现场检查时的实测电阻值；

其他符号意义同前。

相差超过 10×0.01% 时应与厂家联系。

4. 差阻式渗压计的要求

(1)仪器各项系数的检查验收方法，可参照 GB/T 3411—94 的试验方法进行。

(2)对于差阻式渗压计，其自由状态的电阻比随温度变化而变化，温度每升高 1 ℃时，电阻比约增加 b/f×0.01%。现场实测的自由状态电阻比如与计算的电阻比相差大于 5×0.01%，应与厂家联系处理。考核仪器稳定性的主要指标是仪器实测零度电阻值，仪器实测零度电阻值不应有较大的变化，当变化大于 0.1 Ω，应与厂家联系。

(三)振弦式仪器的要求

对于箱内每台仪器，用 100 V 兆欧表及万用表，分别检查常温绝缘电阻及线圈电阻值，绝缘电阻不应低于 50 MΩ。

二、电缆接长与电缆安装

(一)仪器电缆接长

除温度计外，差阻式系列仪器一般采用专用五芯水工电缆将仪器电缆接长，接长电缆的黑、蓝两根芯线与仪器电缆的黑芯线焊接在一起，接长电缆的绿、白芯线与仪器电缆的白芯线焊接在一起，接长电缆的红芯线与仪器电缆的红芯线焊接在一起(见图 11-41)，电缆接头可采用热缩管密封电缆接头技术。

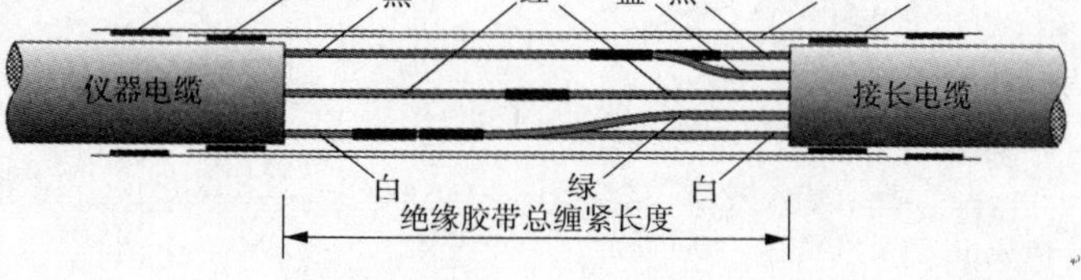

图 11-41　差阻式系列仪器电缆接长

振弦式仪器一般采用专用四芯电缆按照相同颜色芯线将仪器电缆接长，电缆接头可采用热缩管密封电缆接头技术，如图 11-42 所示。

(二)电缆安装

仪器电缆布置时不得与交流电缆一同敷设，电缆走线应尽量避免受到移动设备、尖锐材料等的伤害。埋入坝体混凝土中的仪器电缆应详细记录埋设部位，使灌浆钻孔时避开缆线。

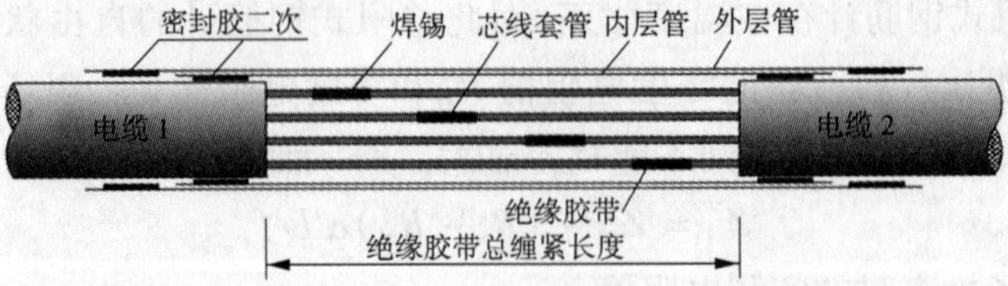

图 11-42　振弦式系列仪器电缆接长

第八节　数据读取

差阻式系列仪器、振弦式系列仪器、电位器式系列仪器都可采用人工测读和自动化采集两种方式进行量测。

一、人工测量

人工方式量测时，可采用便携式电阻比指示仪对差阻式系列仪器进行测量，采用便携式钢弦频率指示仪对振弦式系列仪器进行测量，采用便携式电位器式指示仪对电位器式系列仪器进行测量。

二、自动测量

差阻式系列仪器、振弦式系列仪器、电位器式系列仪器安装埋设完毕后，可接入“智能分布式安全监测数据采集系统”进行测量，该系统能实现自动定时监测，自动存储数据及数据处理，并能实现远距离监控和管理。

第十二章　环境量监测

第一节　概　述

环境量监测主要包括大坝上下游水位、库水温、气温、降水量、冰压力、坝前淤积和下游冲刷等项目。

第二节　监测内容及仪器设备

一、水位

水位监测内容包括上游(水库)水位、下游(河道)水位、输泄水建筑物水位等。

水位监测一般采用遥测水位计或水尺。常用的遥测水位计有浮子式和传感器式两种。浮子式遥测水位计主要由水位感应、水位传动、编码器、记录器和基座等部分组成,由水位感应部分的浮子感应水位涨落,带动水位轮旋转,产生与水位变化相应的转角,水位转角通过传动轴齿轮准确地传递给编码器,编码器接收传递来的转角位移并完成相应的数字编码,通过输出电信号远传给记录器,以显示、记录其水位。浮子式遥测水位计需要建造水位测井,其精度在 10 m 测量范围内小于 2 cm;传感器式遥测水位计由水位传感器、水位显示器及记时数字记录仪三部分组成,利用传感器测量静水压力来实现水深测量,无需建造水位测井。如果渗压计量程精度满足需要,也可选作遥测水位计。

常用的水尺有直立水尺和倾斜水尺。直立水尺一般分木质和搪瓷两种,水尺表面用红白蓝或红黄黑色彩画分格距,每格距为 1 cm,每 10 cm 和每米处标注数字。水尺钉在桩上,并面对库岸以便观测,水尺的观测范围要高于最高水位和低于最低水位各 0.5 m,常需设置一组水尺;倾斜水尺安置在库岸斜坡上,适用于流速较大的地方。

水位观测站点应在水库蓄水前完成施工,并应设置在:

(1)水流平稳,受风浪、泄水和抽水影响较小,便于安排设备和监测的地方。

(2)岸坡稳固地点或永久建筑物上。

(3)基本能代表上游、下游平稳水位,并能满足工程管理和监测资料分析需要的地方。

水尺或遥测水位计的零点标高每隔 3 ~5 年应校测一次。当怀疑水尺零点有变化时,应进行校测。遥测水位计每年汛前应进行检查。

二、水温

水温监测主要指库水温,一般监测水面以下 1 m、1/2 库水深和接近库底等处。

库水温采用深水温度计、半导体水温计、电阻温度计等。

深水温度计安装在特制金属套管内，套管开有可供温度计读数的窗孔，套管上端有一提环，以供系住绳索，套管下端旋紧着一只有孔的盛水金属圆筒，圆筒较大，并有上、下活门，利用其放入水中和提升时的自动开启和关闭，使筒内装满所测温度的水样，水温计的球部位于金属圆筒的中央。测量范围 -2 ~ +40 ℃，分度值为 0.2 ℃，适用于水深 40 m 以内的水温测量。

半导体水温计和电阻温度计都是根据电阻值随温度的变化这一特性制成的，半导体水温计主要用碳、锗作感温元件，电阻温度计用铜电阻线圈作感温元件，引出的电缆接上测读仪，即可测出温度。测量范围 -30 ~ 70 ℃。

在靠近上游坝面的库水中，布置测温垂线，其位置与重点监测坝段一致。监测混凝土上游坝面温度的测点亦可作为水库水温的测点。

三、气温

采用直读式温度计、最高最低温度计或自记温度计，需要时可增设干湿球温度计。

(1)坝区附近至少设置一个气温测点。

(2)气温监测仪器安设在专用的百叶箱内。

四、降水量

观测设备采用雨量计。雨量计由传感器、测量控制、显示与记录、数据传输和数据处理等部分组成，各种类型的雨量计，可根据需要，选取上述组成单元，组成具备一定功能的雨量计。常用的雨量计有自记雨量计、遥测雨量计或自动测报雨量计。以自记翻斗式雨量计为例，仪器由承雨部件和计量部件等组成，承雨口采用国际标准口径 ϕ200 mm，计量组件是一个翻斗式机械双稳态秤重机构，其功能是将以毫米计的降雨深度转换为开关信号输出，其规格有 0.5 mm、0.2 mm 等。

五、冰压力

观测设备采用压力传感器。压力传感器的种类较多，常用的是压阻式压力传感器。压阻式压力传感器的主要组成部分是电阻应变片，有金属应变片和半导体应变片两种。应变片通过特殊的黏合剂紧密地黏合在产生力学应变基体上，当基体受力发生应力变化时，电阻应变片也一起产生形变，使应变片的阻值发生改变，从而使加在电阻上的电压发生变化，通过测量电压即可知道压力的变化。冰压力传感器的布置如下：

(1)结冰前，在冰面以下 20 ~ 50 cm 处，每 20 ~ 40 cm 设置一个压力传感器，并在旁边相同深度设置一个温度计，进行静冰压力及冰温监测，同时监测的项目还有气温和冰厚。

(2)消冰前根据变化趋势，在大坝前缘适当位置及时安设预先配置的压力传感器，进行动冰压力监测，同时监测的项目还有冰情、风力、风向。

六、坝前淤积和下游冲刷

采用水下摄影、地形测量或断面测量法进行监测，通常坝前水库淤积测量包含基本平面高程控制测量、1∶5 000 水库区地形测量、1∶2 000 横剖面测量等；坝后冲刷测量主要内容为坝下游冲刷区域的河道地形测量，比例尺为1∶500。

水下部分一般采用交会法定位，用测杆、测深锤、回声测深仪或水下摄像机测深；水上部分采用普通测量方法。对于断面不能完全控制的局部复杂地形，应辅以局部地形测量。有条件时，可应用电磁测距仪或激光测距仪定位或利用遥感技术分析确定水库淤积。

在坝前、沉沙池、下游冲刷的区域至少应各设置一个监测断面，在库区应根据水库形状、规模、自河道入库区直至坝前设置若干监测断面，库岸设立相应的控制点。

第三节　监测要求

观测频次按有关技术要求和规程规范进行。

一、水位监测

填制上游和下游水位统计表。表中数字为逐日平均值(或逐日定时值)，准确到厘米。同时将月、年内的极值和均值以及极值出现的日期分别填入“全月统计”和“全年统计”栏中。

二、气温监测

填制逐日平均气温统计表，同时还须将月、年内的极值和均值以及极值出现的日期分别填入“全月统计”和“全年统计”栏中。

三、降雨量

不同类型的雨量计，其观测的方法也有所不同。一般采用每日定时分段的测次进行观测，雨季时增加观测段次，多雨季节应选用自记雨量计。

四、静冰压力

静冰压力观测应自结冰之日起开始观测，每日至少观测两次。在冰层胀缩变化剧烈时期，应接连3 d每2～3 h观测一次；动冰压力观测在风浪过程或流冰过程中进行连续观测。

五、坝前淤积和下游冲刷

坝前淤积和下游冲刷按需要进行观测，包括其形态的测量和描述。

第十三章 巡视检查

巡视检查是监视工程安全运行的一种重要方法,是大坝安全监测的重要内容。通过巡视检查可以及时发现一些仪器极有可能遗漏的异常现象,如裂缝产生、新增渗漏点、坝基析出物、管涌以及局部变形等。这些缺陷在仪器上常常反映不出来,因为当前仪器通常采用单点监测方法,在布置上总体来看也是局部的,很难做到监测部位恰恰是大坝出事地点。根据有些国家统计,大坝约有70%的老化和异常现象,是由有经验的工程技术人员在现场检查中发现的。我国梅山、柘溪、陈村、白山、洪门等水利工程重大问题也是在巡视过程中发现的。2003年7月18日天生桥一级电站技术人员在巡视检查时,发现大坝L3、L4面板垂直分缝处混凝土发生挤压破损,经检查确定面板破损范围由面板顶部延伸至库水位以下长达39 m。2004年5月29日上午,巡视人员发现原L3、L4面板修补部位混凝土再次发生挤压破损,破损向水下延伸了38 m,总长达77 m。上述两次破损信息均由当地微震台网测到,破损的具体时间分别为2003年7月17日17时52分和2004年5月22日16时38分。与巡视检查的时间略有差异。毫无疑问,地震仪测到的时间应该更为精确。此工程实例说明了巡视检查的重要性,又反映了巡视检查与仪器监测可以互相补充、印证,即巡视人员发现了面板裂缝,监测仪器确定了裂缝发生的具体时间。

实践证明,工程安全监测中只有仪器监测是不够的,即使监测仪器布置的再多,自动化监测系统再齐全,也离不开技术人员的现场巡视检查。只有把仪器监测与现场巡视检查有机结合起来,才能更好、有效地监视大坝安全。

第一节 巡视检查要求和频次

一、基本要求

(1)从施工期到运行期,各级大坝、边坡、地下洞室等各种设施,均须进行巡视检查。

(2)巡视检查应根据工程规模、特点及具体情况,制定巡视检查制度及规程,携带必要的检查工具或具备一定的检查条件,按照设计的标准程序和要求进行。

(3)巡视检查人员要相对固定,熟悉工程勘测、设计、施工(包括工程加固补强)和工程运行观测资料,应预先查阅并熟记工程在勘测中有哪些地质问题,工程设计中结构及布置曾有过哪些考虑,工程施工中有哪些值得注意的情况等历史资料。巡视人员应该带着这些问题去指导对工程某些部位的巡视检查工作,做到有的放矢,心中有数。

(4)巡视检查中发现工程出现损伤,或原有缺陷有进一步发展,以及不安全征兆或其他异常迹象,应立即向上级领导及有关部门汇报,并分析原因。

二、巡视检查频次

（一）日常巡视检查

（1）在施工期：宜每周2次；

（2）水库第一次蓄水期或提高水位期间：宜每天1次或每天2次（依库水位上升速率而定）；

（3）正常运行期：可逐次减少次数，但每月不宜少于1次；

（4）汛期：应增加巡视检查次数；

（5）水库水位达到设计洪水位前后：每天至少应巡视检查1次。

（二）年度巡视检查

每年汛期前后或枯水期（冰冻严重地区的冰冻期）及高水位低气温时，对大坝、引泄水建筑物、边坡及其他水工建筑物等进行全面的巡视检查。

年度巡视检查除按规定程序对大坝各种设施进行外观检查外，还应审阅大坝运行、维护记录和监测数据等资料档案，每年不少于2次。

（三）特殊情况巡视检查

在坝区及其附近区域发生有感地震、大坝遭受大洪水或库水位骤降、骤升，以及发生其他影响大坝、边坡、引泄水建筑物等各种设施安全的特殊情况时，应及时进行巡视检查。

第二节　巡视检查内容

巡视检查内容根据有关规范大致可以综合以下内容。应该指出，由于水利水电工程规模、特点及具体情况差异较大，因此其巡视检查内容应有所不同，在实践中应根据实际情况进行补充和优化。

一、坝体

（一）混凝土坝

（1）相邻坝段之间的错动，伸缩缝开合情况和止水的工作状况；

（2）上下游坝面、宽缝内及廊道壁上有无裂缝，裂缝中漏水情况；

（3）混凝土有无破损，混凝土有无溶蚀、水流侵蚀或冻融现象；

（4）坝体排水孔的工作状态，渗漏水的漏水量和水质有无显著变化；

（5）坝顶防浪墙有无开裂、损坏情况。

（二）土石坝

（1）坝顶有无裂缝，异常变形，积水或植物滋生等现象；防浪墙有无开裂、挤碎、架空、错断、倾斜等情况；

（2）迎水坡或护坡（面板）是否损坏，有无裂缝、剥落、滑动、隆起、塌坑、冲刷或植物滋生等现象，近坝水面有无冒泡、变浑或旋涡等异常现象；

（3）背水坡及坝趾有无裂缝、剥落、滑动、隆起、塌坑、雨淋沟、散浸、积雪不均匀融化、冒水、渗水坑或流土、管涌等现象，排水系统是否通畅。

二、坝基和坝肩

(1)基础岩体有无挤压、错动、松动和鼓出；

(2)坝体与基岩(或岸坡)结合处有无错动、开裂、脱离及渗水等情况；

(3)两岸坝肩区有无裂缝、滑坡、溶蚀及绕渗等情况；

(4)基础排水及渗流监测设施的工作状况、渗漏水量及浑浊度有无变化；

(5)坝趾近区有无明显阴湿、渗水、管涌、塌陷或隆起现象。

三、引泄水建筑物

(1)进水口和引水渠道有无堵淤、裂缝及塌陷,控制建筑物及进水口拦污设施状况、水流流态；

(2)溢洪道(泄水洞)的闸墩、边墙、胸墙、溢流面(洞身)、工作桥等处有无裂缝和损伤；

(3)消能设施有无磨损冲蚀和淤积情况；

(4)下游河床及岸坡的冲刷和淤积情况；

(5)水流流态；

(6)上游拦污设施的情况。

四、坝区边坡及近坝库岸

(1)边坡地表及块石护坡有无裂缝、滑坡、溶蚀及绕渗等情况；

(2)边坡有无新裂缝、块石翻起、松动、塌陷、垫层流失、架空等现象发生,有无滑移崩塌征兆或其他异常；

(3)边坡有无新裂缝,原有裂缝有无扩大、延伸；

(4)地表有无隆起或下陷,边坡后缘有无裂缝,前缘有无剪口出现,局部楔形体有无滑动现象；

(5)排水沟、排水洞、排水孔、截水沟是否通畅,有无裂缝或损坏,排水情况是否正常；

(6)有无新的地下水露头,原有的渗水量和水质有无变化；

(7)支护结构、喷层表面、锚索墩头混凝土是否开裂及裂缝的发展情况；

(8)岸坡有无冲刷、塌陷、裂缝与滑移迹象。

五、地下洞室

(1)洞室围岩有无挤压、错动、松动、鼓出和掉块；

(2)支护衬砌结构及围岩结合处有无错动、开裂、脱离、渗水及空蚀等损坏现象,洞身伸缩缝、排水孔是否正常；

(3)主厂房防渗帷幕、排水设施工作状况,渗漏水量及浑浊度有无变化；

(4)引水系统进(出)水口及边坡岩体变形及渗流情况有无异常；

(5)进(出)水口放水期流态、流量是否正常,有无冲刷或砂石、杂物堆积现象,停水期是否有水渗漏。

六、闸门及金属结构

(1)闸门(包括门槽、门支座、止水及平压阀、通气孔等)工作情况;

(2)启闭设施启闭工作情况;

(3)金属结构防腐及锈蚀情况;

(4)电气控制设备、正常动力和备用电源工作情况。

七、监测设施

(1)边角网及视准线各观测墩;

(2)引张线的线体、测点装置及加力端;

(3)垂线的线体、浮体及浮液;

(4)激光准直的管道、测点箱及波带板;

(5)水准点;

(6)测压管、量水堰等表露的监测设施;

(7)各测点的保护装置、防潮防水装置及接地防雷装置;

(8)埋设仪器电缆、监测自动化系统网络电缆及电源;

(9)其他监测设施。

第三节　巡视检查的准备工作及方法

一、准备工作

(1)制定详细的检查程序,包括检查人员、检查内容与方法。

(2)年度巡视检查和特别巡视检查,还须做好以下准备工作:

①做好水库调度和电力安排,为检查引水建筑物、泄水建筑物提供检查条件及动力和照明;

②排干检查部位积水和清除堆积物;

③水下检查及专门检测设备、器具的准备和安排;

④安装和搭设临时设施,便于检查人员接近检查部位;

⑤准备交通工具和专用车辆、船只;

⑥采取安全防护措施,确保检查工作及设施、人身安全。

二、巡视检查方法

检查的方法主要依靠目视、耳听、手摸、鼻嗅、脚踩等直观方法,可辅以锤、钎、量尺、放大镜、石蕊试纸、望远镜、照相机、摄像机等工器具进行;如有必要,可采用坑(槽)探挖、钻孔取样或孔内电视、注水或抽水试验,化学试剂、水下检查或水下电视摄像、超声波探测及锈蚀检测、材质化验或强度检测等特殊方法进行检查。

第四节　巡视检查记录整理与报告编制

一、记录和整理

(1)每次巡视检查应作好记录。如发现异常情况,除应详细记述时间、部位、险情和绘出草图外,必要时应测图、摄影或录像。

(2)现场记录必须及时整理,还应将本次巡视检查结果与以往巡视检查结果进行比较分析,如有问题或异常现象,应立即进行复查,以保证记录的准确性。

二、报告编制

(1)日常巡视检查报告内容要简明扼要、说明问题,必要时附上照片及略图。

(2)年度巡视报告的内容包括:

①检查日期;

②本次检查的目的和任务;

③检查组参加人员名单及其职务;

④对规定项目的检查结果(包括文字记录、略图、素描和照片);

⑤历次检查结果的对比、分析和判断;

⑥不属于规定检查项目的异常情况发现、分析及判断;

⑦必须加以说明的特殊问题;

⑧检查结论(包括对某些检查结论的不一致意见);

⑨检查组的建议;

⑩检查组成员的签名。

(3)特殊情况下的巡视检查,在现场工作结束后,应立即提交简报。

(4)巡视检查中发现异常情况时,要立即编写专门检查报告,及时上报。

(5)各种巡视检查的记录、图件和报告等均应整理归档。

参 考 文 献

[1] 中华人民共和国水利部,中华人民共和国电力工业部. SL 60—94 土石坝安全监测技术规范[S]. 北京:中国水利水电出版社,1994.

[2] 国家电力公司大坝安全监察中心. DL/T 5178—2003 混凝土坝安全监测技术规范[S]. 北京:中国电力出版社,2003.

[3] 邢林生. 略论大坝巡视检查的重要性[J]. 大坝与安全,2005.

[4] 余宗祥. 天生桥一级水电站大坝面板主要缺陷处理[J]. 大坝与安全,2005.

第十四章　安全监测自动化

第一节　安全监测自动化的发展

安全监测自动化是集工程建筑、传感器、测试仪表、微电子、计算机、自动化和通信技术于一体的系统工程。随着现代科技的进步，特别是计算机和微电子技术的巨大进展，各国均着力发展遥测仪器，并逐步推广监测的自动化。我国开展大坝安全监测自动化的研究始于20世纪70年代末，首先实施的是内部监测的自动化，先后于1980年和1983年在龚嘴和葛洲坝安装了大坝内部观测仪器自动采集装置，而其数据处理和安全管理功能则很弱。到1990年电力自动化研究院（原南京自动化研究所）根据国家“七五”科技攻关的要求，研制成功第一套全自动化的大坝安全监测系统，并在水利水电工程中进行了推广应用。通过工程实践的不断改进和完善，可以说大坝安全监测自动化技术在我国已渐趋成熟。由于大坝安全监测的对象包括各种类型的地面和地下结构物，如各种形式的溢流闸坝、非溢流坝、电站地面和地下厂房、船闸、输水道（沟渠、桥涵、隧洞、引水钢管等）以及库岸和边坡，因此大坝安全监测的成熟技术很容易拓展到引水、交通、堤坝、码头、土木工程等其他工程领域。近几年在大连引碧工程、山西引黄入晋工程、广东东江—深圳供水工程、浙江白溪引水工程、新疆引额工程等引水工程及供水工程，上海、北京、深圳地铁安全监测工程，广州丫髻沙大桥安全监测工程等的应用表明，大坝及工程安全自动化监测应用的深度和广度正在不断扩大，前景是广阔的。

如前所述，大坝安全监测自动化包括数据采集自动化和资料整理分析、安全管理自动化。实现采集自动化仅是监测自动化工作的一部分，而数据管理和分析的自动化是大坝监测自动化系统中不可缺少的、重要的组成部分。一套完整的自动化监测系统应满足以下技术要求：

（1）所选用的各类传感器及测量设备在恶劣使用环境下应具有良好的可靠性和长期稳定性；

（2）自动化数据采集系统应有良好的通用性和兼容性；

（3）系统软件应具有对实测数据进行处理分析的功能；

（4）依据建立的各种模型，系统应具备测值预报和安全性评估的功能。

第二节　监测自动化的项目内容

监测自动化主要包括以下项目内容：

（1）建筑物应力应变及温度自动化监测。内部观测仪器主要有差阻式和振弦式两个系列，包括应力计、应变计、测缝计、钢筋计、渗压计、温度计等。

(2)建筑物外部变形监测,包括水平位移和垂直位移两部分。水平位移主要采用各种原理的垂线坐标仪和引张线仪进行遥测,常用的有电容感应式、步进电机式、光电耦合(CCD)式、激光准直式。垂直位移自动化遥测仪器主要有激光准直及各种原理的静力水准仪。在地基及边坡测量中,则多用多点变位计及钻孔倾斜仪等。

(3)扬压力和渗漏量监测。扬压力监测传感器类型比较多,主要有钢弦式、差阻式、陶瓷电容式、电感式、压阻式等。监测渗漏量的主要仪器仍是各种类型的量水堰水位遥测仪。

(4)环境量监测,包括水位、气温、水温、降雨,所用的传感器的类型也比较多。

第三节　自动化监测系统结构模式

自动化监测系统按采集方式分为集中式、分布式、混合式三种结构模式。

一、集中式自动化监测系统

集中式自动化监测系统是将现场数据采集自动化、数据运算处理自动化、资料异地传输均集中在专门设置的终端监控室内进行。布设在现场的传感器经集线箱或切换装置与监控室内的采集装置相连,通过集线箱切换对传感器进行巡测或选测。集线箱到采集装置之间是模拟量传输,抗干扰能力差,可靠性低。因此,集中式适用于仪器种类少、数量不多、布置相对集中和传输距离不远的中小型工程中。

二、分布式自动化监测系统

分布式自动化监测系统是一种分散采集、集中管理的结构,是将称为 MCU 的测量控制单元分布在传感器附近,而 MCU 具有模拟量测量、A/D 转换、数据自动存储、与上位机进行数据通信等功能。每个测量控制单元可看做一个独立子系统,各个子系统采用集中控制,所有监测数据经总线输入上位计算机集中管理。

分布式自动化监测系统的优点是:测控单元靠近传感器,缩短了模拟量传输的距离,而由测控单元上传的都是数字量,传输距离大大提高,即使一个子系统发生故障也不会影响整个系统运行,适合于工程规模大、测点数量多、测点布置分散的工程项目。

三、混合式自动化监测系统

混合式自动化监测系统是介于集中式自动化监测系统和分布式自动化监测系统之间的一种结构模式。

第四节　自动化监测系统介绍

目前,国内外已投入运行的自动化监测系统很多,下面以智能分布式数据采集系统为例,简要介绍自动化监测系统。

智能型分布式数据采集系统是在 Windows 工作平台上开发的新一代工程安全监测系

统。由于采用了微电子测量技术和通信技术的最新成果,并通过在结构上的模块化技术和虚拟仪器技术的结合,该系统具有功能更强、测量精度更高、系统组态更灵活、运行更可靠等特点。系统具有通用性,可应用于大坝及其他水工建筑物,包括高边坡、供水工程、建筑工程和交通工程的安全监测,适用于从中小型到大型、特大型自动化监测系统。

一、自动化监测系统的设计

(一)自动化监测系统的组成

由于工程监测自动化系统具有规模大、测点多,常年处于潮湿、高低温、强电磁场干扰环境下连续不间断工作等特点,对监测系统提出了功能强、可靠性高、抗干扰能力强、数据测量稳定等要求。集中式自动化监测系统难以满足以上要求,因此本文介绍的自动化监测系统采用分布式,系统的基本组成框图如图 14-1 所示。

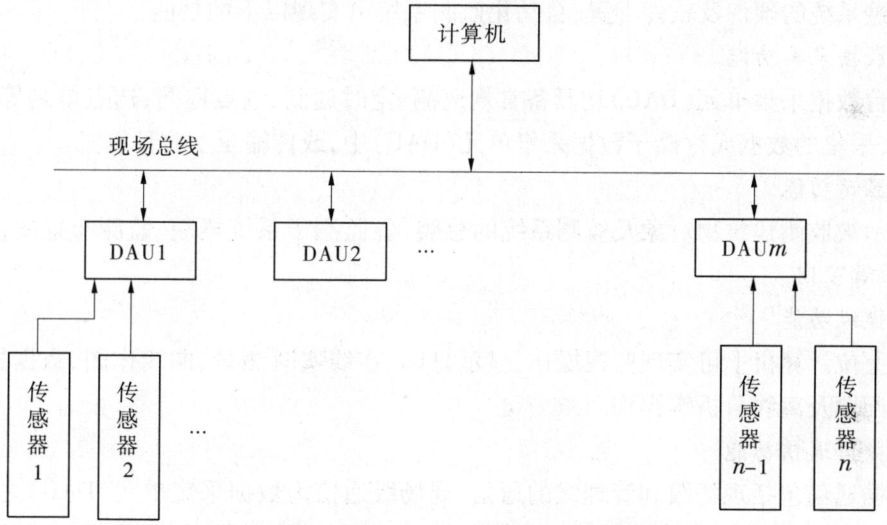

图 14-1　自动化监测系统的基本组成框图

自动化监测系统由上位计算机及数据采集单元(DAU)组成。上位计算机可为一台通用微机、工控机或服务器;各个数据采集单元置于测量现场,数据采集单元自身具有自动数据采集、处理、存储及通信等功能,可独立于系统运行,是自动化监测系统中的关键部分,在本文的以下部分中将对其功能及设计进行详述。上位计算机与数据采集单元之间通过现场总线网络进行通信,用于命令和数据的传输,通信可采用普通双绞线、电话线、光纤、无线等多种形式。图 14-1 所示为自动化监测系统的最基本形式,可以用多个这种基本系统组成大型或特大型分布式系统,各上位计算机之间通过通信方式相联系,可以用另一台上位计算机统一管理。分布式自动化监测系统具有以下特点:

(1)可靠性高。数据采集单元化,其结构相对简单,而且各数据采集单元相互独立互不影响,某一单元出故障不会影响全局。系统故障的危险降低,可靠性提高。

(2)实时性强。各数据采集单元并行工作,整个系统的工作速度大为提高,整个系统中各个数据测量时间的一致性好。

(3)测量精度高。各数据采集单元均在传感器现场,模拟信号传输距离短,测量精度得到提高。

(4)可扩充性好,配置灵活。用户可根据需要增加或减少数据采集单元以增减测量的内容。

(5)维护方便。由于数据采集单元采用了模块化设计,如某一单元出故障,只要更换备用模块即可。

(6)电缆减少。各数据采集单元均在现场,距离传感器很近,各数据采集单元之间通过通信总线相连接,因此整个系统的电缆大为减少。

由于分布式数据采集系统具有这些特点,再在设计中结合模块化技术和虚拟仪器技术,即在硬件结构上把整个测量单元的电路设计在一个模块内,取消了所有的开关、旋钮、显示等环节而其功能由计算机软件来实现。因此,系统的功能及可靠性进一步加强。

(二)自动化监测系统的总体功能

通过系统的硬件及软件配置,自动化监测系统可实现以下的功能。

1. 数据采集功能

各台数据采集单元(DAU)均具备常规巡测、定时巡测、选点巡测、选点单测等数据采集功能,采集的数据或存储于数据采集单元(DAU)中,或传输至上位计算机。

2. 显示功能

显示被监测建筑物对象及监测系统的总貌、各监测子系统概貌、监测布置图、过程曲线、报警等窗口。

3. 操纵功能

在上位计算机上可实现监视操作、显示打印、在线实时测量、曲线作图、数据报表、修改系统配置及离线分析等操作。

4. 数据通信功能

数据通信包括现场级和管理级的通信,现场级通信为数据采集单元(DAU)之间及数据采集单元(DAU)与监测管理中心上位计算机之间的双向数据通信;管理级通信为监测管理中心内部及其与上级主管部门计算机之间的双向数据通信。

5. 自检功能

系统具有自检功能,通过运行自检程序,可对整个系统或某台数据采集单元(DAU)进行自检,最大限度地诊断出故障的部位及类型,为及时维修提供方便。

6. 现场操作功能

在现场的每台数据采集单元(DAU)都备有与便携式操作仪或便携式微机的接口,能够实现现场仪器的标定、调试及数据采集等功能。

7. 防雷击、抗干扰功能

在系统中的电源系统、通信线接口、传感器引线接口的设计中均采取了各种抗雷击措施,各单元采取隔离等措施及抗电磁干扰设计,使系统具备很强的防雷击、抗干扰能力。

自动化监测系统的测量精度满足《混凝土坝安全监测技术规范》(DL/T 5178—2003)中的各项要求。

二、数据采集单元(DAU)的设计

(一)数据采集单元(DAU)的组成

数据采集单元(DAU)是分布式自动化监测系统的重要组成部分,其性能是影响整个系统性能的关键。图 14-2 为数据采集单元(DAU)的组成框图。

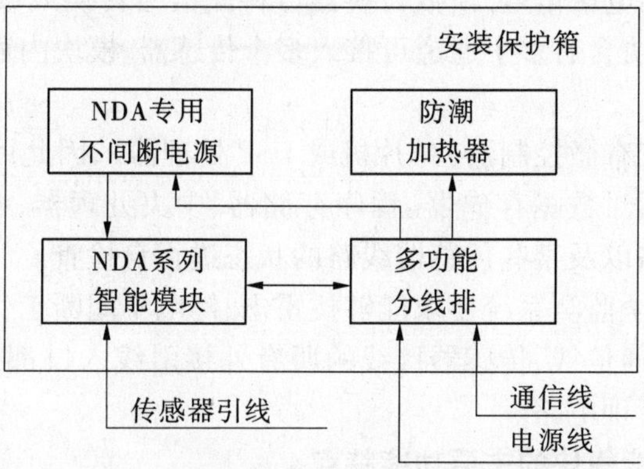

图 14-2　数据采集单元(DAU)的组成框图

数据采集单元(DAU)由 NDA 系列智能模块、NDA 专用不间断电源、防潮加热器和多功能分线排等几部分组成,安装在一个密封保护箱内。一个数据采集单元(DAU)内部可根据不同的监测对象配置不同类型及数量的 NDA 系列智能模块;NDA 专用不间断电源为 NDA 系列智能模块提供电源,内含免维护蓄电池和充电器,正常情况下,由市电或太阳能通过充电器给蓄电池充电,发生停电事件时,蓄电池可维持 NDA 系列智能模块工作,保证测量数据的连续性;多功能分线排用于将电源线和通信线合理地分接给数据采集单元(DAU)内的各个部分,分线排内含有保险丝和开关,为安装、调试及维护提供方便。防潮加热器用于在潮湿环境下保证 DAU 内部的相对干燥。NDA 内各部分互相独立,安装、维修十分方便。

(二)NDA 系列智能模块的设计

NDA 系列智能模块是数据采集单元(DAU)的关键部分。智能模块通常由微控制器电路、实时时钟电路、通信接口电路、数据存储器、传感器信号调理电路、传感器激励信号发生电路、抗雷击电路及电源管理电路组成,其组成框图如图 14-3 所示。

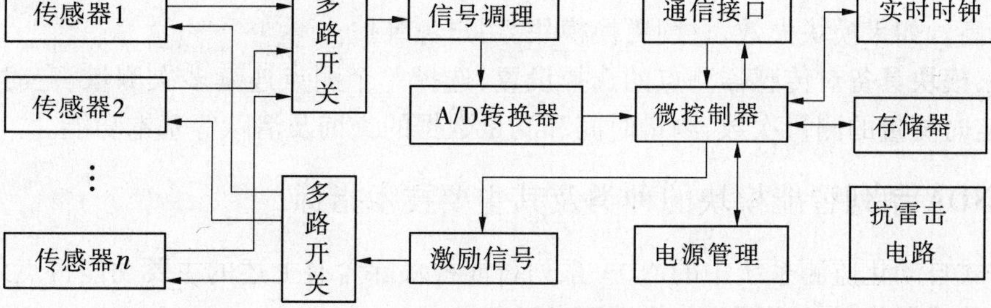

图 14-3　数据采集智能模块组成框图

模块以微控制器为核心，扩展日历实时时钟电路。定时测量时间、测量周期均由时钟电路产生。时钟电路自带电池，保证模块掉电后时钟仍然走时正确。用于工程参数监测的传感器一般为无源传感器，通常需要施加具有一定能量的直流或交流激励信号。因此，不同模块根据不同类型的传感器产生恒电压源、恒电流源、正弦波或脉冲信号作为传感器的激励信号。信号调理电路将传感器的信号经过放大、滤波、检波等处理后转换为适合于模数转换器输入的标准电压信号，模数转换器再将此信号转换成数字量输入微控制器进行处理。另外，一个模块含有多个通道可接入多个传感器，模块内通过多路开关来选择不同通道进行测量。

由于每个模块都带有微控制器（单片机或 DSP 处理器），因此可以方便地实现故障自诊断。自诊断内容包括对数据存储器、程序存储器、中央处理器、实时时钟电路、供电状况、电池电压、测量电路以及某些传感器线路的状态进行自检查。

另外，由于工程安全监测系统要求能够抗雷击、停电不间断工作，因此在 NDA 系列智能模块中包括电源线、通信线、传感器接线的所有外接引线入口都采取了抗雷击措施，并且设计了专用的电源管理电路。

（三）NDA 系列智能模块的主要功能特点

NDA 系列智能模块具有以下功能和特点：

（1）实时时钟管理功能。模块自带实时时钟，可实现定时测量，自动存储，起始测量时间及定时测量周期可由用户设置。

（2）参数及数据掉电保护。所有设置参数及自动定时测量数据都存储于专用的存储器内，可实现掉电后的可靠保存。

（3）串行通信接口。命令和数据均通过串行口通信，可方便地实现通过各种通信介质与上位主机联络。

（4）电源备用系统。无论何时发生停电，模块自动切换至备用电池供电，可充电的免维护蓄电池可供模块连续工作较长时间。因此，电路采用低功耗设计技术。

（5）自诊断功能。模块具有自诊断功能，可对数据存储器、程序存储器、中央处理器、实时时钟电路、供电状况、电池电压、测量电路以及传感器线路状态进行自检查，实现故障自诊断。

（6）抗雷击。模块电源系统、通信线接口、传感器引线接口等均采取了抗雷击的措施。

（7）高可靠性，强抗干扰，免维护。由于采用了全封闭模块化结构，可靠性、抗干扰能力大为提高。如果模块失效，只须更换模块，用户免维护。

另外，模块具备对传感器测点的选择设置、选择单个测点连续多次测量、定时测量周期查询、定时测量的测量次数、测量时间和测量数据的查询及清除等基本功能。

三、NDA 系列智能模块的种类及其主要技术指标

分布式自动化监测系统中的 NDA 系列智能模块除含有上述的主要功能特点外，根据所测量的传感器信号的不同可分为以下几种类型。

(一)电阻式模块

用于测量差阻式(卡尔逊式)传感器或电阻式温度计信号,其主要技术指标为:

(1)通道容量:16。

(2)精度:电阻比为0.000 2,电阻和为0.02 Ω。

(3)分辨率:电阻比为0.000 1,电阻和为0.01 Ω。

(二)电感式模块

用于测量差动电感式仪器信号,其主要技术指标为:

(1)通道容量:8。

(2)精度:0.05%FS。

(3)分辨率:0.01%FS。

(三)电容式模块

用于测量差动电容式仪器信号,其主要技术指标为:

(1)通道容量:8。

(2)精度:0.1%FS。

(3)分辨率:0.01%FS。

(四)振弦式模块

用于测量振弦式仪器信号,其主要技术指标为:

(1)通道容量:8/16。

(2)时基精度:0.01%。

(3)分辨率:0.001 μs。

(4)测温精度:0.5 ℃。

(5)测温分辨率:0.1 ℃。

(五)电压电流信号模块

用于测量变送器输出的电压电流信号,其主要技术指标为:

(1)通道容量:16。

(2)精度:0.1%FS。

(3)分辨率:0.01%FS。

(六)二线制变送器信号模块

用于测量与传感器配套的二线制变送器输出的电流信号。

(七)电位器式模块

用于测量各种电位器式传感器信号,其主要技术指标为:

(1)通道容量:12。

(2)精度:0.05%FS。

(3)分辨率:0.01%FS。

四、系统的通信方式

通信是分布式系统的重要环节。数据采集单元(DAU)与上位计算机之间,要求建立一个一点对多点或多点总线式的双向数字通信系统。在DAMS-IV型系统中,设计了多种通信方式,可以根据现场环境和用户要求来选择有线、无线、光纤通信等多种介质的方式,这几种通信方式均可通过基于 RS485 或 CANbus 现场总线来实现。DAU 具备与以上几种通信方式的直接接口能力。下面以最常用的 RS485 方式为例介绍系统的通信方式。

(一)有线通信方式

有线通信方式是系统最常用的方式,通常采用双绞屏蔽电缆作为通信介质,按 RS485 通信接口方法构成二线平衡式半双工通信系统;这种通信系统,配置经济方便,工作可靠,不加中继在 9600bps 的通信速率下的有效通信距离为 1.2 km,降低通信速率可加长有效通信距离;可同时接 32 个 NDA 模块,加中继器可同时延长有效通信距离及增加接入的 NDA 模块数量。在图 14-4 中的 NDA3200 为 RS485 中继器,NDA3100 为 RS232/485 转换器,用于将 RS485 通信总线转换后和计算机的 RS232 串行口相连接。

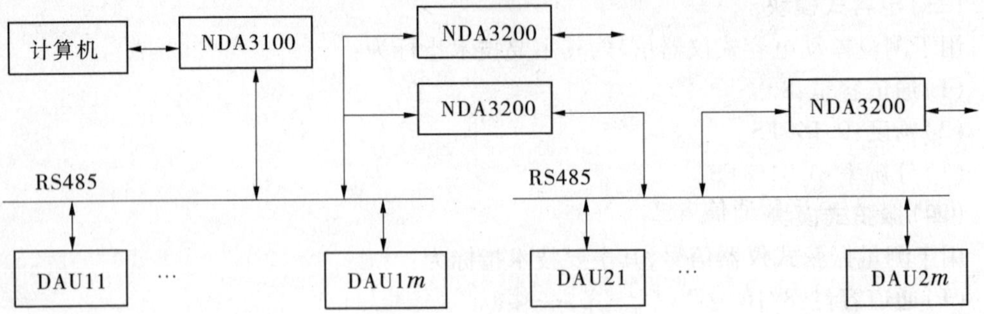

图 14-4　有线通信方式

(二)光纤通信方式

光纤通信属于有线通信的范畴,只是通信介质为光导纤维,通信媒体为激光。如图 14-5所示,系统通过配有 RS485 接口的光端机 NDA3400 可方便地进行光纤通信。NDA3400 光端机使用 LD 或 LED 光发射器及 PIN 光接收器作为光电转换器件,选用短波长,多模光缆,有效通信距离大于 5 km,通信速率可达 1 Mbit/s。

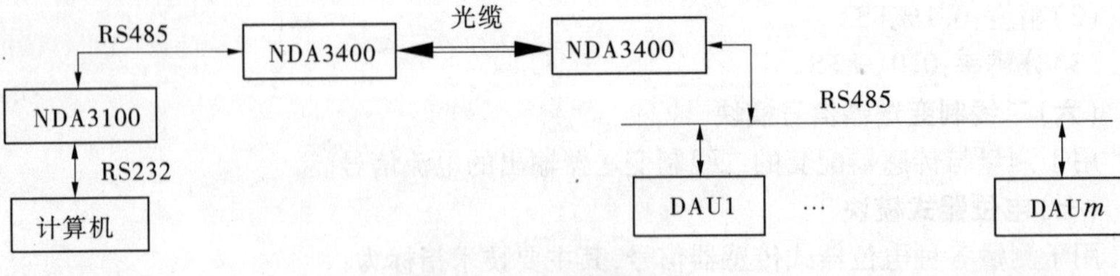

图 14-5　光纤通信方式

在光纤通信方式中,由于通信各方在电器上处于完全隔离和绝缘状态,因此具有较强的抗电磁干扰和雷电袭击能力。在特殊环境下采用光纤通信方式可有效地排除上述干扰。

(三)无线通信方式

在监测中心距测量现场的 DAU 较远以及在雷电活动频繁的地区时,可采用无线通信方式。在系统中,可配置 NDA3300 无线通信模块进行点对点或一点对多点的无线通信,如图 14-6 所示。NDA3300 模块为配有 RS485 接口的无线收发电台，使用的通信频率属甚高频（VHF）范围，如可用国家无线电管理委员会批准分配给防讯遥测专用的频率 230 MHz，发信功率限制为 10 W（40 dBm），开阔地区有效通信距离可达数十千米。另外，NDA3300 可设置为低功耗节电工作模式，适用于无市电而采用太阳能电提供能源的应用场合。

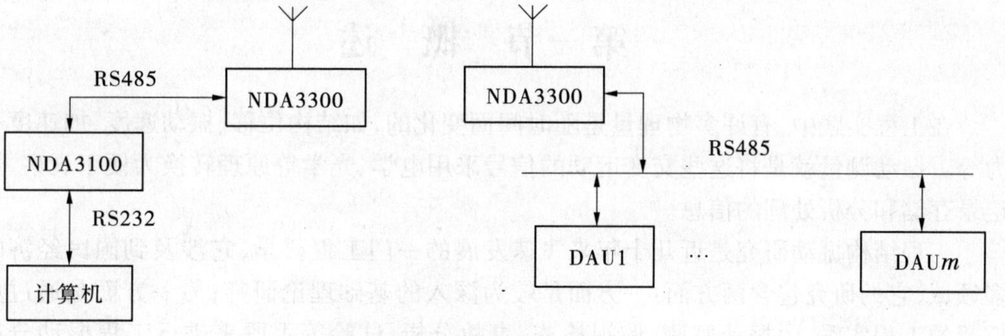

图 14-6　无线通信方式

（四）公用电话网通信方式

如图 14-7 所示，在系统中配置具有自动摘机功能的 MODEM 通过电话终端接入公用电话网可进行远距离通信，实现远程直接操作。

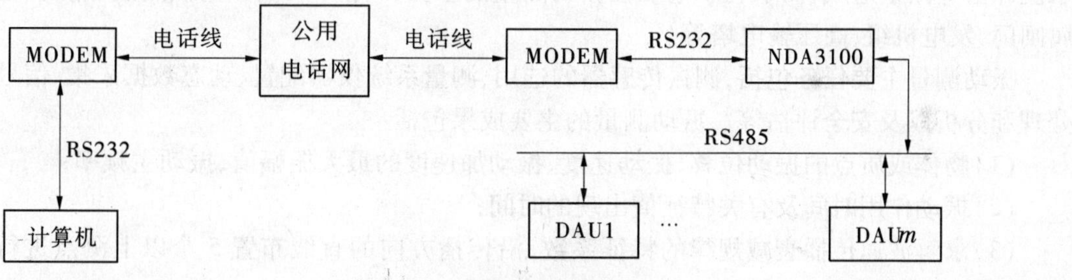

图 14-7　公用电话网通信方式

第十五章 振动监测

第一节 概 述

在工程实践中,有许多物理量是随时间而变化的,如结构位移、振动速度、加速度和压力等。振动测量就是将这些交变运动的信号采用电学、光学等原理转换为便于观察、显示记录存储和分析处理的信息。

工程结构振动研究是近几十年来飞速发展的一门工程科学,它涉及到国民经济的众多领域,它的研究包含两方面:一方面是较为深入的基础理论研究;另一方面是通过更为广泛的工程实践,由振动监测、监视检查、事故分析、试验等手段来进行工程振动分析研究,并为理论研究提供更为丰富的实践检验资料,推动和促进振动工程学科的发展。掌握振动的规律与特性是要能够控制它,避免和消除它的危害,并在某些情况下,利用它为人类服务。因此,目前工程振动测量已是工程建设、产品研发、生产应用和运行维护过程中的重要手段。在水利水电工程中的振动环境主要由大地微震、地震、爆破施工、机组运转、水流冲击等因素造成,而水利水电工程振动测量的主要目标为大坝、厂房、隧洞、船闸、金属闸门、发电机组、高压输电塔等。

振动测量主要任务包括,测振传感器的选用、测量系统仪器配置、动态数据采集、信号处理和分析以及安全评估等。振动测量的主要成果包括:

(1)物体或质点的振动位移、振动速度、振动加速度的最大振幅值、振动主频率;

(2)振动作用时间及有关特征值出现的时间;

(3)求解波速传播衰减规律的特征系数,沿传播方向的直线布置5个以上测点进行测量并进行回归分析;

(4)相关监测项目,如结构动应变、动水压力、孔隙动水压力的最大值、压力及主频、作用时间等;

(5)振动信号的波谱分析和结构模态分析;

(6)大坝强震台网监测的最大加速度、作用时间等地震参数和大坝反应谱分析。

动态信号一般分为周期和非周期信号。周期信号常用正弦函数或余弦函数来描述,而非周期信号一般是随机的或瞬态的。最简单的周期信号是简谐振动,如单摆和质量弹簧振动系统,以正弦函数描述时,如果位移以 x 来表示,时间以 t 来表示,则简谐振动表示为

$$x(t) = A\sin(\omega t + \varphi) \tag{15-1}$$

将简谐振动的位移对时间微分,可得到运动的速度为

$$v(t) = \frac{dx}{dt} = \omega A\cos(\omega t + \varphi) \tag{15-2}$$

将速度对时间微分可得到简谐振动的加速度为

$$a(t) = \frac{d^2x}{dt^2} = -\omega^2 A\sin(\omega t + \varphi) \tag{15-3}$$

式中 A——物体或质点振动时的最大位移(即最大振幅);

$x(t)$、$v(t)$、$a(t)$——在时刻 t 时的位移、速度和加速度;

ω——振动信号变化的圆频率,$\omega = 2\pi f$,$f = \frac{1}{T}$,f 为振动频率,T 为振动周期;

φ——初始相位角。

从式(15-1)~式(15-3)可以看出,简谐振动的位移、速度和加速度的振动形式是相似的,其周期完全相同,而最大振幅分别为 A、ωA 和 $\omega^2 A$,相位上速度超前位移 $\pi/2$,加速度超前位移 π。

当以复数形式表达时,纵轴为虚轴,横轴为实轴,则振动位移为

$$x(t) = A(\cos\omega t + i\sin\omega t) = Ae^{i\omega t} \tag{15-4}$$

当 $\varphi = 0$ 时,其振动初相见图 15-1。简谐信号由幅值和频率完全确定,因而可展开为以简谐函数表示的傅里叶级数,而非周期信号或典型的瞬态信号也可将其设为 $T\to\infty$,$\omega\to 0$,并利用傅里叶变换进行分析,它是动态信号分析的基本工具,而将任一时间历程(时域)的振动信号分解为幅值—频率(频域)来表示的过程称为信号的谱分析,如振动幅频谱、能量频谱等。它是动态信号分析的主要内容。

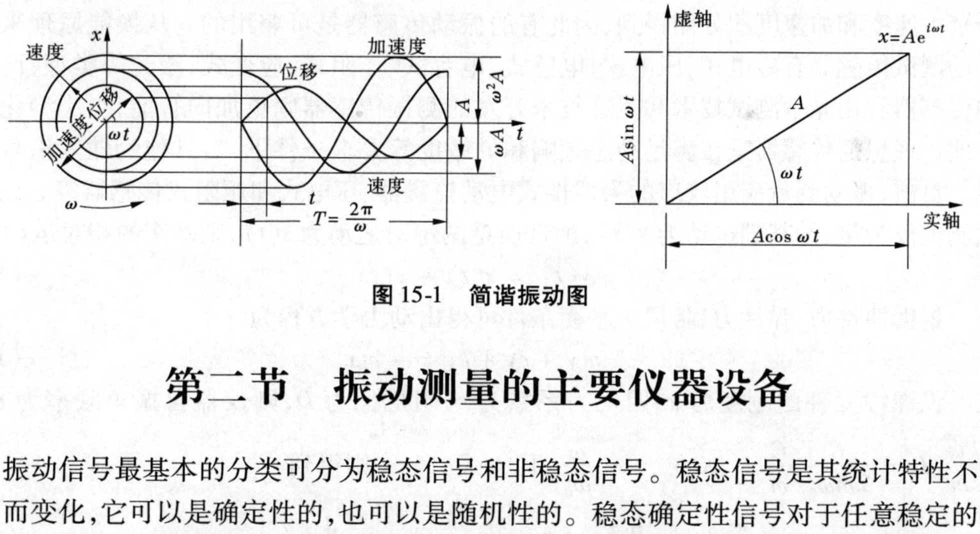

图 15-1 简谐振动图

第二节 振动测量的主要仪器设备

振动信号最基本的分类可分为稳态信号和非稳态信号。稳态信号是其统计特性不随时间而变化,它可以是确定性的,也可以是随机性的。稳态确定性信号对于任意稳定的时刻,其信号值是可以预知的。而对于稳态随机信号,只能确知其统计特性,如平均值、方差等。非稳态信号可粗略地分为连续信号和瞬态信号。振动信号分类见图 15-2。在实际工程中,单一的振动信号是少见的,而多数情况是多种振动信号的组合。

振动监测系统一般包括三级,即传感器、中间适配放大器和记录存储分析处理仪器设备。传感器将原始振动信息变换为所需的信号(如电压、电荷等)。放大器可将传感器转换的微弱信号进行滤波阻抗变换处理并放大后输入到记录设备。目前,随着计算机应用技术和各种监测传感器的发展,振动测量的配套仪器设备也较为多样,有的便携式记录仪

可紧随传感器布置并兼有放大和记录功能。一般常见的振动监测系统框图见图15-3。

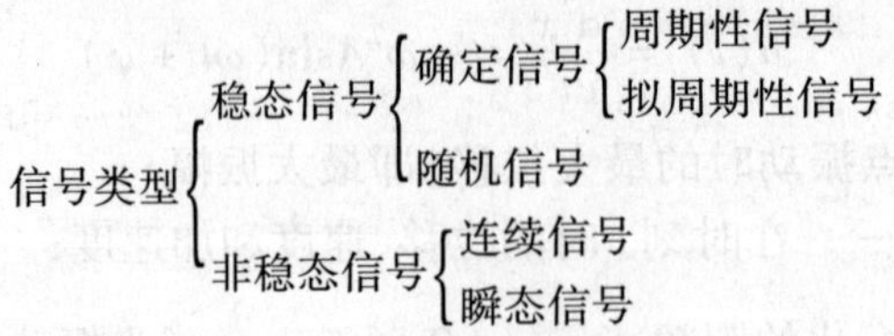

图15-2　振动信号分类图

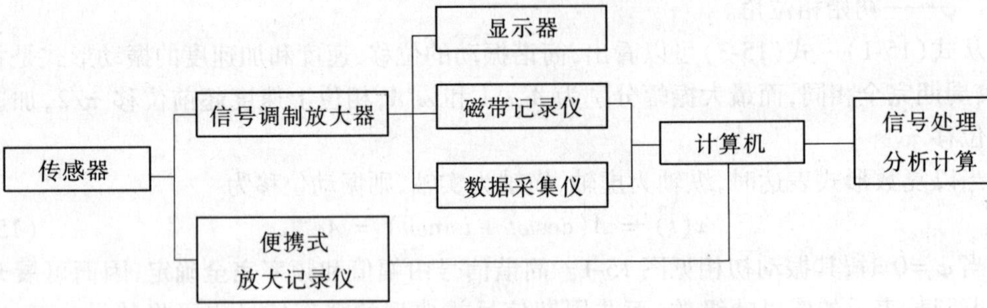

图15-3　振动监测系统框图

一、振动传感器

振动传感器主要有位移传感器、速度传感器和加速度传感器。由于位移和速度可以分别由速度和加速度积分而得到,因此有的振动传感器是可兼用的。从换能原理来区分振动测试传感器有磁电式、压电式、电感式、电容式、压阻式、应变式、激光等类型,而新型的传感器利用光学测试技术和光纤技术开发的测振传感器则更加向智能化、小型化方向发展。理想的传感器是在满足动态频响和灵敏度等要求条件下,对其他的输入信号不敏感。目前,振动测量应用较广的为惯性式电动拾震器、压电式和压阻式传感器等。以惯性式测振仪为例,设基础运动为 $x(t)$,惯性质量的绝对运动为 $z(t)$,则基座的相对运动为

$$y(t) = z(t) - x(t) \tag{15-5}$$

根据惯性力、弹性力、阻尼力平衡条件可得出动力学方程为

$$m\ddot{y} + c\dot{y} + ky = -m\ddot{x} \tag{15-6}$$

设弹性元件的刚度为 k、阻尼力系数为 c、阻尼比为 D,则仪器自振角频率为 $\omega_0 = \sqrt{\frac{k}{m}}, D = \frac{C}{2m\omega_0}, \frac{C}{m} = 2D\omega_0, u = \frac{\omega}{\omega_0}$,代入式(15-6)则得到

$$\frac{\mathrm{d}^2 z}{\mathrm{d}t^2} + 2D\omega_0\frac{\mathrm{d}z}{\mathrm{d}t} + \omega^2 z = -\frac{\mathrm{d}^2 x}{\mathrm{d}t^2} \tag{15-7}$$

当物体运动为 $x(t) = x_m \sin\omega t$,则可解得测振仪的动态响应为

$$z = \frac{u^2 x_m}{\sqrt{(1-u^2)^2 + (2Du)^2}}\sin\omega t \tag{15-8}$$

式(15-8)为测振仪的基本方程,由于传感器选取的频率比($u = \frac{\omega}{\omega_0}$)和阻尼比值不同,所以测振传感器就具有监测不同振动参数的性能,适用于不同的条件。另外,由于震

源情况多样，有天然的、人为活动等，它们能量级别不同，振动频率和作用时间也在很大的范围内变化，因此它们对工程结构作用的特点，产生的振动效应的幅值、频率等也差异甚大。因此，振动测试前要认真分析这些特点，选用合适的传感器和配套系统，一般来说，传感器的主要指标如下。

（一）传感器的动态特性

动态性能是指传感器应有良好的幅频特性和相频特性，它是首要确定的传感器指标并决定了它对振动监测是否合适。在工作频带内一般要求动态幅值的波动误差控制在 ±3.0% 或 ±5.0% 以内是较好的，特殊情况可要求波动范围控制在 1 dB（约 10%）以内，而相移变化要小或者是线性较好的，这对多点测试时尤其重要，否则波形会产生畸变，测试结果误差大，甚至会产生错误结果。图 15-4 为位移传感器的幅频和相频响应曲线，从这里可看出位移计的可测频率范围是大于它的自振频率的，一般要大于 2.5 倍，测量冲击时应到 10 倍以上，所以希望位移计的自振频率越低越好，但实际上自振频率降到很低是困难的，所以一般要求频率比 $u = \dfrac{\omega}{\omega_0} \gg 1$，而阻尼比 $D < 1$。当 D 很小时相位线性也较好，所以作为位移测量传感器是可以的。

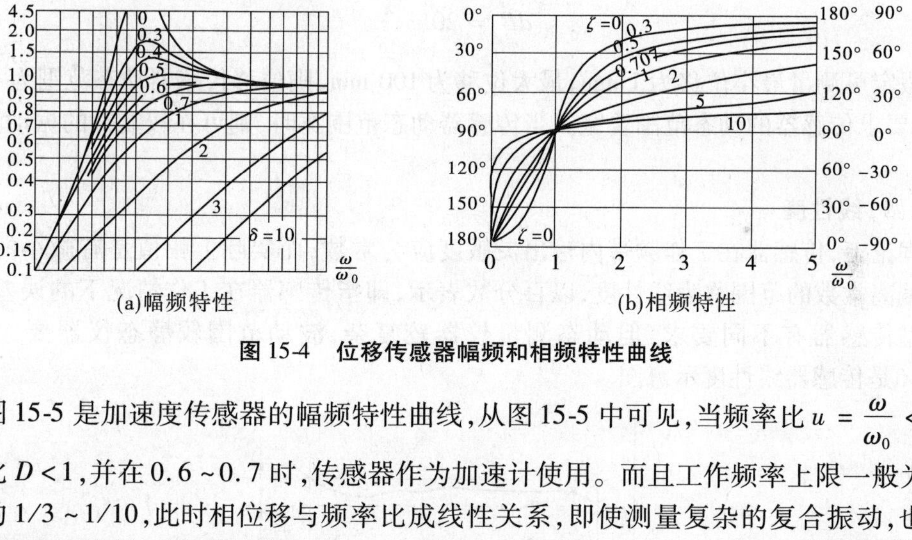

(a)幅频特性　　(b)相频特性

图 15-4　位移传感器幅频和相频特性曲线

图 15-5 是加速度传感器的幅频特性曲线，从图 15-5 中可见，当频率比 $u = \dfrac{\omega}{\omega_0} \ll 1$ 而阻尼比 $D < 1$，并在 0.6～0.7 时，传感器作为加速计使用。而且工作频率上限一般为固有频率的 1/3～1/10，此时相位移与频率比成线性关系，即使测量复杂的复合振动，也是产生时间延迟而不产生波形畸变。

速度计要求 $D \gg 1$，而工作频率在固有频率两侧的范围，由于大阻尼比很难达到且灵敏度会大大降低，所以速度计的阻尼要根据灵敏度和频宽来合理选择，目前也一般选择在固有频率外沿至传感器寄生振荡产生的频率段内。

（二）灵敏度和分辨率

根据所测对象的震源条件和预测的振动频率和振幅变化量来选择采用不同型式的传感器，灵敏度则表示传感器输出信号与被测振动量之比，根据传感器非电量转换的工作原理，有电压灵敏度、电荷灵敏度、应变灵敏度等，传感器应有较高的灵敏度，以提高信噪比，同时，要求传感器横向灵敏度要小，一般应小于主轴方向灵敏度的 3.0%。除要求灵敏度高外，还要求传感器的分辨率要高，即能够分辨最小输入信号的量值大小，不致被噪声和

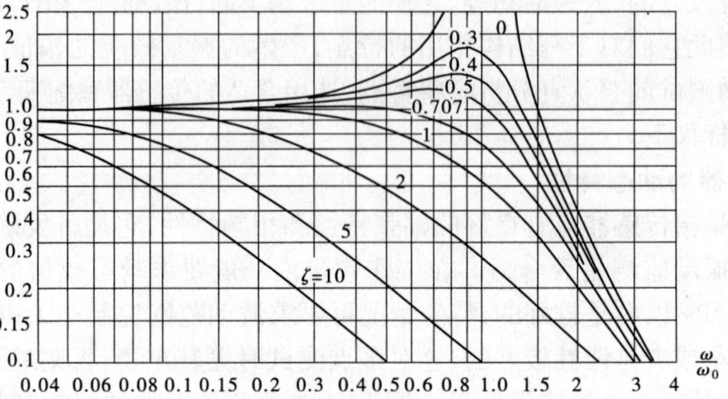

图 15-5 加速度传感器幅频特性曲线

干扰而淹没,对于监测微弱信号时该点很重要。

(三)动态范围

动态范围是可测量的最大振动量和最小振动量之比,因工程测振要求在很宽的范围内测量,因此引入了分贝来表示各种量的相对大小。定义分贝级为

$$dB = 20\lg \frac{x}{x_0} \tag{15-9}$$

假定可测量最小位移为 1 mm,最大位移为 100 mm,则位移传感器动态范围为 40 dB。所以,要求传感器的动态范围要宽。当传感器动态范围宽时,则可在较复杂的振动环境中应用。

(四)线性度

理论上,传感器在工作频带内输出灵敏度应为常数,而实际上幅值是有微小的波动,这个偏离常数的范围称为线性度,以百分数表示,即指传感器在工作情况下的误差范围。各类型传感器有不同要求,但动态测量仪器较复杂,波动范围较静态仪器要大得多。图 15-6是传感器线性度示意图。

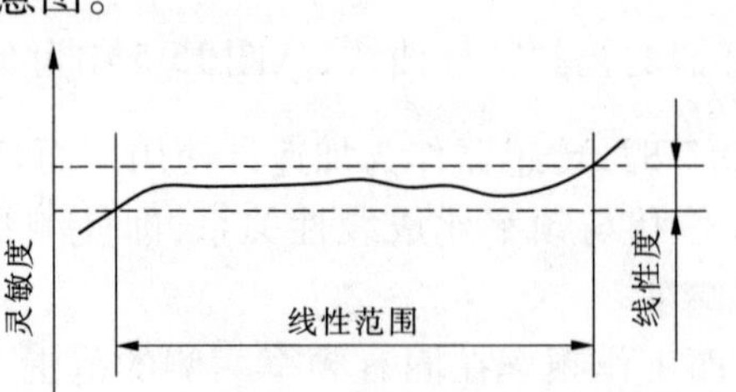

图 15-6 传感器线性度示意

(五)环境条件

一般传感器均在常温条件下使用,但有时在特殊的酷热、严寒条件或有较强磁场条件下使用,传感器应有一系列的防护措施或需特制,并给出相应的指标数据,试验检验后方可使用。

二、测振放大器

测振放大器将传感器产生的微弱电信号进行放大以满足数据采集、仪表记录和显示等要求，放大器除满足传感器的动态范围、通频带等各项要求外，应具有输入阻抗高，一般为 $10^5 \sim 10^{11}\,\Omega$，而输出阻抗低，一般为几十欧姆，这样传感器的输入信号能较通畅地进行放大处理，而输出至下一级的信号也不会产生较大的误差。测振放大器一般还兼有滤波、归一化、积分处理等各种配置的功能，使测得的物理量与显示的电压值有明确的对应关系。如放大器归一化调至 1.0 cm/(s・V) 或放大器归一化调至 0.5 g/V 等，则表示测值每伏电压将分别表示振速值为 1.0 cm/s 或加速度为 0.5 *g* 的测量结果。

目前，一般常用的测振放大器有电压放大器、电荷放大器、应变放大器等，它们分别与不同型式的测振传感器配用。电压放大器的缺点是必须增加放大器输入电阻来改善低频性能和受传输电缆电容影响，降低了传感器电压灵敏度。而电荷放大器则克服了以上缺点，因此应用较广泛。在采用微机配套的动态采集系统中，经阻抗转换后一般均采用数字程控放大和数字滤波技术使用更为方便而测试结果的精度也有很大的提高。

三、振动测量记录设备

振动测量中，经常是同时对多路振动和相关监测项目信号进行数据记录，以前的记录设备如光线示波器、磁带记录仪、瞬态记录仪等，均为信号模拟量的记录，它的缺点是精度低，抗干扰能力差，不便进一步的分析处理，而目前广泛采用的动态数据采集仪均已进入数字化时代，信号的采集、放大、滤波、存储和分析计算处理，包括远程数据传送均由系统配置专用软件的微机完成，工作较为简便。系统的工作原理是将一个连续变化的动态信号按采样频率进行离散后采集，经模数转换器变换并经量化后成为数字信号记录在存储器内，采集时还可对信号进行程控放大和数字滤波等。存储的数字信号由专用软件再进行波形反演和时域内的最大振幅值、主振频率及作用时间等参数分析及频域内的各种波谱分析计算等。多通道动态数据采集系统工作示意见图 15-7。

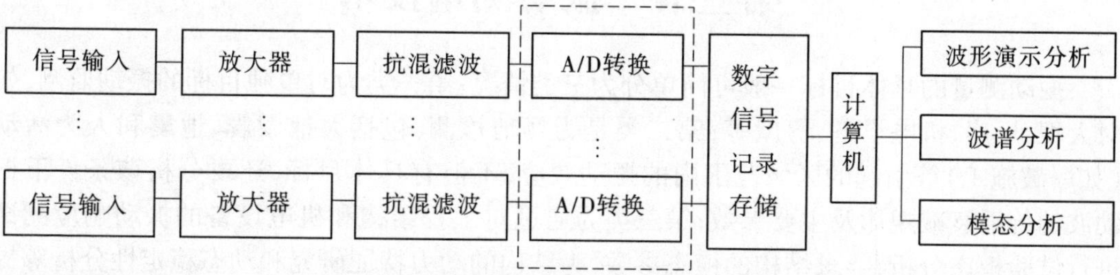

图 15-7　多通道动态数据采集系统工作示意

目前，市场上应用微机再配置各种功能卡及专用软件组成的数据采集仪是较多的，在多通道采集系统中，有的是共用一个模数转换器（A/D），各通道信号由多路转换开关分别完成数字转换，它的优点是结构简单，一致性好，而且成本较低，缺点是采样频率要降低为 $1/n$（n 为通道数）。对于采样频率要求较高的情况是每个通道都有独立的采样保持器及模数转换器，它的缺点是费用较高，采集仪结构复杂。现常用的采集分析仪，除完成数据采集和对信号的时域分析(瞬态时间波形幅值、幅值、主频、自相关、互相关函数等)、频域分析(傅氏谱、功率谱、功率谱密度、反应谱、模态分析等)外,还具备多功能信号发生器的作用,生成各种数字信号,如正弦波、方波、三角波等为测试人员提供了简便、经济而又适用的信号源并完成各种绘图任务,因此动态数据采集分析仪应用前景将是更为广阔的。如北京某厂家的采集仪指标:配置的 A/D 最高转换率 300 kHz(可选),A/D 分辨率 16 bit,输入通道 16、32(可选),输入范围 ±10 V,程控放大 1、2、4、8、16,质量约 5 kg。

四、测振传感器和系统的校准

为保证振动测试结果的可靠性和满足规定的精度要求,必须对传感器和测试系统根据相关的规程规范要求,在合格的计量设备上进行校准(或称标定)。校准的主要指标有:

(1)传感器灵敏度。输出量与被测输入量之间的比值。

(2)频率特性。在工作频带内幅值和相位对频率的变化。

(3)线性度。幅值变化的线性度以百分数表示。

(4)横向灵敏度。与传感器主轴垂直方向的灵敏度,一般以百分数表示。

(5)特殊环境条件。指传感器处于高温、严寒、压力场等特定环境下的灵敏度变化检查。

校准的对象主要是传感器,而且主要是前面(1)、(2)、(3)三项,也可对整个测试系统进行检验(这比较复杂,费用也较高,一般是检查性的)。校准方法有绝对校准法和比较校准法,采用绝对校准法是由已经过计量部门认可的高精度振动台等设备作为震源、输出信号、传感器记录输出进行校准。而一般采用比较校准法,即标准传感器已由国家计量部门校准认可,被校传感器信号与之比较,以达到校准的目的。校准工作应由经国家认可的各级计量部门进行并出具相关的检定证书,传感器和系统经校准合格后,才可开展测振工作。

第三节　振动测量技术

振动测量的具体目标一般可简单分为三类情况:第一类为对单独目标的振动监测,如对大坝、厂房、机电设备、房屋等;第二类是为场地检测,包括大地微震、地震和人为活动(如爆破施工)等引起的区域范围内的振动效应,不但有具体目标,还要分析该条件下振动波的传播衰减规律及主要参数;第三类为通过对工程结构和机电设备的振动响应测试进行试验模态分析,寻求结构的模态参数,为结构的动力特征研究和动态稳定性分析等提供资料并进行安全评估、事故分析等工作。由于振动测量的振源条件和目标物是多种多样的。因此,测振中,采用的传感器和放大采集记录的仪器也是多样的,需根据理论和工作经验综合来选择合适的测振系统。

一、测振传感器的选用

振动测量中合理选用位移、速度或加速度传感器再配置系统是首要前提,应根据振源条件和被测对象的固有频率和所关心的主要振动参量来选用。一般而言,对于固有频率低、质量大、振动加速度值小的情况,可选择测量位移;对于被测物固有频率高、位移幅值很小的情况可监测速度或加速度。而对于冲击振动监测,压电式加速度传感器得到广泛应用,在一般的低、中高频区,电动式传感器监测振速应用较普遍,在极低频范围,压阻式和伺服式传感器有较好的响应特性。在对附加质量较为敏感的结构测试中,应选用质量小的或微型的传感器,如有的加速度计仅为几克重,因此具体选择的传感器还要从各方面综合考虑。国家标准《爆破安全规程》(GB 6722—2003)针对爆破施工制定了以质点振速作为对周围工程结构环境控制和安全分析的依据,所以该情况下,必须以振速监测为首选。电厂厂房的振动由地面的振动位移值控制,所以应首选位移监测。在进行结构冲击反应谱和模态试验分析时,一般也以直接检测加速度较为方便,即根据国家和行业的有关规程规范和振动监测的后续分析工作要求,选择振动监测的首要参数。由于位移、速度或加速度有时可以进行计算互换,这也为传感器的选用提供了灵活便利的条件。但实际使用的测振仪由于受到结构型式和换能器种类的限制,一般仍制造为专用位移计、速度计或加速度计,所以应根据测试要求做好首选工作。目前,测振传感器有单方向的,也有将 x、y、z 三个方向敏感元件固化为一体的,可同时监测三个方向的振动信号,使用起来也更为方便。

二、传感器的布置安装

振动测试中,传感器的布置是一个重要的环节,它也直接关系到监测成果的质量和可靠性,应选择结构主体有典型代表的部位布设测点,如混凝土重力坝的坝顶、顶部折坡处、基础部位,房屋的基础,梁板结构,大桥的墩基础、顶部、桥面的跨中位置,厂房的地面,机组基础等均为重点部位,因为它们有的是具有整体性,而有的部位又具有各自的固有频率,对振动信号的响应也是不同的。有时也强调在结构的抗振性能较薄弱或有安全隐患处布设测点。在场地测试时(如大爆破、水中开挖爆破等),为获取振动传播规律和相关力学参数,一般要选择 1 ~ 2 条沿直线(或沿山坡线)布置的振动效应测线进行布点,所布设的测线是该处地形地质条件的典型代表,有的测线指向重点厂区或居民区,是必须要加以重点保护的目标。每条测线上应按近密远疏的原则布置至少 5 个以上测点,以便进行回归分析,求得参数。在结构模态试验振动测试时,从基础的振动信号输入至结构上沿高度和沿横向的各控制点均要布设测点进行响应监测,一般布点是较多的,如对三峡大坝左岸 14 坝段进行模态分析时,从基础至坝顶顶部布设了 6 层振动测点。当以锤击方法作为振源对金属闸门等小型工程结构模态试验分析时,也可采用一次布点少而多次移动测点多次锤击的方法进行。总之,振动测量的布点工作是一项较为复杂而又细致的工作,在编写测试大纲时,应将测试点位统一编号并绘制布点图。测试前,传感器按点位编号,定位安装,为了得到精准的测量结果,必须保证传感器的正确安装固定,即要求:

(1)传感器的灵敏度主轴方向必须与测量方向一致,安装偏差角应不大于 3° ~5°。

(2)传感器与安装界面应有良好的固定,保证紧密接触,如混凝土或岩石界面要进行清洗后再以石膏水泥浆、水玻璃等进行黏结固定。砂土介质表面布点时,传感器上的长轴杆应全部插入砂土,采用钢螺栓固定时,施加扭矩力应恰当并用垫层绝缘以消除多点接地引入噪声。当被测体是铁磁材料且表面平整时，也可采用永久磁铁进行测点布置，缺点是增加附加质量且不适合高频振动（如大于1 kHz）。

（3）当在砂土介质内或岩石混凝土钻孔内布设传感器时，应密封防水并应有可靠的埋入定向措施，以保证安装方向。回填材料应尽可能满足与原介质的声阻抗一致（即密度匹配和刚度匹配），回填要密实可靠，以减少波的多次反射，造成信号的失真。

（4）传感器安装固定后，应采用屏蔽电缆和专用低噪声屏蔽电缆进行传输，电缆应适当固定，特别是对压电传感器，电缆的晃动将引入电缆噪声，应变传感器电缆的晃动会引起测点飘移，增大了测值误差。

三、振动测试技术要点

（一）测试系统的工作频带

测试系统的工作频带应能覆盖监测目标的振动频域范围，目前50 kHz、100 kHz、500 kHz的采集系统是较为常见的，但工程振动测量以16通道为例，0～200 kHz的系统已基本满足要求。幅值转换精度一般是指模数转换器的满量程精度，过去多数是10位、12位，而现在已多采用16位、24位，其动态范围已达100 dB和更高（动态范围：$20\lg 2^N \approx 6N$ dB，N为模数转换器的位数），可见转化量的精度是相当高的。但应注意的是，实际测量时动态范围是要受到约束而减小的，以12位转换器为例，如满量程输入为5 V，而测量信号仅有50 mV（1/100）则此时的动态范围为72－40＝32（dB）。因此，在测试中要求根据测试经验和系统设置将信号适调到满量程的70%～90%，以提高测量精度。

（二）采样频率的确定

动态数据采集的目的是将连续变化的模拟量信号在时间域上离散，再经模数转化及量化后成为幅值离散的数字信号，其核心问题就是信号在时域离散化后会不会丢失信号，是否能从采集数据的频谱中取出原信号频谱，达到准确不失真的反演为原信号波形，这就是测试时对动态信号采集要确定的采样频率值，即每采样点之间的时间间隔，俗称步长要足够的小，才能达到上述要求。根据著名的奈奎斯特采样定律，设原信号最高频率为f_m（Hz），则根据推导采样频率f_s应满足

$$f_s \geqslant 2f_m \tag{15-10}$$

但这仅是指要确定原信号的频率域并避免产生混频现象的标准，正弦波按此标准采集、相位相差90°时可反演为三角波，而对时间域分析来说，采样频率越高，则误差越小，但频率域分析时，其分辨力越差，大量的离散数据，又占用了大量内存空间，还有频率混迭的问题，也给后续谱分析增加了工作量，增大了误差。因此，采样频率的选取，首先是根据测试任务的需要确定一个频率范围，然后对原信号进行低通滤波，限制信号频带再按合适的采样频率进行数据采集。以标准信号正弦波20 Hz为例，当以$4f_m$采样时，会出现丢峰现象，当以$12f_m$采样时，波形完全复原，如图15-8所示。所以测试中考虑到采集信号将在时域和频域内进行分析，所以一般常用的采样频率为

$$f_s \geqslant (12 \sim 15)f_m \tag{15-11}$$

《水利水电工程爆破安全监测规程》（DL/T 5333—2005）也规定采样频率应大于12倍的要求。

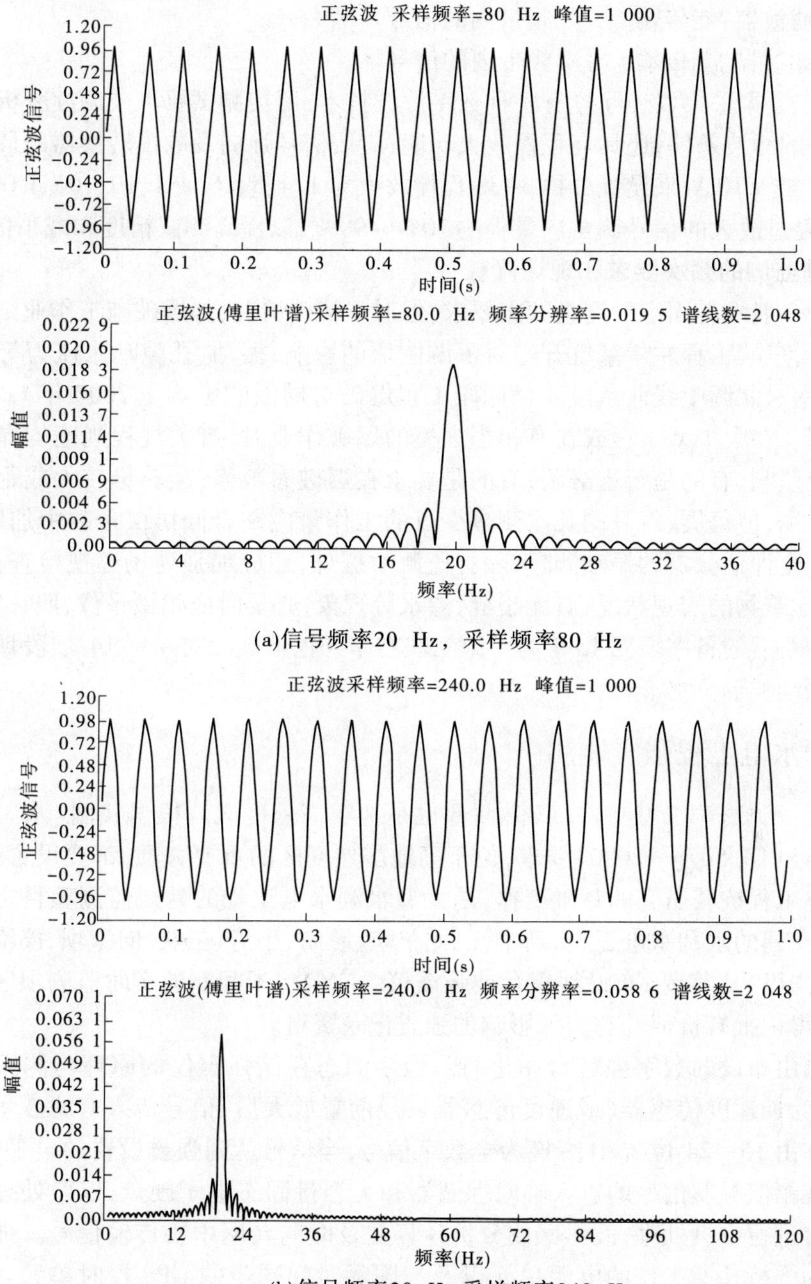

(a)信号频率20 Hz，采样频率80 Hz

(b)信号频率20 Hz,采样频率240 Hz

图 15-8 采样试验波形

(三)滤波与程控放大的设置

在振动测试中,由于信号的频谱极为丰富,现场也会有不少干扰和噪声,所以有时需要对低频或高频信号进行抑制,这就依靠高通滤波器和低通滤波器来实现,有时还使用带通滤波器,即仅让某一频率区域的信号通过,以消除测试中干扰噪声的进入。

(1)低通滤波器:能传输 0 ~f_c 频带内的信号。

(2)高通滤波器:能传输 f_c ~f_∞ 频带内的信号。

(3)带通滤波器:能传输 f_1 ~f_2 频带内的信号。

目前,动态数据采集仪还配置有各种数字滤波技术,可按测试要求或后续分析要求设置动态采集仪的滤波条件,还具有程控放大功能,应按信号强弱及数模转换器的最大输入值,如 ±5.0 V 或 ±10 V 来设置分挡,一般程控放大为 1、4、8、16 或 1、10、100、1 000 各挡位,应尽量将经过放大的信号调至满量程的 70% ~90%,以提高测试精度和减小信噪比。

(四)振动监测的频次要求和现场调查

振动监测一般没有固定的测量频次要求,但对于特殊情况,如爆破施工作业则有较严格的监测要求,三峡工程左岸基坑开挖对下游围堰的影响,振动、孔隙动水压力等参数监测了 7 个月,南水北调中线北京段 8 个标段工程爆破对周围的影响至 2007 年 11 月已监测了一年时间。在大中型工程或在有相当规模的爆破作业时,有关规程规范均提出了要进行跟踪安全监测,有的是每炮必测,有的是要求在爆破参数修改、药量较大或距建筑物较近时进行监测,但每周、每月测几次测多少点的工作量应在合同协议条款中加以说明。对于涉及到安全评估分析的振动测量,除有监测数据外,还应加强现场巡视检查,包括爆破前、爆破后建筑物的宏观状况,有无裂缝、渗水等现象,必要时应拍摄录像、照片等资料,以作为产生纠纷后的备案。图 15-9 为一组三峡右岸开挖爆破时对左厂 14# 坝段坝上不同高程各点的振动波形。

四、水利水电工程强震监测

我国水能资源约 81% 集中在西部,西部也是地震高烈度区。根据我国《水工建筑物抗震设计规范》(DL 5073—2000)要求,位于高地震烈度区的重要大坝,都要设置强震仪,它是水利水电工程抗震研究的基础工作,是大型水利水电工程的常规监测项目之一。目前,已完建或在建的水利水电工程,新丰江、龙羊峡、漫湾、小湾、三峡、向家坝、溪洛渡等工程共 40 多座均已(或将要)布设地震台或强震仪。它们将不间断的实时监测坝区的地震活动,并已取得一批有价值并有国际影响的强震记录资料。

强震监测由布设的数字强震台站进行。数字固态存储强震仪的原理与测振系统相似,前端部分为加速度传感器(或速度传感器),经前置放大后,信号传入有滤波程控放大等功能装置并由 16 ~24 位 A/D 变换为全数字信号,当信号达到强震设置的电平值时,由触发单元实现幅值触发信号即进入临时存储器和大容量固态电子硬盘,以微处理器为核心的计算机再进行中央处理,波形回放分析计算并及时向台网中心传输信号。强震仪的辅助设施是为维持长期工作的电源单元以及与国际时间同步的 GPS 授时单元。强震仪工作原理见图 15-10。

强震监测工作中,首先是安装三向加速度传感器,再以屏蔽电缆连接至强震仪。目前,国产的及进口的强震仪型号较多,并由单点三通道向多点方向发展(即一台强震仪前端可布置几组加速度传感器),强震仪一般布置在专用的观测站内,由专职人员定期检查维护。强震仪主要技术指标为:

①输入量程: ±5.0 V;②A/D 转换器:16 ~24 bit;③工作频带:0 ~50 Hz;④动态范

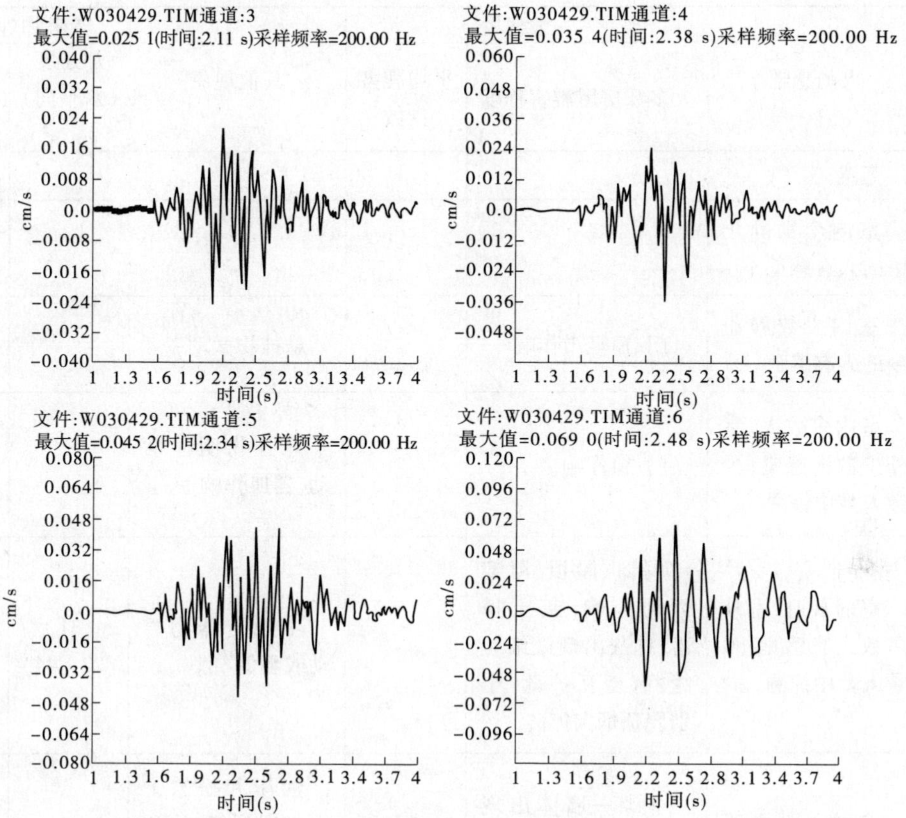

图 15-9　大坝基础开挖一组波形

(CH3－6 分别为 72、94、130、185 高程测点)

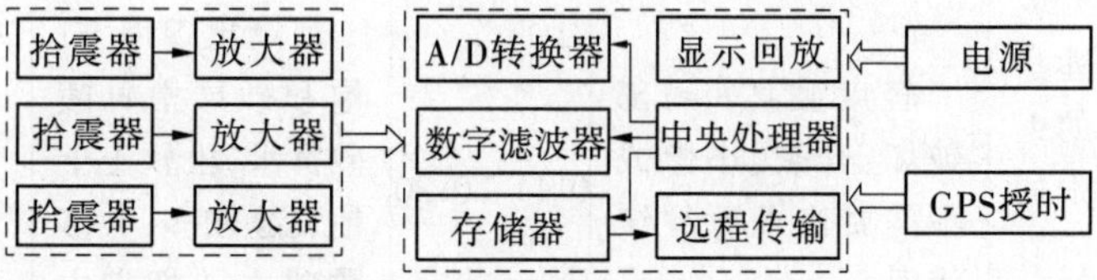

图 15-10　强震仪工作原理

围：>100 dB；⑤GPS 精度：3×10^{7} s；⑥供电电压：12 V。

我国是地震多发国家，除水利水电工程强震仪布设外，地震台网监测系统也已布置完成。现在较为重要的工程项目或历史文化风景区，出于安全保护需要，防止振动等危害影响，也设置了一些地震仪或微震仪进行安全监测，其工作原理和分析方法基本上是相同的。

中国地震烈度表见表 15-1。

表 15-1　中国地震烈度表(GB/T 17742—1999)

烈度	人的感觉	一般房屋		其他现象	参考物理指标	
		大多数房屋震害程度	平均震害指数		加速度(水平向)(cm/s^2)	速度(水平向)(cm/s)
Ⅰ	无感					
Ⅱ	室内个别静止中的人有感觉					
Ⅲ	室内少数静止中的人有感觉	门、窗轻微作响		悬挂物微动		
Ⅳ	室内多数人、室外少数人感觉,少数人梦中惊醒	门、窗作响		悬挂物明显摆动,器皿作响		
Ⅴ	室内普遍、室外多数人有感觉,多数人梦中惊醒	门窗、屋顶、屋架颤动作响,灰土掉落,抹灰出现微细裂缝,有檐瓦掉落,个别屋顶烟囱掉砖		不稳定器物摇动或翻倒	31 (22~44)	3 (2~4)
Ⅵ	多数人站立不稳,少数人惊逃户外	损坏—墙体出现裂缝,檐瓦掉落,少数屋顶烟囱裂缝、掉落	0~0.10	河岸和松软土上出现裂缝,饱和砂层出现喷砂冒水;有的独立砖烟囱轻度裂缝	63 (45~89)	6 (5~9)
Ⅶ	多数人惊逃户外,骑自行车的人有感觉,行驶中的汽车驾乘人员有感觉	轻度破坏—局部破坏、开裂、小修或不需要修理可继续使用	0.11~0.30	河岸出现塌方;饱和砂层常见喷砂冒水,松软土上地裂缝较多;大多数独立砖烟囱中等破坏	125 (90~177)	13 (10~18)
Ⅷ	多数人摇晃颠簸,行走困难	中等破坏—结构受损,需要修复才能使用	0.31~0.50	干硬土上亦出现裂缝,大多数独立砖烟囱严重破坏,树梢折断,房屋破坏导致人畜伤亡	250 (178~353)	25 (19~35)

续表 15-1

烈度	人的感觉	一般房屋		其他现象	参考物理指标	
		大多数房屋震害程度	平均震害指数		加速度(水平向)(cm/s^2)	速度(水平向)(cm/s)
Ⅸ	行动的人摔倒	严重破坏—结构严重破坏,局部倒塌,复修困难	0.51~0.70	干硬土上出现许多地方有裂缝,基岩可能出现裂缝、错动,滑坡塌方常见,独立砖烟囱出现倒塌	500 (354~707)	50 (36~71)
Ⅹ	骑自行车的人会摔倒。处不稳状态的人会摔离原地,有抛起感	大多数倒塌	0.71~0.90	山崩和地震断裂出现,基岩上的拱桥破坏,大多数砖烟囱从根部破坏或倒毁	1 000 (708~1 414)	100 (72~141)
Ⅺ		普遍倒塌	0.91~1.00	地震断裂延续很长,大量山崩滑坡		
Ⅻ				地面剧烈变化,山河改观		

注:1. Ⅰ~Ⅴ度以地面上人的感觉为主;Ⅵ~Ⅹ度以房屋震害为主,人的感觉仅供参考;Ⅺ、Ⅻ度以地表现象为主。

2. 一般房屋包括用木构架和土、石、砖墙构造的旧式房屋和单层或数层的、未经抗震设计的新式砖房。对于质量特别差或特别好的房屋,可根据具体情况,对表列各烈度的震害程度和震害指数予以提高或降低。

五、结构试验模态分析

机械和工程结构如发电机组、水工闸门、大坝等的动态特性研究是结构动力学的重要内容,它涉及到机械结构的设计、制造、运行和结构的抗震稳定分析,而采用激振方法,通过振动测试、数据采集和信号分析,可得到输入和输出的响应数据,即得到结构的频率响应函数并求得描述系统动态特性的模态参数,主要是固有频率、阻尼比和振型等。其理论基础为,机械工程结构的动态性能可由 N 阶矩阵微分方程描述为

$$M\ddot{x} + C\dot{x} + Kx = f(t) \tag{15-12}$$

式中 x、$\dot{x}$、$\ddot{x}$——结构 N 阶的位移、速度和加速度;

M、C、K——结构的质量、阻尼和刚度矩阵;

$f(t)$——结构的 N 阶激振力。

对于无阻尼的自由振动,结构振动方程为

$$M\ddot{x} + Kx = 0 \tag{15-13}$$

试验模态分析的具体作法是不解理论方程,从结构的激振—响应,由振动的测试信号分析来确定被测系统的模态参数,具体为:

(1)选择对结构施力的激振源,有稳态扫频、脉冲、阶跃、瞬态等激振方法以及运行条件下的振动状态,如利用激振器、锤击、爆炸以及大地微震等方法,产生结构振动。

(2)按设计布点在结构主体的关键控制部位安装测振传感器(一般用加速度传感器),注意位置和方向,黏结牢固、空间结构必须布置三向加速度计。

(3)施加激振力,进行结构振动响应的测试和激振力参数测试,由数据采集、数模转换等记录存储数字信号。

(4)以模态分析软件,根据实测的频率响应函数进行模态参数拟合,初期求得的模态参数,还要有检验过程以及误差分析等工作,从而可得到结构的自振频率、阻尼比,将各点实测位移值代入结构的几何图形可得到结构的各阶振型。

图 15-11 是三峡左岸大坝模态分析时的一组实测振动波形的传递函数图。根据实虚频特性曲线来初步确定模态参数是十分简便的。

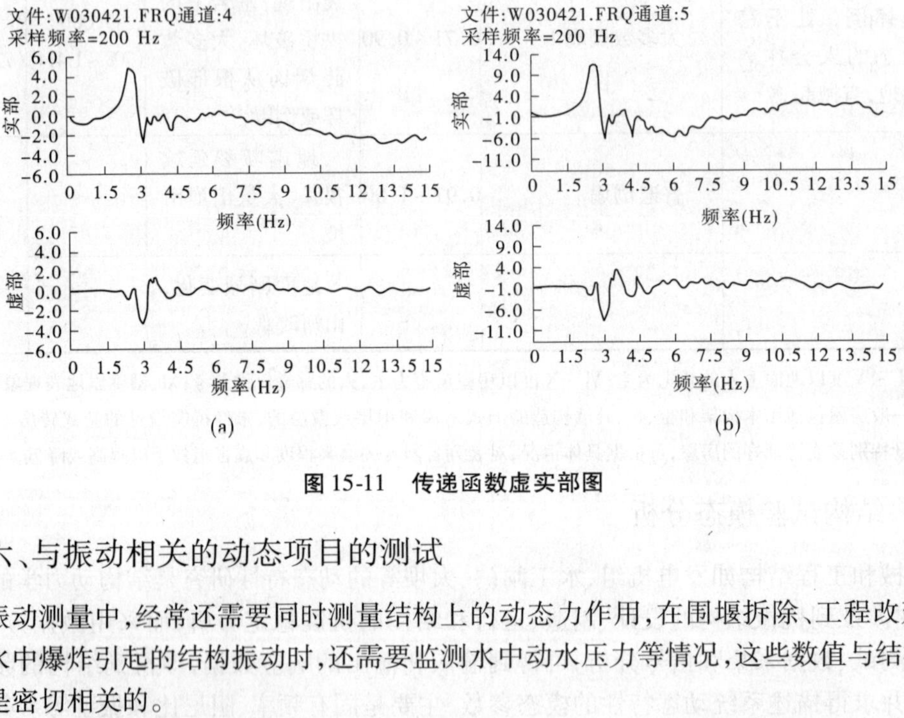

图 15-11 传递函数虚实部图

六、与振动相关的动态项目的测试

振动测量中,经常还需要同时测量结构上的动态力作用,在围堰拆除、工程改建等涉及到水中爆炸引起的结构振动时,还需要监测水中动水压力等情况,这些数值与结构振动分析是密切相关的。

(一)结构动应变测试

电阻应变计常用来监测结构、材料在动荷载下的应变,并可直接换算为作用力大小,其原理为:金属丝电阻与长度(L)及金属材料的电阻率(ρ)成正比,而与截面面积(A)成反比,则金属丝电阻可写为

$$R = \rho \frac{L}{A} \tag{15-14}$$

应变系数

$$F = \frac{\mathrm{d}R/R}{\mathrm{d}L/L} = 1 + 2\mu + \frac{\mathrm{d}\rho/\rho}{\mathrm{d}L/L} \tag{15-15}$$

式中 $\mu = -\dfrac{dD/D}{dL/L}$ 为波桑比。

所以，轴向应变量

$$\varepsilon = \frac{\Delta L}{L} = \frac{1}{F}\frac{\Delta R}{R} \tag{15-16}$$

金属丝应变系数一般为 $F = 1.9 \sim 2.1$，组成电桥时一般可用半桥或全桥，一般标准电阻 $R = 120\ \Omega$。

由于应变片具有小巧轻便、价格低廉、使用方便等优点，因此配合振动在一般的动静态应力测试中广泛使用。在冲击振动条件下，要保证应变片的频率响应特性，应变片的长度应满足应变梯度的要求，在工程测试中，由于频率稍低，波长较大，所以是容易满足的。

应变计布置时应选择受力较大的关键位置，如钢梁中部、弧门中部、厂房机组结构部位等，在混凝土或岩石上布置时一般选择应变计尺寸稍长的(保证频响要求前提下)，如混凝土表面监测，一般采用 8 ~ 15 cm 大标距的应变计，长度应大于 2 倍最大骨料粒径，在结构应力较复杂时可布置三向或五向应变花，在监测介质内部动应变测量时应采用应变式传感器或自制成应变元件，经检验合格后埋入。在要求灵敏度高的情况下可采用半导体应变片或压阻传感器，半导体应变片是利用半导体材料的压阻效应制成的，其灵敏度系数要高约 50 倍，而缺点是温度系数要大。

应变计的粘贴技术是一项十分重要而又细致的工作，在表面清理磨平冲洗后，选择适合的黏结剂粘贴，并做好固化防潮处理，对地绝缘电阻应满足 ≥50 MΩ。由于在粘贴、连线等过程中应变计易损坏，因此一般在重点位置可重复贴片，必要时可更换备用片，以保证测点的系统性。

动应变测试系统的配置见图 15-12。

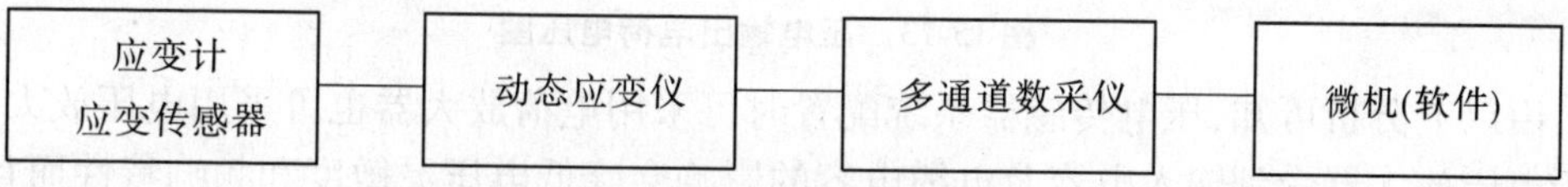

图 15-12　动应变测试系统框图

目前，国内外生产的动态应变设备较多，并已向数字化方向发展，精度更高，并且有通用接口，可进行远程传输。如北京某公司的 WS－3811 数字式应变测量仪，测量范围达 ±5 000 $\mu\varepsilon$、±50 000 $\mu\varepsilon$，频响 DC－50 kHz，线性度 0.1%FS，供桥电压 ±1 V，标准应变片 120 Ω。

(二)水中动水压力与孔隙动水压力测试

在水利水电工程中有大量的水下开挖、围堰拆除、工程改建等涉及到水下爆破的施工作业。当炸药能量全部或部分在水中释放时将产生水中动水压力，当动水压力数值高并具有陡削的前缘时(压力上升时间极短达微秒级)，一般称为水中冲击波。此时，动水压力波与由地层传来的地震波共同作用在结构上，引起工程结构的振动效应，此时两种荷载的强度和作用频率、作用时间均有不同，结构响应也是不同的，应特别注意下部处于水中而上部处于空气中的建筑结构，在水与空气的界面处将受到较大的剪切力作用，振动时结构稳定性稍差，此时应加强共同作用的水中动水压力及结构振动监测，如葛洲坝大江围堰、三峡工程左岸围堰拆除时，在围堰至大坝间分别布置了两条动水压力和振动效应等多种监测项目，为防止动水压力对大坝结构的瞬时冲击效应，有的还采取了气泡帷幕的削波保护措施。

动水压力一般采用压电晶体传感器、压阻式和应变式等传感器监测，而水中冲击波频率极高，要求传感器响应频率为几百千赫兹甚至更高，所以多采用压杆式压电传感器，其基本原理为某些电解质物质，由于结晶点阵的有规则分布，当沿某一轴向施加外力产生变形时，晶体相对表面会产生异号电荷，即具有压电效应，其表达式为

$$q_x = kF_x \tag{15-17}$$

式中 q_x——压电材料产生的电荷，C；

F_x——作用在晶体上的外力；

k——材料的压电系数，石英（SiO_2）$k=2.01\times10^{-12}$ C/N。

压电传感器现常用的晶体材料有碧硒（电气石）、石英、碳酸锂等，具有稳定性好、极限强度高、横向灵敏度小等优点。而人造压电陶瓷材料有钛酸钡、锆钛酸铅等，优点是灵敏度高，价格低，但稳定性稍差，如钛酸钡（$BaTiO_3$）的压电系数为 107×10^{-12} C/N，约为石英的50倍。

压电传感器根据不同设计线路，可输出电荷或电压，其等效电路图见图15-13。

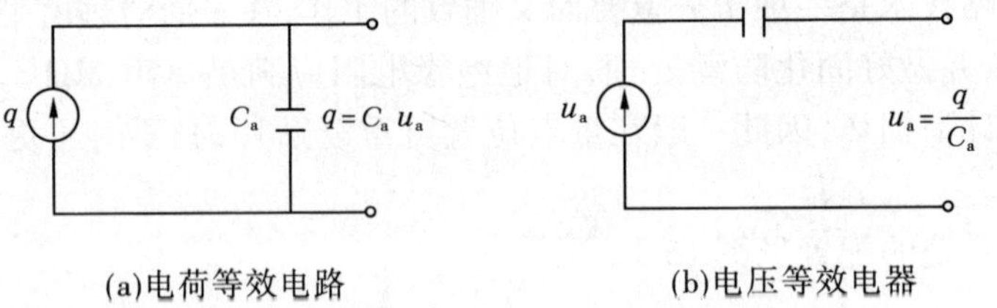

图15-13　压电输出电荷电压图

由以上分析可知，压电传感器系统配置时可采用电荷放大器也可采用电压放大器，但由于电压放大器受到输入电容及电缆电容的影响会降低电压灵敏度和频响特性而且不够稳定，所以目前一般均采用电荷放大器。当炸药在介质内爆炸，如在围堰钻孔内或砂土内爆炸，产生的动水压力频率稍低，应变式传感器可以使用。

动水压力传感器在测量自由场的入射压时，传感器布置应避开周围建筑的反射干扰，当测结构物表面的入射和反射的总荷载时，一般采用圆柱式传感器结构，安装时承压面必须与结构表面齐平，传感器还经常布置为测线监测波的传播衰减规律（传感器应置于水下一定的深度，以免水面、水底反射波的影响）和垂直断面上的压力分布等。图15-14为动水压力监测系统框图。

系统工作频带：监测水中冲击波时为0～1 000 kHz，

监测一般动水压力时为0～100 kHz。

当炸药在水中爆炸时，以标准密度为1.52 g/cm^3 的TNT炸药为例产生的水中冲击波参数经验计算公式为

$$\text{水中冲击波压力}\quad \Delta P_m = k\left(\frac{Q^{\frac{1}{3}}}{R}\right)^{\alpha} = 523\left(\frac{Q^{\frac{1}{3}}}{R}\right)^{1.13}\quad (\times10^5\text{Pa}) \tag{15-18}$$

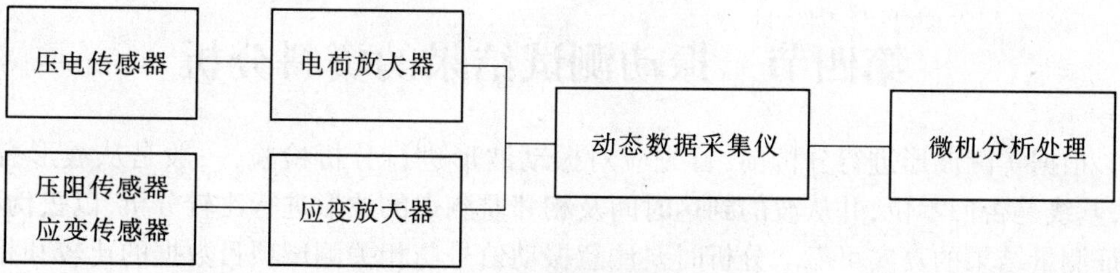

图 15-14 动水压力监测系统框图

时间参数 $$\theta = 0.084Q^{\frac{1}{3}}\left(\frac{Q^{\frac{1}{3}}}{R}\right)^{-0.23} \quad (\text{ms}) \tag{15-19}$$

单位面积冲量 $$I = 58.8Q^{\frac{1}{3}}\left(\frac{Q^{\frac{1}{3}}}{R}\right)^{-0.89} \times 10^2 \quad (\text{Pa}\cdot\text{s}) \tag{15-20}$$

式中 Q——炸药单响药量,kg;

R——爆源至测点的距离,m。

如果炸药的种类不是 TNT,则可按比热换算。

当炸药置于水中钻孔时,冲击波压力将减弱即系数 k 将减少,而衰减系数 a 一般将增大。河南鸭河口监测时,$k=60\sim70$,$a=1.30\sim1.33$;葛洲坝围堰拆除时,$k=31.2$,$a=1.36$。

当动水压力在砂土或裂隙发育的介质内传播时,将形成孔隙动水压力。建筑工程的基础存在着饱和的砂土层时,较大的振动加速度和孔隙水压力将使砂土体的抗剪强度降低,甚至完全丧失而产生饱和砂土的液化现象,地面会出现裂缝、流砂或喷砂、喷水的现象,建筑物将失稳而下沉。因此,振动和动水压力引起砂土液化的现象是值得重视的,国外专家也做过较多试验,在这种条件下,相关的监测工作是必须的,可提供相关数据和判据。

动水压力传感器在使用前也必须经由计量部门进行标定出具鉴定证书,标定设备一般为油压泵或直接使用 TNT 标准药球进行。图 15-15 为采用该方法标定的一组传感器波形(TNT 标准药球为 50 g,$R=5$ m)。每组传感器为 5 支,标定时的标准药球炸 3 次,根据测量结果可得到传感器的灵敏度及压力上升时间和高频响应。

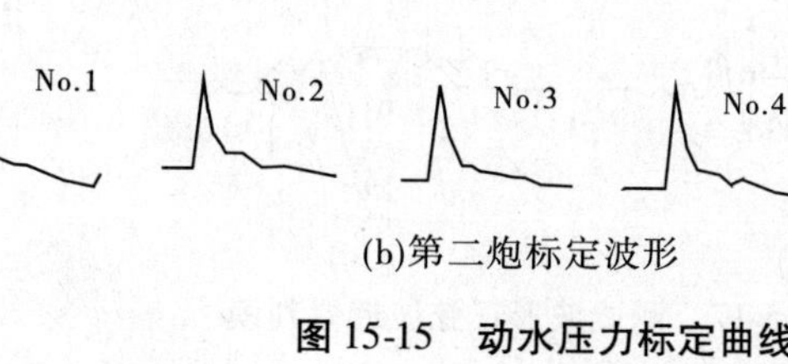

(a)第一炮标定波形

(b)第二炮标定波形

图 15-15 动水压力标定曲线

第四节　振动测试结果的资料分析

根据实测波形进行分析前，首先应对振动波形进行分析检验，一般是从波形有无畸变，基线是否回零位，并从波的到达时间及相邻监测点的波形进行比较分析，以去伪存真，保证测量结果的真实可靠。分析时要注意振动信号与相关测试项目数据的比较和相互验证，振动测试结果的资料分析主要包括振动参数、波谱分析及安全评估等方面内容。

一、振动参数的分析

（一）从振动测试的波形可得到振动参量的数值

（1）实测波形的电压值经过传感器、放大器构成的标定系数的转换后，可得到振动位移、速度或加速度的最大幅值（常用单位为 mm、cm/s、m/s^2）及所对应的主振频率。因为对于主频率不一样的振动激励，即使振动的幅值相同，但结构的响应或产生的危害是有很大差别的，所以主振频率是重要的。简要波形分析见图 15-16 和图 15-17，简谐振动波形的峰值、有效值和平均值为：$x_{有效}=\dfrac{\pi}{2\sqrt{2}}$，$x_{平均}=\dfrac{1}{\sqrt{2}}x_{峰值}$。对于接近正弦波的曲线可以方便地确定其幅值和主振频率，在基线摆动时，应读取波形峰值，如图 15-17（a）、（b）、（c）情况，若波形图在基线两边很不对称，如图 15-17（d），应分别读取两边的振幅值。

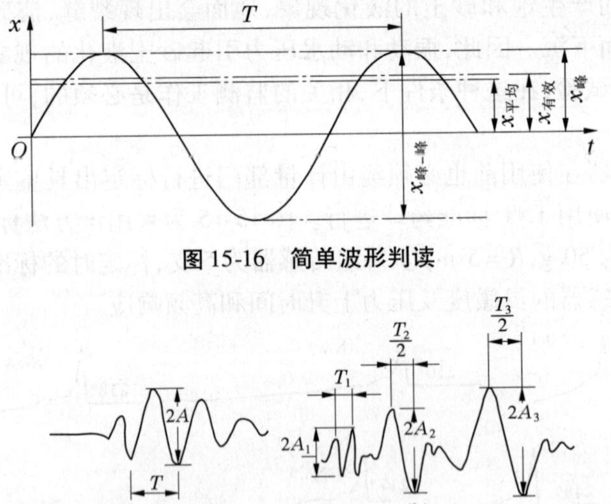

图 15-16　简单波形判读

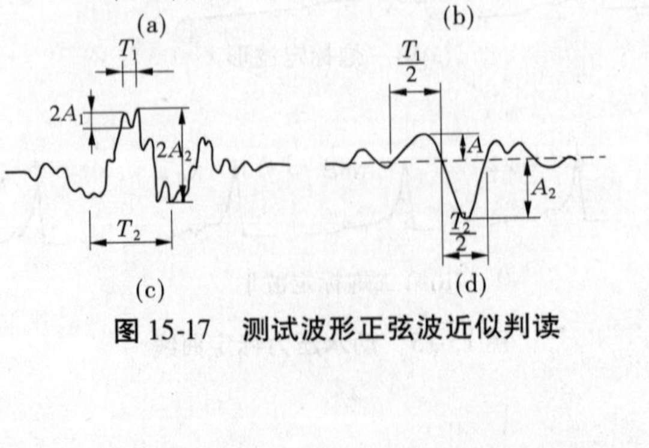

图 15-17　测试波形正弦波近似判读

(2)时间参数,包括波的到达时间、最大振幅的出现时间和振动延续时间等。在做传播衰减规律测试时,根据波的到达时间可推求该条件下的传递波速(单位为 m/s)。

(3)对于进行传播衰减规律的测试,对各点波形认真分析甄别后,要以最小二乘法或其他方法进行回归分析,给出该条件下振动波的传播衰减特征参数,如爆破振动条件下,一般质点振速的经验公式为

$$v = k\left(\frac{Q^{\frac{1}{3}}}{R}\right)^{a} \tag{15-21}$$

求出 k、a 后则可推求各点处的安全距离为

$$R = \left(\frac{k}{v}\right)^{\frac{1}{a}} Q^{\frac{1}{3}} \tag{15-22}$$

从而对爆破作业进行优化和控制,确保爆破施工的安全。

(4)结构的动力放大系数。一般高耸的结构具有明显的振动放大效应,即上部测点测值与基础输入振动量之比为动力放大系数,如重力坝、拱坝的动力放大系数在 2 ~ 5 之间(指 100 m 以上的坝)。

(5)结构自由振动的周期及阻尼比。

严格的说,结构自由振动的频率和阻尼应从激振试验模态分析得到,而对于小阻尼情况,从实测波形中较粗略的计算该参数时,选择波形尾部及结构强迫振动已过去而处于自由振荡衰减状况的波段,如图 15-18 所示,周期可直接从波形中给出,而振荡波的对数衰减率 δ 为

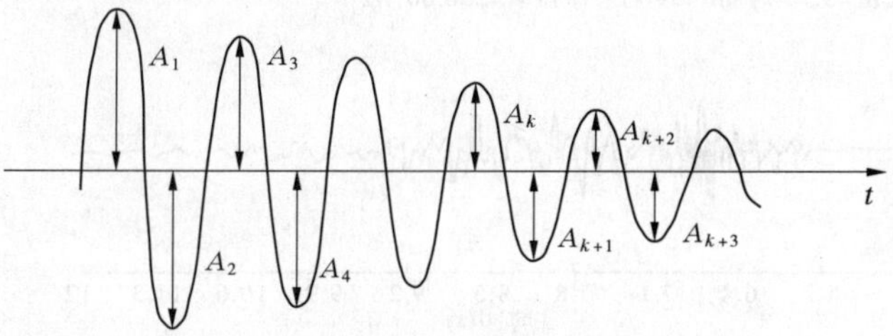

图 15-18 自由衰减波形

$$\delta = \frac{1}{n}\ln\frac{A_k}{A_{k+n}} \tag{15-23}$$

式中 A_k、A_{k+n}——计算中选择的起始处波形和终点处波形峰值;

n——为减小误差而选用的多个连续波峰的数目。

根据对数衰减率 δ 可求得结构或者是传感器试验时的阻尼比,为

$$D = \frac{\delta}{\sqrt{\pi^2 + \delta^2}} \tag{15-24}$$

(二)振动信号的频谱分析

以时间历程的方法描述振动过程称为时间域表示,而一个复杂的振动信号包含很多频率成分的谐波,将时间域信号变换为频率域信号表示,求得各种频率成分和它们相应的幅值、能量、相位等,这就是频谱分析。不同的频率成分的振动对结构设备和人员的影响

具有显著的差别。频谱分析中常用的有幅值谱、功率谱和响应谱等。频谱分析以傅里叶级数和傅里叶变换为基础，目前多以专用软件进行快速傅里叶计算来分析（即 FFT 算法）。

1. 幅值谱

幅值谱表示振动信号的幅值随频率的分布情况，以及最大幅值所对应的作用频率。

2. 功率谱

功率谱表示振动能量对频率的分布情况，因为振动能量与幅值平方成正比。如振动能量 W 为

$$W = \frac{1}{2}mv^2 = \frac{1}{2}mA^2\omega^2\cos^2(\omega t + \phi) \tag{15-25}$$

实测某工程的振动波型和功率谱见图 15-19。

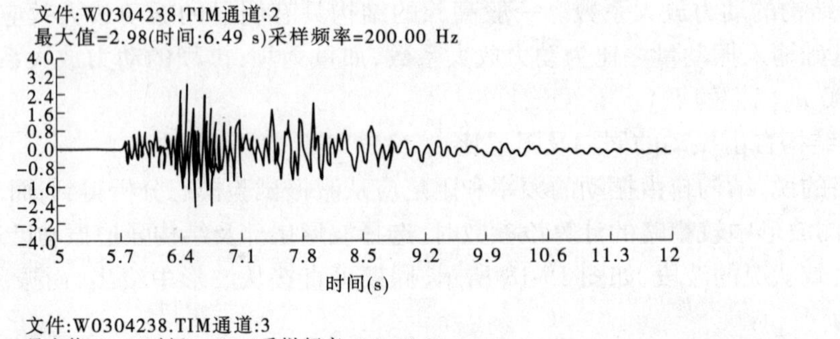

图 15-19 功率谱图

3. 响应谱

特定的结构对振动输入的响应是不同的，将不同的单自由度系统对振动信号的最大响应可标绘为位移响应、速度响应及加速度响应谱图等，藉此对结构进行深入的动态分析。

(三)结构的动应变分析

结构动应变测试结果表征了在振动条件下结构的动应力状态,正负应变值表示结构该点是处于受拉或受压的状态。以简单的一维波为例,假定结构材料的质量密度为ρ,而材料的动弹性模量为E,则振动时该点动应力为

$$\sigma = E\varepsilon = \rho C\dot{u} \tag{15-26}$$

式中 ρ——材料质量密度,$kg \cdot s^2/m^4$;

E——材料动弹性模量,可由材料试件声波测试求解,也可通过以杨氏模量提高15%~30%计;

C——传递波速,m/s;

$\dot{u}$——质点振速,m/s。

当采用应变花进行平面应力状态或空间应力状态测试时,如拱坝上下游应变花,$\varepsilon_z = 0, Z_{yz} = Z_{zx} = 0$,则

$$\left.\begin{aligned}\sigma_x &= \frac{E}{(1+\mu)(1-2\mu)}[(1-\mu)\varepsilon_x + \mu\varepsilon_y]\\ \sigma_y &= \frac{E}{(1+\mu)(1-2\mu)}[(1-\mu)\varepsilon_y + \mu\varepsilon_x]\\ Z_{xy} &= \frac{E}{2(1+\mu)}[2\varepsilon_{xy} - (\varepsilon_x + \varepsilon_y)]\end{aligned}\right\} \tag{15-27}$$

从式(15-27)可计算出各点的动应力。

在李家峡工地对60 t锚杆进行过锚墩头爆破加速度和杆上各点的应变测试,得到了锚杆上动应变计算式为

$$\varepsilon_{max} = k_1\left(\frac{Q^{\frac{1}{3}}}{R}\right)^{a_1} = 650.8\left(\frac{Q^{\frac{1}{3}}}{R}\right)^{1.55} \tag{15-28}$$

同时墩头加速度为

$$a_{max} = k_2\left(\frac{Q^{\frac{1}{3}}}{R}\right)^{a_2} = 54.93\left(\frac{Q^{\frac{1}{3}}}{R}\right)^{1.57} \quad (m/s^2) \tag{15-29}$$

式中 Q——2#岩石硝铵炸药,最大单响炸药,kg;

R——测点至爆区中心的距离,m。

式(15-28)、式(15-29)适用于$R>20$ m,$Q=50\sim500$ kg。据此爆破荷载对60 t锚杆的影响可进行深入分析。

(四)动水压力与孔隙水压力的资料分析

(1)压力监测的主要成果是压力的幅值大小,是否有超过规程规范或设计限定的压力值,其次是压力作用时间和主频,这主要是确定结构所受总荷载的能量,即结构所受冲量为波形积分值。

$$I = \int_0^t \Delta P(t)\,dt \tag{15-30}$$

对于较为单薄刚度小、自振频率较高的结构冲击压力易造成破坏,而对于质量大、刚度大的结构,由于自振频率较低,往往是由冲量造成结构失稳或破坏。

(2)对于进行动水压力传播衰减规律的测试与振动测试分析相同。波形分析后由最

小二乘法回归分析进行拟合，给出动水压力的传播衰减特征参数。如葛洲坝大江围堰拆除，动水压力测试给出的衰减规律的水中爆破作业产生的超压值衰减规律为

$$\Delta P_m = k\left(\frac{Q^{\frac{1}{3}}}{R}\right)^{a} = 31.2\left(\frac{Q^{\frac{1}{3}}}{R}\right)^{1.36} \tag{15-31}$$

在上海马迹山港口海岸挤淤爆破时得到动水压力回归式为

$$\Delta P_m = 195\left(\frac{Q^{\frac{1}{3}}}{R}\right)^{1.31} \tag{15-32}$$

求出 k、a 后，可得到该条件下各种药量、距离与超压之间的相互关系。据此可进行爆破作业时对动水压力的控制。

孔隙动水压力主要是控制砂基液化的压力参数，分析应给出最大压力值及作用频率，还有主要残余压力的持续时间，观察有无液化现象。在黄河滩地进行的爆破液化试验得到的砂土液化照片见图 15-20。

图 15-20　爆破振动产生砂土液化照片

（五）大坝强震监测资料分析

大坝强震监测的任务是监测强震发生时大坝结构的地震反应信号，监测台网可以实时准确地记录地震信息，由主管部门播报并进行地震安全预警，相关部门采取各种应急措施可以最大程度地减轻灾害损失。强震仪记录的振动加速度、频率、时间等参数和大坝响应谱分析计算是大坝抗震设计和大坝抗震安全评估分析的最宝贵资料。

（六）模态试验资料分析

根据激振输入和结构上振动测试由模态分析专用软件进行幅值谱、传递函数计算分析，从频率函数实频、虚频特性曲线进行单模态识别，即判读各阶模态频率和计算阻尼比，如图 15-11 所示，在实频和虚频图上可判读确定某阶固有频率，而从曲线正负峰值确定半功率带宽 $\Delta\omega = \omega_2 - \omega_1$，由此可计算某阶阻力比。经多个样本的识别判读并经过误差分析后，可得到结构各阶频率、阻尼比，经拟合检验后再按结构节点控制绘制的结构图上标出各阶的各控制点位移，既可得到结构各阶振型。图 15-21 为三峡左岸 14# 坝段的模态振型图，图中给出了 X、Y 向蓄水前的一阶振型。

（七）测试成果的误差分析

振动测试中，由于各种因素的影响会产生误差，通常归纳为系统误差和偶然误差。系

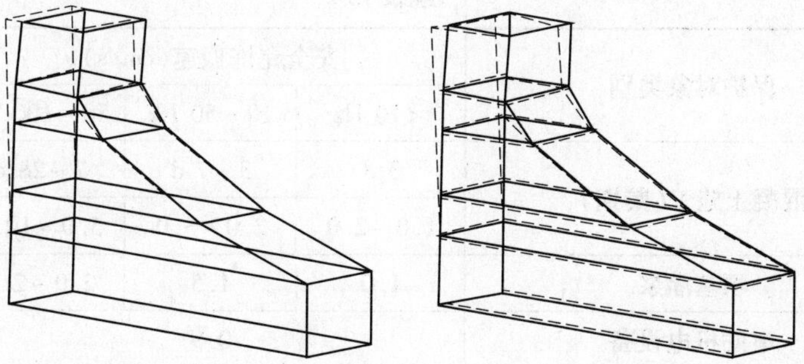

f_x=2.93　　　　f_y=8.08

图 15-21　模态分析振型图

统误差一般由测试传感器和系统配置仪器造成,在测试系统的标定工作中可发现误差的范围和影响。而偶然误差是指在多次反复测试中,测量值不会相同的情况。在动态测试中,由于种种因素条件的影响,误差是比较大的。因此,在多次测量的情况下,在经验公式的处理时,以算术平均值和标准误差(即均方差)分析是较为一般的方法。

二、安全评估分析

振动测量工作有时与工程结构的安全评估和抗震防护直接相关,如爆破作业对周围环境、房屋、厂房、设备、大坝围堰、水生生物等的影响,这就要求进行振动检测,对重要的工程建筑必须进行实时跟踪监测,并根据监测结果及相关的规程规范进行评估,及时对爆破施工进行控制并优化爆破施工设计,以达到确保安全、确保质量的爆破施工目标。如三峡工程左岸基坑开挖,对下游土石围堰影响进行了振动及孔隙水压力监测了7个月之久,南水北调中线北京段爆破施工对周围民房、泵站、供水供气管线的影响至2007年11月已监测了两年之久。现将有关规程规范及施工中由设计或专家组所拟定的控制标准选几项列于表15-2中。

表 15-2　爆破振动安全允许标准

序号	保护对象类别	安全允许振速(cm/s)			备　注
		<10 Hz	10 ~ 50 Hz	50 ~ 100 Hz	
1	一般砖房、非抗震的砌块建筑	2.0 ~ 2.5	2.3 ~ 2.8	2.7 ~ 3.0	
2	钢筋混凝土结构房屋	3.0 ~ 4.0	3.5 ~ 4.5	4.2 ~ 5.0	
3	一般古建筑与古迹	0.1 ~ 1.3	0.2 ~ 0.4	0.3 ~ 0.5	GB 6722—2003
4	水工隧洞	7 ~ 15			
5	水电站及发电厂中心控制室设备	0.5			
6	浅埋地下水管、气管	3.0			南水北调中线
7	爆破区域周围民房、泵站	100 m 处≤1.0 cm/s			北京段爆破施工

续表 15-2

序号	保护对象类别	安全允许振速(cm/s)			备　注
		<10 Hz	10~50 Hz	50~100 Hz	
8	混凝土施工(龄期)	3 d	3~7 d	7~28 d	
		1.0~2.0	2.0~5.0	5.0~10.0	
9	坝基灌浆	1.0	1.5	2.0~2.5	
10	电站机电设备	0.9			
11	围堰拆除爆破坝面荷载	$\leqslant 3.0\times10^5$ Pa			长江三峡工程设计控制

以上主要是指对爆破作业的控制，实际上振源是多样的，水电站厂房机组运行的振动和噪声，水流冲击振动、闸门开闭时的振动、强夯施工引起的振动等，除有相关的规程规范控制外，也可参考该控制标准，但要注意主振频率的影响，以近似正弦波而言，假定四种频率下，振动位移均为 1.0 mm，则其振速和振动加速度之差则达上百至上千倍，所以在工程测振中，应特别重视低频信号对结构的影响，因为一般的工程建筑物自振频率约在几赫兹至几十赫兹范围，高耸结构、高楼、高塔、柔性桥梁、烟囱等自振频率约在 10 Hz 以下，而机电设备振动频率较高。表 15-3 为同位移不同频率时振动参数的比较。

表 15-3　同位移不同频率时振动参数的比较

振动频率(Hz)	1	10	20	100
位移(mm)	1.0	1.0	1.0	1.0
速度(cm/s)	0.628	6.28	12.56	62.8
加速度	0.004 g	0.4 g	1.6 g	40 g

第五节　振动测量工作的发展

振动测量工作目前在各行业普遍涉及，我国振动测量工作技术研究也经历了 50 多年的历程。随着电子技术、微机应用和网络技术的发展，振动测量技术和装备也有了很大的进展。基本上达到与国际接轨的水平，在水利水电建设、航空航天、交通运输、军工设备等产业中发挥了重要的作用。

目前，传感技术发展也较快，传感器向精度更高、频带更宽的方向发展并已发展了光纤、镭射、激光技术的传感器，多用于高精度，有的是非接触式测量，而特别突出的是使用了操作简单、精度高的数字式测振仪器，其记录系统内置电源、放大器、存储器(省略了二次放大仪器)，避免了连接长电缆而使用又方便，并具有抗干扰能力强的优点，从现场或野外将记录的数字信号输入计算机分析处理并可随时传送至远方，这是目前测振的主要设备，而且国内生产厂家较多。

国外的测振仪器及系统配置目前也发展较快，如加拿大、日本、美国、瑞士等国家生产的便携式振动测量系统，从传感器至分析软件全部配套性能也较好，具备有精度高、频带宽、记录模式多样、分析软件功能多等优点，但价格较贵。如加拿大的 MiniMate plus 测振系统，美国的 Mini - Seis 测振系统、Etna 大动态范围的固态存储数字强震仪，瑞士的 GeoSIG公司生产的各种振动传感器和数据采集系统等。近几年来发展的光纤加速度传感器，利用质量块的振动位移将使光纤拉伸或压缩而长度变化时，光纤中光相位的变化与加速度成正比的规律检测加速度。还有利用激光干涉法测量位移、加速度的传感器等较为先进的高灵敏度的测振仪器。振动测量目前存在的问题是仪器设备厂家较多、性能指标的检测方面也还有待有关部门的设备配置、权威认可，希望有待于进一步的规范管理。

参 考 文 献

[1] 振动与冲击手册编辑委员会. 振动与冲击手册[M]. 北京：国防工业出版社，1988.

[2] 钱培风. 结构动力学[M]. 北京：中国工业出版社，1964.

[3] 冈本舜三(日). 地震工程学[M]. 北京：中国建筑工业出版社，1978.

[4] 应怀樵. 振动测试和分析[M]. 北京：中国铁道出版社，1987.

[5] P. 库尔(美). 水中爆炸[M]. 北京：国防工业出版社，1960.

[6] 中华人民共和国国家质量监督检验检疫总局. GB 6722—2003 爆破安全规程[S]. 北京：中国标准出版社，2004.

[7] 中华人民共和国建设部，中华人民共和国质量监督检验检疫总局. GB 50011—2001 建筑抗震设计规范[S]. 北京：中国建筑工业出版社，2001.

[8] 中华人民共和国发展和改革委员会. DL/T 5333—2005 水利水电工程爆破安全监测规程[S]. 北京：中国电力出版社，2006.

[9] 中华人民共和国国家经济贸易委员会. DL 5073—2000 水工建筑物抗震设计规范[S]. 北京：中国电力出版社，2001.

[10] 李德葆，陆秋海. 工程振动试验分析[M]. 北京：清华大学出版社，2004.

第十六章 监测资料的管理与分析

第一节 概 述

一、监测资料管理与分析的内涵

大坝安全监测贯穿大坝建设与运行管理的全过程，一般可分为监测设计、安装埋设、数据采集（包括仪器观测、巡视检查及其数据传输与储存）、资料整理整编及初步分析、大坝性态的研究及评价五个环节。监测资料的管理与分析的工作内容涵盖了最后两个环节，是实现大坝安全监控的技术保障，因此是大坝安全管理的核心内容。

目前，与水电站大坝安全管理直接相关的法律法规主要有《水库大坝安全管理条例》、《水电站大坝运行安全管理规定》、《水电站大坝安全注册办法》、《水电站大坝安全监测工作管理规定》、《水电站大坝安全定期检查办法》，水利部门则主要有《水库大坝安全评价导则》（SL 258—2000）及《水库大坝安全鉴定办法》（2003 年 8 月 1 日实施）；规程规范主要有《混凝土坝安全监测技术规范》（DL/T 5178—2003）、《土石坝安全监测技术规范》（SL 60—94）、《混凝土坝安全监测资料整编规程》（DL/T 5209—2005）、《土石坝安全监测资料整编规程》（SL 169—96）等。

《水库大坝安全管理条例》第十九条规定：大坝管理单位必须按照有关技术标准，对大坝进行安全监测和检查；对监测资料应当及时整理分析，随时掌握大坝运行状况。发现异常现象和不安全因素时，大坝管理单位应当立即报告大坝主管部门，及时采取措施。据此，各规程规范对监测资料的管理与分析提出了具体的要求，较新的 DL/T 5178 特别明确地要求建立监测资料数据库或信息管理系统，及时完成日常及定期资料，在首次蓄水、蓄水到规定高程、竣工验收、大坝安全定期检查、出现异常或险情状态时进行资料分析并提出资料分析报告，分别为蓄水、验收及大坝安全定期评价提供依据。

总之，从大坝安全管理的角度，对监测资料的管理与分析的要求是：对监测数据、检查资料及有关资料进行系统的整理整编，实现文档化及电子化信息管理，进行必要的定量分析和定性分析，对大坝的工作性态做出及时的分析、解释、评估和预测，为有效地监控大坝安全、指导大坝运行和维护提供可靠的依据。

为达到上述目标，必须做到以下各点。

（1）监测资料要准确、连续、系统。包括监测数据、检查资料及有关资料在内的监测资料应来源可靠，通过合理性检查和可靠性检验，识别和剔除粗差，消除或减小系统误差，分析方法应科学合理，计算方法及软件经过验证和认定，计算成果应经过审查；观测频次应符合要求，数据系列连续无间断；相关监测资料齐备，便于互相印证和综合分析。

（2）监测信息管理系统要实用、可靠。管理系统要提供日常管理、入库整编、图表制作、查询及必要的可视化分析等功能。大型工程关键部位的重要观测项目应尽可能实现在线监测和分析反馈。

(3)资料整理和分析要及时。应做到及时整理资料,及时分析上报。分析成果(图表、简报、报告)要及时满足建筑物安全监测的需要,与施工、蓄水进度、运行管理相适应。遇有重大环境因素变化(如大洪水、较高烈度地震等)或监测对象出现异常或险情时,要迅速做出反应。

(4)资料分析既要反映全面,又要突出重点。从空间上反映大坝各主要部位的情况,从项目上要全面反映建筑物在荷载作用下的位移场、温度场、渗流场、应变场及应力场等多方面的状况,从时间上要全面反映建筑物在施工期、初蓄期和正常运行期全过程的性态;针对建筑物的特殊安全问题,特别注意环境因素发生重大或剧烈变化时要重点关注关键部位的强度、稳定性及耐久性的异常趋势性变化。

(5)实现"人—资料—工具"结合。尽可能实现高素质的分析管理人员与准确的资料和可靠的分析管理工具(软件及硬件)的完美结合。

(6)加强人员管理。应根据工程的具体情况,因地制宜地制定完善的管理制度,做好监测资料的管理与分析工作的组织、分工和协调,充分发挥安全管理人员的能动性,做好各层次数据、信息和分析成果、知识技能的流动、共享以及传递,建设保障有力的大坝安全管理队伍。

(7)加强业务外委管理。充分利用内外部人才资源及各次鉴定及定期检查的机会,有计划、有步骤地进行各时期的资料分析及监测系统评价工作,建立健全监测分析管理系统,完成施工期、蓄水期及运行期的监测分析任务。

二、监测资料管理与分析在坝工实践中的作用

资料分析成果在评价大坝安全、监视大坝的运行、发挥已有工程效益、推动坝工建设的发展等方面发挥了明显的作用,现介绍如下。

(一)为大坝安全评价提供依据

现有大坝安全管理法规规定在大坝鉴定时应进行资料分析,并提出报告。例如:陈村大坝第一次安全定期检查时,在分析成果中提出了"下游坝面 105 m 高程水平裂缝,对 105 m 高程以上坝体位移有明显影响。从长期观测过程来看,1976 ~ 1978 年期间 105 m 高程水平裂缝开度及坝体位移有一次小突变;1983 ~ 1985 年期间坝体位移又有一次小突变;105 m 高程以上坝体向上游的时效位移尚未完全稳定……"。最后大坝安全评价:根据本次定期检查所做大量工作以及各专题报告的成果和结论,专家工作组经再三斟酌讨论,鉴于坝体裂缝众多,有的裂缝对大坝结构有明显影响……。对照《水电站大坝安全检查施行细则》,陈村大坝符合该细则第四十一条评价条件,本次定期检查将陈村大坝定为病坝。专家组还提出了处理裂缝的建议:"对坝体裂缝进行专题研究,对危害性裂缝应尽早落实处理措施。"这是由于资料分析成果客观地描述和反映了大坝的运行性态,是大坝安全评价的一个实例。

(二)掌握运行规律,监视大坝安全运用,改善运行状况

在通常设计情况下,混凝土大坝以承受高水位作为监视大坝安全的重要工况,而根据

许多大坝的资料分析表明,高水位低气温才是监视大坝安全运行的重要工况。这是由于环境温度是影响大坝性态变化的主要因素。通常在高水位低气温季节里:坝顶水平位移值最大,并偏向下游;坝体上游面和坝踵部位的压应力减少或出现拉应力;坝基扬压力和渗流量增加,这是由于低气温引起的变形使缝隙扩大;纵缝和施工缝的缝隙增大或出现裂缝,减弱大坝整体性等。在低气温季节里,应加强监测和及时分析资料。在认识温度作用的基础上,应设法减小温度影响。如在桓仁大头坝上采用封腔保温措施,效果显著。该坝处在我国东北严寒地区,封闭坝腔前大坝支墩最低月平均温度为 -9.4 ℃,封腔后年平均温度提高 6.8 ~8.8 ℃,使年平均温度达到 10 ~11 ℃,温度变幅也减小,这对防止裂缝发生和发展创造了十分有利的条件。

(三)及时发现大坝运行异常,不失时机采取补救措施

(1)梅山连拱坝于 1962 年 11 月 6 日库水位由运行以来的最高水位 125.56 m 回降到 124.89 m 时(相当于设计水头的 83%),经监测发现,右岸基岩裂隙中突然有大量地下水涌出(主要集中在 14# ~16#拱坝基础岩缝),漏水量达 70 L/s,压力水头达 31 m(当时该处水头 37 m);大坝坝体产生多条裂缝,13 号垛的水平位移值突然增大,向下游达 19.56 mm,向右达 14.53 mm,位移上下游向和左右向变化速率与以前的有着显著差异。由于测量数据确切指出大坝已不能正常工作,于是采取了紧急措施:立即放空水库,进行加固,从而避免了一场严重事故。事后总结认为:如果没有及时的监测资料,就可能贻误抢救时机。

(2)佛子岭连拱坝 13 号坝段的沉陷量长期为 9.6 mm,较其他坝段约大 2 mm。经查明,该坝段下的基础有破碎带并有倾向下游的夹泥层,后将水库放空进行基础处理才使大坝能经受住 1969 年漫过坝顶高达 2.18 m 而持续 25 h 之久的特大洪水的考验,从而保证了下游安全。

(3)丰满重力坝系日伪时期修建,工程质量极其低劣,新中国建立初期的渗漏、变形都很大。根据实测资料推算,在遇到百年一遇洪水时,坝有失去稳定的危险,于是进行了大量的加固修理,使扬压力、渗流量和位移值明显减小,有效地提高了大坝的稳定性,保障了安全运用。

(四)根据分析成果发挥已有工程效益

(1)广东泉水拱坝在 1976 年蓄水前,因右岸地形单薄、地质条件差且溢洪道及排水洞混凝土衬砌有裂缝,担心不能承受全部设计水头。但经过观测和分析,发现应力和变形正常,裂缝开度仅受气温影响,从而决定正常蓄水运用,使该坝发挥了应有的作用。

(2)四川龚嘴重力坝投入使用后,部分纵缝尚未灌浆,以致大坝未形成整体,不得不限制水位运行。为了抬高水位,发挥效益,1978 年决定在蓄水条件下进行高压灌浆。灌浆压力的确定及在灌浆中坝体的安全都是通过分析观测资料基础上进行的。

(五)用于预报

长江上新滩滑坡监测,由于预报准确及时,因而在发生大滑坡之前撤出人员,避免了巨大伤亡,这是监测预报的一次非常成功的应用。

(六)为大坝设计、施工和科研水平提供信息

(1)美国垦务局和 TVA 从 20 世纪 30 年代起,经过 20 多年的扬压力观测,证实了排水孔对降低扬压力的有效性,才于20世纪50年代起改进了扬压力的计算图形:从上下游直线变化改进为在排水孔处折减,采用折减系数 $\alpha = 1/3 \sim 1/4$。

(2)根据采用柱状施工法建造的混凝土坝观测表明,该方法影响垂直应力分布,产生非线性应力分布。美国在应力分析过程中已考虑了这种筑坝过程因素。

(3)1974年,四川龚嘴重力坝在施工期间,根据坝内埋设的温度计和测缝计资料,查明在该坝的具体条件下,纵缝开度在夏季最大,冬春较小。于是修改原定的纵缝灌浆时间,确定夏季灌浆。实施结果,纵缝的灌浆质量和坝的应力状态都得到了改善。

(4)国内外观测资料表明,由于大坝自重和库水荷载的作用,不仅对基岩,还对坝区岩体产生变形,从而对坝体变形、应力状况引起变化。如美国、中国、苏联都观测到大坝所在区域的沉降,形成漏斗形,其影响范围可延伸到坝下游几千米。此外,苏联还观测到两岩"向中"或"向外"及有时两岸的边坡有移动等现象。这种现象对狭窄河谷特别明显。据资料记载,设计中考虑了空间效应,有可能降低造价20%。我国陈久宇教授在分析刘家峡重力坝外部观测资料时,亦证实坝体通过横缝的传力存在着三元作用(该坝按二元计算),因此相应地加强了它的稳定性。

(5)国内外大量的坝内所得的实际应力资料表明:

①实际应力值与设计计算值是不相同的。它们之间的差异不仅在数量和符号上,甚至还在分布规律上。

②实际应力包括了施工期应力、设计荷载引起的应力、温度变化引起的应力、附加应力(狭窄河谷中重力坝的空间效应,混凝土的湿涨应力)等。

③实际应力中施工期应力占相当比重,往往是主要成分,超过自重和水压力所引起的应力。这种应力在合理的施工程序和方式下才能产生有利的效果(如在最合宜的时机和方式下进行纵缝灌浆,可在坝上游面和坝踵造成足够大的压应力),否则成为不利的因素(如坝踵接缝开裂)。研究和利用施工期应力,改善坝体受力状况已得到了足够重视。

(6)混凝土坝的温度状态是坝体应力和变形的主要影响因素,实测资料表明,设计中的边界温度条件和大坝实际边界条件有较大差别。例如,刘家峡水库深水水温比设计值高,下游坝面的太阳辐射升温也高出设计值1.6 ℃,致使坝底温度高出7.5 ℃,说明二期冷却过甚。丹江口水库实测31坝段稳定温度比设计值高出3.5~8.1 ℃,为了使边界温度条件更符合实际,这就要改进边界温度的计算方法。这样可避免坝体超冷,降低温控费用,提高施工速度。

(7)运用实测资料反演大坝有关物理常数。这对校核设计和进一步分析是很有作用的。

(七)为评价监测系统状况提供依据

监测数据的来源依赖于监测系统。若监测系统先天不足,则通过这种系统采集到的资料就不可靠。因此,在资料分析过程中通过数据可靠性检查,可对有关监测项目的状态做出评价。一般监测项目按其可使用程度分为以下3种类型:

(1)数据基本可靠,精度满足要求;

(2)数据中存在一定的问题,经过一定处理,尚能为评价大坝工作状态提供信息;

(3)数据严重失真,无法使用。

通过对监测资料的检查分析，确定其所属种类，可为改进现有监测系统提供依据。

第二节 监测资料的整理与整编

一、监测资料的收集

观测成果体现为一定形式的资料，观测资料是观测工作的结晶。收集和积累观测资料，才能为利用观测成果提供条件。为了对观测成果进行分析，必须了解各种有关情况，这也需要有相应的资料。因此，收集和积累资料是整理分析的基础。观测分析水平与分析者对资料掌握的全面性及深入程度密切相关。观测人员必须十分重视收集和积累资料，并爱护资料，熟悉资料。

为了做好观测分析工作，应收集、积累的主要资料有以下三个方面。

（一）观测资料

（1）观测成果资料，包括现场记录本、成果计算本、成果统计本、曲线图、观测报表、整编资料、观测分析报告等。

（2）观测设计及管理资料，包括观测设计技术文件和图纸，观测规程、手册，观测措施及计划、总结，查算图表，分析图表等。

（3）观测设备及仪器资料，包括观测设备竣工图，埋设、安装记录，仪器说明书，出厂证书，检验或率定记录，设备变化及维修、改进记录等。

（二）水工建筑物资料

（1）坝的勘测、设计及施工资料，包括坝区地形图，坝区地质资料，基础开挖竣工图，地基处理（帷幕灌浆、排水孔、断层破碎带加固等）资料，坝工设计及计算资料，坝的水工模型试验和结构模型试验资料，混凝土施工资料，坝体及基岩物理学性能测定成果（强度、弹性模量、泊松比、抗渗性、抗冻性、热学参数）等。

（2）坝的运用、维修资料，包括上下游水位、流量资料，气温、水温、降水、冰冻资料，泄洪资料，地震资料，坝的缺陷检查记录，维修加固资料等。

（三）其他资料

其他资料包括国内外坝工观测成果及分析成果，各种技术参考资料等。

资料收集、积累的范围与数量，应根据需要与可能性而定，厂部、分场和班组存档的分工，应便于使用并有利于长期管理和保存。

二、监测资料的整理与整编

从原始的现场监测数据，变成便于使用的成果资料，要进行一定的加工，这就是监测资料整理。它是资料分析的基础，常包括数据检验、物理量计算、监测数值的填表和绘图等环节。

监测资料整编则汇集有关基本资料、监测成果图表、初步分析成果等汇编刊印成册，并生成规范要求的电子文档。

大坝观测资料整理、整编的具体工作应参照《混凝土坝安全监测资料整编规程》

(DL/T 5209—2005)以及《土石坝安全监测资料整编规程》(SL 169—96)的要求执行。以下仅作几点补充。

(一)数据检验

对现场观测的数据或自动化仪器所采集的数据,应检查作业方法是否合乎规定,各项被检验数值是否在限差以内,是否存在粗差或系统误差。若判定观测数据超出限差,就立即重测。

任何测量过程都不可能得到与实际情况完全相符的测值,由于种种原因,测量中不可避免地引入这种或那种偏差。测值与真值的差异称为测值的观测误差。误差源主要有:①仪器和量具的误差(含随时间产生的误差);②人的误差(含测错、读错、记录错);③自然条件引起的误差;④测量方法的误差。

1. 系统误差

在相同的条件下,多次重复测量同一量时,误差的大小和符号保持不变,或按照一定的规律变化,这种误差称为系统误差。其误差的数值和符号不变的称为恒值系统误差;反之,称为变值系统误差。变值系统误差又可分为累进性的、周期性的和按复杂规律变化的几种类型。系统误差的原因包括检测装置本身性能不完善、测量方法不完善、测量者对仪器使用不当、环境条件的变化等原因。注意:同条件多次重复测量消除不了系统误差。

对于系统误差,应根据物理判别法、剩余误差观测法、马林可夫准则法、误差直接计算法、阿贝或阿贝-黑尔美特检验法、符号检验法、t 检验法及 x^2 检验法等予以发现和鉴别,分析其发生原因,并采取修正、平差、补偿方法加以消除或减弱。

2. 随机误差

在相同条件下,多次测量同一量时,其误差的大小和符号变化时大时小、时正时负,没有确定的规律,也不可预见,但具有抵偿性的误差。等精度观测的误差服从正态分布规律:①在一定条件下,随机误差的绝对值不会超过某一界限;②绝对值小的误差比绝对值大的误差出现的机会多;③绝对值相等的正误差与负误差出现的机会大致相等;④随机误差的算术平均随着观测次数的无限增加而趋于零。随机误差是测量过程中,许多独立的、微小的、偶然的因素引起的综合结果。在任何一次测量中,只要灵敏度足够高,随机误差总是不可避免的。而且在同一条件下,重复进行的多次测量中,它或大或小、或正或负,既不能用试验方法消除,也不能修正。

对于随机误差,要通过重复性量测数据用计算均方偏差的方法评定其实测值观测精度,并且通过对各观测环节的精度分析及误差传递理论推算间接测量值的最大可能误差。

注意:标准差 σ 与中误差 m 的差异。标准差表示一组同精度观测次数 $n\to\infty$ 时误差的扩散特性,是对随机误差的大小衡量指标;中误差是同精度观测次数 n 为有限时的观测精度指标。$\sigma^2=\lim\limits_{n\to\infty}\frac{[\Delta^2]}{n}$,$m=\pm\sqrt{\frac{[\Delta^2]}{n}}$(规范 DL/T 5178—2003 所给中误差定义有误)。

3. 粗差

明显歪曲测量结果的误差称做粗大误差,又称过失误差或粗差。粗差主要由人为因素造成的。例如,测量人员工作时疏忽大意,出现了读数错误、记录错误、计算错误或操作不当等。另外,测量方法不恰当,测量条件意外的突然变化,也可能造成粗差。

对粗差(疏失误差),应采用物理判别法及统计判别法,根据一定准则(如拉依塔准则、肖维内准则、格茹布斯准则、狄克逊准则等)进行谨慎的检查、判别、推断,对确定为观测异常的数据要立即重测。已经来不及重测的粗差值应予以剔除。

有条件时,应通过调查或试验对测量中存在的方法误差、装置误差、环境误差、人员主观误差和处理测量数据时产生的舍入误差、近似计算误差以及计算时由于数学物理常数有误差而带来的测值误差进行分析研究,以判断其数值大小,找出改进措施,从而提高观测精度,改善测值质量。

(二)物理量计算

经检验合格的观测数据,应按照一定的方法换算为监测物理量,如水平位移、垂直位移、扬压力、渗漏量、应变、应力等。当存在多余的观测数据时(如进行边角网测量、环线或附合水准测量等),应先作平差处理再换算物理量。物理量的正负号应遵守规范的规定。规范没有统一规定的,应在观测开始时即明确加以定义且始终不变。相同类型的物理量(位移、应力、应变、渗压、渗漏等)的正负号、单位应统一,尤其是不同监测手段获得的位移应尽可能采用相同的坐标系、正负号和单位。

数据计算应方法合理、计算准确。采用的公式要正确反映物理关系,使用的计算机程序要经过考核检验,采用的参数要符合实际情况。计算时,应采用国际单位制。有效数字的位数应与仪器读数精度相匹配,且始终一致,不随意增减。应严格坚持校审制度,计算成果一般应经过全面校核、合理性审查等几个步骤,以保证成果准确无误。

观测基准值将影响每次观测成果值,必须慎重准确地确定。内部观测仪器的初值应根据混凝土的特性、仪器的性能及周围的温度等,从初期各次合格的观测值中选定。变形监测的位移、接缝变化等皆为相对值,基准值是计算监测物理量的相对零点。一般宜选择水库蓄水前数值或低水位期数值。各种基准值至少应连续观测两次,合格后取均值使用。一个项目的若干同组测点的基准值宜用同一测次的,以便相互比较。

(三)监测数值的填表和绘图

所有监测物理量(包括环境因素变量及结构效应变量)数值都应填入相应的表格或存入计算机。应根据工作需要经人工填写或通过计算机生成各种成果表及报表,包括月报表、年报表、重要情况下的日报表以及经过系统整理和各种专项成果表等。表格应有统一的格式和幅面尺寸,人工填写的表格要字体端正、清楚,用钢笔书写。有错时应以横线划掉后在其上方填上正确数字。有疑问的数字,应在其左上角标上注记号,并在备注栏内说明疑问原因及有关情况。监测资料中断时,应在相应格内以缺测符号“-”,在备注栏内说明中断原因。

各种监测数据应做成必要的图形来表示其变化关系。一般常绘制效应观测量及环境观测量的过程线、分布图、相关图及过程相关图。过程线包括单测点的、多测点的以及同时反映环境量变化的综合过程线;分布图包括一维分布图、二维等值线图或立体图;相关图包括点聚图、单相关图及复相关图;过程相关图依时序在相关图点位间标出变化轨迹及方向。

监测曲线图可手工绘制或用计算机来绘制。图幅的大小要合适,以能清楚地表达数值的范围及变化为宜。能用较小图幅表达的就不用较大图幅,一般多采用小于16开(B5纸)的图幅,以便和文字、表格一同装订并便于翻阅。图的纵横比例尺要适当。图上的标注要齐全。图号、图名、坐标名称、单位及标尺（刻度）都应在图上适宜位置标注清楚，必要时附以图例或图注。

在计算机上制作的图表，除存入计算机的存储器外，还应拷入软磁盘做备份，并打印出硬拷贝供脱机使用。

（四）监测资料整编

监测资料整编一般以一个日历年为一整编时段，每年整编工作须在下一年度的汛期前完成。整编对象为水工建筑物及其地基、边坡、环境因素等各监测项目在该年的全部监测资料。整编工作包括汇集资料，对资料进行考证、检查、校审和精度评定，编制整编监测成果表及各种曲线图，编写监测情况及资料使用说明，将整编成果刊印等。

对监测情况检查考证的项目一般有：各监测点位坐标的查证，各种仪器仪表率定参数及检验结果的查证，水位基面和高程基面的考证，水准基点和水尺零点高程的考证，位移基点稳定性考证，扬压测孔孔口高程及压力表中心高程的考证等。

整编时对监测成果所作的检查不同于资料整理时的校核性检查，而主要是合理性检查。这常通过将监测值与历史测值对比，与相邻测点对照以及与同一部位几种有关项目间数值的对应关系检查来进行。对检查出的不合理数据，应作出说明，不属于十分明显的错误，一般不应随意舍弃或改正。

对监测成果校审，主要是在日常校审基础上的抽校及对时段统计数据的检查、成果图表的格式统一性检查、同一数据在不同表中出现时的一致性检查以及全面综合审查。

整编时须对主要监测项目的精度给出分析评定或估计，列出误差范围，以利于资料的正确使用。

整编中编写的监测说明，一般包括监测布置图、测点考证表，采用的仪器设备型号、参数等说明，监测方法、计算方法、基准值采用、正负号规定等的简要介绍，以考证、检查、校审、精度评定的情况说明等。整编成果中应编入整编时段内所有的监测效应量和原因量的成果表、曲线图以及现场检查成果。

对整编成果质量的要求是项目齐全、图表完整、考证清楚、方法正确、资料恰当、说明完备、规格统一、数字正确。成果表中应根据除大的差错外，细节性错误的出现率不超过二千分之一。

（五）几点补充

1.正倒垂组的位移计算

以上下游方向水平位移为例，正倒垂组示意见图16-1。设标尺指向下游为正，以某测时读数为基准，测得的读数有：D_{0-1}（点0相对点1的位移），D_{2-1}（点2相对点1的位移），D_{4-2}（点4相对点2的位移），D_{4-3}（点4相对点3的位移）。

换算为相对点0的位移（绝对位移）

$$\left.\begin{aligned}
D_{1-0} &= -D_{0-1} \\
D_{2-0} &= D_{2-1} + D_{1-0} = D_{2-1} - D_{0-1} \\
D_{4-0} &= D_{4-2} + D_{2-0} = D_{4-2} + D_{2-1} - D_{0-1} \\
D_{3-0} &= D_{3-4} + D_{4-0} = -D_{4-3} + D_{4-2} + D_{2-1} - D_{0-1}
\end{aligned}\right\} \tag{16-1}$$

关键点：明确测尺正向，测尺读数是悬挂点相对测尺位置的位移。

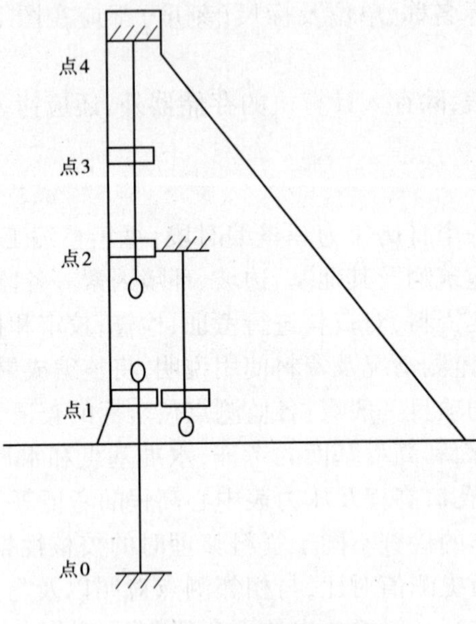

图 16-1　正倒垂组示意

2. 多点位移计的位移计算

多点位移计需经两次整编:第一次整编,测量物理量换算为相对测读孔口的位移,第二次整编,换算为相对不动点的位移。

多点位移计第二次整编换算公式(以点 4 为例)。

1) 非预埋情形

4 点视为不动点(见图 16-2)。

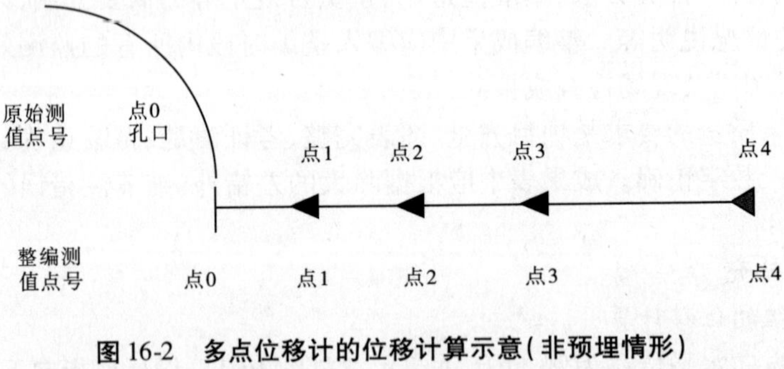

图 16-2　多点位移计的位移计算示意(非预埋情形)

第一次整编结果:D_{1-0}、D_{2-0}、D_{3-0}、D_{4-0}。D_{1-0} 表示"点 14"相对"点 0"的位移,拉为"+",压为"-",其他类似。

第二次整编结果(未改变点号时)

$$\left.\begin{aligned} D_{0-4} &= D_{4-0} \\ D_{1-4} &= D_{4-0} - D_{1-0} \\ D_{2-4} &= D_{4-0} - D_{2-0} \\ D_{3-4} &= D_{4-0} - D_{3-0} \\ D_{4-4} &= 0 \end{aligned}\right\} \tag{16-2}$$

第二次整编结果(改变点号:0→1, 1→2, 2→3, 3→4)

$$\left.\begin{aligned}D_0 &= D_{0-4}\\D_1 &= D_{1-4}\\D_2 &= D_{2-4}\\D_3 &= D_{3-4}\\D_4 &= D_{4-4} = 0\end{aligned}\right\}\tag{16-3}$$

2)预埋情形

实际只有一次整编,点0(孔口)视为不动点,但需要变换测点编号(见图16-3)。

$$\left.\begin{aligned}D_1 &= D_{4-0}\\D_2 &= D_{3-0}\\D_3 &= D_{2-0}\\D_4 &= D_{1-0}\end{aligned}\right\}\tag{16-4}$$

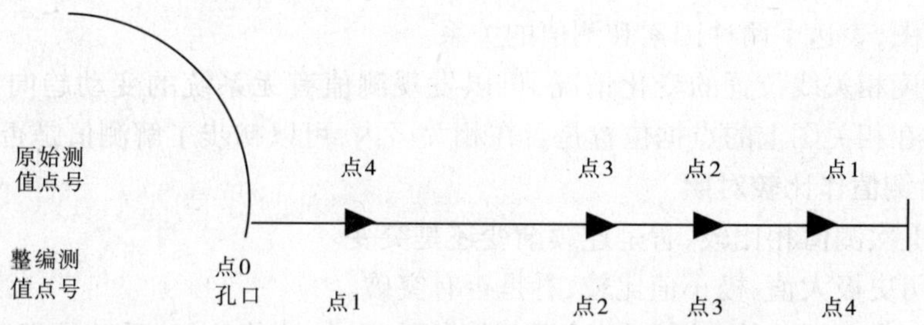

图16-3 多点位移计的位移计算示意(预埋情形)

第三节 监测资料的初步分析

监测资料的初步分析是在对资料进行整理后,采用绘制过程线、分布图、相关图及测值比较等方法对其进行初步的分析与检查。

一、常用的初步分析方法

(一)绘制测值过程线

以观测时间为横坐标,所考察的测值为纵坐标点绘的曲线叫过程线。它反映了测值随时间而变化的过程。由过程线可以看出,测值变化有无周期性,最大值、最小值是多少,一年或多年变幅有多大,各时期变化梯度(快慢)如何,有无反常的升降等。图上还可同时绘出有关因素如水库水位、气温等的过程线,以了解测值和这些因素的变化是否相适应,周期是否相同,滞后多长时间,两者变化幅度大致比例等。图上也可同时绘出不同测点或不同项目的曲线,以比较它们之间的联系和差异。

(二)绘制测值分布图

以横坐标表示测点位置,纵坐标表示测值所绘制的台阶图或曲线叫分布图。它反映了测值沿空间的分布情况。由图可看出测值分布有无规律,最大值、最小值在什么位置,各点间特别是相邻点间的差异大小等。图上还可绘出有关因素如坝高、弱性模量等的分布值,以了解测值的分布是否和它们相适应。图上也可同时绘出同一项目不同测次和不同项目同一测次的数值分布,以比较其间联系及差异。

当测点分布不便用一个坐标来反映时,可用纵横坐标共同表示测点位置,把测值记在测点位置旁边,然后绘制测值的等值线图来进行考察。

(三)绘制相关图

以纵坐标表示测值,以横坐标表示有关因素(如水位、温度等)所绘制的散点加回归线的图叫相关图。它反映了测值和该因素的关系,如变化趋势、相关密切程度等。

有的相关图上把各测值依次用箭头相连并在点据旁注上观测时间,又可在此种图上看出测值变化过程,测值升和降对测值的不同影响以及测值滞后于因子程度等,这种图也叫做过程相关图。

有的相关图上把另一影响因素值标在点据旁(如在水位—位移关系图上标出温度值),可以看出该因素对测值变化影响情况,当影响明显时,还可绘出该因素等值线,这种图叫复相关图,表达了两种因素和测值的关系。

由各年度相关线位置的变化情况,可以发现测值有无系统的变动趋向,有无异常迹象。由测值在相关图上的点据位置是否在相关区内,可以初步了解测值是否正常。

(四)对测值作比较对照

(1)和上次测值相比较,看是连续渐变还是突变。

(2)和历史极大值、极小值比较,看是否有突破。

(3)和历史上同条件(水库水位、温度等条件相近)测值比较,看差异程度和偏离方向(正或负)。比较时最好选用历史上同条件的多次测值作参照对象,以避免片面性。除比较测值外,还应比较变化趋势、变幅等方面是否有异常。

(4)和相邻测点测值作比较,看它们的差值是否在正常范围之内,分布情况是否符合历史规律。

(5)在有关项目之间作比较,如扬压力与涌水量、水平位移和挠度、坝顶垂直位移和坝基垂直位移等,看它们是否有不协调的异常现象。

(6)和设计计算、模型试验数值比较,看变化和分布趋势是否相近。数值差别有多大,测值是偏大还是偏小。

(7)和规定的安全控制值相比较,看测值是否超过。

(8)和预测值相比较,看出入大小是偏于安全还是偏于危险。

二、影响测值的基本因素

分析观测值的变化规律及异常现象时,必须了解有关影响因素。一般来说,有观测因素、荷载因素、结构因素等,现分述如下。

(一)观测因素

观测值不可避免地会存在误差,误差又可分为疏失误差、系统误差和偶然误差三类。

得到观测成果后,首先应对其可靠性和正确性进行检查,即分析有无疏失误差和系统误差,有疏失误差的测值应舍去不用(因计算错误而被发现的,可恢复正确测值再使用),

有系统误差的测值应加以改正。然后根据统计分析方法求出偶然误差，了解测值的精度。

当多次测值始终都在误差范围以内变动时，认为测值未发生变化或其变化被误差所掩盖。当此种变动超出误差范围时，认为测值有变化。此时应进一步从内因（坝的结构因素）和外因（坝的荷载条件）的变化上来考察测值发生变动的原因、规律性，并判断测值是否异常。

（二）荷载因素

作用在混凝土坝上的荷载，主要有坝的自重、上下游静水压力、溢流时的动水压力、波浪压力、冰压力、扬压力、淤沙压力、回填土压力、地震产生的力、温度变化影响等。它们是大坝变化的外因，分析观测成果时，要把测值和它们变化联系起来考察。

在混凝土坝建成后的变形及渗透观测分析中，自重已是定值，不随时间而变化；动水压力、波浪压力、冰压力比较次要，对测值影响不大；淤沙及回填土压力一般也较次要，且变化较缓慢，大的地震发生机会少，较难遇到；扬压力主要取决于上、下游水压力和温度变化影响。许多情况下，当下游水位（对岸坡坝段则是下游地下水位）变幅不大且水深相对上游水深较小时，可只考虑上游水压力对水库水位变化和温度变化的影响。

水库水位决定了坝前水深，作用在坝上游任一点的静水压强和该点处水深成正比。作用在坝任一水平截面以上的静水压力和该截面上水深的平方成正比。水库水位就决定了上游水压力，而水压力是混凝土坝上最主要的荷载之一，因此大多数观测值都和水库水位有密切关系。水库水位越高，坝的变形和渗透就越大，应力状况也越不利，甚至出现不安全情况，因此高水位时的观测及其资料分析就显得特别重要。

坝体混凝土温度的变化和某些观测值也有密切的关系。混凝土坝的温度变化过程是复杂的，开始时混凝土入仓温度和周围介质温度就可能不同，继之水泥水化热又使混凝土温度升高，坝周围的介质（空气、水体和地基）的温度也在不断地变化，上下游水位的升降又使坝体浸没在水中的深度随着变化，这些因素的影响使坝体混凝土温度在分布上是不均匀的，在时间上是不断变化的。混凝土温度变化引起体积的胀缩，相应地引起温度应力及温度变形。通常坝的水平位移、垂直位移、挠度、接缝变化、应力、应变等和温度情况都有明显的关系，有时这种影响较之水位的影响更为重要，对于拱坝、支墩坝及宽缝重力坝等薄壁或空腹的坝体，尤其是这样，温度变化引起坝体接缝和裂缝的张合，间接地也影响到漏水量及扬压力的大小。

影响观测值的温度因素是坝体各点混凝土温度分布及变化的综合，一般用各时期断面温度等值线图来描述，有时也简化地用坝体几个点的温度来表示。运行数年后的坝体，水化热已基本散发，混凝土温度主要取决于气温和水温，而水温又能主要受制于气温（也和水库水深及水量平衡等因素有关），在缺乏坝体混凝土温度及水温实测值或计算值的情况下，也可以用坝区气温来代表温度因素，考察分析坝的观测值和它的关系。

水位、温度影响下坝的变化往往有一个过程。因此，观测数值不仅和当时水位、温度状况有关，有时还和前期水位、温度的变化过程有关，表现出滞后现象。扬压力、漏水的滞后现象比较明显。

发生较强烈地震时，坝的变形、渗漏都可能有所变化，分析地震前后观测资料时，要注意考察这种影响。

前面提到的次要荷载，对某些坝而言，在一定条件下也可能成为主要荷载。如对寒冷地区的低坝，冰压力有时占重要地位；多泥沙河流坝前淤积很快时，泥沙压力可成为一种主要影响因素。在这类情况下，应该把测值的变化和它们联系起来着重加以考察。

（三）结构因素

荷载因素是坝性态变化的条件，结构因素则是坝性态变化的根据，荷载是通过结构而起作用的。分析观测资料时，必须深入地掌握坝的结构情况，把测值当做是荷载作用于结构的产物来考察。

这里说的结构因素包括坝基和坝体两个部分。

坝基结构因素主要是地质条件和基础处理情况。

地质条件包括坝基岩石的均匀性、弹性模量、泊松比、抗压强度及抗剪强度数值，断层、节理、软弱破碎带的分布和性质、抗渗性和排水性、边坡稳定性等。这些条件对观测值都有影响，如岩性不均一，可能引起基础沉陷和位移的不均一，还会影响坝下部应力、应变的分布；岩石风化破碎，抗渗性将较差。岩石中有泥状物质时，抗渗性较好，排水性则较差。大坝监测中，应着重注意地质条件差的坝段，把它们当做重点监测和分析的对象。

基础处理条件包括坝基开挖、固结灌浆、帷幕灌浆、排水以及软弱破碎带的处理情况等，这些措施的目的是防止基础出现滑动、开裂、压坏、不均匀沉陷、大的渗漏、气蚀、管涌、软化和坝头或边坡失去稳定等。处理较彻底的，变形及渗漏较小，应力状况较好；反之则较差。了解基础处理情况，对正确分析观测成果很有帮助。此外，在坝投入运用后对基础所做的维修、加固工作，如帷幕补充灌浆、排水孔的清疏等，也要及时了解，它们对观测值也会发生影响。如苏联监测成果表明固结灌浆可提高基岩的变形模量：契尔克拱坝的石灰岩坝基，灌浆后与灌浆前岩石变形模量之比为2～4；克拉斯诺雅尔斯克重力坝的裂隙花岗岩坝基，此值为2.2～2.5；而在乌斯奇伊里姆坝的暗色辉绿岩（一种坚硬的透水性小的火成岩）坝基，灌浆前后变形特性无明显变化。

坝体结构因素主要是坝的尺寸和构造、混凝土的质量和特性、坝在运用中的结构变化等。

一座坝的各个坝段的高度和尺寸是不相同的。坝段高的，由于承受荷载较大，通常其变形、应力和渗透也较大，反之则较小。坝体结构的单薄与厚实，接缝的型式与构造，混凝土质量的好和坏等，也都会影响到观测数值，分析时要加以注意。

在坝的运用过程中，结构情况还可能发生变化而影响测值，如混凝土及岩石的徐变可影响变形及应力，混凝土内部的溶蚀和沉积会使一些裂隙加大或充填而造成渗漏量及渗透位置的改变，坝面的风化、冰融会加剧入渗等。采取维修措施后，随着结构状况的改善测值也会有相应变化。如坝面补修和防渗灌浆可减少渗漏，连接坝缝和锚固坝体可降低变形值等。因此，掌握坝在运用中的变化情况对分析观测资料也是很重要的。

大坝结构条件在各坝段各有不同，在坝建成后基本上是不变或少变的，而荷载则周期性地经常在变化，因此大坝观测成果的数值在空间分布上主要取决于结构条件，在时间发展上则主要取决于荷载变化，但这只是问题的一个方面。从另一方面来说，荷载在各个坝段也是不同的，对测值的空间分布也发生影响，同时，结构条件随着时间的推移总会发生变化，有时甚至是质的变化，这也不能不影响到测值的过程变化。观测分析的任务就在于通过具有一定精度的观测资料,认识大坝观测数值在空间分布和时间发展上的规律性,掌握它和各种内外因素的联系,从观测值的变化来考察和发现大坝结构的变化和异常现象,防止大坝结构的变化向不安全的方向发展到质变。

三、混凝土坝温度资料的初步分析

坝体混凝土温度是坝体热状态的表征。坝体温度场的变化,会引起温度应力变化,分析坝的应力、水平位移、垂直位移、转角接缝开合及裂缝出现和发展等问题,必须掌握坝体温度场的情况。坝体温度变化引起的缝的开合还影响到坝的渗漏,分析渗漏问题时也需要了解坝的温度状况,因此坝体混凝土温度资料是反映大坝工作条件的一项基本资料。

混凝土坝在施工期和投入运用以后,其温度不断发生变化,影响温度变化的因素有三个方面:施工因素、外部边界条件、混凝土坝的热物理性能,分述如下。

(一)施工因素

混凝土在入仓时温度与周围介质的温度(气温、基础或下部块温度、邻块温度)不同,存在初始温差,使混凝土温度发生变化,混凝土在水泥硬化期中所散发的水化热使自身温度有较大升高,施工中为了控制温度而采取的人工措施(如通水冷却、冬季保温等)又可使混凝土温度降低或升高。

(二)外部边界条件

混凝土坝周围和外部介质(空气、水、地基)相接触,这些介质的温度状况和热源的变化,引起了和混凝土坝之间热量的流动和传导,混凝土温度也随之变化。

水温是坝上、下游面水下部分的边界温度条件,它的周期性变化导致影响区混凝土的周期性变化。分析计算表明:混凝土内部温度的变化周期与水温变化周期相同,但最低、最高温度出现的时间要滞后,越深滞后越大;混凝土内部温度变幅随深度增加而减小,参见表16-1,影响深度与周期的平方根成正比。

表16-1　水温变化的影响深度　　(单位:m)

内部温度变幅	温度变化周期(d)			
	1	15	30	365
0.10*A*	0.41	1.59	2.25	7.85
0.05*A*	0.53	2.07	2.93	10.21
0.01*A*	0.82	3.18	4.50	15.70

注:混凝土导温系数 $a = 0.10\ m^2/d$,A 为水温变幅。

气温是最基本的边界条件,它直接影响坝上、下游面及坝顶暴露在大气中那部分的温度,同时还影响水温、地温,间接影响到坝体其他部分的温度。对于宽缝重力坝、大头坝等有空腔的坝,腔内气温也是混凝土温度的重要边界条件,由于气温有年变化、中间变化及日变化,混凝土温度也相应的有这三种周期的变化。设混凝土导温系数 $a = 0.10\ m^2/d$,计算得到混凝土表面温度变幅如表16-2所示。可以看到,对于日变化来说,混凝土表面温度变幅只有气温变幅的一半左右,而对于年变化来说,则只比气温年变幅小3%~6%。对混凝土内部影响深度见表16-3。

表 16-2　气温变化时混凝土表面温度变幅　（单位:m）

λ/β	温度变化周期(d)		
	1	15	365
0.10 m	0.61A	0.87A	0.97A
0.20 m	0.42A	0.77A	0.94A

注:A 为气温变幅;λ、β 分别为混凝土导热系数及在空气中的表面散热系数;混凝土导温系数 $a=0.10\ m^2/d$。

表 16-3　气温变化的影响深度　（单位:m）

λ/β	内部温度变幅	温度变化周期(d)			
		1	15	30	365
0.10 m	0.10A	0.32	1.49	2.15	7.75
	0.05A	0.44	1.97	2.83	10.11
	0.01A	0.73	3.08	4.40	15.60
0.20 m	0.10A	0.25	1.40	2.05	7.65
	0.05A	0.38	1.88	2.73	10.01
	0.01A	0.67	2.99	4.30	5.50

注:A 为气温变幅;λ、β 分别为混凝土导热系数及在空气中的表面散热系数;混凝土导温系数 $a=0.10\ m^2/d$。

太阳辐射对坝面增温影响也很显著。暴晒在阳光下的坝面温度常比气温要高,例如三门峡大坝 1963 年 9 月观测结果,受日晒的坝下游面日最高温度比气温高 10～12 ℃,而背阳的上游坝面水上部分,日最高温度比日最高气温要低 5～6 ℃,同一地区(气温相近)坝下游面朝南的比朝北的混凝土温度要高,上、下游面温度梯度要大。

地基温度也会影响坝温,实体混凝土坝地基处于混凝土之下,不受气温直接影响,变化较小。

由边界温差所引起的混凝土体内的热传导(向外流出热量或向内流进热量),需要有一个过程,因此混凝土体温对边界气温(或水温、土温)来说,其变化滞后一段时间,愈往深处滞后愈长。

(三)混凝土坝的热物理性能

外界的热量传入坝体或内部热量流出坝体,都是和坝体混凝土的热物理性能及几何特性有关的。比表面积(表面积与体积的比值)大的坝,如支墩坝、大头坝、宽缝重力坝,对外界气温、水温的反应比较灵敏,变化较复杂;比表面积小的实体坝,情况则相反。同样,薄的坝体部位比厚的坝体部位温度变化也较灵敏。

四、变形资料的初步分析

(一)引起变形的原因

外部变形监测的项目包括水平位移、垂直位移(沉陷)、接缝的错动和开合等。它们可能是如下三种原因引起的变形构成的:

(1)水库水的静水压力引起的弹性变形,与水库水位的变化有关,以 δ_H 表示;

(2)坝体的温度变形与外界气温、水库水温以及混凝土的水化热等的变化有关,以 δ_T 表示;

(3)坝体混凝土和基础坝体的时效变形,它是因水库的水压和坝体自重的作用发生的,随时间变化,以 δ_θ 表示。

因此,变形量 δ 可写成

$$\delta = \delta_H + \delta_T + \delta_\theta \tag{16-5}$$

下面分别分析一下上述三种变形的变化情况。

1. 静水压力引起的变形 δ_H

这种因水库静水压力引起的变化属于弹性变形,与库水位成对应关系,由如下四项变形分量构成

$$\delta_H = \delta_{H1} + \delta_{H2} + \delta_{H3} + \delta_{H4} \tag{16-6}$$

δ_{H1} 是由于水库静水压力作用到坝体上,以及由于水平缝的渗压力使坝体产生弯曲而形成的坝体变形。

δ_{H2} 是在水库水的水压力作用下以及坝底的扬压力作用下使基础向下游转动而引起的坝基的变形和坝体的变形。

δ_{H3} 是由于水库水体的重量作用使库底变形,坝底基础面向上游转动,而引起坝基变形和坝体变位。

δ_{H4} 是由于剪应力对坝底接触带的作用和坝底接触带的转动而引起此坝底基础和坝体的水平位移。

并非所有的观测项目都包含了上述 4 种变形,坝体的水平位移和接缝的错动受这 4 种变形影响,坝体垂直位移(沉陷)和倾斜以及正锤(坝体挠度)则没有 δ_{H4},而坝基沉陷和坝基倾斜还没有 δ_{H1}。设在坝基的倒锤能够测出 δ_{H4},拱坝接缝的开合受水库水荷载的各种影响,而直线形重力坝的接缝开合与水位无关。

2. 坝体温度变形 δ_T

坝体浇筑之后,混凝土的放热温升及冷却温降,会使坝体发生变形,混凝土坝这种不稳定温度场的影响甚至可达 10 年以上,此后坝体温度受气温和水温周期变化的影响,而坝体的温度变形也以 1 年为周期变化。

温度变形也是可恢复变形,与坝体温度成对应关系。

任何一个不均匀的温度分布总可以分解为两个部分,平均温度 h 和温度梯度 a(参见本章第四节),因此温度变形也是由相应两部分组成的。

$$\delta_T = \delta_{T1} + \delta_{T2} \tag{16-7}$$

重力坝的横断面(悬臂梁)上下游面的温度差或温度梯度的变化引起坝向上游或下游挠曲。在冬季上游面的温度高于下游面的温度,坝向下游挠曲,而在夏季,下游面温度高于上游面温度,坝向上游挠曲,平均温度的变化则使坝在垂直方向发生变形。

平均温度还会使拱环产生变形,夏季温度高,拱环伸张,产生向上游的变位,冬季温度低,拱环收缩,产生向下游的变形。

由此可见,就温度变形来说,重力坝的水平位移和挠度是由温度梯度引起的,与平均温度无关,坝体垂直位移则主要是由平均温度引起的,温度梯度也起一定作用。

拱坝的水平位移和挠度两种影响都有,而以平均温度的变形为主,坝的厚度越薄,平均温度的影响越占优势,随断面变厚平均温度的影响变小,温度梯度的影响增大。

不论是平均温度还是温度梯度,其影响都是在冬季引起向下游的变位,在夏季引起向上游的变位,这恰好和水位的影响相反,一般是冬季水位低,向上游变位,夏季水位高,向下游变位。由于这种情况,挠度曲线有时是中间高程较坝顶高程变位大,在中间高程凸出的曲线。

3. 时效变形 δ_θ

这种变形是由于混凝土的收缩、徐变以及基础岩体的软弱夹层和破碎带等在外荷载的作用下压实而引起的变形,它的特点是刚加荷时变化较大,以后即使荷载不增大,也要发生缓慢的变化,随时间增长而趋向稳定。如果荷载除掉,也不能恢复。但是,在坝的运用过程当中,由于外界因素的作用,仍然还会产生新的不可逆变形。在观测工作中,必须注意发现新的不可逆变形的产生。如果两次观测的水位和温度条件都相同,但两次的变形测值不同,就是产生了新的不可逆变形。

注意:不同阶段的时效变形的方向不一定一致,时效变形并不意味着全过程单调变化。

(二)变形的变化规律

1. 水平位移的变化规律

水平位移变化规律有以下几个方面:

(1)水平位移变幅随坝高而加大,对于同一坝级,挠曲成抛物线状,测点高的位移变幅大,坝底最小。对于不同坝段,坝段高的坝顶位移变幅大,一般是岸坡坝段变幅小,河床坝段变幅大。

(2)坝基软弱、破碎的坝段比坚硬、完整的坝段水平位移变幅大。

(3)坝体混凝土弹性模量高、整体性好的坝段比弹性模量低、纵缝未成整体、存在裂缝的坝段位移变幅小。

(4)在夏季水位高、冬季低的情况下,水压的位移和温度位移的方向相反。

(5)坝体的温度位移滞后于气温变化。

(6)温度对位移的影响往往比水位的影响大。

2. 垂直位移和倾斜的变化规律

垂直位移和倾斜的变化规律表现在以下几个方面:

(1)坝的高度越大,垂直位移及倾斜变幅越大。一般岸边坝段数值较小,河床坝段数值较大。对于同一坝段,测点高的垂直位移及倾斜变幅大,坝顶垂直位移及倾斜的变幅要比坝基大。

(2)坝基软弱的坝段,沉陷及倾斜较大。

(3)对于坝体上部特别是坝顶温度和水位的变化都是垂直位移的主要影响因素,温度高时坝体膨胀而升高,温度低时则收缩而沉降。坝体夏秋季因温度梯度的影响向上游倾斜,冬春季向下游倾斜。

(4)对于坝基,水位变化是垂直位移和倾斜的主要因素,温度影响几乎没有。由于水库水对坝体的水平作用和水库水自重引起的坝基变形方向相反,使得垂直位移和倾斜同水位的关系不太明显。有的坝是水位升高,倾斜向上游,沉陷加大,例如丹江口坝;有的则是水位升高,倾斜向下游,位移向上,例如丰满坝。

3. 接缝的变化规律

接缝的变化规律表现在以下两个方面:

(1)直线形重力坝的横缝开合(沿坝轴线方向),与坝体混凝土温度有关,以年为周期成正弦曲线变化,比气温有一些滞后,拱坝的横缝开合还与水位有关。

(2)横缝上下方向及沿垂直方向的错动大致有同位移变化相同的规律。

五、渗流资料的初步分析

(一)坝基扬压力

1. 扬压影响因素分析

坝基扬压是在一定的坝基防渗条件下,由于上、下游水位高于坝基而产生的一种地下渗流现象,它的影响因素主要是上、下游水位和坝基防渗条件,以下分别作一些讨论。

1)上游水位的影响

当坝基为颗粒介质的软基(砂卵石、土壤等)时,坝底渗透服从直线渗透定律,当坝基为岩基时,渗透主要通过岩石裂缝,若裂隙纵横交错、形状不规则、各个方向发育相似,渗水的运动也可按直线渗透定律来计算,即认为渗透流速与测压坡降(水头梯度)成正比。这时,在渗流稳定的条件下,根据直线渗透定律和水流连续条件,可以列出测压水头在分布上的方程式,从而求出解答。

坝基扬压力系数 α 与测点所在位置及坝底防渗、排水条件有关,而与上下游水头差大小无关,沿坝底向下游各点 α 值渐小。

通常讨论的坝基扬压力系数 α 的前提是渗流稳定,即 H(上游水位)不随时间而变化。坝运行过程中 H 始终是在变化的,因此 $h=f(H)$ 的关系并非完全线线关系,当 H 变化剧烈,迅速升高或很快下降时,由于渗流是个不稳定过程,测压装置又有一定的惯性,因而表现出扬压值滞后。

2)下游水位的影响

下游水位对坝基扬压力的影响和上游水位类似,但通常下游水位较低,变幅较小,故影响也比上游水位小。

下游河床水位造成坝底浮托力,岸坡坝段下游地下水位也有类似作用。但当坝底排水效果显著,排水出口低于下游地下水位且河沿纵向排水时,排水处及其下游一段坝底扬压水位可低于下游地下水位。

3)坝基防渗条件的影响

(1)地质条件。通常假定坝基为均匀渗透介质,即各处的渗透系数 k 相等。当坝底沿横向各处 k 值不等时,渗透系数 k 小的区段,渗压水头降落多,渗压水头梯度大,k 大的区段情况则相反。

当坝底有相对隔水层时,隔水层中渗压降落多,故其下游侧扬压水位很低,但在上游侧却使扬压水位涌高。

要注意的是,扬压分布只和沿渗流方向 k 值是否均匀即各处 k 的相对值的大小有关,

而和 k 的绝对值无关。

(2)帷幕及排水状况。帷幕的深浅和位置对扬压分布有明显影响,靠近上游的深帷幕阻渗压降的效果大。

当排水孔间距密,孔径大时,α 较小,渗压效果好,此外,排水孔口到坝底面高差越小,排水作用越好。

随着运行时间的加长,帷幕可能逐渐溶蚀、削弱,扬压值相应会升高。例如,丰满坝52 个观测坝段中,1971 年比 1964 年有 35 个坝段的扬压系数增大,这些坝段几乎都是1964 ~ 1971 年间未进行过补充灌浆而在渗水作用下帷幕效能有所减弱。又如云峰坝,运行 10 年后钻孔压水检查,发现坝基帷幕处岩石有的部位(如 27# 坝段)单位吸水率比帷幕灌浆时增大,6#、29#、30#、…等 9 个坝段扬压系数有逐年增大趋势,这说明帷幕可能在弱化。

坝基排水系统也会逐渐被渗水溶出物的沉积物质、孔壁坍塌碎落物、附近灌浆串入浆体、孔口落入物体等淤堵,造成泄压作用降低,扬压值升高(邻近孔)或失真(米孔),需清通旧排水孔或增设新排水孔增强排水效能时,扬压值减小。

对坝基进行补充灌浆,加长、加厚或添补原有帷幕,使防渗条件改善,帷幕后扬压值降低。

2. 扬压图形绘制和分析

1)过程线

研究扬压力随时间发展变化的情况,绘制和分析过程线是一种常用的方法。过程线以时间为横坐标,扬压值(扬压水位 z_i、扬压水柱 h、扬压系数 α 或扬压力 W 等)为纵坐标,将测值点据连线,通常把几个互有联系的扬压过程线,如一个横断面上各孔 z_i 值过程线,一个坝段内纵向各孔 h_i 过程线,几个坝段的 W 值过程线等,同绘在一张图上,以便对比分析。一般也常把水库水位、下游水位过程线画在图上,便于考查水位对扬压的影响。

扬压值随时间的变化,一般有下列特点:

(1)随着上、下游水位的涨落而升降,对于水头较高的坝,当上游水位变幅较下游水位变幅大时,扬压值主要受上游水位影响,愈靠近上游侧的测点受上游水位变化的影响愈明显。当水库水位有年周期变化时,扬压过程线也是年周期变化。

(2)扬压值的变化,有的滞后于水位的变化,有的则无滞后现象。这似和扬压传播受阻程度有关,丰满坝 1964 ~ 1972 年间,16#、22#、35#、47# 等坝段纵向扬压水位对水库水位有滞后现象,高水位期较明显,而 27#、32# 等坝段无滞后现象,柘溪大头坝 6# ~ 8# 支墩纵向扬压水位变化无明显滞后现象,被认为是渗压较畅通的反映。

(3)扬压水位的变幅,在坝底上游边缘处等于水库水位变幅(当坝前淤积防渗作用显著时,可小于水库水位变幅),在坝的下游边缘段等于下游水位变幅,中间各点的扬压水位变幅均小于水库水位变幅,且愈靠下游变幅愈小。例如,丰满坝 1963 年及 1964 年水库水位变幅为 18 m 及 15 m,帷幕后排水孔处扬压水位变幅 70%,均在 2 m 以下。

(4)坝基防渗条件改变,扬压变化过程也受影响。

2)分布图

常用的扬压分布图有两种:一种是纵向分布图,横坐标为纵向(顺坝轴线方向)距离,

纵坐标为扬压水位 z 或扬压水柱 h，也可以是扬压系数 α，或者是坝段扬压力 W；另一种是横向分布图，横坐标为横向(顺河向)距离，纵坐标为扬压水柱 h 或扬压系数 α。

扬压分布图上一条分布线表示一次观测成果，常把多次观测成果用多条分布线画在一张图上，以进行对比。如把一年内最高、最低两次观测值量在图上，可看出各处年变幅的大小。扬压分布图上还常画出坝底形状及测点(或坝段)位置，横向分布图上常画出帷幕、排水孔位置。

根据国内外一些坝的情况，坝基扬压力分布有以下特点：

(1)纵向分布与坝的高度大体相适应(亦即和坝底高程起伏大体相适应)，扬压水位 z 两岸高，河床部位低，扬压水柱 h 和扬压力 W 则两岸小，河床部位大。

(2)纵向扬压力系数 α 的分布取决于坝基防渗条件(地质、帷幕、排水)，条件好的 α 小，条件差的 α 大。

(3)横向扬压力的分布，大体是上游侧高，下游侧低，中间呈折线变化。

坝踵靠上游边(坝底起点)扬压水柱一般等于上游水柱，当水库淤积，人工铺盖层能有效地削减渗水头时，扬压水柱可小于上游水柱。

在坝趾靠下游边(坝底终点)扬压水柱一般等于下游水柱，渗压水柱为零。

通常，将各测值直线相连构成横向扬压分布线。实际上，排水孔处形成泄压漏斗，下游侧并非直线下降而有一段升高，当排水泄压作用显著且下游水位(或下游地下水位)较高时，可能出现"翘尾现象"——排水孔处水位比下游水位还要低，这种情况在丰满、上犹江等坝的部分坝段经常出现。

3)相关图

扬压相关图就是考查扬压值与其影响因素关系的一种图形。

最常用的扬压相关图是扬压与水库水位的相关图，取水库水位 z 上为横坐标，扬压水位 z_i 为纵坐标，画上各观测点据后，再绘出相关线，除取纵坐标扬压水位 z_i 外，还可取扬压水柱 h、渗压水柱 h'、扬压力 W、渗透压力 W' 等；横坐标除用水库水位 z 上外，也可用上游水柱 H 上，当下游水位变幅较大时，最好取上下游水柱差(水头)$H = H_{上} - H_{下}$。

在扬压相关图上各点据旁标明观测时间，然后依时序连接各点并打上箭头，这种图叫过程相关线。它可以反映扬压随水位升降而变化的过程，但点据分布情况往往被一些连线所冲淡，相关关系不如普遍相关图鲜明。

由于扬压值还和其他一些因素有关，所以也可以根据资料条件绘制扬压值与帷幕深度、排水孔的深度、坝高等因素的相关图。

根据一些坝的实测资料，扬压相关图有下列特点：

(1)h 与 H 大体成直线关系，H 大时 h 也大，h 的变幅小于 H 的变幅。

(2)z_i 随 z 上的变化有的滞后，过程相关线呈套状，上升线与下降线不重合。

(3)坝基防渗条件变化如排水系统逐渐淤堵，实测点据和相关线的位置也移动。

(4)渗压系数 α 通常应是常数，不随水库水位而变，但实际上 α 也有变化，云峰、丰满坝大多数坝段 α 在水位升高时变小，降低时又增大，呈有规律的变化有可能是渗压系数计算基准面不合理、其他因素影响、观测有误差等原因造成，需要通过对各坝的具体分析来认识。

(二)坝体孔隙压力

1. 孔隙压力影响因素分析

坝体混凝土是一种弱透水性材料,在水的压力作用下,会产生渗透现象,出现渗透水的扬压力和漏水量。这种渗透可分为两种类型。

1)均匀渗透

当坝体混凝土质量良好,密实均匀,接缝都作了防渗处理,工作正常时,水只通过微细的孔隙入渗。这种微细孔隙大多为封闭和中断的,故密实的混凝土渗透系数很小,可以小到0.2×10^{-11} cm/s,渗透流速很慢,扬压力逐渐发展的历时,可长达数年。

2)不均匀渗透

当坝体混凝土质量不良时,存在若干张开的、贯通的裂隙,形成一些不规则的渗漏途径,导致大量渗透,产生高的扬压力和较多漏水。

一般混凝土坝都是均匀渗透,质量不佳的坝除有均匀渗透外还有不均匀渗透,且可能以不均匀渗透为主,并远大于正常的均匀渗透。

在坝体设置排水系统能有效地排除渗水,降低扬压力。在坝的上游面浇筑特别密实防渗的混凝土、设备防渗层或护面板,进行坝体防渗灌浆和横缝灌浆等,则能削减渗流的压力和流量。许多坝都采取了这类措施。

影响坝体孔隙压力的内因为坝体结构因素,外因为荷载因素,主要有:

(1)上游水库水位。是孔隙压力变化的主导因素,根据上游水位和坝的边界条件,可以进行渗流的水力计算,决定内部各点的渗透水头 h_i,和坝底渗透相似,坝内各点的渗压水柱 h_i 是和上游水柱 $H_上$ 成正比的。

(2)下游水位。对低高程处的孔隙压力有一定影响,渗水的逸出点一般等于下游水位。

(3)坝体混凝土温度。当混凝土温度高时,裂隙闭合些,渗透减轻,混凝土温度低时,裂隙张开些,渗透加剧,近上游表面处混凝土温度变化对入渗裂隙影响较明显,这部分混凝土温度主要受水温影响,变幅比内部要大。

2. 孔隙压力图形绘制和分析

和对待坝基扬压值一样,通常也绘制坝体孔隙压力的过程线、相关线和分布图,来认识孔隙压力的状况和分析其规律。各种图的绘制方法与坝基扬压力相类似,根据国内外一些坝的实测资料,坝体孔隙压力的变化和分布有下列特点:

(1)坝内各点孔隙压力值随水库水位的涨落而升降,当水库水位有年度周期时,孔隙压力变化也有年周期。

孔隙压力水柱 h_i 和上游水柱 $H_上$ 一般保持一定比例,当坝体防渗、排水条件不变时,坝内一个测点的渗压系数 α_i 值大体是个常数,也有的情况下 α_i 值不保持常数。

(2)坝内孔隙压力变化滞后于水库水位的变化。

(3)近上游侧的孔隙压力变化还受混凝土温度变化影响。

(4)在横向分布上,孔隙压力的数值和年变幅随着测点到上游面距离的增加而减少,也有的因不均匀渗透而造成的扬压分布图中部凸起现象。

(5)孔隙压力的大小和坝体抗渗性能有密切关系。

三门峡重力坝混凝土密实耐渗，在混凝土块中间埋设的渗压计实测结果，当上游水柱为40.5 m时，距离上游面0.05 m、2.5 m、50 m处的k值分别为3%、1%、0.4%，可见在坝内2.5~5 m深度，孔隙压力已接近于零。三门峡坝在混凝土块水平工作缝处也埋设了渗压计，实测当上游水柱为28.5 m时，距离上游面为0.5 m、2.5 m、5.0 m处的α值分别为50%、1%及21.2%，这说明水平工作缝虽经过较为周密的处理，在防渗上仍是薄弱环节，孔隙压力比块体中要大。实测5 m深处比25 m深处α值还高，反映出可能有绕过仪器布置线以外的渗径通向5 m测点处。

(6)纵向孔隙压力的分布是不均匀的，即到上游面距离相等的测点，孔隙压力不相等。

有的坝曾用积热传导方程类似的水压力渗透理论，计算孔隙压力的分布和随时间的变化，它和实测线大体吻合。

(三)坝体及坝基漏水

1.漏水影响因素分析

每一个混凝土坝的坝体和坝基都存在不同程度的漏水，长期漏水会造成溶蚀，削弱坝的强度、影响坝的寿命，漏水还可能招致机械管涌破坏坝的地基。突然出现的大量漏水往往是坝破裂、错位的先兆，因此及时整理分析坝体及坝基漏水资料对于了解坝的渗透情况和阻水、排水系统的工作状况，及时发现隐患和为处理措施提供依据，都有重要的意义。

坝的漏水通常有下列几部分：

(1)从上游坝面渗入坝体经坝体排水管排出的漏水；

(2)经过基岩与坝体接触面以及透过基岩并绕过和穿过帷幕渗漏，再经坝基排水孔涌出的漏水；

(3)沿着防渗处理不佳的横缝、水平浇筑缝及上游坝面串通的裂隙入渗，并以廊道或下游坝面渗出的漏水；

(4)绕过坝底防、排水设施，从基岩排向下游的漏水；

(5)绕过坝两端由岸坡岩石渗向下游的漏水。

对于第一、二种漏水，一般通过对排水管或量水堰观测可得知漏水量；第三种漏水除一部分集中渗出者可引管测流外，只能进行表面渗湿或水情况调查；第四、五种漏水不直接观测，必要时才作调查或估算，此处讨论的漏水是指前三种漏水。

前面分析了影响坝基扬压力及坝体孔隙压力的各种因素，它们也是影响坝基、坝体漏水的因素，因为压力和漏量都是渗透现象的反映，但它们是一个事物的两个侧面，既有联系又有区别。应注意以下几点：

(1)外界因素(上、下游水位，气温，水温等)对扬压和漏量的影响是一致的，如上游水位高，扬压大、漏量也多，水温高时坝面裂隙开度减小，扬压和漏水都减少等。

(2)坝体混凝土(或坝基岩石)的渗透系数越小，漏量也越小。渗透系数的绝对值大小影响渗漏量大小，但不影响扬压值大小，沿渗透流向某一点的扬压值，只和整个渗透流程上各处渗透系数相对比值有关。例如，当坝基均匀渗透，上下游水位不变时，若坝基渗透系数为k_1，扬压及渗漏量为W_1及Q_1，相应地，渗透系数为k_1，扬压及渗漏量为W_2及Q_2。若$k_2 > k_1$，则$W_1 = W_2$，但$Q_2 > Q_1$。

(3)防渗措施(坝基帷幕、齿墙、坝体防渗面层等)即使渗透系数绝对值变小,又改变了沿断面渗透系数相对比值,故使扬压力和漏量都减小。

(4)排水措施(自流排水、人工抽水)可降低扬压力但却增大水漏量。

由此可见,在某些情况下扬压力大漏量也大,但某些情况下扬压力大漏量可能很小(如在泥化的断面破碎带处),或扬压力小漏量也很大(当渗水裂隙和排水孔畅通时)。

需要说明的是,有的坝不均匀渗透比均匀渗透还要严重,往往是集中漏水,分析测值时要加以注意。

2.渗漏量图形绘制和分析

为了了解漏水的变化规律、分布情况与有关因素的关系,常绘制测值过程线、分布图和相关图,绘制方法与扬压力相似。下面列举一些实际图并分析漏水测值的若干特点。

(1)漏水随水库水位的升降而增减,以年为周期变化。以新安江坝为例,该坝坝基总排水量及各坝段坝基排水量均随水库水位而变化,洪水期水位高,排水增加,枯水期水位低,排水量亦减少,1973 年最高水位 106.68 m 的坝基排水量亦达年内最大值 170.28 m^3/d。但有的部位排水有滞后现象,如 2 号排水廊道 1973 年最大排水量出现在 8 月份,比最高水位晚一个月。

漏水量和水库水位的关系,有的为直线,也有的为曲线,水位越升高,漏水量增大越快。

(2)漏水和混凝土(岩石)温度状况有关,温度低时,裂隙张大,漏量加多,也呈年周期变化。佛子岭连拱坝 13-0 东叉和 14-0 东叉裂缝漏水和混凝土温度过程线正好凸凹相对,13-0 拱 76.29~80.80 m 高程建筑缝和西叉缝在低温时渗水量最大达 515 L/min,随着温度升高逐渐减少,10 ℃时已接近于零,混凝土温度每降低 1 ℃,渗水量约增加 75 L/min,Q 与 T 大致是直线关系变化。

(3)当入渗裂隙处于坝体上部,高水位时淹没,低水位时暴露于大气中时,坝体漏水还受干湿变替的影响,表现为水位上升期漏水量比水位下降期漏水量大,在 $Q \sim z_{上}$ 过程关系线上出现绳套状。这是因为水位上升前混凝土裂隙长期干燥,因干缩开裂较宽,故水位上升后漏量较大,但经过一段时间混凝土在水淹后饱和湿胀,缝隙变窄,因而漏量又减小。丰满坝和云峰坝都出现过这种情况。

(4)随着时间的发展,有的排水管漏量可能变小,甚至不漏,有的则明显加大,漏面和廊道内出渗部位也会因时间而改变。

(5)发生地震时,漏水量可能出现变化,如 1975 年 2 月 4 日海城、营口 7.3 级地震时,葠窝重力坝位于 7 度地震影响区,坝体出现了裂缝,横缝有的张开,坝内廊道顺某些横缝有水大量射出,有的排水孔涌出黑水,也有的孔涌水量比震前明显减少。

(6)结构状况对漏水量有重要影响,主要表现在:

①坝基渗透系数小的部位,包括微裂隙和无裂隙岩石或被泥化物质充填的断层破碎带,漏水量小;节理发育、风化严重的岩石漏水量大。

②坝基帷幕质量好的坝段,坝基漏水量少,帷幕劣化时漏水增加,帷幕补强后漏水减少。

③排水系统畅通时,漏水量小,堵塞时排水受阻而漏水增加。如云峰坝 17# 坝段上部

4个排水孔全被淤堵,致使坝体排水不良,造成该坝段下游面漏水。

④坝体混凝土质量好则漏水少,质量差则漏水多,采用防渗措施能减少渗流量。

⑤结合不佳的水平浇筑缝和止水不严密的横缝常是漏水的通道。

(7)漏水量的分布和变化除和上述结构诸因素有关外,还和排水位置有关。

第四节　监测资料的定量分析与数学模型

一、概述

水库蓄水后,大坝在水压力、泥沙压力、温度、地震外部因素(原因量)等作用下,会产生变形、应力、渗流等效应(效应量)。前述常规分析从整体的角度出发考查各原因量及效应量的变化范围、沿空间的分布形态、沿时程的变化规律等,用联系的观点比较、分析和解释效应量测值所反映的情况是否符合正常规律,有无异常情况,可能原因如何等,从而可以对大坝的工作性态初步做出一个定性的评价。

由于大坝实际监测中存在的空间及时间上的离散与连续、确定性与随机性的内在矛盾,仅有初步的定性分析是不够的。需要结合大坝结构的特点、材料特性、坝基地质条件以及施工情况并运用坝工理论和相应的数学方法,建立适当的数学模型,对原因量和效应量的资料进行有效及充分的信息提取,并在此基础上进行动态的而不是静态的及全面而不是片面的综合分析,才能得到对大坝效应量监测值的定量变化规律的深入认识,掌握大坝运行性态的趋势性变化,进而实现大坝安全监控的目标。

大坝监控数学模型是利用大坝原因量及效应量的测值系列建立起来的具有一定构造形式的数学模型,可以反映效应量与原因量之间的定量变化规律。目前,常用的大坝监控数学模型可以分为统计模型、确定性模型和混合模型。实践表明,这些模型是有效的,在大坝安全监测信息分析和应用中发挥了重要作用。

二、定量分析数学模型

(一)大坝监测统计模型

大坝监测数据受到多种外部环境因素以及仪器系统内部因素的复杂影响,具有某种随机性,可被看成是随机变量。因此,可以采用数理统计的方法来处理数据,建立统计模型来揭示测值的变化规律。

建立大坝监测统计模型主要有两个途径:一个是以水位、温度等环境量作为自变量或预报因子,将效应量作为因变量或预报量,利用数理统计方法建立效应量和环境量之间的依赖关系。其是一种可用来解释系统内部原因的因果模型,主要有多元回归分析模型、逐步回归分析模型、主成分回归分析模型和岭回归分析模型等。另一个是运用数理统计方法建立效应量自身变化的统计规律,而不涉及与其他环境量的关系,这是一种无因果关系的统计模型。用它来进行预测,就是从效应量自身过去到现在的测值中提取它在未来时刻的信息。这类模型主要有时间序列分析模型、灰色系统分析模型、模糊聚类分析模型等。

以下简要介绍逐步回归分析模型,其他大坝监测统计模型详见吴中如《水工建筑物安全监控理论及其应用》、李珍照《大坝安全监测》等书。

1. 单点逐步回归分析模型

大坝的监测物理量大致可分为两类:第一类为荷载集,包括水压力、泥沙压力、温度(气温、水温、坝体温度和坝基岩石温度)、地震荷载等;第二类为荷载效应集,如变形、裂缝开度、应力、应变、扬压力或孔隙水压力、渗漏量和水质等。

大坝监测回归分析主要研究大坝结构各效应因变量与各环境自变量之间的统计关系。各逐步回归分析在众多环境自变量中仅挑选出对大坝结构效应因变量有显著影响的因子来组合建立回归方程的一种方法,由此建立的模型成为大坝监测效应量逐步回归分析模型,简称监测量逐步回归模型,是一种目前应用最广泛的统计模型。

在模型构造上及因子组成上,大坝监测效应量逐步回归分析模型的备选因子由主要环境因素的影响分量构成,它应包括所有的重要因子并排除无关因素。具体应结合大坝结构的荷载作用特点、材料特性、坝基地质条件以及施工情况并运用坝工理论的指导加以选定。下面以混凝土坝水平位移为例,介绍逐步回归分析模型的建模及应用方法。

由坝工理论可知,混凝土坝在水压力、扬压力和温度等作用下,大坝任一点会产生一位移矢量 δ,可分解为左右岸方向、上下游方向以及垂直方向的位移 δ_x、δ_y、δ_z,按其成因,可分为三部分:水压分量(δ_H)、温度分量(δ_T)和时效分量(δ_θ)

$$\delta(\delta_x \text{ 或 } \delta_y \text{ 或 } \delta_z)(t) = \delta_H(t) + \delta_T(t) + \delta_\theta(t) \tag{16-8}$$

1)逐步回归分析模型的构造

a. 水压分量的因子选择

坝体水平位移的水压分量源于坝前后水压及扬压力作用下坝体及坝基的变形,一般表示为水位的多项式

$$\delta_H(t) = \sum_{i=0}^{m} a_i H(t)^i \tag{16-9}$$

式中 a_i——回归系数;

$H(t)$——上游水位深度或上下游水位差的日平均值,一般利用最大水位变幅进行规一化。

考虑到水压作用的空间效应,式(16-9)中 $H(t)$ 的方次可为 3 ~ 4,一般不大于 5。当下游水位变化大,且上下游水位差值不大时,上式还要增加下游水深的多项式。

此外,考虑影响位移的扬压力和水温滞后于水位变化,还应考虑前期的水位历程。可加入水位历程值的适当函数(如卷积积分)或前期一段时间的水位平均值。

b. 温度分量的因子选择

坝体水平位移的温度分量源于坝体温度场的变化对位移的影响。坝体温度场在运行期受到气温、太阳辐射、水温、坝体温度和坝基岩石温度影响,在施工期则还受到水泥水化热的影响。水泥水化热的影响结束后,混凝土内部一般形成准稳定温度场。温度场的变化引起的位移则一方面是混凝土热胀冷缩的结果,另一方面还与坝体的内外约束以及基础约束引起的温度应力有关。

考虑到温度观测数据通常不全,在一般应用中温度分量 δ_T 共设两类因子,一类为周

期为半年及一年等的周期因子，包括 $\sin s$、$\cos s$、$\sin^2 s$、$\sin s\cos s$，其中 $s=2\pi t'/365$，t' 为测时日期距分析起始日期的时间长度(d)。另一类为测时前期气温、水温、混凝土温度的平均值，包括 T_7、T_{15}、T_{30}、T_{60}、T_{90}、T_{120} 等，下标表示所取测时前的时间长度(d)，这类年周期因子的特点是随取时间增加，变化趋于光滑，变幅趋于减小，相位向后拖延。需要时还可采用更短或更长的周期因子、测点温度、气温滞后作用因子、积分回归因子等。

c. 时效分量的因子选择

时效分量是一种随时间推移而朝某一方向发展的不可逆量。由于坝体混凝土的徐变和坝基岩石的蠕变，混凝土大坝不可避免地要产生一种随时间推移而变化的位移，统称为时效位移。时效位移一般与时间成曲线关系，常用线性因子 t、对数式($\ln(1+t)$)、指数式(e^{-kt})、双曲线式($\dfrac{t}{c_0+t}$)、S 型生长因子($\dfrac{e^t}{a+be^t}$)表示。在施工期或因坝体的加载、卸荷情况复杂或其他原因而呈非单调变化时，可用多段对数或指数表示。某些情况下，还可使用时间的多个多项式，折线型，水荷载作用徐变因子等。

2) 多元回归方程的建立

根据以上考虑确定待选因子的个数和构造后，代入实测数据后可建立大坝监测量的多元回归方程。

大坝某项效应量 $y(t)$ 可以看做一种服从正态分布的多元连续型随机变量，为表述方便计做 $x_n(t)$，相应的数学期望和方差为 E 和 σ^2。设前面已确定的作为待选因子的 $n-1$ 个环境量影响因子分别记为 $x_1(t), x_2(t), \cdots, x_{n-1}(t)$。如 $y(t)$ 和这 $n-1$ 个环境量影响因子存在线性关系，则这种效应量母体的条件数学期望 $E\{y(t) \mid x_1(t), x_2(t), \cdots, x_{n-1}(t)\}$ 与各环境自变量之间存在下列关系

$$E\{y(t) \mid x_1(t), x_2(t), \cdots, x_{n-1}(t)\} = \beta_0 + \sum_{i=1}^{n-1} \beta_i x_i(t) \tag{16-10}$$

上式即为变量 $y(t)$ 的条件数学期望的理论回归方程。式中 $x_i(t)$ 为一般变量，β_i 是系数。根据 $y(t)$ 和 $x_i(t)$ 相对应的 m 次实测值(子样)，可建立起回归方程

$$\hat{y}(t) = b_0 + \sum_{i=1}^{n-1} b_i x_i(t) \tag{16-11}$$

式中，$\hat{y}(t)$ 是因变量的回归值，它一般是对于母体 $y(t)$ 在相应因子组合下的均值(数学期望)的无偏估计；$b_i(i=0,1,\cdots,n-1)$ 为回归系数，它们是对母体参数 $\beta_i(i=0,1,\cdots,n-1)$ 的估计。母体的方差 σ^2 则用方程的剩余方差 S^2 来估计。

回归参数的估计一般采用最小二乘法或极大似然法。以下简要介绍最小二乘法估计。

记各次实测值 $x_n(t)$ 与回归估计值 $\hat{x}_n(t)$ 的离差平方和为 Q，即

$$\begin{aligned} Q &= \sum_{t=1}^{m} [x_n(t) - \hat{x}_n(t)]^2 \\ &= \sum_{i=1}^{m} \{x_n(t) - [b_0 + \sum_{1}^{n-1} b_i x_i(t)]\}^2 \\ &= \sum_{i=1}^{m} \{[x_n(t) - \bar{x}_n] - \sum_{1}^{n-1} b_i [x_i(t) - \bar{x}]\}^2 \end{aligned} \tag{16-12}$$

式中 $\bar{x}_n$ 和 $\bar{x}_i$ 分别为 $x_n(t)$ 和 $x_i(t)m$ 测次的平均值。为使上式成为 m 组因变量和自变量的最佳估计,需使离差平方和 Q 最小,令

$$\frac{\partial Q}{\partial b_i} = 0 \quad (i = 1,2,\cdots,n-1) \tag{16-13}$$

上式导出 $n-1$ 个方程

$$\sum_{i=1}^{n-1} S_{ij} b_i = S_{nj} \quad (j = 0,1,\cdots,n-1) \tag{16-14}$$

式中

$$S_{ij} = S_{ji} = \sum_{t=1}^{m} [x_i(t) - \bar{x}_i][x_j(t) - \bar{x}_j] \quad (i,j = 1,2,\cdots,n-1) \tag{16-15}$$

$$S_{nj} = S_{jn} = \sum_{t=1}^{m} [x_n(t) - \bar{x}_n][x_j(t) - \bar{x}_j] \quad (j = 1,2,\cdots,n-1) \tag{16-16}$$

上式称为正规方程组,由 $n-1$ 个方程可联立解出 $n-1$ 个 b_i 值,然后求出常数项

$$b_0 = \bar{x}_n - \sum_{i=1}^{n-1} b_i \bar{x}_i \tag{16-17}$$

上面求得的 $b_i(i=0,1,\cdots,n-1)$ 就是对母体参数 $\beta_i(i=0,1,\cdots,n-1)$ 的最小二乘估计。

由于正规方程组中的因变量和所给的 $n-1$ 自变量的量纲并不一致,为了便于方程中各回归系数的比较,应使它们成为无量纲的量,这样在比较各自变量 $x_i(t)$ 对因变量 $y(t)$ 的影响时就不受相应单位的影响。在实际计算中常作如下变换

$$\sigma_i = \sqrt{S_{ii}} \quad (i = 1,2,\cdots,n-1) \tag{16-18}$$

$$r_{ij} = \frac{S_{ij}}{\sigma_i \sigma_j} \quad (i,j = 1,2,\cdots,n-1) \tag{16-19}$$

$$d_i = b_i \sqrt{S_{ii}/S_{nn}} \quad (i,j = 1,2,\cdots,n-1) \tag{16-20}$$

从而可以得到

$$\sum_{i=1}^{n-1} d_i r_{ij} = r_{nj} \quad (i,j = 1,2,\cdots,n-1) \tag{16-21}$$

上式称为标准化的正规方程组。其中 r_{ij} 是变量 $x_i(t)$ 和 $x_j(t)$ 之间的相关系数,d_i 是变量 $x_i(t)$ 对 $y(t)$ 的标准回归系数。

3)逐步回归分析的基本思路

用上述方法建立的多元回归方程中包含了所有 $n-1$ 个自变量,它们有的可能与因变量没有显著的关系,它们的存在可能反而会降低回归方程的效果和稳定性。因此,需要对回归方程进行优选,找出最优回归方程。所谓最优回归方程是指在给定的多因子条件下,所有对因变量关系显著的因子都选入了,而所有不显著的因子都不包含在方程之中。若采取对 $n-1$ 个的不同组合进行回归分析,再从中选出最优回归方程的话,就需要作 $2^{n-1}-1$ 个多元回归方程,计算工作量十分浩大。

逐步回归分析方法是一种最简捷的挑选最优回归方程的方法。它先把和因变量相关度最大的因子引入回归方程,再从余下的诸因子中挑选和因变量相关程度最大的另一个因子引入方程。这样按自变量对因变量作用的显著程度,从大到小依次逐个地引入回归方程,直到没有显著的因子可再引入回归方程为止。引入因子的每一步,对各因子都作显

著性检验,若先引入的因子由于后面因子的引入变得不再显著,就随时将它从方程中剔除。因此,引入和剔除因子都要进行显著性检验,确保引入方程的每一个因子都经显著性检验合格。

4)用相关矩阵变换求解回归方程

逐步回归分析每一步都要求解正规方程组并进行显著性检验,它可借助于相关矩阵变换来简捷地实现。在式(16-21)中,相关系数组成一个$(n-1)\times(n-1)$阶矩阵。为便于计算,将其增广成式(16-22)所示的阶矩阵,称之为相关矩阵。其中,$r_{ij}=r_{ji}$,$r_{ii}=1$。

$$r = r_{ij} = \begin{bmatrix} r_{11} & r_{12} & \cdots & r_{1(n-1)} & r_{1n} \\ r_{21} & r_{22} & \cdots & r_{2(n-1)} & r_{2n} \\ \vdots & \vdots & & \vdots & \vdots \\ r_{n1} & r_{n2} & \cdots & r_{n(n-1)} & r_{nn} \end{bmatrix} \tag{16-22}$$

上面的矩阵在逐步回归分析中又称为第0步相关矩阵,记作$r^{(0)}=(r_{ij}^{(0)})$。

假定对相关矩阵作第h步变换后在方程中的自变量是$x_{k_1}(t),x_{k_2}(t),\cdots,x_{k_l}(t)$,简称第$h$步变量。第$h$步建立的回归方程为

$$x_n(t) = b_0^h + \sum_{i=1}^{l} b_i^h x_{k_i}(t) \tag{16-23}$$

式中h步变量个数$l\leqslant h$。

第h步的相关矩阵,记作$r^{(h)}=(r_{ij}^h)(i,j=1,2,\cdots,n)$。它可由$r^{(h-1)}$的元素用所谓“紧凑变换求逆法”的下列公式求出

$$\left.\begin{aligned} r_{ij}^{(h)} &= r_{ij}^{(h-1)} - r_{ik}^{(h-1)} r_{jk}^{(h-1)}/r_{kk}^{(h-1)} \quad (i\neq k,j\neq k) \\ r_{ik}^{(h)} &= -r_{ik}^{(h-1)}/r_{kk}^{(h-1)} \quad (i\neq k) \\ r_{kj}^{(h)} &= r_{kj}^{(h-1)}/r_{kk}^{(h-1)} \quad (j\neq k) \\ r_{kk}^{(h)} &= 1/r_{kk}^{(h-1)} \end{aligned}\right\} \tag{16-24}$$

式中k为第h步新引入或新剔除方程的自变量下角标。

第h步的回归分析成果均可由$r^{(h)}$的元素求出。式(16-23)中的回归系数为

$$b_{k_i}^{(h)} = r_{k_i n}^{(h)} \sigma_n/\sigma_{k_i} \quad (i=1,2,\cdots,l) \tag{16-25}$$

常数为

$$b_0^h = \bar{x}_n - \sum_{i=1}^{l} b_{k_i}^{(h)} \bar{x}_{k_i} \tag{16-26}$$

复相关系数为

$$R^{(h)} = \sqrt{1 - r_{nn}^h} \tag{16-27}$$

剩余标准差为

$$S_n^{(h)} = \sigma_n \sqrt{r_{nn}^{(h)}/(m-l-1)} \tag{16-28}$$

5)引入和剔除因子的选择

开始时,先将$r^{(0)}$中$r_{in}^{(0)}$中最大的那个因子作为第一个因子引入回归方程。再从余下的因子中逐步挑选新因子进入方程。在第h步挑选引入因子时,对所有非h步因子$x_i(t)$,计算它们对因变量$x_n(t)$标准化的偏回归平方和

$$V_i^{(h)} = [r_{in}^{(h-1)}]^2 / r_{ii}^{(h-1)} \tag{16-29}$$

式中各下标 $i=1\sim n-1$,但已进入回归方程的因子不在内。求出其中最大者

$$V_{i_0}^{(h)} = \max V_i^{(h)} \tag{16-30}$$

因子 $x_{i0}(t)$ 即作为可能引入方程的对象。为考察对 $x_n(t)$ 的影响是否显著,求出统计量

$$F_1 = V_{i_0}^{(h)}(m-l-2)/[r_{nn}^{(h-1)} - V_{i_0}^{(h)}] \tag{16-31}$$

再求出 F 检验通用置信限 $F_1^* = F_{f_1,f_2}^{\alpha}$。它是自由度 $f_1=1$, $f_2=m-l-2$,显著水平为 α 条件下 F 检验的临界值,可由数理统计用表查出。

若 $F_1 > F_1^*$,表示 $x_{i_0}(t)$ 的方差贡献是显著的,则将其引入方程,并继续进行下一步计算。若 $F_1 \leqslant F_1^*$,表示 $x_{i_0}(t)$ 的方差贡献不显著,不能引入方程。由于它的偏回归平方和大于其他未引入方程的诸因子,所以方程外无因子方差的显著性是合格的,逐步回归分析就到此结束。式(16-29)、式(16-30)和式(16-31)也包括选择第一个因子进入回归方程的情况。

从第二步开始,每一步需首先对已进入方程的因子作检验,判定其中有无方差贡献不显著的因子需从方程中剔除。若相关矩阵变换到第 h 步($h \geqslant 2$),这时回归方程已引入了因子,$x_{k_1}(t), x_{k_2}(t), \cdots, x_{k_l}(t)$ 逐一计算这些因子对因变量 $x_n(t)$ 的标准化偏回归平方和

$$V_{k_i}^{(h)} = [r_{k_i n}^{(h)}]^2 / r_{k_i k_i}^{(h)} \tag{16-32}$$

式中 k_i 为已进入回归方程的各因子的下角标。求出偏回归平方和中的最小者

$$V_{k_i^*}^{(h)} = \min V_{k_i}^{(h)} \tag{16-33}$$

因子 $x_{k_i^*}(t)$ 即为可能剔除的对象。为考察它对 $x_n(t)$ 的影响是否显著,求出统计量

$$F_2 = V_{k_i^*}^{(h)}(m-l-1)/r_{nn}^{(h)} \tag{16-34}$$

再求出 F 检验通用置信限 $F_2^* = F_{f_1,f_2}^{\alpha}$。它是自由度 $f_1=1$, $f_2=m-l-1$,显著水平为 α 条件下 F 检验的临界值,亦可由数理统计用表查出。

若 $F_2 \leqslant F_2^*$,表示 $x_{k_i^*}(t)$ 的方差贡献不显著,须将它从方程中剔除。此时,应继续对剩余的因子进行检验,直到所有因子对因变量 $x_n(t)$ 的影响显著为止。

若 $F_2 > F_2^*$,则 $x_{k_i^*}(t)$ 的方差贡献显著,应将它继续保留在方程中。因方程中其他因子的偏回归平方和都比它大,所以都可保留在方程中。这时继续进行下一步计算。

实际计算中常取 $F_1^* = F_2^*$,以简化比较标准。

经过以上逐步回归分析得到的最终多元回归方程即为所求的大坝监测效应量的逐步回归分析模型。

6)逐步回归分析模型的检验和校正

由大坝的某项结构效应量 $y(t)$ 的 m 次实测值(子样)初选 $n-1$ 个环境量 $x_i(t)$ 因子,经逐步回归建立的步回归分析模型为

$$\hat{y}(t) = b_0 + \sum_{1}^{l} b_i x_i(t) \quad (l \leqslant n-1) \tag{16-35}$$

以上模型的质量需进行以下检验和分析。

a. 回归方程线性相关的有效性检验

式(16-27)所得到的复相关系数 R 又可用下式表示

$$R = \sqrt{U/S_{yy}} \quad (0 \leqslant R \leqslant 1) \tag{16-36}$$

式中总离差平方和为

$$S_{yy} = S_{nn} = \sum_{t=1}^{m} [x_n(t) - \bar{x}_n]^2 \tag{16-37}$$

回归平方和为

$$U = \sum_{t=1}^{m} [\hat{x}_n(t) - \bar{x}_n]^2 = \sum_{i=1}^{l} b_i S_{iy} \tag{16-38}$$

有

$$S_{yy} = U + Q \tag{16-39}$$

式中 Q 为剩余平方和,由式(16-12)确定,但剔除的因子不在内。

R 是回归平方和在总离差平方和所占比重的平方根,因此是回归有效性的指标。R 越大,效应量 $y(t)$ 和环境量因子 $x_1(t),x_2(t),\cdots,x_l(t)$ 的相关程度越密切。$R=1$ 时,$y(t)$ 和这 l 因子为函数关系。若 R 较小,则该逐步回归分析模型有效性较差。

b. 回归方程的方差分析

因 $U=R^2S_{yy}$ 及 $Q=(1-R^2)S_{yy}$,所以可由 R 和 S_{yy} 推算出 U 和 Q。U 的自由度为 l,Q 的自由度为 $m-l-1$,S_{yy} 的自由度为 $m-1$。因此,回归方差为 U/l,剩余方差为 $Q/(m-l-1)$。剩余标准差为

$$S = \sqrt{Q/(m-l-1)} \tag{16-40}$$

用回归方差和剩余方差可建立统计量

$$F_{l,m-l-1} = \frac{U/l}{Q/(m-l-1)} = \frac{U}{lS^2} \tag{16-41}$$

根据自由度 $f_1=l,f_2=m-l-1$ 由数理统计表查出显著水平为 α 条件下 F 检验的临界值 F_{f_1,f_2}^{α},用它与式(16-41)计算的 F 值比较。α 通常取 0.10、0.05、0.01。

若 $F \geqslant F^{0.01}$,认为回归高度显著(在 0.01 水平上显著);若 $F^{0.05} \leqslant F < F^{0.01}$,认为回归显著;若 $F^{0.10} \leqslant F < F^{0.05}$,认为回归尚显著;若 $F < F^{0.10}$,则认为回归不显著。该法既是对方差的检验,也是对复相关系数的检验,因此是对方程总体相关显著程度的检验。

c. 拟合残差检验

由逐步回归分析模型拟合值 $\hat{y}(t)$ 与实测值 $y(t)$ 比较得到的残差 $\varepsilon(t)$ $(t=1,2,\cdots,m)$ 应是一个均值为 0、方差为 σ^2 且呈正态分布的随机序列。若经检验不满足上述条件,并且在残差序列 $\varepsilon(t)$ $(t=1,2,\cdots,m)$ 还存在周期项、趋势项,则说明所建立的逐步回归分析模型未能充分提尽序列中的有用信息,需对模型作进一步的改进。

d. 预报取值范围确定

由式(16-40)确定的剩余标准差反映了所有随机因素及方程外的有关因子对 $y(t)$ 的一次测值影响的平均变差的大小。它的单位与 $y(t)$ 相同,可以作为精度的指标。作测值预报时,取值范围为

$$\hat{y}(t) \pm qS = b_0 + \sum_{i=1}^{l} b_i x_i(t) \pm qS \tag{16-42}$$

此式表示 $\hat{y}(t)$ 的置信区间。$\pm qS$ 作为预报值的误差限，q 取决于置信水平 p，p 为 $y(t)$ 落在 $\hat{y}(t) \pm qS$ 中的概率。当 $p=95\%$ 时，$q=1.96$；当 $p=97.5\%$ 时，$q=2$；当 $p=99.5\%$ 时，$q=3$。通常取 $q=1.96$ 或 2，有时也取 3。

2. 多测点分布逐步回归分析模型

对大坝位移场可基于视准线、垂线、真空激光准直等测值利用逐步回归分析方法建立分布模型。位移分布模型可以同时分析多个测点（一维、二维分布）的测值序列与影响因素之间的关系，可以定量地描述坝体及基础在荷载作用下的分布规律，这类模型应用于反分析问题时，可以在一定程度上克服测点受局部因素的影响（包括测量因素和结构因素），得到更为合理的综合变形模数。

一维和二维分布模型的表达式如下

$$\delta(H,T,t,x) = \delta(H,x) + \delta(T,x) + \delta(t,x) \tag{16-43}$$

$$\delta(H,T,t,x,y) = \delta(H,x,y) + \delta(T,x,y) + \delta(t,x,y) \tag{16-44}$$

上面表达式的三项分别为与水位、温度及时间有关的变量或函数，表达式中与 H,T,t 有关的三个部分分别为二元或三元非线性函数。分布模型采用幂级数展开将上述方程线性化，最终化为多元广义线性回归方程求解有关参数。线性方程表达式如下

$$Y = X\beta + e \tag{16-45}$$

$$\hat{\beta} = (X^{\mathrm{T}}X)^{-1}X^{\mathrm{T}}Y \tag{16-46}$$

其中，Y、e 为含有 n 个元素的向量，$n=n_1 \times n_2$，n_1 为观测次数，n_2 为测点个数，β 为含有 m 个元素的向量，m_1 为线性化之后的因子个数，采用有常数项（β_0）的表达式时，$m=m_1+1$，无常数项时为 $m=m_1$。X 为 $n \times m$ 阶矩阵。可以采用逐步回归解 $\hat{\beta}$，恢复原变量形式可以得到位移分布模型。

近几年的资料分析工作中，我们对多个工程如白山、东风、江口、李家峡、陈村的多个位移监测项目监测资料进行了分布模型的计算分析，一般情况下取得良好的回归结果，可以整体地描述拱坝位移场在荷载作用下的变化规律。此外，分布模型的剩余量标准差应接近各测点单点回归的平均值，因此有利于对整个垂线系统的观测效果做出评价以及对坝体位移场的监控。

分布位移模型的应用过程中需要考虑不同测点的观测精度差异以及测点观测成果重要性之间差异的问题，一般采用加权回归的方法来解决。

（二）大坝监测确定性模型

前述的大坝监测统计模型是通过对已有的历史实测资料进行数理统计分析建立起来的，它是一种经验模型。当用于建模的实测值系列较短，期间大坝经受的环境荷载不利组合情况较少，相应的效应量量值较小时，用这种经验模型对大坝的效应量作外延预测，其效果是不好的。因此，统计模型有它的局限性和不足。

1. 确定性模型的基本概念

大坝监测确定性模型是一种通过坝工理论计算成果构造环境自变量与大坝效应量之间的确定性关系形式，再经实测值的数理统计分析来实现计算假定和参数的合理调整所建立的因果关系数学模型。

确定性模型的特点是比统计模型有更明确的物理概念，并能更好地联系大坝和坝基

的结构性态，从而取得更好的预测效果。但往往计算工作量较大，并对用做计算的基本资料有一定的要求。

2. 模型构造

若 $X_1, X_2, \cdots, X_p$ 是影响大坝效应量 Y 的 p 个环境量，$Y_1, Y_2, \cdots, Y_p$ 是 p 个环境量对 Y 的影响分量，则大坝效应量 Y 的确定性模型形式为

$$Y = \sum_{i=1}^{p} a_i Y_i \tag{16-47}$$

式中影响分量形式由坝工理论计算确定，a_i 则是考虑进行理论计算时假设的大坝物理力学参数与实际不一致所取用的调整系数。监测项目不同，影响效应量的环境因素也不同，相应的大坝监测确定性模型所含的效应分量也有区别。大坝变形、应力类监测值的确定性模型一般包括水位、温度及时效影响三部分。现以混凝土坝上某测点的位移值为例说明确定性模型的形式。

当大坝在线弹性状态下发生小变形时，测点 k 在 t 时刻的总位移 $\delta(t)$ 可以利用叠加原理来合成，即用 t 时刻的温度位移 $\delta_T(t)$、水位位移 $\delta_H(t)$ 和时效位移 $\delta_\theta(t)$ 之和来表示

$$\delta^{(k)}(t) = \delta_T^{(k)}(t) + \delta_H^{(k)}(t) + \delta_\theta^{(k)}(t) \tag{16-48}$$

此式就是该点位移值的确定性模型，它的结构形式与相应的统计模型类似，但确定各环境影响分量的方法有区别。

3. 各影响分量结构形式

确定性模型中环境影响分量的结构形式一般由相应的坝工理论计算成果来确定，个别分量因用坝工理论计算方法确定有困难则借助统计方法确定。式(16-48)中温度位移 $\delta_T(t)$ 和水压位移 $\delta_H(t)$ 的结构形式由一般弹性力学有限元的计算成果来确定，时效位移 $\delta_\theta(t)$ 的结构形式则往往由统计方法给出。具体步骤如下：

(1) 选取整个坝体或坝段连同一定范围的坝基为计算对象，划分一定数量和形式的计算单元网格，将相应测点作为单元结点，并根据不同的材料分区给定坝体和坝基的弹模 E_{c0} 和 E_{r0}、线膨胀系数 α_{c0} 和 α_{r0} 等物理力学参数。

(2) 以 p 个坝前水深值 $H_1, H_2, \cdots, H_p$ 为代表性水荷载，利用弹性力学有限元方法分别计算在上述代表性水荷载作用下坝上测点的位移值，$\delta_{H_1}, \delta_{H_2}, \cdots, \delta_{H_p}$。由 p 对水压—位移计算值用一元多项式回归分析方法建立坝前水深 $H(t)$ 与水压位移 $\delta_H(t)$ 的关系式

$$\delta_H(t) = \sum_{i=1}^{m_H} b_i [H(t)]^i \tag{16-49}$$

式中 b_i 为回归系数，m_H 值通常取 3 或 4，一般不大于 5。

在坝体有限元计算网格上选择 n 个有温度测值的代表性结点，这些结点的温度变化应足以代表坝体温度场的变化。采用“单位荷载法”，利用弹性力学有限元法计算代表性结点 i 温度变化 1 ℃时(其他结点均无温度变化，即温度为 0)，在坝上 k 点产生的温度位移 e_{ki}，当 i 点实际温度为 $r_i(t)$ 时，在 k 点产生位移为 $r_i(t)\mathrm{e}_{ki}$。所以，当各有温度测值的代表性结点的温度各为 $r_1(t), r_2(t), \cdots, r_n(t)$ 时，k 点的总温度位移为

$$\delta_T^{(k)}(t) = \sum_{i=1}^{n} r_i(t)\mathrm{e}_{ki} \tag{16-50}$$

如果缺乏坝体温度资料而坝体温度已进入稳定期，坝温只随边界温度变化而作周期变化时，可将外界温度实测值（点数要足能控制住边界温度情况）概化为时间 t 的三角函数，再用弹性力学有限元方法计算一年内多个不同时间因外温度变化引起坝上点 k 的温度位移 $\delta_T^{(k)}(t)$，用三角级数将它与时间 t 相拟合，建立以时间 t 为自变量的点 k 温度位移计算式。

考虑到时效位移 $\delta_\theta^{(k)}(t)$ 的成因很复杂，一般不用相应的力学方法计算确定，而是采用下列统计形式表示

$$\delta_\theta^{(k)}(t) = c_0 + c_1 t + c_2 \ln(t+1) + c_3 e^{-kt} \tag{16-51}$$

式中，c_0、c_1、c_2、c_3 为系数，k 为一给定常数，一般取 0.01。

4. 模型建立

给定模型(16-48)中各环境影响分量的结构形式并不等于各环境影响分量已经确定，因为进行理论计算时所取用的坝体及基岩的物理力学参数是假定的，由此得出的环境影响分量与实际情况尚有误差，需要调整。另外，个别由统计方法来确定的环境分量表达式中的系数还未知，须作进一步统计分析来确定。

因坝体水压位移值与坝体及基岩的弹性模量成反比，忽略式(16-49)所示水压位移模型的其他误差，认为其误差全由弹模取值不准引起，则准确的水压位移 $\delta_H(t)$ 为

$$\delta_H(t) = \phi \sum_{i=1}^{m_H} b_i [H(t)]^i \tag{16-52}$$

式中 ϕ 是考虑弹性力学有限元计算时取用的坝体及基岩弹模与实际弹模不同的一个调整系数。

温度位移与坝体及基岩的线膨胀系数成正比，同样忽略温度位移的其他误差，认为其误差全由线膨胀系数取值不准引起，则准确的温度位移为

$$\delta_T^{(k)}(t) = \psi \sum_{i=1}^{n} r_i(t) e_{ki} \tag{16-53}$$

式中 ψ 同样是考虑弹性力学有限元计算时取用的坝体和基岩线膨胀系数与实际有区别的一个调整系数。

若时效位移取用式(16-51)的形式，则坝上 k 点位移的确定性模型可写为

$$\delta^{(k)}(t) = \phi \sum_{i=1}^{m_H} b_i [H(t)]^i + \psi \sum_{i=1}^{n} r_r(t) e_{ki} + c_0 + c_1 t + c_2 \ln(t+1) + c_3 e^{-kt} \tag{16-54}$$

上式中的各系数利用多元回归分析确定。

5. 模型检验和校正

确定性模型建立后一般要进行下列校验，并且根据检验的情况作相应的校正。

(1)调整系数 ϕ、ψ 合理性检验。合理的调整系数 ϕ、ψ 值应当在 1.0 左右，它反映了理论计算时所假设物理力学参数相对实际情况的合理性。若 ϕ、ψ 值出现明显不合理情况（太大或太小），应查找原因，必要时应重新考虑有关因素，采取更适当的参数假定再作计算。

(2)模型拟合情况检验。考察式(16-54)的剩余标准差 S 和拟合段测值变幅的比值，

若此值过大(大于15%),则拟合效果差,模型价值不大,有必要重建。

(3)模型预报精度检验。对式(16-54)作外延预报检验,只有预报精度较高,且长期稳定性好的模型较好,否则模型较差。

(三)大坝监测混合模型

大坝效应监测量受环境因素的影响,它是众多环境因素共同作用下的综合反映。影响大坝效应监测量的因素很多,有些环境因素与效应量间的关系是明确的,通过相应的坝工理论和方法就可以建立这些环境自变量与效应量间的函数关系式;另一些环境因素与效应量间的关系尚不明确,采用相应的坝工理论和方法难以建立这些环境自变量与效应量间的确定性关系式。针对上述情况,我们在建立大坝效应监测量数学模型时,对各环境影响分量的形式的确定可采用不同的方法,从而使所得的数学模型既保证有较明确的物理概念,又计算简单,使模型的质量较好。下面简要介绍大坝监测混合模型。

1. 混合模型的基本概念

在建立大坝效应监测量的数学模型过程中,在描述效应因变量与环境自变量之间的关系时,对于那些与效应量关系比较明确的环境影响因素,采用相应的坝工理论计算成果来确定效应因变量与环境自变量间的函数关系;对于另一些与效应量关系不很明确的或采用相应的坝工理论计算成果难以确定它们之间的函数关系的环境影响因素,则利用数理统计方法来确定相应效应量与环境量间的统计关系。由此方法所建立的大坝监测模型称为大坝监测混合模型。

大坝监测单测点混合模型是用得较多且比较成熟的监测模型,近年来又出现了多测点混合模型,这比单测点混合模型先进了一步。以下分别介绍单测点混合模型和多测点分布混合模型。

1)单测点混合模型

若 $X_1, X_2, \cdots, X_q$ 是影响大坝效应量 Y 的 q 个环境量,$Y_1, Y_2, \cdots, Y_q$ 是 q 个环境量对 Y 的影响分量,则大坝效应量 Y 的单测点混合模型形式为

$$Y = \sum_{i=1}^{p} a_i Y_i + \sum_{i=p+1}^{q} a_i Y_i \tag{16-55}$$

式中前 p 个环境影响分量形式由坝工理论计算成果来确定,后 $q-p$ 个环境影响分量形式则由统计方法给出。

对坝上 k 点的位移单测点混合模型仍可以式(16-48)表示。

由于位移与水压之间的关系是比较明确的,可用弹性力学有限元的计算成果来确定它们之间的函数关系,则相应的水压位移 $\delta_H(t)$ 可用式(16-49)表示。

位移与温度间的关系虽然也很明确,但利用相应的弹性力学有限单元法计算确定它们间的函数关系时工作量很大,尤其在坝内缺少温度测值的情况下,要利用位移与温度间的函数关系很困难。因此,采用数理统计的方法给出它们间的统计关系,其温度统计因子可用下面的形式

$$\delta_T^{(k)}(t) = a_0 + \sum_{i=1}^{m_1} a_{3i} T_{ai}(t) + \sum_{j=1}^{m_2} a_{4j} T_{wj}(t) \tag{16-56}$$

时效与位移间的关系也由统计分析给出,可采用下面的形式

$$\delta_{\theta}^{(k)}(t) = c_0 + c_1 t + c_2 \ln(t+1) + c_3 e^{-kt} \tag{16-57}$$

于是坝上一点 k 的位移单测点混合模型可表示为

$$\delta^{(k)}(t) = \phi \sum_{i=1}^{m_H} b_i [H(t)]^i + \sum_{i=1}^{m_1} a_{3i} T_{ai}(t) + \sum_{j=1}^{m_2} a_{4j} T_{wj}(t) + c_0 + c_1 t + c_2 \ln(t+1) + c_3 e^{-kt} \tag{16-58}$$

式中各变量及系数意义如前所述，系数由多元回归分析确定。

2）多测点分布混合模型

大坝监测多测点分布混合模型中，因为引入了测点的位置变量，它不仅能反映测点效应量受各环境因素的影响程度，而且还能反映各测点效应量间的联系，因此是一种比单测点混合模型更趋合理的模型。目前，常见的多测点分布混合模型主要是一维多测点分布混合模型。

大坝某一方向上任一点 k 在 t 时刻的某效应量 $y_k(t)$ 可表示为

$$y_k(t) = f(x_1, x_2, \cdots, x_m, z) \tag{16-59}$$

式中，$x_1, x_1, \cdots, x_m$ 是效应量的各环境影响因素；z 是测点的位置变量。

将效应量 $y_k(t)$ 分解为各环境影响分量 $y_{ki}(t)$ 之和，则有

$$y_k(t) = \sum_{i=1}^{m} y_{ki}(t) \tag{16-60}$$

式中各影响分量 $y_{ki}(t)$ 又可表示为

$$y_{ki}(t) = f_i(x_i, z) \tag{16-61}$$

式(16-61)又可表示为

$$y_{ki}(t) = f_i(x_i, z) = f_i[g_i(x_i), h_i(z)] \tag{16-62}$$

式中，$g_i(x_i)$ 为选定方向上点 k 的环境因素 x_i 的影响分量，$h_i(z)$ 为环境因素 x_i 影响下的效应量在选定方向的分布曲线，可用位置变量的多项式来拟合

$$h_i(z) = \sum_{j=0}^{3} b_{ji} z^j \tag{16-63}$$

于是

$$y_{ki}(t) = f_i(x_i, z) = f_i[g_i(x_i), \sum_{j=0}^{3} b_{ji} z^j] \tag{16-64}$$

用泰勒级数展开上式，略去高阶项后得到

$$y_{ki}(t) = A_{0i} + A_{1i} \sum_{j=0}^{3} b_{ji} z^j + A_{2i} g_i(x_i) + A_{3i} g_i(x_i) \sum_{j=0}^{3} b_{ji} z^j \tag{16-65}$$

这样一维多测点分布混合模型可用下式表示

$$y_{ki}(t) = \sum_{i=1}^{p} \phi_i [A_{0i} + A_{1i} \sum_{j=0}^{3} b_{ji} z^j + A_{2i} g_i(x_i) + A_{3i} g_i(x_i) \sum_{j=0}^{3} b_{ji} z^j] + \sum_{j=p+1}^{m} [A_{0i} + A_{1i} \sum_{j=0}^{3} b_{ji} z^j + A_{2i} g_i(x_i) + A_{3i} g_i(x_i) \sum_{j=0}^{3} b_{ji} z^j] \tag{16-66}$$

对式中环境因素和效应量关系较明确的 p 个影响分量采用相应的坝工理论计算来确定，其余 $m-p$ 个效应分量则通过统计分析给出。上式各系数经展开整理后根据实测值由多元回归分析确定。

对于二维多测点分布混合模型,请参见李珍照《大坝安全监测》。

2.模型检验和校正

混合模型建立后一般要进行下列校验,并且根据检验的情况作相应的校正。

(1)调整系数 ϕ 合理性检验。调整系数 ϕ 值一般在1.0左右较合理,它反映了理论计算时所假设物理力学参数相对实际情况的合理性。若 ϕ 值太大或太小,应查找原因,必要时应重新考虑有关因素,采取更适当的参数假定再作计算。

(2)模型拟合情况检验。考察回归的剩余标准差 S 和拟合段测值变幅的比值,若此值过大(大于15%),则拟合效果差,模型价值不大,有必要重建。

(3)模型预报精度检验。对回归方程作外延预报检验,只有预报精度较高,且长期稳定性好的模型较好,否则模型较差。

三、使用定量分析数学模型应注意的问题

对建立的定量分析数学模型,应进行必要的合理性检验,检验后发现模型结构和参数不合理或不满意时应作校正,可采取通过坝工理论分析调整模型结构,用反分析校正参数,对残差系列再建模的组合模型进一步提取有规律成分等措施。这需要在坝工理论、不同建筑物的监测量的正常性态、异常趋势及其原因、数学模型的能力及其局限性等方面有较多的经验。

使用统计模型应特别注意以下几点:

(1)建立统计模型在选择因子时,应根据不同的建筑物(如混凝土重力坝、拱坝、土石坝)及具体的物理量而定。有的可能只有时效分量而无水位分量与温度分量,如堆石坝沉降预测;有的可能还需要增加其他分量,如针对丰满大坝位移特点及其特殊条件的冻胀分量,边坡位移分析可能需要增加降雨量因子等。

(2)对建立的统计模型,要进行模型估计量和各因子相关显著性的统计检验(主要是复相关系数),模型拟合效果(主要是 F 值)、残差系列随机独立性及异方差检验,物理关系及参数数值的合理性检验,模型预测效果检验。此外,还应检验选定因子是否存在多重共线性问题。

(3)当建筑物的监测量处于明显不同的阶段时,如测量系统更换产生不同精度的观测结果或采取重大工程措施而产生结构性态的变化时,应分时段建立统计模型。

(4)有的监测量的分析属拟合问题,如堆石坝沉降速率预测的前提是掌握剔除观测误差的沉降过程,只需取较短的时段和时效分量(构成可能有所不同)。

(5)有时统计模型回归模型残差序列还存在某种周期项,如其大小与测量误差接近,可不再进一步设置因子。

(6)统计模型因子并非越多越好,要考虑因子的解释能力、物理关系及参数数值的合理性。

对于确定性模型和混合模型,需要注意把握以下几点:

(1)有限元或其他方法计算时,所采用不同的本构模型如线弹性、黏弹性、弹塑性等,不同的屈服准则如特雷斯卡(Tresca)、米赛斯(Mises)、摩尔-库仑(Mohr Coulomb)准则、德鲁克-普拉格(Drucker-Prager)等,它们的模拟能力各有不同,计算时对结构工作状况

如结构缝及荷载过程、边界条件、初始条件以及部分参数作了一定的假定。

(2)有限元或其他方法计算得到的一般是确定性的数值,而实际监测量是随机性的。

(3)有限元或其他方法计算一般计算范围是有限的,影响大坝变形实际范围可能更大。

(4)监测量得到的数值往往在空间上是局部的相对位移,时间上是有起始的基准日期。

(5)监测量得到的数值可能掺杂有监测仪器的系统误差。

第五节　混凝土应力应变分析

一、概述

根据规范 DL/T 5178—2003,混凝土应力应变观测对于1级混凝土坝为必设项目,2级混凝土坝是可选项目。混凝土应力应变观测的目的是了解坝体的实际的应力分布,寻找最大应力(拉、压应力和剪应力)的位置、大小和方向,以便估计大坝的强度安全程度,为大坝的运行和加固维修提供依据。

混凝土应力应变分析无论是理论上还是实践上都是较复杂的问题。第一,混凝土材料本身的复杂性:混凝土是存在微裂缝及孔隙的多相材料,不是理想的线弹性材料,弹性模量等力学参数随时间而变化,存在徐变、松弛、热胀冷缩、湿胀干缩等现象,骨料分离可能导致的不均匀性等;第二,大坝及基础结构的复杂性:大坝内部存在各种纵横结构缝、施工缝,键槽、孔口、闸门等局部构造,基础一般均存在结构面等地质缺陷及不均匀性,裂缝的出现导致整体性的丧失等;第三,结构荷载在空间及时间分布上的复杂性:水与混凝土及基础的相互作用形成复杂的非均匀、非恒定的渗流场,接缝及固结灌浆会引起不可恢复的施工应力,内外约束及基础约束等产生的温度荷载空间及时间分布复杂;第四,目前缺乏能直接观测混凝土应力的有效而实用的仪器,主要利用应变计观测混凝土的应变,然后利用混凝土徐变及弹模等试验资料,通过计算间接得到混凝土的应力,其间需要做相当程度的简化和必要的理论上的假定。

总之,混凝土应力应变分析具有理论和实践结合紧密的特点,需要充分考虑到结构特点、材料因素、施工及运行状况以及计算理论的有效性才能得到理想的成果。

二、无应力计分析

大坝混凝土在不受外力作用时发生的变形称为自由体积变形,主要包括由于温度变化引起的热胀冷缩变形、湿度变化引起的湿胀干缩变形以及水泥水化作用引起的自生体积变形。可用下式表示

$$\varepsilon_0 = \alpha\Delta T_0 + \varepsilon^g(t) + \varepsilon^w(t) \tag{16-67}$$

式中　α——温度线膨胀系数;

ΔT_0——温度变化量;

$\varepsilon^g(t)$——混凝土自生体积变形,随时间而变化;

$\varepsilon^{w}(t)$——湿度变化引起的变形。

无应力计用于测定大坝混凝土的自由体积变形。它实际是用一个锥形的双层套筒制成,锥形套筒的内筒中浇筑混凝土并在中央轴线上埋设一支应变计。无应力计埋设在大体积混凝土中,内筒中的混凝土由于两层套筒之间的隔离而不受外力作用,仅通过筒口和大体积混凝土连成整体以保持相同的温湿度。这样,内筒中的混凝土的变形只是由于温度、湿度和自身的原因引起,而不是应力作用的结果,即内筒中测得的应变即为自由体积变形造成的"无应力应变"(或称自由应变)。

利用无应力计资料可以计算得到混凝土温度线膨胀系数。一般有三种方法,介绍如下:

(1)利用无应力计应变测值和温度测值过程线。因为混凝土浇筑一段时间后的 $\varepsilon^{g}(t)$ 发展趋于平缓,且一般大体积混凝土 $\varepsilon^{w}(t)$ 不大,故可认为在降温阶段 $\varepsilon^{g}(t)+\varepsilon^{w}(t)\approx 0$。在过程线上,取降温的短时段间隔的应变变化 $\Delta\varepsilon_0$ 和相应的温度 ΔT_0,按下式计算线膨胀系数

$$\alpha=\frac{\Delta\varepsilon_0}{\Delta T_0} \tag{16-68}$$

(2)利用无应力计应变测值和温度测值的相关曲线。在相关曲线上取直线段,同样利用式(16-68)计算线膨胀系数。

(3)统计模型分析。对无应力计测值进行统计模型回归分析。回归方程如下

$$\varepsilon_0=a_0+a_1T_0+a_2t+a_3\ln(1+t)+a_4e^{kt} \tag{16-69}$$

式中 ε_0——无应力计应变测值;

T_0——无应力计温度测值;

t——测时距分析起始日期的时间长度,d;

k——常数,一般可取 -0.01;

a_0,a_1,a_2,a_3,a_4——回归系数。

利用逐步回归求解上述方程,所得 a_1 即为对混凝土线膨胀系数的估计值,包含线性、对数及指数因子的时间函数的组合部分简称为时效分量,包括了自生体积变形 $\varepsilon^{g}(t)$ 及干缩变形 $\varepsilon^{w}(t)$。

回归分析可达到两个目的:其一,了解混凝土无应力应变的变化规律,即混凝土实际线膨胀系数以及趋势性变化的类型,检查是否存在碱 - 骨料反应等;其二,当无应力计与对应的工作应变计组温度条件不相同时,利用回归方程计算无应力应变。

分析无应力应变应注意的问题:

(1)"湿筛"效应。无应力计及应变计埋设剔除了 8 cm 以上骨料,实验室试件则剔除了 4 cm 以上骨料,因此大坝混凝土实际应变、无应力计无应力应变与实验室混凝土无应力应变可能有一定的差别。

(2)应检查无应力计与对应的工作应变计的混凝土温度、湿度及混凝土级配是否一致。

(3)埋设在温度变化很大的混凝土内的无应力计,如靠近坝面或孔口边界附近的无应力计,由于内部温度不均匀形成有温度应力的混凝土锥体,使无应力计筒中的应变计成为有应力作用的工作应变计。因此,在温度梯度很大的部位,无应力计轴线应垂直于等温

面，采取侧卧方式为好。

三、混凝土实际应力的计算

（一）混凝土弹性模量及徐变试验资料处理

1. 混凝土弹性模量及其与龄期关系的表达式

理想弹性体在单向受力条件下，其应力和应变之间服从胡克定律

$$\varepsilon = \sigma / E \tag{16-70}$$

式中，E 为弹性模量。据式（16-70），当应力保持不变时，应变也保持不变。但实际上，混凝土试验资料表明，当应力保持不变时，混凝土应变随着时间有所增加，这种现象称为混凝土的徐变。

在单向受力条件下，混凝土试件在时间 t 的总应变 $\varepsilon(t)$ 可表示为

$$\varepsilon(t) = \varepsilon^{e}(t) + \varepsilon^{c}(t) + \varepsilon^{T}(t) + \varepsilon^{w}(t) + \varepsilon^{g}(t) \tag{16-71}$$

式中　$\varepsilon^{e}(t)$——应力引起的瞬时应变，在应力与强度之比不超过 0.5 时，它是线弹性的；

$\varepsilon^{c}(t)$——混凝土的徐变应变，与应力值、加荷龄期及荷载持续时间有关；

$\varepsilon^{T}(t)$——温度变化引起的应变；

$\varepsilon^{w}(t)$——湿度变化引起的应变；

$\varepsilon^{g}(t)$——混凝土自生体积变形。

式（16-71）中前两项，$\varepsilon^{e}(t)$ 和 $\varepsilon^{c}(t)$ 是由应力引起的，后三项即为无应力应变。混凝土结构应力主要是由温度荷载和各种动静力外部荷载等引起的。

混凝土弹性模量与龄期关系的表达式有多种，如指数式、修正指数式、复合指数式、双曲线式、对数公式等。一般建议采用下面的公式拟合试验资料

修正指数式

$$E(\tau) = \sum_{1}^{m} E_i (1 - e^{-a_i \tau}) \tag{16-72}$$

式中　E_i、a_i——拟合系数。

复合指数式

$$E(\tau) = E_0 (1 - e^{-a \tau^{b}}) \tag{16-73}$$

式中　E_0、a、b——拟合系数。

具体详见朱伯芳《大体积混凝土温度应力与温度控制》。

2. 混凝土徐变度及其表达式

在龄期 τ 时施加荷载，混凝土受到单向应力 $\sigma(\tau)$ 的作用，在加载瞬间，产生弹性应变如下

$$\varepsilon(\tau) = \frac{\sigma(\tau)}{E(\tau)} \tag{16-74}$$

式中　$E(\tau)$——龄期 τ 时混凝土的瞬时弹性模量。

荷载保持应力不变时，如果混凝土是理想弹性体，应变也保持不变。实际上，混凝土试验资料表明，在常应力作用下，随着时间的延长，应变将不断增加，这一部分随着时间而增加的应变称为徐变，或称蠕变。试验资料表明，当应力不超过强度的一半时，徐变与应力之间保持线性关系，徐变 $\varepsilon^{c}(t)$ 可按下式表示

$$\varepsilon^{c}(t) = \sigma(\tau) C(t, \tau) \tag{16-75}$$

式中，$C(t,\tau)$是在单位应力作用下产生的徐变应变，称为徐变度，单位为 MPa^{-1}。

徐变柔量为

$$J(t,\tau) = \frac{\varepsilon(t)}{\sigma(\tau)} = \frac{1}{E(\tau)} + C(t,\tau) \tag{16-76}$$

徐变柔量单位为 MPa^{-1}。

混凝土徐变度 $C(t,\tau)$不但与持载时间$(t-\tau)$有关，而且与加载龄期 τ 有关，加载越早，徐变度越大。

大量试验资料表明，徐变度 $C(t,\tau)$的表达式应满足下列条件：

(1)当 $t-\tau>0$ 时，$C(t,\tau)>0$。

(2)当 $t-\tau=0$ 时，$C(t,\tau)=0$。

(3)徐变度随着龄期 τ 的增大而单调衰减。

$$\frac{\partial C(t,\tau)}{\partial \tau} < 0$$

(4)随着持载时间$(t-\tau)$的增加，徐变增长速度应逐渐减小。但当 $t-\tau\to\infty$，徐变度是否应等于常数，曾经有一些争论。但由于持荷 10 年以上的试验资料很少，目前尚无定论。但从目前已有的试验资料来看，当持荷时间很长时，徐变度即使有些增长，其数值也应该是很小的。

徐变度 $C(t,\tau)$的表达式也有多种，一般推荐采用指数函数式或复合幂指数函数式，详见朱伯芳《大体积混凝土温度应力与温度控制》。

3. 混凝土松弛系数及其表达式

设在龄期 τ 时，混凝土受到强迫应变 $\varepsilon(\tau)$，在加载瞬间，产生弹性应力如下

$$\sigma(\tau) = \varepsilon(\tau)E(\tau) \tag{16-77}$$

式中 $E(\tau)$——龄期 τ 时混凝土的瞬时弹性模量。

设在 $t>\tau$ 时应变 $\varepsilon(\tau)$保持为常量，如混凝土是理想弹性体，应力 $\sigma(\tau)$也保持不变。实际上，混凝土试验资料表明，混凝土中的应力 $\sigma(\tau)$随着时间的延长而逐渐衰减，这种现象称为混凝土的应力松弛。

松弛系数

$$K(t,\tau) = \frac{\sigma(t)}{\sigma(\tau)} \tag{16-78}$$

松弛模量

$$\left.\begin{aligned} R(t,\tau) &= \frac{\sigma(t)}{\varepsilon(\tau)} \\ K(t,\tau) &= \frac{R(t,\tau)}{E(\tau)} \end{aligned}\right\} \tag{16-79}$$

松弛试验比较费事，一般是根据徐变试验资料，通过计算求出松弛模量和松弛系数曲线。

4. 缺乏资料时的推荐公式

对于常态混凝土，在缺乏资料时，建议采用以下弹性模量、徐变度及松弛系数的公式

$$E(\tau) = E_0[1 - \exp(-0.40\tau^{0.34})] \tag{16-80}$$

$$\begin{aligned} C(t,\tau) = {} & C_1(1 + 9.20\tau^{-0.45})[1 - e^{-0.30(t-\tau)}] + \\ & C_2(1 + 1.70\tau^{-0.45})[1 - e^{-0.0050(t-\tau)}] \end{aligned} \tag{16-81}$$

$$K(t,\tau) = 1 - [0.40 + 0.60\exp(-0.62\tau^{0.17})] \times \{1 - \exp[-(0.20 + 0.27\tau^{-0.23})(t-\tau)^{0.36}]\} \tag{16-82}$$

式中 $C_1 = 0.23/E_0$，$C_2 = 0.52/E_0$，$E_0 = 1.05E(360d)$，或 $E_0 = 1.20E(90d)$，$E_0 = 1.45E(28d)$。

对于粉煤灰混凝土或碾压混凝土，请参考朱伯芳《大体积混凝土温度应力与温度控制》一书。

(二)应变计组平衡检查

混凝土内的应变状态必须满足点应变平衡原理。

1.4 向、5 向应变计组

4 向、5 向应变计组的各向应变计测值应满足式(16-83)(见图 16-4)

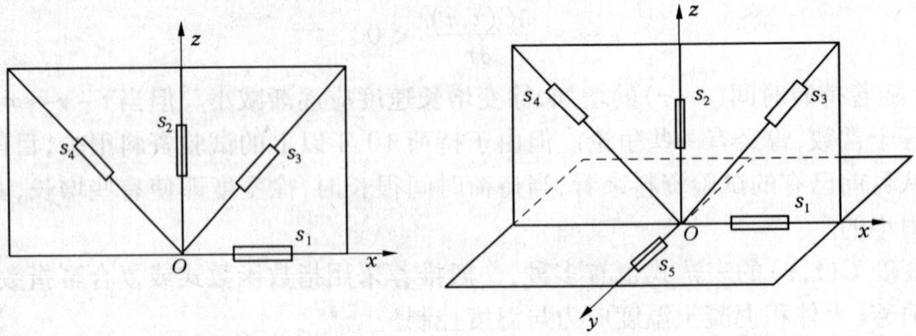

(a)4向应变计组埋设示意　　(b)5向应变计组埋设示意

图 16-4　4 向、5 向应变计组埋设示意

$$s_1 + s_2 = s_3 + s_4 \tag{16-83}$$

实际上，由于观测误差的存在，上式往往不能成立，而存在不平衡量 Δ。

$$s_1 + s_2 - s_3 - s_4 = \Delta \tag{16-84}$$

将不平衡量在各支应变计间进行分配，使总体误差最小

$$\left.\begin{aligned} \delta_1 = \delta_2 = -\frac{\Delta}{4} \\ \delta_3 = \delta_4 = \frac{\Delta}{4} \end{aligned}\right\} \tag{16-85}$$

2.7 向应变计组

7 向应变计组的各向应变计测值应满足式(16-86)(见图 16-5)

$$s_1 + s_2 + s_3 = s_1 + s_4 + s_5 = s_2 + s_6 + s_7 \tag{16-86}$$

由于观测误差，存在不平衡量如下

$$\left.\begin{aligned} s_2 + s_3 - s_4 - s_5 = \Delta_1 \\ s_1 + s_3 - s_6 - s_7 = \Delta_2 \end{aligned}\right\} \tag{16-87}$$

使总体误差最小的不平衡量分配如下

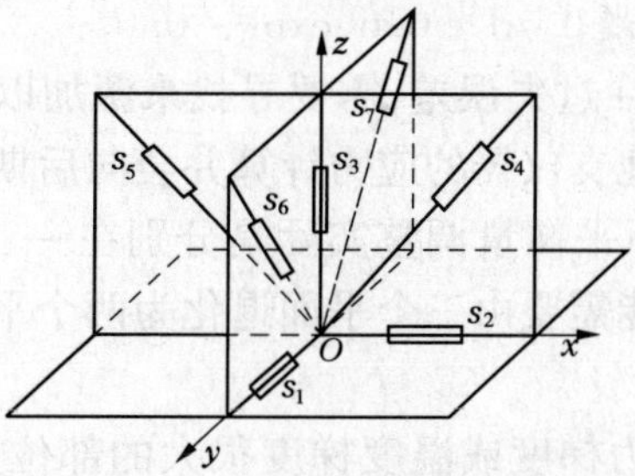

图 16-5　7 向应变计组埋设示意

$$\left.\begin{aligned}\delta_1 = \delta_2 = \delta_3 &= -\frac{\Delta_1+\Delta_2}{8}\\ \delta_4 = \delta_5 &= -\frac{\Delta_1+\Delta_2}{8}+\frac{\Delta_1}{2}\\ \delta_6 = \delta_7 &= -\frac{\Delta_1+\Delta_2}{8}+\frac{\Delta_2}{2}\end{aligned}\right\} \tag{16-88}$$

3.9 向应变计组

9 向应变计组(见图 16-6)的各向应变计测值应满足式(16-89):

$$s_1+s_2+s_3 = s_1+s_4+s_5 = s_2+s_6+s_7 = s_3+s_8+s_9 \tag{16-89}$$

由于观测误差,存在不平衡量如下

$$\left.\begin{aligned}s_2+s_3-s_4-s_5 &= \Delta_1\\ s_1+s_3-s_6-s_7 &= \Delta_2\\ s_1+s_2-s_8-s_9 &= \Delta_3\end{aligned}\right\} \tag{16-90}$$

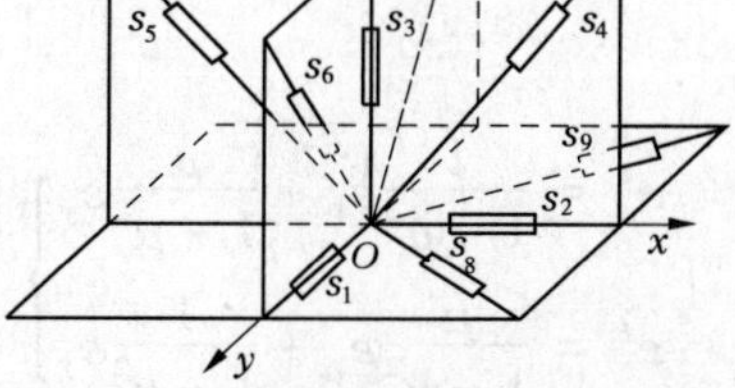

图 16-6　9 向应变计组埋设示意

使总体误差最小的不平衡量分配如下

$$\left.\begin{aligned}\delta_1 = \delta_2 = \delta_3 &= -\frac{\Delta_1+\Delta_2+\Delta_3}{12}\\ \delta_4 = \delta_5 &= -\frac{\Delta_1+\Delta_2+\Delta_3}{12}+\frac{\Delta_1}{2}\\ \delta_6 = \delta_7 &= -\frac{\Delta_1+\Delta_2+\Delta_3}{12}+\frac{\Delta_2}{2}\\ \delta_8 = \delta_9 &= -\frac{\Delta_1+\Delta_2+\Delta_3}{12}+\frac{\Delta_3}{2}\end{aligned}\right\} \tag{16-91}$$

4. 平衡检查应注意的问题

(1)应变计组如某支存在过失误差,需要寻找来源加以修正或剔除,不能直接参与不平衡量分配,否则会影响其他支仪器的应力计算并会向后期传递。

(2)上述4(5)、7、9向不平衡量调整实际是分别在一、二、三个平面内进行。应变计组如某支或某些支损坏,可能需要由三个平面退化为两个平面或一个平面,两个平面退化为一个平面内进行。

(3)应变计组如处于应力梯度或温度梯度很大的部位,可能有一向或几向应变计受到骨料、裂缝或其他因素影响使应变计组的温度和应力不能成为点状态。实际上,大应变计组是在一个直径约0.8 m的球形内,并非一个点,因此应力梯度或温度梯度在很大的部位或混凝土不均匀的部位有可能形成很大的应变不平衡量,此时各支应变计只能分别按单支仪器计算。

(4)应变计组中应互相垂直的应变计如未能保持垂直,也会导致较大的不平衡量。

(三)复杂应力状态换算单轴应变

1. 三轴应力状态

设 ε_x、ε_y、ε_z 分别为 x,y,z 轴的扣除无应力应变的正应变,根据广义虎克定律换算为单轴应变 ε'_x、ε'_y、ε'_z

$$\left.\begin{aligned}\varepsilon'_x &= \frac{1-\mu}{(1+\mu)(1-2\mu)}\varepsilon_x + \frac{\mu}{(1+\mu)(1-2\mu)}\varepsilon_y + \frac{\mu}{(1+\mu)(1-2\mu)}\varepsilon_z \\ \varepsilon'_y &= \frac{\mu}{(1+\mu)(1-2\mu)}\varepsilon_x + \frac{1-\mu}{(1+\mu)(1-2\mu)}\varepsilon_y + \frac{\mu}{(1+\mu)(1-2\mu)}\varepsilon_z \\ \varepsilon'_z &= \frac{\mu}{(1+\mu)(1-2\mu)}\varepsilon_x + \frac{\mu}{(1+\mu)(1-2\mu)}\varepsilon_y + \frac{1-\mu}{(1+\mu)(1-2\mu)}\varepsilon_z\end{aligned}\right\} \tag{16-92}$$

式中 μ 为泊松比。再利用松弛法或变形法即可得到 x,y,z 轴的正应力 σ_x,σ_y,σ_z。

2. 平面应力状态

设 $\sigma_z=0$,有

$$\left.\begin{aligned}\varepsilon'_x &= \frac{1}{1-\mu^2}\varepsilon_x + \frac{\mu}{1-\mu^2}\varepsilon_y \\ \varepsilon'_y &= \frac{\mu}{1-\mu^2}\varepsilon_x + \frac{1}{1-\mu^2}\varepsilon_y\end{aligned}\right\} \tag{16-93}$$

式中 μ 为泊松比。再利用松弛法或变形法即可得到 x,y 轴的正应力 σ_x,σ_y。

3. 平面应变状态

设 $\varepsilon_z=0$,有

$$\left.\begin{aligned}\varepsilon'_x &= \frac{1-\mu}{(1+\mu)(1-2\mu)}\varepsilon_x + \frac{\mu}{(1+\mu)(1-2\mu)}\varepsilon_y \\ \varepsilon'_y &= \frac{\mu}{(1+\mu)(1-2\mu)}\varepsilon_x + \frac{1-\mu}{(1+\mu)(1-2\mu)}\varepsilon_y\end{aligned}\right\} \tag{16-94}$$

再利用松弛法或变形法即可得到 x,y 轴的正应力 σ_x,σ_y,进一步由下式计算 z 轴的正应力 σ_z

$$\sigma_z = \mu(\sigma_x + \sigma_y) \tag{16-95}$$

(四)由单轴应变计算正应力

在单向受力条件下,混凝土试件在时间 t 的总应变 $\varepsilon(t)$ 可表示为

$$\varepsilon(t) = \varepsilon^{e}(t) + \varepsilon^{c}(t) + \varepsilon^{T}(t) + \varepsilon^{w}(t) + \varepsilon^{g}(t) \tag{16-96}$$

后三项为无应力应变。对于单向应变计,利用其对应的无应力计(测值,或回归方程)可以得到单轴应变 $\varepsilon'(t)$:

$$\varepsilon'(t) = \varepsilon^{e}(t) + \varepsilon^{c}(t) \tag{16-97}$$

将需要计算应力的整个时段划分为 n 个时段,每个时段的起始和终止时刻(龄期)分别为:$\tau_0,\tau_1,\tau_2,\cdots,\tau_{i-1},\tau_i,\cdots,\tau_{n-1},\tau_n$,各时刻对应的单轴应变分别为 $\varepsilon'_0,\varepsilon'_1,\varepsilon'_2,\cdots,\varepsilon'_{i-1},\varepsilon'_i,\cdots,\varepsilon'_{n-1},\varepsilon'_n$。各个时段中点龄期($\overline{\tau_i}=(\tau_{i-1}+\tau_i)/2$)为$\overline{\tau_1},\overline{\tau_2},\cdots,\overline{\tau_i},\cdots,\overline{\tau_n}$,对应的单轴应变分别为$\overline{\varepsilon'_1},\overline{\varepsilon'_2},\cdots,\overline{\varepsilon'_i},\cdots,\overline{\varepsilon'_n}$。各时段单轴应变增量($\Delta\varepsilon'_i=\varepsilon'_i-\varepsilon'_{i-1}$)为 $\Delta\varepsilon'_1,\Delta\varepsilon'_2,\cdots,\Delta\varepsilon'_i,\cdots,\Delta\varepsilon'_n$。

应力计算公式介绍如下。

1. 松弛法

单轴应力计算的松弛法参见图 16-7,在 τ_n 时刻的应力为

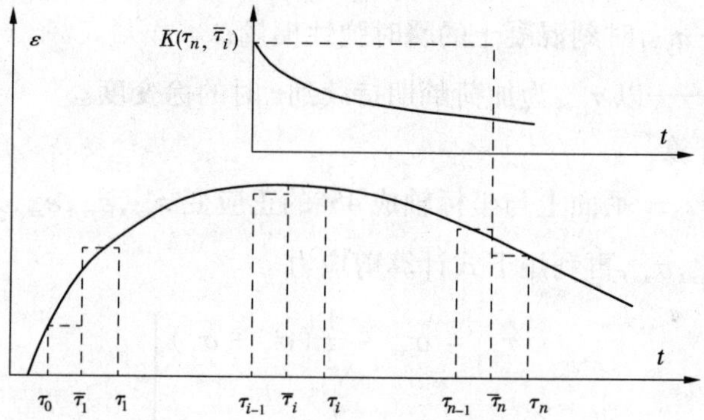

图 16-7　单轴应力计算(松弛法)

$$\sigma(\tau_n) = \sum_{i=1}^{n} \Delta\varepsilon'_i E(\overline{\tau_i}) K(\tau_n,\overline{\tau_i}) \tag{16-98}$$

式中　$E(\overline{\tau_i})$——$\overline{\tau_i}$时刻混凝土的瞬时弹性模量;

$K(\tau_n,\overline{\tau_i})$——龄期$\overline{\tau_i}$时的松弛曲线在 τ_n 时刻的值。

2. 变形法

单轴应力计算的变形法参见图 16-8,在 τ_n 时刻的应力计算式为

$$\sigma(\tau_n) = \sum_{i=1}^{n} \Delta\sigma(\overline{\tau_i}) \tag{16-99}$$

$\Delta\sigma(\overline{\tau_i})$为$\overline{\tau_i}$时刻的应力增量,计算式为

$$\left.\begin{aligned} \Delta\sigma(\overline{\tau_i}) &= E'(\overline{\tau_i},\tau_{i-1})\,\overline{\varepsilon'_i} \quad (i=1) \\ \Delta\sigma(\overline{\tau_i}) &= E'(\overline{\tau_i},\tau_{i-1})\{\overline{\varepsilon'_i} - \sum_{j=1}^{i-1}\Delta\sigma(\overline{\tau_j}) \times [\frac{1}{E(\tau_{j-1})} + C(\overline{\tau_i},\tau_{j-1})]\} \quad (i>1) \end{aligned}\right\} \tag{16-100}$$

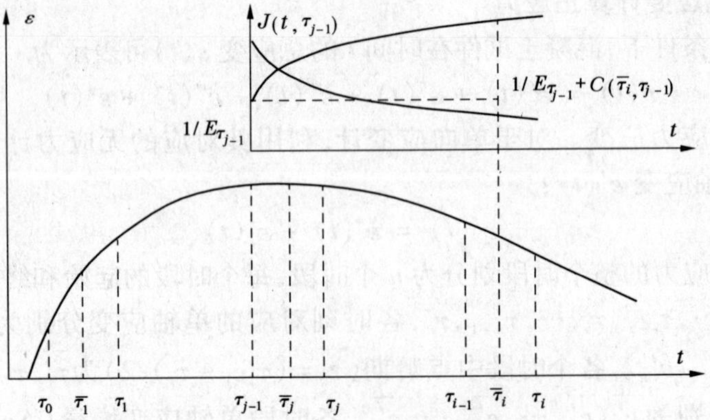

图 16-8　单轴应力计算(变形法)

式中　$E'(\overline{\tau}_i,\tau_{i-1})$——以 τ_{i-1} 龄期加荷单位应力持续到$\overline{\tau}_i$时的总变形$\left[\dfrac{1}{E(\tau_{i-1})}+\right.$ $\left.C(\overline{\tau}_i,\tau_{i-1})\right]$的倒数,亦称为$\overline{\tau}_i$时刻的持续弹性模量;

$E(\tau_{j-1})$——τ_{j-1}时刻混凝土的瞬时弹性模量;

$C(\overline{\tau}_i,\tau_{j-1})$——以 τ_{j-1} 为加荷龄期持续到$\overline{\tau}_i$时的徐变度。

(五)剪应力计算

直接利用 xy、yz、zx 平面上与坐标轴成 45°的正应变 ε_{xy},ε_{yz},ε_{zx},采用松弛法或变形法计算正应力 σ_{xy},σ_{yz},σ_{zx},再利用下式计算剪应力

$$\left.\begin{aligned}\tau_{xy} &= \sigma_{xy}-\frac{1}{2}(\sigma_x+\sigma_y)\\ \tau_{yz} &= \sigma_{yz}-\frac{1}{2}(\sigma_y+\sigma_z)\\ \tau_{zx} &= \sigma_{zx}-\frac{1}{2}(\sigma_z+\sigma_x)\end{aligned}\right\}\tag{16-101}$$

式中　σ_{xy}、σ_{yz}、σ_{zx}——xy、yz、zx 平面上与坐标轴成 45°的正应力。

注意:上述剪应力的正负号采用弹性力学规则。

(六)复杂应力状态主应力计算

1. 平面应力或应变状态

平面应力或平面应变状态主应力计算较简单,计算式如下

$$\sigma_{1,2}=\frac{\sigma_x+\sigma_y}{2}\pm\sqrt{\left(\frac{\sigma_x-\sigma_y}{2}\right)^2+\tau_{xy}^2}\tag{16-102}$$

$$\tan 2\theta_0=\frac{2\tau_{xy}}{\sigma_x-\sigma_y}\tag{16-103}$$

2. 三轴应力状态

空间一点的三个主应力 σ_1,σ_2,σ_3 是下面三次方程的根

$$
\begin{vmatrix} \sigma_x - \sigma & \tau_{xy} & \tau_{zx} \\ \tau_{xy} & \sigma_y - \sigma & \tau_{yz} \\ \tau_{zx} & \tau_{yz} & \sigma_z - \sigma \end{vmatrix} = 0 \qquad (16\text{-}104)
$$

展开得到

$$
\begin{aligned} &\sigma^3 - (\sigma_x + \sigma_y + \sigma_z)\sigma^2 + (\sigma_x\sigma_y + \sigma_y\sigma_z + \sigma_z\sigma_x - \tau_{xy}^2 - \tau_{yz}^2 - \tau_{zx}^2)\sigma - \\ &(\sigma_x\sigma_y\sigma_z - 2\tau_{xy}\tau_{yz}\tau_{zx} - \tau_{xy}^2\sigma_z - \tau_{yz}^2\sigma_x - \tau_{zx}^2\sigma_y) = 0 \end{aligned} \qquad (16\text{-}105)
$$

应力第一不变量 $\sigma_{\mathrm{I}} = \sigma_x + \sigma_y + \sigma_z = \sigma_1 + \sigma_2 + \sigma_3$ (16-106)

应力第二不变量 $\sigma_{\mathrm{II}} = \sigma_x\sigma_y + \sigma_y\sigma_z + \sigma_z\sigma_x - \tau_{xy}^2 - \tau_{yz}^2 - \tau_{zx}^2$

$= \sigma_1\sigma_2 + \sigma_2\sigma_3 + \sigma_3\sigma_1$ (16-107)

应力第三不变量 $\sigma_{\mathrm{III}} = \sigma_x\sigma_y\sigma_z - 2\tau_{xy}\tau_{yz}\tau_{zx} - \tau_{xy}^2\sigma_z - \tau_{yz}^2\sigma_x - \tau_{zx}^2\sigma_y$

$= \sigma_1\sigma_2\sigma_3$ (16-108)

主应力 $\sigma_1, \sigma_2, \sigma_3$ 及其方向余弦可通过求解式(16-105)得到,也可以通过求解应力矩阵的特征根及特征向量得到。

注意:上述正应力及剪应力的正负号采用弹性力学规则。

第六节 监测资料的反分析

一、概述

通常的工程分析是正分析,即给定材料参数和荷载,通过计算求出结构的效应量,如位移(变位)、应力、温度、水头等,然后与设计允许值进行比较,以判断结构是否安全。显然,材料参数和荷载的取值是否准确,对算出的结构效应量及安全评价是有直接影响的。在设计阶段,材料参数主要是通过室内试验求出的。由于室内试验条件与实际情况的差异,如混凝土和堆石坝材料中大粒径骨料的被剔除等,室内试验求得的材料参数与实际值是有差异的。某些荷载,如基岩中的初始地应力、地下结构的山岩压力等,室内试验无法求出。因此,反分析近年来日益被人们重视。所谓反分析,是根据建筑物施工期和运行期实测的变位、应力、温度、水头等,反过来推算材料参数和荷载。工程反分析有两个特点:其一,已知的实测效应量是各种因素的综合反映;其二,反分析的计算量通常很大。因此,一般说来反分析问题比正分析问题要困难得多。进行反分析注意以下几个原则:

(1)抓住主要因素,尽可能忽略次要因素;

(2)尽可能把众多因素分割开来进行反分析;

(3)细致分析具体条件,尽量减少反分析的未知量;

(4)慎重选择本构模型。

二、位移场反分析

根据实测位移结合有限元分析进行反分析,求出坝体和基岩的弹性模量和泊松比,可以更好地反映坝体和基岩的工作性态。

前述位移传统单点混合模型、确定性模型的建立中已包含反分析的内容。基本做法是在假定的材料参数(变形模量、线胀系数等)的条件下,通过正分析得到变形量与荷载变化的关系,利用这种关系通过对变形实测数据的回归分析对材料参数进行调整,使正分析的结果更真实地反映实际情况,以利于进一步的安全监控。单测点的变形测值具有一定的局限性,利用不同测点的测值信息可能得到不同的反分析结果。目前,国内在变形的反分析中已经较普通的采用多测点的混合或确定性模型,文献[10]中给出了多个工程变形反分析的应用实例。

除上述基于监测数据测值序列、通过传统回归分析方法进行变形反分析外,文献[10]中还提出利用变形测值的"差状态",通过刚度矩阵分解法、改进和优化方法对位移场进行反分析的方法,这些方法可以解决多参数(例如多个材料分区)的反分析问题。

大坝及基础的变形反分析的另一个应用场合是对大坝变形监控指标的确定,文献[10]中有深入的研究。具体方法是:根据工程的具体问题,选择正分析的本构模型,利用变形监测数据反演计算各类材料参数,在此基础上进一步确定变形的监控指标。

三、温度场反分析

(一)温度场反分析的基本原理

混凝土的温度变化对坝体位移和应力等有显著影响。混凝土温度场满足以下热传导方程

$$\frac{\partial T}{\partial \tau} = a\nabla^2 T + \frac{\partial \theta}{\partial \tau} \tag{16-109}$$

式中 T——温度,℃;

τ——时间,h;

a——导温系数,m^2/h;

θ——混凝土的绝热温升,℃;

∇^2——拉普拉斯算子,即$\frac{\partial^2}{\partial x^2}+\frac{\partial^2}{\partial y^2}+\frac{\partial^2}{\partial z^2}$。

应满足初始条件:$T=T_0(x,y,z)$及边界条件:①第一类边界条件,混凝土表面温度是时间的已知函数,$T(\tau)=f(\tau)$,混凝土与水接触时,即属此类;②第二类边界条件,混凝土表面的热流量是时间的已知函数,$-\lambda\frac{\partial T}{\partial n}=f(\tau)$,式中$\lambda$为导热系数,绝热边界即属此类;③第三类边界条件,混凝土表面与空气接触,混凝土表面的热流密度与混凝土表面温度T和气温T_a之差成正比,$-\lambda\frac{\partial T}{\partial n}=\beta(T-T_a)$,式中$\beta$为表面散热系数,采用虚拟厚度(或称黏滞层厚度)$\delta$,$\delta=\lambda/\beta$,可将其简化为第一类边界条件,即认为混凝土表面厚度δ之外为气温;第四类边界条件为两者不同固体互相接触。

(二)导温系数 a 的反分析

导温系数a是根据日气温在坝内热传导的原理求得的,一般假定日气温作正弦变化,用式下式表示

$$T(\tau) = T_m \sin\omega\tau \tag{16-110}$$

式中　τ——时间,h;

T_m——气温日变幅,℃;

ω——圆频率,rad/h,$\omega = \frac{2\pi}{24}$。

假定混凝土表面厚度 δ 之外为气温,按半无限大体用一维方程求解,混凝土内部温度用式(16-111)表示

$$T(x,\tau) = T_m e^{-(x+\delta)\sqrt{\omega/2a}} \sin[\omega\tau - (x+\delta)\sqrt{\omega/(2a)}] \tag{16-111}$$

式中　x——温度测点到坝面的距离,m;

a——混凝土导温系数,m^2/h;

其他符号含义同上。

从而有

$$\frac{T_{mx}}{T_m} = e^{-(x+\delta)\sqrt{\omega/(2a)}} \tag{16-112}$$

$$\tau_x = \frac{x+\delta}{\sqrt{2\omega a}} \tag{16-113}$$

式中　T_{mx}——距混凝土表面 x(m)处混凝土温度的变幅;

τ_x——距混凝土表面 x(m)处达到最高或最低温度的滞后时间。

实际中一般在下游面 0.6 ~1 m 深度范围内布置 4 ~5 支温度计,最浅的一支一般为 0.1 m。

对式(16-112)进行变换

$$\ln(T_{mx}/T_m) = -\delta\sqrt{\frac{\omega}{2a}} - x\sqrt{\frac{\omega}{2a}} \tag{16-114}$$

各测点的导温系数相同,故 $\delta\sqrt{\frac{\omega}{2a}}$ 和 $\sqrt{\frac{\omega}{2a}}$ 为常数,令 $A = -\delta\sqrt{\frac{\omega}{2a}}$,$B = -\sqrt{\frac{\omega}{2a}}$,$y = \ln(T_{mx}/T_m)$,则有

$$y = A + Bx \tag{16-115}$$

一般可采用最小二乘法来求得 A 和 B,进而得到导温系数 a 及虚拟厚度 δ。

$$a = \frac{\pi}{24B^2} \tag{16-116}$$

$$\delta = A/B \tag{16-117}$$

注意:

(1)资料准备。应选择日气温变幅较大的晴天进行连续观测,每小时观测一次,连续观测 33 d,计算每次观测的温度,每支仪器取同一测次的平均值。

(2)上面的计算未考虑水化热的作用,故测量应在水化基本结束后进行,一般混凝土浇筑 3 月后即可。

(3)如无贴近混凝土表面的气温资料,尤其考虑到太阳辐射因素,可利用最靠外的一点作为起算测点,深度 x 进行相应变换,采用上面的方法可以得到导温系数 a 及虚拟厚度 δ。

(4) x 是距表面的垂直距离，不是水平距离。

(三) 导热系数 λ 的反分析

导热系数 λ 的计算公式为

$$\lambda = ac\rho \tag{16-118}$$

式中 λ——导热系数；

a——混凝土导温系数，m^2/h；

c——混凝土的比热，kJ/(kg·℃)；

ρ——混凝土的密度，kg/m^3。

c,ρ 一般为已知，在求得 a 后，即可求得导热系数 λ。

(四) 表面散热系数 β 的反分析

利用下游面温度计测值，按半无限大体用一维方程求解，混凝土表面为第三类边界条件

$$\left(\frac{\partial T}{\partial x}\right)_S = \beta(T_S - T_a) \tag{16-119}$$

则

$$\beta = \frac{\left(\frac{\partial T}{\partial x}\right)_S}{T_S - T_a} \tag{16-120}$$

式中 $\left(\frac{\partial T}{\partial x}\right)_S$——混凝土表面的温度梯度；

T_S——混凝土表面的温度；

T_a——混凝土表面处的气温。

实际上，T_S 和 T_a 并未测得，可利用前面推求导温系数 a 的方法，在式(16-112)分别令 $x=0$ 和 $x=-\delta$ 进一步推求得到 T_S 和 T_a。混凝土表面的温度梯度可以利用下游面附近几支温度计进行线性或二次插值后再计算得到。

(五) 混凝土绝热温升 $\theta(\tau)$ 的反分析

设混凝土绝热温升 $\theta(\tau)$ 的表达式为

$$\theta(\tau) = \theta_0\tau/(n+\tau) \tag{16-121}$$

式中 θ_0——混凝土的最终水化热；

n——常数；

τ——混凝土的龄期。

设下游面有 3 支温度计，将一维热传导方程改为差分方程，经整理得到

$$\Delta\theta = (T_t - T_{t-\Delta t})_i - \frac{2a\Delta t}{x_{i+1}-x_{i-1}}\left(\frac{T_{i+1}-T_i}{x_{i+1}-x_i} - \frac{T_i - T_{i-1}}{x_i - x_{i-1}}\right) \tag{16-122}$$

将下游面附近温度计测值代入式(16-122)，并联合式(16-121)，可求得 θ_0 和 n。

也可采用带约束条件的优化方法求解，详见文献[10]。

(六) 混凝土线膨胀系数 α 的反分析

北方地区的混凝土坝，由于冻融影响，坝体混凝土的混凝土线膨胀系数 α 变化较大，需要进行反分析。如前所述可以用无应力计的监测资料回归得到。也类似位移场反分析求解基础及坝体弹模的方法，可通过假定混凝土线膨胀系数 α_{c0}，利用有限元计算温度引

起的位移 δ'_T，与监控模型分离的温度分量比较 δ_T，得到混凝土线膨胀系数 α

$$\alpha = \alpha_{c0} \frac{\delta_T}{\delta'_T} \tag{16-123}$$

四、渗流场反分析

水利水电工程的勘探阶段，通常有一定数量的钻孔。利用钻孔压水试验，可求出钻孔附近的岩体渗透系数，但这是钻孔附近小范围的渗透系数。为了解建坝后岩体（或土石坝）大范围的渗流场的变化，还需要知道大范围内的渗透系数。利用钻孔水位观测资料，通过渗流场反分析，可推算范围内的渗透系数。

设水头函数为

$$\varphi = z + p/\gamma \tag{16-124}$$

式中 p——渗透压力；

γ——水的容重；

z——自某基准算起的高度，且 z 轴垂直向上。

用有限元对分析区域进行离散化，稳定渗流的基本方程为

$$[H]\{\varphi\} = \{F\} \tag{16-125}$$

式中，$[H]$ 为传导矩阵，$\{F\}$ 为右端项，详见朱伯芳《有限单元法原理与应用》。

根据实际的水文地质条件，可将岩体或土石坝划分为几个区域。在区域 j 内如果渗流是各向同性的，则只有 1 个渗透系数 k_j；如果是各向异性的，将有 1 个以上的渗透系数。为了减少未知量的个数，在条件许可时，应设法根据岩性条件，假定不同方向渗透系数的固定比值。在一个区域只保留 1、2 个渗透系数作为变量，其余按比值计算。

设待求的渗透系数共有 m 个，令 $x_j = k_j, j = 1,2,\cdots,m$，根据具体条件还可给出 x_j 的上、下限。给定 $\{x\} = \{x_1, x_2, \cdots, x_m\}^{\mathrm{T}}$，由式(16-125)可解出 $\{\phi\}$，解出的 $\{\phi\}$ 和实测值应尽可能接近。设共有 n 个测点，加权误差平方和取极小值，渗流场反分析问题归结为求 $\{x\} = \{x_1, x_2, \cdots, x_m\}^{\mathrm{T}}$，使加权误差平方和

$$S = \sum_{i=1}^{n} \xi\omega_i (\phi_i - \phi_i^*)^2 \rightarrow \text{极小}$$

$$\text{并满足 } \underline{x}_j \leqslant x_j \leqslant \bar{x}_j \quad (j = 1,2,\cdots,m) \tag{16-126}$$

式中，ω_i 为权系数；$\underline{x}_j$ 为 x_j 的下限，$\bar{x}_j$ 为 x_j 的上限；ϕ_i 为水头函数的计算值；ϕ_i^* 为水头函数的实测值；i 为测点号。

可用非线性规划求解式(16-126)，也可采用迭代法求解，详见文献[10]。

第七节 综合分析与大坝安全评价

一、概述

在大坝的勘测、设计、施工、运行过程中，人们获得了大量关于大坝工作性态的资料。为获得对大坝真实工作性态的认识，达到监控大坝安全、指导运行维护的目标，必须在充

分掌握有关基础性资料的基础上,采用适当的工具和方法进行"去伪存真、去粗取精、由表及里、由此及彼"的综合分析。一方面,坝工技术的基础到目前为止仍处于一种半经验半理论的阶段,加之大坝地质、结构、材料及施工等内在的不均匀不确定性,在理论研究和模型试验之外,对大坝原型的监测与分析仍有不可替代的作用。另一方面,大坝安全监测获得的资料本身是关于大坝在空间及时间上均是局部而非整体、离散而非连续、随机而非确定的信息,可能存在源自仪器的系统误差和人员的疏失误差等。

在对监测项目进行综合分析前,首先对单测点测值提供的信息最大程度的定量化,关键是确定其趋势性变化是稳定或趋于稳定,以一定速率发展、还是加速发展,确定监测量的数据异常。

综合分析的对象包括对同一项目多个测点监测值的综合分析,对同一个部位多种监测项目的综合分析,同一建筑物各个部位监测成果的综合分析。

综合分析必须注意大坝的一般性运行规律与具体大坝的特殊工作条件相结合,仪器监测与巡视检查相结合,定性分析与定量分析相结合。综合分析的目标是辨别监测量的数据异常,排除仪器系统的异常,确定结构异常现象及异常程度。

二、各类水工建筑物的重点分析内容

(一)混凝土坝

混凝土坝重点分析内容有两个方面:

(1)坝基及坝肩稳定性态。通过扬压力和渗流量监测数值,分析坝基、坝肩防治情况,评价固结灌浆、帷幕、排水及断层破碎带处理的效果和工作状况。通过基岩内及坝体底部布设的倒垂、引张线、三向测头、伸缩仪、多点位移计、基岩变形计、深埋钢管标及静力水准仪等监测数据,分析坝基、坝肩变形性态,判断坝基、坝肩稳定性。对基岩内缓倾角结构面发育区、断层交汇带、节理密集带及有软弱夹层部位以及坝基开挖面向下游倾斜部位的稳定情况,要作为重点对象进行分析。

(2)坝体强度性状。通过坝体应变计组、压应力计、钢筋计等监测数据,分析坝体应力状况,特别是孔口较多、结构较复杂的泄洪坝段及强水坝段等部位的应力情况;通过坝体引张线、视准线、垂线、真空激光变形监测装置、水准测点、测缝计等监测数据,分析坝体变形性态;根据上列分析来判断坝的强度、刚度及整体状况。

对于碾压混凝土坝或坝体碾压混凝土部位,还应着重通过渗压计资料分析其抗渗性态,通过垂线、应变计及测缝计资料评价其施工缝面抗剪断安全性态,通过测缝计、裂缝计分析常态混凝土与碾压混凝土竖向接合面的连结情况。

(二)土石坝

各种心墙土石坝重点分析内容也有两个方面:

(1)渗透稳定性态。根据孔隙水压力(或渗透压力)、浸润线等监测数据及下游渗水出逸点情况,绘制坝体及地基内的等势线分布图或流网图,计算坝坡出逸段及下游地基表面的出逸坡降及不同土层间的渗透比降,了解心墙、斜墙等防渗体的工作性能,判断渗透稳定性态。根据渗流量、渗透水透明度和水质监测资料及巡查结果,结合渗透比降情况,辨别有无管涌、流土、接触冲刷、接触流失等渗透稳定现象。

(2)结构稳定性态。通过坝面垂直位移、水位位移、坝基沉陷、坝体内部垂直位移、孔隙水压力等实测数值及外表检查结果,分析坝体和坝基的结构稳定状况,判断是否可能发生整体或部分的剪切破坏。

(三)水闸

重点分析闸室的稳定及结构安全性。通过基础扬压力、渗流量及闸墙背渗压力监测数据,分析闸底、闸墙所受渗压及防渗措施效果。通过水平位移、垂直位移及接触缝和结构缝开合度量测数据,分析闸室结构及闸下基岩的变形性态。通过应变计组、压应力计、钢筋计、测缝计、锚杆应力计等监测数据,分析闸体结构应力及锚杆受力情况。根据以上几个方面,评价闸室的稳定及结构安全性。

此外,还应根据巡视检查及变形、渗流、水力学监测结果,分析过流部分结构抗冲刷和抗气蚀、抗磨蚀的安全性。必要时,利用水力学监测结果,分析水闸实际过流能力。

(四)溢洪道

重点分析内容同混凝土坝及水闸。

(五)水工建筑物附近高边坡

着重分析高边坡岩体稳定性态。施工期通过对大爆破时岩体质点振动速度、加速度、动应变的分析,监控高边坡在爆破动力作用下的安全性,并通过对钻孔声波穿透测量、同孔声波及小区域地震剖面法等监测成果及岩体表面宏观调查结果的分析,判断爆破引起的岩体松动范围和破坏程度。

通过对高边坡岩体表层及深层变形量测值的分析及对山坡内地下水位、渗压力和排水洞、排水孔排水量的分析(施工期还应结合动、静资料的对比分析),评价高边坡的稳定性及锚固工程效果(施工期还为边坡锚固支护措施的动态设计提供依据)。

三、各阶段的分析评价重点

资料分析的项目、内容和方法应根据实际情况而定。一般说来,大坝投入运行后,根据人们对大坝性态的认识程度不同、大坝运行时间与事故或恶化之间关系的统计,可将运行阶段作如下划分:

(1)首次蓄水阶段(水库开始蓄水至设计正常蓄水位为止)。第一次蓄水实际上是对大坝施加荷载的阶段。该阶段人们是无法知道建成的大坝能否满足设计的要求。据统计,多数事故是在该阶段发生的。其主要表现在坝基工况异常、渗漏量和扬压力过大、产生危害性裂缝等。基岩方面的事故约占70%,只有30%与坝体有关,这些事故大都是由于设计和施工上的缺陷引起的。应将直接反映大坝工况的监测成果与设计预期效果(或设计规定的指标)相对照比较,以评价大坝的安全性。

(2)水库开始蓄满,大坝显示稳定运行阶段。据国外经验,在库水位达正常水位后的2年左右,大坝性态趋于稳定。根据这阶段监测成果,要确认大坝是否真正达到预期的稳定性,同时确认大坝的功能。

(3)大坝达到稳定状态后的阶段(大坝正式运行阶段)。这时对大坝的完好状态已有所了解。如果大坝能经受第一次满库正常水位的考验,大坝没有不利的变化,外部条件(环境)亦不向不利方面发展,那么大坝的安全运行是能得到保证的。根据国内外经验,资料分析仍应以能控制大坝安全的监测项目为主要对象。对于为改进设计方法等进行的资料分析,可按要求的目标进行专门性的分析研究。

(4)大坝处于老化阶段。综上所述,一般大坝运行 40 ~ 50 年后,事故(或性态异常)又开始上升,这主要是由于材料强度不足和老化原因所引起的。这阶段的资料分析要注意对大坝材料恶化(或老化)的检查资料作分析,并注意分析材料恶化对大坝性态的影响。

从上述情况来看,不同的运行阶段通过资料分析所要认识的问题是不同的,相应的分析方法及内容都需要作一定的调整,例如,首次蓄水期间监测资料难以建立有效的监控数学模型,此时,应采用设计允许值作为检查监测量正常与否的主要指标。

四、大坝工作性态评价

负责大坝安全监测的单位,应定期对监测结果进行分析研究,按下列类型对大坝的工作状态作出评估。

(一)正常状态

正常状态是指大坝(或监测的对象)达到设计要求的功能,不存在影响正常使用的缺陷,且各主要监测量的变化处于正常情况下的状态。

(二)异常状态

异常状态是指大坝(或监测的对象)的某项功能已不能安全满足设计要求,或主要监测量出现某些异常,因而影响正常使用的状态。

(三)险情状态

险情状态是指大坝(或监测的对象)出现危及安全的严重缺陷,或环境中某些危及安全的因素正在加剧,或主要监测量出现较大异常,因而按设计条件继续运行将出现大事故的状态。

相应地,参照不同规定,电力部门将大坝安全等级分为正常坝、病坝和险坝三级,水利部门称为一类、二类、三类坝。

五、大坝安全监测系统评价

根据规定,在定期检查时,还应对大坝安全监测系统进行鉴定和评价,主要是根据相关规范的规定及工程的重点部位和薄弱环节的情况,对现有监测系统、监测项目、仪器或者设备进行现场检查或率定,并将测值与历史监测数据进行对比分析,对各项监测设备的可靠性、长期稳定性、监测精度和采用的监测方法以及监测的必要性进行评价,提出监测仪器设备的封存、报废及监测项目的停测、恢复或者增设、改变监测频次和监测系统更新改造的意见和建议。

第八节　大坝安全监控

一、概述

对于一座大坝的安全性,在设计阶段就已做过大量的计算、论证,从而决定了其形式尺寸、材料、构造以及泄洪和地基处理等措施。设计上对大坝安全运用的控制手段，主要是规定特征水位（如正常蓄水位、设计洪水位、校核洪水位等）和与之相组合的有关荷载条件（如地震烈度、浪压力、淤沙高程等），并保证在发生规定的荷载组合情况下，坝的稳定性和强度要满足一定标准的安全要求。

由于地震的发生、风浪的大小等都不是当前人们可以控制的因素，因此按设计要求对运行中的坝所做的安全控制主要是水位控制。做好洪水调节和限制水位是大坝实际运行中保证安全的基本条件，但是由于坝的设计理论迄今尚未达到能够准确推知坝的实际工作状态的程度，施工中诸多因素又会和设计预想有出入，坝在运行过程中还会发生性态的变化，因此坝建成后虽然在设计控制水位以下运用，却并不能排除出现不正常、不安全问题的可能性，反之，坝在设计控制水位以上运行时，也可能仍处于正常状态。这说明建成后的坝仅用水位来控制安全是不够的，还需要根据真实结构性态来判断安全性，这是之所以进行大坝监测的一个重要原因，也是已建成坝的安全监控不同于设计时对坝所做安全控制的一较大区别。可以认为，坝建成后的安全监控要在设计认识的基础上更深入地联系到坝的真实工作状态来进行，它比设计控制更准确、更细致、更有效。

由于对坝的监测检查还不能做到在时间上和空间上连续无缺，实测值都存在着一定误差，效应量中除含有外力作用的影响外还含有若干非应力因素（如自由体积变形等的影响），加之相对于低值易耗器件而言坝的破坏实例较少，且难于获得破坏时具体的性态数据，人们对坝的破坏机理、过程、参数等的认识也还不够深入准确，因此对已建坝的安全监控是一件很复杂的工作。

法国电力公司近几年开发了 PANDA 的大坝监测信息管理系统，该系统可对各种类型的自动化或人工采集数据进行处理，利用 Internet/Intranet 进行通信，实现对监测信息的分层管理（包括上层的专家分析中心及下设的各级控制中心）。系统中对监测量的分析评价仍采用传统的统计模型，模型中仅用 11 个因子描述各分量，利用统计模型结果进一步生成 MVD 模型的置信区间进行对各类监测量的监控。法国人认为，该类模型虽然简单，但在长期使用中被证明是有效的。PANDA 系统除用于法国的 250 多个大坝的监测外，还在阿根廷、多哥等多个国家得到实际应用。首次蓄水期间，也有采用有限元分析结果与实测结果进行比较以评价大坝工作状态的实例。

意大利是最早将人工智能技术引入大坝监测信息管理的国家。20 世纪 90 年代，意大利开发了 DAMSAFE 的决策支持系统，包括提供数据的信息层，用于管理、解释和显示数据的工具层，及基于 Internet 技术的综合层。该系统采用定性因果关系网络模型对各类监测和结构信息进行综合分析，并采用了专家系统技术开发了针对自动化监测在线检查的 MISTRAL 子系统。DAMSAFE 系统采用三种监控标准对监测量进行检查：①监控模型（统计、混合及确定模型）限值；②监测量速率限值；③有限元计算值。该系统已经得到了较长时间的实际应用。

苏联是对监控指标研究比较深入的国家。监控指标包括数学模型限值和设计允许极限值。施工及蓄水阶段由设计部门提出主要监测量，包括扬压力和渗流量、基础水平位移和垂直位移、接缝和裂缝的设计允许值，在积累了一定观测成果后，对设计允许值作进一步的修订。当运行中的大坝和基础已进入稳定的工作状态后，则要求对每个监测量制定两个指标:允许值和允许变化速率。

自动化数据采集系统在大坝监测中日益广泛的应用对大坝安全监测信息处理提出了更高的要求。国际大坝委员会2000年发表的第118号公报《大坝自动化监测系统——导则和实例》中,对监测技术发达的几个国家在自动化监测信息分析管理方面的经验进行了总结。从中可以看出,采用人工智能技术,包括专家系统、神经网络技术等对自动化监测数据进行处理分析是目前的一个发展趋势。

国内在监测仪器研制、系统开发、资料整理分析、资料的管理与分析系统开发等方面开展了大量工作。大坝安全监控是受到国内外普遍重视的问题。在《混凝土坝安全监测技术规范》(DL/T 5178—2003)中,对大坝定期检查资料分析工作的要求增加了拟订主要监测量监控指标的内容,在对一般资料分析工作的内容中也有"评估大坝的工作状态,并确定安全监控指标,预报将来的变化的要求。

目前,国内对监控指标(或标准)问题没有统一的、规范化的处理方法,特别是对丰满坝那样的老坝而言,其安全评价问题本身就非常复杂,仍有很多方面的工作尚需进一步开展,以下着重介绍国内外在这方面的一些实际做法。

二、第一次蓄水期的安全监控

第一次蓄水期或称初蓄期是指大坝开始蓄水至水库达到设计蓄水位的整个时期,可以是几个月或几年甚至十几年。根据国际上大坝失事统计,约有60%的失事发生在第一次蓄水期或其后的几年内,因此各国对首次蓄水期的大坝安全监控都特别关注。我国混凝土坝及土石坝安全监测技术规范均在总则中明确规定第一次蓄水阶段是监测中一个独立阶段,在这一阶段应制定第一次蓄水的监测工作计划和主要的安全监控指标,做好监测工作并对大坝工作性态作出评估。规范还规定了各项监测在第一次蓄水期的测次,它比其前后任一阶段的测次都要频繁。

初蓄期安全监控的困难在于:许多监测项目刚刚投入,缺乏前期监测数据来参照,有的项目虽有施工期监测资料,但当前的大坝工作条件与蓄水期的大不相同,不便直接对比;由于资料不足,还不能建立统计模型;以设计值对坝的性态进行评估时,往往由于设计假定的边界条件和计算参数与实际情况有出入而难以作为准确可靠的依据。基于上述情况,第一次蓄水期的安全监控主要是凭借经验,较实际的控制方法是分步蓄水、及时分析判断、逐步抬高水位。

在初蓄期前要制定分步蓄水计划和监测措施。在蓄水中根据水文条件、水库调节性能,特别是坝的实际情况掌握蓄水过程。一般蓄水1 m或数米时要对大坝作一轮全面监测、检查和分析,经分析判定大坝性态正常后再将库水位提高一定数值。如此逐步上蓄直到水库达到设计蓄水位,最后再对整个第一次蓄水期的监测检查资料作全面分析总结。我国东风拱坝1994~1995年分两年将坝前水位由850 m蓄到接近设计蓄水位的965 m。开始蓄水时1~3 d对大坝全面监测分析一次,以后时间间隔加长到3~8 d或更长,但水位间隔减少到2~5 m。在水位达到949 m过程中,全面监测和分析共17次,分步严密监控了大坝的安全。为了查明首次蓄水中坝体、坝基中发生的时效变化或专门问题,法国常在大坝蓄到设计蓄水位以后又部分或全部放空水库,我国马岭头拱坝及泉水拱坝等都在蓄满后又作了放空及再蓄水监测，但这样作只适于库容不大的水坝。

第一次蓄水期的监测资料分析通常是以经验为主的定性分析。常借助于监测值的过程线、分布图、相关图及成果表来作解释、对比、判断。考察在水位上升中测值变化是否还连续、协调、合理，并与设计值相比较。分析研究的主要项目为渗漏量、扬压力（渗压力、孔隙水压力）及位移。对于异常现象或不正常监测值，要及时查明原因，必要时须进行专门分析研究。

三、运行期的定期检查鉴定

为了对大坝投入运用后一个较长时段内的性态进行全面的考察和评价，发现问题或隐患，提出改善意见和补救措施以保障大坝安全，对已建大坝须定期进行检查鉴定。在总结国内一些大坝定期鉴定做法并吸取国外有益经验的基础上，电力部门《水电站大坝运行安全管理规定（电监委 3 号令）（2005 年 1 月 1 日起实行）、《水电站大坝安全定期检查办法》（电监安全[2005]24 号），水利部门则主要有《水库大坝安全评价导则》（SL 258—2000）及《水库大坝安全鉴定办法》（2003 年 8 月 1 日实施），对我国水电站大坝定期检查的频次和内容作出了明确的规定。

电力部门规定指出：大坝安全定期检查由主管单位负责和组织，运行、设计、施工、科研等有关单位参加，成立安全检查组，在对大坝的设计、施工、运行进行复查评价和对现场进行检查的基础上，提出对大坝安全的评价并报部及部大坝安全监察中心。

对设计的评价包括复查水文、地质、地震、建筑材料等勘测资料，对它们的质量作出评价；复查设计标准、水力设计、结构设计、计算方法、坝基处理等设计资料，以新近的设计方法和标准为依据，评价坝的安全度及设计质量；复查运行设计、非常情况下的大坝安全设计、维修和改建设计，评价其可靠性和实用性。

对施工的评价包括复查施工阶段重要数据和资料，如基础处理、坝体和隐蔽工程的原始数据资料等；对施工的质量弱点、隐患及其他施工因素对大坝产生的不利影响作出评价。

对运行的评价包括：复查水库第一次蓄水原始记录和分析成果；复查运行期监测资料和分析成果；了解大坝维修情况及实际工况等。

现场检查包括对坝体、坝基、泄洪施放、坝区边坡、近坝库区等的全面检查以及异常情况的重点检查。

经过上述复查和检查后，所作出的大坝安全评价分为正常坝、病坝、险坝三级。

（1）正常坝为正常运行的坝，具体表现为：设计标准符合现行规范要求；坝基良好，或者虽然存在局部缺陷但不构成对水电站大坝整体安全的威胁；坝体稳定性和结构安全度符合现行规范要求；水电站大坝运行性态总体正常；近坝库区、库岸和边坡稳定或者基本稳定。

（2）病坝为带病运行的坝，需要进行维修和补强，具体表现为：设计标准不符合现行规范要求，并已限制水电站大坝运行条件；坝基存在局部隐患，但不构成对水电站大坝的失事威胁；坝体稳定性和结构安全度符合规范要求，结构局部已破损，可能危及水电站大坝安全，但水电站大坝能够正常挡水；水电站大坝运行性态异常，但经分析不构成失事危险；近坝库区塌方或者滑坡，但经分析对水电站大坝挡水结构安全不构成威胁。

(3)险坝为有危险的坝,必须经过加固、补强、改造或改变运行方式,才能保证大坝安全,具体表现为:设计标准低于现行规范要求,明显影响水电站大坝安全;坝基存在隐患并已危及水电站大坝安全;坝体稳定性或者结构安全度不符合现行规范要求,危及水电站大坝安全;水电站大坝存在事故迹象;近坝库区发现有危及水电站大坝安全的严重塌方或者滑坡迹象。

规定要求对每座坝的定期检查工作大坝定检一般要求每五年进行一次。我国从1987年开始,对水电站大坝逐个进行首次定期检查。目前,电力部门已完成第二轮定检,正在进行第三轮。这一工作较全面、深入地摸清了国内主要水电站大坝的状况和存在问题,对保障大坝安全运行具有深远的意义。美国在1970年发布了《国家大坝安全法》(National Program of Inspection of Dams),1979年颁行了《联邦坝安全导则》(Federal Guidelines for Dam Safety)。垦务局编制了《已建坝安全评价手册》(Manual for Safety Evaluation of Existing Dams)。经国家授权,陆军工程师兵团等对全国8 800座大坝进行了检查,发现其中有2 925座坝存在不安全问题,133座坝极不安全。对大坝进行定期检查已成为美国陆军工程师兵团、垦务局、田纳西河流域管理局等机构的一项重要工作。

澳大利亚国家大坝委员会发布的《大坝运行、维护及观测准则》(Guidelines for Operation, Maintenance and Surveillance of Dams)中强调了定期检查及安全评价的重要性。该国的一些管理机构如悉尼水利局、塔斯马尼亚州电力局等都定期(5年)对所辖坝作一轮全面检查评价。加拿大规定,每隔5年或6年应对坝作一次综合检查和鉴定。法国规定,主管部门在初次蓄水5年内必须对大坝作一次全面检查,包括水下部分的检查,此后每10年再进行一次全面检查;对于老坝还须作出专门的研究。意大利规定的检查周期更短,要求每6~8个月须对大坝进行一次现场检查,并根据观测资料对结构性态作出评价。国际大坝委员会建议,对于竣工20~30年或年代更久的老坝,每5~10年应作一次专门调查检验,以谨慎地评价坝的安全,判明是否劣化,确定是否须更新监测系统以及应采取何种措施来提高坝的安全水平。总的看来,对坝定期进行全面综合的检查评价,已成为世界各国监控大坝安全的一项重要手段和有效措施。

四、大坝安全监控指标

(一)监控指标的含义及作用

大坝安全监控指标是对已建坝的荷载或效应量所规定的安全界限值。这种指标用以衡量坝的运用是否正常、安全。当实测值在指标规定的范围以内或数值以下时,一般可认为坝是安全或正常的,否则认为坝可能是不安全的或不正常的。监控指标提供了一种科学判据,可帮助坝的管理者识别坝所处的状态,迅速地作出分析判断,并在出现不安全迹象时能及时加以发现,从而采取措施防患于未然。

拟定安全监控指标的目的是在大坝运行管理中得到实际应用,因此需要与大坝安全信息管理系统紧密结合,形成安全监控子系统,实现在线监控与预警。

(二)监控指标的对象选择

坝的监测项目和测点数量通常都很多,为了及时有效地进行安全监控,应选择一部分有控制作用的项目和有代表性的测点建立监控指标。一般来说,作为主要监控指标量来考虑的常有下列监测项目。

(1)混凝土坝的坝基扬压力和土坝的坝体、坝基渗透压力。它既是一种荷载,影响到坝的应力和稳定,又是表征坝渗透性态的一种效应量,在监控坝的性态上十分重要。

(2)渗流量。它是坝体、坝基防渗排水性态的效应量,与坝的稳定、耐久性有密切关系。据报道,法国大坝异常情况的判断中有60%是由渗流量的异常而发现的。

(3)变形。是坝体坝基物理力学性态的一种效应量,能反映坝的刚度、整体性。大的变形常与破裂、失衡相联系。在水平位移、垂直(竖向)位移、倾斜、缝变化等变形量中,混凝土坝的水平位移和土石坝的竖向位移尤为重要。

(4)应力。也是坝的物理力学性态的一种效应量,能反映坝的强度状况,可直接与设计指标相比较。

在以上四种监控量中,位移和扬压力应是最重要的监控量。

同一监控量的多个测点中,还应考虑下列因素来选择代表点:

(1)不同类型的坝段(如非溢流坝段、溢流坝段、厂房引水坝段等)宜布置各自的代表测点。

(2)同一类型的坝段中,宜选坝高度较大,地质条件较复杂坝段的测点作为代表点。

(3)测值变幅较大或趋势性变化较大的测点,宜选作代表点。

监控对象一般是单个测点,这样建立其数学模型及监控指标较方便。但单点监控有其局限性,在可能条件下,宜尽量对那些互有联系的测点群建立多点监控指标。例如,对于混凝土坝一个段沿上下游方向的若干扬压力测点,最好建立横向扬压力总值(由各点所测得的扬压水柱所围成的面积求得)的监控指标;对于一条正倒垂线系统,最好建立一个包括所有测点的、自变量中有铅垂向坐标值的多测点数学模型及相应的监控指标方程。这类监控更具有代表性,可减少个别测点局部变动或观测误差带来的干扰,且可在更大的空间范围内对坝的性态作考察判断。

(三)监控标准

大坝安全监控的指标可以分为设计监控指标和运行监控指标两类。设计监控指标是指按设计规范要求所制定的大坝安全界限的指标,可视为先验标准;运行监控指标是根据监测量与环境量间的物理关系结合以往测值变化范围和规律所制定的大坝正常界限的指标,可视为后验标准。

(四)设计监控指标的拟定

坝的设计主要从稳定和强度这两个方面来控制坝的安全。我国现行重力坝、拱坝、土石坝的设计规范以安全系数法给出了对坝的稳定和强度的要求,其通式为

$$R/[K_1] > S \tag{16-127}$$

$$\sigma_0/[K_2] = [\sigma] > \sigma \tag{16-128}$$

式中 R——结构抗力,为一综合变量,例如阻滑力;

S——作用效应,为一综合变量,例如滑动力;

$[K_1]$——要求达到的稳定安全系数;

$[K_2]$——要求达到的强度安全系数;

σ_0——坝体或坝基材料的极限强度;

$[\sigma]$——坝体或坝基材料的容许应力；

σ——坝体或坝基材料的实际应力。

当坝的稳定及强度满足式(16-127)或式(16-128)时，认为坝符合安全要求，否则不符合安全要求。但不满足式(16-127)或(16-128)时只是坝的计算安全系数未达到规定的数值，并不是坝已超过安全极限状态。式(16-127)及式(16-128)中的$[K_1]$、$[K_2]$不能给出坝的真正安全度而只是一种安全指标，它带有一定的人为假定性和经验性。

我国已于1994年发布了《水利水电工程结构可靠度设计统一标准》(GB 50199—94)，并正在此标准基础上修订各类坝的设计规范，今后将采用可靠度分析的方法来设计大坝。可靠度理论将抗力R和荷载效应S都看做是随机变量，R可能大于S，也可能小于S。当R小于S时，坝将遭受破坏失去安全。在给定运行条件下，R小于S的概率称失效概率，R大于等于S的概率称做可靠概率。可靠度理论以极限状态作为衡量结构是否安全的标志，其极限状态方程为

$$Z = g(X_1, X_2, \cdots, X_n) \tag{16-129}$$

或

$$Z = R - S \tag{16-130}$$

式中，Z为结构的功能函数；$X_i(i=1,2,\cdots,n)$为基本变量或附加变量；R、S含义同式(16-127)。当$Z>0$，表示坝安全；$Z<0$，表示坝失效；$Z=0$，表示处于极限状态。坝的安全要求可表示为

$$R - S \geqslant 0 \tag{16-131}$$

或

$$R \geqslant S \tag{16-132}$$

可靠度分析结果可以得出坝的较真实的安全界限并给出可靠程度的概率，为确定监测量临界值提供了较好的基础。

在上述式(16-127)、式(16-128)、式(16-132)中，有一个共同要求，即在给定的条件下，坝的效应S须小于抗力R。由于抗力基本是少变的，因此保证安全要应控制荷载及其作用效应。监测量要和荷载及效应量相联系，由安全要求推算出监控指标来。

坝的应力监控指标可直接取式(16-128)中的$[\sigma]$值或由式(16-132)来推算。应用式(16-132)时所采用的扬压力宜由实测值所建立的数学模型来确定。

坝的扬压力监控指标，可由式(16-128)或式(16-132)推算在满足一定安全要求的前提下，水库水位不同时有不同的扬压力监控值。为便于日常监控，可建立随着水位变化的扬压力监控指标值方程或制定出不同水位下的分级扬压力监控指标值。

坝的变形值在式(16-127)、式(16-128)、式(16-132)中没有直接体现，但它和强度及稳定有密切关系。其监控值可经两步计算来间接确定：第一步，计算出刚好满足强度和稳定要求的一种或数种控制性不利荷载组合；第二步，计算出在此种(或此数种)荷载组合下的相应变形量作为变形监控值。

在上述第一步计算中，稳定计算采用式(16-128)或式(16-132)进行，强度计算采用式(16-128)进行。计算中所用的扬压力宜用实测值所建立的数学模型来确定。强度计算时若有控制点位上(如坝踵、坝趾等)的实测应力，宜用对该应力测值所建立的数学模型来推求出控制性荷载组合。

在上述第二步计算中，应采用实测变形量的数学模型来推知控制性荷载组合下的变

形值。

以上两步计算中,应采用实测变形量的数学模型,可以是确定性模型,也可以是混合模型或统计模型。在应力、变形模型中,一般应同时含有水压和温度两类分量,有的还有时效分量。

第一步计算所求出的荷载组合,对于拱坝或具有整体作用(横缝已灌浆)的重力坝,一般包括了水位和温度两方面条件,但不包括时效因素。当第二步将它代入数学模型推求变量时,得到的是含有水压变形和温度变形的综合值,而不包括时效变形。对于各坝段独立工作(有永久横缝)的直线形重力坝或支墩坝,第一步所求出的荷载组合一般只包含了水位条件而不涉及温度条件和时效因素。这时用它代入数学模型推求变形时,得到的仅是变形的水压分量却不包括温度分量和时效分量。因此,在使用此类变形监控指标进行监控时,就先用数学模型将实测变形加以分解,以分解后的相应变形分量与监控指标相比,才能得出适当的结论。

观测值的时效变形是一种较普遍存在的现象,变形监控值中一般未反映这一因素。实际监控时可对几种变形分量分别对待,先将实测值分解,用其水压变形量(或水压变形分量加温度变形分量,下同)与含有相应变形分量的监控值相比较而得出一个判断,然后对实测值的时效变形分量作分析,若此分量数值不大且非加速发展,则可认为变形时效分量正常,若此分量数值较大且加速发展,则可认为变形时效分量有不正常问题。将这两方面的判断加以综合后,可得出变形性态安全与否的评价。

(五)运行监控指标的拟定

大坝安全的运行监控指标常通过数学模型法来作定量表述,或通过综合对比法作出定性的判定。

目前,国内拟定运行期监控指标的几种主要方法如下:通过监测量的数学模型并考虑一定的置信区间所构成的数学表达式来确定;根据数学模型代入可能的最不利因变量组合并计入误差因素推求极限值,以极限值作为监控指标;通过符合稳定及强度条件的临界安全度或可靠度来反算出监测量的允许值作为监控指标。应用较为广泛及有效的还是数学模型的置信区间法。现行规范中提出运行期“宜定期根据实测资料建立数学模型,提出或调整运行监控指标”的一般要求。

1.综合对比法

对监测值作综合性分析、对比,是判断大坝性态正常与否的一种基本方法,通常分析的着眼点有两个方面:一是看监测量数值大小、变化范围、变化幅度是否符合历史测值的情况和变化规律;二是看测量时效变化部分的趋势、量值大小及变化速度是否显现出结构或地基的异常变化。对于第一个方面,一般通过数据统计表、过程线、历史测值包络图(绘有外包线的点聚图或绘有时间过程的过程相关图)来进行比较、判断;对于第二个方面,一般通过测值过程线特别是时效分量过程线来作分析评价,当时效分量的分解比较准确,其中已经不包含环境变量周期性变化的影响和趋势性变化(如坝体温度场的缓慢冷却或回升等)的影响时,其变化应主要由结构和地基性态的变化所引起。在这种情况下,如果时效分量数值不大、变化微小,可认为结构和地基性态是稳定的,但如果时效分量向不利方向变化且数值较大或速率较快,就说明结构或地基中出现了异常迹象。

综合对比法的监控指标常不是具体数字而是若干原则。应用这种方法对大坝性态的正常与否进行判断，需要对大坝情况有深入的了解并具有丰富的分析经验。目前，我国及美、德、法、意等国在对大坝安全进行的监控中，经常使用这种方法。

2. 数学模型法

监测量的数学模型表达了监测量自身随时间而变化的规律或与各环境变量之间的定量关系。当建立模型的时段内坝的性态正常时，数学模型所表达的是一种正常状态下的变化，它可以作为衡量新的测值是否正常的一种根据，由于数学模型涵盖了效应量与环境因素在相当大的范围内变化时的关系，所以可以应用于日常各种工作条件下的监控。

确定性模型、统计模型和混合模型等监测量数学模型都可以用来进行大坝安全监控。其通式可写为

$$y = f(X_1, X_2, \cdots, X_n) + \varepsilon \tag{16-133}$$

或写为

$$\hat{y} = f(X_1, X_2, \cdots, X_n) \tag{16-134}$$

式中 y——监测效应量，被看做是随机变量；

$\hat{y}$——监测效应量的数学期望；

$X_1, X_2, \cdots, X_n$——环境变量因子，也可以为 y 的前期数值；

ε——y 与 $\hat{y}$ 的差值，称做残差，一般认为 ε 服从正态分布 $N(0, \sigma^2)$。

作为监控指标基础的数学模型式(16-133)应能较全面、准确地反映监测量自身变化或与有关因素的关系。为此，在建立模型前，对原始数据要先进行粗差识别和剔除，并消除系统误差；在建立模型时，要做好物理分析、选取充分适当的因子集和合理的模型结构，并采用正确的数学方法及计算软件求出模型有关参数；在建立模型后，还应对模型的残差系列用正确的数学方法及计算软件求出模型有关参数，还应对模型的残差系列 $\varepsilon_j(j=1, 2, \cdots, m)$ 作检验。当 ε 的均值接近于0，其分布为正态随机分布，不再存在某种规律性变化(周期变化、趋势变化等)时，才可用 $\hat{y}$ 来估计 y 的数学期望，用 ε 的方差 S^2 来估计 y 的方差 σ^2，S 是式(16-134)的剩余标准差，在建立模型式(16-134)时通过方差分析得出。

经过上述步骤得出合格的数学模型后，用于监控的表达式如下

$$|y - \hat{y}| \leqslant KS \tag{16-135}$$

其中，K 为限值参数，决定于不同置信概率时的取值，例如，$K = 1.96$，概率 $P(|y-\hat{y}| \leqslant KS) = 95\%$。一般 K 取 2 ~ 3，不同的 K 值对应不同的置信区间，不满足公式的测值为超界值或异常值。意大利在工程实践中取三种等级；初级范围 $K = 0 \sim 2$，表示大坝性态正常；第二级范围 $K = 2 \sim 3$，表示大坝轻度异常；第三级范围 $K \geqslant 3$，表示大坝有严重异常。某一测点是否连续超界以及连续超界的形式，是利用模型限值进行检查的另一项内容，单方向的连续超界可能与结构、测量以及模型不适应等三方面因素有关，需要做进一步分析。

时效分量的速率变化的三种类型对应着结构变化的三种状态(速率定义为标量，为时效分量在单位时间内变化的绝对值)(见 DL/T 5178—2003 附录 H. 图)。速率逐渐减小或趋于零，为正常状态；速率保持不变为处于正常及异常之间的一种状态，需要对其进行严密的监视(特别是速率较大的情况)；速率不断加大对应的是一种异常状态，因为很难预料其进一步的发展的后果。确定监测量，特别是主要监测物理量(变形、渗流)属于

那种类型是大坝安全监控中的一个重点问题。

利用统计模型可以对当前测值的时效变化速率及加速度进行检查。对当前测时的日平均速率及加速度可按下式求出

$$V(t_i) = \delta_\theta(t_i) - \delta_\theta(t_{i-1}) \tag{16-136}$$

$$A(t_i) = V(t_i) - V(t_{i-1}) \tag{16-137}$$

其中，$\delta_\theta(t_i)$为单点统计模型的时效分量，$V(t_i)$、$A(t_i)$分别为当前测时的日平均速率及加速率，t_i 为当前距模型初始日期的时间长度，d。对速率可用下式直接进行监控

$$V(t_i) \leqslant V_0 \tag{16-138}$$

V_0 为所拟定的监测量速率监控指标。此外，可以通过加速率 $A(t_i)$来判断当前时效变化的类型。

可参照法国电力公司的经验，利用 MVD 方法对新测数据进行检验。该方法是首先建立监测量的统计模型（第一个模型），然后将实测值减去模型中求得的水位分量和温度分量，得到不受环境因素变化影响的数值序列 Y（这一序列实际上是时效分量与残差之和）；对此 Y 值序列再建立一元线性回归方程（第二个模型）

$$\hat{Y} = M + Vt \tag{16-139}$$

式中回归系数 V 反映了时效变化的发展速度，所得回归方程的剩余标准差为 σ。用这个模型对新的测值进行检查。对式（16-139）可按不同物理量，规定一定宽度的置信带，如位移取 $D = \pm 2\sigma$，渗流取 $D = \pm(2.5 \sim 3)\sigma$ 等。利用该方法可以得到近期平均速率的变化情况。此外，当测值超界时，可以通过上超界或下超界的具体情况来判断速率变化类型。

根据多种项目的测值落在不同区域的情况，结合它们的演变趋势，可以对大坝性态作出综合评价。

此外，条件具备时，还可采用混合模型和分布统计模型进行监控，应注意的是模型调整问题。目前，国内对于监控模型是否经常需要进行调整尚无统一的认识。从国外的情况来看，意大利在 MIDAS 系统的应用中就提出了根据实际情况对模型进行调整的概念。法国人利用测值重新计算平均速率在一定程度上也是对模型进行调整。

从回归分析理论的角度来看，模型只有在样本的范围之内才可能有较好的预测效果，预报阶段各因子越接近各自均值，方程总体预报精度越高。但是大坝监控模型的实际应用中很难满足这一条件。除去水位、温度因素的外延外，利用时效分量（多为时间函数）进行预测时，实际上一直处于外延预报之中。因此，当存在某一种新的影响因素时，经常会出现剩余量系统性超界的情况，一旦出现这种情况，有必要调整模型以便于掌握时效分量的最近的变化趋势并对其跟踪。计量经济学中的多条对数模型便是对时效分量及时进行调整的典型实例。此外，当实际应用中发现剩余量系统性超界后，如果不及时调整模型，很可能的情况是后续测值不断超界，这将产生处理上的困难。

根据上述原因，一般认为当环境量样本发生变化（水位、气温出现新的最大值、最小值或新的组合）或模型检查中已发现连续超界等情况下，都需要对模型进行调整，即包括新测数据在内的模型重建。系统内设置了这种功能选择，可以很方便地完成一个项目的全部测点或个别测点的模型调整工作。重新建立模型的主要目的仍然是了解近期时效变

化的形态及速率,当包括新测数据在内的新模型中后期数据仍存在同一方向连续超界情况时,需进一步检明原因。

五、大坝安全管理与分析系统

对于大中型水电工程,在条件许可时应建立大坝安全管理与分析系统,以辅助对大坝安全进行有效监控。大坝安全管理与分析系统的目标是:针对工程大坝安全监测以及远程控制集中管理的需要,建立监测数据库、方法库、图形库和分析模型库一体化的信息管理与分析系统,实现监测资料可视化分析,满足现场在各阶段及时分析判断的需要,提供监测数据时空动态分析与评估以及超限报警,以达到确保工程安全的目的。系统应以监控大坝安全、确定工程结构的异常状态及异常程度为中心目标;实现仪器监测与人工巡视检查的结合以及工程的监测信息与专家经验及认识的结合;面向工程的具体安全问题,针对工程关心的重点、难点组织监测分析项目;面向工程的实测数据,考虑数据粗差、缺测、漏测、自动化监测"过滤饱和"等问题;面向工程的各类使用人员的不同需要,提供方便快捷的管理及分析工具。

系统应采用先进的计算机软、硬件平台,可采用C/S(客户机/服务器)和B/S(浏览器/服务器)相结合的混合结构。

系统应尽可能采用先进的面向对象的软件技术进行设计,针对大坝安全监测的专业特点设计和开发,具有良好的稳定性和易维护性。

系统应具有在线监测、离线分析、预测预报、报表制作、图文资料浏览、监测数据管理、监控模型管理及安全评估等功能。将离线分析、预测预报的结果以直观的图形或窗口形式供有关管理人员掌握和了解水工建筑物的各项指标,如变形情况、渗流情况、警界值、分析拟合值等。同时将在线监测、监测资料的离线分析、预测预报、报表制作、图文资料浏览、监测数据管理、测点信息管理、监控模型管理及安全评估的结果和各项参数、指标以表格的形式供工程技术人员掌握和了解,如变形情况、警界值、分析拟合值、数据模型的形式、各影响因子的显著性、离散度、可靠性、温度、开合度、渗漏量、位移量、变幅、历史最大值、历史最小值等。

参考文献

[1] 庄万康. 资料整理整编分析,混凝土大坝安全监测技术规范(SDJ 336—89)研讨班教材之九,1992.
[2] 张进平. 监测资料的整理整编和分析,《混凝土坝安全监测技术规范》(DL/T 5178—2003)培训班资料,2004.
[3] 李珍照. 大坝安全监测[M]. 北京:中国电力出版社,1997.
[4] 李珍照. 混凝土坝观测资料分析[M]. 北京:水利电力出版社,1989.
[5] 甘肃省电力工业局. 水工观测技术[M]. 北京:中国电力出版社,1996.
[6] 张培基. 水坝变形观测[M]. 北京:测绘出版社,1981.
[7] 吴中如. 水工建筑物安全监控理论及其应用[M]. 北京:高等教育出版社,2003.
[8] S. Weisberg. 应用线性回归[M]. 王静龙,梁小筠,李宝慧,译. 北京:中国统计出版社,1998.
[9] 张进平,等. 大坝安全监测的位移分布数学模型[J]. 水利学报,1991(5).

[10] 吴中如,朱伯芳.三峡水工建筑物安全监测与反馈设计[M].北京:中国水利水电出版社,1999.
[11] 朱伯芳.大体积混凝土温度应力与温度控制[M].北京:中国电力出版社,1999.
[12] 朱伯芳.有限元法原理与应用[M].北京:中国水利水电出版社,1998.
[13] 顾冲时,吴中如.大坝与坝基安全监控理论和方法及其应用[M].南京:河海大学出版社,2006.
[14] 张进平,等.大坝安全监测决策支持系统的开发[J].中国水利水电科学研究院学报,2003(2).